OSHO

DIJO EL BUDA...

Traducción del inglés de Miguel Portillo

editorial Kairós

Numancia, 117-121
08029 Barcelona
www.editorialkairos.com

Titulo original: AND THE BUDDHA SAID by OSHO
Abridged version of The Discipline of Transcendence, Volume 1-4, © 1978

© 2005 by Osho International Foundation
OSHO® es una marca registrada de Osho International Foundation
www.osho.com
All rights reserved

© de la edición en castellano:
2006 by Editorial Kairós, S.A.

Primera edición: Marzo 2006

ISBN: 84-7245-610-2
Dep. Legal: B-5.081/2006

Fotocomposición: Pacmer, S.A. Alcolea, 106-108, bajos. 08014 Barcelona
Impresión y encuadernación: Romanyà - Valls. Verdaguer, 1. 08786 Capellades

Esta es una nueva versión editada y abreviada de la transcripción original de una serie de discursos de Osho titulada The Discipline of Transcendence (Vol. 1-4) dada en vivo ante una audiencia.
Todos los discursos de Osho han sido publicados íntegramente en inglés y están también disponibles en audio. Las grabaciones originales de audio y el archivo completo de textos se pueden encontrar on-line en la Biblioteca de la www.osho.com.

por él. No debe preocuparse de pasar hambre, pues la madre le alimenta. Está muy protegido, muy seguro.

Los psicólogos dicen que, en la búsqueda religiosa, las personas están buscando el mismo vientre. Todos sus conceptos acerca del paraíso no son más que vientres magnificados, totalmente confortables. En la mitología hinduista se dice que en el cielo existe un árbol, llamado *kalpavriksha*, que concede los deseos. Te sientas debajo y en el momento en que surge un deseo, incluso antes de que te dés cuenta de que ha surgido, el deseo será colmado. Piensas en comida y ahí aparece la comida, instantáneamente. Piensas en una cama porque tienes sueño, y ahí aparece la cama.

Eso es precisamente lo que es el vientre. El vientre es un *kalpataru*, un árbol de los deseos. El feto nunca es consciente de ninguna necesidad. Antes de que sea consciente de ellas, éstas se ven satisfechas; es del todo automático. Pero el niño debe abandonar el vientre; es necesario a fin de crecer. Las comodidades en sí mismas no te ayudan a crecer, porque no hay desafíos. El niño debe abandonar el vientre, y lo primero que ha de hacer tras dejar el vientre es la base de toda supervivencia: debe respirar por sí mismo. Debe realizar un esfuerzo por su parte. Se convierte en *shramana*.

En el vientre de la madre era un brahmán. Todo sucedía a través de la gracia. Todo *sucedía*, él no tenía que *hacer* nada. Pero todo el mundo debe salir del vientre. Todo brahmán ha de convertirse en *shramana*. El Buda dice que siendo *shramana* es posible crecer.

Con el tiempo, el niño crece distanciándose cada vez más de la madre; luego llega un momento en el que ya ni siquiera depende del pecho. Pero sigue dependiendo de la madre para alimentarse. Más tarde irá al colegio, alejándose todavía más de la madre, haciéndose cada vez más independiente, más individual. Entonces, un día, se enamora de otra mujer y se aparta totalmente de la madre.

Por eso ninguna madre puede nunca perdonar a la mujer que se ha llevado a su hijo. Nunca. Es imposible que la madre perdone a la mujer que se ha llevado a su hijo... Se trata de un conflicto muy profundo. Pero un hombre madura de verdad cuando se enamora de una mujer, porque es cuando le da la espalda a su madre. Da un giro de 180 grados.

El Buda dice que en el mundo psicológico todavía hay más raíces que cortar. Hay que hacerse cada vez más consciente de que, aunque puede que nos hayamos alejado de nuestra madre, hemos ido creando madres psicológicas. Podemos habernos alejado del padre, pero hemos creado una figura paterna en el cielo: un Dios que gobierna el mundo, el soberano supremo, al que llamamos "Padre". Con eso sólo lográis volver a ser dependientes, como si vuestra independencia os asustase. Todas ésas son raíces, y hay que cortarlas todas.

Jesús dice en algún sitio... y sospecho que debe haber sacado esas ideas de alguna fuente budista, porque Jesús vivió quinientos años después del

19

Buda y por esa época, por todo el Oriente Medio se habían diseminado actitudes budistas. Penetraron en toda Asia, y mucho en Egipto.

Jesús creció en Egipto. Ahí es donde debe haberlo aprendido. Y además existen muchas posibilidades de que visitase la India antes de regresar a Jerusalén a predicar. Muchas, sí, muchas posibilidades. Hay fuentes que dicen que visitó la universidad budista de Nalanda. Debe haberse enterado de lo referente al camino del *shramana*, porque en sus enseñanzas dice unas cuantas cosas que carecen de referencias tradicionales en la ideología judaica.

Dice, por ejemplo: «A menos que odiéis a vuestro padre y vuestra madre, no podéis ser mis discípulos». Los cristianos siempre se sienten un tanto incómodos cuando escuchan eso. ¿Qué clase de enseñanza es ésa? «A menos que odiéis a vuestro padre y vuestra madre...» ¿Y decís que Jesús es amor y que vino para enseñar amor al mundo? ¿Decís que Dios es amor? La enseñanza parece estar llena de odio: «Odia a tu padre y tu madre». Todos los grandes maestros han dicho: «Respetad a vuestro padre y a vuestra madre». ¿Qué tontería está diciendo Jesús acerca de odiar? Debe haberlo aprendido de algunas fuentes ajenas al judaísmo.

Esas fuentes sólo pueden ser budistas, porque el Buda dice: «A quienes dejan a sus padres, abandonan el hogar...».

Pero no lo entendáis de manera literal. Ni tampoco a Jesús. Porque no está diciendo: «Odiad a vuestro padre y a vuestra madre». Lo que dice es que debéis separaros por completo del padre y la madre. Está diciendo que debéis trascender toda seguridad. Volveros inseguros. Apartaros de toda independencia, ser independientes. Ser un individuo. Eso es lo que está diciendo.

Jesús utiliza un lenguaje muy crudo, y el Buda utiliza lenguaje cultivado. Jesús no recibió muy buena educación; era un hombre inculto, fue hijo de un carpintero. Y la tradición judaica es muy cruda. Los profetas utilizan un lenguaje muy fogoso. Su lenguaje parece más político que religioso. El Buda era hijo de un rey, y fue muy bien educado y era culto. Su terminología es distinta porque fueron personas diferentes, pero el sentido es el mismo.

Uno ha de dejar a los padres, debe abandonar el hogar, hay que dejar el pasado. Hay que ser totalmente independiente, estar solo... estremecerse en ese recogimiento, pero uno debe "ser" solo. Hay que ser totalmente responsable de uno mismo, y sólo entonces puede entenderse la mente. Si se depende de los demás, esa dependencia impedirá entender quién se es.

Cortar todos los recursos, cortar toda relación. Ahora estás solo, ahora no hay nadie más. Debes mirar en tu propia alma, debes hallarte a ti mismo. Ésa es la única manera de encontrarse a uno mismo. Entonces llegas a la auténtica fuente del ser, al entender con la mente... *y comprender lo inmaterial*.

Mira, el Buda no habla de comprender lo espiritual, sino de *comprender lo inmaterial*. Ésa es la diferencia. Su enfoque es tan racional que no sostendrá nada en lo que pueda hallarse una laguna. No dice "lo espiritual"; sólo dice "lo inmaterial".

Pregúntale al físico, porque él entenderá el lenguaje del Buda. El científico dice: «Analizando el átomo llegamos a los electrones». Los electrones son partículas eléctricas casi inmateriales. La materia ha desaparecido, sólo resta energía. No podemos decir que sea materia, sólo podemos llamarlo inmaterial. Y luego, al analizar el electrón hemos llegado casi al vacío, a la vaciedad inmaterial. El físico entendería muy bien la terminología budista.

El Buda llegó al mismo punto analizando la mente. Al analizar la mente llegó a un punto en el que ningún pensamiento existía... sólo vacío. Él lo llama "lo inmaterial". El pensamiento es el "material" interior. Cuando dispersas el pensamiento y sólo queda espacio, entonces tienes lo inmaterial.

Lo mismo ha sucedido en la física moderna. Analizaban la materia en el mundo exterior y llegaron a lo inmaterial. El Buda llegó a lo inmaterial en su viaje interior, y la ciencia ha llegado hasta allí en su viaje externo, pero ambos han alcanzado lo inmaterial. Los científicos tampoco dirán que es algo espiritual. El científico sólo puede decir que, sea lo que sea la materia, ya no está presente. No puede decir qué es lo que hay. «Sólo puede decirse que, sea lo que fuere lo que solíamos considerar como materia, ya no se halla presente; todo lo que podemos decir es una negación».

Dice el Buda:

«...y comprenden lo inmaterial, se les llama *shramanas*.»

Éstas son las categorías de *shramanas:*

«A quienes observan los preceptos de moralidad, son de comportamiento puro e intachable y se esfuerzan por realizar los frutos de la santidad, se les llama *arhatas*.»

Arhat es el estado más elevado de inmentalidad. La palabra *arhat* significa "quien ha conquistado a sus enemigos". *Ari* significa "enemigo", y *arhat*, "quien ha conquistado a sus enemigos".

¿Quién es el enemigo? No está fuera de ti. Las pasiones, distracciones, deseos, odios, celos, la posesividad, la cólera, la sexualidad... Ésos son los enemigos.

En cierto modo, tu mente es el enemigo, el enemigo de fondo. A quien ha conquistado la mente se le llama *arhat*. Se trata del estado más elevado, el de alguien que está por encima de todas las nubes.

¿Alguna vez has viajado por el aire y te has fijado cuando el avión remonta por encima de las nubes? Todas las nubes están por debajo y tú te hallas en un cielo puro y azul. Ése es el estado interior del *arhat*. Se va penetrando la mente. Con el tiempo desaparecen las nubes de las pasiones, se quedan atrás, y uno asciende más y más por el espacio puro, en un espacio inmaterial. Ése es el estado del *arhat*.

Es el estado más elevado en la terminología budista. A lo que los cristianos llaman Cristo, el Buda lo llama *arhat*. Los jainistas lo llaman *arihanta*, que es una palabra que significa lo mismo. Lo que los hinduistas llaman *avatara* –Rama, Krishna– es ese mismo estado, el de *arhat*.

Pero el Buda es muy científico también en eso. No lo llama *avatara*, porque significa "Dios descendiendo en el mundo", y eso implica creer en Dios. No utiliza ningún término que contenga presupuestos. Utiliza términos simples, sin presupuestos.

«Después está el *anagamin*.»

Arhat es el estado más elevado, y luego está el *anagamin*, que significa "el que no regresa". Y dice:

«Al final de esta vida, el espíritu del *anagamin* asciende al cielo y realiza la arhatidad.»

Está justo por debajo del estado de *arhat*.

Anagamin es una palabra que significa "el que no regresa". Ido, estará ido. Ido para siempre, sin tener que regresar. Ha llegado al punto de no retorno. Está cerca de ser un *arhat*, ha traspasado las nubes. Está en el límite, se halla en el umbral de llegar a ser *arhat*. Tal vez en él quede un pequeño apego, y ese apego está relacionado con el cuerpo. Así que al morir también desaparece ese apego. No regresará.

«Después está el *skridagamin*.»

Skridagamin significa "el que regresa".

«El *skridagamin* asciende al cielo (tras su muerte), regresa una vez más a la tierra...»

Sólo una vez... Mantiene algún apego; muy débil, pero todavía existen algunas raíces y por ello se ve obligado a regresar a otro vientre. No carece absolutamente de deseos. El *arhat* carece de todo deseo. Un *skridagamin* ha ido más allá de los deseos groseros, pero todavía mantiene algunos sutiles.

¿Cuáles son los deseos groseros? El deseo de dinero, poder, prestigio... Ésos son los deseos groseros. El deseo de ser libre, de estar tranquilo, de alcanzar el estado final de arhatidad... son deseos sutiles, pero siguen siendo deseos. Deberá regresar una vez.

«Después está el *srotapanna*.»

La palabra *srotapanna* significa "el que ha entrado en la corriente". *Srota* significa "corriente", y *apanna*, "el que ha entrado". *Srotapanna* quiere decir "el que ha entrado en la corriente". Ha iniciado su periplo por el camino. Ya no es mundano, se ha convertido en *sannyasin*, ha entrado en el río. El mar está lejos, pero ya ha entrado en el río, ha empezado. Y cuando se inicia un viaje, éste siempre acaba. Por muy lejos que esté, ahí está.

El problema radica en quienes no han entrado en la corriente. Permanecen en la orilla. Son los seres mundanos, de pie en la orilla. El *sannyasin*, el *bhikkhu*, es el que ha entrado en el río, y sabe muy bien que el mar está lejos, pero ahora ha cubierto la mitad del viaje, sólo con entrar.

> «Después está el *srotapanna*. El *srotapanna* muere siete veces y renace también siete veces, para luego realizar finalmente la arhatidad.»

Son cosas simbólicas, no hay que tomárselas literalmente... son sólo simbólicas. "Siete" no quiere decir exactamente siete. Significa que morirá muchas veces, y que también renacerá otras tantas, pero su rostro mira hacia el mar. Ha entrado en el Ganges y el viaje ha empezado.

> «Cercenar las pasiones significa que, al igual que ocurre con los miembros cercenados, éstas nunca vuelven a utilizarse.»

Y cuando el Buda habla de suprimir las pasiones, quiere decir que es como si alguien te cortase la mano; ya no podrías utilizarla. O como si alguien te sacase los ojos; ya no podrías ver con ellos. El que está dispuesto a entrar en la corriente es alguien que, por sí mismo, suprime voluntariamente las pasiones, que dice: «No las volveré a utilizar».

Recuerda, no se trata de represión en la acepción freudiana del término. No se reprimen, sino que uno les retira la energía. El sexo sigue ahí, y no se reprime, sino que se deja de cooperar con él. La diferencia es enorme. Cuando el sexo está presente y se reprime, se lucha contra él, no se supera... se sigue con él. Si se lucha contra él, se sigue estando aferrado. Y si se lucha contra él se sigue asustado por su causa.

El Buda dice que uno simplemente no coopera con él. Surge un deseo, un deseo sexual... ¿Y qué haces? El Buda dice que sólo lo observes. Déjalo estar ahí. Llegará y se irá. Parpadeará en la mente, intentará atraerte; permanece vigilante, no permitas ninguna inconsciencia, si no acabará penetrándote. Simplemente permaneces alerta.

Dice el Buda: «Uno ha de permanecer simplemente atento. Entonces se es como una casa en la que arden lámparas, y donde hay lámparas encendidas los ladrones temen entrar. Cuando no hay lámparas y la casa está a oscuras, entonces los ladrones entran con facilidad. Quien está realmente atento es como una casa en la que hay un vigilante en la puerta, totalmente despierto, y donde hay lámparas encendidas. Los ladrones lo tienen difícil para entrar, no pueden reunir el valor suficiente».

Lo mismo sucede cuando se permanece consciente, que es como contar con un guardia. Cuando se es consciente, la casa está iluminada. Las pasiones no pueden penetrar. Pueden acercarse, pueden merodear por los alrededores, intentarán persuadirte. Pero si sólo observas, desaparecerán por sí mismas, porque viven gracias a tu cooperación. No luches contra ellas y no te abandones a ellas; limítate a permanecer consciente. Con el tiempo caerán como miembros cercenados.

Si empiezas a luchar estarás creando otro problema. En lugar de abandonarte a ellas te convertirás en alguien represor. El problema no se habrá solucionado, sólo habrá cambiado de nombre.

Así me lo han contado:

> Un médico trataba a un hombre que le trajeron muy borracho. «Si el paciente vuelve a ver serpientes verdes, déle algo de esta medicina», le dijo a la enfermera.
>
> Regresó más tarde y vio al hombre delirando, pero no le habían administrado la medicina.
>
> –¿No le dije que le diese esta medicina si volvía a ver serpientes verdes? preguntó el médico.
>
> –Pero es que no las veía contestó la enfermera.
>
> –¿Ah, no?
>
> –No, estaba viendo sapos morados.

No hay diferencia entre ver serpientes verdes o sapos morados... estás borracho.

Hay gente que coopera con sus pasiones y otra que lucha contra ellas, pero ambos tipos siguen con las pasiones. Una actitud es amistosa, y la otra antagónica, pero ambas siguen con las pasiones y son maneras de cooperar de forma sutil. Una ha abandonado la relación. Y la otra se ha convertido en espectadora.

Una vez que se empieza a observar, uno se hace consciente de capas y más capas de pasiones. Existen muchas capas. Cuando desaparecen las pasiones groseras, se manifiestan otras capas más sutiles.

Toda nuestra vida es como una cebolla. La pelas y la pelas, una capa tras otra, y hallas otra más fresca, más nueva, más viva. Pero si sigues pelando, llega un momento en que te quedas con las manos vacías. Eso es lo que el Buda denominó *nirvana*... vacío. Todas las capas han desaparecido.

Así me lo han contado:

> El guitarrista de un conjunto pop se vio involucrado en un accidente de coche y sufrió heridas en la cabeza. Al llegar al hospital el médico ordenó que le cortasen la larga y espesa cabellera para poder averiguar la gravedad de las heridas. La labor recayó en una enfermera, que se puso manos a la obra armada de unas enormes tijeras.

renunciar? Basta con que comprendas que no te pertenecen, que somos extraños, que nos hemos encontrado en el camino, o que nos hemos cobijado bajo el mismo árbol durante unos pocos días, pero que somos extraños.

Basta con que lo comprendas en el hondón de la conciencia. Yo insisto en que hay que convertirse en un vagabundo espiritual. No es necesario convertirse en mendigo; basta con permitir que tu espíritu sea el de un vagabundo, basta con eso. No crees ningún apego en tu espíritu.

Dijo el Buda:

«El *shramana* sin hogar cercena las pasiones...»

Las pasiones son nuestros sueños. Las pasiones son nuestros sueños acerca del futuro, los deseos del futuro, los deseos acerca de cómo deberían ser las cosas. En lo más íntimo de nosotros mismos siempre nos hallamos descontentos; sea lo que sea, nunca acaba de colmarnos. No dejamos de soñar acerca de poder cambiar las cosas: comprar una casa mejor, tener una esposa mejor, contar con una educación mejor, tener más dinero, tener esto y tener lo otro. Siempre pensamos en términos de cómo mejorar la vida. Vivimos en un futuro que no es.

Vivir en el futuro es un sueño porque no existe. Vivir en el futuro está basado en un profundo descontento con el presente.

Así que es necesario comprender dos cosas acerca de las pasiones. Una es que nos apegamos a lo que tenemos. Fijaos en la paradoja: nos apegamos a todo lo que tenemos pero no acabamos de estar satisfechos con ello. Nos sentimos desdichados, así que deseamos modificarlo, decorarlo, mejorarlo. No dejamos de apegarnos a lo que tenemos y no dejamos también de desear lo que no tenemos. Y ambas fuerza nos aplastan. Y eso es así continuamente. Lo fue ayer, lo es hoy, y lo será mañana... toda tu vida.

Te aferras a lo que sea que tengas para que nadie se lo lleve, y no obstante te sientes desdichado y mantienes la esperanza de que algún día las cosas mejoren. Un hombre que vive en la pasión, en el deseo, vive una vida inútil, siempre desdichado, siempre soñando. Desdichado con la realidad y soñando con cosas irreales.

Así me lo han contado:

¿Cuántos peces ha pescado? –le preguntó uno que pasaba al anciano mulá Nasrudín, que se hallaba pescando al final del espigón.

–Bueno –empezó a decir el mulá, pensativo–, si acabo pescando a éste que está ahora mordisqueando el cebo y otros dos, entonces tendré tres.

No tenía nada...

Así es como sueña la mente humana. Nuestra vida es corta, muy corta, y nuestros sueños inmensos.

Seamus y Bridget se conocieron en Rockaway Beach. Al tenderse juntos en una manta bajo el paseo marítimo, Seamus susurró con voz ronca:

—Te quiero, Bridget.

—Pero —protestó Bridget—, ¡si acabamos de conocernos!

—Ya lo sé —contestó Seamus—, pero es que sólo estaré aquí este fin de semana.

Pero lo cierto es que todo el mundo sólo estará aquí este fin de semana. La vida es realmente corta. ¿Cómo es posible el amor? ¿Cómo puedes crear un hogar aquí? ¿Cómo puedes poseer algo? Todo desaparece continuamente. Persigues fantasmas.

Dice el Buda:

«El *shramana* sin hogar cercena las pasiones, se libera de los apegos...»

Al decir "apegos" se está refiriendo a las relaciones que no existen, pero que crees que sí. Eres un marido, y crees que por ello existe una cierta relación entre ti y tu esposa, pero no es más que una creencia. ¿No has observado el hecho de que aunque vivas cuarenta o cincuenta años con una mujer, sigue siendo una extraña, y tú un extraño para ella?

A lo largo de los siglos, el hombre ha intentado entender a la mujer, a su mente, a la mente femenina, pero todavía no ha sido capaz de hacerlo. La mujer ha intentado entender la mente del hombre, pero para ella sigue siendo un misterio. Y eso que hombres y mujeres han vivido juntos desde siempre.

Obsérvalo. ¿Cómo puedes relacionarte con alguien? El otro permanece fuera de tu alcance. El otro es otro... inalcanzable. Puedes tocar la periferia, y el otro incluso puede pretender que sí, que estáis relacionados, pero seguimos estando solos. Las relaciones son imaginarias. Ayudan. En cierto sentido ayudan. Nos permiten sentir que no estamos solos. Hacen que la vida sea un poco más cómoda, pero esa comodidad es ilusoria. El otro no deja de ser otro, y no hay modo de penetrar en el misterio del otro. *Estamos* solos.

Cuando el Buda dice: «El *shramana* sin hogar cercena las pasiones, se libera de los apegos», quiere decir que se da cuenta de que no es posible apegarse.

El apego es imposible, la relación es imposible. Toda relación no es más que un esfuerzo absurdo, porque no puedes llegar al otro, no puedes tocar el centro del otro ser. Y a menos que se toque el centro no hay manera de relacionarse. Desconoces el alma del otro, sólo conoces el cuerpo, las acciones, las actitudes, que no son más que la periferia. Nos conocemos en la periferia.

Ése es el misterio de las relaciones. Nos quedamos en la periferia y no dejamos de creer en nuestra esperanza, en nuestro deseo, de que un día la relación sucederá de verdad y que el centro conocerá al centro, que el corazón hallará al corazón... que nos disolveremos. Pero nunca sucede. No puede suceder.

Resulta difícil hacerse consciente de esta perturbadora realidad porque afecta al terreno en que te mueves. Te quedas tan solo que empiezas otra vez a creer en viejos sueños, en viejas relaciones, en esto y en aquello. Empiezas a tender puentes, pero nunca tienes éxito. Nunca lo has tenido. No se trata de que no te esfuerces lo suficiente, ni de que carezcas de la capacidad de hacerlo, sino de que, en la verdadera naturaleza de las cosas, el apego es una imposibilidad. Intentas hacer algo que esa realidad no permite.

Tu soledad es eterna. El Buda dice que comprender esa soledad y ser consecuente con ello significa soltar los apegos. No se trata de que escapes del mundo, sino simplemente de soltar los apegos, de soltar los puentes. Y ésa es la belleza... porque cuando caen todos los apegos, te tornas más comprensivo, y tu vida con los demás es más sosegada... porque ya no esperas, no esperas lo imposible, no albergas expectativas. Pase lo que pase te sientes agradecido, y todo aquello que no pasa sabes que no puede pasar. En un sentido muy profundo, te haces muy aceptador. No fuerzas la realidad según tus deseos. Empiezas a aprender cómo soltar, cómo ser uno en armonía con la propia realidad.

> «...Comprende el origen de su propia mente, penetra en la más profunda doctrina del Buda...»

¿Qué es *la profunda doctrina del Buda*? El mensaje más importante del Buda es el del no-ser, *anatta*, ésa es su doctrina más profunda. Hay que entenderla. Primero dice que no hay que hacer ningún hogar aquí, luego que no hay que apegarse, y a continuación te dice que te mires a ti mismo, que no eres.

Primero dice que el mundo es ilusorio, que no hay que crear un hogar aquí. Luego dice que los apegos son meros sueños, que hay que soltar los apegos de la mente. Y luego pasa a su doctrina más profunda. Esa doctrina es: ahora mira en tu interior, no eres.

Sólo puedes existir con un hogar, con posesiones y con relaciones. El "yo" no es más que una combinación de todos los sueños, un efecto acumulativo. Los sueños de poseer cosas, de poseer personas –relaciones, apego, amor, pasión, sueños de futuro–, se acumulan y se convierten en el ego. Cuando sueltas todo eso desapareces, y con tu desaparición la ley empieza a funcionar de forma auténtica. Eso es lo que el Buda denomina el *dhamma*, el *tao*, la ley esencial.

Así que el ego cuenta con tres capas. La primera, el mundo, es decir, tu hogar, tu coche, tu cuenta bancaria. La segunda, los apegos: tus relaciones, tus asuntos, tus hijos, tu esposa, marido, amigos, enemigos. Y la capa más profunda: tú. Y todas ellas se hallan imbricadas, juntas. Si realmente quieres deshacerte del ego, deberás hacerlo de manera muy científica. Eso es lo que hace el Buda.

Primero, nada de hogar; segundo, ninguna relación; tercero, no-ser. Si consigues las dos primeras cosas, las preliminares, la tercera sucede de manera automática. Miras en tu interior y no estás. Y cuando te das cuenta de que no estás —de que no existe ninguna entidad interior, ninguna entidad substancial, que no puedes decirte "yo" a ti mismo— entonces estás liberado. Ésa es la liberación del camino budista. Eso es el *nirvana*.

La palabra *nirvana* significa el cese del yo, la manifestación de un no-yo, vacío... la experiencia cero. Nada es, sólo nada es.

¿Cómo puedes entonces sentirte perturbado si ahora no hay nadie que pueda ser perturbado?... ¿Cómo puedes morir si ahora no hay nadie que muera? ¿Cómo puedes nacer si ahora no hay nadie para nacer? Esta "nadiedad" es hermosísima. Es apertura y apertura, espacio y espacio, sin límites.

Ése es el concepto de realidad del Buda. Es de muy difícil comprensión. Podemos entender que pueda soltarse el ego, pero ¿y el alma? Así es como continuamos, de manera sutil, siendo egoístas. Luego lo llamamos el alma, el *atman*. El Buda es muy coherente. Dice que cualquier idea que puedas tener acerca de ti mismo, de que puedas ser, es egoísta.

Permite que te lo explique a través de la física moderna, porque también la física moderna ha llegado al mismo punto. Pregunta a cualquier científico y te dirá que la materia sólo aparece, que no es. Si profundizas en la materia sólo hallas vacío. No es más que vacío. Si analizas la materia, si divides el átomo, entonces desaparece. Al final, tras el núcleo sólo hay vacío... sólo espacio, puro espacio.

El Buda realizó el mismo análisis con el ser. Lo que los científicos han hecho con la materia, el Buda lo hizo con la mente. Y ambos están de acuerdo en que si el análisis profundiza lo suficiente, no hay ninguna substancia, que toda substancia desaparece. Sólo queda la inexistencia.

El Buda no podía sobrevivir en la India. La India es el país más antiguo del mundo que ha creído en el ser, en el yo, en el *atman*. Las Upanishads, los Vedas, de Patañjali a Mahavira... todo el mundo ha creído en el ser. Todos estuvieron en contra del ego, pero nunca dijeron que el ser no es más que un truco del ego. El Buda se atrevió a sostener la verdad esencial.

La gente le toleró mientras estuvo vivo. Su presencia era tan poderosa, y tan convincente, que no podían negar, que no podían decir que lo que afirmaba iba contra la mente humana, totalmente en contra. Tal vez discutía de ello por aquí y por allá, e incluso en ocasiones algunos fueron a discutir con él: «¿Qué es lo que dices? ¿Entonces qué sentido tiene liberarse si no queda nada? Nosotros esperamos la liberación para así estar liberados».

El énfasis que hace él es que *tú* nunca te liberarás, porque hasta y a menos que *tú* mueras, no habrá liberación. La liberación es respecto del ser, no es el ser el que se libera. La liberación es respecto del propio ser.

Pero su presencia resultaba tan convincente que lo que dijese debía ser verdad. Su existencia era la prueba. Su donaire, la armonía que le rodeaba, la luminosidad que le seguía allí donde iba... el fulgor. La gente estaba desconcertada porque este hombre decía que no hay ser, sólo una tremenda vaciedad interior. No podían negarlo.

Pero cuando el Buda desapareció, empezaron a criticarle, a ponerle en causa; empezaron a negarle. Al cabo de sólo cinco siglos de que el Buda hubiera abandonado su cuerpo, el budismo se había desenraizado de la India. La gente no creía en una actitud tan drástica. Nada es, el mundo es ilusorio, los apegos son estúpidos, y a fin de cuentas tú no eres. ¿Entonces, qué sentido tiene todo?

Si todo es un sueño, y si incluso el ser es un sueño, ¿para qué preocuparnos? Dejemos que siga siendo un sueño, así al menos habrá algo. ¿Para qué esforzarnos tanto sólo para realizar la nada?

Pero hay que entenderlo bien. Lo que el Buda denomina "nada" es nada de tu lado. Dice que no queda nada, nada de tu mundo, nada de tus relaciones, nada de ti, pero no está diciendo que quede la nada. Dice que no queda nada de tu lado, y que lo que queda no puede ser expresado. Lo que queda no hay manera de expresártelo, no hay modo de comunicarlo. Porque, se comunique como se comunique, será mal interpretado.

Si el Buda dijese: «Sí, el *atman*, el ser, existe, pero el ser es un estado sin ego», podrías asentir y decir que sí, que comprendemos. Pero no es así, porque la propia idea del ser conlleva algo de ego: «Yo soy». Por muy puro que sea, el "yo" sigue ahí. La idea del *atman*, del ser, del supremo ser, del Yo con mayúsculas, no es nada más que un ego transfigurado.

Así me lo han contado:

> El mulá Nasrudín y el sacerdote local no hacían más que pelear y discutir, hasta que acabaron en el juzgado. Tras escuchar a ambas partes, el magistrado dijo:
> —Estoy seguro de que esto puede resolverse de manera amistosa. Dense las manos y digan algo de buena fe.
> El sacerdote le estrechó la mano a Nasrudín y dijo:
> —Te deseo lo mismo que tú me deseas a mí.
> —¿Lo ve, su señoría? —dijo el mulá—. ¡Ya está empezando otra vez!

No dijo nada, sólo dijo: «Te deseo lo mismo que tú me deseas a mí». Pero el mulá sabe muy bien lo que le desea. Y por eso dice: «¿Lo ve, su señoría? ¡Ya está empezando otra vez! Todo lo que se te diga lo recibirás teñido de ti.

El Buda permaneció muy puro; no permitiría que le corrompieses. Ni siquiera te daría una pista. Sólo negó total y absolutamente. Dijo que todo lo que conocemos desaparece: tu mundo, tu amor, tu apego, tus cosas, tus relaciones, tú... Tú eres el centro, y tu mundo es la periferia. Todo desaparece a la vez. No es posible que te salves cuando tu mundo desaparece.

Cuando se pierde la periferia, la circunferencia, también se pierde el centro. Van juntos. Cuando el elefante se mueve, la cola del elefante se mueve con él. Cuando desaparece todo tu mundo, tú también lo haces, porque formas parte de él, eres parte de él, una parte orgánica de ese sueño.

Pero permite que te recuerde que no interpretes equivocadamente al Buda. Fue muy lógico al no decir nada sobre lo que queda. Dijo: «Ven y experiméntalo». Dijo: «No me obligues a relatártelo de palabra. Permite que sea una experiencia existencial».

Desapareces pero en cierto modo apareces por primera vez. Pero esta aparición es algo tan distinta de todo el resto de tus experiencias que no hay manera de relatarlo. Todo lo que pudiera decirse sería erróneo, porque lo interpretarías a tu manera.

> «El *shramana* sin hogar cercena las pasiones, se libera de los apegos, comprende el origen de su propia mente, penetra en la más profunda doctrina del Buda y comprende el *dhamma*, que es inmaterial.»

Eso es lo máximo que se permite, que hay un *dhamma*, una ley natural, que es inmaterial. No dice que sea espiritual, sino simplemente *inmaterial*. ¿Qué es este *dhamma*? ¿Qué es esta ley?

Es muy fácil saberlo si comprendes el concepto de tao de Lao Tzu, o si comprendes el concepto védico de *vaidya*. Debe existir algo parecido a una ley que lo mantiene todo junto. El paso de las estaciones, las estrellas... todo el universo funciona con suavidad, así que debe existir algún tipo de ley.

Hay que comprender la diferencia. Los judíos, los cristianos, los musulmanes y los hinduistas llaman "Dios" a esta ley; la personalizan. El Buda no está dispuesto a hacerlo. Dice que personificar a Dios es destruir toda su belleza, porque es una actitud antropomórfica, antropocéntrica. El ser humano piensa en Dios como si fuese un hombre, magnificado, millones de veces cuantitativamente más grande, pero no obstante, un ser humano.

El Buda dice que Dios no es una persona. Por eso nunca utiliza la palabra "Dios". Dice *dhamma*, la ley. Dios no es una persona sino una fuerza, una fuerza inmaterial. Su naturaleza se parece más a una ley que a una persona. Por eso en el budismo no existe la oración.

No le puedes rezar a una ley; sería en vano. No puedes rezarle a la ley de gravitación, ¿a que no? Sería absurdo. La ley no puede escuchar tu oración. Puedes seguir la ley, y te hallarás en feliz armonía con ella. O puedes desobedecer la ley y sufrir. Pero rezarle a la ley no tiene sentido.

Si vas contra la gravitación puedes romperte unos cuantos huesos, o causarte varias fracturas. Si sigues la ley de gravitación puedes evitarlas, ¿pero qué sentido tiene rezar? Sentado ante un icono y rezarle al Señor —«Voy de viaje, ayúdame»— es absurdo.

El Buda dice que el universo funciona de acuerdo a una ley, no según una persona. Su actitud es científica. Porque, dice, una persona puede ser arbitraria. Puedes rezarle a Dios y persuadirle, pero resulta peligroso. Alguien que no le rece puede no persuadirle y Dios puede tornarse parcial. Las personas siempre pueden ser parciales.

Y eso es lo que dicen todas las religiones, que si rezas, él te salvará, que si rezas no te sentirás desdichado, y que si no rezas serás arrojado al infierno. Pensar acerca de Dios en esos términos es muy humano, pero muy poco científico. Eso significaría que a Dios le gusta tu adulación, tus oraciones. Así que si eres alguien que reza y acudes regularmente a la iglesia, o al templo, y si lees la Gita o la Biblia, o recitas el Corán, entonces te ayudará. De no hacerlo se sentirá molesto. Si dices: «No creo en Dios», se enfadará mucho contigo.

El Buda dice que eso es una estupidez. Dios no es una persona. No puedes molestarlo, ni respaldarlo, ni alabarlo. No puedes persuadirle para que te haga caso. No importa si crees o no crees en él. Existe una ley más allá de lo que tú creas. Si la sigues, eres feliz. Si no la sigues, te sientes desdichado.

Fíjate en la austera belleza del concepto de ley. Entonces toda la cuestión trata de disciplina, no de oración. Comprende la ley y permanece en armonía con ella, no estés en conflicto: eso es todo. No se necesita ningún templo, ni mezquita, ni necesidad de rezar. Sólo debes seguir tu comprensión.

El Buda dice que siempre que te sientas desdichado será una indicación de que has ido contra la ley, de que la has desobedecido. Siempre que seas desdichado debes comprender una cosa; observa y analiza tu situación, diagnostícala, porque debes estar yendo contra la ley, debes estar en conflicto con la ley. El Buda dice que no es que la ley te esté castigando; no, eso es una tontería, ¿cómo podría castigarte una ley? Eres tú mismo el que se castiga yendo contra ella. Si actúas conforme a la ley, la ley tampoco te recompensa, ¿cómo podría recompensarte una ley? Pero si la sigues, eres tú mismo el que se recompensa. Toda la responsabilidad es tuya: obedece o desobedece.

Si obedeces, estás en el cielo. Si desobedeces, vives en el infierno. El infierno es un estado de tu propia mente cuando eres contrario a la ley, y el cielo también es un estado de tu propia mente cuando te hallas en armonía con la ley.

> «En su corazón no alberga prejuicios.»

El Buda habla de quien comprende la ley:

> «En su corazón no alberga prejuicios. No ansía nada. No se ve obstaculizado por pensar en el camino ni se enreda en el karma. Sin prejuicios, compulsión, disciplina, iluminación, y sin ascender escalón alguno, y no obstante en posesión de todos los honores en sí mismo. Eso se llama el camino».

Se trata de una declaración muy revolucionaria. No se halla ese tipo de declaraciones en las afirmaciones de Krishna, o de Jesús, o de Mahoma. Es muy revolucionario.

El Buda dice que un ser humano que realmente comprende ni siquiera ansía la iluminación. Porque incluso el deseo de iluminación no deja de ser deseo, y el deseo es desdicha. Tanto si deseas riquezas como si deseas el *satori*, tanto si deseas a otra persona como si deseas la iluminación, tanto si deseas prestigio, poder, respetabilidad, o si deseas *dhyana, samadhi*, meditación, iluminación, el deseo no deja de ser deseo; la naturaleza del deseo es la misma. Deseo significa deseo, y el deseo trae desdicha. No importa qué se desee. Basta con desear para ser desdichado.

Desear significa que uno se aleja de la realidad, que se ha apartado de lo que es.

Desear significa que se ha caído en la trampa de un sueño.

Desear significa que no se está aquí y ahora, que se ha ido a algún lugar del futuro.

La ausencia de deseo es iluminación, así que ¿cómo se puede desear la iluminación? Si deseas la iluminación, ese mismo deseo evita que tenga lugar. No puedes desear la iluminación. Sólo puedes entender la naturaleza del deseo, y a la luz de esa comprensión desaparecerá, como cuando entras con una lámpara en una habitación oscura y la oscuridad desaparece.

El deseo es oscuridad. Cuando prendes una vela de entendimiento, el deseo desaparece. Y cuando no hay deseo tenemos iluminación. Eso es la iluminación.

Trata de comprenderlo; es una de las cosas que más falta te hará. Es muy fácil cambiar el objeto de tu deseo, hacerlo pasar de cosas mundanas a cosas espirituales.

Fue en cierto lugar. Había salido para dar un paseo al anochecer. Justo cuando me acercaba a un jardín apareció una mujer y me dio un cuadernillo. En la portada se veía un hermoso jardín, con una bonita casa de campo junto a un riachuelo. Había también unos árboles y en la distancia se veían algunos picachos nevados. Miré en el interior. Me sorprendió ver que era un folleto de propaganda de una comunidad cristiana. En el folleto se leía: «Si quieres tener una hermosa casa en el jardín de Dios, entonces sigue a Jesús. Si en el otro mundo quieres una casa así de hermosa, sigue a Jesús».

Ahora bien, este tipo de actitud parece muy mundana, pero así ha sido siempre. Excepto la actitud del Buda, el resto de religiones te piden de una u otra manera que no sueltes el deseo, sino que cambies el objeto de ese deseo. Ésa es la diferencia. Te dicen: «No desees objetos mundanos, sino celestiales. No desees dinero, desea a Dios».

Ahora puedes ver la diferencia, el cambio revolucionario que eso supone. El Buda dice simplemente que no desees. No es cuestión de qué se desea. Si deseas seguirás siendo desdichado. No desees, eso es todo. Sé sin deseo, eso es todo. Y cuando eres sin deseo estás sosegado, tranquilo y recogido. Cuando eres sin deseo el ego desaparece, desaparece la desdicha y sintonizas con la ley.

Tu deseo siempre entra en conflicto con la ley. Tu deseo simplemente dice que no estás satisfecho con lo que te ha sido dado. Pides más o pides otra cosa. Una persona sin deseo dice: «Cualquier cosa está bien. Cualquier cosa que suceda, sucede. Lo acepto y lo tomo. No tengo otro pensamiento. Si eso es lo que pasa, me deleito en ello, sea lo que fuere. Lo disfruto. Soy con ello».

Eso es lo que denomino entrega. Entregarse significa no desear.

«No se ve obstaculizado por pensar en el camino.»

Si deseas a Dios, el paraíso... De hecho, la palabra "paraíso" significa jardín vallado... Si deseas bellos palacios en el otro mundo, entonces incluso el camino, el sendero, la religión, la Biblia, el Corán, la Gita, serán un obstáculo para ti, serán una gran carga, porque una mente de deseo siempre se halla desasosegada, siempre vacila, siempre piensa en lo que pasará o dejará de pasar, y siempre duda de si alguna vez le ha pasado a alguien.

«¿Soy tonto por desearlo? ¿Existe en realidad? ¿Existe el otro mundo? ¿Dios? ¿La felicidad? ¿El paraíso? ¿O se trata simplemente de un mito, de una fábula infantil para gente que necesita juguetes?». E incluso en esas circunstancias, el camino se convierte en tensión, porque lo utiliza todo como medio para alcanzar un fin.

El Buda dice que el ser que comprende ni siquiera se ve obstaculizado por pensar en el camino, porque no va a ninguna parte, y por ello no hay "camino" alguno. Está sencillamente aquí. Cuando se va a alguna parte se necesita un camino. Cuando comprendes, simplemente disfrutas de estar aquí. Basta con este momento. No hay lugar alguno al que dirigirse, ¿qué sentido tiene pues un camino, un sendero, unos medios? No hay meta, no hay fin, ningún sitio al que ir.

Yo también insisto en lo mismo. No hay ningún sitio al que ir. Sólo hay que estar aquí todo lo posible. No permitas que tu mente vaya a ninguna parte. Y en ese momento, cuando no vas a ningún sitio, todo se aquieta. Experiméntalo. Puedes experimentarlo ahora mismo, escuchándome, si no vas a ninguna parte.

Puedes escucharme de dos maneras. Una pertenece a la mente, al deseo. Puedes escucharme a fin de descubrir alguna clave y así iluminarte; hallar alguna clave para que así puedas entrar en el palacio de Dios; descubrir la llave. Así estarás intranquilo, incómodo.

O bien puedes escucharme sin albergar la idea de ir a ninguna parte. Puedes limitarte a escucharme, puedes permanecer aquí conmigo. En ese silencio, cuando estás simplemente ahí, deleitándote conmigo, escuchándome como quien escucha una cascada, como quien escucha el trinar de los pájaros en los árboles, como quien escucha al viento entre los pinos –escuchando sin ninguna razón–, entonces, en ese momento, estás sintonizado con el *tao*, estás sintonizado con el *dhamma*, estás sintonizado con el universo.

El universo va a alguna parte; tú sintonizas con él, y te mueves con el río, sin meterle prisa, y de ese modo no tienes más objeto que el todo.

«...ni se enreda en el karma.»

Quien comprende no ha de hacer nada, sólo es. Su ser es toda su acción. Su acción es su deleite, su disfrute. Pregúntale a un pintor. Si es un pintor auténtico, entonces disfrutará pintando, no a causa del resultado. Puede que haya o no haya un resultado, pero eso es irrelevante.

Alguien le preguntó a Van Gogh: «¿Cuál es su mejor cuadro?». Él estaba pintando algo, así que dijo: «Este mismo, el que pinto ahora mismo». La gente se preguntaba por qué pintaba Van Gogh si no vendía ni un solo cuadro. No vendió ni un solo cuadro en vida. Y se moría de hambre, porque no tenía suficiente para vivir. Cada semana su hermano le pasaba una cierta suma, justo para vivir. Así que comía tres días a la semana, y los otros cuatro ayunaba para ahorrar dinero para las pinturas, los pinceles, y los lienzos, que no vendía. La gente creía que estaba loco, pero él era tremendamente feliz... muriéndose de hambre y feliz. ¿Cuál era su felicidad? El acto mismo de pintar.

Recuerda, una acción se convierte en un karma, en una dependencia, si tiene alguna finalidad, si "vas a alguna parte".

Pero si tu acción es sólo tu deleite —como juegan los niños, haciendo castillos de arena, disfrutando, sin que su actividad tenga un objeto, sólo jugar, siendo la actividad el juego en sí mismo—, entonces no hay karma, no hay dependencia. Entonces cada acción conlleva más y más libertad.

«...sin prejuicios, compulsión, disciplina.»

Quien comprende no requiere de disciplina. Su comprensión es su disciplina. Tú necesitas disciplina porque tu comprensión no basta.

Alguien me escribió una carta diciéndome que sabía lo que estaba bien pero que no dejaba de obrar mal. Sabe lo que está mal pero continúa haciéndolo. «¿Cómo puedo cambiar, Osho?», me preguntaba. Ahora bien, si realmente sabes lo que es correcto, ¿cómo puedes obrar mal? Tu conocimiento debe ser prestado, no puede ser verdaderamente tuyo. Si supieras de verdad lo que está mal no lo harías. Es imposible. Si lo haces demuestras que no lo sabes.

Sócrates solía decir: «El saber es virtud». Si sabes algo, empieza a pasar. Pero el saber debe ser real, y con real quiero decir que debe ser tuyo, debe haber llegado a través de tu propia vida, debe ser una esencia de tu propia experiencia. No debe ser prestado, ni académico, ni escriptúrico, no debe ser información y ya está. Debe ser tu propia experiencia, debes de haberlo vivido. Si es así no puedes ir contra ese saber, es imposible.

¿Cómo puedes atravesar una pared sabiendo que es una pared? Pasas por la puerta. Nunca se te ocurrirá venir a decirme: «Lo sé, Osho, ya sé donde está la puerta, pero sigo intentando primero atravesar la pared. Siempre me doy de cabeza. ¿Qué puedo hacer?». Si sabes dónde está la puerta pasas por ella. Si dices que sabes y no obstante sigues intentando pasar por la pared, estás demostrando que no lo sabes. Puedes haber oído hablar de qué es una puerta, tal vez te lo haya contado alguien, pero no confías en ello. Tu acción demuestra lo que sabes. Tu acción es la única prueba de tu conocimiento, y de nada más.

El Buda dice que si el saber está ahí entonces no hace falta disciplina alguna. El saber conlleva su propia disciplina intrínseca, interna.

Existen dos tipos de disciplina, al igual que dos tipos de saber. Si el saber proviene del exterior, entonces debes forzarte a seguir una disciplina. Si ese saber mana, rebosa de tu interior, entonces no es necesaria disciplina alguna. La disciplina llega como una sombra de ese saber.

«...sin disciplina, iluminación, y sin ascender escalón alguno.»

Y el Buda dice que no hay escalones. Hay gente por ahí que llega y me dice: «Soy avanzado pero todavía no realizado». Pretenden que se lo certifique, que les dé una indicación de lo lejos que han avanzado, o del nivel en el que están.

El Buda dice que de hecho no hay graduaciones. Sólo hay dos tipos de personas: iluminadas y e ignorantes. No hay nada en el medio. No hay nadie que esté en medio. O estás vivo o estás muerto, pero no hay nadie en el medio. O sabes o no sabes, pero nada más. Los escalones no existen.

Todas las graduaciones son trucos del ego. El ego dice: «Sí, todavía no estoy iluminado, pero estoy muy avanzado. Tengo una nota de noventa y nueve, un punto más y estaré iluminado. No me queda mucho... estoy muy adelantado». Abandona todas esas tonterías. Si no estás iluminado entonces no estás iluminado, así de simple.

Toda la gente ignorante es igual y todos los iluminados también. La diferencia radica únicamente en que tú estás dormido y que alguien sentado a tu lado permanece totalmente alerta y consciente. Ésa es la única diferencia. Si estás despierto, estás despierto. No puedes decir: «Estoy justo en el medio». Ese estado no existe. Si estás dormido, pues lo estás; si estás despierto, pues estás despierto.

Y la diferencia es pequeña, aunque tremenda. Alguien totalmente atento sentado y despierto tiene a otra persona roncando a su lado. Ambos son seres humanos, con la misma conciencia, pero uno mora en una densa oscuridad, perdido, inconsciente de sí mismo, y el otro es luminoso, está vivo, realizando su propia llama interior.

Si algo les sucediera a ambos, reaccionarían de modo distinto. La persona despierta reaccionaría de otro modo. Su reacción sería una respuesta; respondería, sabiendo muy bien lo que hace. Si la persona dormida reacciona, será de manera mecánica, sin darse cuenta de lo que hace.

Dice el Buda:

> «...sin disciplina, iluminación, y sin ascender escalón alguno, y no obstante en posesión de todos los honores en sí mismo. Eso se llama el camino.»

El Buda dice que si entregas el ego, si te entregas a ti mismo, estás en armonía con la ley y todo empieza a suceder por sí mismo. No tienes más que entregarte. Si estás dispuesto a desaparecer, te colmarás de la ley y la ley se encargará de todo.

¿Te has dado cuenta? Si confías en el río puedes flotar. En el momento en que pierdes la confianza te empiezas a ahogar. Si confías, el río te toma en sus manos. Si te asustas te ahogas. Por eso los cadáveres flotan en la superficie del río, porque no dudan. Los cadáveres no se asustan.

Las mismas personas vivas se metieron en el río y se ahogaron. De muertas salen a la superficie, empiezan a flotar en la superficie. Ahora es muy difícil que el río se las trague, ningún río puede hacerlo. Ningún río puede ahogar a un cadáver. ¿Pero qué pasa con los vivos? Los muertos deben conocer algún secreto. Y ese secreto es que no pueden dudar.

Ya debes conocer esa bella parábola de la vida de Jesús, en la que sus discípulos cruzan el mar de Galilea y él se queda atrás, y dice: «No tardaré en llegar. He de decir mis oraciones». Y luego los discípulos se quedan de una pieza, porque llega andando sobre las aguas. Se asustan y tienen miedo. Creen que debe tratarse de alguna fuerza maligna. ¿Cómo es que puede andar sobre las aguas?

Y uno de los discípulos dice: «Maestro, ¿eres tú de verdad?». Y Jesús contesta: «Sí». Luego el discípulo dice: «Si tú puedes andar sobre las aguas, ¿por qué yo, que soy tu discípulo, no puedo hacerlo?». Y Jesús responde: «Tú también puedes, ¡ven!». Y el discípulo va y camina unos pocos pasos y se sorprende al hacerlo, pero entonces surge la duda, y dice: «¿Qué es esto que está sucediendo? Es increíble».

En el momento en que piensa: «Es increíble. Estoy soñando, o se trata de algún truco del demonio. ¿Qué está pasando?», empieza a ahogarse. Y Jesús le dice: «¡Ah, tú, hombre de poca fe! ¿Por qué has dudado? Has dado unos pocos pasos y sabes lo que ha pasado. ¿Por qué has dudado?».

La cuestión no es si la historia sucedió exactamente en esos términos. Pero yo también lo sé; podéis probar. Si confiáis en el río, relajaos en sus aguas y flotad. Luego surgirá la duda, la misma duda que atenazó al discípulo de Jesús: «¿Qué está pasando? ¿Cómo es posible? No me ahogo», e inmediatamente empezarás a ahogarte.

La diferencia entre un nadador y alguien que no lo es radica en nada. El nadador ha aprendido a confiar; el que no nada todavía ha de aprender a confiar. Ambos son iguales. Cuando el que no nada se cae al río, surge la duda. Empieza a tener miedo de que el río le ahogue. Y claro, el río acaba ahogándole. Pero en realidad es él mismo el que se ahoga en su propia duda. El río no hace nada. En cambio, el nadador conoce el río, las maneras del río, ya ha estado en el río muchas veces y confía en él; así que flota, pues no teme.

La vida es exactamente igual.

Dice el Buda:

> «...y no obstante en posesión de todos los honores en sí mismo. Eso se llama el camino.»

Quien comprende suelta del todo. Permite que la ley funcione. Si quieres utilizar lenguaje religioso antiguo, un lenguaje no budista, entonces puedes llamarlo entrega a Dios. El devoto dice: «Ahora he dejado de ser, sólo tú eres. Sólo soy la flauta en tus labios, un bambú hueco. Tú cantas, la canción es tuya. Sólo seré un fragmento». Ése es lenguaje religioso antiguo.

El Buda no acaba de sentirse a gusto con el lenguaje antiguo. El Buda no acaba de sentirse a gusto con el lenguaje de los poetas, prefiere el lenguaje científico. Habla igual que Albert Einstein, o que Newton, o Edison. Habla de la ley... y te toca a ti decidir. La diferencia sólo es de lenguaje, pero lo básico es soltar, una entrega total.

Dijo el Buda:

> «Quienes se afeitan la cabeza y el rostro se convierten en *shramanas* y quienes reciben instrucción sobre el camino deben abandonar todas las posesiones mundanas y contentarse con lo que obtengan mendigando. Una comida al día y una morada bajo un árbol, y ninguna de ambas debe repetirse, porque lo que hace al ser humano estúpido e irracional son los apegos y las pasiones».

El Buda insistió en que sus *sannyasines* se afeitasen la cabeza y la cara. Son sólo gestos, no hay que tomárselo literalmente. Son gestos, indicaciones de que estás dispuesto a la entrega. No tienen otro sentido. El único sentido es que estás dispuesto a ir con el Buda.

Cuando se toma *sannyas*, cuando se es iniciado, simplemente dices sí. Dices: «Sí, voy contigo. Y aunque me digas que haga una locura, estoy dispuesto a ello». Se trata de un gesto de entrega.

El Buda solía decir que un *shramana* debe vivir en la inseguridad. Por eso lo de hacerse mendigo. Pero no hay que tomárselo literalmente. Intenta comprender el espíritu de la cuestión. Dice que no puedes poseer nada, que es imposible poseer algo. La vida es inseguridad y no hay manera de estar seguro. La muerte llegará y destruirá todas tus seguridades. Así que no te molestes. Y aunque seas mendigo, sé feliz, sé un mendigo feliz. No es cuestión de preocuparse demasiado por la seguridad. Comprende la inseguridad de la vida, acéptala, y en esa aceptación te sentirás seguro.

Y el Buda solía decir:

> «Una comida al día y una morada bajo un árbol, y ninguna de ambas debe repetirse».

Porque el Buda dice que si repites algo una y otra vez, se convierte en un hábito, en un hábito mecánico. Y cuando te haces mecánico pierdes atención. Así que no repitas. Cambia constantemente la situación, para que siempre puedas mantenerte alerta. Cambia de población. No mendigues dos veces en la misma puerta y no vuelvas a dormir bajo el mismo árbol. Se trata de mecanismos para que permanezcas alerta.

¿Te has fijado alguna vez? Si te mudas a una casa nueva, durante unos días te sientes incómodo. Luego, y con el tiempo, te vas acostumbrando a la casa nueva y acabas encontrándote bien. Esa casa se ha convertido en un hábito. El Buda dice que debes trasladarte antes de que eso suceda. Ni siquiera debes dormir dos veces bajo el mismo árbol, si no surgirá en la mente una tendencia a reclamarlo.

Los mendigos también reivindican lo suyo. Un mendigo se sienta bajo un árbol y mendiga; y no permitirá que ningún otro mendigo se siente allí. Dirá: «Lárgate a otro sitio, ¡éste es mi árbol!». Los mendigos tienen sus territorios. Si se instala un mendigo en tu barrio no permitirá que otros también lo hagan, y luchará por ello, porque será su territorio. Puede que no lo sepas, pero tú perteneces a su territorio. Y no dejará que otros mendigos se acerquen.

El Buda dice que no hay que permitir que la mente se torne perezosa, que no hay que dejar que la mente se torne mecánica. Permanece alerta, en movimiento. No te estanques, sigue moviéndote, porque si se permiten apegos y pasiones uno se estupidiza. Si te apegas pasas a ser un estúpido, pierdes inteligencia.

Cuanto más seguro estás, más estúpido te vuelves. Por eso es raro que la gente inteligente provenga de familias ricas... sí, es muy raro. Como están tan seguros, carecen de desafíos en la vida y tienen todo lo que necesitan, ¿de qué han de preocuparse? La verdad es que no hay mucha gente rica que haya heredado su dinero y que sean muy avispados. Casi siempre tienden a ser algo pesados, pues viven en una especie de torpor, de lentitud. Se arrastran cómodamente, de forma conveniente, tal vez en un Rolls Royce, pero se arrastran, un tanto embotados. La vida parece carecer de desafíos porque no hay inseguridad.

El Buda la utilizaba como mecanismo: vive en la inseguridad y espabilarás. Un mendigo debe ser muy espabilado e inteligente, pues no tiene nada. Ha de vivir momento a momento. Por eso el Buda insistió en que sus *sannyasines* fuesen mendigos. Los llamó *bhikkhus*. La palabra *bhikkhu* significa "mendigo". Fue un trastrocamiento. En la India, a los *sannyasines* siempre se los ha conocido como *swamis*, que significa "maestro". En realidad, la palabra "*swami*" significa "señor". El Buda lo cambió todo. Llamó *bhikkhus* a sus *sannyasines*, los llamó mendigos. Pero aportó una nueva dimensión, un nuevo significado, un nuevo desafío.

Dijo: «Vivid momento a momento. No tengáis nada, nunca estaréis seguros... y nunca seréis estúpidos». ¿Te has dado cuenta? En cuanto tienes dinero te aletargas. Cuando no tienes dinero te espabilas. Si de repente lo pierdes todo entonces pones mucha atención. Si debes mantenerte viviendo de mendigar no puedes estar seguro acerca del mañana. Nadie sabe qué sucederá, si conseguirás algo o no, si hallarás a alguien que te dará algo o no; no lo sabes. El mañana no está asegurado... es incierto. En la incertidumbre, en la inseguridad, la mente se hace más aguda. Uno se torna más brillante.

Dijo el Buda:

> «Hay diez cosas que todos los seres consideran buenas, y diez cosas malas».

¿Cuáles son?

> «Tres de ellas dependen del cuerpo, cuatro de la boca, y tres del pensamiento.
>
> Los tres actos nocivos que dependen del cuerpo son: matar, robar y cometer adulterio. Los cuatro que dependen de la boca son: calumniar, maldecir, mentir y adular. Los tres que dependen del pensamiento son: envidia, cólera y pasión ciega. Todas estas cosas van contra el sacro camino, y por tanto son nocivas.»

Fíjate en la diferencia. El Buda dice que van contra el sacro camino. Si cometes esos diez actos serás desdichado; el dolor, la ansiedad y la angustia serán tu pan de cada día. Es difícil que alguien sea violento y que no se sienta desdichado. Si matas a alguien morarás en la desdicha. Antes de matar te sentirás miserable, cuando matas eres miserable, y tras haber matado morarás en la desdicha. La destructividad no puede reportar felicidad; la destrucción va contra la ley de la creación.

La ley de la creación es ser creativo. Así que el Buda dice que si eres destructivo serás desdichado. Ser envidioso, engreído, competitivo, ambicioso, celoso o posesivo te hace desdichado.

Ahora bien, aquí tenemos una actitud muy distinta. No se trata de que Dios diga: «No hagas esto», no hay diez mandamientos... El Buda también dice que hay diez cosas a evitar, pero no que exista un déspota, alguien que dicte, alguien parecido a Adolf Hitler y a Stalin, sentado en un trono dorado en el cielo, dedicado a dictar: «Haz esto y no hagas aquello». No, no hay nadie. Tú eres quien ha de decidir.

El Buda sólo te proporciona un criterio: todo lo que conlleva desdicha es erróneo. No dice que sea un pecado. Fíjate en el énfasis. Sólo dice que es erróneo, del mismo modo que dos más dos no son cinco. Si dices que dos más dos son cinco nadie te dirá que estás cometiendo un pecado, sino que es un error, que es una equivocación.

En la terminología budista no existe nada parecido al pecado; sólo errores, equivocaciones. No hay condenación. Puedes corregir un error, o una equivocación. Es fácil. Puedes decir que dos más dos son cuatro en el momento que lo entiendas.

«Todas estas cosas van contra el sacro camino, y por tanto son nocivas.»

No existe otra razón para que sean nocivas que el hecho de que crean desdicha. De hecho tú la creas al hacerlas. Si no quieres ser desdichado, entonces debes evitarlas.

«Cuando no se practican esos males hay diez actos buenos.»

Esto es muy importante. Volvamos a escuchar la frase:

«Cuando no se practican esos males hay diez actos buenos».

El Buda no habla de los actos buenos. Dice que si no cometes esos diez estarás en armonía con el todo, con la ley, y que todo lo que suceda será bueno.

No es que uno tenga que hacer el bien. El bien es cuando uno no es hacedor; cuando se suelta y se es con el todo, cuando fluyes con la ley, con el río, el bien sucede *per se*. El bien no es un acto. No hay pecados, sólo errores. Y no hay virtud, no hay *punya*, ya que los buenos actos suceden cuando uno se ha entregado a sí mismo.

Así que el Buda dice que hay que evitar los actos nocivos, las cosas malas. No dice que haya que practicar las buenas, sino que sólo dice que al evitar las nocivas sintonizarás con el todo, entrarás en armonía con la ley, y que todo lo que suceda será bueno.

El bien es como la salud. Si no estás enfermo, entonces estás sano. Sólo has de evitar la enfermedad, eso es todo, y estarás sano. Si acudes al médico y le preguntas la definición de salud, no sabrá dártela. Dirá: «No lo sé. Sólo puedo diagnosticar la enfermedad. Puedo prescribir un medicamento para la enfermedad. Cuando la enfermedad desaparezca estarás sano y entonces sabrás lo que es la salud».

La actitud del Buda es igual. El Buda solía decir de sí mismo que era un médico, un *vaidya*, doctor. Solía decir de sí mismo: «Sólo soy un médico, un doctor. Acudís a mí y yo diagnostico vuestro mal, y receto una medicina. Cuando la enfermedad desaparece, lo que queda, esa presencia, es la salud».

«Cuando no se practican esos males hay diez actos buenos.»

Así que no te está proponiendo una disciplina positiva a seguir, sólo una comprensión negativa. Trata de comprender para así no cometer el error y poder estar en armonía con el todo.

La armonía es felicidad, y la armonía es el cielo. Y la armonía sólo tiene lugar cuando se está en sintonía con el todo. Ser con el todo es ser santo.

Basta por hoy.

3. PERMANECED POR TANTO ATENTOS

Dijo el Buda:

«Si una persona que ha cometido muchas ofensas no se arrepiente y limpia su corazón del mal, a esa persona le alcanzará su retribución con tanta seguridad como los ríos fluyen hacia el mar, que se torna más ancho y profundo.

»Si quien ha cometido una ofensa y lo reconoce, se reforma a sí mismo y practica la benevolencia, la fuerza de la retribución se irá agotando de forma gradual de igual manera que una enfermedad va perdiendo de forma gradual su perniciosa influencia cuando el paciente transpira».

Dijo el Buda:

«Cuando al verte practicando benevolencia, una persona malvada se acerca y te insulta de forma maliciosa, deberás soportarlo con paciencia y no sentir cólera. Pues la persona maliciosa se insulta a sí misma al tratar de insultarte a ti».

Dijo el Buda:

«En una ocasión llegó un hombre ante mí y me denunció por seguir el camino y practicar gran benevolencia. Pero permanecí silencioso y no le respondí. La denuncia cesó, y entonces le pregunté: "Si le llevas un regalo a tu vecino y éste no lo acepta, ¿significa eso que el regalo te es devuelto?". El hombre contestó que sí. Entonces le dije: "Tú ahora me denuncias, pero yo no lo acepto, y por ello debes aceptar ese hecho erróneo sobre tu propia persona. Es como un eco tras un sonido, como una sombra que sigue a un objeto. Nunca escaparás al efecto de tus propios actos nocivos. Por tanto, permanece atento y cesa de hacer el mal"».

El ser humano es una multitud, una enorme multitud de muchas voces –relevante, irrelevante, consistente, inconsistente–, y cada voz tira de su lado; y el conjunto de todas las voces destroza al ser humano. El ser humano corriente es una confusión, de hecho es una especie de locura. Te las arreglas para parecer cuerdo. Pero en tu interior bullen capas y capas de demencia, que pueden entrar en erupción en cualquier momento, puedes perder el control en cualquier instante, porque tu control viene impuesto desde el exterior. No es una disciplina que provenga del centro de tu ser.

Por razones sociales, económicas y políticas te has impuesto un cierto carácter a ti mismo. Pero son muchas las fuerzas vitales en tu interior que están en contra de ese carácter. De hecho lo sabotean continuamente. Por eso cada día cometes muchos errores, te equivocas mucho. Hay ocasiones en las que incluso sientes que nunca quisiste hacer esto o lo otro. Pero a pesar de ti mismo no dejas de cometer errores, porque no eres uno, sino muchos.

El Buda no llama pecados a esos errores, porque al llamarlos pecados te estaría condenando. Él sólo los llama fallos, equivocaciones, errores. Errar es humano, no errar es divino. Y el camino de lo humano a lo divino pasa por la atención. Las numerosas voces de tu interior pueden dejar de torturarte, de tirar de ti, de empujarte. Esas voces pueden desaparecer si estás atento.

En el estado de atención no se cometen errores. No es que los controles, sino que en un estado atento, alerta, en un estado consciente, cesan muchas voces. Sólo escuchas una, y todo lo que haces proviene del hondón de tu ser. Nunca es erróneo. Debes comprender eso antes de que sigamos con esos sutras.

En la psicología humanista hay un paralelismo para que lo comprendas. Es lo que el análisis transaccional denomina el triángulo dramático entre los papeles de padre, adulto, y niño. Ésas son tus tres capas, como si fueses un edificio de tres plantas. La primera es la del niño, la segunda es la del padre, y la tercera planta es la del adulto. Las tres coexisten.

Ése es tu triángulo y conflicto interno. El niño dice una cosa, el padre otra, y el adulto, la mente racional, dice algo más.

El niño dice "disfrutar". Para el niño este momento es el único momento; no tiene más consideraciones. El niño es espontáneo, pero inconsciente de las consecuencias, del pasado y del futuro. Vive en el momento. Carece de valores y de atención, de conciencia. El niño consiste en conceptos sentidos; vive a través de la sensación. Todo su ser es irracional.

Pero claro, entra en muchos conflictos con los demás, y también alberga muchas contradicciones en su interior, porque una sensación le ayuda a hacer una cosa, y luego empieza de repente a sentir otra cosa. Un niño nunca puede acabar nada. Para cuando pudiera hacerlo su sensación ya ha cambiado. Empieza muchas cosas pero nunca alcanza ninguna conclusión. Un niño es inconclusivo. Disfruta, pero su disfrute no es creativo, no puede serlo. Disfruta, pero la vida no puede vivirse sólo a través del disfrute. No puedes ser un niño para siempre. Has de aprender muchas cosas, porque no estás aquí solo.

Si estuvieses solo entonces no habría problema, podrías ser un niño para siempre. Pero la sociedad está ahí, y también millones de personas; has de seguir muchas reglas y valores. De otro modo habría tantos conflictos que la vida sería imposible. Así que hay que disciplinar al niño, y ahí es donde entra el padre.

La voz parental en tu interior es la voz de la sociedad, de la cultura y la civilización; esa voz permite que vivas en un mundo donde no estás solo, donde hay muchos individuos con ambiciones que entran en conflicto, donde hay mucha lucha por la supervivencia, donde hay mucho conflicto. Has de ir abriéndote camino, y debes avanzar con mucho cuidado.

La voz parental es la de la cautela. Te civiliza. El niño es salvaje, y la voz parental te ayuda a civilizarte. La palabra "civil" es muy interesante. Significa alguien ha sido vuelto capaz de vivir en una ciudad; se ha convertido en un miembro de un grupo, de una sociedad.

El niño es muy dictatorial. Cree que es el centro del mundo. El padre ha de enseñarte que no eres el centro del mundo; todo el mundo piensa lo mismo. Ha de convertirte en alguien cada vez más atento al hecho de que en el mundo hay mucha gente, que no estás solo. Has de tenerles en cuenta si quieres que toda esa gente te tenga en cuenta a ti. Si no, te aplastarán. Es una cuestión de supervivencia, de política, de políticas.

La voz parental te proporciona mandamientos: qué hacer y qué no hacer. La sensación es ciega. El padre te hace cauto. Es necesario.

Y luego está esa tercera voz interna, la tercera capa, que es cuando te haces adulto y dejas de estar controlado por tus padres; tu razón ha madurado y ahora puedes pensar por ti mismo.

El niño consiste en conceptos sentidos; el padre consiste en conceptos enseñados, y el adulto consiste en conceptos pensados. Y esas tres capas están luchando continuamente entre sí. El niño dice una cosa, el padre dice lo contrario, y la razón puede decir algo totalmente distinto.

Ves un plato de comida estupendo. El niño dice que comas todo lo que desees. La voz del padre dice que hay que tener en cuenta muchas cosas, como si realmente tienes hambre o si sólo estás comiendo con los ojos. ¿Es esta comida realmente nutritiva? ¿Alimentará tu cuerpo o puede resultar perjudicial? Espera, escucha, no te precipites. Y luego está la mente racional, la mente adulta, que puede decir otra cosa, totalmente distinta.

No es necesario que tu mente adulta esté de acuerdo con tus padres. Tus padres no eran omniscientes, no lo sabían todo. Eran tan falibles como tú y como tantos seres humanos, y muchas veces encuentras lagunas en su razonamiento. En muchas ocasiones te parecen dogmáticos, supersticiosos, que creen en tonterías y siguen ideologías irracionales.

El adulto dice no, y tus padres dicen sí; el adulto dice no vale la pena, y el niño tira de ti para ir a otro sitio. Ése es el triángulo que mora en tu interior.

Si escuchas al niño, tu padre se enfada. Así que una parte se siente bien –puedes comer todos los helados que desees– pero tu padre interno se enfada; una parte de ti empieza a condenar. Y entonces empiezas a sentirte culpable. Surge la misma culpa que solía manifestarse cuando eras un niño de verdad. Pero aunque ya no eres un niño, ese niño no ha desaparecido. Está ahí; está en tu planta baja, en la base, en tus cimientos.

Si sigues al niño, si sigues la emoción, el padre se enfada y empiezas a sentirte culpable. Si sigues al padre entonces el niño se siente forzado a hacer cosas que no quiere. El niño se siente manipulado innecesariamente, siente que se le transgrede. Cuando escuchas al padre pierdes libertad, y el niño empieza a rebelarse.

Si escuchas al padre, tu mente de adulto dice: «¡Qué tontería! Esta gente nunca supo nada. Tú sabes mucho más, estás en sintonía con el mundo moderno, eres más contemporáneo. Esas ideologías están muertas, pasadas de moda, ¿para qué te preocupas de ello?». Si escuchas a tu razón entonces sientes que estás traicionando a tus padres. Vuelve a aparecer la culpa. ¿Qué hacer? Además, es casi imposible hallar alguna cuestión en la que las tres capas se pongan de acuerdo.

Ésa es la ansiedad humana. No, las tres capas nunca se ponen de acuerdo sobre nada. Nunca hay compromiso.

Ahora bien, también están los maestros que creen en el niño. Insisten más en el niño. Por ejemplo, Lao Tzu dice: «No va a haber acuerdo. Abandona la voz parental, los mandamientos, todos los Antiguos Testamentos. Suelta todos los "debería" y vuelve a ser niño». Eso es lo que dice Jesús. El énfasis de Lao Tzu y Jesús es volver a ser niño, porque sólo con el niño serás capaz de ganar tu espontaneidad, volverás a formar parte del fluir natural, del *tao*.

Su mensaje es muy hermoso, pero parece impracticable. A veces, sí, ha sucedido que una persona vuelva a ser niño. Pero eso es tan excepcional que no es posible llegar a pensar que la humanidad volverá a ser de nuevo infantil. Es algo tan hermoso como una estrella... pero muy lejana, inalcanzable.

Luego están los otros maestros –Mahavira, Moisés, Mahoma, Manu–, que dicen que hay que escuchar a la voz parental, escuchar a la moral, lo que dice la sociedad, lo que te ha sido enseñado. Escucha y síguelo. Si quieres encontrarte bien en el mundo, si quieres estar tranquilo en el mundo, escucha al padre. Nunca vayas en contra de la voz parental.

Eso es lo que más o menos ha hecho el mundo. Pero entonces uno nunca se siente espontáneo, natural. Siempre te sientes confinado, enjaulado. Y cuando no te sientes libre, puedes sentirse tranquilo, pero ese sosiego es baladí. A menos que la paz venga acompañada de libertad no puedes aceptarla. A menos que la paz venga acompañada de gozo no puedes aceptarla. Implica conveniencia, comodidad, pero tu alma sufre.

Sí, también los hay que se han realizado a través de la voz parental, que han realizado la verdad. Pero eso tampoco es nada común. Y ese mundo ya ha desaparecido. Moisés, Manu y Mahoma tal vez fueron muy útiles en el pasado. Ofrecieron mandamientos al mundo. «Haz esto. No hagas aquello». Simplificaron las cosas, las simplificaron mucho. No dejaron nada para que tú decidieses; no confiaban en que fueses capaz de decidir. Se limitaron a ofrecerte una fórmula prefabricada: «Éstos son los diez mandamientos que hay que seguir. Limítate a cumplirlos y todas tus esperanzas y deseos se materializarán. Sé obediente».

Todas las religiones antiguas insisten demasiado en la obediencia. La desobediencia es el único pecado. Eso es lo que cuenta el cristianismo. Adán y Eva fueron expulsados del jardín de Dios porque desobedecieron. Dios les dijo que no comiesen del fruto del árbol del conocimiento y ellos desobedecieron. Fue su único pecado. Pero todos los niños cometen ese mismo pecado. El padre dice: «No fumes», pero él lo hace. El padre dice: «No vayas al cine», pero él va. La historia de Adán y Eva es la historia de todos los niños. Y luego vino la condenación, la expulsión...

La obediencia es la religión de Manu, Mahoma y Moisés. Pero ese mundo ha desaparecido, y son muchos los que no se han realizado en él. Muchos estuvieron tranquilos, fueron buenos ciudadanos, buenos y respetables miembros de la sociedad, pero poca cosa más.

Luego esta el tercer énfasis, el de ser adulto. Confucio, Patañjali o los agnósticos modernos –Bertrand Russell–, y todos los humanistas del mundo insisten en lo mismo: «Cree sólo en tu propia razón». Eso parece muy difícil, tan difícil que la vida se convierte en un conflicto. Como te han criado tus padres, has sido condicionado por ellos. Si sólo escuchas a tu razón habrás de negar muchas cosas en tu ser. De hecho, has de negar toda tu mente. Y no es fácil borrarla.

Naciste como niño sin ninguna razón. Eso también está ahí. Básicamente eres un ser emocional; la razón llega muy tarde. De hecho llega cuando todo lo que ha de suceder ha sucedido. Los psicólogos dicen que un niño aprende casi el 75 % de todo su conocimiento cuando tiene alrededor de 7 años, el 50 % cuando tiene 4 años. Y todo ese aprendizaje tiene lugar cuando eres un niño, y la razón llega muy tarde. Es una llegada muy tardía. De hecho, llega cuando todo lo que tenía que suceder ha sucedido.

Vivir con la razón es muy difícil. Hay gente que lo ha intentado –un Bertrand Russell aquí y allá...–, pero nadie ha alcanzado la verdad a través de ella, porque para ello no basta con la razón.

Se han elegido y ensayado todas esas probabilidades, pero ninguna ha funcionado. El punto de vista del Buda es totalmente distinto. Ésa es su original contribución a la conciencia humana. Dice que no hay que elegir ninguno, sino que hay que pasar a ocupar el centro del ángulo. No elijas la razón, no elijas al padre, no elijas al niño; simplemente pasar a ocupar el centro del ángulo y permanecer silente y atento. Su enfoque es enormemente significativo. Desde ahí podrás tener una clara perspectiva de tu ser. Y esa perspectiva y claridad permiten que llegue la respuesta.

Podemos decirlo de otro modo. Si funcionas como un niño, se trata de una reacción infantil. En muchas ocasiones funcionas como tal. Alguien dice algo y te hace daño, y coges una rabieta, lleno de cólera y genio... y lo pierdes todo. Más tarde te sientes fatal por haber perdido tu imagen. Todo el mundo te cree tan sensato y resulta que eras infantil, y eso que la cuestión no era tan importante.

O bien sigues la voz parental, pero luego piensas que sigues dominado por tus padres. Todavía no eres un adulto, no eres lo suficiente maduro para tomar en tus manos las riendas de tu vida. O a veces sigues a la razón, pero entonces piensas que no basta con la razón, que también se necesita la emoción. Y sin emoción un ser racional se queda en cabeza; pierde contacto con el cuerpo, con la vida, se desconecta. Funciona como un mecanismo pensante. Pero pensar no puede hacerte sentir vivo, en pensar no está el jugo de la vida. Está lleno de sequedad. Entonces anhelas, anhelas algo que pueda dejar que tus energías fluyan, que te vuelva a permitir ser inmaduro, y sentirte vivo y joven. Ése es el proceso y acabas mordiéndote la cola.

El Buda dice que no son más que reacciones y que cualquier reacción está destinada a ser parcial –sólo la respuesta es total– y todo lo parcial es una equivocación. Ésa es su definición de error: todo lo que es parcial es una equivocación. Porque el resto de tus partes siguen insatisfechas y deberán vengarse por ello. Sé total. La respuesta es total, la reacción es parcial.

Cuando escuchas a una única voz y la sigues te estás buscando problemas. Nunca te satisfará. Sólo quedará satisfecha una parte, y las otras dos estarán insatisfechas. Así que dos terceras partes de tu ser quedarán insatisfechas, y una tercera parte estará satisfecha, y por esa razón siempre estarás agitado. Hagas lo que hagas, la reacción nunca puede satisfacerte, porque es parcial.

La respuesta... La respuesta es total. Dejas de funcionar desde un triángulo, ya no eliges; simplemente permaneces en una conciencia imparcial. Permaneces centrado. Y actúas a partir de ese estar centrado, frente a lo que sea. No es ni el niño, ni el padre, ni el adulto. Has ido más allá del triángulo. Ahora eres tú, ni el niño, ni el padre, ni el adulto. Eres tú, tu ser. El triángulo es como un tornado y tu centro es el centro del tornado.

El Buda dice que siempre que es necesario responder, lo primero es permanecer atento, consciente. Recordar el centro. Enraizarse en el centro. Permanece ahí durante unos momentos antes de hacer nada. No es necesario pensar en ello porque el pensamiento es parcial. No es necesario sentirlo porque la sensación es parcial. No es necesario descubrir claves a partir de tus padres, de la Biblia, el Corán, la Gita..., todo ello representa lo parental, y no hay necesidad. Basta con que permanezcas tranquilo, silencioso, atento, observando la situación como si estuvieses fuera de ella, ajeno, como un observador en una montaña.

Ése es el primer requisito, permanecer centrado siempre que se quiere actuar. Luego, a partir de ese estar centrado, se deja surgir la acción, y por ello todo lo que hagas será virtuoso, será lo preciso.

El Buda dice que la atención precisa es la única virtud que existe. No estar atento es caer en el error. Actuar de manera inconsciente es caer en el error.

Ahora los sutras.

Dijo el Buda:

«Si una persona que ha cometido muchas ofensas no se arrepiente y limpia su corazón del mal, a esa persona le alcanzará su retribución con tanta seguridad como los ríos fluyen hacia el mar, que se torna más ancho y profundo.

»Si una persona que ha cometido muchas ofensas no se arrepiente...»

Arrepentimiento significa toma de conciencia retrospectiva, arrepentimiento significa mirar hacia atrás. Has hecho algo. Si entonces hubieras sido consciente no habría tenido lugar ninguna ofensa, pero no lo eras en el momento en que lo hiciste. Alguien te insultó, te enfadaste y le golpeaste en la cabeza. No eras consciente de lo que hacías. Ahora las cosas se han calmado, la situación ha desaparecido, y ya no estás colérico; puedes mirar hacia atrás con mayor facilidad. En aquel momento perdiste la conciencia. Lo mejor hubiera sido ser consciente en aquel momento, pero no fue así, y ahora no tiene sentido pensar en aquella posibilidad. Pero si puedes observar, podrás hacerte consciente de lo sucedido.

Eso es lo que Mahavira llama *pratyakraman*, mirar hacia atrás; lo que Patañjali llama *pratyahara*, introspección. Es lo que Jesús llama arrepentimiento. Es lo que el Buda llama *pashchattap*. No es sentir pesar, no es sentirse mal, porque eso no sirve de nada. Es hacerse consciente, es revivir la experiencia tal como debería haber sido. Hay que volver a ella.

En ese momento perdiste la conciencia; te viste sobrepasado por la inconsciencia. Ahora las cosas se han calmado, y recuperas la conciencia, la luz de la conciencia. Repasas de nuevo el incidente, lo observas de nuevo, tal y como deberías haberte comportado; ya ha pasado, pero puedes repasarlo de nuevo en tu mente. Y el Buda dice que eso limpia el corazón de impureza.

Esa retrospección, ese examen retrospectivo continuo te hará más y más consciente. Hay tres etapas. Haces algo, luego te tornas consciente; ésa es la primera etapa. Segunda etapa: estás haciendo algo y te haces consciente. Y tercera etapa: vas a hacer algo y te haces consciente. Tu vida sólo será transformada en la tercera etapa. Pero las otras dos son necesarias para la tercera, son pasos necesarios.

Siempre que puedas ser consciente, sé consciente. Te has encolerizado, vale, pero ahora siéntate, medita, y sé consciente de lo sucedido. Por lo general ya lo hacemos, pero por las razones equivocadas. Lo hacemos para volver a restaurar nuestra imagen. Siempre has creído que eras una persona muy buena y compasiva, y de repente te has enfurecido. A tus ojos, tu propia imagen se ha distorsionado. Y realizas una especie de arrepentimiento. Te diriges a la otra persona y le dices: «Lo siento». ¿Qué estás haciendo? Estás restaurando tu imagen.

Tu ego intenta restaurar la imagen, porque te has caído del pedestal ante tus propios ojos, ante los ojos de los demás. Ahora intentas racionalizar. Al menos puedes ir y decir: «Lo siento. Lo hice a pesar mío. No sé cómo sucedió, no sé qué fuerza maligna me poseyó, pero lo siento. Perdóneme».

Intentas regresar al mismo nivel al que te encontrabas antes de enfurecerte. Ése es un truco del ego, no es arrepentimiento real. Volverás a hacer lo mismo.

El Buda dice que el arrepentimiento de verdad es recordar la situación, repasar los detalles de lo sucedido totalmente consciente; retroceder, revivir la experiencia. Revivir la experiencia es como desenrollarla; borra. Y no sólo eso, te posibilita ser más consciente, porque la conciencia se practica cuando la recuerdas, cuando te haces de nuevo consciente del incidente pasado. Te ejercitas en consciencia, en atención. La próxima vez te harás consciente un poco antes.

En esta ocasión te enfureciste, y te calmaste al cabo de dos horas. En la próxima ocasión te calmarás un poco antes y podrás observar. Con el tiempo, lentamente, un día, mientras te encolerices te atraparás con las manos en la masa. Atraparte a ti mismo con las manos en la masa, cometiendo un error, es una hermosa experiencia. De repente cambia toda la calidad, porque siempre que te penetra la conciencia las reacciones se detienen.

Esa cólera es una reacción infantil, es el niño en tu interior. Viene del niño. Y más tarde, cuando te sientes mal, viene del padre. El padre te obliga a sentirte mal y a pedir perdón. No has sido bueno con tu madre o con tu tío... anda, pídeles perdón.

O puede venir de la mente adulta. Te has encolerizado y más tarde reconoces que va a tener consecuencias; pueden devengarse pérdidas económicas. Te has encolerizado con tu jefe, y ahora estás asustado. Empiezas a pensar que puede echarte, o que puede enfurecerse contigo. Te iban a subir el suelo; tal vez ahora no lo haga... y mil cosas más... y por eso te gustaría arreglarlo.

Cuando el Buda dice arrepentirse no te está diciendo que tengas que funcionar a partir del niño o del padre, ni tampoco del adulto. Te está diciendo que cuando seas consciente, te sientes, cierres los ojos y medites en toda la situación, que te conviertas en observador. Erraste la situación, pero todavía puedes hacer algo: observarla. Puedes observarla tal y como deberías haberlo hecho. Practica, será un ensayo, y cuando hayas revisado toda la situación, te sentirás perfectamente bien.

Si entonces quieres pedir perdón, pero sin ningún otro motivo –ni del padre, del adulto, o del niño–, sino por pura comprensión, al meditar y ver que fue un error... No fue erróneo por ninguna otra razón, sólo porque actuaste de modo inconsciente. Te lo volveré a decir. Vas a pedir perdón por ninguna otra razón –financiera, social, política, cultural–, no, no. Simplemente vas a hacerlo porque meditaste sobre ello y reconoces, te das cuenta, de que actuaste de manera inconsciente; has herido a alguien inconscientemente.

Al menos puedes ir y consolar a esa persona. Has de ir y ayudar a esa persona a comprender tu impotencia, que eres una persona inconsciente, que eres un ser humano con todo tipo de limitaciones, que lo sientes. Eso no es restaurar el ego, sólo es hacer algo que te ha mostrado tu meditación. Se trata de una dimensión totalmente distinta.

> «Si una persona que ha cometido muchas ofensas no se arrepiente y limpia su corazón del mal, a esa persona le alcanzará su retribución con tanta seguridad como los ríos fluyen hacia el mar, que se torna más ancho y profundo.»

¿Qué es lo que solemos hacer? Nos ponemos a la defensiva. Si te has encolerizado con tu esposa o tu hijo, te pones a la defensiva. Dices que tuvo que ser así, que fue necesario, que fue por el bien del niño. ¿Cómo vas a inculcar disciplina a tu hijo si no te enfadas? Si no te enfureces con alguien, la gente se aprovechará de ti. No eres ningún cobarde, eres un tipo valiente. ¿Cómo puedes dejar que la gente te haga cosas que no debería hacerte? Debes reaccionar.

Te pones a la defensiva, racionalizas. Si sigues racionalizando tus errores... Recuerda que todos los errores pueden racionalizarse, recuérdalo. No hay un solo error que no pueda racionalizarse. Puedes racionalizarlo todo. Pero entonces, dice el Buda, esa persona está abocada a tornarse cada vez más inconsciente... *«Con tanta seguridad como los ríos fluyen hacia el mar, que se torna más ancho y profundo.»*

Si te pones a la defensiva entonces no hay posibilidad de transformación. Has de reconocer que ha habido un error. Y ese reconocimiento ayuda a cambiar.

Si te sientes sano y no estás enfermo, no acudes al médico. Y aunque el médico vaya a verte no le harás ningún caso. Te encuentras perfectamente bien, y le dirás: «Estoy perfectamente bien. ¿Quién dice que estoy enfermo?». Si no crees que estás enfermo, seguirás protegiendo tu enfermedad. Eso es peligroso porque habrás tomado una opción suicida.

Si ha habido cólera, o avaricia, o ha sucedido algo que sólo ocurre cuando eres inconsciente, reconócelo. Cuanto antes mejor. Medita sobre ello. Recupera tu centro y responde desde el centro.

> «Si quien ha cometido una ofensa y lo reconoce, se reforma a sí mismo y practica la benevolencia, la fuerza de la retribución se irá agotando de forma gradual de igual manera que una enfermedad va perdiendo de forma gradual su perniciosa influencia cuando el paciente transpira.»

Si lo reconoces habrás dado un paso muy importante para cambiarlo. Ahora el Buda dice algo muy importante: «Si lo reconoces, si sabes de qué se trata, refórmate a ti mismo».

Por lo general, aunque a veces reconozcamos que «sí, ha pasado algo erróneo», no tratamos de reformarnos, sólo de reformar nuestra imagen. Queremos que todo el mundo nos perdone. Queremos que todo el mundo reconozca que nos equivocamos, pero que hemos pedido perdón, y que las cosas vuelven a estar en su sitio. Volvemos a ocupar nuestro pedestal. La imagen caída ha sido restaurada en su trono. Así no nos estamos reformando.

Puedes pedir perdón todas las veces que quieras, pero sigues haciendo lo mismo una y otra vez. Eso demuestra que no era más que "política", sólo un truco para manipular a la gente, pero que sigues siendo el mismo, que no has cambiado nada. Si realmente hubieras pedido perdón por tu cólera o por cualquier ofensa cometida contra alguien, entonces no volvería a suceder. Ésa es la única prueba de que te hallas camino de cambiar.

> «Si quien ha cometido una ofensa y lo reconoce se reforma a sí mismo y practica la benevolencia...»

Está diciendo dos cosas. La primera es que en el momento en que sientes que algo marcha mal, que hay algo que te hace inconsciente, actuando de manera mecánica, y reaccionando, entonces has de hacer algo, y tus acciones han de ser más conscientes. Éste es el único modo de autorreformarse.

Fíjate ahora en la cantidad de cosas que haces de modo inconsciente. Alguien te dice cualquier cosa y sientes rabia. Ni siquiera hay un solo instante de separación entre una cosa y otra. Es como si fueses un resorte... Alguien aprieta un botón y tú pierdes el temple. Como si estuvieses apretando el interruptor de un ventilador y empezasen a girar las aspas. No hay un solo instante de separación. El ventilador nunca se para a pensar si se moverá o no; simplemente se mueve.

El Buda dice que eso es inconsciencia, impremeditación. Alguien te insulta y tú te dejas controlar por el insulto.

Gurdjieff solía decir que hubo una cosa muy pequeña que transformó su vida por completo. Su padre se moría y llamó al muchacho –Gurdjieff sólo tenía 9 años–, diciéndole: «No tengo gran cosa que dejarte, sólo un consejo que me ofreció mi padre desde su lecho de muerte, y que me benefició muchísimo. Tal vez pueda serte de alguna utilidad. No creo que puedas comprenderlo ahora mismo, pues eres demasiado joven. Pero recuérdalo. Cuando puedas entenderlo te será de utilidad».

Y le dijo: «Recuerda una única cosa: si te sientes furioso, espera veinticuatro horas. Una vez transcurrido ese tiempo, haz lo que quieras, pero espera veinticuatro horas. Si alguien te insulta, dile: "Volveré en veinticuatro horas y haré lo que haya que hacer. Por favor, dame algo de tiempo para pensármelo"».

Claro, el pequeño Gurdjieff no pudo comprenderlo, pero puso atención. Con el tiempo se fue haciendo consciente del tremendo impacto del consejo. Quedó completamente transformado. Dos cosas debía recordar: una, que debía ser consciente para no dejarse llevar por la cólera, no encolerizarse cuando alguien le insultaba, no dejarse manipular por los demás, y que debía esperar veinticuatro horas. Así que cuando alguien le insultaba o decía algo que le resultaba ofensivo, se limitaba a permanecer atento para no verse afectado. Le había prometido a su padre agonizante que permanecería tranquilo y sosegado durante veinticuatro horas. Y con el tiempo fue capaz de conseguirlo.

Y luego comprendió... que tras veinticuatro horas no hay necesidad. Uno no puede estar furioso al cabo de veinticuatro horas. No puedes sentirte furioso al cabo de veinticuatro minutos, ni de veinticuatro segundos. O es instantáneo o no lo es. Porque la cólera sólo funciona si hay inconsciencia; si se es mínimamente consciente –si puedes esperar durante veinticuatro segundos–, entonces está acabada. Entonces no puedes encolerizarte. Has pasado por alto el momento, has perdido el tren; el tren ha dejado el andén. Vale incluso con veinticuatro segundos... Inténtalo.

El Buda dice que quien reconoce sus errores... y sólo dice *reconocer*, no dice «quien condena», porque no hay nada que condenar. Es humano, es natural; somos seres inconscientes. El Buda solía decir que Dios, o el alma universal, o la existencia, duerme en el mineral, totalmente inconsciente; en los vegetales el sueño no es tan profundo, hay unos cuantos fragmentos de sueños que han empezado a moverse; en el animal, la existencia es sueño; en el ser humano se ha vuelto un poco consciente, sólo un poco. Esos momentos son escasos e intermitentes. A veces pasan meses y no eres consciente ni durante un instante, pero en el ser humano existe la posibilidad de unos escasos momentos de conciencia. En un buda la existencia se ha tornado totalmente consciente.

Observa la existencia a tu alrededor. En esos árboles dice el Buda que anidan unos pocos fragmentos de sueños. En las piedras... un sueño profundo, sin ensueños... *sushupti*. En los animales –en el gato, el perro, el león, el tigre, los pájaros– la existencia es ensoñada, con muchos sueños. En el ser humano emergen, sólo un poco, unos cuantos momentos de conciencia.

Así que no pierdas la oportunidad y sé consciente siempre que puedas. Y los mejores momentos son cuando la inconsciencia está a punto de arrastrarte. Si puedes utilizar esos momentos, si los utilizas como desafíos, la existencia se te hará cada vez más consciente. Y un día tu conciencia se convertirá en una llama continua, en una llama eterna. Entonces la existencia estará del todo despierta, sin sueño, sin ensueños.

Ése es el significado de la palabra "buda". "Buda" significa quien es totalmente consciente. No pierde su atención en ninguna situación. Su atención se ha convertido en algo tan natural como el respirar. Igual que inspiras y espiras, del mismo modo inspira conciencia y espira conciencia. Su centro se ha tornado permanente. No funciona a partir de las personalidades –del hijo, el padre, el adulto–, no. Reformar no significa simplemente reformar, no es sólo un poco por aquí y otro poco por allá. Reformar no significa que la escayola se ha caído en algún sitio y que hay que volver a ponerla, que el color haya desaparecido o se haya evaporado y haya que volver a pintar. Reformar no quiere decir realizar pequeñas modificaciones. Reformar es una palabra muy revolucionaria. Significa re-formar, volver a formar, renacer, ser totalmente nuevo, dar un salto cuántico, salir de la antigua personalidad, alejarse del viejo núcleo, realizar un nuevo centro.

«Se reforma a sí mismo y practica la benevolencia...»

Sea lo que fuere que consideres tu error básico, no estés continuamente pendiente de él, no te obsesionas con ello. Eso también es un error. Hay muchos que llegan y me dicen: «No podemos controlar la ira. Intentamos hacerlo todo el tiempo, pero no podemos. ¿Qué podemos hacer?».

El Buda dice que no hay que obsesionarse con nada. Reconócelo, sé consciente y haz justo lo contrario. Si te parece que la cólera es tu problema, no te concentres demasiado en ella; sé más compasivo, sé más afectuoso. Porque si te preocupas demasiado de la cólera, ¿adónde irá a parar la energía que liberarás si no te encolerizas? Crea un camino para que la energía se mueva. Es la misma energía. Cuando eres compasivo pones en funcionamiento la misma energía que cuando eres colérico. Ahora es en positivo, y antes era en negativo. Antes era destructiva, y ahora creativa. Pero es la misma energía... la cólera se convierte en compasión. Así que antes de intentar cambiar la cólera deberás "canalizarla", deberás contar con nuevos canales hacia la compasión.

Por eso el Buda dice que practiques benevolencia, virtud. Descubre tu principal error y crea nuevos senderos en tu ser. Si eres un miserable, llorar y hablar de ello no te va a ser de gran ayuda. Empieza a compartir. Comparte todo lo que puedas compartir. Haz algo que represente un avance, haz algo que vaya contra tu pasado, algo que nunca hayas hecho. Es posible que estés colérico porque no sepas cómo tener compasión. Es posible que seas un miserable porque no sepas cómo compartir.

El énfasis del Buda es positivo: haz algo para que la energía empiece a circular y fluya. Luego, con el tiempo, se irá alejando de la cólera. Sé consciente, pero no te obsesiones.

Deberás realizar una distinción entre ambas cosas porque la mente humana no hace más que equivocarse. Cuando el Buda dice que seas consciente, no está diciendo que te obsesiones, no dice que pienses en la cólera continuamente. Porque, si piensas en la cólera, de ese modo crearás cada vez más situaciones coléricas en ti. Sé consciente, pero no es necesario que lo contemples. Sé consciente, pero no es necesario que te preocupes demasiado. Toma nota y luego trata de hacer algo que cambie esa pauta energética. Eso es lo que quiere decir el Buda cuando habla de practicar benevolencia.

«La fuerza de la retribución se irá agotando de forma gradual de igual manera que una enfermedad va perdiendo de forma gradual su perniciosa influencia cuando el paciente transpira.»

Imagina alguien que se ha pasado bebiendo. ¿Qué puedes hacer? Puedes darle un baño caliente o meterle en un baño. Si transpira, el alcohol se irá con la transpiración.

El Buda dice que los actos virtuosos son como la transpiración. Tus hábitos inconscientes se evaporan con ella. Por eso, no hacer el mal es de hecho hacer el bien. No te intereses negativamente, sé positivo. Si te sientas y empiezas a pensar en todo lo malo que has hecho, pensando demasiado en todo ello, estarás alimentándolo. Prestar atención es alimentar, prestar atención significa seguir hurgando en la herida.

Toma nota, sé consciente, medita, pero no hurgues en la herida. Si lo haces la agravarás. Empezará a sangrar. Así que no te preocupes demasiado acerca de tus cositas, porque sólo son cositas.

Me han hablado de un santo que solía autoflagelarse cada mañana, gritando: «¡Dios mío, perdóname porque he pecado!». Así siguió durante cuarenta años, y se convirtió en una persona muy respetada; se le consideraba un santo, y nadie sabía que hubiera cometido pecado alguno porque era un hombre muy virtuoso. La gente le observó durante cuarenta años, estaba en el centro de la atención, siempre estaba rodeado de gente. Cuando dormía también le rodeaba mucha gente, y nunca nadie le vio hacer nada erróneo; siempre rezaba. Pero cada mañana se autoflagelaba, y la sangre manaba de su cuerpo.

Siempre le hacían la misma pregunta: «¿Qué pecado has cometido? Dínoslo». Pero él no abría la boca. Sólo cuando se estaba muriendo, dijo: «Ahora he de decirlo, porque anoche se me apareció Dios en el sueño y dijo: "Estás creando demasiadas expectativas. ¡Ya vale con cuarenta años! Es mejor que te lo diga, porque si no, no te permitiré entrar en el cielo. No has hecho nada malo"». De joven vio a una mujer hermosa y el deseo se manifestó en él, un deseo de aquella mujer. Ése fue el único pecado que cometiera –sólo un pensamiento–, y se había autoflagelado por ello durante cuarenta años. Incluso el mismísimo Dios tuvo que aparecérsele en un sueño: «Por favor... te lo digo porque vas a morir mañana. No te dejaré entrar en el cielo si continúas así. No has hecho ninguna barbaridad, y le estás dando demasiada importancia. No seas tan exigente».

Todos los errores son normales. ¿Cuál es el pecado tan extraordinario que has cometido? Ya se han cometido todos los pecados; no puedes descubrir ninguno nuevo, es muy difícil dar con uno nuevo. Es casi imposible ser original respecto al pecado. La gente ha cometido todo tipo de pecados durante millones de años. ¿Vas tú a encontrar uno nuevo? Es imposible, ¿qué podrías hacer?

Bertrand Russell solía decir que el Dios cristiano parecía casi absurdo, porque dice que si cometes un pecado serás arrojado al infierno para toda la eternidad. Pero eso es demasiado. Puedes arrojar a una persona al infierno durante cinco, diez, veinte, o cincuenta años. Si un hombre ha vivido setenta años, puedes arrojarle al infierno setenta años. Eso significaría que ha estado pecando continuamente durante setenta años, sin tomarse un respiro, sin vacaciones. Sí, puedes enviarle allí durante setenta años.

Y los cristianos sólo creen en una vida. Está bien que crean en una sola vida, ¿qué harían si no? ¡Por los pecados de una sola vida te arrojan al infierno para siempre! Piensa en los hinduistas... tantas vidas; una eternidad no bastaría.

Russell solía decir: «Cuento mis pecados –los que he cometido y también los que no he cometido, pero en los que he pensado– y no puede imaginar cómo, a causa de cosas tan nimias, me van a arrojar al infierno para toda la eternidad, siendo torturado para siempre. Ni siquiera un magistrado muy duro podría enviarme a la cárcel más de cuatro años». Y tenía razón.

¿Qué errores puedes cometer? ¿Cuáles has cometido? No los llames pecados porque esa misma palabra está contaminada, contiene una condena. El Buda sólo los llama "agravios", actos torpes. Bonita terminología, actos torpes, actos en los que te has comportado con torpeza. Te encolerizas y dices algo poco elegante, o haces algo poco elegante... Sólo son agravios.

Dijo el Buda:

> «Cuando al verte practicando benevolencia, una persona malvada se acerca y te insulta de forma maliciosa, deberás soportarlo con paciencia y no sentir cólera, pues la persona maliciosa se insulta a sí misma al tratar de insultarte a ti».

Intenta comprender este sutra. Es lo que pasa siempre... Si te haces bueno habrá mucha gente que se enfurezca contigo. Porque tu benevolencia crea culpabilidad en ellos, pues no son tan buenos. Tu ser bueno crea una comparación. A la gente le resulta muy difícil tragar a un hombre bueno. Siempre pueden perdonar a uno malo, pero les resulta muy difícil hacer lo propio con uno bueno. De ahí que durante siglos sigan encolerizados con Jesús, Sócrates, el Buda... ¿Por qué? Puedes observarlo en la vida.

Antes estuve en la universidad, era profesor, y un empleado que era el mejor de todo el personal y un trabajador muy bueno, me dijo: «Tengo problemas. Todo el personal está en mi contra. Me preguntan: "¿Por qué trabajas tanto? Cuando nosotros no trabajamos se supone que tú tampoco debes hacerlo. Basta con dos horas... Puedes llevar carpetas de aquí para allá; no es necesario que..."». Su mesa siempre estaba despejada, sin carpetas amontonándose, mientras que las mesas de los demás estaban repletas. Claro que estaban enfadados, porque la presencia de aquel hombre creaba una comparación. ¿Por qué no podían hacerlo ellos si él podía?

A un buen hombre no se le aprecia, porque crea comparaciones. Un Jesús ha de ser crucificado, porque si tal inocencia es posible, ¿entonces por qué tú no eres tan inocente? La comparación se convierte en una herida profunda en el ego. Hay que aplastar a ese hombre; sólo matándole nos quedaremos tranquilos. Hay que envenenar a Sócrates porque es muy sincero. ¿Por qué tú no puedes ser tan sincero? Tus mentiras quedan reveladas a la luz de la verdad de ese hombre. La realidad y autenticidad de esa persona te hace sentir falso. Ese hombre es peligroso. Es como si a un valle de ciegos llegase un hombre que ve.

H.G. Wells cuenta una historia acerca de un valle de ciegos en Sudamérica, al que en una ocasión llega un viajero que ve. Todos los ciegos se reúnen y llegan a la conclusión de que hay algo raro en ese hombre; nunca había sucedido antes. Así que deciden tomar cartas en el asunto. Sí, claro, en un valle de ciegos tener ojos para ver es cosa rara.

> El mulá Nasrudín es un hipocondríaco. Una vez vino a verme y me dijo:
> –Creo que hay algo que no marcha bien en mi mujer.
> –¿Qué pasa con su mujer? Parece perfectamente sana –le dije.
> –Hay algo raro en ella. Nunca va al médico –contestó.
> En cambio él acude a la consulta a diario, regular y religiosamente, y todos los médicos de la población están hartos de él. Pero ahora se preocupa por su mujer. Debe haber algo raro en ella, porque nunca va a ver a ningún médico.

Si vives con gente enfermiza, entonces estar sano es peligroso. Si vives con dementes, estar cuerdo es peligroso. Si vives en un manicomio aunque no estés loco, al menos pretende que lo estás; de otro modo, todos los locos acabarán matándote.

Dijo el Buda:

> «Cuando al verte practicando benevolencia, una persona malvada se acerca y te insulta de forma maliciosa...»

Llegarán y te insultarán. No pueden tolerar la idea de que seas mejor que ellos. Es imposible que crean que alguien puede superarles. El que les aventaja debe ser un impostor, un farsante que, trata de crearse una imagen de sí mismo, de su ego. Se inquietan. Y empiezan a vengarse.

Dijo el Buda:

> «Cuando al verte practicando benevolencia, una persona malvada se acerca y te insulta de forma maliciosa, deberás soportarlo con paciencia...»

Debes permanecer en tu centro, debes soportarlo con paciencia, debes limitarte a observar lo que ocurre. Eso no debe perturbarte. Si te perturba, entonces la persona maliciosa te habrá derrotado. Si te perturba, entonces te conquista. Si te perturba estarás cooperando con ella.

El Buda dice que sólo hay que permanecer tranquilo, soportar con paciencia y no encolerizarse con esa persona... *«Pues la persona maliciosa se insulta a sí misma al tratar de insultarte a ti»*. Está insultando su propio potencial.

Cuando crucificamos a Jesús también estamos crucificando nuestra propia inocencia. Cuando crucificamos a Jesús crucificamos nuestro propio futuro. Cuando crucificamos a Jesús matamos nuestra propia divinidad. Él no era más que un símbolo de que también era posible para ti, de que todo lo que le sucedía a él también podía sucederte a ti.

Cuando envenenamos a Sócrates también envenenamos todo nuestro ser, envenenamos nuestra propia historia. Él no era más que la estrella anunciadora, el heraldo del futuro. Lo que decía era: «Ése es tu potencial. Sólo soy un mensajero que ha de entregarte el mensaje de que también puedes ser como yo».

Dice el Buda: *«Pues la persona maliciosa se insulta a sí misma al tratar de insultarte a ti».* Tú permaneces tranquilo, paciente, lo soportas y no te acaloras.

Dijo el Buda:

> «En una ocasión llegó un hombre ante mí y me denunció por seguir el camino y practicar gran benevolencia».

Parece absurdo. ¿Por qué nadie ha de ir a otra persona, que no le ha hecho nada, para denunciarla? ¿Por qué van a denunciar al Buda? No le ha hecho ningún daño a nadie. No se interpone ante nadie... ha renunciado a toda competitividad. Respecto a los intereses mundanos podría decirse que casi es un muerto. ¿Por qué la gente se entromete para denunciarle?

Su presencia les resulta insultante. La posibilidad de que un hombre pueda ser tan bueno les hace daño. ¿Por qué no lo son ellos? Crea culpabilidad. Por eso a lo largo de los siglos la gente continúa escribiendo que el Buda nunca existió, que Jesús es un mito, que no son más que fantasías. Esas personas no existieron nunca, sólo son deseos, fantasías humanas; nunca llegaron a existir. O aunque lo hiciesen no eran como se dice; no son más que ilusiones, más que sueños. ¿Por qué?

La gente sigue ahora escribiendo contra el Buda, contra Jesús. Sigue doliéndoles. Han pasado veinticinco siglos desde que ese hombre despertó, pero sigue habiendo gente que no se siente cómoda con él. Si existió de verdad, históricamente, entonces están condenados. Han de demostrar que ese hombre nunca existió, que sólo es un mito. Entonces se quedan tranquilos.

Una vez que han demostrado que nunca existió un Buda, un Jesús, un Krishna, entonces descansan. Entonces pueden seguir siendo lo que son, porque desaparece la comparación. Son lo último en existencia. Pueden seguir siendo lo que son sin ninguna transformación. Pueden seguir haciendo lo que hacen. Pueden seguir creando basura y recogiendo basura, y pueden seguir siendo los borrachos inconscientes que son. Pero si resulta que en alguna ocasión hubo un hombre como el Buda que vivió en la tierra —con esa luz, con esa luminosidad, con tal gloria–, entonces se sienten heridos.

«En una ocasión llegó un hombre ante mí y me denunció por seguir el camino y practicar gran benevolencia. Pero permanecí silencioso y no le respondí.»

Eso es lo que quiero decir cuando digo que hay que salirse del triángulo dramático. Porque si respondes, reaccionarás. Has de permanecer tranquilo, en tu centro; no te distraigas. Limítate a permanecer en silencio, sereno, recogido, en calma.

«Pero permanecí silencioso y no le respondí.»

Hay que entenderlo bien entendido. ¿Qué sentido tendría responder a ese hombre? En primer lugar no entendería nada. Y en segundo, es posible que lo interpretase equivocadamente.

Poncio Pilatos le preguntó a Jesús en el último momento, antes de ser crucificado: «¿Qué es la verdad?», y Jesús permaneció en silencio, no dijo ni una sólo palabra. Habló de la verdad toda su vida, esa misma vida que iba a ser sacrificada al servicio de la verdad... ¿Por qué guarda silencio en el último momento? ¿Por qué no responde? Sabe que la respuesta carece de importancia, que no llegará a su destino. Existen todas las posibilidades de que sea mal interpretada.

Su respuesta es el silencio, y el silencio es más penetrante. Si alguno de sus discípulos se lo hubiera preguntado, Jesús habría respondido, porque un discípulo es alguien que está preparado para comprender, que es receptivo, que prestará atención a todo lo que se le diga, que se alimentará de la respuesta, que la digerirá. El verbo se hará carne en él.

Pero Poncio Pilatos no es un discípulo. No pregunta con actitud humilde y profunda, no está dispuesto a aprender. Sólo pregunta, tal vez por curiosidad, o bromeando, o tratando de convertir a ese hombre en un hazmerreír. Pero Jesús guarda silencio, y el silencio es su respuesta.

Y dijo el Buda:

«Pero permanecí silencioso y no le respondí. La denuncia cesó.»

Ese silencio debe haber sorprendido a aquel hombre. Lo que esperaba era una respuesta. Pero el silencio le resultó incomprensible. Debió quedarse parado. Le está denunciando y el Buda permanece tranquilo, en silencio. Le insulta y el Buda permanece imperturbable. Si se hubiese perturbado, si se hubiese distraído, entonces aquel hombre habría entendido el lenguaje. Sí, conocía ese lenguaje, pero desconocía el lenguaje del silencio, de la gracia, de la paz, del amor, de la compasión.

Debió de sentirse perplejo y abochornado. No podía imaginárselo. Estaba perdido. *La denuncia cesó*. ¿Qué sentido tendría continuar? Ese hombre casi parecía una estatua. No respondió, no reaccionó.

«Y entonces le pregunté: "Si le llevas un regalo a tu vecino y éste no lo acepta, ¿significa eso que el regalo te es devuelto?"».

En lugar de responderle, cuando cesa la denuncia, el Buda le pregunta.

«"Si le llevas un regalo a tu vecino y éste no lo acepta, ¿significa eso que el regalo te es devuelto?". El hombre contestó que sí. Entonces le dije: "Tú ahora me denuncias, pero yo no lo acepto, y por ello debes aceptar ese hecho erróneo sobre tu propia persona. Es como un eco tras un sonido, como una sombra que sigue a un objeto. Nunca escaparás al efecto de tus propios actos nocivos. Por tanto, permanece atento y cesa de hacer el mal"».

Ha demostrado algo sin decirlo. Le ha preguntado a ese hombre: «Si le llevas un regalo a tu vecino –lo llama regalo– y éste no lo acepta, ¿qué harás?». Sí, claro, el hombre debe haber dicho: «Me lo volveré a llevar». Ahora estaba convencido y no podía retroceder. El Buda dijo: «Me has traído un regalo –tal vez de insultos, de denuncia– y yo no lo acepto. Puedes traerlo, eres libre de hacerlo, pero el aceptarlo o no forma parte de mi libertad, es de mi elección».

Esto es muy bello si se comprende. Alguien te insulta. Pero el insulto no tiene todavía sentido hasta que lo aceptes. A menos que lo tomes de inmediato, es insignificante, es sólo ruido, pero no tiene nada que ver contigo. Así que de hecho nadie puede insultarte a menos que lo tomes para ti, a menos que cooperes con él.

Por eso, siempre que te insultaron, que te sentiste insultado, fuiste *tú*, fue responsabilidad tuya. No digas que alguien te insultó. ¿Por qué aceptaste el insulto? Nadie puede obligarte a aceptarlo. El otro tiene la libertad de insultarte, pero tú tienes la de aceptar o no el insulto. Si lo aceptas, entonces es tu responsabilidad; entonces no digas que te insultaron. Deberías decir: «Acepté el insulto». Limítate a decir: «No era consciente; en la inconsciencia lo acepté y me perturbó».

Dice el Buda: «Acepta sólo lo que necesites. Acepta únicamente alimentos». ¿Para qué aceptar veneno? Alguien trae una taza llena de veneno y quiere regalártela. Y tú le dices: «Muchas gracias, pero no lo necesito. Si alguna vez quiero suicidarme se lo pediré, pero ahora mismo quiero vivir». No hay necesidad; sólo porque alguien te traiga veneno no es necesario que te lo bebas. Puedes decir: «Gracias». Eso es lo que hizo el Buda.

Y sigue diciendo: «Pero como no lo acepto, ¿qué harás con él? Deberás llevártelo otra vez. Lo siento por ti. Deberás tomártelo tú, caerá sobre ti... como un eco tras un sonido, como una sombra que sigue a un objeto. Te seguirá para siempre. Tu insulto será como una espina en tu ser. Te perseguirá. A mí no me has hecho nada, te lo has hecho a ti mismo».

El Buda siente compasión por este pobre hombre que ha cometido un acto erróneo contra sí mismo, y dice: «Por tanto, permanece atento y cesa de hacer el mal. Haz sólo aquello que quieras que te siga. Haz sólo aquello que te seguirá y con lo que te sientas feliz. Canta una canción, para que aparezca el eco y te llene de más canciones».

Solía ir de acampada a Matheran, una estación de montaña cerca de Pune. En la primera fui a visitar un lugar donde había eco. Me acompañaron unos cuantos amigos. Uno empezó a ladrar como un perro y todo el valle repitió el eco como si ladrasen muchos perros. Le dije: «Aprende la lección, porque así es toda la vida: la vida es una zona de eco. Si ladras como un perro, todo el valle resonará a perro y ese sonido te perseguirá. ¿Por qué no cantas una canción?».

Comprendió la cuestión y cantó una canción y todo el valle cantó.

Depende de ti. Todo lo que les hagas a los demás te lo estás haciendo a ti, porque las cosas retornan de todas partes, ampliadas mil veces. Si colmas de flores a los demás, las flores te colmarán a ti. Si llenas de espinas el camino ajeno, acabará siendo el tuyo.

No podemos hacerle nada a nadie sin hacérnoslo a nosotros mismos. Podemos hacerle algo a alguien sólo si va a aceptarlo, y no siempre es así. Tal vez sea un buda, o un Jesús, y permanezca sentado en silencio. Entonces el acto recae sobre nuestro propio ser.

Dice el Buda: *«Por tanto, permanece atento* –debe haberlo dicho con una gran compasión– *y cesa de hacer el mal»*, porque sufrirás de forma innecesaria.

Permite que repita una cosa para que puedas recordarla. Cuentas con tres capas: el niño, el padre, el adulto, y tú no eres ninguna de ellas. No eres el niño, ni el padre, ni el adulto. Eres algo más allá, eres algo eterno, eres algo muy alejado de todas esas zonas conflictivas.

No elijas. Sólo sé consciente y actúa desde esa consciencia. Entonces serás espontáneo como un niño, pero sin ser infantil. Y recuerda la diferencia entre ser niño y ser infantil. Son dos cosas distintas.

Si actúas a partir de la consciencia, serás como un niño pero no serás infantil, y cumplirás todos los mandamientos sin cumplirlos. Si actúas a partir de esa consciencia, todo lo que hagas será razonable. Y ser razonable es ser auténticamente racional.

Y recuerda, la sensatez es distinta de la racionalidad. La sensatez es una cosa pero que muy distinta, porque la sensatez acepta la irracionalidad como parte de la vida. La razón es monótona, la racionalidad también. La sensatez acepta la polaridad de las cosas. Un hombre razonable es tanto un hombre sensible como razonador.

Así que si actúas a partir del hondón de tu ser, estarás tremendamente contento; contento porque todas las capas estarán satisfechas. Tu niño estará satisfecho porque serás espontáneo. Tu padre no se enfadará ni se sentirá culpable porque de manera natural harás todo lo que está bien, pero no como disciplina externa, sino como una conciencia interna.

Cumplirás los diez mandamientos de Moisés sin ni siquiera saber qué dicen; pero los acatarás de manera natural. Ahí es donde los consiguió Moisés, no en la montaña, sino en la cumbre interior. Seguirás a Lao Tzu y a Jesús, y tal vez sin ni siquiera haber oído hablar nunca de ellos. Ahí es donde consiguieron su puerilidad, ahí es donde nacieron. Y seguirás a Manu, Mahavira, y a Mahoma, de manera natural y, no obstante, no por ello serás irracional.

Tu mente lo apoyará. No estará enfrentada a tu racionalidad de adulto. Esa racionalidad estará totalmente convencida, tu Bertrand Russell quedará convencido.

Entonces las tres partes conflictivas pasarán a ser una. Te convertirás en una unidad, "serás" unido. Desaparecerán las voces. Dejarás de ser muchos, y serás uno. Ésa es la gran mente.

Por tanto, permanece atento.

Basta por hoy

4. VIVIR EL *DHAMMA*

Dijo el Buda:

«La gente malvada que denuncia al sabio se parece a los que escupen al cielo. El escupitajo nunca alcanzará el cielo, sino que les caerá encima.
»La gente malvada también se parece a quien agita el polvo contra el viento. El polvo no se levantará sin perjudicarle.
»Por el eso sabio nunca saldrá herido, pues la maldad acabará destruyendo a los propios malvados».

Dijo el Buda:

«Si te esfuerzas por entrar en el camino a través de mucho estudio, no lo comprenderás. Si observas el camino con un corazón sencillo, grande será en verdad este camino».

Dijo el Buda:

«Quienes se alegran al ver a otros observar el camino obtendrán grandes bendiciones».
Un *shramana* le preguntó al Buda: «¿Podría ser destruida dicha bendición?».

Dijo el Buda:

«Es como una antorcha encendida cuya llama puede transmitirse a cuantas antorchas pueda traer otra gente. Y con ellas prepararán alimentos y disiparán la oscuridad, mientras que la antorcha original seguirá ardiendo siempre igual. Lo mismo ocurre con el gozo del camino».

El primer sutra.

Dijo el Buda:

«La gente malvada que denuncia al sabio se parece a los que escupen al cielo».

Lo primero que hay que entender es por qué en la gente malvada se manifiesta el deseo de escupir contra el cielo, por qué la persona malvada quiere denunciar al sabio. La persona malvada no puede permitirse a sí misma aceptar que alguien es sabio. La idea en sí misma le duele, le duele profundamente. Porque todo mal surge de actitudes egoístas. Y eso resulta aplastante para el ego. «Yo no soy sabio y otro sí lo es. No soy bueno y otro sí lo es. Sigo en la oscuridad y otro ha alcanzado la luz». Es algo imposible de aceptar.

Hay dos caminos: uno es «debo intentar convertirme en sabio», que es muy difícil y arduo. El camino más sencillo y menos costoso es denunciar al sabio, decir que no lo es. Siempre que te enfrentas a un desafío se abren ante ti esas dos opciones, y si eliges la menos costosa seguirás en el mal.

Nunca elijas lo menos costoso, nunca vayas por el atajo, porque la vida sólo se aprende por el camino difícil. Arduos son sus caminos, larga y cuesta arriba la tarea, porque aprender no es fácil, porque aprender no es sólo recopilar conocimiento, no es amontonar información. Aprender ha de cambiarte. Es cirugía espiritual, y hay que destruir y tirar mucho.

En ti hay mucha cosa podrida a la que hay que renunciar. Gran parte de ello es como tener una piedra atada al cuello; no te permite flotar, sino que te ahoga. Has de cortar las relaciones con muchas cosas, con muchas actitudes, con muchos prejuicios. Debes descargarte a ti mismo.

El aprendizaje, el de verdad, la sabiduría, sólo llega cuando te has transformado. No es un proceso acumulativo, no puedes simplemente ir añadiendo conocimiento. Debes pasar por una transmutación, y eso es duro. El camino más fácil es denunciar. Siempre que te enfrentes al desafío –que alguien se haya vuelto sabio– lo más fácil es decir: «No, es imposible. Primero porque la sabiduría no existe, y segundo, porque aunque existiese, no podría existir en esa persona. Le conozco muy bien, conozco sus defectos». Y luego empezarás a magnificarlos, y a condenarla.

No es una casualidad que envenenasen a Sócrates, crucificasen a Jesús, y asesinasen a Mansur. No es una casualidad que se denuncie a todos los budas, a todos los jainistas. Cuando caminan sobre la tierra siempre están en peligro, porque son muchos los que sienten sus egos heridos.

Pensar que alguien se ha iluminado resulta muy difícil. Es más fácil denunciar y decir: «No, primero porque la iluminación es imposible –nunca sucede, sólo es una ilusión, Dios no existe, ¿el *samadhi*?–, no es más que autohipnosis. Ese hombre se autoengaña, no se ha iluminado. Le conocemos muy bien, le conocemos desde pequeños. ¿Cómo puede ser alguien iluminado? Es como nosotros, pero finge. Es un impostor, un embaucador».

Ése es nuestro ego eligiendo el camino más fácil. Cuidado. En todos surge el deseo de condenar, de negar. Por eso, siempre que hay alguien como el Buda que está vivo, le condenamos, y cuando muere, le veneramos llenos de culpabilidad. Toda veneración surge de la culpabilidad. Primero denuncias a una persona, sabiendo muy bien que algo ha sucedido, pero no puedes aceptarlo. En lo más profundo de tu ser te das cuenta de que la persona en cuestión está transfigurada, que cuenta con cierta luminosidad. No puedes negarlo; en lo más profundo de tu ser sabes que ha penetrado un rayo de luz. Pero consciente y deliberadamente, no puedes aceptarlo. Sería aceptar tu propio fracaso. Dudas, dudas en lo más profundo; dudas de la condena, pero continúas.

Luego, un día, esa persona desaparece. Sólo queda su fragancia, el recuerdo. Y cuando una persona muere y no has aceptado su realidad entonces se manifiesta la culpabilidad. Sientes: «Soy culpable. No fui bueno. Perdí la oportunidad». Luego empiezas a sentir remordimientos. ¿Qué hacer? A fin de equilibrar la culpabilidad, te pones a rendir culto.

Por eso a los maestros muertos se les rinde culto. Rara vez la gente venera a un maestro vivo. Porque cuando veneras a un maestro vivo no es por sentirte culpable, sino por comprensión. Cuando veneras a un maestro muerto es por sentimiento de culpa.

Por ejemplo, tu padre está vivo y no le respetas, no le quieres. Te has puesto en su contra en muchas ocasiones. Le has deshonrado de muchas maneras, y le has rechazado de muchas formas. Y llega un día en que muere, y empiezas a llorar y a gemir. Y a partir de entonces y cada año harás *shraddh.** Un día al año darás una fiesta para amigos y brahmanes. Todo ello es producto de la culpabilidad. Y encima colgarás un retrato de tu padre en casa, y le pondrás flores.

Nunca lo hiciste cuando estuvo vivo. Nunca llegaste con flores y las depositaste a sus pies. Ahora que se ha ido te sientes culpable, no fuiste bueno con el viejo. No hiciste lo que había que hacer. No colmaste tu amor ni satisficiste tu deber. Ahora ha desaparecido la oportunidad, él ya no está ahí para perdonarte. Ya no está ahí para que puedas llorar, caer a sus pies y decir: «Me he portado mal contigo, perdóname». Ahora, en cierto modo, te sientes profundamente culpable. Surge el remordimiento... y le pones flores. Respetas su memoria. Nunca respetaste al hombre, pero ahora respetas su memoria.

Recuerda, si realmente le hubieras querido, si le hubieras respetado de verdad, no habría remordimiento ni culpa. Serías capaz de recordarle sin culpa, y ese recuerdo tendría una belleza. Ese recuerdo es otra cosa, cuenta con una cualidad distinta. La diferencia es tremenda. De hecho, te habrías sentido colmado.

No lloras por su muerte, sino a causa de la culpa. Si hubieras amado a esa mujer, si realmente la hubieses amado y no la hubieses traicionado, y no la hubieses engañado, cuando ella muriese te sentirías triste, claro está, pero en esa tristeza habría algo de belleza. La echarías de menos, pero sin culpabilidad. La recordarías, siempre la recordarías, sería un preciado re-

---

*   *Shraddh* o *sraddha* (sánscrito). En la India, devoción por la memoria y el bienestar de los parientes difuntos. Un rito *post mortem* en favor de los parientes recién fallecidos. *(N. del T.).*

cuerdo, pero no exagerarías llorando y gritando y convirtiéndolo todo en un espectáculo. No exhibirías tu tristeza, no habría elementos exhibicionistas. Valorarías el recuerdo en lo profundo del corazón. No llevarías una foto suya en la cartera, y no hablarías de ella.

Conocía a una pareja, en la que el marido se había portado muy mal con su esposa. Era un matrimonio por amor, una familia muy rica, pero el marido era una especie de Don Juan, y engañaba a su esposa de todas las maneras. Luego ella se suicidó a causa de él.

Resulta que pasé por donde vivían y fui a verle, porque alguien me había contado que el esposo era muy desgraciado. Desde que la esposa muriera su vida había cambiado. No podía creérmelo. Pensé que debía estar muy contento. Siempre fue una relación miserable, un conflicto continuo.

Fui a verle. Se hallaba sentado en su estudio rodeado de muchas fotos de la esposa, por todas partes, como si se hubiese convertido en una diosa. Y él empezó a llorar. Yo le dije:

–¡Deja de hacer el tonto! Nunca fuiste feliz con esa mujer, ni ella contigo, por eso se suicidó. Eso era lo que siempre quisiste. De hecho me dijiste muchas veces que si esta mujer se moría tú serías libre. Ahora ya lo ha hecho.

Él respondió:

–Pero ahora me siento culpable, como si yo hubiera sido la causa de su muerte, como si la hubiese matado con mis manos. Nunca volveré a casarme.

Eso es la culpabilidad, una cosa muy fea.

Cuando muere un buda son muchos los que le veneran. Estaban ahí en vida, pero nunca se acercaron a él. Cuando muere un mahavira, la gente le venera durante siglos. Esa gente estaba allí cuando vivía, pero ahora se sienten culpables.

Fíjate, a Jesús le crucificaron. En el último momento incluso le abandonaron sus discípulos. No hubo nadie que dijese: «Soy su seguidor». Incluso el último discípulo... cuando apresaron a Jesús, éste le dijo: «No me sigas porque ya no puedes seguirme». Y el discípulo contestó: «Iré, maestro. Iré adonde te lleven». Jesús dijo: «Antes de que cante el gallo al amanecer me negarás tres veces. No lo hagas, déjame». Pero el discípulo insistió.

A Jesús le apresaron, sus enemigos dieron con él, y el discípulo siguió con la multitud. La gente se dio cuenta de su pinta extraña y le preguntaron: «¿Quién eres tú? ¿Eres discípulo de ese Jesús?». Y él dijo: «¿Quién es ese Jesús? Nunca he oído ese nombre». Y tres veces, tres veces le negó antes de que cantase el gallo. Y cuando le negó por tercera vez, Jesús se dio la vuelta y dijo: «El sol todavía no ha aparecido por el horizonte».

Nadie más debió de comprenderlo, pero el discípulo debe haber llorado amargamente al negar a Cristo. Dijo que no conocía a ese hombre, que era forastero, y que se había acercado por curiosidad. En el último momento incluso desaparecieron los discípulos. Jesús fue crucificado. Los discípulos se reunieron, y cada vez fueron más. Ahora casi un tercio de la humanidad es cristiana.

Da la impresión de tratarse de una culpabilidad tremebunda. Sólo tenéis que daros cuenta de que si a Jesús no le hubieran crucificado, no habría cristianismo. Por eso la cruz se convirtió en el símbolo del cristianismo. Yo al cristianismo lo llamo "cruz-tianismo", no cristianismo. De hecho es la cruz, es la muerte, lo que creó la culpa. Creó tanta... ¿Y qué se hace cuando surge la culpabilidad? Sólo puedes compensarla venerando a la persona.

Cuando un maestro está vivo le quieres; tu veneración contiene amor y no exhibicionismo. Es un flujo natural que proviene del corazón. Pero cuando un maestro está muerto y siempre le has negado, *entonces* le veneras. Tu veneración tiene algo de fanatismo, de exhibicionismo. Quieres demostrar algo. ¿Frente a quién? Frente a tus propias actitudes

Así me lo han contado:

–Pareces muy deprimido –le dijo un amigo al mulá Nasrudín–. ¿Qué te pasa?».

–Verás –empezó el mulá–, ¿recuerdas a mi tía, la que acaba de morir? Yo fui el que la internó en un manicomio durante los últimos cinco años de su vida. Cuando murió me dejó todo su dinero. Ahora he de demostrar que estaba bien de la cabeza cuando redactó el testamento, hace seis semanas.

Eso es lo que pasa. Primero niegas a un hombre sabio, le niegas que sea sabio. Niegas que esté iluminado, niegas que sea bueno. Luego se muere y te lo deja todo, te deja todo su dinero. Se convierte en tu herencia. Ahora, de repente, todo cambia, todo toma un giro de ciento ochenta grados. Negabas a ese hombre porque hería tu ego, y ahora, de repente, empiezas a venerarle porque te colma el ego. La causa sigue siendo la misma, tanto si le condenas como si le veneras.

Los hinduistas destruyeron por completo el budismo en la India, pero aceptaron al Buda como el décimo *avatara* de Vishnú. ¿Por qué? Porque ahora está bien negar el budismo, ¿pero cómo negar el legado del Buda? Fue el indio más grande de toda la historia. Si le niegas, tu ego se quedará corto. Pero con el Buda, tu ego reluce como una estrella, como la estrella polar. No puedes negar al Buda.

Ahora le reclamáis, afirmáis que fue el hombre más sabio, el hombre más grande de todos los tiempos. Ahora vuestro ego se alimenta del nombre del Buda. Ahora queréis que sea *vuestro* Buda –de hecho, ahora decís que fue vuestro Buda– el que transformó todo Asia. Es la luz que ilumina el mundo. Sí, claro, liquidasteis a todos los budistas, destruisteis las escrituras budistas, lo negasteis todo, pero os aprovecháis del nombre del Buda.

Piensa en lo siguiente: cuando la India fue libre y tuvieron que elegir un símbolo para la bandera, eligieron uno budista. ¿Es que no hay símbolos en el hinduismo? El hinduismo cuenta con millones de hermosos símbolos. ¿Por qué tuvieron que elegir la rueda budista para la bandera? Porque ahora el Buda es su patrimonio. Ahora quieren alardear de que el Buda nació en la India, en este país tan religioso, que «es nuestro». Cuando vivía le lanzabais piedras. Ahora proclamáis que es vuestro.

Cuando el Buda vivía, le condenaban en todos los pueblos por los que pasaba; le condenaban allí por donde pasaba. Ahora todos los pueblos proclaman que «estuvo aquí», que «nació aquí», que «murió aquí», que «estuvo aquí, en esta casa», que «estuvo viniendo por aquí durante más de cuarenta años: por lo menos vino unas veinte veces». Todos los pueblos de Bihar* afirman algo parecido.

Cuando vivía, todo Bihar le condenó. Ahora, el nombre "Bihar" sale a cuenta de él, porque caminó por allí. Bihar significa "donde camina el Buda". Ahora todo el territorio se llama Bihar. Ahora proclamamos esto y lo otro. Nehru recuperó sus huesos, los devolvió a la India. Nehru no era persona religiosa, en absoluto. ¿Por qué lo hizo? Porque de esa manera el ego índico puede sentirse muy satisfecho. El Buda había de regresar a casa. El mismo ego que le condenó le venera. Recuérdalo. Tu ego siempre niega, obsérvalo.

Estos sutras son para ti. Recuerda. No son insubstanciales, no son teorías. Son muy empíricos, muy pragmáticos: el Buda fue un hombre muy pragmático.

> Sucedió el otro día. Después de la charla de la mañana vino a verme el mulá Nasrudín. Me dio la mano y dijo: «Maravilloso sermón, de verdad. Todo lo que dijo puede aplicarse a alguien que conozco».

Estos sutras son para ti, no para nadie más que conozcas. Si alguien dice que fulano se ha iluminado, ¿cuál será tu primera reacción? Obsérvalo. Dirás: «¿Fulano? ¿Ese zumbado? ¿Que se ha iluminado? ¡Imposible!». Observa, observa tu primera reacción. Permanece alerta a ver qué sucede en tu mente. Empezarás a hablar de todos los defectos y faltas que conoces. Y observa y verás que exageras.

A veces, si alguien te cuenta que cierta persona se ha iluminado, se ha hecho muy sabia, dices: «¿Ése? Le conozco desde pequeño. Le he visto y observado. La iluminación no tiene lugar en un día. Es un proceso. No es posible», o buscas algo irrelevante.

El Buda solía decir que en una ocasión, en un lugar había un hombre que le dijo a un amigo: «¿Te has enterado de lo de nuestro vecino? Ahora es una persona muy virtuosa». El otro dijo: «¿Qué me dices? No es posible. Vivo a su lado, hemos vivido juntos. ¿Cómo es posible que te hayas enterado antes que yo? Somos vecinos y lo sé todo acerca de él. Se trata de una impostura. Es un embaucador, ¿pero a quién cree que puede engañar?».

---

* Bihar. Estado actual del nordeste de la India, por cuyos territorios vagó el Buda con sus bhikkhus, y en donde realizó la iluminación (en Bodhgaya). *(N. del T.).*

Es muy difícil aceptar que alguien sea sabio porque al aceptarlo, estás aceptando que tú eres ignorante. Ése es el problema. No es cuestión de si el otro es o no es sabio, sino que tiene relación contigo.

Cuando aceptas que alguien es guapo, lo haces de mala gana. Habla a una mujer acerca de otra mujer guapa y se mostrará reacia a aceptarlo, y además empezará a condenarla de inmediato. Porque aceptar que esa otra mujer es guapa es aceptar que ella no lo es tanto. La comparación surge de inmediato. El ego existe a través de la comparación.

En el zen dicen que había un hombre que era un flautista maravilloso. Alguien le alababa en la cafetería, diciendo que era un intérprete maravilloso. De repente otra persona empezó a denostarlo, diciendo: «Es un mentiroso y un ladrón, ¿cómo va a tocar bien la flauta?».

Pero no hay nada contradictorio en ello. Puedes ser un mentiroso y tocar muy bien la flauta, puedes ser un músico dotado. Puedes ser un ladrón y tocar la flauta como los ángeles. No existe contradicción. Pero el otro se limita a decir: «No es posible. Es un ladrón y un mentiroso» y esto y lo otro. «Le conozco, no sabe tocar». Y cuando la gente denuesta y grita con tanto empeño, su acción tiene mucho peso. Y quien hablaba sobre el flautista queda silenciado.

Al día siguiente hablaba con otra persona y dijo: «Ese tipo es un ladrón». Y el otro dijo: «¿Cómo puede ser un ladrón? Si toca la flauta de maravilla...». Tampoco en este caso existe contradicción, pero el segundo hombre tiene una visión totalmente distinta. Esta segunda persona está abierta para crecer. Dice: «¿Cómo puede ser un ladrón? Le conozco, toca la flauta de maravilla. Una persona tan sensible no puede ser un ladrón. ¡Imposible! No lo creo». El que esa persona sea un ladrón o no, no es la cuestión, pero esas dos reacciones decidirán muchas cosas para esas dos personas.

Cuando alguien dice: «Es una buena persona», fíjate en que no empieza a condenarla ni denostarla, porque cuando condenas la bondad estás condenando tu propio futuro. Si sigues condenando la bondad y la sabiduría nunca llegarás a ser bueno ni sabio, porque no te sucederá nada de lo que condenes. Te cerrarás a ello.

Aunque ese hombre no sea bueno, o sabio, no está bien negarlo. Acéptalo. ¿Qué tienes que perder? La aceptación de que ese hombre puede ser bueno y sabio te ayudará a serlo a ti. Tus puertas se abren, y dejas de estar cerrado. Si ese hombre puede llegar a ser bueno y sabio, ¿por qué no tú? Si crees que esa persona es normal y corriente, no la condenas. Simplemente siéntete feliz, acepta la buena nueva: «Ese hombre corriente se ha transformado en sabio, así que también yo puedo transformarme en sabio porque también soy corriente». ¿Por qué convertirlo en una cuestión negativa? Esto es lo que dijo el Buda:

«La gente malvada que denuncia al sabio se parece a los que escupen al cielo».

Estás escupiéndote en tu propia cara. Cuando escupes hacia el cielo, éste no acabará corrompiéndose por tu causa. Serás tú el que se corrompa a causa de tu escupitajo, porque volverá a caer sobre ti. Todo ese esfuerzo es vano, absurdo. El cielo seguirá siendo el cielo.

La persona sabia es como el cielo. Eso también es muy simbólico, porque cielo significa espacio puro.

¿Por qué escupir contra el cielo es una tontería? Porque el cielo no está ahí. Si el cielo estuviese ahí, tu escupitajo podría corromperlo. Escupes contra la pared y no te rebota. Lo haces al suelo... y si eres un experto el esputo no se te quedará pegado. Si escupes contra el techo y sabes hacerlo, probablemente se quedará allí. Practica y verás. No es probable que regrese, porque el techo está ahí; puede ser corrompido. Lo que *es* puede corromperse; lo que no es no puede.

El sabio no es, su ego ha desaparecido. No es una substancia, sólo es espacio puro. Puedes pasar a través de él, puedes escupir a través de él, y no hay obstáculo. El escupitajo pasará a través de él, no se quedará en él.

Si insultas a un sabio, tu insulto no lo recogerá nadie. Es como si te pones a insultar en una habitación vacía. Sí, provocarás un cierto sonido, pero eso es todo. Cuando el sonido desaparezca la habitación se quedará igual. La habitación no cargará con tus insultos, porque está vacía.

El sabio está vacío como el cielo. Debe tratarse de un dicho budista porque el Buda dice que el sabio significa sin ser, sin ego. El sabio significa inexistente. No está ahí, es una presencia pura, sin ninguna materia en él. Puedes atravesarlo, no hallarás obstáculo alguno en él.

«La gente malvada que denuncia al sabio se parece a los que escupen al cielo. El escupitajo nunca alcanzará el cielo...»

No es que el cielo esté lejísimos. No. El cielo está muy cerca, estás en el cielo. Pero no puede alcanzar el cielo porque el cielo es existencia pura. Es espacio y nada más. Todo va y viene por el cielo, pero el cielo permanece inocente.

¿Cuántas guerras se han librado en la tierra? Pero no encontrarás nada de sangre en el cielo. ¿Cuánta gente ha vivido en la tierra? ¿Cuántos desatinos, asesinatos y suicidios se han cometido? Pero el cielo no lleva la cuenta, ni siquiera hallarás la mínima señal. El pasado simplemente no existe. Las nubes van y vienen y el cielo continúa igual. Nada lo corrompe.

Un sabio se hace tan espacioso que nada le corrompe.

Tú sólo piensas que estás insultándole; tu insulto te rebotará. El sabio es como un valle; tu insulto regresará como un eco. Te caerá encima.

«El escupitajo nunca alcanzará el cielo, sino que les caerá encima.»

Hay que entender bien esta cuestión. El sabio está más elevado que tú. El sabio es como una cumbre, como un pico del Himalaya. Tú permaneces en la oscuridad, en el valle, en la ignorancia.

Si escupes contra lo elevado, el esputo volverá a caer sobre ti. Va contra la naturaleza, contra la gravedad. Así que si alguien se siente insultado por un insulto tuyo puedes estar seguro de que está más bajo que tú. Si alguien no se siente insultado por tu insulto es que está más elevado que tú, que tu insulto no puede alcanzarle. Porque los insultos siguen la ley de la gravedad. Siempre van hacia abajo.

Así que si te enfureces sólo puedes encolerizar a una persona inferior. Una persona superior permanece más allá de ti. Sólo puedes encolerizar a una persona más débil, la persona más fuerte permanece inafectada. A través del insulto sólo puedes manipular a seres inferiores; los superiores están mucho más allá.

«La gente malvada también se parece a quien agita el polvo contra el viento. El polvo no se levantará sin perjudicarle.

»Por eso el sabio nunca saldrá herido, pues la maldad acabará destruyendo a los propios malvados.»

Recuérdalo. Vamos haciendo cosas contra nosotros mismos. Vamos haciendo cosas suicidas. Vamos haciendo cosas que destruirán nuestro futuro.

Todos los actos que realizas definen en cierto modo tu futuro. Ten cuidado, no hagas algo que vaya a perjudicarte. Y siempre que intentes dañar a alguien, te estarás dañando a ti mismo. Siempre que intentes herir, que quieras herir, estarás creando *karma* para ti mismo. Serás tú el que salga herido.

En una ocasión, un hombre escupió al Buda, es cierto. El Buda se limpió el rostro y preguntó: «¿Tiene usted algo más que decir?». El hombre se quedó perplejo, asombrado. No esperaba aquella reacción. Pensaba que el Buda se enfurecería. No daba crédito a sus ojos. Se quedó mudo, pasmado.

Ananda, discípulo del Buda, se hallaba sentado a su lado. Ananda se enfureció muchísimo, y le dijo al Buda:

–¿Pero esto qué es? Si dejas que la gente haga eso la vida se torna imposible. Dímelo y le pondré en su sitio.

Este Ananda era muy fuerte. Había sido un guerrero, era primo hermano del Buda, y también príncipe. Estaba muy enfadado, así que dijo:

¡Qué tontería!. Dame permiso y le daré lo que se merece.

El Buda se rió y dijo:

–Él no me sorprende, pero tú sí. ¿Por qué te pones así? No te lo ha hecho a ti. En cuanto a su escupitajo contra mí, sé que en alguna vida pasada debí insultarle. Hoy estamos en paz. Me siento feliz.

–Gracias, señor –le dijo al hombre–. Le estaba esperando para cerrar esa cuenta pendiente. En algún momento debí insultarle. Puede que usted no lo recuerde, pero yo sí. Puede que usted no lo sepa, pero yo sí. Puede haberlo olvidado porque no es usted muy consciente, pero yo no. Hoy me siento feliz porque usted llegó y zanjó la cuestión. Ahora estamos libres el uno del otro.

–Han sido mis propios actos –le dijo a Ananda– los que han revertido en mí.

Sí, claro, cuando escupes contra el cielo hace falta un cierto tiempo para que el esputo regrese. No lo hace de inmediato, depende de muchas cosas. Pero todo acaba volviendo. Todos tus actos no hacen sino sembrar, y algún día deberás cosechar, un día deberás obtener los frutos.

Si hoy eres desdichado, se debe a que las semillas han florecido. Esas semillas debiste plantarlas en algún momento del pasado, en esta o en otra vida, en algún lugar. Lo que eres hoy no es más que tu pasado acumulado. Todo tu pasado es tu presente. Todo lo que vayas a ser mañana no será más que lo que estás haciendo hoy.

El pasado no tiene remedio, pero se puede hacer mucho de cara al futuro. Y cambiar el futuro es cambiarlo todo. Si empiezas a cambiar tu modo de vivir, tu manera de estar atento, si empiezas a comprender las leyes de la vida... una de las leyes fundamentales es la del *karma*: lo que siembres es lo que recogerás.

No lo olvides ni un solo instante. Porque olvidarlo ya te ha creado mucha desdicha. Recuérdalo. Los viejos patrones y las viejas tendencias te obligarán una y otra vez, por pura costumbre, a realizar esos mismos actos. Recuérdalo y abandona los viejos hábitos, abandona las reacciones mecánicas; sé más consciente. Un poco de consciencia provoca muchos y grandes cambios.

Así me lo han contado:

> Sucedió en Japón. En una ocasión una madre visitó a su hijo en la universidad y le apenó ver las paredes de la habitación llenas de pósteres de mujeres ligeras de ropa. No dijo nada, pero colgó una imagen del Buda entre las demás. Cuando volvió a ver al hijo un tiempo después, habían desaparecido todos los pósteres menos la imagen del Buda. El chico dijo: «No podía dejarle ahí con todas esas fotos, así que las tuve que quitar».

Una pequeña imagen del Buda bastó para que todas aquellas fotos pornográficas desapareciesen. ¿Qué pasó? El muchacho empezó a sentirse incómodo. ¿Cómo mantener al Buda junto a aquellas fotos? Poco a poco la presencia del Buda se fue haciendo notar; cuanto más consciente se iba haciendo, más fotos desaparecían. Basta un pequeño rayo de sol para acabar con la oscuridad. ¡Permite ese primer rayo!

Si empiezas a ser consciente en un grado muy pequeño, no tienes de qué preocuparte, con el tiempo verás que el resto de fotografías van desapareciendo, hasta que sólo queda consciencia. El Buda significa esa consciencia, y la misma palabra "buda" quiere decir consciencia.

Si quieres ser feliz y gozoso de verdad, ser gozoso eternamente, si estás harto de las miserias por las que has tenido que pasar, entonces lleva consciencia a tus reacciones. Y empieza a confiar en lo bueno.

En algunos idiomas hay una expresión que viene a decir: "Demasiado bueno para ser cierto". Esta expresión es muy peligrosa. ¿Demasiado bueno para ser cierto? Eso quiere decir que si algo es demasiado bueno desconfías de ello; ¿no puede ser verdad? Cámbiala, y di lo siguiente: *«Demasiado bueno para no ser cierto»*.

Cree en la bondad, cree en la luz, cree en una realidad superior, porque todo aquello en lo que crees se convierte en una apertura para ti. Si no crees que es posible que exista un ser por encima de ti, entonces estás acabado, porque eso paraliza toda posibilidad de crecimiento.

Confiar en un Buda, en un Mahavira, o en un Jesús, o Zaratustra, no es más que abrirte... a la idea de que existen seres superiores a ti, de que han caminado y vivido sobre la tierra. No es imposible ser un buda. Piensas en ello y un rayo de luz iluminará tu ser. Y esa luz empezará a transformarte, a cambiar toda tu química.

Por eso todas las religiones insisten en la confianza, en *shraddha*, fe. No tiene nada que ver con supersticiones, ni con creencias teológicas. Se trata simplemente de una apertura del corazón. Si no crees, si insistes en que las rosas no existen, aunque un día te topes con un rosal no acabarás de creértelo. Te dirías: «Debe ser una ilusión, alguien me está gastando una broma, es un espejismo, estoy soñando, porque las rosas no existen».

En primer lugar, y si no crees en la existencia de las rosas, existe una probabilidad muy elevada de que cuando las encuentres ni siquiera las mires porque sólo nos fijamos en las cosas que consideramos posibles. Así que pasarías de largo, indiferente. Sólo se hace efectivo aquello en lo que crees.

Así me lo han contado:

> Sucedió en un hospital. Una enfermera colocó un biombo alrededor de la cama de un paciente y le alargó un frasco para que depositase una muestra de orina.
>
> –Volveré a buscarlo dentro de diez minutos –le dijo. Luego vino otra enfermera, que le dio al hombre un vaso de zumo de naranja. El paciente, que tenía cierta chispa, vertió el zumo de naranja en el frasco de la muestra. Cuando volvió la primera enfermera, le echó un vistazo y dijo:
>
> –Esta muestra parece un poco turbia».
>
> –Sí, que lo parece –asintió el paciente–. Lo volveré a pasar y veremos si se aclara un poco.
>
> La enfermera se desmayó cuando el hombre se llevó el frasco a los labios.

Se trata de tu creencia, de tu propia idea... ¿Pero qué está haciendo ese hombre? Pues bebe zumo de naranja. Pero una vez que das por sentado algo, se torna efectivo. Ahora la enfermera ha pensado que se está bebiendo la orina. Pero sólo es su idea. Pero las ideas son grandes realidades que cambian tu manera de ver las cosas.

Si buscas belleza hallarás belleza. Si crees que la belleza no existe, entonces puede que te cruces con ella pero no la reconozcas. Sólo se ve lo que se busca.

Fe y confianza sólo significan eso, que no somos lo último, lo esencial, el *crescendo* de la existencia, que es posible una realidad superior. Creer en un Jesús o en un Buda es simplemente creer en tu propio futuro, en que puedes crecer. Creer en el Buda es creer en crecer, en que todavía hay algo que puede sucederte.

Por eso en los siglos pasados la gente nunca estuvo tan aburrida como hoy en día, porque ahora parece que no es posible nada más. Eres esclavo de la rutina. Cuanto más materialista se torna la gente, más se aburre. No hay gente más aburrida que los estadounidenses. Tienen todo lo que el ser humano ha anhelado durante siglos, y están muertos de aburrimiento porque carecen de futuro. Cuando no hay futuro no hay sentido.

Tienes un bonito coche, una bonita casa, un bonito trabajo... ¿Y qué? Aparece la pregunta: «¿Y qué? ¿Adónde estás yendo? Estás prisionero de la rutina, girando en la misma rueda una y otra vez. La misma mañana, la misma noche, el mismo trabajo, el mismo dinero... ¿Y ahora qué?». Pues la gente se dedica a jugar jueguecitos para pasar el tiempo, pero saben que no va a pasar nada. Y eso provoca aburrimiento.

Nunca en la historia del ser humano ha estado la gente tan aburrida, porque antes siempre existía una posibilidad; siempre había una apertura en el cielo... Te podías convertir en alguien como el Buda, o como Jesús o Krishna. Siempre crecías. No estabas atrapado en una rueda; había crecimiento.

De repente, en este siglo estáis atrapados en una rueda. No hay Dios. Nietzsche dijo: «Dios está muerto y el hombre es libre» ¿Libre para qué? Libre para no crecer, para pudrirse, libre para vegetar y morir.

La libertad sólo tiene sentido cuando conlleva crecimiento. Libertad sólo significa posibilidad de crecer, que en ti es posible que crezcan unas flores mejores. Tu potencial cuenta con un destino... y eso conlleva sentido, entusiasmo, estímulos. Tu vida empieza a palpitar de sentido.

Recuerda que tú eres la causa de tu desdicha, y que también puedes pasar a ser la causa de tu beatitud. Eres la causa del infierno en el que vives, pero también puedes crear el cielo. Sólo tú eres responsable, y nadie más.

Nunca intentes dañar a nadie porque todo eso acabará revirtiendo en ti. Si puedes hacer algo bueno, hazlo. Si puedes ayudar a alguien, ayuda. Si puedes expresar algo de compasión, de amor, déjalo fluir, porque también regresará a ti. En momentos de necesidad tendrás algo en lo que apoyarte, en lo que confiar.

Ama todo lo que puedas, ayuda, y no te preocupes de si la ayuda te es recompensada en el momento. Lo es, y mucho. No te preocupes acerca del momento y el lugar, porque te será recompensada. Algún día, cuando la necesites, aparecerá. Se va acumulando.

El mulá Nasrudín no dejaba de pedirle al de la tuba que tocase.
—Vale, muy bien, ya que insiste —dijo—. ¿Qué quiere que toque?
—Lo que quieras —dijo Nasrudín—. Sólo es para molestar a los vecinos.

La gente no deja de hacer cosas así. Puede que no disfruten en absoluto, pero si molestan a los vecinos ya disfrutan. Es morboso, pero así es la gente. A la gente le encanta torturar, y cuando les torturan a ellos lloran y dicen que la vida es muy injusta, y que Dios no conoce la justicia.

El Buda dice que no hay Dios. Simplemente no tiene en cuenta la posibilidad de Dios. Para que no puedas hacer responsable a nadie más dice que hay una ley, no un Dios, y que la ley sigue su curso. Si sigues la ley serás feliz, si no la sigues serás desgraciado.

Abandona la idea de un Dios que te ayuda, porque con un Dios subsiste la posibilidad de que podamos hacer algo erróneo y que luego vayamos llorando y gimiendo a rezar: «He sido un tonto, pero ahora Dios puede salvarme».

Ante una ley no puede rezarse, ante una ley no puedes decir: «He sido un tonto». Si fueses un tonto tendrías que sufrir, porque la ley no es una persona. Es absolutamente indiferente, y sigue su propio curso.

Si te caes al suelo y te rompes los huesos y quedas con muchas fracturas, no vas a quejarte a la ley de la gravedad. «No estés tan en contra mía. Al menos podías haberme avisado. ¿Por qué te has enfadado tanto conmigo?».

No, nunca te quejas de la ley de la gravedad porque sabes que si la sigues correctamente, ésta te protege. Sin la ley de la gravedad no estarías en la tierra, sino flotando en el cielo. La ley de la gravedad te mantiene en la tierra, es lo que te enraíza. Sin ella no estarías aquí. Te permite caminar, y ser. Si haces algo erróneo, entonces sufrirás. Pero la ley no te castiga, ni te recompensa. No tiene nada que ver con tu personalidad. Tú te castigas y te recompensas a ti mismo. Sigue la ley y te estarás recompensando. No la sigas, desobedécela y serás una víctima, sufrirás.

El Buda llama *dhamma* a la ley, es su Dios. Le quita la personalidad, porque el ser humano ha creado muchos problemas a partir de la personalidad. Los judíos creen que son el pueblo elegido de Dios, así que será indulgente con ellos. ¡Vaya despropósito! Los cristianos creen que ellos son el pueblo elegido de Dios porque envió a "su hijo unigénito" a salvarles, así que quien siga a Jesús se salvará. Pero eso da la impresión de ser nepotismo, porque estás relacionado con Jesús y él es el hijo de Dios... Se parece a los funcionarios de la India, a los políticos. Si tienes relaciones, entonces estás salvado. Otra tontería.

Me han contado que cuando los japoneses fueron derrotados en la guerra, uno de sus generales habló con un general inglés y le dijo:

–No podemos comprender por qué hemos sido derrotados, cómo fuimos derrotados.

El general inglés contestó:

–¿No lo sabe? Nosotros creemos en Dios y rezamos. Cada día, antes de empezar a luchar, rezamos.

Pero el japonés dijo:

–Nosotros también. Nosotros también creemos en Dios y rezamos.

El inglés se rió y dijo:

–¿Alguna vez ha pensado en que Dios pudiera no entender el japonés?

El Buda le quita la personalidad a Dios. Entonces no es necesario que nadie entienda japonés, inglés, hebreo, o sánscrito. Los hinduistas dicen que el sánscrito es el lenguaje genuino de Dios... *devavani*, la lengua de Dios. Todas las otras lenguas son simplemente humanas, pero el sánscrito es divino. Y ese mismo tipo de desatino existe en todo el mundo. El Buda liquida la base de todo eso. Dice que Dios no es una persona, que es una ley. Síguela, obedécela, y te recompensarás a ti mismo. No la sigas y sufrirás.

«Por el eso sabio nunca saldrá herido, pues la maldad acabará destruyendo a los propios malvados.»

Así que recuérdalo como una regla fundamental: todo lo que hagas a los demás en realidad te lo estarás haciendo a ti mismo... Todo, digo, lo que le hagas a los demás te lo estarás haciendo a ti mismo. Así que cuidado.

Dijo el Buda:

«Si te esfuerzas por entrar en el camino a través de mucho estudio, no lo comprenderás. Si observas el camino con un corazón sencillo, grande será en verdad este camino».

Este camino, este *dhamma*, esta ley, esta ley esencial de la vida, no puede ser comprendida mediante el estudio, leyendo escrituras ni memorizando filosofías. Para conocerlo hay que vivirla. La única manera de conocerlo es vivirlo. La única manera de conocerlo es existencial, no intelectual.

Me han contado una anécdota muy famosa:

Hace años se rumoreaba entre las comunidades académicas acerca de un joven erudito de una universidad talmúdica de Polonia. Se le exaltaba a causa de sus grandes conocimientos y su concentración en los estudios. Los visitantes se iban impresionados.

Un día llegó una importante autoridad talmúdica y le preguntó al decano acerca del joven:

–¿Sabe ese joven tanto como dicen?

–La verdad –contestó el viejo rabino con una sonrisa– es que no lo sé. El joven estudia tanto que no puedo entender cómo encuentra tiempo para saber.

Si te ocupas demasiado con el intelecto no tendrás tiempo para emplearte con todo tu ser. Si estás demasiado en tu cabeza pasarás por alto mucho de lo que es asequible. El camino sólo puede conocerse si participas profundamente en la existencia. No puede comprenderse desde fuera; hay que ser un participante.

No hace mucho vino a verme un profesor de psicología. Enseña en Chicago. Es indio y vive en los Estados Unidos. Vino de visita. Llevaba escribiéndome desde hacía casi dos años: «Iré dentro de poco, no tardaré». Finalmente vino, y quería saber cosas sobre la meditación. Se quedó aquí diez o doce días y observó meditar a los demás, y decía: «Estoy observando».

¿Pero cómo puedes observar meditar? Puedes meditar, ésa es la única manera de saber al respecto. Puedes observar a un meditador desde fuera –puedes ver que baila, o que permanece en silencio, o que sí, que está sentado–, ¿pero qué vas a hacer con eso?

La meditación no es sentarse, no es bailar, no es estar inmóvil. La meditación es algo que sucede en el hondón de la persona, en lo más profundo. No puedes observarlo, no existe el conocimiento objetivo de la meditación.

Así que le dije:

–Si realmente quiere saber... baile.

Y él contestó:

–Primero tengo que observar, primero debo autoconvencerme de que es algo, y luego lo haré.

Entonces yo le respondí:

–Si se apega a su condición nunca lo hará. Porque la única forma de saber es hacerlo, y usted dice que lo hará sólo cuando lo sepa. Es imposible. Se pone una condición tan imposible que nunca sucederá.

Es como si alguien dijese: «Amaré sólo cuando sepa qué es el amor». ¿Pero cómo puedes conocer el amor sin amar? Puedes observar a dos amantes de la mano, pero eso no es amor. También dos enemigos pueden tomarse de la mano. Aunque dos personas se tomen de la mano, eso no significa que se amen, pueden estar simplemente fingiendo.

Aunque veas a dos personas haciendo el amor, puede que no se trate de amor. Puede ser otra cosa; puede ser simplemente sexo y no amor. No hay manera de conocer el amor desde fuera. Hay cosas que sólo te son reveladas cuando eres un participante.

Dijo el Buda:

«Si te esfuerzas por entrar en el camino a través de mucho estudio, no lo comprenderás».

Hay cosas que pueden aprenderse estudiando... Son cosas externas, cosas objetivas. Esa es la diferencia entre ciencia y religión. La ciencia no necesita experiencia subjetiva. Puedes seguir fuera y observar; es un enfoque objetivo de la verdad.

La religión es un enfoque subjetivo. Has de entrar, has de penetrar; es introspectiva. Has de sumergirte profundamente en tu propio ser. Sólo entonces puedes saber. Sólo a partir de tu propio centro podrás comprender qué es el camino, qué es el *dhamma* –o qué es la santidad–, pero deberás participar. Sólo puedes conocer la santidad convirtiéndote en un dios, no hay otra manera. Sólo puedes conocer el amor convirtiéndote en amante. Y si crees que es muy arriesgado sin antes conocerlo –y enamorarse *es* arriesgado–, entonces te quedarás sin amor, seguirás siendo un desierto.

Sí, la vida es riesgo, y uno debe ser lo bastante valiente para aceptarlo. No siempre hay que ser calculador. Si no dejas de calcular toda la vida, te lo perderás todo.

Acepta riesgos, sé valiente. Sólo hay una manera de vivir, y es peligrosamente. Y ése es el peligro, que uno ha de actuar sin saber, que hay que pasar a lo desconocido. Por eso se necesita confianza.

Dijo el Buda:

> «Si te esfuerzas por entrar en el camino a través de mucho estudio, no lo comprenderás».

> Un gran erudito, un clérigo, un *pundit*, se detuvo en una tienda de animales domésticos y preguntó el precio de un loro. El dependiente dijo que no le vendería aquel loro porque todo lo que decía eran blasfemias. «Pero –dijo el dependiente– tengo otro loro que viene de Sudamérica. Cuando lo tenga enseñado le avisaré para que pase a buscarlo.»
>
> Al cabo de algunos meses, el *pundit*, el gran especialista, pasó de nuevo por la tienda para ver el loro que tenían para él. El dependiente llevó al *pundit* a la trasera de la tienda, donde el loro se hallaba encaramado a una percha, con una cuerda en cada pata. El propietario tiró de la cuerda del pie derecho y el loro recitó el Padrenuestro de principio a fin.
>
> –¡Es una maravilla, y muy edificante! –exclamó el predicador, el *pundit*. Eso era precisamente lo que él llevaba haciendo toda la vida. Luego tiró de la cuerda del pie izquierdo y el loro se arrancó cantando "Más cerca de ti, mi Dios".
>
> –¡Es asombroso! –gritó el predicador–. Ahora dígame, ¿qué pasará si tiro de las dos cuerdas a la vez?
>
> Antes de que el tendero pudiera contestar, el loro dijo:
>
> –¿Serás capullo? ¡Me caería de culo!

Es así de sencillo, hasta un loro lo sabe, pero un *pundit*... es peor que un loro. Se dedica a vivir en las ideas, en la lógica, vive una vida verbal. Ha olvidado las rosas de verdad, y sólo está familiarizado con la palabra "rosa". Ha olvidado la vida real, y sólo conoce la palabra "vida". Pero recuerda, la palabra "vida" no es vida, la palabra "amor" no es amor, la palabra "Dios" no es Dios. La auténtica vida es una existencia, una experiencia.

Sucedió en una ocasión:

Un recién graduado de una escuela de agricultura realizaba una inspección oficial de los terrenos y el ganado. Explicó a los granjeros que realizaba un peritaje a fin de que el gobierno pudiera ayudar a los campesinos a mejorar su situación. Así que lo inspeccionó todo, tomando notas en su pulcra libreta. Cuando creyó haberlo apuntado todo vio a un animal asomando la cabeza por una esquina del pajar. «¿Qué es eso? ¿Y para qué sirve?», preguntó el joven. Se trataba de una vieja cabra, pero el granjero no estaba dispuesto a echar una mano al joven y sabiondo inspector. «Usted es el experto –dijo el granjero–. Dígamelo usted.»

Vaya, pues le resultó muy difícil, porque nunca había visto una cosa igual. Aprendió cosas en la universidad, lo sabía todo sobre agricultura, pero nunca había hecho nada. Carecía de experiencia. Nunca se había topado con algo como una cabra. Así que el joven envió un telegrama a Nueva Delhi pidiéndoles que identificasen para él «un objeto alargado y delgado, con una cabeza calva, pelillos en la barbilla, un estómago plano, una cara larga y triste, y unos ojos cavernosos». Al día siguiente le llegó la respuesta del secretariado de Agricultura: «¡So tarugo! ¡Eso es el granjero!».

Recuérdalo, la cabeza puede desconectar mucho, puede desconectarte de la vida. Utilízala pero no te confines en ella. Utiliza tu intelecto para abordar la existencia, pero no lo conviertas en una barrera.

«Si te esfuerzas por entrar en el camino a través de mucho estudio, no lo comprenderás. Si observas el camino con un corazón sencillo, grande será en verdad este camino.»

«*Con un corazón sencillo*»... La vida sólo puede conocerse con un corazón sencillo. La cabeza es muy compleja y la vida muy simple. Con una cabeza compleja resulta muy difícil entender una vida simple y sencilla.

Un niño la puede comprender mejor. Mantiene una relación con la vida. Un poeta la comprende mejor. Mantiene una relación. Un místico la entiende mejor, su comprensión es muy profunda porque aparta su cabeza a un lado. Mira a través de los ojos de un niño. Aborda las cuestiones maravillándose, asombrándose.

Se sorprende a cada paso. Carece de ideas, no tiene ideas que proyectar. Carece de prejuicios: no es hinduista, ni musulmán, ni cristiano. Simplemente es. Su corazón palpita, y es tierno. Ésos son los requerimientos necesarios para saber qué es la vida.

La vida es muy simple. De vez en cuando aparca la cabeza, decapítate, mira sin nubes en los ojos... sólo mira. De vez en cuando siéntate a la vera de un árbol... y sólo siente. A la vera de una cascada... escucha. Túmbate en la playa y escucha el fragor del mar, siente la arena, su frialdad, o mira las estrellas, y deja que ese silencio te penetre. Observa la noche oscura y permite que esa oscuridad aterciopelada te rodee, te envuelva, te disuelva. Ése es el camino del corazón sencillo.

Si abordas la vida mediante esta simplicidad llegarás a sabio. Puede que desconozcas los Vedas, o la Biblia, o que no sepas qué es la Gita, pero llegarás a saber la auténtica canción de la vida, que es lo que en realidad es la Gita. Puedes no conocer los Vedas, pero llegarás a conocer el auténtico Veda... lo escrito por el propio Dios.

Esta vida es su libro, esta vida es su Biblia, esta vida es su Corán. ¡Recítala! Recita esta vida. Cántala, báilala, enamórate de ella, y con el tiempo llegarás a saber qué es el camino, porque irás siendo cada vez más feliz. Y cuanto más feliz seas, más familiarizado estarás con el camino, con el camino preciso. Y siempre que un paso se desvíe de la raya sentirás el dolor de inmediato.

El dolor es una señal de que has pasado por alto la ley, y la felicidad una indicación de que estás en armonía con ella. La felicidad es un derivado. Si vives conforme a la ley eres feliz. La infelicidad, la desdicha, es un accidente. Demuestra que te has alejado de la ley.

Convierte en tus criterios la felicidad y la desdicha. Por eso no hago más que decir que soy un hedonista. De hecho, el Buda es un hedonista, Mahavira es un hedonista, Krishna es un hedonista, Mahoma es un hedonista, porque todos ellos quieren que seas enormemente feliz. Y para ello te muestran el camino.

Y el camino es: sé simple, confía más, duda un poco menos. Si realmente quieres dudar, duda de la duda, y eso es todo. Duda de la duda; confía en la confianza, y nunca te perderás.

«Quienes se alegran al ver a otros observar el camino obtendrán grandes bendiciones.»

Y el Buda dice que no sólo se benefician quienes siguen el camino, sino incluso quienes se alegran al ver que otro lo sigue, que obtendrán grandes bendiciones.

Sí, así es. Porque al alegrarte de que tanta gente medite... «¡Qué bien, yo todavía no he empezado, aún no he reunido el valor necesario, pero hay tanta gente que sí...! ¡Qué bien!»... Incluso eso te hará feliz porque esa voluntad abre tus puertas.

No los condenas, no dices que meditar es imposible. Lo que dices es: «Es posible... Aún no he reunido el valor suficiente, pero vosotros ya estáis en el camino, ¡buen viaje! Felicidades, ¡de verdad! Espero poder unirme a vosotros algún día».

El Buda dice que si recibís a un *sannyasin* estáis recibiendo vuestro futuro. Si observáis a alguien que toma el camino y os sentís felices, enormemente felices –sabiendo que vosotros no lo seguís, porque no estáis listos, pero no lo condenáis, sino de que de hecho os alegráis, le ayudáis a recorrer el camino–, entonces estáis siguiendo el camino.

Por eso dije al principio que en la vida, siempre que se entera uno de que alguien se ha convertido en *sannyasin*, no hay que condenarlo, sino alegrarse. Cuando alguien ha empezado a meditar, no le critiquéis diciendo que se ha vuelto loco o algo parecido, alegraos. Porque mediante vuestra alegría estáis acercándoos a vuestras propias posibilidades meditativas. Al alegraros estáis aceptando *sannyas* de manera muy profunda. En vuestro interior ya ha sucedido, y llegará también externamente. No es tan importante.

Dijo el Buda:

> «Quienes se alegran al ver a otros observar el camino obtendrán grandes bendiciones».

Por eso en la India un *sannyasin* siempre ha sido muy respetado. Incluso cuando se trata de alguien que sólo viste un hábito anaranjado sin ser *sannyasin*... Incluso entonces es respetado. Porque, ¿quiénes somos nosotros para decidir que él es un *sannyasin* de verdad o no?. Dice el Buda: «¡Alegraos!».

Un hombre que era un gran ladrón robó en el palacio del rey, y cuando estaba escapando los guardias lo descubrieron y le siguieron. Se hallaba en gran peligro. Llegó a la orilla de un río y los soldados a caballo le seguían de cerca, y el río era ancho y no había puentes a la vista. Estaba asustado, la noche era fría... ¿Qué hacer?

No tenía ninguna posibilidad, y entonces vio a un *sannyasin* sentado bajo un árbol. Se quitó la ropa, quedándose desnudo, cerró los ojos y empezó a meditar. Sí, claro, lo pretendía, porque no sabía qué era meditar. También tú puedes pretenderlo, cerrar los ojos y sentarte en la postura del loto. Así que él cerró los ojos.

Llegaron los guardias, la policía. No hallaron a nadie. Sólo a dos *sannyasines*. Les tocaron los pies en señal de respeto. El ladrón empezó a sentirse mal interiormente, culpable. «Esto no está bien –pensó–. Soy un ladrón, y esta gente toca mis pies. Y sólo soy un pseudo*sannyasin*. Si se ofrece tanto respeto a alguien que no lo es, ¿qué sucedería si realmente lo fuese?». Un rayo de luz entró en su vida. Abandonó su vida anterior y se convirtió en *sannyasin*.

Su fama se extendió. Un día llegó el rey a tocarle los pies. Y el soberano le preguntó: «¿Cómo le ocurrió? ¿Cómo renunció al mundo? Yo también espero, sueño con el día en que también recibiré tan maravillosa bendición. Dios me dará coraje para renunciar a todo. ¿Cómo renunció usted a todo, señor? Cuénteme su historia. Eso me dará valor».

El antiguo ladrón empezó a reírse. Dijo: «Te lo contaré. De hecho, me ayudaste mucho... tus soldados me perseguían».

El rey dijo: «¿Qué quiere decir?». Y le relató toda la historia. Dijo: «Y cuando vi que un pseudo *sannyasin* como yo –un ladrón, un asesino– podía ser respetado, de repente me fue imposible seguir como hasta entonces. Me sentí tan bien cuando tocaron mis pies... Nunca me había sentido así hasta entonces, ¡fue un momento tan bello...! Y desde entonces he meditado, y desde entonces he renunciado al mundo, y soy muy feliz. He llegado a casa».

El Buda dice que incluso aquellos que se alegran al ver a otros observando la ley... No condenéis nunca, aunque a veces sea posible; siempre es posible. Igual que hay monedas de verdad, también las hay falsas. Cuando se confiere tanto respeto a los *sannyasines*, también habrá gente que sean impostores. Pero ésa no es la cuestión. ¿A quién pueden engañar? ¿Qué pueden timaros? ¿Qué es lo que tenéis? Alegraos.

> «Un *shramana* le preguntó al Buda: «¿Podría ser destruida dicha bendición?»

¿Será algo temporal si nos alegramos de que otros mediten? El *shramana* ha escuchado, sabe que si meditas alcanzarás la beatitud eterna, pero alegrarse de que otros lleguen... *¿podrá terminar esa bendición?*
Dijo el Buda:

> «Es como una antorcha encendida cuya llama puede transmitirse a cuantas antorchas pueda traer otra gente. Y con ellas prepararán alimentos y disiparán la oscuridad, mientras que la antorcha original seguirá ardiendo siempre igual. Lo mismo ocurre con el gozo del camino».

El Buda está diciendo que quienes siguen el camino alcanzan la beatitud, pero que también lo hacen quienes se alegran al ver que tanta gente sigue el camino. Y no sólo de momento, temporalmente, sino que su beatitud también es eterna. De hecho, al alegrarse se han convertido en compañeros de viaje. En su fuero interno han iniciado el viaje; el externo vendrá a continuación... Pero eso no es lo importante.

Pero cuando condenas a quienes siguen el camino, cuando condenas a los que rezan y meditan, cuando condenas a los que de algún modo intentan sentir y palpar en la oscuridad en busca del camino, te estás condenando a ti mismo. Te estás maldiciendo a ti mismo. Tus puertas permanecerán cerradas, tu potencialidad no será más que eso, y nunca se actualizará.

Eres como una semilla, y si alguien ha florecido debes alegrarte, porque en esa alegría tú también empiezas a florecer. No digas que no son flores sólo porque no te haya sucedido a ti. Si dices que no son flores por esa razón, entonces estás diciendo que no es posible para nadie...

Friedrich Nietzsche dice lo mismo: «¿Cómo puede existir ningún Dios? Si hubiese algún Dios entonces yo sería Dios. Si no lo soy, no puede haber ninguno. ¿Cómo puedo tolerar la idea de que lo sea otro? Imposible, no puedo permitirme tal pensamiento». Y por eso afirma: «Dios está muerto, Dios no existe».

Pero entonces el hombre está en un limbo permanente. No hay posibilidad de ascender. Puedes crecer en edad, hacerte viejo, pero nunca creces, nunca te conviertes en adulto. ¡Recuérdalo! Hacerse viejo o crecer en edad no es crecer. Crecer significa precisamente eso... crecer, crecer hacia arriba. Envejecer es un proceso horizontal, mientras que crecer es vertical.

Crecer significa crecer como un árbol. Envejecer es como un río... sigue siendo horizontal, no cambia de nivel, de plano.

Si alguien crece, alégrate. Al menos un ser humano se ha convertido en buda. Bien, ha mostrado el camino. De hecho, en él se han hecho budas en esencia todos los seres humanos, porque todo lo que puede sucederle a un ser humano puede sucederle a todos los demás.

Puede que convertirnos en budas nos cueste varias vidas, pero eso no importa. Un hombre lo ha conseguido, ha demostrado la posibilidad. Tal vez debamos esperar mucho, pero podemos hacerlo, porque ese amanecer está cada vez más cerca. Llegará; le ha llegado a alguien, y también nos llegará a los demás. Está oscuro y la noche es muy larga, pero ahora existe la esperanza.

Alegrarse con un buda es crear esperanza para uno mismo. Entonces la vida deja de ser desesperante. Una vida desesperante es una vida aburrida, y una vida esperanzadora, la posibilidad, la probabilidad... de que nos suceda tras muchísimas vidas... en realidad no tiene importancia, podemos esperar, pero con esperanza.

Es como una antorcha prendida, cuya llama puede dispensarse a todas las otras antorchas que traiga la gente. Y con ella prepararán alimentos y disiparán la oscuridad, mientras que la antorcha original seguirá ardiendo igual. Lo mismo ocurre con la beatitud del camino.

Basta por hoy.

5. LA VERDAD MÁS ALLÁ
DE LA MAGIA

Dijo el Buda:

«Es mejor alimentar a un hombre bueno que a cien malos.

»Es mejor alimentar a uno que observe los cinco preceptos del Buda que alimentar a mil hombres buenos.

»Es mejor alimentar a un *srotapanna* que a diez mil que observen los cinco preceptos del Buda.

»Es mejor alimentar a un *skridagamin* que a un millón de *srotapannas*.

»Es mejor alimentar a un *anagamin* que a diez millones de *skridagamines*. Es mejor alimentar a un *arhat* que a cien millones de *anagamines*.

»Es mejor alimentar a un *pratyeka-buddha* que a mil millones de *arhatas*.

»Es mejor alimentar a uno de los budas tanto del presente como del pasado o del futuro que a diez mil millones de *pratyeka-buddhas*.

»Es mejor alimentar a uno que está por encima del conocimiento, de la unilateralidad, de la disciplina, y de la iluminación, que a cien mil millones de budas del pasado, presente, y futuro.»

Hablemos primero un poco acerca de la enfermedad llamada ser humano. El ser humano es una enfermedad porque en lo más profundo de su ser está dividido, no es uno. De ahí el continuo malestar, padecimiento, ansiedad, angustia, congoja, la indisposición. La esquizofrenia es una situación normal. No es que algunas personas se tornen esquizofrénicas, es que el ser humano nace esquizofrénico. Esto hay que comprenderlo bien.

El ser humano nace con in-disposición, nace in-dispuesto. Cuando entras en el vientre de tu madre, el primer momento de tu vida se basa en dos padres, en padre y madre. El principio ya estaba dividido dualmente, hombre-mujer, *yin-yang*, positivo-negativo. La primera unidad de tu ser ya se hallaba basada en la división. Una de tus mitades proviene de un padre, y la otra mitad del otro. Desde el principio has sido dos.

Así que la esquizofrenia no es algo que le sobrevenga a algunos desafortunados, es la situación normal. El ser humano nace dividido, por eso siempre hay una dualidad, una indecisión, un titubeo. No puedes decidir quién quieres ser de verdad, no puedes decidir adónde ir, no puedes elegir entre dos opciones, eres ambiguo.

En todo lo que haces siempre hay una parte que está en contra. Tu ejecución nunca es total. Y una ejecución que no es total no puede ser satisfactoria, y una ejecución elegida sólo por una parte de tu ser en contra de la otra, creará más división en tu ser. Has de entenderlo bien entendido.

La unidad está al final, no al principio. Puedes convertirte en un ser unificado, en no dual, puedes acercarte al yoga –yoga significa "unidad, unísono, integración, individuación"– pero eso es al final, no al principio. Al principio está lo dual, la división, al principio está la indisposición.

Así que a menos que lo entiendas y hagas un esfuerzo para transformarlo... La fusión no ha tenido lugar todavía; sólo ha sucedido a un único nivel, a nivel del cuerpo. A nivel del cuerpo eres uno, tu padre y tu madre se han fusionado en el plano corporal. Te has convertido en un solo cuerpo. De dos cuerpos se ha manifestado una unidad, pero sólo en el cuerpo, no a ningún nivel más allá del corporal. En el fondo de tu mente estás dividido. Y si estás dividido mentalmente no hay manera de ir más allá de la mente. Sólo una mente unificada, integrada, una, es capaz de ir más allá de ella misma.

Este sutra del Buda es muy, pero que muy importante. Se trata de un sutra muy simple, pero no hay que tomárselo literalmente. Sí, desde luego, literalmente también es verdad, pero lo importante es todo el proceso, cómo llegar a ser uno, cómo disolver la dualidad a todos los niveles de tu ser, desde el más grosero al más sutil, de la circunferencia al centro... Cómo soltar toda dualidad y llegar a un punto en que de repente seas uno.

Ese punto es el objetivo de todas las religiones, de todos los yogas, de todas las oraciones, de todas las meditaciones, el objetivo del islam, del cristianismo, del hinduismo, del jainismo, del budismo, el objeto de todos los buscadores. Porque una vez que eres uno desaparece tu desdicha.

La desdicha existe a causa del conflicto. La desdicha existe porque tu casa está dividida, la desdicha existe porque no eres uno, sino una multitud, mil y una voces en tu interior, que tiran y estiran de ti en todas las direcciones y de todas las maneras.

Eres un revoltijo, un caos. Es un milagro el que puedas arreglártelas para no volverte loco, porque estás hirviendo de locura. Es un milagro que hayas conseguido permanecer cuerdo, que no te hayas perdido en esa multitud. Pero perdido o no, estás sentado sobre un volcán que puede entrar en erupción en cualquier instante.

Recuerda lo siguiente: la demencia no es algo que le sobrevenga a unos cuantos desgraciados, sino que es algo a lo que tiende todo el mundo. La demencia es algo que llevas contigo mismo como una semilla, y puede brotar en cualquier momento; sólo espera la temporada adecuada, el clima adecuado, la oportunidad adecuada. Cualquier cosita puede desencadenarla y tú... volverte majara. Y estás majara porque tu base está dividida. Ser uno es posible pero entonces hay que ser muy consciente de la situación.

Así me lo han contado:

El mulá Nasrudín fue al psiquiatra y preguntó si el doctor no podría escindirle la personalidad.
–¿Escindirle la personalidad? –preguntó el doctor– ¿Por qué iba a querer usted que yo le hiciese algo semejante?
–Porque –contestó el mulá– estoy muy solo, porque me siento solo.

No te rías. Tal vez ésa sea la razón por la que nunca te has esforzado en convertirte en una unidad, porque esta dualidad te proporciona cierta compañía. Hablas contigo mismo, puedes mantener un diálogo, todo el mundo mantiene un diálogo, continuamente. ¿Qué haces cuando cierras los ojos mientras estás sentado en tu silla? El diálogo continuo está presente. Preguntas, y respondes, desde este lado y desde el otro.

Observa ese diálogo. ¿No te sientes muy solo si de repente el diálogo se interrumpe? ¿No te sientes solísimo? ¿No te sientes vacío? ¿No te parece que de repente han desaparecido todos los sonidos? ¿No te asusta que sólo haya silencio?

No, sigues alimentando este diálogo. Ayudas a que el diálogo sea posible. O bien hablas con otros, o si no es posible porque no siempre hay alguien dispuesto a hablar con nosotros, entonces te hablas a ti mismo. Mientras permaneces despierto hablas con los demás, mientras que cuando duermes lo haces contigo mismo.

¿Qué son tus sueños? Una representación que interpretas en tu interior para crear una sociedad, porque estás muy solo. En los sueños eres el director, el guionista, el actor, la pantalla y el público... Tú solo, pero creas una buena película. ¿Qué haces durante todo el día y toda la noche? ¿Hablas contigo mismo? Esta cháchara continua, ese diálogo continuo contigo mismo... ¿no te resulta aburrido?

Sí, te aburre, estás aburrido de ti mismo, pero no obstante has elegido el mal menor, crees que si ese diálogo se detiene te sentirás todavía más aburrido. Al menos hay algo que decir, algo que hacer interiormente. A solas, sin diálogo, te sentirías perdido. Ese diálogo te mantiene con un poco de vida, palpitando de vida. El mulá tiene razón cuando dice: «Me siento muy solo».

Recuerda que todo el esfuerzo implícito en el *sadhana* está dirigido a ayudarte a ser solo, porque sólo cuando estás dispuesto a estar solo, cuando estás listo para reposar en el silencio interior, cuando dejas de estar apegado a esa cháchara interna continua, puedes convertirte en una unidad. Porque esa constante cháchara interna te mantiene dual, dividido.

La otra noche vino a verme un amigo y me dijo que por la noche a veces se cae de la cama y sólo se da cuenta por la mañana. Y resulta que un día se despertó a unos tres metros de la cama. ¿Qué había sucedido? Debe haber tenido sueños profundos, pesadillas, y los sueños debían ser tan profundos que ni siquiera cayéndose de la cama... Se encontró a tres metros de la cama. Eso quiere decir que su sueño debe haber sido como un coma.

Le pregunté una cosa: «¿Hablas mucho de día?». «No», me dijo él. Eso lo explica todo. Hay dos tipos de personas: los que hablan y los que escuchan. Los habladores hablan todo el día, y luego por la noche han de escuchar; entonces sueñan que van a una charla religiosa o algo por el estilo, que van a la iglesia a escuchar al sacerdote. Se han pasado todo el día hablando y deben compensar, así que se dedican a escuchar en sueños. Los oyentes diurnos hablan mucho de noche; gritan, dicen las cosas que siempre quisieron decir pero que no dijeron de día, porque nadie estaba dispuesto a escucharles.

Hay personas que cuando van al psicoanalista y éste les escucha, con paciencia y atención –tiene que escucharles porque le están pagando para eso–, entonces empiezan a cambiar sus sueños, porque ahora han encontrado a alguien que les escucha, han pasado a ser el hablador y han encontrado a alguien que escucha con atención. Sus sueños son más silenciosos, no hablan ni gritan de noche. Sus noches son más silenciosas, más tranquilas.

Recuerda que todo lo que eches de menos de día lo harás en sueños. El sueño es complementario, compensa y completa todo lo que ha quedado incompleto durante el día. Si eres mendigo de día, por la noche soñarás que eres emperador. Si eres emperador de día, por la noche soñarás que te han convertido en un mendigo, en un buda.

Eso es lo que sucedió. El Buda nació en un palacio imperial pero empezó a soñar con ser mendigo. Cuando al cabo de doce años regresó a casa, iluminado, su padre le dijo: «¡Deja ya todo ese absurdo! Eres mi único hijo. Vuelve, te estoy esperando. Todo este reino es tuyo. Y en nuestra familia nunca ha habido mendigos».

El Buda se rió y dijo: «Tal vez, mi señor, en tu familia nunca haya habido mendigos, pero en lo que a mí respecta, he soñado durante muchas vidas con serlo».

Cuando eres muy rico empiezas a pensar que los pobres deben vivir en una belleza y relajación extremadas. Cuando vives en una ciudad, en una megalópolis como Bombay, Tokio o Nueva York, imaginas que los pueblos son muy hermosos. Pregunta a los aldeanos. Están todos deseando poder ir a Bombay, a Tokio, a Nueva York. Sueñan con ello. Cuando eres pobre sueñas con los ricos, y cuando eres rico sueñas con los pobres.

Observa tus sueños. Te demostrarán que lo que falta de día se colma de noche. De día eres una parte de tu polaridad, y por la noche te conviertes en la otra. Eres dos. Así que cuando sueñas no sólo continúa el diálogo interior, sino que cuando despiertas también hay un diálogo.

Si eres mala persona mientras estás despierto, te convertirás en un santo mientras duermes. Si eres un santo mientras estás despierto, te convertirás en pecador en sueños. Por eso tus pretendidos santos temen tanto dormir y reducen sus horas de sueño, porque durante el día se las arreglan para seguir siendo santos, pero ¿qué les ocurre de noche? Han sido célibes todo el día, no han mirado a ninguna mujer, han soslayado la vida. Pero, ¿y de noche? Todos esos rostros de mujer que han evitado resurgen en su ser.

Brotan hermosos rostros de mujer, más hermosos que los que han visto de día. Piensan entonces que se trata de Indra, el dios del cielo, que les envía *apsaras* para destruirles. Pero nadie les está enviando ninguna *apsara*, nadie está interesado en esos pobres tipos. ¿Por qué debería interesarse Indra en ellos? ¿Con qué objeto?

No, es compensatorio. Durante el día controlan su santidad. Por la noche, cuando se relajan –han de relajarse, han de descansar–, cuando descansan, todo se relaja, y su control también, De repente se manifiesta todo lo que reprimieron.

El día y la noche están en constante diálogo. Los psicoanalistas dicen que observar la vida diaria no es tan significativo como observar la vida onírica, porque de día sois farsantes, hipócritas. Vais poniendo caras que no son ciertas. En sueños sois más reales; dejáis de ser hipócritas, de ser farsantes, no lleváis puesta la máscara. Por eso todos los psicoanalistas intentan analizaros los sueños.

Es una ironía, pero es cierto: los sueños son más verdaderos que la vida de día, que mientras dormís sois más auténticos que cuando estáis despiertos. Es una desgracia, pero es así. El ser humano se ha vuelto muy falaz.

Lo que os estoy diciendo es lo siguiente: a menos que os convirtáis en una unidad, todo eso continuará así. De día podéis controlar vuestro comportamiento, ser buenas personas. De noche, en los sueños, pasaréis a ser tipos malos, delincuentes. Haréis justo aquello que habíais intentado controlar todo el día, precisamente eso. Si habéis ayunado de día, soñaréis con un banquete. Vuestra parte negada se vengará. Y no podéis satisfacer ambas partes a la vez. Ésa es la indisposición, la afección llamada ser humano, ésa es la angustia del ser humano, que no puede ir en ambas direcciones a la vez. No puedes ser bueno y malo a la vez, no puedes ser santo y pecador a la vez. Ésa es la dificultad.

Debes elegir. Y una vez lo haces quedas desgarrado, estás en un dilema, atrapado en un dilema. En el momento en que eliges aparece la dificultad. Por eso hay tanta gente que elige no elegir; viven una vida sin rumbo; lo que pasa, pasa. No eligen, porque en el momento en que eligen, aparece la ansiedad.

¿Te has dado cuenta de que siempre que has de tomar una decisión estás muy ansioso? Tal vez se trate de una decisión muy corriente. Estás comprando un par de zapatos y no te decides por ninguno, y aumenta la ansiedad. La situación es bien tonta pero, no obstante, la ansiedad va en aumento.

Tu madre te dice que ese par está bien. Tu padre te dice que no la escuches, que dice tonterías, que el par que está bien es aquél otro. Tu energía masculina dice una cosa, y tu energía femenina, otra. Tu energía femenina mantiene actitudes distintas; se fija en la belleza del par de zapatos, la forma, el color, la estética... La energía masculina tiene una actitud distinta. Se fija en la durabilidad del zapato, el precio, la fuerza, si el zapato tiene una forma potente, para que cuando andes por las calles tu ego masculino se regocije.

Cada cosa que elige el ego masculino tiene algo de símbolo fálico. El ego masculino elige un coche veloz... un símbolo fálico, vigoroso. A los volantes de grandes coches fálicos siempre va gente impotente. Cuanto más impotentes son, más potente es el coche que eligen. Han de compensar.

El ego masculino siempre elige lo que colmará al ego masculino: «soy potente y poderoso», ésa sería la consideración de base. El ego femenino elige algo que proporcione otro tipo de poder: «soy hermoso-a». De ahí que nunca lleguen a un acuerdo. Si tu madre compra algo, tu padre seguramente no estará de acuerdo. No tienen por qué estar de acuerdo, sus visiones son distintas.

Sucedió en una ocasión:

> El mulá Nasrudín lo intentó con muchas chicas, pero su madre las rechazaba a todas. Así que acudió a mí.
> —Por favor, ayúdeme —dijo él—. Elija a quien elija, mi madre es tan dominante y agresiva que las rechaza de inmediato. Estoy cansado. ¿Es que me voy a quedar soltero para siempre?
> Así que le dije:
> —Haga una cosa. Elija a una mujer teniendo en cuenta los gustos de su madre. Sólo entonces dará su consentimiento.
> Finalmente halló a una mujer. Estaba muy contento, y me dijo:
> —Camina como mi madre, viste el mismo estilo de ropa que ella, elige los mismos colores, cocina del mismo modo. Espero que le guste.
> —Pruebe a ver —le dije. Y a la madre le gustó, le gustó muchísimo, y el mulá regresó, pero muy triste, y le pregunté: —¿Por qué está triste?
> —Parece que me quedaré soltero para siempre —me contestó.
> —¿Qué ha pasado? ¿No le gustó a su madre?
> —Sí, le gustó muchísimo. Pero mi padre la rechazó. ¡Ahora sí que es imposible! Mi padre dice:
> —Es igual que tu madre. ¡Con una basta! Yo estoy harto, ¡no te metas en los mismos problemas que he tenido yo! ¡Estás cometiendo el mismo error!

Estas dos polaridades son las que descansan en la base de tu ansiedad, y todo el esfuerzo de un buda, de un maestro, está dirigido a ayudarte a ir más allá de esta dualidad.

> Sobre Chuang Tzu se dice que una noche soñó que era una mariposa, yendo de flor en flor, revoloteando en el jardín. Al despertar por la mañana se encontró perplejo. Era un gran maestro, uno de los budas más grandes nacidos en la tierra. Sus discípulos se reunieron y le miraron, y descubrieron que estaba muy triste.
> —Maestro, usted nunca ha estado triste. ¿Qué ha sucedido? —preguntaron.
> Él les dijo:

–Tengo un problema para que lo resolváis. El problema es que yo, Chuang Tzu, he soñado esta noche que era una mariposa.

Los discípulos rieron a carcajadas, y dijeron:

–El sueño ya no está, estáis despierto, ¿por qué preocuparse por ello?

Chuang Tzu les dijo:

–Prestad atención a la cuestión. Ahora ha surgido un problema: si Chuang Tzu puede soñar, y en sueños puede convertirse en mariposa, ¿por qué no puede ser al contrario? Una mariposa puede irse a dormir y soñar que se ha convertido en Chuang Tzu. ¿Quién es quién en realidad? ¿Ha soñado Chuang Tzu que se convertía en mariposa o ha sido la mariposa que ha soñado convertirse en Chuang Tzu? Ése es el problema que me entristece.

Se dice que ninguno de sus discípulos supo resolver el acertijo, el *koan*. ¿Cómo resolverlo? ¿Cómo decidir quién es quién? Pero si hubiera habido alguien profundamente meditativo habría contestado. De hecho, Chuang Tzu hizo la pregunta para saber si entre sus discípulos había alguno muy meditativo. Porque entonces ni la mariposa es verdad, ni lo es Chuang Tzu, sino el que se queda perplejo, el que observó a la mariposa, el que observó a Chuang Tzu: el que observó a Chuang Tzu convertirse en mariposa y a la mariposa convertirse en Chuang Tzu. Esa vigilancia, esa conciencia, ese testigo, ese *sakshin*, es la única realidad.

Ése es el significado del concepto *maya*. Que todo lo que ves es irreal; sólo el testigo es real. Sigue avanzando hacia el testigo, de otro modo seguirás viviendo en un mundo mágico. Puedes cambiar de un mundo mágico a otro. El ser humano vive en mentiras; la gente llama su filosofía a esas mentiras.

En algún sitio dijo Freud algo muy importante: que el ser humano no puede vivir sin mentiras. En cuanto al ser humano, Freud parece tener razón. El ser humano no puede vivir sin mentiras. Un ser humano sin mentiras es algo difícil de hallar, porque entonces se necesitaría mucho valor. Tus mentiras suavizan la vida, funcionan como un lubricante, hacen que te muevas con más facilidad.

Alguien cree en un Dios, y eso le hace más fácil la vida. Lo que hace es descargar su responsabilidad sobre otro. Alguien cree que existe un mundo más allá. Tal vez aquí seamos desdichados, pero allá nos espera el paraíso, dispuesto a acogernos. Marx dijo que la religión es el opio del pueblo. Sí, en cierto modo también tiene razón.

Todas las esperanzas son mentiras, todas las expectativas acerca del futuro son mentiras. Sí, la religión puede ser un opio, igual que el comunismo. Todo aquello que ofrezca esperanza de cara al futuro, en éste o en el otro mundo; todo lo que colabore a que sacrifiques tu presente a cambio de algo que pudiera pasar o no; cualquier cosa que te proporcione la sensación de tener sentido; todo lo que te proporcione la sensación de ser un héroe; todo lo que contribuya a alimentarte el ego.

En una ocasión, la *maharani* de Gwalior me invitó a que diese una serie de charlas en aquella ciudad. Después de escuchar la primera se sintió muy perturbada; tenía una mente muy hinduística, muy dogmática, ortodoxa, chapada a la antigua. Estaba muy perturbada. Vino a verme por la tarde y me dijo:

—Señor, todo lo que usted dice resulta muy interesante, pero es peligroso. Y he venido con una súplica: por favor, no destruya la fe de la gente.

Así que le contesté:

—Si una fe puede ser destruida, entonces es que no tiene demasiado valor. Si una fe es una fe que puede destruirse, es que se trata de una fe en mentiras. Una fe que es realmente fe en la verdad nunca teme ser destruida; no puede ser destruida porque la verdad no puede destruirse.

Los hinduistas, tienen miedo, y los cristianos también. Los musulmanes tienen miedo, y los jainistas... Todo el mundo tiene miedo. ¡No destruyas nuestra fe! En su fe están escondiendo sus vidas, sus mundos mágicos, sus sueños, sus expectativas. Son muy susceptibles. Si les hincas el dedo en las costillas verás que su fe es muy superficial, tal vez ni siquiera eso. Se irritan de inmediato porque su fe no es profunda ni anida en su corazón, es sólo una fe mental.

La *maharani* de Gwalior me dijo:

—Quise venir con mi hijo. Está muy interesado. Escucharle a usted le ha parecido fascinante, pero le previne. No le he hecho venir aquí porque es usted peligroso y él es joven, y puede impresionarse. Así que no le he traído.

¿A qué viene ese temor? ¿Se apega a las mentiras? Sólo las mentiras temen romperse, sólo las mentiras necesitan protección. La verdad es manifiesta en sí misma. Así que si tenéis alguna fe que es sólo una mentira, sé que os proporciona seguridad; os ayuda a ajustaros al mundo, lo sé. Pero a la postre no os ayudará. Tarde o temprano os despertaréis del sueño y os daréis cuenta de que toda vuestra vida se ha ido en vano.

No es necesario aferrarse a nada externo, porque todavía no tenéis la capacidad para decidir lo que es falso o verdadero ahí fuera. En estos momentos sería mejor que miraseis hacia dentro y os olvidaseis de lo externo. No os preocupéis del hinduismo, el cristianismo o el islamismo; no os preocupéis por los Vedas, las Gitas, y los Coranes. Interiorizaos y tened un único objetivo: saber quién es esta conciencia, qué es esta conciencia, quién soy yo.

Este sutra es una indicación gradual del viaje interior. Escuchad:

Dijo el Buda:

«Es mejor alimentar a un hombre bueno que a cien malos».

¿Quién es bueno y quién es malo? ¿Cuál es la definición? El malo es quien es desconsiderado con los demás. El malo es el que utiliza a los demás y no les respeta. El malo es el que cree ser el centro del mundo y que puede utilizar a todos. Todo parece existir para él. El malo es el que cree que las demás personas sólo son medios para su gratificación.

Guarda esta definición en la mente porque por lo general sueles pensar que el malo es el criminal. El malo puede no ser el criminal: no todas las malas personas son criminales. Todos los criminales son malos, pero no todas las malas personas son criminales. Unas cuantas son jueces, y otra gente muy respetable, y unos cuantos son políticos, presidentes y primeros ministros, e incluso los hay que pasan por santos.

Así que cuando hablemos de este sutra, hay que recordar la definición de qué es una mala persona. El Buda dice que un hombre malo es quien no tiene consideración por los demás. Sólo piensa en sí mismo, cree ser el centro de la existencia y siente que toda la existencia está a su servicio. Se cree autorizado para sacrificar a todos en provecho de sí mismo. Puede no ser malo normalmente, pero si tiene esa actitud, entonces es una mala persona.

¿Quién es buena persona? Justo lo contrario de la mala: quien es considerado con los demás, quien respeta a los demás tanto como a sí mismo, y quien no pretende de ningún modo ser el centro del mundo, sino que ha sentido que *todos* son el centro del mundo. El mundo es uno, pero existen millones de centros. Es muy respetuoso. Nunca utiliza a los demás. Los demás son un fin en sí mismos. Su reverencia es enorme.

Observa, observa tu propia vida. ¿Estás utilizando a tu esposa para tu sexualidad? Puede que no vayas de putas. Por lo general crees que quien va de putas es malo; ésa es una definición muy basta. Si utilizas a tu esposa como objeto sexual, entonces eres tan malo como cualquiera. La única diferencia entre ti y quien utiliza una prostituta es que tú dispones de una permanente, que tu matrimonio es un arreglo permanente de ese tipo y que el otro debe llegar a un acuerdo día a día. Tú tienes un coche en el garaje y él utiliza taxis.

Si no respetas a tu esposa, entonces es una prostituta, porque no la respetas por ella misma. ¿Qué quiere esto decir? Quiere decir que si no tiene ganas de hacer el amor, tú no la obligarás; no dirás: «Soy tu esposo y tengo derechos, derechos legales...». No, tú respetarás. Tú respetarás su intención. Está bien si ambos estáis de acuerdo. Si la otra parte no está de acuerdo, entonces la obligarás. No citarás las escrituras diciendo que una esposa ha de sacrificarse por el esposo, no dirás que una esposa ha de creer en su marido como si éste fuese Dios. Todos eso no son sino tonterías, un viaje del ego masculino.

Si una mujer utiliza a su esposo sólo por motivos económicos, como por seguridad financiera, entonces se trata de prostitución. ¿Por qué condenas a una puta? Porque vende su cuerpo por dinero. Pero si una esposa sólo piensa en hacer el amor con su marido porque éste tiene dinero y con él se siente segura y el futuro no le parece tan incierto, si va con él sin sentir amor en su corazón y se acuesta con ese hombre, entonces se está prostituyendo. En su cabeza, el esposo no vale más que el dinero que tiene, que su cuenta bancaria.

Cuando el Buda habla de quién es un buen hombre, le define como alguien que respeta al otro tanto como se respeta a sí mismo. Jesús dijo. «Ama a tu prójimo como a ti mismo». Ésa es la definición de una buena persona. Su respeto es enorme, al igual que su reverencia.

Aunque en tu casa nazca un niño, no le impones tu ideología. Puedes ser musulmán o hinduista. Y nace un niño en tu casa; pero no obligas al niño a ser hinduista o musulmán. Porque si le obligas, no estarás siendo respetuoso con él. Estarás aprovechándote porque el niño está indefenso, y porque depende de ti. Ha de hacerte caso. Si le llevas al templo o a la iglesia, deberá seguirte, porque para sobrevivir ha de decirte que sí, digas lo que digas. Si te aprovechas de él entonces estarás explotando a un niño indefenso. Puede que sea tu hijo, pero le explotarás.

Si el mundo estuviera lleno de buenas personas, los niños serían totalmente libres, no se les forzaría a adoptar ninguna religión. En el mundo no habría cristianos, ni hinduistas, ni musulmanes; sólo habría buena gente, gente adulta, y elegirían lo que les dijese el corazón. Tal vez fuese al templo, o a la iglesia, o a la mezquita, o a un *gurudwara*. Elegirían su religión desde su libertad. Elegirían su vida, pues ésa sería su libertad.

Si eres buena persona no le obligas. Amas a tu hijo, pero no le das tu conocimiento. Amas a tu hijo pero no envenenas su ser con tus ambiciones. Amas a tu hijo pero no le posees. Ayudas al niño, pero no para que crezca según tus deseos, sino según su propio ser, para ser él mismo. Entonces serías una buena persona.

«Es mejor alimentar a un hombre bueno que a cien malos...» porque si alimentas a cien malas personas estás alimentando su maldad; si alimentas a buenas personas alimentas su bondad. Ayuda a que el mundo sea mejor. No dejes este mundo igual que lo hallaste. Mejóralo un poco, embellécelo un poco. Que haya unas cuantas canciones más, unas cuantas celebraciones más, unas cuantas guerras menos, unos cuantos políticos menos, más amor y menos odio. Ése es el sentido de las palabras del Buda cuando dice «alimentar a un hombre bueno»... Es mejor, muchísimo mejor, que alimentar a cien malos.

«Es mejor alimentar a uno que observe los cinco preceptos del Buda que alimentar a mil hombres buenos.»

¿Quién es ése al que el Buda denomina el *«que observa los cinco preceptos del Buda»,* los *pañcha silas*?

Los *pañcha silas* son los cinco preceptos: no matar, no robar, no mantener relaciones sexuales impropias, no mentir y no consumir intoxicantes. Quien sigue esos cinco preceptos del Buda no sólo es bueno, no sólo es bueno para con los demás, no sólo es moral... sino que empieza a ser religioso.

Existe una diferencia entre un hombre bueno y un hombre religioso. El hombre bueno vive a través del intelecto: piensa, contempla, intenta hallar vías a través del pensamiento y llega a sentir: «De igual manera que yo existo, igual que yo tengo derecho a existir, también lo tienen los demás; de igual manera que a mí me gusta ser libre, a los demás también les gusta la libertad». Ésa es su considerada opinión. Piensa en ello. No es religioso; se trata de un hombre muy inteligente.

Un Bertrand Russell es un hombre bueno, un hombre moral, pero no es religioso. Todo aquello que piense y que sea bueno, lo practicará. Pero la bondad llega por la vía de la lógica, como un silogismo, es una conclusión del pensamiento.

El hombre religioso no sólo es bueno a través del pensamiento, empieza a ser bueno siendo, empieza a crecer introspectivamente. La persona religiosa sigue esos cinco preceptos. Todos ellos son negativos: no matar, no robar, no mantener relaciones sexuales impropias, no mentir y no consumir intoxicantes. La persona religiosa es negativa porque todavía no ha experimentado qué es la verdad. Ha llegado a sentir la verdad a través de alguien más: sigue al Buda, vive cerca de un maestro, ha visto a alguien convirtiéndose en una llama, ha visto que ocurría en algún lugar... pero no le ha sucedido a ella misma. Se siente atraída, está convencida de la verdad de todo ello, pero todavía desde fuera... es un seguidor.

Por eso el Buda dice:

«Es mejor alimentar a uno que observe los cinco preceptos del Buda que alimentar a mil hombres buenos.»

Su enfoque sigue siendo negativo, porque la verdad positiva sólo puede ser realizada por ti mismo. Puede que alguien la haya realizado. Al observarle, al mantener una relación cercana con él, puedes sentir que sí, que la verdad es... pero eso es quedarse fuera, no es tu propia experiencia.

Estás sediento y ves a alguien que llega del río, con su sed apagada. Puedes verlo en su rostro, en el brillo de sus ojos. Y puedes sentir que debe haber hallado un manantial, y le sigues hacia el río, pero todavía no has saciado tu sed.

Pero es mejor que ser sólo bueno. Porque no te estás moviendo sólo a causa del intelecto, sino que has empezado a moverte según tu intuición. Ahora no sólo eres una cabeza; te mueves, inclinándote hacia el corazón.

Hallar un maestro es la única manera de convertirse en religioso. Sin un maestro como mucho puedes llegar a ser una persona moral, una buena persona, pero no una persona religiosa. Porque, ¿cómo creer en algo que nunca has probado? ¿Cómo creer en algo que nunca has experimentado? ¿Cómo creer en algo que no has visto que le ocurriese a una sola persona?

Cuando un buda pasa por el mundo, son muchos los que se estremecen, que se entusiasman enormemente, que empiezan a sentir que sí, que el mundo no se acaba en las cosas mundanas, que hay más. La propia presencia de un buda –su frescura, su silencio, su gozo y compasión desbordantes, su luminoso ser iluminado, su vibración– te impulsa hacia una nueva vida, te abre las puertas de lo desconocido. Pero el Buda dice que no obstante, estás siguiendo, todavía no llevas tu propia luz. Tus ojos están traslumbrados, pero no has realizado tu propia llama.

> «Es mejor alimentar a un *srotapanna* que a diez mil que observen los cinco preceptos del Buda.»

A continuación, el Buda dice que es mejor alimentar a un *sannyasin* –*srotapanna* quiere decir *sannyasin*–, el que ha entrado en la corriente, que ya no está en la orilla, observando a los demás nadando en el río, revolviéndose en el agua, disfrutando, celebrando la frescura del río.

La persona religiosa está de pie en la orilla. Puede ver que hay gente en el río, muy feliz, pero todavía no ha reunido el coraje suficiente para darse un chapuzón. Sigue muy implicado en los asuntos de la orilla, en el mundo. Está muy involucrado con las cosas mundanas, ordinarias –dinero, poder, prestigio, familia, cuerpo, salud–, con una y mil cosas. Todavía no ha reunido el valor suficiente para soltar.

Srotapanna quiere decir quien se ha entregado, que ha entrado en la corriente. Exactamente, *srotapanna* significa lo que yo llamo *sannyas*: la persona valiente que ha dado el salto. Es un salto casi demencial, porque los que siguen en la orilla se reirán y dirán: «¿Pero qué estás haciendo? ¿Adónde vas? No sabes nadar. Primero aprende a nadar, y luego salta». ¿Pero cómo se puede aprender a nadar sin entrar en el río?

Su lógica es impecable: dicen que primero hay que aprender, primero hay que saber, y luego saltar. Pero primero aprender en la orilla, si no se corre un riesgo. El río puede ser demasiado profundo para ti y puede que no regreses a casa. ¿Y quién sabe adónde irías a parar? Los que están en el río tal vez estén engañándose, incluso puede que estén locos. Fíjate bien, la mayoría sigue en la orilla, sólo unos pocos se han metido en el río. La mayoría no puede estar equivocada.

Los de la orilla dicen: «Los menos pueden estar equivocados, la masa no. En el mundo sólo hay unos pocos *sannyasines*, escasos son los budas. Tal vez se estén engañando a sí mismos. No tengas prisa. Tal vez estén engañando a otros, ¿quién sabe? Tal vez tengan motivos ocultos para hacerlo. Espera y observa. No vayas con prisas».

Pero esas cosas sólo se hacen con prisas, de repente. Si esperas y observas, el esperar y observar se convierte en un hábito mecánico. Te limitas a ir esperando y observando. Eso es precisamente lo que hacen muchos durante muchas vidas.

Dice el Buda:

> «Es mejor alimentar a un *srotapanna* que a diez mil que observen los cinco preceptos del Buda.»

Porque el *srotapanna* contará con cierta experiencia de la corriente. Contará con su propia experiencia para confiar, conocerá en parte la corriente, habrá tenido la refrescante experiencia de la corriente, que relaja, y donde las preocupaciones y ansiedades mundanas desaparecen. Uno se torna más recogido y sosegado. Pero eso sólo lo sabe un *srotapanna*, un *sannyasin*.

Un *sannyasin* ha dado un paso existencial. Se ha lanzado al abismo. Ha arriesgado su vida.

El Buda dice que hay que respetar a alguien que ha arriesgado su vida. Tal vez tú no tengas todavía el suficiente coraje, pero permanece cerca de gente valiente. El coraje también se pega, como todo lo demás. Encuentra gente que haya entrado en la corriente, permanece con ellos, aliméntalos, al menos eso te dará una idea de lo que les está sucediendo. Podrías empezar a soñar, a desearlo. Tus energías ocultas podrían empezar a manifestarse. Podrías empezar a sentir el reto de lo desconocido.

La persona religiosa es negativa, el *srotapanna* es positivo. La persona religiosa sigue a alguien, el *srotapanna* ha entrado en la corriente de la vida, en la corriente de la conciencia. Ha abandonado su ego. Ahora ya no es el seguidor de un buda. Hay que entender esto muy bien.

Por lo general, si sois *sannyasines* de mi orden la gente dirá que sois mis seguidores. Al convertirte en *sannyasin*, has pasado a ser parte de mí, y ya no eres un seguidor. Antes de hacerte *sannyasin* puedes haber sido un seguidor. Luego decidiste que seguir no era suficiente, que estabas listo para ir conmigo de cabeza, que estabas listo a ir conmigo allá donde yo vaya.

Ahora bien, una vez que eres *sannyasin* dejas de ser seguidor, formas parte de la energía que yo soy, eres uno conmigo. La gente me pregunta: «Si no tomamos *sannyas*, no nos ayudará? ¿Dejará de ayudarnos?». Y yo les contesto: «Ayudaré, eso no es problema, pero no podréis tomar la ayuda porque estaréis separados de mí, seguiréis en la orilla».

El río está dispuesto a llevaros al mar, ya os ha llegado su invitación, se trata de una invitación que sigue vigente, pero vosotros seguís en la orilla. ¿Qué puede hacer el río? No puedo arrebataros de la orilla. Y de ser posible, tampoco sería conveniente, porque debéis lanzaros al río por vosotros mismos. Sólo entonces hay libertad. Si sois arrebatados por el río, se os llevará a la fuerza, y eso no os ayudará. Os destruirá, porque no os ofrece libertad. ¿Cómo puede ofreceros la libertad esencial, *moksha*? Habría una relación cautiva desde el principio.

Así que no te arrastraré igual que hace un río crecido con la gente. Tendré que esperar. Deberás ser tú el que venga a mí; tú deberás entrar en la corriente, y formar parte de ella.

El *srotapanna*, o el *sannyasin*, son positivos. Ahora, en lugar de manifestarse en él la no-verdad, surge la verdad. La no-verdad sólo era una preparación para que la verdad pudiera entrar. En lugar de no-violencia surge en él el amor, la compasión. La no-violencia era sólo una preparación. La no-violencia, la no-verdad y otros aspectos negativos son sólo medicinales.

Estás enfermo. El médico te receta una medicina para acabar con la enfermedad. Cuando la enfermedad ha sido destruida entonces surge en ti la salud. La medicina nunca conlleva la salud, sólo destruye la enfermedad. La salud no puede ser provocada por medicina alguna. No hay medicinas que proporcionen salud. La salud es tu ser interior; una vez liquidados los obstáculos, empieza a fluir tu propia agua de vida; una vez apartadas las piedras, el manantial sale a chorro.

La salud es algo natural, ninguna medicina te la proporcionará. La enfermedad es algo antinatural. La enfermedad entra en ti desde el exterior; por eso te la puede quitar una medicina externa. La salud es tu núcleo más interno, eres tú. Cuando eres tú de manera natural, entonces estás sano.

La persona religiosa está en tratamiento, hospitalizada. El *srotapanna* ha regresado a casa, ya no está hospitalizado, no está en tratamiento, su salud ha empezado a germinar. Su manantial de vida fluye. Es positivo. Su meta no es la no-violencia, ni la no-verdad, ni la mentira. Su meta es no borrar, no eliminar nada, su meta es no destruir nada; su meta es ayudar eso que ya burbujea, que ya irradia en su ser.

«Es mejor alimentar a un *skridagamin* que a un millón de *srotapannas*.»

El Buda ahonda cada vez más. Un *skridagamin* es alguien que morirá y regresará en una ocasión a la vida. Su *samadhi* está cada vez más cerca. *Srotapanna* es el que ha saltado a la corriente desde la orilla; un *skridagamin* es aquél cuyo río se está acercando mucho al mar. Está a punto de dar el salto final. Pero volverá una vez más. Ésa es la diferencia.

Un *srotapanna* nacerá siete veces más, y ésa es la distancia entre la orilla y el mar. Un *sannyasin* nacerá siete veces; un *skridagamin* sólo una más. Luego se cerrará su cuenta y pasará a través de la última "graduación" en su vida, y luego este mundo ya no será para él. Pero regresará una vez más, tal vez para el postgrado...

«Es mejor alimentar a un *anagamin* que a diez millones de *skridagamines*.»

El *anagamin* es el que no regresa. *Anagamin* significa "el que ha pasado más allá del punto de retorno"... el que ha cruzado la orilla de este mundo. Una vez que muera, no regresará más al mundo. Se halla a orillas del mar, el río ya ha llegado, está en el umbral, listo para saltar. Ni siquiera mirará atrás.

El *skridagamin* mira atrás, duda un poco, le gustaría regresar una vez más. Este mundo es bello, y atrae. Cuenta con muchas celebraciones, y las flores más hermosas florecen en su superficie. El *skridagamin* es aquél cuyos deseos sutiles acechan en algún lugar del inconsciente. Sí, sabe que hay que partir, pero le gustaría demorarse un poco en esta orilla. Antes de dar el salto final y desaparecer para siempre le gustaría degustar esta vida un poco más, como despidiéndose, como diciendo adiós.

El *anagamin* es el que no mira atrás, ni siquiera dice adiós. Está totalmente acabado. El *skridagamin* está absolutamente seguro de que le espera un mundo mejor, pero siente un poco de nostalgia por el pasado.

Siempre se siente eso... un poco de nostalgia. Por ejemplo, cuando dejas una casa en la que has vivido veinte años. ¿Te has fijado? entonces miras atrás. O cuando abandonas la población en la que has vivido veinte años, donde naciste... también miras atrás. Incluso cuando el tren parte vas a mirar por la ventanilla, con los ojos humedecidos, llenos de recuerdos, de nostalgia del pasado. Has pasado tanto tiempo ahí... Te gustaba, lo odiabas, tenías amigos y enemigos, pasaste por muchas experiencias; le debes tanto a esta vida... Sí, estás listo para irte, ya estás en el tren, pero tu mirada nostálgica mira hacia atrás.

El *skridagamin* regresa una vez más, pero el *anagamin* no regresará. Su marcha es total, perfecta. No mirará atrás con nostalgia. El futuro que está sucediendo, que sucederá, es mucho más hermoso; este mundo ha desaparecido de su conciencia. Le esperan las cumbres doradas de Dios, la infinitud oceánica. No anhela para nada la existencia definida de un río.

Sí, son muchas las flores que brotan en la ribera, y hay hermosos sotos de árboles, y sombras, y muchos sueños, pero todo se ha ido. Ido del todo. Dice el Buda:

«Es mejor alimentar a un *anagamin* que a diez millones de *skridagamines*. Es mejor alimentar a un *arhat* que a cien millones de *anagamines*.»

El *arhat* es quien ha caído en el mar, en el océano, desapareciendo. El *anagamin* es el que está a punto de desaparecer, justo en el límite, un paso más y se convertirá en *arhat*. Un poco más y será *arhat*, una gota más y el vaso rebosará.

El *anagamin* está a punto de hervir, a noventa y nueve grados; le falta un grado más... El *arhat* ha sobrepasado los cien grados y se ha evaporado. El *arhat* es uno que se ha evaporado. Dice el Buda:

«Es mejor alimentar a un *arhat* que a cien millones de *anagamines*.»

El *arhat* es quien ha perdido el ego, es quien ha pasado a formar parte del todo. Ha dejado de existir como él mismo, y ahora existe como el universo, como el todo. De hecho, ése es el significado de la palabra "santo" (*holy* en inglés, de *whole*, "todo", "entero"): que se ha convertido en entero, en el todo. El *arhat* es santo. No santo en el sentido en que los cristianos utilizan la palabra... No, no en ese sentido.

La palabra cristiana "santo" es muy fea. Proviene de la raíz latina *sanctus*: "confirmado por la Iglesia". ¿Cómo puedes confirmar nada? ¿Quién es quien confirma? Ningún gobierno emite certificados de santidad, ni siquiera el gobierno del Vaticano, ni siquiera el Papa tiene autoridad para hacerlo. Un santo no puede ser certificado, pero la palabra cristiana "santo" significa alguien certificado por el Papa.

Arhat no significa santo en ese sentido. *Arhat* significa uno que se ha perdido a sí mismo en el todo y que se ha vuelto "entero".

«Es mejor alimentar a un *pratyeka-buddha* que a mil millones de *arhatas*.»

¿Quién es este *pratyeka-buddha*?

Arhat es quien ha seguido a los budas y ha llegado a casa. *Pratyeka-buddha* es quien nunca ha sido discípulo de nadie, que ha llegado buscando solo; su viaje ha sido solitario, ha recorrido el sendero a solas. Un *pratyeka-buddha* es un raro fenómeno. A lo largo de los siglos han existido millones de *arhatas*, pero muy pocos *pratyeka-buddhas* que hayan luchado totalmente a solas. Y claro, son necesarios, porque de otro modo los *arhatas* no existirían.

Los *pratyeka-buddhas* son necesarios para que otros puedan seguirlos; son los pioneros, son los innovadores, los que abren camino.

Recuérdalo: *pratyeka-buddha* es quien avanza en la jungla de la vida por primera vez y crea un sendero con su avance. Luego pueden seguirle los demás. Esos otros llegarán al mismo lugar, pero serán *arhatas*. No habrán creado el sendero, no son exploradores, no son los que abren camino. El *pratyeka-buddha* es merecedor de más respeto, porque antes no había sendero alguno, y él lo ha creado.

«Es mejor alimentar a uno de los budas tanto del presente como del pasado o del futuro que a diez mil millones de *pratyeka-buddhas*.»

Así pues, ¿cuál es la diferencia entre un *pratyeka-buddha* y un buda?

Un *pratyeka-buddha* es quien abre camino y nunca se preocupa de si alguien le sigue o no. Carece de compasión. Es un viajero solitario y ha llegado solo, así que piensa que todo el mundo puede descubrir lo mismo que él. ¿Qué sentido tiene ir a contárselo a la gente? No es un maestro.

Un *pratyeka-buddha* abre camino... pero no para los demás, recuérdalo. Se mueve y el sendero se crea a través de su movimiento... una vereda en la selva. Como él avanza, otros le siguen; es asunto de ellos, porque a él no le importa. Es un viajero solitario, y cree que lo que le sucede a él puede acontecerle a los demás.

Cuando el propio Buda se iluminó tuvo ambas opciones frente a sí: convertirse en un buda o en un *pratyeka-buddha*. Permaneció quieto durante siete días: ante él tenía todas las posibilidades para elegir ser un *prat-*

yeka-buddha. De haber sido así, toda la humanidad se habría perdido algo de inmenso valor.

Se dice que Brahma descendió con todos los dioses del cielo... es una hermosa parábola. Se postraron a los pies del Buda y le suplicaron: «Abre tus ojos y enséñanos lo que has descubierto». Pero el Buda dijo: «¿Qué sentido tiene? Si yo lo he descubierto, otros también podrán». Se inclinaba hacia la opción de ser *pratyeka-buddha*. Su lógica era perfecta: si yo lo he descubierto, también podrán los demás. «Y –dijo–, aunque enseñe, sólo me escucharán quienes quieran escuchar. Sólo quienes estén dispuestos a ir, vendrán. Pero también pueden ir sin mí. Y quienes no estén dispuestos a ir, no escucharán porque no acudirían ni aunque me pusiese a gritar desde los tejados de las casas. ¿Para qué molestarse?».

Los dioses hablaron entre sí acerca de qué podían hacer, sobre cómo convencer a este hombre. En el universo había aparecido una gran oportunidad, y si se convertía en *pratyeka-buddha*, el mensaje volvería a perderse. Sí, desde luego, habría unos cuantos que volverían a descubrir el camino, pero existía la posibilidad de hacer una superautopista de ese sendero. Una vereda puede desaparecer rápidamente comida por la vegetación. Debía prepararse de tal manera que la gente pudiera seguirla durante siglos, y que la vegetación selvática no la destruyese, no volviese a ocultarla. Hablaron y discutieron entre ellos, y dieron con un argumento.

Volvieron ante el Buda y le dijeron: «Has de enseñar, porque hemos estado observando este mundo. Sí, tienes toda la razón, son muy pocos los que te seguirían de inmediato. Y sabemos que precisamente son los que hallarían el camino, aunque no dijeses nada... un poco más tarde, tal vez teniendo que dar unos pasos más, pero lo descubrirían; estamos seguros, porque ya están buscando. Así que tal vez la enseñanza les haría llegar antes al objetivo, pero nada más... tienes razón.

»También están los que no escucharían –son millones, lo hemos visto, hemos mirado en los corazones de la humanidad–, los que hacen oídos sordos ante cualquier persona como tú. Así que hablar con ellos no tiene sentido. Pero también hemos visto a algunos que están entre ambas posturas, merodeando en la divisoria. Ésos no irán si tú no hablas. Y si les hablas te escucharán y reunirán el valor necesario. Así que, por favor, aunque sólo sea por esos pocos...»

Y el Buda no se lo pudo discutir, tuvo que admitirlo, y se convirtió en un buda y abandonó la idea de ser un *pratyeka-buddha*.

Buda es quien ha hallado su camino; no sólo eso: ha creado ese sendero de manera que otros muchos puedan recorrerlo... que siente una tremenda compasión por los demás, por todos esos seres humanos que luchan palpando en la oscuridad.

«Es mejor alimentar a uno de los budas tanto del presente como del pasado o del futuro que a diez mil millones de *pratyeka-buddhas*.

»Es mejor alimentar a uno que está por encima del conocimiento, de la unilateralidad, de la disciplina, y de la iluminación, que a cien mil millones de budas del pasado, presente y futuro.»

Y luego pasa al último punto, al punto cero, incluso más allá de un buda. Para el intelecto humano el último punto sería un buda. Por eso llamamos "el Buda" a Siddhartha Gautama, porque eso es todo lo lejos que llega el lenguaje. Pero hay un punto más allá del lenguaje, un punto inexpresable, más allá de los símbolos, inefable: el Buda lo llama ir más allá incluso de un buda.

Entonces uno ni siquiera piensa que está iluminado, no tiene disciplina, ni carácter. Entonces uno no es... uno es espacio vacío.

Porque en un buda al menos anida un pequeño deseo de ayudar a los demás, una compasión por los demás. Pero eso también sería una sujeción. Eso significa que el Buda todavía piensa: «Los demás son y yo soy, y yo puedo ayudar a los demás». Todavía existe la sutil divisoria entre "yo" y "tú", entre "mí" y "tú".

Dice el Buda que el último punto es un punto cero donde desaparece todo conocimiento, toda experiencia –incluso la del *nirvana*–, porque no hay nadie para experimentar. Es difícil hablar al respecto, sólo son posibles las descripciones negativas.

«Es mejor alimentar a uno que está por encima del conocimiento, de la unilateralidad, de la disciplina y de la iluminación que a cien mil millones de budas del pasado, presente y futuro.»

En ti están todas esas posibilidades. Por lo general existes como una mala persona, y por ello existes en el escalón inferior, en el más bajo. Intenta ser un buen hombre. Es mejor que ser uno malo, pero no creas que ése sea el objetivo... Es simplemente comparativo, es relativo.

Así me lo han contado:

El mulá Nasrudín se enamoró de una mujer. Fue a ver al padre de la muchacha y pidió que le concediese la mano de su hija. El padre estuvo totalmente dispuesto, y dijo:
–Me hace muy feliz, no tengo nada en contra, pero mi esposa no va a estar de acuerdo. Le parece que con todo ese pelo tan largo, tipo *hippie*, con su estilo de vida poético y con su indumentaria unisexo, parece usted afeminado.
El mulá pensó un rato y dijo:
–Y tiene razón... comparado con ella.

Todo es comparativo. El hombre bueno es bueno comparado con el malo, pero comparado con el religioso, es igual que el malo. El *sannayasin* es bueno en comparación con la persona religiosa, ¿pero cómo compararle con un *skridagamin*?... y lo mismo pasa con todo lo demás.

Cuanto más se recorre el camino interior, más altos son los picos que se ven. Nunca te contentes a menos que hayas alcanzado el último de ellos, el primordial. Y el primordial está más allá de allende... donde nada existe o donde sólo resta pura existencia.

Esa pureza es el objetivo y en esa pureza te haces uno. Hasta realizar esa pureza persiste la dualidad, primero de manera grosera, y luego sutil, y más tarde de forma muy, muy sutil. Primero en el consciente, luego en el inconsciente, pero sigue; luego incluso persiste en el supraconsciente... creando sombras.

Así que recuérdalo, el objetivo es desaparecer por completo. El objetivo es trascender toda dualidad, toda definición. El objetivo es ser uno con el todo.

Basta por hoy.

6. LAS VEINTE COSAS DIFÍCILES

Dijo el Buda:

«Hay veinte cosas difíciles de realizar o lograr en este mundo:
1. Para los pobres es difícil practicar la caridad.
2. Para los fuertes y ricos es difícil practicar el camino.
3. Es difícil hacer caso omiso de la vida y dirigirse a una muerte segura.
4. Sólo unos cuantos privilegiados están familiarizados con un sutra budista.
5. Nacer en la era de un buda es una oportunidad excepcional.
6. Es difícil conquistar las pasiones, suprimir los deseos egoístas.
7. Es difícil no anhelar lo que es agradable.
8. Es difícil no enfurecerse cuando se nos menosprecia.
9. Es difícil no abusar de la propia autoridad.
10. Es difícil ser imparcial e ingenuo en los tratos con los demás.
11. Es difícil ser meticuloso en el aprendizaje y exhaustivo al investigar.
12. Es difícil sojuzgar el orgullo egoísta.
13. Es difícil no sentir desdén por el ignorante.
14. Es difícil ser uno tanto en el conocimiento como en la práctica.
15. Es difícil no expresar la propia opinión acerca de los demás.
16. Conocer a un verdadero maestro espiritual es una ocasión excepcional.
17. Es difícil comprender la naturaleza de ser y practicar el camino.
18. Es difícil seguir los pasos de un salvador.
19. Es difícil ser siempre dueño de uno mismo.
20. Es difícil comprender a carta cabal el camino del Buda.

La vida no es un lecho de rosas. Es difícil y compleja. Es muy raro vivir en el auténtico sentido de la palabra. Nacer es una cosa y estar vivo otra muy distinta. Nacer es estar aquí biológicamente; estar vivo es una dimensión distinta, es la dimensión de la espiritualidad.

A menos que una persona sea espiritual, no está todavía viva. Pero pasar de la esfera biológica a la espiritual es muy arduo y difícil. Es el mayor desafío que existe. Es el salto cuántico por excelencia... Del cuerpo al alma, de lo material a lo inmaterial, de lo visible a lo invisible, del tiempo a lo intemporal, de fuera adentro. Es muy difícil.

En este sutra el Buda dice que hay veinte cosas difíciles. Esas veinte dificultades pueden convertirse en veinte pasos del desafío. El Buda no habla de esas veinte dificultades sólo para hacerte consciente de ellas, para evitarlas, sino que es una invitación, un desafío. Esos veinte picos himalayanos son sólo un desafío para ti... una gran invitación. No te quedes en el valle. El valle es muy seguro, conveniente y cómodo. Vivirás con mucha comodidad, y morirás de igual modo, pero no crecerás. Sólo te harás viejo, sólo crecerás en años, pero en nada más.

El crecimiento sólo tiene lugar cuando aceptas el desafío. Sólo hay crecimiento cuando empiezas a vivir peligrosamente. Esas veinte cosas son indicativas de cómo hay que vivir.

Sólo hay un modo de vivir, y es peligrosamente, valientemente. Sólo te conviertes en ser humano cuando has aceptado este desafío del Buda.

Estudiaremos esas veinte cosas. A simple vista parecen nimias, pero el Buda no habla de cosas nimias. Deberás profundizar en ellas, y entonces te darás cuenta de su dificultad real.

Antes de empezar con este sutra, creo que debo decir algo, y es que la búsqueda de la verdad es la búsqueda de lo imposible. La religión no es más que una pasión por lo imposible. La belleza implícita es... la ocurrencia de esa "imposibilidad", que esa imposibilidad puede suceder. Pero hay que pagar un precio, y es muy elevado. Debes sacrificarte del todo. Debes apostar tu vida entera.

Si apuestas tu supuesta vida, realizarás lo que el Buda llama estar vivo, lo que Jesús llama resucitar, lo que los hinduistas llaman "dos veces nacido", *dwija*. Entonces surgirá en ti una dimensión y una nueva cualidad de ser totalmente nuevo... incorrupto por el tiempo y el espacio, incontaminado por nada, absoluta y eternamente virgen. Anhela lo imposible. Desea lo imposible.

Dijo el Buda:

«Hay veinte cosas difíciles de realizar o lograr en este mundo.
1. Para los pobres es difícil practicar la caridad.»

¿Cómo puedes compartir a menos que tengas algo? Para compartir algo con alguien primero has de tenerlo. En primer lugar hay que tener eso que se comparte; sólo se puede compartir lo que se tiene. Y eso es algo que olvidamos muy a menudo.

Veo a muchos tratando de compartir su amor y que no tienen ningún amor. Su compartir provoca desdicha en los demás y en ellos mismos. Porque sólo puedes compartir aquello que tienes. Puedes pensar que compartes tu amor, pero de hecho lo único que compartes es desdicha, porque eso es lo que tienes. Te mueves por esperanzas, por ensoñaciones, ¿pero cuál es el resultado de ello? En las fantasías el amor es bueno; en la realidad se convierte en una desdicha, en un infierno.

No hay amor en tu ser; esa energía no existe aquí. Primero has de tornarte luminoso de amor, y luego puedes compartirlo. Antes de ser amante, has de ser amor. La gente cree que siendo primero amantes se convertirán en amor. Es una lógica estúpida; su manera de pensar es ilógica. No puedes convertirte en amante a menos que cuentes con amor, y de eso no tienes.

Todo el mundo cree que cuentan con la capacidad de amar; sólo hay que encontrar a alguien para recibirlo. Uno está repleto de energía amorosa que sólo necesita un receptor. Eso es lo que hacen muchos: tratan de encontrarlo. Muchas veces encuentran a gente maravillosa, pero el resultado es pura desdicha.

Creen compartir el amor, pero sólo comparten su soledad. Creen compartir algo divino, pero sólo comparten su fealdad. Creen compartir su ser más profundo, pero sólo comparten su sucia superficie. No son conscientes del hondón de su ser. Eso es lo que significa ser pobre.

Cuando el Buda habla de ser pobre no está refiriéndose a alguien sin dinero. Cuando el Buda habla de ser pobre habla de no ser rico interiormente, de alguien sin amor. ¿Qué puede compartir? No, la caridad no es posible. La caridad sólo es posible cuando uno rebosa. Rebosar es caridad.

«Para los pobres es difícil practicar la caridad.»

Y recuérdalo también al contrario. Siempre que eres incapaz de compartir, siempre que eres incapaz de practicar caridad, apúntalo... serás pobre. Es posible que a los ojos de los demás tengas mucho, pero dentro, en lo más profundo, si no puedes compartir debes ser pobre.

Sólo posees aquello que puedes dar. Sólo dando te conviertes en poseedor. Si no puedes dar, entonces no estás en posesión, entonces no eres el dueño. Entonces lo que ocurre es que aquello que crees poseer te está poseyendo a ti. Entonces estás siendo poseído por tu posesión.

La caridad es una bella floración de alguien que tiene, que está en posesión de su ser; alguien que no es pobre ni rico.

Esa persona puede ser un mendigo de las calles. No tiene nada que ver con su saldo bancario. El rico puede ser un mendigo, pero si tiene su ser, su auténtico ser, si puede amar, si puede cantar, si puede bailar, si puede ver poesía en el mundo, entonces es rico. Es posible que no tenga nada de nada. Puede que carezca de todo lo material. Pero tiene algo espiritual... algo que no le pueden quitar.

Fíjate bien: eso que realmente posees no se te puede quitar. Sólo puedes darlo –si así lo deseas–, pero nadie puede quitártelo. En cambio, lo que no posees, y que te posee a ti, nunca lo puedes ofrecer. Sólo se te puede quitar o robar.

No te pueden robar el amor. No hay forma de robarlo. Puedes darlo voluntaria, libremente, pero nadie te lo puede robar. Te pueden asesinar, pero tu amor no puede morir. No hay manera de asesinar el amor.

El amor parece ser más eterno que tu supuesta vida. Tu vida puede ser destruida con gran facilidad... con sólo darte un golpe en la cabeza, atravesarte el corazón con una bala; es muy fácil... pero nada puede destruir el amor. El amor parece ser lo único que es eterno; algo que no pertenece al mundo del tiempo. Puedes darlo, pero nadie puede quitarlo.

El dinero, la respetabilidad, el poder, el prestigio... Todo eso te lo pueden arrebatar. Lo que te pueden arrebatar crea un apego en la mente. Te empobreces cada vez más, porque has de apegarte también más, has de proteger más, y siempre estás asustado y tembloroso.

La gente supuestamente rica tiembla continuamente. Siempre tienen miedo porque saben que lo que tienen les puede ser arrebatado. Nunca están seguros. La incerteza les roe el corazón. Posees sólo lo que crece en ti, lo que te pertenece, lo que está arraigado en ti.

Una persona rica es la que ve poesía, baile y celebración en la vida, la que está en silencio, centrada, enraizada en la vida... la que florece en su cielo interno. La persona rica es la que está llena a reventar, como las nubes en la estación de las lluvias... a punto de derramarse sobre todo el mundo que pueda. O como un capullo abriéndose... dispuesto a compartir su fragancia con cualquier viento que pase, o con cualquier viajero que se acerque. Compartir es rebosar.

El Buda dice que tratar de compartir es una de las cosas más difíciles... Tratar de compartir lo que no se tiene. Y eso es precisamente lo que anda haciendo la gente. Van por ahí intentando amar sin ni siquiera considerar el hecho de que el amor todavía no ha crecido en su corazón. En realidad, si no te amas a ti mismo, ¿cómo puedes amar a otros? Falta lo básico, lo más básico está ausente.

Si no eres feliz estando solo, ¿cómo vas a ser feliz con otra persona? Si eres infeliz estando solo, cuando te juntes con alguien llevarás tu infelicidad para compartir. Eso es todo lo que tienes, tu pobreza, tu podredumbre, tu desdicha, tu depresión, tu tristeza, tu ansiedad, tu congoja, tu angustia... tu malestar.

Intenta poseer algo, algo que nadie pueda arrancarte, ni siquiera la muerte. Es difícil, pero posible. Parece imposible. ¿Cómo ser amoroso sin encontrar un amante? Nuestra mente ha sido condicionada de un modo erróneo. Puedes bailar sin público, ¿por qué no puedes amar si no hay nadie más? Puedes cantar sin oyentes, ¿por qué no puedes amar sin amante? Te han condicionado la mente de manera equivocada. Crees que sólo puedes amar cuando hay alguien a quien amar.

Practica el amor. Sé amoroso sentado a solas en tu habitación. Irradia amor. Llena todo el cuarto de tu energía de amor. Siéntete vibrar en una nueva frecuencia, siente que te meces como si estuvieses en el océano del amor. Crea vibraciones de amor a tu alrededor. Y de inmediato sentirás que algo sucede... En tu aura estará cambiando algo, y también en tu cuerpo; una cierta calidez envuelve tu cuerpo... una calidez como un profundo orgasmo. Estás más vivo. Algo parecido a la modorra está desapareciendo. Algo parecido a la consciencia está emergiendo. Muévete con el océano. Baila, canta, y permite que toda tu habitación se llene de amor.

Al principio uno se siente raro. Cuando llenas por primera vez la habitación de energía amorosa, de tu propia energía, y ésta rebosa y rebota sobre ti y te hace inmensamente feliz, empiezas a preguntarte: «¿Estaré autohipnotizándome? ¿Me estaré engañando? ¿Qué está pasando?». Porque siempre has creído que el amor viene de otra persona. Para sentirte amado necesitas una madre, un padre, un hermano, un marido, una esposa, un hijo... alguien que te quiera.

El amor que depende de alguien es pobre. El amor que se crea en tu interior, el amor que creas a partir de tu propio ser, es energía verdadera. Podrás ir a cualquier sitio con ese océano que te envuelve y sentirás que todo el mundo que se te acerque estará bajo la influencia de un tipo de energía diferente.

La gente te mirará con los ojos más abiertos. Pasarás a su lado y sentirán que una brisa de una energía desconocida los atraviesa; se sentirán más frescos. Sostén la mano a alguien y todo su cuerpo empezará a palpitar. Acércate a alguien y esa persona empezará a sentirse muy contenta sin razón aparente. Puedes observarlo. Entonces estarás empezando a estar listo para compartir. Entonces puedes hallar un amante, la receptividad adecuada para ti.

Me han contado una pequeña anécdota:

> La mayor sorpresa de la vida de Mary fue recibir medio dólar en su cuarto cumpleaños. Paseó la moneda por toda la casa y luego se sentó en los escalones para admirarla.
>
> −¿Qué vas a hacer con tu medio dólar? −preguntó su madre.
>
> −Lo llevaré a la escuela dominical −dijo Mary sin dudarlo.
>
> −¿Para enseñárselo al profesor?
>
> Mary sacudió la cabeza. No −dijo−. Voy a dárselo a Dios. Se sorprenderá tanto como yo de recibir algo que no sea calderilla.

Todo lo que le das a la gente no es sino calderilla, y ni siquiera eso. Y entonces un día, cuando te falla el amor... de hecho nunca estuvo ahí para poder ni siquiera fallar; faltó desde el principio... pero un día se viene abajo tu creencia de que eras una persona encantadora. Entonces empiezas a pensar en Dios y a rezar. Pero la santidad y la oración sólo son posibles cuando tu amor ha triunfado. La oración puede surgir cuando te has convertido en un gran amante.

Pero lo que suele ocurrir es que la gente que ha fracasado en su vida empieza a ir al templo y a la iglesia. Y allí llevan sus corazones vacíos... secos, sin ni siquiera lágrimas. Y rezan. Y no pasa nada. Pero de hecho pasan por alto la energía del amor, y sin energía de amor la oración no puede elevarse. La oración es un fenómeno refinado de la misma energía... amor. La sutil fragancia de la oración surge del amor.

Dios está cansado de vuestras calderillas, y también lo está de vuestra pobreza. Dios está igualmente cansado de vuestra miseria. Llevad celebraciones a Dios. Llevad algo vivo. No llevéis desiertos, sino jardines. No lleváis cadáveres, sino alguien bailando, vivo.

En primer sutra del Buda dice: intenta ser rico para así poder compartir. Segundo:

«Para los fuertes y ricos es difícil practicar el camino.»

Sí, a los ricos y los fuertes les resulta muy difícil observar el camino, porque por lo general sólo los débiles acuden al templo, a la iglesia, a la mezquita. La gente fuerte no va. Son muy orgullosos, y demasiado egoístas; no están preparados para entregarse.

La gente sólo se entrega cuando son auténticos fracasados. La gente sólo se entrega cuando no tienen nada que entregar. Cuando la vida los ha aplastado del todo, cuando están arruinados, entonces, entonces se entregan. ¿Pero qué sentido tiene entregarse cuando se está arruinado?

La gente se acuerda de Dios cuando da la impresión de que nada más puede ayudar. Se acuerdan de Dios hundidos en una profunda impotencia. No es posible acordarse de Dios en una impotencia y un desamparo de ese tipo. Cuando se está lleno de esperanza, radiante, vibrante; cuando la vida tiene significado, cuando sentís la obra del destino en vuestra vida, cuando todo os va a favor, cuando os sentís en la cresta de la ola... ésos son momentos para acordarse de la verdad, para dirigirse hacia el camino.

Dice el Buda:

«Para los fuertes y ricos es difícil practicar el camino.»

¿Por qué es difícil para los fuertes? Porque los fuertes piensan: «Me basto a mí mismo. ¿Qué necesidad tengo de pedir ayuda?». El débil piensa: «No me basto conmigo mismo, así que necesito ayuda. Debo pedírselo a Dios». Pero sólo cuando eres fuerte cuentas con la energía necesaria para pedir. Sólo cuando eres fuerte existe la posibilidad de alcanzar esferas superiores. Desde la impotencia no se pueden alcanzar. Se necesita fuerza interior.

El fuerte lo tiene difícil para dirigirse hacia el camino, pero es la única opción. Así que si te sientes fuerte, dirígete hacia el camino, porque esos son momentos adecuados, momentos positivos; ésa es la oportunidad. Cuando te sientes afortunado es el momento de acordarse. Cuando todo marcha bien... no pierdas la oportunidad: es el momento de rezar.

Parece absurdo, porque nuestra lógica es la siguiente: cuando somos felices, nunca nos acordamos. Nos olvidamos por completo.

Le pregunté a un chavalín:
–¿Te acuerdas de rezar antes de acostarte?

–Sí, cada noche.

–¿Y por la mañana? –seguí preguntando.

–¿Qué sentido tiene hacerlo por la mañana? Por la noche estoy asustado, pero por la mañana todo está bien. ¿Para qué rezar?

Esta actitud infantil parece ser la más común. Cuando estáis enfermos os sentís muy religiosos. Cuando se aproxima la muerte y envejecéis y empezáis a trastabillar en la vida, y ya no tenéis los pies lo suficientemente fuertes para sosteneros, y empezáis a temblar, entonces empezáis a acordaros de Dios. La gente pospone a Dios hasta la vejez.

En la India dicen que *sannyas* es para los viejos. Cuando están casi muertos, cuando están a punto de ir a parar al desguace, cuando ya tienen un pie en la tumba, entonces *sannyas*. La gente pospone *sannyas* hasta bien al final. La búsqueda interior parece ser lo último de la lista. Tienen una lista de la compra, y *sannyas* está al final. Una vez que lo han comprado todo –consistente, inconsistente, relevante, irrelevante–, cuando ya han malgastado toda su energía, cuando no queda nada, cuando están agotados, entonces se acuerdan de Dios.

Pero de hecho, *sannyas* es para los jóvenes, para los fuertes. El Buda inició una nueva tendencia de *sannyas*. Abandonó el viejo concepto hinduista de que uno debe convertirse en *sannyasin* en la vejez.

Los hinduistas tienen cuatro etapas, son muy calculadores, muy matemáticos. Manu parece haber sido el mayor matemático de la vida... muy inteligente. Dividió la vida: veinticinco años para educación, *brahmacharya*; luego veinticinco años para vivir en el mundo, la vida familiar, *grihastha*; luego veinticinco años para prepararse para abandonar el mundo... Ocuparse de los hijos que ahora ya son adultos, que se están casando, que regresan de las universidades; y luego, la última, *sannyas*, la última etapa de la vida. Eso significa que llega al cabo de setenta y cinco años. Lo último, cuando ya todo ha sucedido, cuando no queda nada más, entonces... Dios.

Parece muy insultante, sobre todo para Dios, que sólo estés dispuesto para él cuando estás muerto. Da la impresión de que relacionáis a Dios con la muerte, no con la vida.

La santidad, la introspección, deberían estar en el centro de la vida. Y el Buda dice que cuando eres joven es difícil, pero que ése es el desafío. Es difícil observar el camino cuando se es fuerte, pero ése es el desafío. Es difícil ser meditativo cuando se es rico, pero es el único camino.

Cuando se es rico y joven, cuando bulles de energía, cuando estás dispuesto a hacer algo, cuando estás listo para meterte en una aventura, cuando tienes valor, cuando puedes aceptar riesgos, cuando te atrae el peligro, cuando la muerte no te ha debilitado, cuando estás repleto de entusiasmo y vida, ése es el momento de aceptar el desafío y pasar a lo desconocido.

El tercero:

«Es difícil hacer caso omiso de la vida y dirigirse a una muerte segura.»

Es muy difícil hacer caso omiso a la vida. La vida es cautivadora, hipnotizadora. Es hermosa, es un milagro, un mundo mágico, pero de la misma naturaleza que los sueños.

Es difícil despertarse de ese bello sueño. Cuando se tiene un sueño bonito... tal vez con Marilyn Monroe o alguien por el estilo; o cuando resulta que eres presidente de los Estados Unidos... Cuando se tienen sueños agradables, bellos, como siempre quisiste, y entonces alguien te sacude, recuperas la conciencia, pero el sueño ha desaparecido. Te sientes molesto. ¿Tiene que ser ahora? ¿No podrías esperar un poco más? Tenía un sueño tan bonito...

Pero un sueño es un sueño, agradable o no. Un sueño agradable también es un sueño; fútil, un despilfarro.

Dice el Buda: «*Es difícil hacer caso omiso de la vida*».

Sí, y cuando la vida te ha abandonado es muy fácil. Cuando ha sido la propia vida la que te ha abandonado, cuando te ha dejado atrás y la vida se ha ido, o está a punto de irse; cuando la vida se te va escurriendo y te vas quedando como un palo seco, entonces es muy fácil hacer caso omiso de la vida. Incluso entonces parece algo muy difícil. Incluso en la vejez, la gente sigue actuando de manera infantil.

Así me lo han contado:

Un anciano describió su reciente visita a un burdel.
–¿Pero qué edad tiene usted? –le preguntó la *madam*.
–Noventa y tres –contestó él.
–Vaya, pues ya ha hecho usted cosas –le dijo ella.
–¿Ah, sí, ya? Esto... ¿cuánto le debo?

Su memoria ya le ha abandonado, pero sigue yendo en busca de una puta. No puede recordar, pero la pasión persiste. Debía estar casi en el lecho de muerte. Puede que le hayan llevado otros al burdel. Hasta el final...

Esto es lo que a mí me parece: que de cada cien personas, casi noventa y nueve de ellas mueren pensando en el sexo. De hecho, cuando llega la muerte, la idea del sexo cobra mucha fuerza. Porque muerte y sexo son opuestos entre sí, son polaridades opuestas. El sexo es nacimiento, y la muerte es el final de la misma energía que el nacimiento libera. Así que, mientras muere, una persona se interesa de manera obsesiva por el sexo. Y eso se convierte en el principio de otro nacimiento.

Morir sin pensar en el sexo es una gran experiencia. Significa que te ha sucedido algo de importancia. Si puedes morir sin pensar en el sexo en absoluto, sin que ninguna sombra sexual aceche en tu mente, o sin deseo de vida, entonces estarás muriendo como hay que morir. Sólo un uno por ciento de las personas muere de ese modo.

El Buda las llama *srotapannas*, quienes han entrado en la corriente, quienes se han hecho *sannyasines*, quienes han dado un paso hacia el entendimiento de lo que es real y de lo que es irreal, quienes discriminan entre lo que es sueño y lo que es verdad.

«Es difícil hacer caso omiso de la vida y dirigirse a una muerte segura.»

Resulta difícil hacer caso omiso de la vida incluso cuando llega la muerte, incluso cuando la muerte es indudable. Todo lo demás es incierto. Todo lo demás pudiera suceder o no, todo el resto es accidental. La muerte es absolutamente cierta. El día en que naciste, la muerte se hizo indudable. Con el nacimiento sólo hay una cosa segura: que morirás.

La muerte es segura. Puedes saberlo o no saberlo; puedes pensar en ello o no, pero la muerte está asegurada. No obstante, y a pesar de tanta certeza, se tiene miedo de ella; uno se aferra a una vida incierta, a una vida de ensoñación. La muerte parece ser más real que cualquier cosa a la que llames tu vida.

El Buda dice que es difícil aceptar la muerte y adentrarse en la muerte, y que es difícil hacer caso omiso de la presunta vida. Pero una persona de entendimiento empieza a hacer caso omiso a la vida y a considerar la muerte. Respeta más a la muerte porque es más segura, porque debe formar más parte de la realidad que la presunta vida, porque la presunta vida es como soñar.

Has vivido durante treinta, cuarenta o cincuenta años. Ahora miras atrás, piensas en retrospectiva. ¿Qué ha sucedido en esos cincuenta años? ¿Fue real o sólo un largo sueño? ¿Puedes diferenciarlo? ¿Fue real o sólo sueño? ¿Cómo lo distinguirías? Tal vez lo hayas soñado todo. Tal vez sólo ha sido una idea en tu cabeza. ¿Qué prueba tienes de que haya sido real? ¿Qué te ha dejado en la mano? Nada... vacío. ¿Y llamas vida a eso, cuando el resultado es sólo vacío?

Dice el Buda que mejor llamarlo muerte. Ahora pasemos a la muerte... tal vez sea donde halles una vida real.

Es difícil, pero una persona que se interesa en la muerte, a la que intriga el fenómeno de la muerte, se convierte en un tipo distinto de persona. Es un *srotapanna*.

La gente que se aferra a la orilla son quienes creen que la vida lo es todo. Quienes tratan de comprender, de penetrar profundamente en la vida, se hacen conscientes de que esto no es lo auténtico. Entonces dan un salto para entrar en el río que va hacia otro lugar... hacia la muerte.

La meditación es un esfuerzo para morir de manera voluntaria. Y en la meditación profunda uno muere. En la meditación profunda, la pretendida vida desaparece y por primera vez se encara la muerte. Esa experiencia de encarar la muerte te torna inmortal. De repente trasciendes la muerte. De repente sabes... que lo que morirá no eres tú.

Todo lo que puede morir no eres tú. Tú no eres ni tu cuerpo, ni tu mente, ni tu ser. Tú simplemente eres puro espacio... que nunca nace ni nunca muere.

La gente habla de la muerte muy raramente. Y aunque lo hagan, lo hacen a disgusto. Y si se sienten obligados a hacerlo, se sienten incómodos, incluso aquellos que creen que el alma nunca muere, incluso los que creen que después de la muerte irán a lo eterno, al paraíso.

En sus *Ensayos impopulares*, Bertrand Russell contaba una interesante anécdota:

> F.W.H. Myers, cuyo espiritualismo le había llevado a creer en una vida futura, le preguntó a una mujer que acababa de perder a su hija acerca de qué creía que había sido de su alma.
> La madre contestó:
> –Bueno, supongo que disfruta del gozo eterno, pero desearía que no me hablase de temas tan desagradables.

¿Por qué resulta tan desagradable hablar de ello si supone que disfruta del gozo eterno? Debería sentirse feliz de poder hablar de ello. Pero de hecho resulta desagradable hablar del tema, y para ocultar ese disgusto se han tenido que inventar muchas teorías y creencias acerca de que tras la muerte se va a un cielo eterno. Todo el mundo tiene algo para convencerse a sí mismo de que no morirá.

La enseñanza del Buda es que has de aceptar el hecho de que morirás No sólo eso, sino que todo aquello que consideras que eres tú, absolutamente todo, morirá. El Buda es muy riguroso al respecto.

Si le preguntas a Mahavira, dirá que el cuerpo morirá, que la mente morirá, ¿pero y el alma? No, el alma permanecerá. Bueno, al menos hay cierta protección. Podemos llegar a pensar: «Vale, el cuerpo morirá. Nos gustaría no morir, pero podemos aceptarlo, porque el cuerpo no soy yo».

En la India se pueden encontrar muchos monjes, *sadhus*, que consideran, que contemplan: «No soy el cuerpo, no soy el cuerpo. Soy el alma eterna». ¿Qué están haciendo? Si realmente *supiesen* que son el alma eterna, ¿para que tanta repetición? ¿A quién intentan engañar? ¿Para qué esa constante repetición de que «no soy el cuerpo?» Si no eres, no eres... se acabó.

No, en realidad no lo creen e intentan autohipnotizarse. «No soy el cuerpo»... Y lo repiten continuamente durante años, llegando a convencerse de que «no soy el cuerpo», pero ésa no va a ser su *experiencia*. No dejará de ser pura autosugestión. Se habrán engañado a sí mismos, habrán caído en una pura ilusión.

Y luego afirman: «Soy el alma eterna –infinita, *sat-chit-ananda*–, verdadera, para siempre, existencial, para siempre, beatífica, para siempre». Están luchando con la muerte e intentan hallar un lugar en el que ocultarse de ella.

El enfoque del Buda es totalmente distinto. Él dice que no hay ningún lugar en el que ocultarse. Hay que ir de cabeza. Y el Buda dice que tu cuerpo morirá, que tu mente morirá, y que la supuesta alma morirá... todo, en su totalidad. Vas a morir. No quedará nada. Eso es algo que resulta muy difícil de concebir. Pero dice el Buda que si puedes hacerlo, que si estás dispuesto, sólo entonces podrás conocer ese espacio íntimo que está más allá del tiempo y del espacio.

Pero recuerda que no conoces ese espacio, y por lo tanto no tiene nada que ver contigo. Todo aquello que sea tu identidad morirá completamente, y lo que quedará no tiene nada que ver contigo.

Por eso el Buda pide que no preguntéis al respecto. Porque sois animales tan racionales, gente tan marrullera, que si el Buda dijese: «Sí, existe un espacio interior que perdurará», entonces diríais: «Ah, bueno, eso es lo que llamo mi alma». Y de nuevo habréis caído en la trampa de siempre. «Así que voy a sobrevivir. No tengo nada que temer». Trataréis de hallar alguna identidad con ese espacio interior.

El Buda permanece callado. En muchas ocasiones debe haberse sentido tentado de hablar de ello. Es muy difícil mantener secretos cuando uno sabe... pero el Buda se lo guardó.

Guardarse los secretos es casi sobrehumano. Puede que ya os hayáis dado cuenta. Siempre que alguien os dice: «Es un secreto, no se lo digas a nadie», entonces os meten en problemas. Porque la mente tiende a contárselo a quien sea. Parece algo natural. Es como si comieses algo; ¿cómo puedes quedártelo para siempre en el estómago? Ha de ser defecado. Ha de ser expulsado. De otro modo padecerías estreñimiento crónico y sería muy problemático.

Lo mismo sucede con la mente. Alguien te dice algo: «Es un secreto». Llega tu marido a casa y dice: «Escucha lo que te voy a decir, pero es un secreto». Y pone a la esposa en apuros, porque algo ha entrado en su mente. Y ese algo debe salir, si no crearía estreñimiento mental. Y la esposa se siente cada vez más pesada hasta que puede encontrar a alguien. Se lo contará al servicio. Y desde luego, también dirá: «No se lo cuente a nadie». Y la asistenta correrá a su casa, a contárselo a su marido, porque... ¿qué otra cosa puede hacer? Y al cabo de pocos minutos toda la ciudad lo sabrá.

Mantener un secreto es muy difícil. Sólo puedes mantener un secreto si no te ha llegado desde el exterior, recuérdalo. Si te ha llegado desde el exterior, entonces deberá regresar al exterior; no puede guardarse. Si es producto de tu propio ser, si ha florecido en ti, si tiene sus raíces existenciales en tu propio ser, entonces podrás mantenerlo en secreto, porque no te habrá llegado de fuera; y por ello no tiene necesidad de salir.

El Buda pudo mantener su secreto porque se trataba de su propia experiencia. Nadie se lo había contado, ni lo había descubierto en los Vedas, ni lo había escuchado de fuentes tradicionales, ni leyó al respecto. No había entrado en su ser, sino que floreció en él, era su propia flor.

Cuando algo florece en ti, es tuyo; depende de ti que quieras guardarlo o compartirlo. El Buda se sintió continuamente tentado a compartirlo. Mil veces. Creo que cada día debía llegar gente a verle y a preguntarle: «Sí, podemos comprender que el alma muera, que el cuerpo muera, que la mente muera, ¿pero el alma, el yo, el *atman*?». Y el Buda no dejaría de repetir: «Todo morirá. Todo lo que consideráis vuestra identidad morirá. Moriréis por completo y acerca de lo que se salvará no sabéis nada».

Cuando desaparezcas conocerás lo que permanecerá. No tiene nada que ver contigo. Existía antes de que tú existieses. Existe ahora, en paralelo a ti. Nunca lo has conocido. Sois dos líneas paralelas que nunca se encuentran. Lo escondes. Cuando no eres, entonces se revela.

Dice el Buda que hay que morir todo lo profundamente posible. Y eso sólo es posible si se hace caso omiso de la supuesta vida. Hacer caso omiso de ella significa conocerla... saber que es un sueño.

El pretendiente y su chica se toparon con un bulldog que tenía un aspecto perverso y hambriento.

–¡Percy!, ¿por qué? –exclamó ella, al ver a su pretendiente iniciar una retirada estratégica–. ¡Siempre juraste que te enfrentarías a la muerte por mí!

–Y lo haría –dijo, retrocediendo–, pero el maldito perro todavía no está muerto!

La gente dice que puede enfrentarse a la muerte, pero cuando le llega la hora, pierde repentinamente su coraje. Dice que puede entregar su vida con facilidad. Pero no es tan fácil.

El deseo de vivir está muy arraigado. Lo habéis regado durante muchas vidas; sus raíces han profundizado en vuestro ser. Y no servirá de nada cortar algunas ramas, ni tampoco talar todo el árbol, porque del tocón saldrán nuevos brotes.

«Sólo unos cuantos privilegiados están familiarizados con un sutra budista.»

Dice el Buda que sólo unos cuantos privilegiados, unos pocos afortunados, unos pocos elegidos, unos pocos benditos se familiarizan con la sabiduría de un buda.

Porque para entrar en contacto con un buda hay que pasar a través de unas cuantas experiencias acerca de que la vida es ilusoria, y de que la muerte es segura. A menos que vuestra ilusión acerca de la vida salte hecha pedazos por completo, no escucharéis a un buda. Os parecerá irrelevante, no existirá para vosotros.

Un buda existe para vosotros sólo cuando os habéis percatado de que esta vida es efímera, pasajera; de que esta vida no es más que una sombra, no una realidad... un reflejo en el espejo. Cuando saltan hechas pedazos todas vuestras ensoñaciones acerca de la vida, entonces os interesáis en un buda. Y cuando os interesáis es cuando existe una posibilidad de comprender la sabiduría budista, la sabiduría de alguien que ha despertado.

¿Quién ha despertado? Quien ha llegado a saber lo que es sueño, quien ha llegado a saber lo que no lo es. Cuando estás dormido los sueños parecen reales. Por la mañana, al despertar, te das cuenta de que eran irreales. Un buda es alguien que ha despertado, que ha despertado de esta supuesta vida y se ha dado cuenta de que es un sueño.

Si tú también sientes el dolor, la frustración y la miseria de esta vida ensoñada, de esta vida fútil, entonces empezarás a dirigirte hacia una fuente de luz, pero no de otro modo. El Buda dice que los que lo hacen son unos pocos privilegiados.

Quinto:

«Nacer en la era de un buda es una oportunidad excepcional.»

Sí, así es, porque un buda es una rareza. Pasan miles de años y una persona se convierte en buda. E incluso entonces no necesariamente empieza a enseñar. Puede que no enseñe. Es posible que desaparezca en lo desconocido. No es necesario que se convierta en maestro. Así pues, los budas son escasos, y los que se convierten en maestros y ayudan a la gente en el camino, son todavía menos.

«Nacer en la era de un buda es una oportunidad excepcional.»

Así que si puedes encontrar a una persona despierta, si puedes encontrar a alguien un poco diferente de ti, si puedes encontrar a una persona en cuyos ojos no veas las nubes del sueño y alrededor de la que sientas el aura del despertar, entonces no pierdas la oportunidad, porque puede que hayan de pasar muchas vidas hasta que vuelvas a encontrar a alguien así.

«Es difícil conquistar las pasiones, suprimir los deseos egoístas.»

«Es difícil conquistar las pasiones». Eso es lo que le dice el Buda a alguien valiente al que no le importa ir hasta la cima del Himalaya. Sí, es difícil, pero nada comparado con conquistar las propias pasiones. Alguien realmente valiente no intentará ir a la Luna. Es difícil, pero nada comparado con conquistar las propias pasiones y el ansia de vivir.

La más grande aventura de la vida es ser des-apasionado, liberarse del ansia, Simplemente ser, sin ningún anhelo de ser nada más; simplemente estar aquí y ahora; sin ningún deseo de futuro, sin desear ninguna repetición del pasado... sin proyectos.

«Es difícil no anhelar lo que es agradable.»

¿Por qué vivimos en sueños? Porque los sueños son agradables en muchas ocasiones. Ése es el truco de los sueños, por eso nos persuaden; ése es su cebo.

Así me lo han contado:

> El mulá Nasrudín permanecía a la cabecera del lecho donde moría su padre.
> —Por favor, hijo mío —susurró el anciano—, recuerda siempre que la riqueza no trae la felicidad.
> —Sí, padre —dijo Nasrudín—. Me doy cuenta, pero al menos me permitiré elegir el tipo de desdicha que me parezca más agradable.

Eso es lo que hacemos, tratar de hallar una desdicha que parezca agradable. A eso os dedicáis continuamente.

Dice el Buda:

> «Es difícil no anhelar lo que es agradable.»

La cuestión no es si es agradable o desagradable. Porque un sueño puede ser agradable, una mentira también, y a veces incluso la pasión, o el suicidio. Pero ésa no es la cuestión. La cuestión es lo que es real.

La persona real se esfuerza por conocer lo real, y la persona irreal sólo trata de hallar cosas agradables, cómodas y convenientes. Observadlo. No corráis tras lo agradable, o los sueños tirarán de vosotros de aquí para allá, convirtiéndoos en maderos a la deriva.

Que vuestro énfasis esté en lo que es real. Elegid lo real aunque no resulte agradable.

Volveré a repetirlo: aunque lo real no os resulte agradable, elegidlo, tornaros vosotros agradables. Sólo entonces podréis llegar a la verdad; no hay otro camino.

> «Es difícil no enfurecerse cuando se nos menosprecia.»

Encolerizarse es muy fácil. No es necesario ser consciente de la cólera, es como un robot. Alguien te insulta y tú te encolerizas. Dice el Buda que lo intentes: cuando alguien te insulte, permanece tranquilo y sosegado. No pierdas la oportunidad. Se trata de una oportunidad de salir de tu mundo mecánico. Es una oportunidad para ser más consciente. Esa persona está proporcionándote una hermosa oportunidad de crecer. No te la pierdas.

Siempre que veas una oportunidad donde resulte natural ser mecánico, intenta no serlo, intenta hacerte más consciente de la situación. Y eso se convertirá en tu escalera de crecimiento.

Alguien te insulta. Es muy fácil sentirse herido. Es algo mecánico; no se necesita tu intervención; no se requiere inteligencia alguna. Es muy fácil enfurecerse, encolerizarse, ser devorado por el fuego. Para ello no se necesita inteligencia. Les pasa incluso a los animales, así que no tiene nada de especial.

Pero haz algo especial. Permanece tranquilo, sosegado y recogido. Relájate, y no dejes que esa cosa mecánica te posea. Libérate un poco de tus hábitos mecánicos y te beneficiarás enormemente. Empezarás a ser cada vez más consciente.

«Es difícil no abusar de la propia autoridad.»

Muy difícil, porque la gente quiere autoridad para abusar de ella. Ya sabéis la famosa frase de lord Acton acerca de que el poder corrompe. No es cierta. Su observación no deja de ser correcta en cierto sentido, pero no cierta. El poder nunca corrompe a nadie, pero lord Acton tiene razón porque siempre vemos a la gente corrompida por el poder.

¿Pero cómo puede el poder corromper a nadie? De hecho, la gente corrupta es la que busca el poder. Sí, claro, cuando carecen de poder no pueden expresar su corrupción. Cuando tienen poder son libres. Ya pueden tener poder, y eso ya no les preocupa. Y entonces aparecen tal como son, muestran su verdadero rostro.

El poder nunca corrompe a nadie; sólo la gente corrupta se siente atraída por el poder, y cuando finalmente lo consigue, lo utiliza para todos sus deseos y pasiones.

Así es como sucede. Una persona puede ser muy humilde. Cuando busca ocupar un puesto político puede ser muy humilde, y si resulta que le conoces –puedes haberle conocido toda la vida, y siempre habrá sido una persona humilde–, pues le votas. En el momento en que está en el poder, se opera una metamorfosis. Deja de ser la misma persona. A la gente le sorprende. ¿Cómo corrompe el poder? De hecho, toda esa humildad era falsa, fingida. Era humilde porque era débil. Era humilde porque carecía de poder. Temía ser aplastado por gente poderosa. Su humildad era su política, su juego. Ahora ya no necesita temer, ahora nadie puede aplastarle. Ahora puede vivir su verdadero ser, ahora puede expresar su propia realidad. Ahora parece corrupta.

Dice el Buda:

«Es difícil no abusar de la propia autoridad.»

Difícil porque, en primer lugar, sólo gente que quiere abusar de su autoridad se interesa en la autoridad. Si cuentas con cierta autoridad, obsérvalo... Incluso las autoridades pequeñas corrompen a la gente. Puede que sólo seas un guardia en un cruce, pero si tienes la oportunidad, abusarás de ello; te demostrarás quién eres.

El mulá Nasrudín solía servir como guardia. Pilló a una mujer que conducía. En donde estaba, las mujeres no conducían, así que la pilló con las manos en la masa. El mulá sacó su cuaderno y empezó a escribir. La mujer le dijo:

–¡Espere! Conozco al ministro de Estado, así que no se preocupe–. Pero el mulá continuó escribiendo sin hacer ningún caso. La mujer insistió:

–¿Sabe? ¡Incluso conozco al gobernador!–. Pero el mulá continuó escribiendo.

La mujer volvió a insistir:

–Escuche, ¿pero qué está haciendo? ¡También conozco a Indira Gandhi!».

–Escuche señora, ¿conoce usted al mulá Nasrudín? –preguntó el mulá.

–No, nunca he oído ese nombre –dijo ella.

Así que el mulá dijo:

–Me llamo mulá Nasrudín, y a menos que usted conozca al mulá Nasrudín no hay nada que hacer.

Cuando se tiene autoridad se tiende a... Es tan fácil... Puedes observarlo a tu alrededor. Estás esperando en la ventanilla de billetes en la estación de tren y el empleado parece muy atareado haciendo algo, aunque te das cuenta de que en realidad no tiene nada que hacer. Hojea este cuaderno y el otro. Quiere que esperes. Quiere demostrarte que ahora él es el que ostenta la autoridad. Y te dice: «Espere». No puede dejar pasar la oportunidad de decirte que no.

Obsérvalo, obsérvalo también en ti mismo. Llega tu hijo y dice: «Papá, ¿puedo salir a jugar?». Y tú contestas: «¡No!». Y eso que sabes muy bien –como también sabe tu hijo– que acabarás dejándole. Entonces él empieza a chillar, saltar y gritar, diciendo: «¡Pero es que quiero ir!». Y entonces tú dices: «Vale, vale. Vete». Y lo sabes porque ya ha pasado otras veces de la misma manera. Y no hay nada malo en que salga a jugar. ¿Por qué le dijiste que no?

Si tienes autoridad quieres demostrar que la tienes. Pero entonces el hijo también tiene algo de autoridad. Empieza a saltar, crea un desbarajuste fenomenal y sabe que los vecinos estarán escuchando y que la gente pensará mal de ti, así que le dices: «Vale, vale. Vete».

Puede verse en todos los encuentros humanos: la gente no deja de demostrar su autoridad. O bien intimidan o son intimidados. Y si alguien te intimida, deberás encontrar de inmediato a alguien más débil en quien vengarte.

Si tu jefe te acosa en la oficina, llegarás a casa y acosarás a tu esposa. Y si ella no es del movimiento de liberación femenina esperará a que el hijo llegue de la escuela y entonces le intimidará a él. Y si el hijo está educado a la antigua, entonces se irá a su cuarto y destrozará los juguetes, porque eso es lo único con lo que puede desquitarse. Así demuestra su poder a los juguetes. Pero es el cuento de nunca acabar. En eso consiste todo el juego. Eso es la política.

El sentido de este sutra es salir de la mente política.

«Es difícil no abusar de la propia autoridad.»

Así que siempre que ostentes algo de autoridad... Y todo el mundo tiene una u otra autoridad. No podrás hallar a nadie que no ostente alguna autoridad; siempre hay autoridad sobre algo, aunque sólo sea sobre un perro al que puede pisotear. Todo el mundo tiene alguna autoridad en alguna parte. Así que todo el mundo se dedica a la política. Puede que no formes parte de ningún partido político, pero eso no significa que no seas político. Si estás abusando de tu autoridad, entonces eres político. Si no abusas es que eres apolítico.

Sé más consciente y no abuses de tu autoridad. Te proporcionará la visión necesaria para comprender cómo funcionas, y te sosegará y centrará. Te proporcionará tranquilidad y serenidad.

«Es difícil ser imparcial e ingenuo en los tratos con los demás.»

Es muy difícil, porque la gente es artera. Si eres ingenuo te engañarán. El Buda dice que te engañarán. Es mejor ser engañado que engañar. Si ésas son las únicas opciones disponibles –ser engañado o engañar–, entonces el Buda elige la primera, ser engañado. Al menos tu ser interior permanecerá incorrupto.

Ése es el sentido de lo que dijo Jesús: «Si alguien te abofetea, ofrécele la otra mejilla. Si alguien te obliga a llevar esta carga durante una distancia, llévala el doble. Y si alguien intenta robar tu manto, dale también la camisa».

Esto es lo que quiere decir: es mejor ser engañado, porque cuando alguien te tima, sólo puede timarte en cosas insignificantes. Cuando tú timas a alguien estás perdiendo algo de tu ser interno... algo de gran valor.

«Es difícil ser imparcial e ingenuo en los tratos con los demás.»

Es muy fácil ser ingenuo cuando se está solo. Por eso la gente se va al Himalaya o a monasterios donde puede abandonar el mundo. Es muy fácil no engañar, no timar, cuando se está solo. Es muy sencillo ser sencillo cuando se está solo, pero entonces, ¿qué sentido tiene?

Porque cuando estás sólo no puedes ser falso. Porque cuando estás solo no puedes mentir. Porque cuando estás solo no puedes ser egoísta, ni competitivo, ni engañar, ni herir. Pero eso no significa que hayas cambiado o te hayas transformado. La prueba del nueve es el mundo.

Así que nunca abandones el mundo, transfórmate. Es muy fácil cambiar las circunstancias, pero ésa no es la cuestión... Transforma tu conciencia.

«Es difícil ser meticuloso en el aprendizaje y exhaustivo al investigar.»

La mente tiende a la pereza, toda la pereza está en la mente. La mente quiere evitar cualquier esfuerzo. Por eso la mente no quiere pasar a nuevas dimensiones. Permanece aferrada a lo viejo, a lo familiar, porque sabe que ahí es muy eficiente. Cuenta con una cierta destreza y capacidad. Ahora, una vez que te has asentado, no quieres cambiarla.

Mucha gente vive con una mujer o con un hombre, no porque le ame, sino porque les resulta familiar. Sería todo un problema irse a vivir con otra mujer u otro hombre y tener que empezar desde el principio. Es gente perezosa.

La gente sigue viviendo de la manera que vive, aunque sea desdichada, aunque de esa forma de vivir sólo obtenga desdichas, pero continúa, porque al menos le resulta familiar, conocida; es hábil en ella. Y luego puede echarse a dormir.

La mente es perezosa. Y esa pereza es una de las barreras.

Dice el Buda:

«Es difícil ser meticuloso en el aprendizaje y exhaustivo al investigar.»

Ni siquiera has empezado a ser consciente de tu vida, que es lo más importante. Ni siquiera la has investigado, ni siquiera sabes qué es. Lo das por sentado, en la superficie. Todo el conocimiento que tienes de tu vida es prestado. Cualquier cosa que sabes no es lo que tú sabes, sino que lo has tomado prestado de otro.

Así me lo han contado:

Una estudiante de enfermería se vio frente a la siguiente pregunta en un examen: «Enumere cinco razones por las que la leche materna es mejor para los bebés que la de vaca».

Y respondió: «Primera: porque es más fresca. Segunda: porque es más limpia. Tercera: porque los gatos no tienen acceso a ella. Cuarta: porque es más fácil llevársela de viaje».

Pero por mucho que pensó no pudo dar con una quinta razón. Inténtalo... porque ni siquiera esas cuatro son razones. Desesperada, echó un vistazo al examen de la compañera que se sentaba a su lado, y entonces escribió: «porque viene en unos pequeños contenedores monísimos».

Así es como tomáis prestado el conocimiento, mirando aquí y allá. Eso es todo lo que sabéis. No buscáis directamente. Y a menos que busquéis directamente, seguiréis siendo estúpidos y mediocres.

«Es difícil sojuzgar el orgullo egoísta.»

Una de las cosas más difíciles en la vida es no creerse uno mismo extraordinario. Sí claro, eso es lo más normal que se piensa, porque todo el mundo se cree extraordinario. Todo el mundo cree que es extraordinario, así que esa sensación es de lo más corriente. Mira a tu alrededor, mírate a ti mismo, sigues creyéndote extraordinario.

El Buda dice que es muy difícil, pero que si realmente quieres avanzar en el camino, empieza sintiéndote... ordinario. No afirmes ninguna extraordinariedad.

Y ahí radica la belleza de todo esto: en el momento en que te haces ordinario, te conviertes en extraordinario. En el momento en que no proclamas que eres excepcional, empiezas a serlo... porque la pretensión de serlo es muy común. Todo el mundo afirma que es único, excepcional. Puede que la gente lo diga o no lo diga, pero en lo más profundo de sí mismos saben que lo son.

Permanece alerta. ¿Cómo puedes ser extraordinario? Si todo el mundo es extraordinario y tú también, ¿entonces qué? Si la excepcionalidad es sólo una cualidad común a todo el mundo, ¿entonces qué sentido tiene afirmarla? O todo el mundo es extraordinario, porque todo el mundo proviene de la misma fuente de existencia, o todo el mundo es ordinario, porque todo el mundo proviene de la misma fuente de existencia.

Sea lo que fuere lo que pienses, piénsalo también en los demás. Y pienses lo que pienses de los demás, piénsalo también de ti. Y entonces desaparecerá el orgullo. El orgullo siempre es vano. El orgullo siempre es por razones erróneas. El orgullo es como una fiebre con la que nunca se puede estar sano. Es una temperatura.

«Es difícil no sentir desdén por el ignorante.»

El Buda lo menciona de forma concreta. Cuando ves a alguien que es más ignorante que tú, sientes un cierto desdén. Es muy difícil no sentir ese desdén. Porque cuando ves a alguien más culto que tú, te sientes celoso. Ambas cosas van juntas; el desdén por quienes están detrás de ti y los celos por quienes van por delante. El desdén y los celos demuestran que no dejas de compararte con los demás.

Nunca compares, porque toda comparación es una memez. Todo el mundo es justamente como él mismo. ¿Qué sentido tiene comparar? ¿Quién eres tú para comparar? ¿Quién eres tú para fijar un criterio, para decidir quién es culto y quién no lo es? ¿Quién eres tú para fijar un criterio acerca de quién es hermoso y quién no lo es? ¿Y tú quién eres? ¿Por qué has de juzgar? Jesús dice: «No juzguéis».

«Es difícil ser uno tanto en el conocimiento como en la práctica.»

A menos que el conocimiento sea tuyo propio, siempre existirá una brecha entre lo que sabes y lo que haces. Porque todo lo que haces no puede ser transformado por conocimiento tomado prestado de otros; no puede cambiar con conocimientos prestados. Sólo cambia cuando florece tu intuición interior. Es difícil vivir una vida sintética y armoniosa entre lo que se sabe y lo que se hace.

Fíjate bien. De hecho, todo lo que haces indica que sólo sabes eso. Todo lo que sabes y no haces es como si no lo supieses. Suéltalo, ¡tíralo! ¡Es basura! Observa tus acciones, porque ése es tu auténtico conocimiento.

Dices que la cólera es mala y que no la quieres para ti, pero cuando alguien te insulta y te encolerizas, dices: «¿Qué puedo hacer? Me he encolerizado a mi pesar. Sé muy bien que la cólera es mala, venenosa, destructiva. Lo sé, ¿pero qué es lo que hago?... Me encolerizo».

Si vienes a verme, te diré: «En realidad no sabes que la cólera es venenosa. Lo has oído decir. Pero en tu interior sabes que la cólera es necesaria; en tu interior sabes que sin cólera perderías tu posición, que todo el mundo se metería contigo. Sin cólera no tendrías ninguna posibilidad; tu orgullo saltaría hecho pedazos. ¿Cómo existir en un mundo de lucha continua por la supervivencia, sin cólera?». Eso es lo que sabes, pero te obstinas en decir: «Sé que la cólera es venenosa».

El Buda sabe que la cólera es venenosa. Ya has escuchado al Buda, ya le has oído, y has aprendido algo de él, pero lo que has aprendido es *su* conocimiento.

Recuerda que todo lo que haces no es más que tu conocimiento. Profundiza en tus acciones para descubrir con exactitud lo que sabes. Y si quieres transformar tus acciones, entonces no te servirá el conocimiento prestado. Si realmente quieres saber qué es la cólera, métete en ella, medita sobre ella, pruébala en todos los sentidos. Permite que suceda en tu interior, rodéate de ella, sumérgete en ella, siente el retortijón y el dolor que causa, y el veneno, y cómo te acanalla, cómo crea un valle oscuro para tu ser, cómo caes en el infierno por ella, en caída libre, sin fondo. Siéntela, conócela. Y esa comprensión iniciará una transformación en ti.

Conocer la verdad es ser transformado. La verdad libera, pero debe ser *tu* verdad.

«Es difícil no expresar la propia opinión acerca de los demás.»

Muy difícil. No dejamos de expresar inconscientemente nuestra opinión a todos los que nos rodean. ¿Conoces a los demás? Ni siquiera te conoces a ti mismo. ¡Qué tontería es expresar opiniones sobre los demás! Puede que conozcas a alguien desde hace pocos días. Sabes su nombre, sabes cómo anda; le has visto en unas cuantas situaciones –has visto cómo actúa–, ¿pero le conoces? Esa persona es un vasto continente. Sólo has conocido un fragmento.

Es como si te hubiese llegado a las manos una página arrancada de la Biblia... como si te la hubiese traído el viento... y lees unas cuantas frases, que tampoco están enteras, pues falta una palabra aquí y allá, y en una parte la tinta se ha corrido con la lluvia, y también hay un pegote de barro... y entonces decides acerca de Jesús, o del cristianismo. Sería una estupidez.

Es como si te llevan a ver una película que ya ha empezado. Entras por una puerta, miras la película, y luego sales por otra puerta; has estado en la sala unos pocos segundos, ¿podrías ahora opinar sobre el argumento de la película? Sería absurdo. Sería pura estupidez por tu parte. De hecho, no opinarás nada. Dirías: «No he visto toda la película. No sé lo que pasó antes, lo que pasaba después, y sólo he estado en la sala unos pocos segundos; sólo he visto unos cuantos fotogramas, casi totalmente incomprensibles para mí... No me he enterado del contexto».

Así es como conocemos a las personas. Una vida es un fenómeno riquísimo. Uno nunca sabe, porque sólo una parte de ella se trasluce en acciones, sólo la punta del iceberg, lo demás permanece oculto. Lo que haces es una parte ínfima de lo que eres. Lo que haces es una parte muy pequeña de lo que piensas, de lo que sientes, de lo que sueñas, de lo que fantaseas, de lo que pasa en el interior de tu ser... sólo fragmentos.

Dice el Buda: «*Es difícil no expresar la propia opinión acerca de los demás*», pero acepta el reto. Resiste la tentación. No expreses tus opiniones sobre los demás y crecerás en comprensión. Porque tu opinión se convierte en una barrera para la compresión; se convierte en un prejuicio.

«Conocer a un verdadero maestro espiritual es una ocasión excepcional.»

De hecho, ser presentado a un verdadero maestro espiritual es un fenómeno único.

En primer lugar, nadie busca la verdad. Aunque un maestro pase junto a ti, tú permanecerás totalmente ignorante de su existencia. Eso es lo que sucedió cuando el Buda pasó por aquí. Millones de personas permanecieron ignorantes. Cuando Jesús pasó, la gente ni siquiera había oído su nombre. Fue una figura desconocida. Cuando Mahavira estuvo aquí, muy pocas almas entraron en contacto con él.

Porque sólo puedes entrar en contacto con un maestro cuando realmente buscas la verdad con intensidad y pasión; cuando tienes *mumuksha*, un intenso deseo de conocer, y estás dispuesto a arriesgarlo todo por ello.

Cuando estás dispuesto a saber, cuando estás dispuesto a convertirte en discípulo, sólo entonces puedes entrar en contacto con un maestro, sólo entonces puedes ser introducido al mundo del maestro. Tu disposición de convertirte en discípulo será tu presentación.

Es muy difícil convertirse en discípulo. Es muy fácil ser estudiante, porque un estudiante no mantiene relación personal. Viene para saber cosas. Vas a la universidad, eres un estudiante. Si vienes a mí como estudiante, no me encontrarás, porque entonces sólo escucharás lo que yo diga y lo recopilarás como si fuese información; estarás más informado. Un discípulo significa alguien que está dispuesto a confiar en otro... es muy difícil... hay que estar dispuesto a soltarse a uno mismo, dispuesto a ir con alguien hacia lo desconocido, hacia un mundo inexplorado. Sólo un alma muy valiente puede convertirse en discípulo. Para aprender es necesario ser humilde. Para aprender es necesario estar totalmente vacío, receptivo, sensible, meditativo.

Un estudiante necesita concentración, y un discípulo meditación. Concentración significa que ha de escuchar correctamente lo que se dice. Meditación significa que debe estar presente de manera precisa; no sólo escuchar con precisión, ya que eso no es más que una pequeña parte.

Hay que estar presente, sintonizar, armonizar, en profunda relación, de manera que tu corazón pueda palpitar con el corazón del maestro, para que puedas vibrar en su frecuencia. Llega un momento entre maestro y discípulo en que el cuerpo empieza a vibrar al mismo ritmo. Entonces se transfiere algo, algo transpira entre ellos. Lo inefable puede transferirse en esos momentos. Lo inexpresable puede ser transmitido en esos momentos. Una transmisión más allá de las escrituras... así lo expresa el budismo zen... una transmisión más allá de las escrituras, una transmisión inmediata, directa.

«Es difícil comprender la naturaleza de ser y practicar el camino.»

...Porque hay que ir hacia dentro. Salimos afuera con facilidad. Salir afuera es ir hacia abajo; es fácil. Entrar es ir hacia arriba. Es una tarea cuesta arriba, y difícil.

Ir hacia los demás es fácil, es el camino del mundo. Ir hacia uno mismo es difícil, no es el camino del mundo, ni el de la multitud. Sólo unas cuantas y raras almas intentan ir hacia dentro.

«Es difícil comprender la naturaleza de ser y practicar el camino.»

En primer lugar, es difícil comprender la naturaleza del propio ser, y luego es todavía más difícil practicarlo, porque entonces estarías practicando inexistencia. Entonces caminarías como una vaciedad. Entonces no "serías" ahí.

Porque si vas hacia el hondón de tu ser, descubrirás que el ser humano es como una cebolla: pelas y pelas, capa tras capa... y al final acabas con la mano vacía. Entonces es que has llegado al verdadero corazón de la cebolla, a partir de donde se ha desarrollado. De la inexistencia se ha convertido en algo. La materia surge de lo inmaterial. El ser ha sido reunido desde lo inexistente.

Es difícil llegar a saberlo, primero, porque ¿quién quiere saber que uno no es? ¿Quién desea desaparecer? ¿Quién anhela la muerte postrera? Primero es difícil saberlo, y luego todavía es más difícil practicarlo, porque cuando no eres nada, no hay nada que practicar.

Caminar como un buda es imposible. Así es. Es increíble. ¿Cómo camina el Buda? ¿Alguna vez te has parado a pensarlo? No siente deseo de ir a ninguna parte, pero aún así, camina. No tiene deseo de hacer nada, pero vive. No tiene deseo de lograr nada, pero no obstante, se levanta cada mañana y empieza a ayudar a la gente. No tiene nada que lograr, ningún sitio al que ir, ¿para qué sigue respirando? Practica inexistencia. Es uno de los fenómenos más increíbles... saber que no eres y no obstante existir. Muchos desaparecen. A los que desaparecen el Buda los llama *arhatas*. Cuando llegan a conocer su vacío interior, simplemente se disuelven en él. ¿Que sentido tendría continuar respirando? ¿Para qué respirar, comer, beber, ser? Desaparecen.

Quienes se esfuerzan, sabiendo muy bien que no son, pero que siguen intentando ayudar a los demás... sabiendo muy bien que los demás sólo son en un sueño, sabiendo bien que los demás tampoco existen en realidad... Tener compasión por los fantasmas, tener compasión por las sombras, y no obstante realizar un esfuerzo por ayudarlos, es la cosa más imposible. Pero sucede.

Existes a causa de la pasión, del deseo. El Buda ha de existir por compasión. Carece de deseo. No hay nada... para él no hay futuro. Todo lo que tenía que pasar ya ha pasado. No obstante, practica el camino. Se mueve con tanta atención como quiere que vosotros os mováis. Se comporta del modo en que quiere que os comportéis.

Jesús dejó a sus discípulos la última noche y les lavó los pies. Se sintieron azorados y dijeron: «¿Maestro, qué estás haciendo?».

Y Jesús dijo: «Para mí no es necesario tocaros los pies, pero lo hago para que recordéis, para que no seáis demasiado egoístas. Recordad que vuestro maestro os tocó los pies, para que cuando la gente acuda a vosotros como discípulos, no seáis demasiado egoístas al saber lo que ellos no conocen, pues son ignorantes. Tocad sus pies». Jesús dice que les está tocando los pies sólo para ayudarles a recordar.

Dice el Buda: «Actúo de la manera en que vosotros debéis actuar. Para mí no queda disciplina alguna, pero me comporto de la manera que me gustaría que os comportaseis. A vosotros todavía os queda mucho por hacer».

Un Buda es libertad absoluta. Puede estar de cualquier manera, no es ningún problema. Pero no obstante, continúa. Se sienta a meditar cada mañana. ¡Qué compasión!

> Alguien, su gran discípulo Sariputta, le preguntó:
> –¿Por qué os sentáis en meditación? Porque, ya estáis meditando las veinticuatro horas.
> Dijo el Buda:
> –Así es, pero si no me siento, otros se aprovecharán de ello, y dirán: «Si el Buda no medita, ¿para qué debemos molestarnos nosotros?».

Ahora no tiene nada que meditar, pero sigue sentándose bajo el árbol cada semana para que otros también puedan hacerlo.

> «Es difícil comprender la naturaleza de ser, y practicar el camino.
> Es difícil seguir los pasos de un salvador.»

Porque seguirle los pasos a un salvador es suicidarse. Hay que disolverse poco a poco. Cuanto más te acerques a él, más desapareces, más y más desapareces. Cuando ya estás encima de él, has dejado de estar. Quien está dispuesto a disolverse está dispuesto a convertirse en discípulo.

«Es difícil ser siempre dueño de uno mismo.»

Las cosas pequeñas te demuestran que eres un esclavo. Alguien te insulta... y surge la cólera. Estás demostrando que ese alguien es el amo y señor. Puede insultarte en cualquier momento y provocar cólera en ti. No eres el amo y señor de tu cólera. Llega alguien y te adula y te sonríe. Él ha provocado tu sonrisa; él es el amo y señor. Tú no.

El Buda dice que es muy difícil, pero inténtalo. Intenta por todos los medios ser el amo y señor. No permitas que nadie te manipule. No permitas que nadie te reduzca a un simple mecanismo. Continúa siendo el amo y señor en toda situación. Si llevas a cabo el esfuerzo, tarde o temprano empezarás a sentir un nuevo poder, una nueva fuente de energía en ti.

Y finalmente, el vigésimo:

«Es difícil comprender a carta cabal el camino del Buda.»

Es difícil porque todavía no eres un buda. Sólo alguien similar puede comprenderlo, sólo su igual puede entenderlo. Un Jesús sólo puede ser entendido por otro Jesús. Un Buda sólo puede ser entendido por un buda.

¿Cómo vas a poder comprenderlo? Si vives en un valle, y dominas el lenguaje del valle, y resulta que llega alguien de la cima de la montaña, donde nunca estuviste, y te habla de la luminosidad del sol y de las nubes, y de los bellos colores de las nubes, y de las flores que crecen en la cima de la montaña, ¿entenderás algo?

Sólo conoces el valle, la oscuridad, y tu vida arrastrada. Lo interpretarás mal todo, traducirás todo lo que el otro diga al lenguaje de tu valle. Eso es lo que dicen los budas: «Ven, ven con nosotros. Ven a la realidad en la que existimos. Ven a la cima. Sólo allí podrás comprenderlo». No se trata de una cuestión de discurso lógico; es una cuestión de cambiar y transformar el plano de tu existencia.

Puedes estar escuchando todo lo que estoy diciendo. Y en cierto modo, intelectualmente, incluso puedes comprenderlo, pero siempre te sentirás perplejo. Siempre te dará la impresión de que este hombre está hablando en contradicciones. A veces dice esto, y a veces dice aquello. Siempre permaneces en la confusión.

La otra noche vino a verme alguien y me dijo:
–Nunca me sentí tan confundida como después de escuchar su charla.
Le dije:

–Así es. Antes creías saber. Ahora sabes que no sabes. Creías que todo estaba bien. Ahora sabes... que nada lo está. Creías que este valle era todo lo que existía. Ahora sabes que hay picos desconocidos. Ahora el desafío ha penetrado en tu corazón. Ahora ha despertado el deseo y ese deseo ha removido muchas cosas. No sabes dónde están esas cimas, pero has empezado a anhelarlas.

La confusión ha de aparecer, porque el lenguaje del valle y el de la cima son distintos. Ha tenido lugar un encuentro entre ambos y se ha manifestado el caos a partir de ello.

–Pero no te preocupes –le dije–. Empieza a dirigirte hacia la dirección que indiqué, y subirás, y tu confusión empezará a cambiar, a transformarse en fusión. Dejarás la confusión atrás, en el valle. Cuando alcances la cima, todo estará claro como el agua.

«Es difícil comprender a carta cabal el camino del Buda.»

Basta si puedes comprender aunque sea un poco. Inténtalo. No dejes ninguna piedra sin remover. Intenta comprender con todo el ser. Comprender bien es casi imposible, pero inténtalo de verdad. A través de tu esfuerzo te irás integrando. En ti nacerá un centro, y ese centro se irá convirtiendo en un punto transformador.

Estáis todos destinados a convertiros en budas un día. Todo se comprenderá ese día, pero no antes. Deberéis ir a tientas en la oscuridad, pero no seáis perezosos, tantead.

La puerta está ahí. Si seguís tanteando acabaréis encontrándola. La montaña existe. Si reunís el coraje suficiente y empezáis a alejaros del valle, estáis destinados a llegar.

Sí, arduo es el sendero, y peligroso, pero es de la única manera como uno madura, crece y alcanza la abundancia de la vida.

Basta por hoy.

7. EN ARMONÍA CON EL CAMINO

Un monje le preguntó al Buda:

–¿Bajo qué condiciones es posible alcanzar el conocimiento del pasado y comprender el camino más supremo?

Dijo el Buda:

–Quienes son puros de corazón y tienen un propósito sincero pueden comprender el camino más supremo.

»Quienes son puros de corazón y con un único propósito pueden comprender el camino más supremo. Es como pulir un espejo que se torna brillante cuando se le quita el polvo. Elimina tus pasiones y no ansíes, y se te revelará el pasado».

Un monje le preguntó al Buda:

–¿Qué es bueno y qué es magnífico?

Dijo el Buda:

–Bueno es practicar el camino y seguir la verdad. Magnífico es el corazón que está en armonía con el camino.

La vida en sí misma no es el objetivo. El objetivo supera la vida. La vida no es más que una oportunidad para conseguir el objetivo. El propósito está profundamente oculto en la vida; no puedes descubrirlo en la superficie. Debes penetrar hasta el centro. La vida es como una semilla. No basta por sí misma. Habrás de esforzarte para que la semilla brote, se convierta en árbol y florezca.

Es una de las cosas más fundamentales que hay que recordar: que el hombre ha de superarse a sí mismo, que la vida ha de trascenderse a sí misma. Si no lo comprendes, entonces te perderás en los medios y olvidarás el fin. Eso es lo que suele pasar. Nos apegamos tanto a la vida que olvidamos que la vida no es más que una oportunidad para comprender algo más profundo que la vida, más elevado que la vida, algo superior, muy superior a ella.

Si te obsesionas demasiado con la propia vida, es como si alguien va a la universidad y se apega tanto a ella que no puede dejarla ni concebir marcharse. La universidad está ahí sólo para educarte de cara a algo más importante. La universidad te prepara para el universo; por eso la llamamos universidad. En sí misma no es el universo... sólo una preparación.

En Oriente se considera la vida como una universidad, una disciplina, un entrenamiento para algo que está mucho más allá. Si te apegas demasiado a la vida entonces regresarás una y otra vez a la universidad. Una actividad fútil y absurda. Una universidad es para prepararte, y un día has de renunciar a ella. Sólo es una preparación, una formación. Si la preparación se hace eterna, entonces se convierte en una carga.

Eso es lo que le sucede a mucha gente. Confunde la vida con la finalidad. No hace más que prepararse, no deja de prepararse nunca. Pero, por otra parte, nunca emprenden el viaje, sólo se prepara. ¡No es de extrañar que su vida acabe siendo un gesto impotente! Es natural, así ha de ser.

Piensa en ti mismo, imagínate consultando horarios constantemente, siempre preparándote para partir, siempre haciendo consultas en la oficina de turismo, pero sin acabar de partir nunca a ninguna parte. ¡Te volverías loco!

No hay nada malo en la vida como tal, pero si tu actitud es ésa –la de que la vida es un fin en sí misma– entonces tendrás problemas. Entonces toda tu vida se tornará irrelevante. El sentido está ahí, pero ese sentido es trascendente respecto a la vida. El sentido está ahí, pero deberás penetrar hasta el hondón donde se revelará.

Pensar en la vida como fin es quedarse en la periferia. El Buda llama "rueda" a esa periferia. El símbolo de la rueda es muy significativo y hay que comprenderlo bien. A la periferia el Buda la llama la rueda... que no deja de girar. Observa un carro de bueyes... las ruedas giran. Giran sobre algo inmóvil, el centro permanece inmóvil; el cubo de la rueda permanece inmóvil. La rueda no deja de girar sobre un cubo inmóvil.

Si sólo miras la rueda estarás observando lo temporal. Si eres capaz de llegar a mirar al cubo, podrás penetrar en lo eterno. Si sólo miras la periferia estarás observando lo accidental. Si llegas a ser capaz de alcanzar el centro, el cubo, conocerás lo esencial. Y a menos que llegues a conocer lo esencial, no harás más que repetir lo mismo una y otra vez.

El mundo se identifica con la rueda porque las cosas van repitiéndose continuamente, y poco a poco tú te haces repetitivo. Y cuanto más te repites, más te aburres. Cuanto más te aburres, más lerdo y estúpido te haces. Pierdes inteligencia, frescura y conciencia. Te conviertes en un robot, en algo mecánico.

Observa a la gente que te rodea. Se han convertido en robots. No hacen más que repetir las mismas cosas una y otra vez. Cada mañana, cada noche, recorren el mismo surco, y claro, acaban pareciendo muertos. Sus ojos ya no tienen chispa; no puedes hallar en ellos ningún rayo de luz.

El Buda denomina *samsara* a esta continua repetición de la rueda. Salir de ella, salir de ese surco, es *nirvana*.

Antes de entrar en este sutra habría que comprender bien unas cuantas cuestiones.

La vida es el juego por excelencia, el juego esencial. Cuenta con un sentido enorme si te la tomas como un juego y no te pones serio al respecto. Si permaneces simple, inocente, este juego te otorgará muchas cosas.

A veces fuiste un tigre, a veces una piedra, o un árbol, y a veces un ser humano; a veces fuiste una hormiga, y otras un elefante. El Buda dice que todos son juegos. Que has estado jugando mil juegos, a fin de conocer la vida de todas las maneras posibles. Al jugar un juego tras otro, el jugador puede experimentar todas las permutaciones de la materia en evolución. Ése es el objeto de la vida.

Cuando existes como árbol, conoces la vida de una manera. Nadie puede conocerla de ese modo excepto el árbol, que cuenta con su propia visión. Cuando aparecen nubes en el cielo y brilla el sol y asoma el arco iris, sólo el árbol sabe cómo sentirlo. Cuenta con una perceptividad propia. Cuando pasa la brisa, el árbol sabe cómo bañarse en ella. Cuando el pájaro empieza a cantar, sólo el árbol sabe, sólo el árbol tiene oídos para ello... para su música, para su melodía. El árbol tiene una manera de conocer la vida, la suya propia. Y sólo un árbol conoce esa manera.

Un tigre tiene otro modo de conocer la vida. Juega otro juego. Una hormiga, por su parte, juega a un juego totalmente distinto. Hay millones de juegos.

Y todos esos juegos son como cursos en una universidad. Vas pasando por cada curso y aprendes algo. Luego pasas a otro curso. El ser humano es el último punto.

Si has aprendido todas las lecciones de la vida y la lección de ser un ser humano, entonces serás capaz de ir hacia el verdadero centro de la vida. Entonces podrás conocer qué es Dios, o el *nirvana*.

A través de todos esos juegos has intentado acercarte a Dios –desde muchas direcciones, de muchas maneras, con muchas perceptividades. Pero la finalidad es la misma: todo el mundo intenta saber qué es la verdad. ¿Cuál es el misterio de esta vida? ¿Para qué estamos aquí y quién soy yo? ¿Y qué es esto que va existiendo?

Sólo hay una manera de aprenderlo, y es la existencia. Pero si te limitas a pasar de curso en curso como un sonámbulo, inconsciente, arrastrándote de curso en curso, sin querer avanzar conscientemente, entonces te lo perderás.

Por eso hay tanta gente que llega al punto de ser seres humanos y no pueden ver nada más allá. Eso no hace más que demostrar que no han integrado las lecciones, que las han evitado, que han asistido a las clases pero que no han entendido nada. De otro modo, todo el que llega a la etapa de ser humano ha de ser religioso.

Ser humano y ser religioso deben ser sinónimos. Ahora no lo son. Son pocos y escasos los seres humanos religiosos. Con la palabra "religioso" no me refiero a alguien que sea cristiano, musulmán, hinduista, jainista o budista. Con "religioso" no quiero decir que se pertenezca a una organización religiosa.

Cuando digo religioso, hago referencia a una persona que es consciente de que la vida está repleta de trascendencia... de que toda vida rebosa de algo más grande que la vida... que cada paso nos lleva hacia la santidad, la verdad, el *nirvana*, la libertad... que tanto si lo sabes como si no, estamos yendo hacia el templo esencial y final.

Cuando una persona empieza a sentirlo en las entrañas, entonces es religiosa. Puede ir a la iglesia, o puede no ir; no tiene importancia. Puede llamarse a sí mismo cristiano, o musulmán, o hinduista; no tiene importancia. Puede no llamarse nada. Puede pertenecer a alguna organización, o puede que no; pero pertenece a Dios.

Y cuando digo Dios, recordad que con Dios quiero decir lo que trasciende. Lo que siempre está por delante de vosotros, a lo que siempre os estáis acercando, cada vez más y más, pero que siempre está por delante. Dios es ese punto omega que siempre es la finalidad. Os acercáis pero nunca podréis poseerlo. Ni siquiera podréis llegar a tenerlo en las manos. Podéis abandonaros totalmente en él, podéis fundiros en él, pero seguiréis dándoos cuenta de que todavía queda mucho por conocer. Cuanto más sabéis, más humildes os tornáis. El misterio, el infinito, lo inefable, no puede agotarse. Esa fuente inagotable, esa fuente trascendental es lo que denomino Dios. Y al llamar religiosa a una persona, me estoy refiriendo a alguien que se ha dado cuenta de lo trascendente.

Cuando habéis despertado a lo trascendente, vuestra vida cuenta con un bello encanto, con una cierta gracia. Vuestra vida tiene energía, inteligencia. Vuestra vida cuenta con cierta agudeza, con cierta creatividad. Vuestra vida tiene entonces un aura bendita. Al haceros conscientes de lo trascendente, pasáis a formar parte de ello, porque ha penetrado en vuestra conciencia. Un rayo de luz ha entrado en la noche oscura de vuestra alma. Ya no estáis solos, y dejáis de ser extraños en la existencia. Estáis profundamente arraigados en ella. Es vuestro hogar.

Una persona religiosa es la que siente la existencia como su hogar. Una persona religiosa es la que siente que la existencia evoluciona constantemente, elevándose más y más, hacia el punto omega esencial donde desaparecéis, donde desaparecen todas las limitaciones y sólo queda lo infinito, sólo queda la eternidad.

Así que este juego de la vida ha de jugarse con destreza. La palabra que utiliza el Buda para destreza es *upaya*. Es una de las palabras más bellas. Dice el Buda: «Sé diestro». Si no eres diestro, si no eres hábil, pasarás por alto mucho de lo auténticamente valioso. Ser habilidoso significa ser consciente. No sigáis arrastrándoos medio dormidos y medio despiertos. Sacudíos la modorra y sed conscientes. Introducid más conciencia en todos los actos de vuestra vida, en cada paso de vuestro ser. Sólo entonces, con los ojos bien abiertos, podréis empezar a ver algo que normalmente no veis al estar dormidos, al ser inconscientes. Sacudíos el polvo de los ojos.

Sed diestros y vivid conscientemente; de otro modo la vida se torna aburrida. Ya conocéis la sensación. Tarde o temprano todo parece aburrido; uno se aburre a morir. Se sigue viviendo porque no se es lo suficiente valiente como para suicidarse. Se sigue viviendo con la esperanza de que tarde o temprano se acabará muriendo, de que la muerte está llegando.

> El mulá Nasrudín estaba dando la vuelta al mundo y viajaba en barco por primera vez, y estaba mareado. Se le acercó el capitán y le dijo:
> –No se preocupe, Nasrudín. Llevo siendo capitán desde hace veinte años y nunca he visto a nadie morirse de mareo. No se preocupe.
> Dijo el mulá:
> –¡Dios mío! Ésa era mi única esperanza, que acabase muriéndome. ¡Me ha quitado hasta esa esperanza!

La gente vive con la esperanza de que un día u otro acabe muriéndose. Así que se dice a sí misma: «No te desesperes, la muerte se va acercando».

Si estás esperando la muerte, si tan aburrido estás, entonces no hay posibilidad alguna de que se produzca un encuentro con lo que está más allá. Ese encuentro sólo puede tener lugar con luminosidad, con agudeza, con conciencia.

¿Pero por qué nos aburrimos? La explicación budista es de gran importancia. El Buda dice que llevas tiempo haciendo las mismas cosas, y no sólo en esta vida; las has estado repitiendo a lo largo de millones de vidas, de ahí el hastío. Puede que no lo recuerdes conscientemente, pero están en los vericuetos más profundos de la memoria. Para la memoria nada se pierde.

Contamos con un depósito de memoria. El Buda lo llama *alaya-vijñana*, receptáculo de memoria. Es exactamente lo que Jung denomina el inconsciente colectivo. Lo llevas contigo. Cambia el cuerpo, cambia la identidad, pero el conjunto de recuerdos salta de una vida a otra. Y va acumulando, reuniendo. Cada vez se hace más grande.

El registro de la memoria no olvida ni pierde nada. Si te observas a ti mismo verás que llevas contigo todo el registro de la existencia. Porque has estado aquí desde el principio, si es que hubo uno. Has estado siempre aquí, Éres una parte intrínseca de esta existencia. Todo lo que le ha sucedido a la existencia también te ha sucedido a ti, y llevas ese registro.

Pude que no lo sepas, pero has amado millones de veces. Volver a enamorarse no es ninguna novedad, es una vieja historia. Ya has hecho todo lo que estás haciendo. Has sido ambicioso, codicioso, has acumulado riquezas, te has hecho famoso, has gozado de prestigio y poder... Todo eso ha sucedido en muchas, en muchísimas ocasiones, en millones de ocasiones, y en lo más profundo del inconsciente llevas ese receptáculo de recuerdos. Y por eso todo lo que haces parece fútil, absurdo, sin sentido. Así me lo han contado:

> Un periodista entrevistaba al mulá Nasrudín con motivo de su centenario:
> –Si tuviera que volver a vivir su vida –preguntó–, ¿cree que cometería los mismos errores?
> –Desde luego –dijo el viejo Nasrudín–, pero empezaría mucho antes. Empezaría a cometerlos mucho antes.

Eso es precisamente lo que ocurre. De tus errores sólo aprendes cómo cometerlos antes, pero no cómo abandonarlos. Sólo aprendes cómo cometerlos antes y cómo cometerlos con más eficacia la próxima vez.

Dice el Buda que si pudieras penetrar en este receptáculo de recuerdos entonces acabarías harto. Entonces verías...: «He hecho lo mismo una y otra vez». Y entonces, en ese estado de conciencia, empezarías a hacer algo nuevo por primera vez. Y eso introduciría un estremecimiento, algo de aire fresco en tu ser.

En el mundo existen dos conceptos del tiempo. En Occidente ha prevalecido el concepto del tiempo lineal. Cristianos, judíos y musulmanes son vástagos del concepto judaico de la vida. Han creído en el concepto lineal del tiempo: el tiempo se mueve en una línea. El concepto oriental –el concepto hinduista, budista y jainista– es diferente. Es circular. El tiempo se mueve en círculo.

Si el tiempo se mueve en una línea, las cosas nunca se repiten. La línea sigue avanzando; nunca regresa para volver a tomar el mismo surco. Si se cree que es circular, entonces todo se va repitiendo. Da la impresión de que el concepto del tiempo oriental es más verdadero, porque todo movimiento es circular.

No tienes más que observar los movimientos. Las estaciones del año son circulares, el verano vuelve una y otra vez... La tierra se mueve en círculo, igual que el sol y las estrellas. Y ahora Albert Einstein ha sugerido que todo el universo se mueve en un círculo. Y no sólo eso. Einstein introdujo en la física un concepto muy extraño, el del espacio circular. Todo el espacio es circular.

Oriente siempre ha creído que el círculo es la manera de ser natural de las cosas. Las cosas se mueven en un círculo y con el tiempo se hacen circulares. Todo movimiento es circular. Por ello el tiempo también debe ser circular, porque no es más que puro movimiento. Si pensáis en el tiempo como algo circular entonces cambia toda vuestra manera de ver el mundo. Según la manera oriental de ver el mundo, toda vuestra propia vida es circular.

Nace un niño. Nacer es el inicio de un círculo, y la muerte el fin de ese círculo. El anciano, en sus últimos momentos, se torna tan indefenso como un niño. Y si las cosas han ido bien, también será tan inocente como un niño. Así se completa el círculo. Su vida fue una vida redondeada y grácil. Si el círculo no se completó, a esa vida le faltará algo. Tendrá agujeros, y será tensa. No será redonda, grácil.

El Buda dice que la rueda gira una vez en cada vida. El círculo se completa. Otra vida y la rueda vuelve a girar. Los radios son los mismos: de nuevo la infancia, la juventud, la vejez; los mismos deseos, las mismas pasiones, la misma ansia, la misma prisa, la misma ambición, la misma lucha, el mismo conflicto, la misma agresión, el mismo ego, y también la misma frustración y la misma miseria. Y todo eso se repite y se repite.

Si puedes penetrar en tus recuerdos más profundos podrás ver que no estás haciendo nada nuevo. Por eso Oriente dice que no hay nada nuevo bajo el sol. Todo se ha hecho millones de veces.

Por eso, tanto en el budismo como en el jainismo, el que un buscador pudiese penetrar en sus recuerdos se convirtió en algo muy metodológico, en algo necesario. Porque el Buda dice que, a menos que puedas ver todas esas repeticiones, continuarás repitiendo.

Piensa en ello. Te encuentras repasando todo el registro y ves los millones de veces en que te has enamorado, y todas las veces en que fuiste desdichado... Ahora es ya hora de comprenderlo. Ahora ya no se puede volver a hacer el tonto. Si ves que has nacido y muerto millones de veces, y que cada nacimiento conlleva muerte, entonces, ¿qué sentido tiene aferrarse a la vida? Hay que renunciar a ella. Si te das cuenta de que en cada ocasión que esperabas algo has acabado frustrado, que tus esperanzas nunca fueron colmadas, ¿qué sentido tiene seguir esperando ahora? Suelta todas esas esperanzas.

Este proceso –el de repasar los recuerdos– hay que convertirlo en una meditación básica. Si observas bien, incluso en una sola vida verás esa pauta de repetición constante. Harás lo mismo incluso en tu vejez. Ello demuestra que no habrás aprendido nada en la vida. Todo el mundo pasa por experiencias, pero eso no significa necesariamente aprender de ellas.

Hay una diferencia entre pasar por la vida y aprender. Aprender significa que observas tus experiencias. Mantienes un registro de las experiencias, las observas, y alcanzas cierta sabiduría a través de ellas. Te encolerizaste y cometiste alguna tontería. Vuelves a encolerizarte y cometes otra. Vuelves a encolerizarte... pero nunca llevas la cuenta de tus cóleras, y nunca te fijas en su mecanismo. Y no sacas ninguna lección de todo ello. Sí, tienes experiencias pero no aprendes nada.

Si sólo experimentas, entonces envejeces. Cuando aprendes te haces sabio. Pero no todos los ancianos son sabios. La sabiduría no tiene nada que ver con la vejez. Una persona de entendimiento puede hacerse sabia en cualquier momento. Incluso de niño. Si cuentas con una comprensión penetrante, tendrás bastante con una única experiencia de cólera para acabar con ella, porque es horrible. Una única experiencia de avaricia y acabarás con ella, porque es tan venenosa...

Así me lo han contado:

–¡Me voy de casa! –le gritó Mahmud a su padre, el mulá Nasrudín–. ¡Quiero vino, mujeres, y aventuras!
El padre se levantó de la silla.
–¡No intentes detenerme! –le gritó Mahmud.
–¿Quién quieres que te detenga? –exclamó el viejo mulá–. Voy contigo.

Y así continúa la misma tontería. Jóvenes y viejos, educados o ignorantes, pobres, ricos... todos a bordo del mismo barco. No parecen aprender nada. Si aprendes, surge en tu vida una visión totalmente distinta.

Así me lo han contado:

Fue en los primeros tiempos de la aviación, y el anciano por fin había reunido el valor suficiente para subirse a un avión. Cuando el desvencijado aparato aterrizó por fin, el viejo salió a gatas del avión y dijo:
–Señor, quiero agradecerles a ambos los vuelos.
–¿De qué está hablando? –preguntó el piloto–. Sólo hemos hecho un recorrido.»
–No –dijo el pasajero–. Yo he hecho dos, mi primer vuelo y también el último.

Si comprendes algo, entonces es la primera y última vez. Entonces ya tienes bastante. No es un solo vuelo, sino dos.

Este sutra de hoy consiste en la pregunta de un monje.

Un monje le preguntó al Buda:
«¿Bajo qué condiciones es posible alcanzar el conocimiento del pasado y comprender el camino más supremo?».

El Buda insistió mucho en ello. Dijo que primero hay que ir hacia el pasado, que primero hay que retroceder –porque ahí es donde has vivido durante miles de años–, para mirar lo que has estado haciendo. ¿Cuál ha sido tu experiencia hasta ahora? Adéntrate en ello. Saca algunas conclusiones. Si no, tenderás a cometer los mismos errores una y otra vez.

Existe un mecanismo natural que normalmente no te permite recordarlo. Cuando una persona muere y renace, existe un intervalo entre su vida pasada y la nueva, una capa de olvido. Es natural, porque te sería muy difícil vivir recordando todo lo que te sucedió antes. Pero esto no sólo ocurre al final de la vida, sino a diario.

Cada día suceden millones de cosas, pero no recuerdas nada. No es que no queden registradas, que quedan. Es increíble la manera en que la mente registra cosas nimias, pequeñísimas. Todo lo que sucede a tu alrededor... Puede que ni siquiera seas consciente de lo que ocurre, pero tu mente lo registra.

Por ejemplo, ahora me escuchas, estás concentrado en lo que digo, muy concentrado, pero el tren está pasando. Puede que no lo escuches en términos conscientes. Pero si alguien te pregunta más adelante: «¿Oíste pasar el tren?», es posible que dijeses: «No lo recuerdo porque estaba muy concentrado». Pero tu mente lo registró. La mente no deja de registrar, aunque tú no te des cuenta. Si te hipnotizan y te preguntan, la mente rebobinará y lo contarás todo.

Si de repente te preguntase: «¿Qué pasó el 1 de enero de hace cinco años? ¿Qué sucedió? ¿Lo recuerdas?», te quedarías en blanco. Eso no significa que ese día no pasease nada. Algo debe haber sucedido, una escaramuza con tu esposa, o un dolor de cabeza. En las veinticuatro horas de ese 1 de enero de hace cinco años debe haber sucedido algo. Veinticuatro horas no pasan en balde, si no te hubieras convertido en un buda. Si hubieras permanecido vacío durante veinticuatro horas, sin que sucediese nada, ¡sería el *nirvana*! Pero no lo recuerdas. Te encogerás de hombros y no recordarás nada.

A menos que sucediese algo muy especial en esa fecha... Como por ejemplo, un accidente de coche en el que casi perdiste la vida, entonces lo recordarías; o bien cualquier otro tipo de accidente... Te casaste; lo recordarías porque no hay forma de olvidar algo así. No puedes olvidar y no te puedes perdonar por ello. Es como una herida. Pero en cuanto a todo lo demás, eres un olvidadizo.

Pero si se te hipnotiza y entras en un trance profundo, y el hipnotizador te preguntase: «Ahora regresa al pasado. Recuerda ese 1 de enero de hace cinco años y empieza a explicarnos qué sucedió desde por la mañana», nos lo relatarías con tanto lujo de detalles.. que si el té estaba frío y no te gustó, que no pasaste buena noche porque habías tenido una pesadilla... Recordarías cosas así, detalles pequeñísimos, como por ejemplo que ladraba un perro mientras desayunabas, y que la taza se te cayó de la mano y se rompió. Cositas... que pasaste junto a un árbol que había echado flores... y recordarías el aroma. O bien que llovió y de la tierra salía un olor muy agradable. Puede que no sólo lo recuerdes, sino que lo revivas. Estará todo muy claro para ti.

Todo queda registrado. Pero has de olvidarlo, pues de otro modo tu mente estaría tan atestada de información innecesaria que no podrías ocuparte de tu vida. Así que existe un mecanismo natural que va clasificando las cosas en tu interior. Y funciona las veinticuatro horas del día, porque hay mucho trabajo que hacer, mucho que clasificar. Todo lo prescindible va a parar al sótano; puede que nunca lo necesites. Luego, las cosas secundarias, que no sean absolutamente irrelevantes, que tal vez pudieras necesitar pero que de momento no son urgentes, van a parar al subconsciente, de fácil acceso. Si las necesitas en alguna ocasión, puedes recuperarlas a la conciencia. Y muy pocas cosas, de ésas que pudieras necesitar a diario, se dejan en el consciente.

Por ejemplo, dos más dos son cuatro. Eso permanece en el consciente; lo necesitas a diario, a cada momento. El que ella sea tu esposa y él tu marido permanece en el consciente. Si lo olvidases a diario tendrías problemas en la vida. Tu nombre, dirección y número de teléfono... Todo lo demás, casi el noventa y nueve coma nueve por ciento, va a parar al sótano o desaparece para siempre. Pero se queda ahí enterrado. Puede recuperarse utilizando métodos específicos. Eso es lo que hacen en la terapia primal: intentan recordar todo lo que ha desaparecido en los túneles del inconsciente, para revivirlo. Una vez revivido, te liberas de ello.

Lo que ahora están haciendo los terapeutas primales, lo hizo el Buda hace veinticinco siglos y de una forma más grandiosa, más profunda. No sólo con esta vida, sino con todo el pasado.

Has de volver a pasar por el vientre materno mediante los recuerdos. Luego has de volver a pasar por la muerte que tuvo lugar al final de la última vida. A continuación sigues retrocediendo, hasta el nacimiento en la última vida. Y de este modo uno va retrocediendo y retrocediendo. Y cuanto más se practica, más eficiente te tornas a la hora de desvelar todos los misterios con los que has ido cargando.

Porque cargas con un gran registro, y si tienes oportunidad de aligerarlo, podrás extraer unas cuantas lecciones. Dichas lecciones son de un valor incalculable. Serán liberadoras. Te liberarán de tu pasado.

Una vez liberado del pasado, también te liberas del futuro, porque ya no queda nada que proyectar. Una vez liberado de las vidas pasadas, te liberas de la misma vida. Entonces desaparece todo deseo de apego a la vida. Entonces ya no quieres volver a renacer. No quieres apegarte. No tienes miedo a la muerte. No quieres verte confinado en ningún vientre, en ningún cuerpo. No quieres volver a encarnar. Te gustaría la libertad absoluta.

Este aprendizaje puede llevarse a cabo de dos maneras: mientras estás vivo, apréndelo... Si lo haces te convertirás en un buda poco a poco. Si no lo has hecho, entonces retrocede y revive tus experiencias pasadas, tus vidas pasadas.

El monje le preguntó al Buda:

«¿Bajo qué condiciones es posible alcanzar el conocimiento del pasado y comprender el camino más supremo?».

Primero has de entender tus vidas pasadas, y luego puedes preguntar de manera coherente cómo salir de ello... ¿Dónde está la salida? ¿El camino? Cuando el Buda habla del camino, está hablando del camino de salida. Has entrado en la vida y ahora preguntas dónde está el camino de salida.

Así me lo han contado:

Mike iba a ir a Dublín por primera vez y su amigo Pat le daba algunas indicaciones acerca de qué hacer y adónde ir en la gran ciudad.

–¿Qué puedo hacer cuando vaya al zoológico?, –preguntó Mike.

–Ten cuidado con el zoológico –aconsejó Pat–. Verás animales preciosos si sigues las indicaciones "A los leones", o "A los elefantes", pero no hagas caso de "A la salida". Es un timo. Cuando quise ir a verla me di cuenta de que estaba fuera.

Eso es lo que hemos estado haciendo, hemos evitado la puerta que nos lleva fuera de la vida. La hemos evitado durante tanto tiempo que se nos ha hecho casi invisible. La hemos ignorado durante tanto tiempo que casi ya ni existe para nosotros. Aunque llegásemos frente a ella no sabríamos reconocerla.

"A la salida"... Esas palabras han pasado a ser poco visibles; casi han desaparecido. Sólo conocemos la entrada en la vida, pero no sabemos nada de la salida.

Desde luego que conocemos la entrada, porque hemos entrado muchas veces. Entramos en un vientre una y otra vez. Aquí mueres y allí entras; casi en cuestión de minutos, o como mucho de días. Aquí te mueres... incluso ya al morir, tu mente empieza a planear el futuro, dónde entrar y cómo. La fantasía vuelve a funcionar.

Recuerda que entrar en un vientre es decisión tuya; por eso entras. Nadie te empuja a hacerlo, lo eliges tú. De igual manera que existe la entrada, también existe la salida.

El monje está preguntando:

«¿Bajo qué condiciones es posible alcanzar el conocimiento del pasado y comprender el camino más supremo?».

Dijo el Buda:

«Quienes son puros de corazón y tienen un propósito sincero pueden comprender el camino más supremo».

«Quienes son puros de corazón y tienen un propósito sincero...». A quienes viven en sus cabezas les resultará muy difícil ir hacia el pasado, porque la cabeza siempre está en el futuro. La cabeza es un mecanismo de planificación del futuro. Siempre va por delante, como un radar.

En un avión debes contar con una pantalla de radar. El radar escudriña por delante del avión. Ése es su propósito... doscientas millas por delante, o cuatrocientas. En la pantalla del radar empiezan a aparecer las nubes que se encuentran cuatrocientas millas por delante. El avión llegará allí en pocos minutos, así que el piloto debe saberlo por anticipado. Porque si resulta que sólo se entera cuando llega, sería demasiado tarde; la velocidad es demasiado grande.

La mente es una pantalla de radar, tu cabeza es un sistema de radar. Va palpando el futuro, planeando para el futuro. Nunca está en el presente. No tiene nada que ver con el pasado; éste ya ha desaparecido. Todo el interés de la cabeza descansa en el futuro. Aunque en ocasiones pueda mirar al pasado, lo hace para hallar claves de cara al futuro. Aunque quiera volver la vista al pasado, lo hace únicamente para ayudarse a preparar el futuro. El interés, su centro de interés, es el futuro.

Dice el Buda... *«Puros de corazón y tienen un propósito sincero»*. Los únicos que pueden entrar en sus vidas pasadas son quienes no están en la cabeza, sino en el corazón,. El corazón está muy cerca del sótano inconsciente, pero la cabeza está más lejos. El corazón está más cerca del centro del ombligo. Cerca de éste se halla el punto de relación del cuerpo con el inconsciente. Debes ir al corazón. El corazón está a medio camino entre la cabeza y el ombligo.

Si te vas llenando cada vez más de sentimiento, de corazón, serás capaz de conocer, de entrar en la gran historia de tus vidas pasadas. No sólo se trata de *tu* biografía; es la biografía de todo el universo. Porque a veces fuiste un árbol, y en las profundidades del inconsciente, en tu mente, sigues guardando esos recuerdos de ser árbol. En otra ocasión fuiste un tigre, y en otra, un gato, y un elefante, y en otro momento una mujer, y un hombre... y ahí hallarás millones de recuerdos. Todo el drama de la vida está ahí, muy condensado. Si te metes empieza la representación. Puedes volver a escuchar esos sonidos.

Por eso en la hipnosis es posible hipnotizar a alguien, y cuando se le dice que ahora es un tigre, se convierte en tigre. Puede que hayáis visto hipnotizadores haciéndolo en un escenario. Le dicen a un hombre: «Se ha convertido en una mujer. ¡Camine!», y el hombre camina como una mujer.

Es muy difícil, pero lo logra. Puede que nunca haya caminado como una mujer. ¿Y cómo ahora resulta que puede hacerlo? Es muy difícil, porque una mujer cuenta con una estructura corporal totalmente distinta. A causa de su vientre, la mujer tiene un esqueleto diferente. Se mueve de manera distinta al hombre. Sus movimientos son más redondeados y curvilíneos. Un hombre se mueve de otra manera. Pero bajo la influencia de la hipnosis, el hombre puede caminar como una mujer, y la mujer como un hombre. Y no sólo eso. Puede que una persona nunca haya escuchado una sola palabra de árabe, latín o chino, pero bajo la hipnosis se puede conseguir que hable chino. Y si la hipnosis es realmente profunda, puede empezar a hablar chino. Es un milagro, y ni siquiera el hipnotizador sabrá explicarlo.

¿Cómo explicarlo? ¿Qué es lo que ocurre?

La explicación es simple si comprendes la hipótesis del Buda. Dice el Buda –y en ello están de acuerdo todos los maestros orientales– que un individuo lo ha sido todo en sus vidas pasadas. Has sido chino, japonés, has sido alemán y tibetano. Por ello, en algún profundo rincón de tus recuerdos sigue estando la vida que viviste como chino, y puede salir a la superficie mediante la hipnosis. Puede revelarse. Puedes empezar a hablar chino, aunque nunca hubieras oído una palabra en chino, ni supieses nada acerca de ese idioma.

Un ser humano es vasto, no es tan limitado como crees. Crees que eres hinduista, musulmán o cristiano, indio, japonés, o chino. Ésas son sólo limitaciones de tu mente consciente. En el inconsciente eres territorio infinito. Lo eres todo. No sólo hinduista, musulmán, y cristiano, sino incluso tigre, gato, ratón, león, árbol, piedra, nube... Eres vasto. Eres tan vasto como el universo.

Una vez que empieces a profundizar te harás muy consciente de que no existen limitaciones. Todas las limitaciones son una especie de creencia. Crees en ellas, por eso están ahí. Si las sueltas empiezan a desaparecer.

«Quienes son puros de corazón y tienen un propósito sincero...»

Quienes están más orientados hacia el corazón y con un único propósito no son falsos, ni arteros. La cabeza es muy artera. La cabeza es muy zorruna, muy calculadora, y actúa de maneras muy sutiles. Si quiere algo, nunca va directamente a tomarlo. Si quiere algo, irá culebreando. Dirá algo, hará algo más. Será como si quisiera otra cosa. La cabeza es muy política, muy diplomática.

Puedes observarlo en ti mismo, puedes observar cómo engaña, de qué manera utiliza artes políticas. Nunca es auténtica. No puede serlo. El corazón es auténtico. No conoce la impostura, va directo. El corazón se mueve en línea recta, y la cabeza serpenteando.

El Buda dice que una persona que quiere mirar en sus vidas pasadas necesitará un propósito sincero. La truhanería no servirá. Habrá que ir derecho, ser sencillo, directo... *«Para comprender el camino más supremo».* Quienes son sencillos, francos, simples, directos, inmediatos... ellos entrarán con facilidad.

Desde los tiempos del Buda se ha ido haciendo cada vez más difícil entrar en las vidas pasadas. En tiempos del Buda era muy sencillo. La gente era sencilla. Casi todos los *sannyasines* que fueron iniciados por el Buda debían pasar por sus experiencias de antaño. Y lo mismo puede decirse de Mahavira.

Hay una historia famosa. Un príncipe tomó *sannyas* y fue iniciado por Mahavira. Pero casi siempre había vivido rodeado por el lujo, con comodidades, y ahora, con Mahavira, la vida resultaba muy dura. Debía ir desnudo por los caminos, dormir en suelos duros sin ropa. Era muy difícil.

La primera noche pensó en abandonar; esto no era para él. Había tantos mosquitos... como siempre en la India; parecen ser los enemigos permanentes de los meditadores. No podía meditar... tantos mosquitos... y estaba desnudo y tenía frío, y el lugar que tenía destinado para dormir estaba en medio de la multitud de cientos de *sannyasines*. Se pasó toda la noche sin dormir; la gente iba y venía. Estaba agobiado por tanta gente y nunca había vivido de aquella manera; no era su manera de vivir.

Así que aquella noche empezó a sentir que a la mañana siguiente se iría. Se dice que Mahavira fue a verle en mitad de la noche. El ex príncipe se sorprendió al verle allí, y dijo:

–¿Por qué habéis venido?

Y Mahavira le dijo:

–Te he estado observando. Conozco tu dificultad. Pero esto ya te ha sucedido antes. De hecho es la tercera vez. Has sido iniciado en dos ocasiones en tus otras vidas, y en cada una de ellas te marchaste.

El muchacho dijo:

–¿Qué queréis decir? –Y Mahavira le dijo que utilizase cierta técnica de meditación que llamaba *jati smaran*, el método de recordar las propias vidas pasadas. Y le dijo:

–Practícalo toda la noche. Siéntate en meditación hasta que amanezca, y entonces lo que decidas...

Se metió en sus vidas pasadas. Parece muy sencillo, y debe haberlo sido. La gente debía ser sencilla. Se metió en sus vidas pasadas, así de fácil. Y a la mañana siguiente regresó, lleno de una nueva luz. Tocó los pies de Mahavira y dijo:

–He decidido quedarme. Ya está bien. Miré mis vidas... Teníais razón. ¿Cuántas veces podría repetir lo mismo una y otra vez? Es insultante tomar *sannyas* y abandonar; es indigno.

»No, no es bueno que un guerrero como yo tema los mosquitos, que tema pequeñas incomodidades. Pero teníais razón. Sucedió lo mismo en dos ocasiones. Fui iniciado y la primera noche ya me perturbé, y a la mañana siguiente me fui. ¡E iba a hacerlo de nuevo! Os estoy muy agradecido por recordármelo, de otro modo hubiera vuelto a hacer lo mismo, creyendo que era la primera vez».

Todos los *sannyasines* del Buda y de Mahavira debían pasar por *jati smaran*, a través de la memoria de todas las vidas pasadas. Ahora se ha hecho muy difícil. Difícil porque la cabeza se ha tornado muy pesada. Es tan pesada y tiene tan monopolizada la energía que ésta no fluye en el corazón. Y el sendero hacia las vidas pasadas atraviesa el corazón.

Así que si quieres recordar vidas pasadas –es una gran experiencia, muy reveladora y liberadora–, deberás vivir una vida sincera e ingenua durante unos cuantos meses o años... la vida de los sentimientos. No permitas que el pensamiento te domine; permite que el sentimiento la equilibre. No permitas que la lógica sea dictatorial; permite que el amor decida. Poco a poco irás viendo... las formas del corazón son muy simples. Y siempre son de propósito sincero.

Cuando el corazón se enamora de alguien no hay ningún problema; entonces el objeto de tu amor es el único objeto de amor para ti. En el momento en que el corazón se ha enamorado de una mujer, pasa a ser la única mujer en el mundo. Las demás mujeres desaparecen para ti. El corazón tiene un único propósito. Pero si es la cabeza la que se enamora... –de hecho no se enamora, sólo lo pretende– entonces es difícil. Entonces te atrae, te provoca cualquier mujer que pasa por la calle. Entonces cualquier influencia pasajera te distrae. El amor es de propósito único porque es del corazón.

Si estás aquí conmigo a través del corazón, entonces mantenemos una relación totalmente distinta. Entonces será eterna: puede morir, puedes morir, pero la relación no morirá. Pero si sólo es de la cabeza, si sólo estás convencido por lo que estoy diciendo, y no por lo que soy... y sólo te convence lo que digo –mi lógica, mis argumentos–, entonces esta relación es muy temporal. Mañana puede convencerte cualquier otro. Mañana alguien puede ofrecerte un argumento mejor, y la relación anterior desaparecerá.

«Quienes son puros de corazón y tienen un propósito sincero...»

Una vez vistas tus vidas pasadas, de repente también ves la salida. Porque ya has venido muchas veces. En realidad, el camino de entrada también es el de salida. Sólo has de dirigirte en la dirección contraria. El camino es el mismo. La entrada y la salida no son dos. La dirección es distinta. Cuando entras en casa lo haces por la misma puerta que cuando sales. Sólo que la dirección es distinta.

Lo mismo dice el Buda, que si miras en tus vidas pasadas no haces más que ver que una y otra vez te aferras a la vida, te aferras a la sensualidad, a la ambición, al ego, la codicia, los celos, la posesividad... que son los caminos por los que has entrado una vez tras otra. Pero también son los caminos de salida.

Si la codicia es el camino de entrada, la generosidad es el de salida. Si el ego es el camino de entrada, el no ego es el de salida. Si la lujuria, el deseo y la pasión son el camino de entrada, entonces la no pasión, el no deseo o la carencia de deseos son el camino de salida.

«Es como pulir un espejo que se torna brillante cuando se le quita el polvo. Elimina tus pasiones y no ansíes, y se te revelará el pasado.»

Así pues, el Buda dice tres cosas: primera, sé puro de corazón; segunda, ten un propósito sincero, y tercera, dice que tu conciencia está tan atascada que tu espejo no refleja.

En el caso contrario cuentas con un espejo tan hermoso, con una claridad penetrante tal, que allí donde muevas el espejo de la conciencia podrías ver cualquier cosa que existiera en esa dimensión. Si mueves el espejo hacia el pasado, se te revelará el pasado al completo. Si lo giras hacia el futuro, se te revelará todo el futuro. Si lo giras hacia el presente, se te revelará todo el presente. La clave es tu conciencia.

«Es como pulir un espejo que se torna brillante cuando se le quita el polvo.»

Demasiado polvo en forma de pensar, demasiado polvo de impresiones cubre tu espejo. Has olvidado por completo, y el espejo parece un ladrillo. Límpialo, lávalo... eso es lo que hacemos al meditar. Sólo es un esfuerzo para limpiar el espejo, de manera que refleje lo que es.

«Elimina tus pasiones y no ansíes, y se te revelará el pasado.»

Un monje le preguntó al Buda:

–¿Qué es bueno y qué es magnífico?

Dijo el Buda:

–Bueno es practicar el camino y seguir la verdad. Magnífico es el corazón en armonía con el camino.

Esta definición de lo magnífico es tremendamente bella. Entiéndela en toda su profundidad. *«Bueno es practicar el camino...»*
En primer lugar has de conocer el camino: no codicia, no violencia, no deseo. En cierto modo, todo es negativo. Porque cualquier cosa que conozcas como positiva se ha convertido en una puerta de entrada. Elimina lo positivo y hallarás la puerta de salida.
«Bueno es practicar el camino...». El Buda dice que conociendo el camino, reconociendo el camino con una conciencia clara y espejada, lo primero que hay que hacer es practicarlo. No basta con reconocerlo. Sólo reconocerlo no te transformará. Has de caminarlo, has de tener disciplina.

«Bueno es practicar el camino y seguir la verdad.»

Has tenido una visión de la verdad. Está muy lejos, como una estrella distante. Clara visión... pero la distancia es grande. Has de continuar, has de avanzar hacia ella lenta y gradualmente. Has de prepararte para el viaje. El Buda dice que es bueno. Eso es la virtud.
Cuando practiques surgirán unas cuantas dificultades. Cuando te autodisciplines se manifestará el conflicto, porque los viejos hábitos te saldrán al paso. Siempre has sido codicioso, y ahora, de repente, decides no serlo. Todo tu pasado te saldrá al paso, te distraerá. Los viejos hábitos te poseerán una y otra vez; te olvidarás y vacilarás una y otra vez. Habrá lucha.
Así que el Buda dice que es bueno pero no magnífico. Magnífica es la persona en la que ha desaparecido la lucha, y también la disciplina. Magnífico es quien simplemente se mueve de manera espontánea en armonía

con el camino. A eso es a lo que el Buda denomina magnífico, a estar en armonía; la persona está tan entregada que seguir el camino resulta ahora natural. No desear se ha convertido en algo tan natural para la persona como normalmente lo era desear. La gente suele estar en disonancia con el camino, y la persona grande, magnífica, está en armonía de manera natural.

Pitágoras llamó *harmonia* a este estado. Esa es la palabra adecuada, armonía, en armonía... Lao Tzu lo llama *tao*. El Buda lo llama *dhamma*.

Estar en armonía... Como si no tuvieses que nadar, que luchar; estás totalmente relajado y flotas en el río. Eres tan uno con el río que ni siquiera existe la más mínima distancia o separación entre ti y el río. No tienes ninguno de tus deseos, y ningún objetivo particular. Vas con el río hacia el mar.

Una persona en armonía, *tao*, *dhamma*, es la más bella floración de este mundo. Es la flor del loto de la conciencia.

«Magnífico es el corazón en armonía con el camino.»

Pero esto no sucede de la noche a la mañana. Primero has de autodisciplinarte, y luego deberás soltar la disciplina. Primero has de relajarte, y luego también deberás olvidar la relajación. Primero deberás luchar contra tus hábitos viejos y arraigados, y una vez los superes, deberás soltar nuevos hábitos que habrás ido creando al luchar contra los viejos. Primero debes meditar, y luego, un día, también deberás soltar la meditación.

La meditación es buena. Soltar la meditación es magnífico. Ser un santo es bueno, ser sagrado es magnífico. Ser una buena persona es bueno, pero no magnífico. Porque una buena persona todavía lleva consigo una lucha sutil con lo malo. Está en conflicto constante con el mal, con el mal de su propio interior. No está tranquilo, no puede relajarse. Sabe que si se relaja, lo viejo, el pasado grande y poderoso, le poseerá y desequilibrará. Ha de equilibrarse a sí misma continuamente. Una buena persona, un santo, no está en absoluto en armonía. Lo intenta de verdad, lo mejor que puede, y hay que apreciar que así lo haga. Por eso el Buda la llama buena.

Pero no te contentes con lo bueno. Recuerda que el destino es ser magnífico... Estar tan en armonía que simplemente desaparezcas y sólo quede el *dhamma*, sólo quede el *tao*, sólo quede la naturaleza. Sólo eres una ola en el océano y no existes separado de él. Tu existencia separada, tu yo, ha de ser abandonado.

La persona mala tiene un yo. Ese yo o ese ser es creado a través de la lucha con la ley, contra la naturaleza. La persona mala tiene un ser. Crea el ser al luchar contra el *dhamma*. Lucha contra todo lo bueno y crea un ser. La persona buena también tiene un ser. Lucha contra los malos hábitos que creó en el pasado. A causa de esa lucha también cuenta con un ser.

La persona mala tiene un ego, y la buena también. El ego de la persona mala se basa en su mala conducta. El ego de la persona buena se basa en su virtud. Ambos tienen egos.

La persona grande, magnífica, es aquélla cuyo ego ha desaparecido, que está completamente inmersa, fundida en el todo. Estar tan fundido en el todo, en tal armonía, es ser magnífico. Eso es lo requerido. Eso es lo que hay que recordar siempre. Nunca hay que perderlo de vista.

La vida sólo es una formación, un entrenamiento. Uno ha de tornarse tan trascendente que ni siquiera el bien le satisfaga. Ha de hallarse siempre en un divino descontento para poder realizar esa trascendencia excelente en la que te pierdes y en la que sólo el todo es... cuando te has entregado por completo, cuando has sucumbido al todo... cuando te has convertido en espacio.

Si prefieres utilizar terminología no budista, puedes llamarlo entrega a Dios. Estás tan vacío que Dios puede descender en ti. Si prefieres utilizar términos budistas, entonces no eres tú el que está... ahora sólo funciona la ley, ahora sólo funciona el *dhamma*, el *tao*. Funcionar en esa armonía es beatitud, *sat-chit-ananda*.

Basta por hoy.

8. UNA LUZ PARA TI MISMO

Un monje le preguntó al Buda:

–¿Qué es lo más poderoso y qué lo más iluminador?

Dijo el Buda:

–La mansedumbre es lo más poderoso, pues no alberga pensamientos malignos, y además es apacible y está llena de fuerza. Como está libre de todo mal será honrada por todos.

»Lo más iluminador es una mente limpia de toda impureza, y que al permanecer pura carece de imperfecciones. Desde los tiempos en que todavía no existían cielo y tierra hasta el presente, no hay nada en las diez direcciones que no sea visto u oído por una mente así. Pues ha alcanzado todo el conocimiento y por esa razón se la llama iluminadora.»

La vida puede vivirse de dos maneras. Una es la del soldado, y la otra la del *sannyasin*. Puedes luchar con la vida o puedes relajarte en ella. Puedes tratar de conquistar la vida y puedes vivir en un profundo soltar. El camino del soldado es el erróneo, porque es imposible conquistar la vida, la parte no puede conquistar al todo. Está abocado al fracaso y a la frustración. Puedes jugar con la idea, pero nunca triunfará; está destinada al fracaso. Los soldados intentan conquistar la vida, y al final se encuentran aplastados por ella, derrotados, destruidos.

La vida no destruye a nadie, pero si peleas con ella serás destruido por tu propia violencia. La vida no está contra ti. ¿Cómo podría estarlo si es tu madre? La vida te ha traído aquí, has nacido de ella. Eres un rayo de su luz, una ola de su océano. Eres intrínseco y consustancial con ella, no estás separado.

Pero si empiezas a luchar contra tu propia fuente de energía, serás destruido. El propio concepto de lucha te envenenará. Y claro, cuanto más vayas sintiendo que pierdes la batalla, más lucharás. Una vez que lo comprendas empezarás a sintonizar con el todo, a bailar con el todo. Si pierdes la lucha empiezas a cooperar.

En el momento en que decides cooperar te conviertes en *sannyasin*.

Una persona religiosa es la que no alberga idea de separación respecto al todo... que nunca piensa, que nunca sueña que está separado... que carece de un objetivo particular propio... que simplemente va con la vida, con una confianza total. ¿En quién confiarás si no puedes confiar en la vida? Si no puedes permitir que la vida fluya a través de ti, estarás perdiendo... estarás perdiendo esta tremenda oportunidad de estar vivo. Te preocuparás, te verás atrapado en tu propia mente. Y el resultado natural de ello es la desdicha.

Comprender que el conflicto no es el camino para ser feliz es la mayor de las comprensiones. Comprender que la cooperación es el camino para ser dichoso hace desvanecerse la noche oscura del alma y aparecer la alborada en el horizonte... Te transformará.

Comprender que la cooperación es la clave, y no el conflicto, es una fuerza transformadora. Sin duda la clave es la confianza. La violencia no es el camino, sino el amor. Éste es el marco básico.

Ahora el sutra:

Un monje le preguntó al Buda:

«¿Qué es lo más poderoso y qué lo más iluminador?».

Todos hacemos únicamente esas dos preguntas. Primero, ¿qué es más poderoso? Porque todos buscamos poder. Queremos ser poderosos porque nos sentimos impotentes, débiles, limitados. Te rodean todo tipo de limitaciones. Allí donde vas topas con un muro y te sientes impotente. Sientes esa impotencia en todos los momentos de la vida. Así que la pregunta resulta muy pertinente, es una pregunta muy humana. ¿Qué es lo más poderoso del mundo? El monje debió haber sido un buscador de poder.

Has de entender que el propio esfuerzo, el propio deseo de ser poderoso, es uno de los obstáculos para alcanzar poder. Quien intenta ser poderoso nunca lo logra. Es destruido por su propia búsqueda. Porque el esfuerzo para hacerse poderoso significa que está en conflicto. Quiere luchar, y por eso quiere ser poderoso. Si no, ¿para que necesita poder? Debe albergar alguna agresión, algo de violencia, alguna inquina. Quiere demostrar y realizar. Quiere demostrar a los demás que es poderoso y ellos no. En algún lugar muy profundo de su interior, acechando como una sombra en el inconsciente, hay un Adolf Hitler tratando de abrirse camino hacia la mente consciente, o un Nadir Shah, o un Napoleón, o un Alejandro. Todo el mundo lleva un Alejandro Magno en su interior.

Este deseo de poder ha creado muchas cosas en el mundo. La ciencia aparece como un deseo de poder, y a su vez ha creado poder. Pero ese poder está destruyendo a la humanidad. Ha llegado a tal extremo que gente como Albert Einstein siente que ha cometido un crimen contra la humanidad. En los últimos días de su vida, alguien le preguntó a Einstein:

—¿Qué le gustaría ser si tuviese la oportunidad de volver a nacer?

–No volvería a ser físico, ni científico. Nunca más. Más bien preferiría ser fontanero –contestó.

Fue un hombre sensible, muy comprensivo. Y sólo al final comprendió que había liberado demasiada energía, y que había hecho a la humanidad consciente de una fuerza tan destructora –la energía atómica–, que si la humanidad se autodestruyera, él sería una de las personas más responsables.

El marco referencial de la ciencia es conquistar la naturaleza. Ésa es la auténtica terminología de la ciencia, "la conquista de la naturaleza". Debemos vencer a la naturaleza y hemos de destruir todos sus misterios. Hemos de hallar todas las claves de poder, sean cuales fueren. Pero esa misma idea te aleja de la naturaleza, te antagoniza con ella y se torna destructiva. Esta búsqueda de poder ha destruido la ecología de la tierra. El ritmo natural de la vida ha sido perturbado, tanto el externo como el interno.

Así me lo han contado:

A Federico de Prusia se le ocurrió en una ocasión una idea muy poco usual. Se hallaba en el campo cuando observó algunos gorriones comiendo granos de trigo. Empezó a pensar y llegó a la conclusión de que esos pajarillos se comían un millón de picotazos de trigo al año en su reino. No podía permitirse. Debían ser conquistados o destruidos.

Como era difícil exterminarlos, prometió un precio por cada gorrión muerto. Todos los prusianos se convirtieron en cazadores y no tardó el campo en quedarse sin gorriones. ¡Qué gran victoria!

Federico de Prusia se sintió muy contento. Celebró el evento como una gran conquista sobre la naturaleza. El rey estuvo muy contento hasta que al año siguiente le dijeron que las langostas y las orugas habían devorado las cosechas porque la ausencia de gorriones había alterado todo el ritmo de la vida. Los gorriones se alimentan de orugas y langostas. Al no haber gorriones, las orugas acabaron con las cosechas. Fue necesario importar gorriones. Y el rey dijo: «He cometido un error. Dios ya sabe lo que hace».

Las grandes mentes científicas de este siglo están empezando a reconocer, poco a poco –con lentitud, y de mala gana–, que se ha cometido un gran error.

Se trata del deseo mismo de ser poderoso contra la naturaleza, porque ese deseo de ser poderoso es antagonista. ¿Para qué necesitas ser poderoso? Debe ser porque piensas en términos de destruir a alguien. Para destruir se necesita poder. Para dominar se necesita poder. Para conquistar se necesita poder.

El monje debería haber preguntado: «¿Cuál es la cosa más poderosa del mundo?». De hecho la palabra que debería de haber utilizado es *siddhi*. Debería haber preguntado: «¿Qué es *siddhi*, qué es poder?».

La ciencia intenta penetrar en la naturaleza para obtener más poder. Y para penetrar en el hondón de tu ser existen muchos sistemas, pero la finalidad sigue siendo obtener más poder. No existe diferencia entre hacerte más poderoso de una manera científica o psíquica. Ahora Occidente se interesa en las ciencias psíquicas, pero la necesidad es la misma: ser más poderoso. Así que primero intenta comprender por qué el ser humano busca poder. Es el deseo del soldado. Quieres poder porque sin poder no puedes ser un gran ego. Para el ego, el poder es alimento. Buscas poder porque sólo con poder podrás decir: «Yo soy». Cuanto más dinero tengas, más poder tendrás, y más cómodo estarás con tu "yo soy". Cuanta más gente puedas destruir, más sentirás que nadie puede destruirte.

Ahora los psicólogos dicen que la gente está interesada en matar, en asesinar, en la guerra, porque cuando matan a otros se sienten muy poderosos. Sienten que tienen poder sobre la muerte. Piensan que pueden crear muerte, que pueden matar a otros. Sienten de manera muy profunda que se han convertido en inmortales. Incluso la muerte está bajo su control. Es una tontería, pero esa idea existe. La gente a la que le encanta matar tiene miedo de la muerte.

Adolf Hitler tenía mucho miedo de la muerte, tanto que no permitía que nadie se quedase con él en su habitación por las noches. Ni siquiera una amante, de temeroso que era. ¿Quién sabe?... Tal vez la amante podría resultar ser una espía, una agente al servicio del enemigo. Ni siquiera confiaba en el amor.

Fue uno de los hombres más solitarios que han existido sobre la tierra... siempre con miedo, siempre tembloroso. Pero continuó matando gente, a fin de equilibrar su miedo. Cuantos más mataba, más poder sentía en sus manos. Cuando más sentía ese poder, más creía que la muerte no podía destruirle. Empezó a sentirse inmortal.

¿Te has dado cuenta de que en tiempos de guerra la gente parece radiante? En tiempos de guerra la gente parece muy fresca. Por lo general parecen muy aburridos. Pero cuando la guerra empieza te das cuenta de que empiezan a caminar de manera diferente, de que en sus ojos aparece un brillo, una luminosidad... sus rostros parecen más vivos, como si hubiera desaparecido el polvo del aburrimiento. Ha sucedido algo sensacional.

No debería ser así, pero siempre que hay guerra la gente siente poder sobre la muerte... pueden matar. De inmediato, y en la sombra de su inconsciencia, sienten: «Incluso la muerte nos pertenece. Podemos darla o evitarla». A la gente le gusta la destrucción por ser un medio que proporciona seguridad contra la muerte.

La búsqueda de poder es la búsqueda de no entregarse, de no sentirse desvalido, de no hallarse en un estado que no se controla.

La persona religiosa hace justo lo contrario. Busca un estado en el que carece de control pero en el que todo el control está en manos del todo, llámalo Dios, o el Supremo, o la existencia, o cualquier otra cosa que te apetezca.

La persona religiosa es la que quiere estar en una armonía tan profunda que no haya conflicto. Busca amor. Busca una aventura amorosa con el universo. Nunca pide poder. Pide cómo acabar con la separación, cómo fundirse, y pregunta: «¿Cómo realizar una entrega tal en la que no realice ningún movimiento contra el otro o me separe del todo, para fluir con el río de la vida, para que, vaya donde vaya el río de la vida, pueda ir con él?».

«¿Qué es lo más poderoso?».

Preguntó el monje.
Dijo el Buda:

«La mansedumbre es lo más poderoso».

Dijo Jesús: «Bienaventurados los mansos, porque ellos heredarán la tierra». La frase parece absurda. ¿Los mansos? Nunca han sido lo suficientemente poderosos para heredar la tierra. Y no podemos concebir que nunca puedan hacerlo. Pero Jesús dice algo que es verdad: bienaventurados los mansos.

Y cuando dice que heredarán la tierra, está transmitiendo el mismo mensaje que el Buda cuando éste dice: *La mansedumbre es lo más poderoso*. Ése es el significado de "heredar la tierra".

La mansedumbre es poderosa, pero su poder tiene una connotación totalmente distinta. La mansedumbre es poderosa porque ahora nadie está contra ti. La mansedumbre es poderosa porque ya no estás separado del todo... y el todo es poderoso. La mansedumbre es poderosa porque ya no has de luchar, y no hay manera de que puedas ser derrotado. La mansedumbre es poderosa porque con el todo ya has conquistado. Toda victoria es del todo. La mansedumbre es poderosa porque estás en la cresta de la ola del todo. Ahora no existe la posibilidad de que seas derrotado.

Da la impresión de ser paradójico, porque una persona mansa es alguien que no quiere conquistar. La persona mansa es la que está dispuesta a ser derrotada. Dice Lao Tzu: «Nadie puede derrotarme porque ya he aceptado la derrota. ¿Cómo puedes derrotar a una persona derrotada? –dice Lao Tzu–. Nadie puede derrotarme porque soy la última persona del mundo. No puedes empujarme más atrás, porque no hay "más atrás". Soy la última persona». Jesús también dice: «Los últimos de este mundo serán los primeros en el reino de Dios».

¿Quienes son los últimos serán los primeros? No parece posible en este mundo. En este mundo tiende a vencer la gente agresiva y violenta. En los sitios más poderosos es donde hallarás a la gente más demente, porque para llegar a ese puesto hay que estar loco por el poder, pues la competición es apretada. La competición es tan violenta que ¿cómo puede una persona mansa alcanzar un estado de poder? No... Ése no es el sentido.

Cuando el Buda dice: *La mansedumbre es lo más poderoso*, lo que está diciendo es que no puede derrotarse a una persona mansa porque no alberga ningún deseo de conquista. No puedes forzar a una persona mansa a ser un fracasado porque nunca quiso triunfar. No puedes obligar a una persona mansa a ser pobre porque nunca tuvo deseos de riqueza. La pobreza es su riqueza. Ser un don nadie es su forma de vida. Ser un don nadie es su verdadero estilo.

¿Qué puedes arrebatarle? No tiene nada. No puede ser timado, ni robado. De hecho, no puede ser destruido porque ya ha entregado lo que puede destruirse. No tiene ser, ni ego.

Sucedió cuando Alejandro regresaba de la India y quiso llevarse un *sannyasin* con él. Cuando llegó para conquistar la India, su maestro, el gran filósofo Aristóteles, le dijo:

–Cuando regreses, tráeme un regalo. Quisiera conocer a un *sannyasin* de la India.

Se trata de algo muy particular de Oriente. Esa contribución pertenece a Oriente. Occidente ha dado grandes guerreros, y Oriente grandes *sannyasines*. Aristóteles estaba intrigado con la idea de *sannyas*, con su significado.

Alejandro lo recordó al regresar. Hizo indagaciones. La gente de la población donde se hallaba le dijo:

–Sí, hay un *sannyasin*, pero no creemos que seáis capaz de llevároslo.

Alejandro se rió ante el desatino de los aldeanos, porque ¿quién puede impedirle nada a Alejandro? Así que dijo:

–Si quiero llevarme el Himalaya, me seguirá. Así que no os preocupéis, y limitaos a decirme dónde está. –Y se lo dijeron.

Se trataba de un faquir desnudo, un hombre desnudo que vivía a la vera del río, fuera del pueblo... una persona hermosa. Se llamaba Dandamis, así es como le han recordado los historiadores de Alejandro. Enviaron a dos soldados, que dijeron al *sannyasin*:

–Alejandro Magno quiere que le sigas. Serás un invitado real. Se te proporcionará todo lo que necesites, todo el lujo posible. Acepta la invitación.

El hombre desnudo empezó a reírse:

–He abandonado todo vagabundeo. Ya no voy a ninguna parte. He llegado a casa.

Le dijeron los soldados:

–No seas estúpido. El gran Alejandro puede obligarte. Si no vas como invitado, irás como prisionero. Tuya es la elección. Pero elijas lo que elijas, acabarás yendo.

Volvió a reírse, y dijo:

–He soltado todo aquello que puede encarcelarse. Nadie puede hacerme prisionero. Soy libertad.

Tuvo que ir Alejandro en persona. Sacó su espada y le dijo al *sannyasin*:

–Si no vienes conmigo, esta espada cortará tu cabeza.

–Puedes hacerlo. De hecho, ya lo he hecho yo. Me he cortado la cabeza. Pero si quieres cortármela tú, la verás caer al suelo, y yo también la veré caer al suelo, porque me he convertido en un testigo –dijo el *sannyasin*.

Se dice que Alejandro no pudo reunir el coraje como para matar a aquel hombre. Era tan feliz, tan valiente, tan dichoso...

Cuando el Buda dice: «*La mansedumbre es lo más poderoso*», quiere decir que quien no existe como ego es manso. Quien no existe como ego no puede ser conquistado, ni derrotado, ni destruido, porque ha ido más allá.

Al ir más allá del ego se va más allá de la muerte. Al ir más allá del ego se va más allá de la derrota. Al ir más allá del ego se va más allá de la impotencia. Se trata de un concepto totalmente distinto de poder: se trata del poder de un *sannyasin*.

Este poder no mana del conflicto. Este poder no ha sido creado por la fricción. Decís que la electricidad es creada por la fricción. Podéis crear electricidad a partir de la fricción, se puede obtener fuego de la fricción. Si frotáis ambas manos obtendréis calor. Hay un poder que proviene de la fricción, del conflicto. Y hay un poder que proviene de la cooperación; no de la fricción, sino de la armonía. Eso es lo que dice el Buda: «Quien está en armonía con el camino es poderoso». Pero para estar en armonía con el camino hay que ser manso.

Bienaventurados los mansos. Ciertamente ellos heredarán la tierra. La Historia nunca sabrá nada de ellos, porque ésta no tiene nada que ver con ellos. La Historia sólo reconoce la fricción, el hacer daño. La Historia sólo reconoce a los dañinos. La Historia sólo reconoce a los dementes, porque la Historia sólo registra algo que no marcha bien. Cuando todo está en armonía, también está fuera del tiempo y de la Historia.

La Historia no cuenta mucho acerca de Jesús, de hecho, no cuenta nada. Si no existiese la Biblia no existiría ninguna constancia de Jesús. Y me gustaría decir que ha existido mucha gente como Jesús, pero no tenemos ninguna constancia de ellos. La Historia nunca tomó nota. Fueron tan mansos, tan silenciosos, tan armónicos, que no crearon onda alguna a su alrededor. Llegaron y se fueron, y ni siquiera dejaron una huella.

La Historia no ha registrado ningún buda. Por eso cuando oyes hablar del Buda, o de Mahavira, o de Zaratustra, te parecen figuras mitológicas, no históricas. Da la impresión de que nunca existieron, de que sólo existieron en los sueños del ser humano, o en la poesía de algunas personas románticas con mucha imaginación. Parecen fantasías. Parece que sean ejemplos de lo que al ser humano le gustaría que fuese el ser humano... pero no realidades. Pero fueron muy reales. Fueron tan reales que no dejaron huella tras de sí.

A menos que hagas alguna barrabasada, no habrá manera de que dejes tu firma en la Historia. Por eso la Historia sólo registra política, porque la política es el mecanismo de las barrabasadas por excelencia. El político está en conflicto. La persona religiosa vive en armonía. Vive como los árboles. ¿A quién le importan los árboles? Vive como los ríos. ¿Alguien registra la vida de los ríos? Se mueve como las nubes. ¿Alguien se preocupa de las nubes?

La persona mansa es la que está en armonía. Y el Buda dice que es la más poderosa. Pero este concepto de poder es completamente distinto. Para llegar a entenderlo es necesario recordar unas cuantas cosas.

En Japón tienen una hermosa ciencia, el *aikido*. La palabra *"aikido"* viene de la palabra *"ki"*, que significa poder. En chino se dice *"chi"*. De *"chi"* viene *t'ai chi*, que también significa poder. La palabra índica *"prana"* equivale a *ki* y a *chi*. Se trata de un concepto de poder diferente.

En el *aikido* te enseñan que cuando alguien te ataca no debes entrar en conflicto con él... Ni siquiera si alguien te ataca. Coopera con él. Eso parece imposible, pero puede aprenderse. Y una vez aprendas ese arte, te sorprenderá lo que sucede: que puedes cooperar incluso con tu enemigo. El *aikido* dice que cuando alguien te ataque debes ir con él, acompañarle.

Normalmente, cuando alguien te ataca te pones rígido, duro. Estás en conflicto. El *aikido* dice que hay que tomarse el ataque de manera muy afectuosa. Hay que recibirlo. Es un regalo del enemigo. Te está ofreciendo una gran energía. Recíbela, absórbela, no entres en conflicto.

Al principio parece imposible. ¿Por qué? Porque durante siglos nos han enseñado sólo una idea del poder, que es la del conflicto, la fricción. Sólo conocemos un poder, y éste proviene de luchar. Sólo conocemos un poder, y es el del no, el de decir que no.

Es algo que puede observarse hasta en los niños más pequeños. En el momento en que un niño empieza a ser un poco independiente, empieza a decir no. La madre le dice: «No salgas». Y él dice: «No, quiero salir». La madre dice: «Estate quieto». Y él dice: «No, quiero cantar y bailar». ¿Por qué sólo dice que no? Está aprendiendo caminos de poder, y el "no" otorga poder.

El *aikido* dice: «Di sí». Cuando el enemigo te ataque, acéptalo como un regalo. Recíbelo, tórnate poroso. No te pongas rígido. Sé tan líquido como puedas. Recibe este regalo, absórbelo, y se perderá la energía de tu enemigo, yendo a parar a ti. Tendrá lugar un salto de energía desde tu enemigo a ti.

Un maestro de *aikido* conquista sin luchar. Conquista no luchando. Es muy manso, muy humilde. El enemigo queda destruido a causa de su propia actitud. Está creando el veneno suficiente para sí mismo; no es necesario que le ayudes. Es suicida. Al atacar se está suicidando. No es necesario que pelees con él.

Inténtalo en alguna ocasión. Ya has observado ese fenómeno de muchas maneras. Ves a un borracho caminando por la calle y caerse en el arroyo. Pero no está herido. Por la mañana le verás al ir a la oficina, perfectamente sano. Se ha pasado toda la noche en el arroyo. Se cayó, pero no se rompió ninguna costilla, ni ningún hueso, no tiene ninguna fractura. Tú te caes y de inmediato te fracturarás algo. ¿Qué es lo que ocurre cuando se cae un borracho? Pues que se cae de manera tan completa que acompaña la caída. Está borracho y no puede resistirse.

Sobre Chuang Tzu se dice... que se encontró con un accidente. Había volcado un carro de bueyes y se había caído en una zanja. El carretero estaba herido de consideración, y el propietario también, con fracturas. Pero también había un borracho que viajaba con el propietario en el carro, que no se había hecho nada. Ni siquiera se había dado cuenta de lo sucedido, pues seguía roncando. Había caído al suelo. Los demás lloraban y se quejaban y él seguía dormido. Dijo Chuang Tzu: «Al ver eso comprendí lo que quería decir Lao Tzu con "soltar"».

Los niños lo hacen a diario. Observa a los niños... No dejan de caerse todo el día, pero no se hacen daño. Intenta hacer lo mismo... Te será imposible, ¡tendrán que hospitalizarte! Los niños se caen en armonía. Cuando se caen no se resisten, no van contra la caída, no intentan protegerse. No se envaran. De hecho, se caen de manera muy relajada.

El *aikido*, el *t'ai chi*, o lo que Jesús llama mansedumbre, lo que el Buda denomina mansedumbre, dependen del mismo principio: el principio de armonía.

Inténtalo en tu vida; sólo tienes que hacer pequeños experimentos. Alguien te abofetea. Intenta absorberlo, recibirlo. Siéntete feliz de que haya liberado energía en tu rostro y observa cómo te sientes. Tendrás una sensación totalmente distinta. Es algo que te ha ocurrido muchas veces sin darte cuenta. Llega un amigo y te da una palmada en la espalda. No sabes de quién se trata hasta que te das la vuelta. Es un amigo y te sientes feliz. Fue una palmada amistosa. Pero si miras atrás y ves que es un enemigo, entonces te duele.

La calidad de la palmada cambia de inmediato con tu actitud. Si es de un amigo la aceptas. Es hermoso, se trata de un acto de cariño. Si es un enemigo no hay cariño que valga, está llena de odio. La palmada es la misma, la energía es la misma, se trata del mismo impacto de energía, pero lo que cambia es tu actitud.

Seguro que lo has observado en multitud de ocasiones. Ahora llueve y estás volviendo a casa. Te lo puedes tomar a la manera del *aikido*, o bien como sueles hacerlo. La manera corriente es observar que tu ropa está mojada, o que puedes resfriarte, o que pasará esto o lo otro. Y te pondrás contra la lluvia. Llegarás a casa corriendo, de mal humor, a la contra.

Ya te ha pasado muchas veces. Intenta el *aikido*. Te relajas, disfrutas de las gotas de agua cayendo sobre tu rostro. Es maravilloso. Resulta tan relajante, tan purificador, tan refrescante... ¿Y qué pasa si se te moja la ropa? ¿Por qué te preocupa tanto? Puede secarse más tarde, pero ¿por qué perder esta oportunidad? El cielo y la tierra se están encontrando. ¿Por qué perder esta oportunidad? ¿Por qué no bailar?

No te precipites ni corras. Anda más despacio, disfruta. Cierra los ojos y siente cómo caen las gotas sobre tus pestañas, como recorren tu rostro. Siente su contacto. Acéptalo... es un regalo del cielo. Y de repente te darás cuenta de que es hermoso y de que nunca lo habías considerado de ese modo.

Inténtalo con experiencias ordinarias. Siempre has estado en conflicto. Ahora prueba con la armonía, y verás cómo todo cambia. Dejarás de mantener ese antagonismo con la naturaleza. De repente saldrá el sol, las nubes desaparecerán, y una gran luz te iluminará la cara. Acéptalo, acéptalo como un regalo de amor de parte del sol. Cierra los ojos, absórbelo. Siéntete feliz, bendito. Y verás que se trata de una energía del todo distinta.

De otra manera empezarás a sudar. De hecho, sudarás igual, porque el calor es calor, pero su significado habrá cambiado. Ahora sudas, pero te sientes bien. No hay nada malo en sudar, te purifica, elimina tus toxinas, libera el veneno del cuerpo. Se trata de un fuego purificador. Sólo es la actitud...

«La mansedumbre es lo más poderoso.»

Mansedumbre significa la actitud de no fricción, de no conflicto... la actitud de armonía. «Yo no soy; la existencia es», eso es la mansedumbre. «Yo no soy; la existencia es»... Ése es el significado de mansedumbre.

Normalmente vivimos a través del ego y sufrimos. Y el ego no deja de interpretar las cosas equivocadamente.

Ayer por la noche leí una bella historia:

Hace algunos años, un senador del Comité de Asuntos Internos de los Estados Unidos visitó una reserva india de Arizona, donde dio una conferencia llena de promesas acerca de cosas mejores, como hacen todos los políticos.

–Veremos –dijo– una nueva era de oportunidades para los indios».

Ante esta declaración los indios gritaron

–¡Hoya, hoya!

Animado, el senador continuó:

–Os prometemos mejores escuelas y centros de formación profesional, dijo el senador.

–¡Hoya, hoya! –soltaron los indios.

Emocionado, con lágrimas en los ojos, el senador acabó:

–Llegamos ante vosotros como iguales, como hermanos, confiad en nosotros.

El aire retumbó con un último y potente:

–¡Hoya!

Muy complacido por el recibimiento, el senador inició una visita a la reserva.

–Me he fijado en que tienen ustedes ganado de muy buena casta –dijo–. ¿Puedo echarle un vistazo?

–Desde luego, venga por aquí –dijo el jefe–, pero tenga cuidado y no pise la *hoya*.

El ego es sólo *hoya*, una mala interpretación. Es inexistente, y no obstante es la cosa más falsa que pueda imaginarse. La idea de que «estoy separado de la existencia» no puede ser más falsa. La idea de que «he de luchar contra mi propia fuente de energía» es una tontería absurda.

Pero ¿qué es lo que ocurre algunas veces?... Que pareces conquistar. Pero no deja de ser una mala interpretación. Cuando tu ego considera que está conquistando, en realidad no conquista. De hecho, no es más que una coincidencia. A veces vas a la izquierda y toda la existencia también está yendo a la izquierda, y coincides. Pero te obstinas en creer que *tú* tienes éxito, y piensas: «Estoy obteniendo poder». Tarde o temprano estarás metido en problemas, porque no siempre será así. Sólo puede ser siempre así si eres manso.

Una persona mansa se torna tan sensible que nunca está contra el todo. Siempre es lo suficiente sensible como para darse cuenta de hacia dónde va el todo. Monta a caballo y va con el caballo. No intenta dirigirlo. Confía en él.

Así sucedió:

> Con un chirrido de frenos, el agente de policía detuvo su automóvil y le gritó a un niño que jugaba en un prado:
> –¡Eh, hijo!, ¿has visto caerse a un avión por aquí?
> –No, señor –replicó el chavalín, intentado ocultar su tirachinas–. Sólo le estaba tirando a esa botella de la tapia.

A un chiquillo se le puede disculpar. Temía que tal vez hubiera derribado el avión con el tirachinas. Se le puede disculpar si trata de esconderlo. Pero eso es lo que hacéis vosotros, las grandes personalidades. Eso es lo que hacen todos los egoístas. Piensan que ellos hacen que las cosas sucedan.

Así sucedió:

> La sequía azotaba el campo, y el párroco de la iglesia rezaba pidiendo lluvia. La lluvia llegó con tanta intensidad que a continuación hubo inundaciones. Un equipo de rescate a bordo de una barca descubrió al párroco en el tejado de su casa, observando los remolinos de agua.
> –¡Puede estar seguro de que sus súplicas fueron escuchadas!– le gritó uno.
> –Sí –dijo con tiento el cura–. ¡No está mal para una iglesia pequeña como la nuestra!

A veces tus súplicas se realizan, pero no a causa de tus oraciones, sino sólo a causa de una coincidencia, de que el todo también iba en esa dirección. Tus oraciones coincidieron. A veces tus esfuerzos se ven colmados porque coinciden. El ego es casual. Vas acumulando ego a partir de coincidencias.

Pero eso no es lo que ocurre siempre, y por eso te sientes desdichado. Un día eres afortunado, y otro fracasas, y no puedes imaginar qué es lo que ha ocurrido. Un intelectual de tal talla, un hombre con todo ese conocimiento, con todo ese poder, fuerza, lógica, razón.... ¿Fracasar? ¿Qué ha pasado? No puedes creértelo, porque hasta ahora fuiste afortunado.

El ego siempre tiene problemas porque no siempre puede tener lugar una coincidencia. A veces estás con el todo, sin saberlo, y a veces no lo estás. Cuando estás con el todo, triunfas. El todo triunfa siempre, pero tú nunca. El manso es el que dice: «Yo no soy, sólo el todo es». Se suelta por completo. No se convierte en una barrera. Permite que el todo lo haga a su manera.

El Buda dice que eso es poder de verdad.

> «La mansedumbre es lo más poderoso, pues no alberga pensamientos malignos, y además es apacible y está llena de fuerza.»

Cuando se lucha la energía se disipa. Cuando se lucha se pierde energía. El Buda te dice que no luches, que conserves tu energía y serás poderoso.

Quien conserva su energía se convierte en un depósito de energía tal que todo su ser es poderoso. Su sola presencia es poderosa, mágica, milagrosa. Al acercarte a esa persona empiezas a sentir que estás cambiando y transformándote. A acercarte a ella sientes desaparecer tu oscuridad. Al acercarte a ella sientes descender un silencio. Al acercarte a ella sientes que te elevas a otro plano de ser, a otra altitud de ser, a otra dimensión.

La gente viene a verme y me pregunta cómo pueden hallar al maestro adecuado. La única manera de hacerlo es estar cerca, en silencio, en armonía. Y si en esa armonía y silencio empiezas a sentir que te elevas más y más, entonces ese hombre es tu maestro, ese hombre se convertirá en tu puerta hacia lo esencial. Entonces tu energía se acopla con su energía, establecéis una sintonía. Hay algo que transpira entre tú y él, que se convierte en una fuerza sólida.

Con el intelecto no puedes decidir quién es tu maestro. No puedes decidirlo con argumentos, ni con prejuicios. Ya has escuchado muchas definiciones, que si un maestro ha de ser esto y lo otro. Esas definiciones no son de ninguna ayuda, porque una persona puede colmar todas las definiciones y no obstante no encajar contigo; vuestras energías no son complementarias. Y a menos que vuestras energías sean complementarias, compensatorias, que se complementen entre sí, que conformen un círculo, entonces no puedes elevarte con ese hombre. Has de sentir que te elevas.

> «La mansedumbre es lo más poderoso, pues no alberga pensamientos malignos.»

Cuando albergas pensamientos malignos... –"pensamientos malignos" quiere decir pensamientos violentos, de destrucción, pensamientos de agresión, egoístas, ególatras– disipas la energía. Esos pensamientos extraen mucha de tu energía, pues nunca se satisfacen. Estás sembrando piedras que no van a germinar. Toda tu energía se desperdicia.

«...Y además es apacible y está llena de fuerza.»

El criterio del poder debe ser acomodarse, reposar. Una persona de poder está absolutamente reposada, en ella no hay agitación alguna. Porque la agitación no es más que disipar energía. Cuando te sientes agitado estás disipando energía.

Por eso, en Oriente, el meditador pasó a ser el símbolo de poder. Cuando una persona medita pierde toda agitación. Su pensamiento se detiene, igual que sus movimientos corporales; se convierte en una estatua de mármol... totalmente quieto, inmóvil. En ese momento es un depósito de energía. Es increíblemente poderoso.

Si ves a alguien meditando, siéntate a su lado y te beneficiarás. Al sentarte junto a alguien que está en meditación, tú también pasarás a meditar. Su energía te sacará de tu confusión. La meditación no es sino reposo absoluto.

La manera de lograr ese reposo absoluto depende de muchas cosas. Existe una multitud de métodos para crear ese descanso. En mis propios métodos primero intento que estés tan agitado como sea posible, para que nada se quede colgando dentro de ti; la agitación debe ser expulsada para luego pasar al reposo. Así no habrá perturbaciones, será más fácil.

En tiempos del Buda no eran necesarios métodos tan dinámicos. La gente era más sencilla, más auténtica. Vivían una vida más real. Ahora, la gente vive una vida muy reprimida, muy poco real. Sonríen cuando no quieren sonreír. Muestran compasión cuando quieren encolerizarse. La gente es falsa, igual que toda la pauta de su vivir. Toda esta cultura es como una gran falsedad; la gente no hace más que actuar, sin vivir. Hay mucha resaca; son muchas las experiencias incompletas que se recogen y apilan en las mentes de las personas. Así que sentarse en silencio no será de gran ayuda. En el momento que intentas sentarte en silencio empiezas a ver moverse en tu interior todo tipo de cosas. Te resulta prácticamente imposible permanecer en silencio.

Primero echa de ti todo eso para poder alcanzar un estado de reposo natural. La meditación de verdad sólo empieza cuando estás en reposo. Todas las meditaciones dinámicas son preparatorias para la meditación real, son requerimientos básicos que hay que cumplir para que pueda tener lugar la meditación. No las trates como meditaciones; sólo son introductorias, un prefacio. La meditación de verdad sólo empieza con el cese de toda actividad, corporal y mental.

«...es apacible y está llena de fuerza.»

Recuerda, esta definición de poder es distinta de la definición de poder ordinaria. La definición de poder ordinaria depende de la comparación. Eres más poderoso que tu vecino, más poderoso que ese hombre o aquella mujer. Eres poderoso en comparación con otro. El poder del que habla el Buda es no comparativo; no tiene nada que ver con nadie más.

El poder es tu propio estado. Cuando estás lleno de energía eres poderoso. Cuando se te escapa la energía eres impotente. Los "pensamientos malignos" son como grietas a través de las que pierdes energía. La agitación es como una pérdida continuada.

Creas energía a diario, una cantidad tremenda, pero la echas a perder... A veces con la cólera, a veces con la sexualidad, a veces con la codicia, a veces al competir, a veces sin ninguna razón aparente... sólo porque la tienes. ¿Qué hacer con ella?

Hay una famosa historia sufí acerca de Jesús. Llega Jesús a un pueblo y ve a un borracho, gritando, tirado en la calle. Se acerca a él, sacude al hombre y dice:

—¿Qué estás haciendo? ¿Por qué malgastas tu vida de ese modo?

El hombre abre los ojos y dice:

—Mi señor, estaba enfermo. Me habéis curado. ¿Qué puedo hacer? Ahora estoy sano. Siempre estuve enfermo y confinado en mi lecho. Me habéis curado. ¿Qué debo hacer? Ahora tengo energía y no sé qué hacer con ella.

Jesús se siente como si hubiese cometido un crimen al ayudar a este hombre. Ahora le responsabiliza. Se entristece. Se dirige al mercado del pueblo pero está triste. Allí ve a un joven que sigue a una prostituta con ojos de lujuria, olvidándose por completo del mundo.

Jesús detiene al joven y le dice:

—¿Qué estás haciendo? Los ojos no te han sido dados para eso, sino para ver a Dios. ¿Qué estás haciendo? ¿Por qué malgastas ese don?

El hombre mira a Jesús, le toca los pies, y dice:

—Mi señor, estaba ciego. Me habéis curado. ¿Qué puedo hacer ahora con estos ojos? No sé hacer nada más.

Jesús vuelve a entristecerse y abandona el pueblo. Al salir se encuentra a un hombre que intenta suicidarse ahorcándose de un árbol. Ha acabado los preparativos; está a punto de hacerlo cuando llega Jesús, que le dice:

—¡Espera! ¿Qué estás haciendo con un don de Dios tan preciado... con la vida? ¡La vas a destruir! ¿Acaso te has vuelto loco?

El hombre mira a Jesús y dice:

—Mi señor, ya morí. Me habéis resucitado. ¿Para qué? Ahora tengo problemas. ¡No quiero esta vida para nada! ¿Qué puedo hacer con ella?

Tenéis energía y no sabéis qué hacer con ella, así que la malgastáis. Hay gente que dice que «mata el tiempo». ¡Matar el tiempo significa matar la vida! Matar el tiempo significa matar la oportunidad de crecer, de madurar, de regresar a casa.

El poder del que habla el Buda es el poder que llega cuando no haces nada con tu energía y simplemente te deleitas en su presencia... con un puro deleite por estar lleno de energía... con el deleite de un arbolillo jo-

ven y verde... con el puro deleite de una nube, de una blanca nube erra-
bunda por el cielo... con el puro deleite de una flor de loto... con el puro
deleite del sol saliendo de las nubes... con el puro deleite de estar repleto de
energía, vibrante, vivo, palpitante.

Cuando no dedicas tu energía a ningún propósito, la energía empieza a
moverse por sí misma en una línea vertical. Si la pones a trabajar, a realizar
cualquier acción, se desplaza en línea horizontal. Entonces puedes levantar
una casa grande, hacer más dinero, obtener más prestigio, esto y lo otro. Cuando pones tu energía a trabajar se mueve en una línea horizontal. Cuando no
la tienes trabajando y simplemente te deleitas en su presencia, cuando te
sientes feliz de que esté ahí, entonces se mueve en línea vertical.

No digo que no haya que hacer nada. Lo que estoy diciendo es que también encuentres algunos momentos para el desplazamiento vertical. El
movimiento horizontal está bien, pero no basta. Es necesario para la vida...
Pero no sólo de pan vive el hombre.

Puedes obtener pan mediante el trabajo horizontal, pero el amor, la meditación, la santidad, el *nirvana*... existen en la línea vertical. Así que siéntate de vez en cuando, sin hacer nada. Siéntate en silencio, sin hacer nada, y
algo irá creciendo en ti. Te conviertes en un depósito, y empiezas a palpitar con un deleite desconocido. Cuando estás lleno de energía estás en
contacto con el todo. Y cuando estás en contacto con el todo, estás lleno
de energía.

«Como está libre de todo mal será honrada por todos.»

El monje había preguntado:

«¿Qué es lo más poderoso y más iluminador?».

«Lo más iluminador –dijo el Buda– es una mente limpia de toda impureza, y que al permanecer pura carece de imperfecciones.

Los pensamientos son impurezas que se pegan al espejo de la mente.
Pensamientos, deseos, imaginaciones, recuerdos... no son más que formas
de impurezas. A causa de ellos se pierde la pureza de la mente. Por su causa
se pierde la capacidad de reflexionar, la cualidad espejada de la mente. Es
necesario llevar a cabo una limpieza continua.

Así pues, la meditación no es algo que hagas en una ocasión y ya está,
porque vas acumulando polvo en todos los momentos de la vida. Es como
un viajero al viajar. Cada día acumula polvo en la ropa, en su cuerpo. Y
cada día ha de bañarse para limpiarse el cuerpo. Al día siguiente volverá a
estar polvoriento.

La meditación es como un baño diario. No es algo que se haga una vez
y uno ya se olvide. Debe convertirse en una cosa natural, en un hecho.

Igual que comer, que dormir, o que tomar un baño, la meditación debe convertirse en una parte natural de tu vida. Debes limpiar tu mente al menos un par de veces al día.

Los mejores momentos son, uno por la mañana, cuando te preparas para el día, para el mundo cotidiano... Limpia tu mente para obtener claridad, transparencia, para así no cometer errores ni equivocaciones, para no tener pensamientos malignos, para no albergar pensamientos egoístas... así entras al mundo de forma más pura. No llegas con semillas corruptas. Y el siguiente mejor momento es antes de acostarte. Vuelve a meditar. Durante todo el día acumulas polvo. Vuelve a limpiar la mente... y duerme.

Si empiezas de verdad a limpiarla, verás que tienen lugar cambios importantísimos. Si limpias antes de acostarte, los sueños desaparecen. Porque los sueños no son más que el polvo acumulado durante todo el día, que se mueve en tu interior, creando fantasías, ilusiones.

Si practicas de forma adecuada, poco a poco los sueños desaparecerán. Tus noches serán sosegadas, sin sueños. Y si las noches carecen de sueños, por la mañana te levantarás fresco, rejuvenecido, virgen. Vuelve a meditar, porque aunque no hayas tenido sueños, el polvo se acumula con el paso del tiempo.

Aunque no viajes por carreteras polvorientas, aunque sólo te sientes en casa, el polvo se acumula. Aunque tengas las ventanas cerradas, y las puertas igualmente cerradas, por la mañana descubrirás que en tu habitación se ha acumulado algo de polvo. El polvo se acumula. El paso del tiempo es un acumulador de polvo.

Vuelve a meditar por la mañana. Y si meditas de manera adecuada y te conviertes en un depósito de energía, te moverás en el mundo de manera totalmente distinta, no conflictiva, no agresiva, en armonía. Y aunque alguien te odie, transformarás esa energía en amor.

Entonces te moverás en el mundo con mucha destreza... con la actitud del *aikido*. Todo lo que suceda lo aceptarás y recibirás con profundo amor y gratitud. Incluso si alguien te insulta, lo aceptarás con profundo amor. Ese insulto dejará de serlo, y te alimentará. Con el insulto, la persona ha lanzado cierta cantidad de energía. Si esa persona la pierde, tú la ganas. Sólo has de recibirla, aceptarla.

Y si esa actitud se convierte en tu forma de vida natural –el camino del *sannyasin* y no el del soldado–, observarás que las cosas aparecen bajo una nueva luz, y que tu mente se ilumina cada vez más.

«Lo más iluminador es una mente limpia de toda impureza, y que al permanecer pura carece de imperfecciones. Desde los tiempos en que todavía no existían cielo y tierra hasta el presente, no hay nada en las diez direcciones que no sea visto u oído por una mente así.»

Cuando tu mente es pura, incontaminada, impoluta, cuando ni siquiera parpadea un pensamiento en tu mente y no hay ninguna neblina que te la cubra –tu mente está despejada como un cielo azul sin nubes–, dice el Buda que podrás verlo todo tal cual es. Podrás saberlo todo. Tu sensibilidad será infinita, y estará disponible para ti todo aquello que ha existido desde el principio de los tiempos. Tu conocimiento se tornará perfecto.

«Pues ha alcanzado todo el conocimiento y por esa razón se la llama iluminadora.»

Y esta iluminación, esta luminosidad, no viene de ningún sitio externo. Explota en el hondón de tu ser.

Eres como una lámpara recubierta con muchas cortinas, con cortinas oscuras, y por eso no ilumina nada. Empiezas quitando una cortina poco a poco, luego otra, y luego otra más. Lentamente empiezan a aparecer los primeros rayos de luz –que no son claros, sino simplemente un resplandor–, y hay que seguir apartando cortinas. El resplandor se hace más penetrante, más claro. Se van quitando más cortinas... hasta que un día no quedan más, y de repente te das cuenta de que tú mismo eres una lámpara.

Éste fue el último mensaje del Buda al mundo en el momento de su muerte. Ananda, su principal discípulo, lloraba. Y el Buda dijo:

–¡Deja de llorar, Ananda! ¿Qué estás haciendo? ¿Por qué gimes y lloras?

Ananda dijo:

–Nos dejas. He estado contigo durante cuarenta años. He caminado junto a ti, he dormido junto a ti, he comido junto a ti, te he escuchado... He sido como tu sombra, y no obstante... Has estado todo este tiempo ahí y yo no me he iluminado. Ahora lloro porque te vas.

»Sin ti parece imposible que pueda iluminarme. Contigo no he podido. ¡Qué gran oportunidad perdida! Sin ti... ahora no me queda esperanza. Por eso lloro. No lloro porque mueras, porque sé que no puedes morir. Lloro porque ahora no hay ya esperanza para mí. Ahora, con tu muerte, empieza la noche oscura del alma para mí. Durante eones de tiempo, millones de años, daré traspiés en la oscuridad. Por eso lloro... No por ti, sino por mí mismo».

El Buda sonrió y dijo:

–No te preocupes por eso, porque tu luz está en tu propio ser, y yo no me la llevo. Yo no soy tu luz de otro modo te habrías iluminado. Si estuviese en mi poder iluminarte, ya lo estarías. Iluminarte es tu capacidad más íntima. Así que ten coraje, Ananda, y sé una luz para ti mismo... *appa deepo bhava*... sé una luz para ti mismo.

El Buda murió y Ananda se iluminó al cabo de veinticuatro horas. ¿Qué sucedió? Es un misterio. Vivió con el Buda durante cuarenta años, y sólo se iluminó veinticuatro horas después de la muerte de éste. La muerte del Buda provocó una gran sacudida. Y su último mensaje penetró muy profundamente.

Cuando el Buda vivía, Ananda escuchaba, igual que me escuchas tú. Escuchas y no obstante no acabas de oírme. Dices: «Sí, vale. Si hoy no voy, ya iré mañana, ¿qué prisa hay? Si no voy esta mañana no pasa nada; habrá más días».

Así que escuchaba medio dormido y medio despierto. Tal vez estaba cansado, puede que no pasase una buena noche y tuviese sueño. Tal vez el viaje fuera demasiado largo y agotador. Y el Buda repetía lo mismo una y otra vez. Por eso, uno empieza a tener la impresión de que ya lo sabe. Empieza a sentir: «Sí, ya he oído esto antes, ¿qué sentido tiene volver a escucharlo? ¿Por qué no echar una cabezadita? Eso estaría bien».

Pero cuando el Buda se moría, Ananda debía estar bien despierto. Temblaba... ante la idea de pasar millones de años dando traspiés en la oscuridad. Y el Buda le dice: «No te preocupes, tu luz está en tu interior».

Eso le sacudió. Tal vez fue la primera vez que Ananda lo escuchó. Debió de habérselo perdido durante aquellos cuarenta años. Tal vez fue la primera vez en que no estuvo sordo. Tenía claridad. La situación fue tal que tembló hasta sus cimientos, hasta la raíz. El Buda se iba... y cuando se han vivido cuarenta años junto a alguien como el Buda, resulta difícil aceptarlo. La idea de quedarse sin él resulta difícil de digerir. Es imposible de imaginar.

Ananda debió pensar en suicidarse. No aparece en las escrituras budistas, pero me parece que debió pensar en suicidarse. La idea debió pasarle por la cabeza; ¡es tan humana...! Vivir cuarenta años junto al Buda, y el Buda se muere y a él no le ha pasado nada. Sigue desértico interiormente, sin un oasis. Ha perdido la oportunidad.

Sus ojos debían estar claros. Aquella muerte debió penetrar en él como una espada. Ese momento debió ser muy agudo. Y el Buda le dijo: «Sé una luz para ti mismo», y murió. Murió enseguida. Aquélla fue su última declaración en la tierra: «Sé una luz para ti mismo».

Le sacudió y penetró en su corazón, y se iluminó en veinticuatro horas.

Esa fuente de luminosidad está en tu interior, no fuera. Si buscas fuera será en vano. Cierra los ojos y profundiza en ti mismo. Está ahí... esperando desde toda la eternidad. Es tu naturaleza más íntima. Eres luminosidad y tu ser es luminoso. Esta luminosidad no es prestada, es tu hondón más íntimo. Eres tú.

Eres luz... una luz para ti mismo.

«Desde los tiempos en que todavía no existían cielo y tierra hasta el presente, no hay nada en las diez direcciones que no sea visto u oído por una mente así. Pues ha alcanzado todo el conocimiento y por esa razón se la llama iluminadora.»

La mansedumbre es poder y la meditación es iluminación. Ambas son dos caras de la misma moneda. En una cara está la mansedumbre, la carencia de ego; en la otra está la pureza mental, la iluminación. Ambas van juntas.

Deberás trabajar en ambas cosas de modo simultáneo. Ser cada vez menos egoísta, y a la vez más y más meditativo. Y será tuyo el mayor de los poderes, así como el mayor de los saberes, y la más luminosa de las luces.

Basta por hoy.

9. REFLEXIONES SOBRE EL VACÍO

Dijo el Buda:

«Quienes mantienen pasiones no pueden percibir el camino, pues es como agitar el agua clara con las manos. La gente puede llegar esperando hallar un reflejo de su rostro que, sin embargo, nunca alcanza a ver.

»Una mente agitada y atribulada por las pasiones es impura, y por ello nunca percibe el camino.

»¡Oh, monjes, acabad con las pasiones! Cuando se acaba con la impureza de las pasiones, el camino se manifiesta por sí mismo».

Dijo el Buda:

«Ver el camino es como entrar en una habitación oscura con una antorcha. La oscuridad desaparece instantáneamente, y sólo queda la luz. Cuando se realiza el camino y se ve la verdad, desaparece la ignorancia y la iluminación permanece para siempre».

¿Quién es un buda? ¿Qué es la budeidad? A menos que se tenga un concepto claro al respecto, resultará difícil comprender los discursos del Buda. Para lograrlo debes comprender la fuente en la que se originan. Para comprender la flor has de comprender las raíces. A menos que comprendas las raíces, podrás apreciar la flor pero serás incapaz de comprenderla.

¿Quién es un buda? ¿Qué es la budeidad? La palabra sánscrita *"buddha"* significa pura conciencia, un estado de conciencia absoluta. Un buda no es una persona, sino un estado, el estado esencial, la floración esencial. La palabra "buda" no tiene nada que ver con Gautama, porque antes del Buda Gautama hubieron muchos budas, y tras él también han habido muchos. El Buda Gautama es sólo uno entre los muchos que han realizado esa conciencia esencial.

La palabra "buda" es como la palabra "cristo". Jesús es sólo uno de los cristos, y sólo uno de los que han realizado la floración esencial. Ha habido muchos cristos y habrá muchos más. Recuérdalo, la budeidad no está de ningún modo limitada al Buda Gautama; él es sólo un ejemplo de lo que es la budeidad.

Sólo ves florecer una rosa. Pero no es *la* rosa, sino sólo una de las muchas rosas. Son millones las que florecieron antes, millones las que existen ahora mismo, y millones las que lo harán en el futuro. Ésta sólo es una representante. Esta rosa sólo es una representante de todas las rosas que han sido, son, y serán.

Un buda no está definido por su personalidad. Está definido por el estado esencial de su ser, que está más allá de la personalidad. Y cuando un buda habla, no habla como una persona. Habla a través de su conciencia esencial. De hecho, decir que habla no es correcto, no es preciso. No hay nadie que hable, no hay ser en él que hable. Y de hecho, no tiene nada que decir. Simplemente responde. Como si tú vas y empiezas a cantar en un valle, y el valle responde. El valle sólo te repite el eco. Cuando llegas ante un buda, sólo te refleja. Todo lo que dice no es más que un reflejo. Es una respuesta a ti, pero él no tiene nada que decir. Si otro buda llega ante él, ambos permanecerán en silencio absoluto, como dos espejos frente a frente, en los que no habrá nada que reflejar. Los espejos se reflejarán entre sí, pero no habrá nada reflejado. Dos espejos... Piensa en dos espejos cara a cara. Si Cristo va a ver al Buda, o si el Buda se encontrase en los caminos de la vida con Lao Tzu, permanecerían en absoluto silencio... no habría eco.

Así que recuérdalo, cuando el Buda habla no dice nada en particular. Sólo refleja a las personas. Por eso un buda no puede ser nunca muy consistente. Un filósofo puede serlo; tiene algo que decir. Lo recuerda, se aferra a ello, y nunca dice nada que vaya en contra... se las arregla. Un buda está destinado a ser contradictorio porque cada vez que alguien se le pone enfrente surge algo más. Dependerá de la persona que tenga enfrente.

Es igual que un espejo. Si te pones delante de un espejo ves tu cara. Viene otra persona y entonces ves su cara. Las caras cambian. Pero no le dirás al espejo: «Eres un inconsistente. A veces reflejas el rostro de una mujer y a veces el de un hombre, y a veces un rostro hermoso, y en otras ocasiones uno feo». El espejo permanece quieto y tranquilo. ¿Qué puede hacer? Sólo refleja. Refleja cualquier cosa que tenga delante.

Los discursos del Buda son muy contradictorios. Jesús es contradictorio. El Buda es contradictorio, Krishna es contradictorio, Lao Tzu es enormemente contradictorio. Hegel no es contradictorio, Kant no es contradictorio, Bertrand Russell no es contradictorio. Confucio no es contradictorio, Manu no es contradictorio. Todos ellos tienen un cierto dogma. No te reflejan. Tienen algo que decir y lo dicen. No son como espejos, sino como una fotografía. A la fotografía no le importa quien eres; sigue igual. Está muerta. Tiene una definición y una forma definidas.

La budeidad es una conciencia informe. Recuérdalo, si no habrá muchas ocasiones en las que halles contradicciones y no podrás saber qué está pasando.

Cuando murió el Buda se creó una enorme controversia y los seguidores se dividieron en muchas sectas... porque alguien había escuchado decir al Buda una cosa, y otro le había escuchado decir justo lo contrario. No había posibilidad de... ¿Cómo era posible que un solo hombre dijese todas aquellas cosas? ¡Alguien debía estar mintiendo!

La gente empezó a dividirse. Se dividieron en muchas escuelas, cortaron al Buda en pedazos. Alguien se llevó su mano, otro su cabeza, otro sus piernas, pero ya no era un fenómeno vivo. Ahora bien, cada una de esas filosofías son muy consistentes –muy consistentes, muy lógicas– pero están muertas. El Buda no es un filósofo, no es un sistematizador. El Buda no es lógico en modo alguno. Está simplemente vivo y refleja todo lo que es.

Así que cuando llegas ante un Buda, éste *te* responde. No tiene una respuesta fija que darte, sino que *te* responde. Carece de rostro público. Todos sus rostros son privados y dependen de ti. Si le muestras un rostro hermoso, entonces verás tu cara reflejada. Y si llegas sin ninguna cara, puro, espejado, nada se reflejará. El Buda desaparece, pues no tiene nada que decir.

Lo saben quienes vivieron con el Buda. Cuando dejaban hablar a sus mentes, esas mentes se reflejaban en él. Cuando sus mentes se sosegaban se convertían en meditadores, y cuando miraban al Buda no había nadie... sólo vacío, un valle, puro silencio... inocencia primordial, pero nadie.

Esos discursos fueron recopilados y recogidos por una cierta escuela. Son muy consistentes. Se han eliminado algunas partes aparentemente contradictorias, y muchas que daban la impresión de ser ambiguas no fueron incluidas. Esos discursos fueron recopilados por una escuela en particular. Más adelante hablaré de otras fuentes. Recuerda que en muchas ocasiones te parecerá hallar contradicciones.

Y quienes están a mi alrededor han de comprenderlo con mucha claridad, porque yo me contradigo continuamente, a diario. Depende del clima. Depende... Si el tiempo está muy nublado, yo también. Si brilla el sol, yo también estoy así.

No sólo venís a mí con preguntas, sino también con las respuestas. Tal vez desconozcáis la respuesta, y tal vez ésta permanezca oculta en vuestro inconsciente, agazapada en algún rincón oscuro de vuestra alma. La pregunta es consciente, y la respuesta inconsciente. Mi función es conseguir que la respuesta os resulte obvia, sacarla a la luz.

Es inevitable que sea contradictorio. No soy una persona pública. No estoy interesado en las multitudes. Estoy interesado en vosotros, y todo lo que os diga resulta irrelevante para los demás. Cuando hablo personalmente, le estoy hablando a una persona en particular. Para los demás puede ser irrelevante. Tal vez mañana tampoco tenga importancia para esa persona, porque puede haber cambiado. La vida es continuo cambio, y yo sólo soy coherente con la vida misma, y con nada más. Así que es inevitable ser contradictorio. Si alguna vez percibís contradicciones, no tengáis prisa y no intentéis arreglarlas. Dejadlas como están.

Un hombre como el Buda tuvo que ser contradictorio. Tuvo que contener todas las contradicciones porque contuvo todas las posibilidades de la humanidad. Contiene todas las preguntas y respuestas posibles. Contiene todos los rostros y frases posibles. Contiene todo el pasado de la humanidad, así como su presente y su futuro. Ése es el sentido que tiene cuando el Buda dice: «Cuando lleguéis a casa, cuando vuestro ser más íntimo sea luminoso, lo conoceréis todo, todo el pasado, el presente y el futuro. Nada quedará sin conocer. Y en esa luz de conocimiento se os revelará todo». *Todo*... y las cosas no son coherentes.

En eso consiste la belleza del mundo, en que las cosas no son coherentes. Las cosas poseen cualidades distintas, personalidades diferentes. Todas las cosas son seres a su manera, y el Buda sólo refleja... es un reflejo, un espejo.

Esos discursos siempre empiezan con, «Dijo el Buda». Recuérdalo. Cuando se dice: «Dijo el Buda» sólo significa que no tiene nada que decir. Reflejó, te reflejó. Sólo te mostró quién eres. Te reveló a ti mismo. Te llevó a tu propio centro.

«Quienes mantienen pasiones no pueden percibir el camino, pues es como agitar el agua clara con las manos. La gente puede llegar esperando hallar un reflejo de sus rostros que, sin embargo, nunca alcanzan a ver.

»Una mente agitada y atribulada por las pasiones es impura, y por ello nunca percibe el camino.

»¡Oh, monjes, acabad con las pasiones! Cuando se acaba con la impureza de las pasiones el camino se manifiesta por sí mismo.»

En este sutra se dicen muchas cosas y muy importantes. En primer lugar, el Buda dice: *«Quienes mantienen pasiones no pueden percibir el camino».*

¿Qué es una pasión? La pasión es una especie de fiebre, una especie de temblor de tu ser, una especie de fluctuación interior. Las pasiones significan que no estás contento con cómo eres. Que te gustaría algo más, que querrías algo más, que te gustaría una pauta de vida distinta, un estilo diferente. Crees que así serías feliz y estarías satisfecho.

Una mente llena de pasión es una mente llena de descontento con el presente. Una mente con pasión desea, espera, pero nunca vive. Pospone. Dice que mañana, siempre mañana; nunca aquí y ahora. Una mente llena de pasión siempre pasa por alto el presente, y el presente es la única realidad que hay. Así que una mente llena de pasión no da nunca en el clavo de la realidad. No puede reflejar lo que es, no puede reflejar la verdad, no puede reflejar el *dhamma*, el camino. No puede reflejar lo real que le rodea porque nunca está aquí.

Observa tu mente. Siempre que aparece un deseo te extravías. No puedes estar en el futuro, recuérdalo; ni tampoco en el pasado. Es imposible; tal como son las cosas no sucede así. Simplemente no ocurre. No puedes estar en el pasado... el pasado ya no está; ¿cómo podrías estar en el pasado? Pero más o menos eso es lo que haces. Estás en el recuerdo del pasado. Ésa es la manera de *no* ser, no una manera de ser. Ésa es una manera de no ser.

O bien estás en el futuro... lo cual es imposible, porque el futuro todavía no es. ¿Cómo puedes vivir en una casa que todavía no existe? Pero eso es lo que haces. ¡El ser humano no deja de hacer milagros! Son realmente milagros: vive en el pasado, que ya no está, y empieza a vivir en el futuro, que todavía no es. Amas a la mujer que todavía no has conocido, o bien a la que murió. La mente se apega al pasado o al futuro.

Ésa es una manera de no ser. Así es como pasamos por alto la existencia. Así es como, poco a poco, nos convertimos en fantasmas, sombras, espíritus. Obsérvate a ti mismo. Tal y como veo a las personas, millones de ellas llevan una vida fantasmal.

Tanto vivir en los recuerdos como en la imaginación es el camino de la pasión. La pasión es un titubeo, a derecha o a izquierda, pero nunca en medio. Y el medio es la verdad, el presente es la verdad, la puerta a la realidad.

Dijo el Buda:

«Quienes mantienen pasiones no pueden percibir el camino.»

Estamos siempre en el camino –no hay otro modo de estar–, pero nunca percibimos eso con lo que siempre estamos. ¿Cómo puede lo irreal encontrarse con lo real? Una mente llena de pasión no puede conocer lo real. Y así nos va.

Los niños están llenos de pasión. Uno puede entenderlo: son infantiles, todavía no conocen la vida. Los jóvenes están repletos de pasión. Uno también puede entenderlos: son demasiado jóvenes. Eso significa que todavía son demasiado necios, todavía han de aprender. Pero incluso los ancianos, los moribundos, en sus lechos de muerte, siguen llenos de pasión. Es demasiado; a un anciano no se le puede perdonar.

Un niño está bien, un joven... es comprensible, ¿pero un anciano...? Es imposible de comprender. Ha vivido toda una vida y no ha llegado a comprender un hecho tan simple: que no puedes vivir en el futuro y que no puedes vivir en el pasado. Ha vivido toda una vida y ha estado frustrado siempre, y no obstante, sigue teniendo expectativas. Ha vivido toda su vida deseando, deseando y deseando, y no ha obtenido nada de ello. Ha llegado la muerte y la vida sigue sin llegar. Sólo ha estado esperando, preparándose para ella, pero no ha sucedido. No obstante, sigue anhelando más vida.

He observado morir a la gente. Es muy raro que alguien se muera sin pasión. Cuando una persona muere sin pasión, la muerte es hermosa. Tiene una enorme importancia, tiene valor intrínseco. Pero la gente se muere feamente. Ni siquiera la muerte puede sacudirles de sus sueños, pasiones y fiebres. Ni siquiera la muerte puede hacer que comprendan lo que sucede.

171

Me han contado una anécdota muy bella:

En un burdel sonó el timbre de la entrada, y la *madam* abrió pero no vio a nadie. Luego, al mirar hacia abajo vio a un hombre sin brazos ni piernas, sentado en una plataforma con ruedas. La *madam* le dijo a aquel tipo:
—¿Qué puedes querer tú aquí?
El tipo la miró, sonrió y dijo:
—Toqué el timbre, ¿no?

Es demasiado. La gente piensa en sexo hasta el final, incluso muriéndose. Existe cierta interconexión, porque el sexo conlleva el nacimiento, y por lo tanto la muerte y el sexo están profundamente relacionados. Si no pudisteis solucionarlo mientras estabais vivos, será muy difícil que lo consigáis al morir. Porque cuando llega la muerte también viene acompañada de su polaridad, de su sombra.

La vida empieza con sexo. La vida finaliza con la muerte, y cuando llega la muerte, la energía sexual da un último empujón; se enciende. Esa llama te lleva a otra vida y la rueda empieza a moverse de nuevo. Al morir con una mente sexual y apasionada estás creando una nueva vida, un nuevo nacimiento. Has empezado a buscar un vientre. El sexo significa que ha empezado la búsqueda de un vientre. No estás ni siquiera muerto y ya has iniciado la búsqueda. Tu alma ya está preparándose para dar el salto a otro vientre.

Dice el Buda que si puedes morir sin pasión es que has roto el deseo. Puedes no volver a nacer. O aunque nazcas, sólo será una vez más. Tal vez quede un poco de karma, cuentas que hay que zanjar, cosas que acabar, pero básicamente eres libre.

Cuando la mente está libre de pasión, la mente es libre. Libertad significa libertad de las pasiones, y sólo una mente libre puede ver lo que es real. Sólo una mente libre —libre de pasiones— puede ver lo que hay aquí.

«Quienes mantienen pasiones no pueden percibir el camino, pues es como agitar el agua clara con las manos.»

¿Te has fijado alguna vez? En una noche de luna llena vas a un lago. Todo está en silencio... ni siquiera una onda en la superficie del lago... y la luna se refleja hermosa. Agita el agua, crea unas cuantas ondas con las manos, y la luna se divide en fragmentos; desaparece el reflejo. Ves plateada toda la superficie del lago, pero no ves la luna. Fragmentos y fragmentos... se ha roto la totalidad y ha desaparecido la integración.

La conciencia humana también puede estar en dos estados. Uno es el estado de pasión, cuando hay muchas ondas y olas anhelando una orilla en el futuro, o apegándose a otra orilla del pasado. Pero el lago está perturbado, su superficie no está en calma, sosegada y tranquila. La superficie no puede reflejar la realidad; la distorsiona.

Una mente repleta de pasión es un mecanismo distorsionador. Todo lo que ves lo ves a través de cristales distorsionados.

Acércate a un lago una noche de luna llena y observa estas dos cosas en la superficie: primero lo ves todo tranquilo, en calma, con la luna reflejándose, tremendamente bello, y todo tan quieto como si el tiempo se hubiese detenido. Y todo tan presente, como si sólo fuese el presente. A continuación, crea algunas ondas, o espera a que el viento distorsione el reflejo. El reflejo desaparece o es distorsionado. Luego miras y no puedes encontrar la luna, no puedes saber qué aspecto tiene. No puedes inferirlo a partir del reflejo.

Ésos son también los dos estados de la mente. Una mente sin pensamiento, deseo, pasión, es tranquila... serena como un lago. Todo se refleja tal cual es. Y conocer lo que es es conocer la verdad. Está a tu alrededor, por todas partes, sólo que tú no estás en estado de reflejarla.

Cuando desaparecen tus pasiones, poco a poco las cosas empiezan a ordenarse, se integran. Y cuando el reflejo es de una claridad perfecta, te liberas. La verdad libera. No hay nada más que libere. Conocer lo que es ser libre, es ser libertad absoluta.

Los dogmas no pueden liberarte, ni los credos, ni las iglesias. Sólo la verdad libera. Y no hay manera de hallar la verdad a menos que crees una situación en ti mismo en la que se refleje lo que es.

«Quienes mantienen pasiones no pueden percibir el camino.»

La conciencia ha de tornarse carente de contenido. Ése es el significado de carecer de pasiones. Cuando eres, cuando sencillamente eres. A eso lo llamo inocencia primordial. No anhelas ni deseas nada. Sólo estás en este momento, absolutamente aquí y ahora. De tu ser surge un gran contento, una enorme satisfacción. Te sientes bienaventurado.

De hecho, eso es lo que estabas buscando. En todos tus deseos no hacías sino buscar un estado de satisfacción, de contento. Pero los deseos no pueden causarlo. Los deseos crean más ondas en tu lago; los deseos crean más agitación en ti.

Sólo deseas una única cosa: cómo alcanzar un estado en el que todo sea sólo contento... sin ningún sitio al que ir... en el que uno simplemente se deleite. Sólo siendo se es dichoso. Sólo siendo, uno puede danzar y cantar. Eso es lo que andas buscando. Incluso en tus deseos, en tu codicia, en tu sexualidad, en tu ambición... Eso es exactamente lo que buscas, pero lo buscas en una dirección equivocada. No puede suceder de esa manera. Nunca ha sucedido de ese modo. Sólo puede suceder a través de un camino... el camino del Buda, el camino de Krishna o de Cristo.

El camino es el mismo; no pertenece a nadie. Ese camino está aquí, ahora, disponible para ti... Para encontrarlo sólo has de venir aquí. Te escapas a algún otro lugar y estás en casa. No se te encuentra nunca en la dirección que das, siempre estás en otro lugar. Dios viene a buscarte. Sí, claro que confía en ti, y ha ido a tu supuesta dirección, pero tú nunca estás allí. Llama a la puerta y la habitación está vacía, la casa está vacía. Entra en casa, mira por todas partes, pero no estás. Estás en otra parte. Siempre estás en otra parte... tu casa siempre está "en otra parte". La gente corriente cree que ha de buscar a Dios. Pero lo cierto es justo lo contrario, Dios te busca a ti, pero nunca te encuentra.

Lo que dice el Buda es que si careces de pasiones serás hallado. Serás hallado de inmediato, porque estarás sentado en el momento presente. Tu mente no vacilará, tu llama no vacilará. En ese momento de meditación te encuentras con la existencia, con la verdad. Te liberas.

«Quienes mantienen pasiones no pueden percibir el camino.»

Pero es necesario recordar una cosa. Puedes abandonar las pasiones mundanas; mucha gente lo hace. Se convierten en *sadhus*, en monjes, se van a monasterios, pero no abandonan las pasiones propiamente dichas. Ahora empiezan a pensar en Dios, empiezan a pensar cómo conseguir algo en el otro mundo. La mente del conseguidor continúa, sólo que su lenguaje ha cambiado. Ahora ya no desean dinero, ni una buena cuenta en el banco, pero siguen deseando seguridad, seguridad en las manos de Dios.

Cuando buscas un saldo bancario, o cuando te diriges a una compañía de seguros para hacerte uno, has de saber que sólo son lenguajes distintos para tu profunda búsqueda de seguridad. Dejas atrás todo eso y te haces cristiano o hinduista. ¿Qué buscas al convertirte al cristianismo? Sigues buscando seguridad. Piensas: «Este hombre, Jesús, es el hijo unigénito de Dios. Estaré más seguro con él». O bien intentas convertirte al hinduismo. Y piensas: «Estos hinduistas son los que más tiempo llevan en esto de la religión. Deben de saber algo. Deben saber los secretos de todo este asunto. Deben contar con claves. Muchas civilizaciones han aparecido y desaparecido, pero estos hinduistas deben tener algún truco, porque ahí continúan. Babilonia desapareció, Asiria está en ruinas, la antigua civilización de Egipto está en los museos. Muchas civilizaciones han existido sobre esta tierra y han acabado desapareciendo. Pero estos hinduistas son otra cosa, ahí están. No han sido destruidos por el tiempo, tienen una cierta cualidad de eternidad. Deben conocer algún secreto. Me haré hinduista».

Pero estás buscando seguridad. Si lo que buscas es seguridad es que tu mente sigue cargando con alguna pasión, deseo, miedo. Puedes no estar interesado en este mundo. Hay muchos que vienen a verme y me dicen: «Esto es impermanente, momentáneo; este mundo no vale la pena. Buscamos algo como el gozo permanente». Así que no ha cambiado nada. De hecho, parecen más codiciosos que la gente normal. La gente normal se satisface con cosas momentáneas. Éstos otros parecen muy insatisfechos. No se satisfacen con cosas momentáneas, con una bonita casa con jardín, un bonito coche, una bella esposa o un marido guapo, hijos... No están satisfechos. Dicen: «Todo eso es momentáneo, y tarde o temprano desaparecerá. Buscamos algo que no desaparezca». Esta gente es más codiciosa... ¡Su pasión no conoce límites! Y creen que son religiosos, pero no lo son. Una persona religiosa es aquella que ha abandonado todas las pasiones, y la pasión como tal. Cambiando el lenguaje no se cambia nada.

Así me lo han contado:

> El mulá Nasrudín le decía a su amigo:
> –Nunca te he llamado hijo de perra.
> –¡Sí que lo hiciste! –replicó el amigo, muy enfadado. E insistió–: ¡Sí que lo hiciste!
> –¡No, no lo hice! –repitió el mulá–. Todo lo que dije fue: «Cuando llegues a casa échale un hueso a tu madre».

¡Pero si es lo mismo! Pero que cambies el lenguaje no significa que cambie nada.

La persona que se pretende religiosa es tan mundana como la gente mundana, a veces incluso más. He conocido a mucha gente religiosa, a muchos monjes jainistas, que a mí me parecen más mundanos que sus seguidores. Porque el mundo no significa el mundo. El mundo significa pasión, deseo, codicia. Anhelas *moksha*, anhelan el otro mundo, el cielo, el paraíso. Sus sueños están repletos de futuro.

Tus sueños también están repletos de futuro, pero tu futuro no es tan grande. Sólo piensas en unos cuantos días por delante, y como mucho en unos cuantos años, eso es todo. Tu pasión no es intensa. Pero su pasión parece una demencia: no sólo piensan en términos de años futuros, sino de unas cuantas vidas futuras... del otro mundo. Sus deseos se han desquiciado, ¡están locos! Pueden irse y renunciar al mundo, pero esa renuncia es falsa porque renuncian a este mundo para alcanzar otros mejores. Cuando renuncias a una cosa por otra mejor, es un chanchullo, no es una renuncia.

Vas al cine a ver una película. Y claro, renuncias a cinco dólares de inmediato. Has de sacrificar cinco dólares enseguida. Pero nadie lo llama renuncia. Es un trato: si quieres vivir en el cielo, en el paraíso, deberás pagar por ello. Recuerda que siempre que estés pagando algo por algo, no es renuncia. La propia idea de pagar deja claro de inmediato que pertenece al mundo del deseo, porque la vida es gratis y nadie ha de pagar por ello.

Lo repetiré: la vida es absolutamente gratis, nadie ha de pagar por ella. En el momento en que empiezas a pagar por ella es que no es vida. Puede tratarse de algún tipo de artículo en el mercado, tal vez en el mercado religioso, pero no dejará de ser un artículo.

Si alguien te pide que renuncies porque ganarás el camino, entonces te está pidiendo que pagues por ello, que te sacrifiques por ello. Está hablando de economía, pero no de religión. Habla de economía. Te está diciendo: «Deberás pagar esto y lo otro. Si quieres estar en el paraíso de Dios, deberás pagar estas cosas. Deberás sacrificarte». Sí, claro, eso te atrae, porque conoces la lógica. ¿Cómo es posible obtener algo gratis? Hay que pagar por ello. Y cuando ves a Dios has de pagar muchísimo. Has de pagar con todos tus placeres; has de congelarte, morirte. Has de renunciar a la vida. Has de convertirte en un "buen chico", y entonces Dios se siente muy feliz: «Fíjate, este hombre ha renunciado a todo por mí. Ahora le permitiremos entrar en el cielo».

No hay que ganarse el paraíso, ni pagar por él. Sólo has de aprender a disfrutarlo, eso es todo. Si sabes cómo hacerlo, entonces lo tienes disponible ahora mismo. No has de pagar por ello.

Pero nuestra mente ha sido formada por economistas y políticos, que dicen que has de pagar. Sacrifica tu infancia para educarte, para que cuando seas joven puedas tener una bonita casa, una familia, respeto, un trabajo respetable. Deberás pagar por ello, sacrificar tu infancia para que cuando seas un joven adulto puedas disfrutar todos los placeres del mundo.

Pero cuando eres un adulto joven resulta que tu esposa te dice: «Contrata un seguro porque los niños están creciendo y necesitarán ayuda. Nosotros nos haremos viejos, y ¿qué haremos en la vejez?». Sacrifica ahora tu juventud en pro de la vejez, para que de viejo puedas jubilarte cómodamente. Así que sacrificas tu juventud por tu vejez. ¿Y qué harás cuando te jubiles? Tu vida habrá desaparecido preparándote continuamente para otra cosa. Y cuanto más te preparas, más hábil te vuelves en la preparación... y eso es todo. Así puedes preparar más.

Una persona que se torna habilidosa preparando nunca está lista para vivir. Siempre está lista para prepararse, eso es todo. Así es como se pierde la oportunidad de vivir. Y llegada la vejez te dicen: «Ahora prepárate para el otro mundo. ¿Pero qué haces? Lo que tienes que hacer es rezar, meditar, ir a la iglesia. Ahora has de ser religioso. ¿Pero qué haces? La muerte se aproxima, prepárate para la otra vida».

Toda esa lógica es una estupidez. La infancia sacrificada por la juventud; la juventud sacrificada por la vejez; la vejez sacrificada por la otra vida. Todo es un sacrificio. ¿Y cuándo llega el momento de disfrutar?

Permite que te diga lo siguiente: si quieres disfrutar, nunca prepares. Si quieres disfrutar, ¡disfruta! Hazlo ahora mismo, porque no hay otro modo de hacerlo. Si te conviertes en un gran preparador, hábil y capaz en realizar preparativos, siempre te estarás preparando, pero nunca emprenderás ningún viaje. Serás tan mañoso preparando, haciendo la maleta y deshaciéndola, que nunca sabrás cómo ir de viaje. Sólo sabrás cómo hacer y deshacer la maleta. Eso es lo que hace la gente en la vida.

La vida es gratis, es un regalo... un regalo de existencia. Disfrútalo. Que profundice todo lo posible en tu corazón; permite que ese secreto deje de serlo. ¡La vida es un regalo! Que haya baile en las calles.

No es necesario prepararse. El preparativo es siempre una sombra de pasión. Cuando tienes deseo del futuro has de prepararte ciertamente para él. En el presente no hay preparación posible. El presente ya ha llegado. Los árboles ya son verdes, y las rosas han florecido, y los pájaros te llaman. ¿Qué sentido tiene prepararse?

Esta tontería de prepararse es sólo humana. No la hallarás en ningún otro lugar. ¿Alguna vez has visto algún animal preparándose para algo? ¿Algún árbol preparándose para algo? ¿Alguna estrella preparándose para algo? Deben troncharse de risa: «¡Qué animal más ridículo es el ser humano!». Deben reírse con ganas: «¿Pero qué les ha pasado?». Ellos disfrutan, disfrutan *ahora*.

La realidad debe reflejarse con más claridad en los animales, las aves, y en las piedras que en el ser humano. La mente humana está llena de ondas. Hay que deshacerse de ellas.

El ser humano se encuentra en una situación muy extraña. Por debajo del hombre está la naturaleza, totalmente inconsciente y gozosa. Por encima del ser humano están los budas, totalmente conscientes y gozosos. El ser humano está entre ellos, es un pasadizo, un puente... una soga tendida entre dos eternidades. El ser humano no es feliz como el cuclillo en el jardín, ni tan feliz como el Buda. Está justo en medio, estirado, tenso, y quiere ir hacia ambos lados a la vez... y cada vez está más dividido.

Por eso digo que la esquizofrenia no es una enfermedad especial, sino un fenómeno muy común. No es inusual. Todo el mundo es esquizofrénico, ha de serlo. La propia situación de la humanidad lo es. El ser humano no es consciente y por ello no puede ser como los árboles, no puede disfrutar sin preparación. Y tampoco es búdico, y por ello no puede disfrutar sin preparación. No está en el presente. Está justo en medio.

Pero no hay de qué preocuparse. Ahora no puedes ser nunca tan feliz como un árbol. No hay manera de retroceder... ese mundo se ha perdido. Ése es el significado de la expulsión de Adán del jardín del Edén... Ha dejado de formar parte de la beatitud inconsciente. Se ha hecho consciente al comer del fruto del árbol del conocimiento. Se ha convertido en ser humano.

Adán es un ser humano, y todo ser humano es como Adán. Toda infancia tiene lugar en el jardín del Edén. Todos los niños son tan felices como los animales, tan felices como los seres humanos primitivos, tan felices como los árboles. ¿Has observado alguna vez a un niño corriendo por el bosque, por la playa? Todavía no es humano. Su mirada sigue siendo clara, pero inconsciente. Deberá salir del jardín del Edén.

No es que a Adán le expulsasen del paraíso en una ocasión. Todo Adán volverá a ser expulsado una y otra vez. Todos los niños serán echados del jardín; forma parte de su crecimiento. El dolor es el del crecimiento. Hay que perderlo una y otra vez, para ganarlo conscientemente. Ésa es la carga y el destino del ser humano, su angustia y su libertad, su problema y su grandeza... ambas cosas.

El Buda no es sino Adán regresando, re-entrando al jardín del Edén. Pero ahora lo hace con conciencia total. Ahora se completa el círculo. Llega danzando, llega totalmente dichoso. Es tan dichoso como cualquier árbol, pero no inconsciente. Ha obtenido conciencia, se ha elevado hacia la conciencia. Ahora no sólo está gozoso, sino que es consciente de que lo es. Ha aparecido una nueva cualidad.

Eso mismo es lo que está intentando penetrarte, tocándote en la cabeza desde todas partes. Eso es lo que quiero decir cuando digo que Dios te busca. Quiero decir que la conciencia quiere suceder en ti. Permite que así sea. Reconoce esa existencia, la naturaleza te busca. Suelta, armonízate con ella. Eso es lo que el Buda llama *dhamma*, estar en armonía con la naturaleza... totalmente en armonía, pero consciente.

Y no esperes. No esperes a alcanzar una era en la que toda la humanidad será consciente y carente de pasiones. Será una espera vana; esperarás en vano.

Así me lo han contado:

> Un borracho regresaba a casa andando cuando topó con un grupo de hombres que cavaba un hoyo en medio de la calle.
> –¿Qué están haciendo? –preguntó vacilante.
> –Construimos una línea de metro –fue la respuesta.
> –¿Y cuándo acabarán? –preguntó el beodo.
> –Pues... en unos ocho años.
> El borracho pareció pensárselo durante unos instantes y luego respondió:
> –¡Al demonio! Tomaré un taxi.

Llegará un día en que la humanidad sea consciente de manera colectiva –esa posibilidad existe– pero nadie sabe cuándo. Pueden llegar a pasar millones de años, y antes de que suceda, millones de individuos deberán convertirse en budas. Luego es posible que llegue un día en que la budeidad se convierta en un fenómeno natural.

Pero antes de que eso llegue habrás de esforzarte individualmente, y no puedes esperar más. Esperar sería suicida. Y si todo el mundo espera, nunca sucederá porque, para que ocurra, cierto número de almas individuales deben convertirse en budas.

Se están realizando algunos experimentos con la meditación. Se ha descubierto que en una aldea, en una pequeña aldea de cuatrocientos habitantes, el número de meditadores alcanza al menos el uno por ciento... por ejemplo, y si en una población de quinientos habitantes empiezan a meditar cinco, la tasa de delitos de la población cae de inmediato. Sólo el uno por ciento afecta a toda la conciencia. Y eso que con sólo meditar no son budas.

Si el uno por ciento de la humanidad se convirtiese en budas, cambiaría toda la calidad. La conciencia se tornaría más fácil, casi natural y espontánea.

Así que si esperas, esperarás en vano. Y si esperas y todo el mundo sigue esperando, nunca sucederá. Haz algo al respecto, porque haciendo algo crearás una situación en la que cada vez será más fácil que les suceda a los demás.

> «Quienes mantienen pasiones no pueden percibir el camino, pues es como agitar el agua clara con las manos. La gente puede llegar esperando hallar un reflejo de sus rostros que, sin embargo, nunca alcanzan a ver.»

Por eso no sabes quién eres. Si no puedes ver tu propio rostro en tu mente, ¿cómo podrás ver otras cosas? ¿Qué decir del rostro de la verdad, de la existencia? No eres capaz de mirar tu propio rostro en tu mente... ni siquiera es posible ese reflejo. El rostro no se convierte en una realidad, sólo ves fragmentos porque la mente está continuamente agitada, vacilante.

La llama nunca está en un estado de reposo, y por ello todo parpadea. A veces ves uno de tus ojos, y a veces la nariz, o una mano, o parte del rostro, pero siempre lo ves turbio. Y si quieres descifrarlo, se convierte en un cuadro de Picasso. No sabes qué es qué.

> Me han contado que Picasso pintó el retrato de un amigo. Llegó el amigo y lo miró de arriba abajo. Dijo:
> –¡Qué bueno! Es precioso, pero no me gusta la nariz. Deberías cambiar aunque sólo fuese eso.
> –Vale, vuelve dentro de un mes –pidió Picasso.
> –¡Un mes! ¿Tanto te costará?
> –No puedo ni siquiera asegurarte que lo acabe en un mes –dijo Picasso.
> –¿Qué quieres decir?
> Y Picasso replicó:
> –No me obligues a decir la verdad. De hecho no sé dónde puse la nariz. Debo hallarla y meditar en ello. Te he hecho la nariz, de eso estoy seguro, ¿pero dónde?

Si te observas a ti mismo te verás como un cuadro de Picasso. Todo está desordenado, hecho un lío. Careces de tu identidad, de quién eres. Así que te apegas a ayudas externas, a apoyos: tu nombre, el nombre de tu padre, el apellido de tu familia, tus títulos universitarios, tu carrera... No son más que apoyos; te ayudan de algún modo a tener cierta idea acerca de quién eres. Pero en realidad no sabes quién eres. ¿Cómo puedes conocerte a ti mismo cuando sólo sabes que eres médico, ingeniero o fontanero? ¿Qué tiene que ver eso con tu ser? Puedes ser fontanero, médico, ingeniero, y no tendrá nada que ver con tu ser esencial. No son más que accidentes. Puedes ser blanco o negro, pero eso no tiene nada que ver con tu ser esencial. Sólo son accidentes, nada esencial. La diferencia entre un blanco y un negro se reduce a un pigmento. Si vas al mercado descubrirás que el pigmento cuesta cuatro cuartos. Ésa es la única diferencia entre un negro y un blanco. Muy poco esencial, pero se le ha dado una importancia exagerada.

¿Cuál es la diferencia entre un rico y un pobre?... sólo accidental. ¿Entre un hombre de éxito y un fracasado?... sólo accidental. Esos accidentes en realidad no te definen. Pero no sabemos cómo definirnos de otro modo, así que nos apegamos a ese fragmento y lo convertimos en algo.

La realidad de tu ser está en tu interior. Sólo necesitas una mente en silencio y la reflejarás. Sabrás quién eres, y ése será tu primer paso para saber qué es la realidad. ¿De qué va todo esto? ¿Qué es este mundo mágico?

Al conocerte a ti mismo habrás dado el primer paso para conocer la existencia, para conocer el todo. Al conocerte a ti mismo de manera absoluta habrás dado el último paso para conocer el todo. Al conocerte a ti mismo sabes lo que es la santidad. No hay otra manera, porque sois dioses, pero no sois capaces de veros la cara.

> «Una mente agitada y atribulada por las pasiones es impura, y por ello nunca percibe el camino.
> »¡Oh, monjes, acabad con las pasiones! Cuando se acaba con la impureza de las pasiones el camino se manifiesta por sí mismo.»

«El camino se manifiesta por sí mismo.» No es necesario descubrirlo. Todo lo que se necesita es contar con una mente inocente y pura. Y cuando el Buda dice pura, no quiere decir una mente moral, no quiere decir una mente religiosa. Su definición de pureza es más científica; dice que la pureza es una mente que carece de pensamiento.

Un ser humano moral es moral, pero tiene pensamientos morales. Una persona inmoral es inmoral, pero tiene pensamientos inmorales. En lo tocante a la mente, ambos están llenos de pensamientos. Una persona mundana tiene pensamientos mundanos, una persona religiosa tiene pensamientos religiosos. Tanto si cantas una canción de la última película como una oración religiosa, no existe diferencia. Tu mente fluctúa, no está en silencio.

Así que con "pura" el Buda no quiere decir moral, no... Simplemente hace referencia a una mente que carece de contenido. Todo contenido conlleva impureza; todo contenido es impuro, fuere cual fuere. No dice "impureza" en ningún sentido condenatorio, sino en un sentido muy científico. Cualquier cosa extraña, ajena, hace a la mente impura.

La mente sólo es reflejo puro, la capacidad de reflejar. Si la mente alberga ideas, las ideas impedirán que ese reflejo sea puro. Entonces empieza la proyección y se destruye el reflejo. Así que cuando tengas ideas religiosas o no religiosas, tanto si eres comunista como demócrata, todo ello no significa diferencia alguna. Cristiano, musulmán, hinduista, sij... ninguna diferencia. Si tienes ideas, tu mente es impura.

Una mente llena de conciencia estará vacía de todo contenido. Ni será cristiana, ni hinduista, ni judía. No será una persona moral ni inmoral. Simplemente será. Ese ser, esa existencialidad, es pureza. Eso es lo que yo llamo inocencia primordial. Todo el polvo queda iluminado y no eres más que una fuerza reflejante.

«¡Oh, monjes, acabad con las pasiones! Cuando se acaba con la impureza de las pasiones el camino se manifiesta por sí mismo.»

Y de repente... verás. El camino siempre ha estado aquí y ahora, sólo que tú no lo veías. Es imposible perder el camino. Puedes intentarlo... y eso es precisamente lo que has estado haciendo. Puedes intentarlo, y durante unos instantes también puedes creer que lo has logrado. Pero de hecho nunca sucede. No puedes perder el camino; no hay forma de perder el camino. No hay manera de extraviarse. En tus sueños puedes creer que te pierdes, pero en realidad no es así. Te despertarás en cualquier momento y te reirás al haber creído que te habías perdido. Nunca has salido ni siquiera de tu casa... siempre has vivido aquí. Pero no has hecho más que soñar y soñar con los ojos cerrados.

En los sueños puedes alejarte si quieres, pero en realidad no hay modo de ir a ninguna parte. Porque estés donde estés, la realidad es. Tú formas parte de la realidad y sólo existes como una parte orgánica de la realidad. No puedes alejarte, no puedes separarte. Estás entremezclado con la existencia, estás entretejido con la existencia. No somos dependientes, ni tampoco independientes, sino interdependientes. Somos miembros de los demás. No hay modo de ir a ninguna parte.

Así que cuando la mente es pura, *«cuando se acaba con la impureza de las pasiones, el camino se manifiesta por sí mismo.»*

De repente lo verás... El camino está frente a ti. De repente reconocerás que siempre has estado a la puerta, en el umbral. Empezarás a reírte. ¡Ha sido todo tan ridículo...!

Una persona verdaderamente religiosa nunca pierde el sentido del humor. Y si conocéis a una persona religiosa sin sentido del humor, podéis estar seguros de que todavía no ha llegado a casa. Porque una persona religiosa... cuanto más comprende, más comprueba la ridiculez de todo este juego, y más se ríe. ¿Cómo era posible? ¿Cómo pude soñar de ese modo? ¿Cuánto tiempo he estado soñando? Y todos esos sueños parecieron muy reales.

Dijo el Buda:

«Ver el camino es como entrar en una habitación oscura con una antorcha. La oscuridad desaparece instantáneamente, y sólo queda la luz. Cuando se realiza el camino y se ve la verdad, desaparece la ignorancia y la iluminación permanece para siempre».

Una bella máxima a recordar: *«Ver el camino es como entrar en una habitación oscura con una antorcha».*

Si entras en una habitación oscura con una antorcha, con una lámpara, la oscuridad desaparece de inmediato; el Buda dice *instantáneamente*. No requiere tiempo. No es que entres con la luz y la oscuridad vaya desapareciendo poco a poco, indecisa, tomándose su tiempo antes de irse. No, no hace falta tiempo porque la oscuridad no es real.

Si fuese real, requeriría algo de tiempo, tal vez un milisegundo, pero no requiere de tiempo alguno. Debería viajar, y viajar requiere tiempo. A veces podría tratarse de una oscuridad perezosa, y requeriría un poco de tiempo. A veces podría ser rápida, y se largaría enseguida. Pero en cualquier caso, requeriría tiempo si fuese real.

Cuando enciendes la luz, el principio de la luz significa la desaparición de la oscuridad. La oscuridad no es, la luz es. Cuando la oscuridad es, de hecho no hay nada. Sólo es la ausencia de luz, eso es todo. La oscuridad no tiene un ser positivo, sólo es la ausencia de luz. Así que cuando introduces presencia, la ausencia deja de estar.

El Buda dice que este mundo es como la oscuridad. Una vez que lo iluminas, una vez que te tornas consciente, una vez que abandonas tus pasiones y te tornas meditativo, una vez que la mente realiza la pureza de meditar, aparece repentinamente la luz. La oscuridad se disipa, instantánea, inmediata, sin tiempo.

> «Ver el camino es como entrar en una habitación oscura con una antorcha. La oscuridad desaparece instantáneamente, y sólo queda la luz. Cuando se realiza el camino y se ve la verdad, desaparece la ignorancia y la iluminación permanece para siempre.»

La iluminación es lo que siempre ha sido. La iluminación es lo que siempre ha estado ahí. Pero tú no eras consciente. Dormías. Se hallaba sentada a tu lado, aguardando a que te despertases. La iluminación es tu naturaleza, tu propio ser. Ha estado ahí desde el principio. Está ahí ahora mismo. Si puedes llamear de conciencia, entonces la realizas de inmediato. Se trata de una iluminación súbita.

Pero si quieres, puedes tomarte tu tiempo, ser más lento, llegar de manera gradual. Puedes darte la vuelta y dormir un rato, y esperar un poco más. Pero ahí la hallarás, siempre que abras los ojos. Siempre ha estado ahí. Podría haberse realizado en cualquier momento; nunca fue difícil. Te pareció difícil porque dormías. Pero cuando te despiertes, te reirás. ¿Por qué era tan difícil? Era algo siempre presente, sólo tenías que reclamarla.

El camino es. Las olas van y vienen... el océano es. Las mentes van y vienen... la inmentalidad es. Los papeles van y vienen... el Buda es. El Buda es tu rostro original, tu originalidad, tu auténtico ser.

> «¡Oh, monjes, acabad con las pasiones!»

Soltad el deseo. Nuestro deseo no llega a nada. Nuestro deseo se convierte en nuestra interpretación de todo. Cuanto más deseas, más miserable eres, porque cuanto más deseas, más grandes serán tus expectativas. Cuanto más desees, menos agradecido serás, porque cuanto más desees, más sentirás que el hombre propone y Dios dispone. Cuando menos desees, más agradecido serás, porque cuanto menos desees, más te darás cuenta de lo que se te da sin desear, sin pedir. Si no deseas nada, sentirás siempre una tremenda gratitud por tanto como se te ha dado. La vida es un regalo de tal calibre... pero seguimos con nuestra mente.

Así me lo han contado:

Había un hombre al que se le consideraba el más vago del país y, claro, pasaba gran parte del tiempo durmiendo. Era tan inactivo y tan inútil que en una ocasión los aldeanos pensaron que sería buena idea enterrarle, tanto si estaba vivo como muerto.

Hicieron un ataúd basto y lo llevaron a casa del vago, a quien metieron dentro sin que mediase protesta alguna por parte de su familia, y salieron con el viejo hacia el cementerio. No hubo ninguna resistencia de su parte, era tan vago... Dijo: «Vale». O puede que ni siquiera dijese eso. Puede que sólo observase lo que ocurría.

Pero antes de llegar al cementerio les detuvo un forastero que se había enterado de tan sombrías intenciones. Le contaron al forastero que aquel hombre no trabajaba ni tenía nada de maíz en su casa, y que la gente del pueblo estaba harta de darle de comer.

–Ya basta –dijeron–, estamos hartos.

–Si estáis dispuestos a abandonar vuestra actitud, de buena gana le daré a ese hombre una carretada de maíz –dijo el extraño.

Antes de que los aldeanos pudieran decir palabra, una cabeza asomó por encima del ataúd, y el que estaba casi muerto preguntó:

–¿Ese maíz ya está desgranado?

El vago se preocupaba por el maíz... si estaba desgranado o no. Estaba dispuesto a morir, pero si tenía que desgranar el maíz él mismo, entonces era demasiado esfuerzo.

Un hombre inmerso en la pereza lo observa todo a través de su pereza. Su pereza se convierte en la interpretación de las cosas.

Si estáis dormidos, observaréis la vida con ojos soñolientos, claro está.

Y si pasáis por alto la vida, es natural, porque la vida sólo es posible cuando se tienen los ojos bien vivos, si irradian vida. Si observas la vida con unos ojos bien vivos, entonces se produce un encuentro, una comunión.

Vivimos rodeados de nubes de deseo. Y esos deseos se convierten en nuestra interpretación. No hacemos más que pensar según esos deseos.

Así sucedió:

Los candidatos a un trabajo en una presa debían realizar un examen escrito, cuya primera pregunta era: ¿qué significa hidrodinámica?

El mulá Nasrudín, uno de los candidatos al trabajo, se lo miró, y luego escribió a continuación: «Significa que no me darán el trabajo».

Sea cual sea el sentido que le demos a la vida, se lo damos a la vida. Y el Buda está diciendo que si quieres conocer el verdadero sentido de la vida, entonces has de dejar de darle ningún sentido. Entonces el camino se revela a sí mismo. Entonces la vida abre sus puertas misteriosas. Dejas de darle sentido... tus deseos no dejan de darle sentido; definen lo indefinible. Y tú permaneces ofuscado por tus deseos, y todo lo que sabes no es más que tu propio soñar. Por eso en la India decimos que esta vida, que esta pretendida vida vivida a través de los deseos, es *maya*, es algo mágico. Tú la creas, y tú eres el mago. Es tu *maya*, tu magia.

Recuerda que no vivimos en el mismo mundo. Vivimos en mundos separados, porque no vivimos en los mismos deseos. Proyectas tus deseos, tu vecino proyecta los suyos. Por eso cuando conoces a alguien y quieres vivir con esa persona –una mujer, un hombre o un amigo– surgen las dificultades. Es el choque de dos mundos.

Todo el mundo es bueno a solas. Juntos, algo siempre va mal. Nunca he conocido a ninguna persona errónea, pero cada día debo observar y ver relaciones erróneas. Nunca he conocido a una persona errónea, pero encuentro relaciones erróneas a diario. Da la impresión de que casi todas las relaciones van mal. Como ambas personas viven en dos mundos de deseo, cuentan con sus propios mundos mágicos. Y cuando se juntan, esos mundos entran en colisión.

Así sucedió:

> Una noche, el mulá Nasrudín se hallaba sentado a un lado de la chimenea y su esposa al otro. Entre ambos estaban el gato y el perro, parpadeando perezosamente frente al fuego. La esposa aventuró este comentario:
> –Querido, fíjate en el perro y el gato. Mira qué pacíficos y tranquilos están juntos. ¿Por qué nosotros no podemos?
> –Sí, así es –dijo Nasrudín–. Pero ahora átalos juntos y veremos qué pasa.

Ata a dos personas juntas –eso es el matrimonio– y veamos qué pasa. De repente los dos mundos... parece casi imposible llegar a entender a la mujer que amas. No debería ser así –la amas–, pero parece imposible llegar a entenderla. Es imposible entender al hombre que amas. No debería ser así –le amas–, pero parece imposible llegar a entenderle.

Es muy fácil entender a los extraños; es muy difícil entender a los seres más cercanos. Entender a tu madre, padre, hermano, hermana, amigo, es muy difícil. Cuanto más cerca estás, más difícil, porque los mundos colisionan.

Esos mundos te rodean como un aura sutil. A menos que abandones la creación mágica que no haces más que alimentar, seguirás en conflicto.

184

Seguirás en conflicto con las personas, y seguirás en conflicto con la existencia porque el otro tiene su mundo, y tú tienes el tuyo particular. Nunca van juntos. Has de soltar tu mentalización.

Soltar la mentalización es de lo que se trata cuando meditas. Has de soltar tu pensamiento, tu desear. Sólo has de ser, y entonces todo encaja en un todo orgánico, se convierte en una armonía.

Y esos deseos son la raíz de la oscuridad que te rodea. Esos deseos son el sostén, el fundamento de la oscuridad que te rodea. Esos deseos son los obstáculos que no te permiten permanecer alerta.

Cuidado con esos deseos. Y recuerda que tener cuidado es estar atento. Es la única manera. Si de verdad quieres deshacerte de esos deseos, no empieces a luchar contra ellos, o volverás a perder de nuevo. Porque si empiezas a luchar con tus deseos significará que has creado un nuevo deseo... ser sin deseos. Ahora ese deseo chocará con los otros. Eso no sería más que cambiar el lenguaje, pero serías el mismo.

No empieces a luchar contra los deseos. Cuando el Buda dice: «¡Oh, monjes, acabad con las pasiones!», no quiere decir que haya que luchar con ellas. Porque sólo puedes luchar si hay un premio, si vas a realizar o conseguir algo. Entonces es que ha vuelto a surgir un deseo, en una nueva forma, pero es el mismo y viejo deseo. No luches, sólo sé consciente.

Ten cuidado con los deseos. Estate más atento, más alerta. Y verás que cuanto más alerta estés, menos deseos aparecerán. Las ondas empiezan a decrecer, las olas empiezan a desaparecer. Y un día, de repente... puede ocurrir en cualquier momento, porque todos los momentos son tan potenciales como cualquier otro. No hay momentos favorables para ello. Puede suceder en cualquier momento ordinario, porque todos los momentos ordinarios son favorables. No es necesario que tenga lugar bajo un árbol de la Bodhi. Puede suceder bajo cualquier árbol, o incluso sin árbol. Puede suceder en el tejado de tu casa. Puede suceder en cualquier parte... porque la sacralidad está en todas partes.

Pero sé consciente poco a poco. Crea más y más conciencia, haz acopio de más y más conciencia. Un día esa conciencia alcanzará un punto, la energía será tanta, que simplemente explotará. Y en esa explosión desaparece la oscuridad y la luz es. La oscuridad desaparece de inmediato, instantáneamente, y la luz es. Y esa luz es tu propia luminosidad, y por ello no puedes perderla. Una vez conocida se convierte en tu tesoro eterno.

Basta por hoy.

10. LA DISCIPLINA MÁS ALLÁ DE LA DISCIPLINA

Dijo el Buda:

«Mi doctrina es pensar el pensamiento que es impensable, practicar la acción que no se hace, pronunciar el discurso inexpresable y formarse en la disciplina que está más allá de la disciplina. Quienes lo entiendan están cerca; los que se confunden están lejos. El camino está más allá de palabras y expresiones, no está limitado por nada terrenal. Si lo perdemos de vista una pulgada o no damos con él durante un instante, nos alejaremos de él para siempre.»

Este sutra es uno de los más importantes, uno de los básicos del mensaje del Buda. La esencia de su mensaje aparece en él como una semilla. Profundicemos en él e intentemos comprenderlo. Porque si comprendéis este sutra, entenderéis todo lo que el Buda quiere que comprendáis. Si os perdéis este sutra, lo perdéis todo.

Dijo el Buda:

«Mi doctrina es pensar el pensamiento que es impensable, practicar la acción que no se hace, pronunciar el discurso inexpresable y formarse en la disciplina que está más allá de la disciplina.»

La elección de la palabra "doctrina" es desafortunada, pero hay dificultades a la hora de traducirla. El Buda debió utilizar la palabra *siddhanta*, que tiene un sentido totalmente distinto. Por lo general se la traduce como "doctrina"; pero no debería ser así. El problema es que en las lenguas europeas no existe el equivalente para *siddhanta*, así que os lo tendré que explicar.

Una doctrina es una teoría lógica coherente. *Siddhanta* no tiene nada que ver con lógica, teoría o coherencia. Un *siddhanta* es una realización, una experiencia. Una doctrina es intelectual, *siddhanta* es existencial. Puedes fabricar una doctrina sin ser transformado por ella. Puedes crear una gran doctrina sin ni siguiera verte afectado por ella. Pero si quieres alcanzar un *siddhanta* deberás ser totalmente transformado, porque será la visión de una persona totalmente distinta.

La palabra *"siddhanta"* significa la afirmación de quien se ha convertido en *siddha*, quien ha realizado, quien ha llegado... es su declaración. Puedes ser un gran filósofo, puedes entender muchas cosas intelectualmente, puedes sistematizar tus inferencias, y puedes crear un silogismo muy coherente y lógico que casi parezca la verdad, pero no lo es. Ha sido manufacturado por tu mente. Una doctrina es artificial; un *siddhanta* no tiene nada que ver con el esfuerzo intelectual humano. Un *siddhanta* es una visión... a la que se llega.

Por ejemplo, un ciego puede pensar sobre la luz y puede intentar comprender de qué se trata. Incluso puede escuchar grandes tratados sobre la luz y puede hacerse una cierta idea al respecto, pero eso será todo. Seguirá estado tan alejado de la luz como antes. Incluso podrá exponer la doctrina sobre la luz, explicar su física y su estructura. Puede profundizar entre los componentes de la luz, puede hablar de ello, puede llegar a escribir una tesina al respecto. Puede ser declarado doctor por una universidad, porque ha argumentado una doctrina... pero seguirá sin saber qué es la luz. No tiene vista para ver.

Un *siddhanta* es lo que has visto, lo que te ha sido revelado, lo que se ha convertido en tu propia experiencia y con lo que te has encontrado. Una doctrina casi es imaginaria, no es real. Una doctrina es casi algo prestado. Puedes ocultar tus empréstitos de muchas maneras, de maneras sutiles y arteras. Puedes reformular, puedes beber de muchas fuentes y puedes reorganizarlo todo, pero una doctrina es algo tomado prestado... No hay nada original en ella.

Un *siddhanta* es totalmente original, nuevo. Es tu auténtica experiencia. Has visto qué es la realidad. Es una percepción inmediata, una bendición, una gracia, un regalo. Has llegado y has visto lo que es la verdad. *Siddhanta* es la declaración referente a una realización. Argumentar una doctrina es una cosa; dar expresión a un *siddhanta* es totalmente otra.

Así me lo han contado:

> En una ocasión, el mulá Nasrudín se hallaba conversando con algunos amigos. Les contaba las estupendas vacaciones que él y su familia acababan de pasar en los Estados Unidos.
>
> —Es un país maravilloso —exclamó—. En ningún otro lugar del mundo tratan tan bien a un extranjero. Caminas por la calle y conoces a un tipo bien vestido con montones de dólares. Se toca ligeramente el sombrero para saludarte y te sonríe, y empezáis a hablar. Te invita a subir a su enorme coche y te enseña la ciudad. Te invita a una cena estupenda, y luego te lleva al teatro. Luego más comida y mucha bebida, y te invita a su casa y duermes de maravilla toda la noche. A la mañana siguiente...
>
> —Nasrudín —interrumpió uno de sus oyentes—. ¿De verdad te pasó todo eso?

187

–Bueno, no, no exactamente, pero le pasó a mi mujer –respondió el mulá.

Una doctrina es lo que le ha pasado a otro. La has escuchado. No te ha sucedido a ti... es prestada, sucia, fea. Un *siddhanta* es virgen.

Una doctrina es una prostituta. Ha pasado por muchas mentes, por muchas manos. Es como un billete muy usado; no hace más que cambiar de propietario. Un *siddhanta* es algo totalmente fresco. Nunca ha sucedido antes, y nunca sucederá después. Te ha ocurrido a ti. Un *siddhanta* es profundamente individual. Es una visión personal de la realidad. Lo que le sucedió al Buda es un *siddhanta*; lo que argumentan los budistas es una doctrina. Lo que le sucedió a Cristo es un *siddhanta*; los cristianos hablan de una doctrina. Lo que le sucedió a Krishna es un *siddhanta*; de lo que se jactan los hinduistas es una doctrina. Lo que os estoy diciendo es un *siddhanta*; si vais por ahí repitiéndolo será una doctrina. Por eso dije que "doctrina" fue una elección muy desgraciada para ponerla en boca del Buda.

«Mi doctrina es pensar...». No, mejor: *«Mi* siddhanta *es pensar...»*, mi realización es pensar, mi propia comprensión es pensar... No está proponiendo una teoría, sino que sólo expresa una experiencia.

Unas cuantas cosas más antes de entrar en el sutra.

Un *siddhanta* es paradójico por naturaleza. Ha de serlo, porque la vida lo es. Si realmente lo has experimentado, entonces todo lo que ves y dices será paradójico. La vida consiste en contradicciones. Las llamamos contradicciones, pero la vida no las llama así. Son complementariedades. La noche y el día bailan juntos, la vida y la muerte bailan juntas, el amor y el odio van de la mano. Lo llamamos contradicciones, pero en la vida no lo son. La vida es grande, vasta e inmensa. Incluye en ella todas las contradicciones; son complementariedades.

Lo que ha realizado una persona, diga lo que diga, tendrá el sabor de una paradoja. Por eso todas las grandes declaraciones religiosas son paradójicas. Están en los Vedas, en las Upanishads, en el Corán, en la Biblia, en el Tao te ching. Allí donde encuentres la verdad, te parecerá paradójica, porque la verdad ha de ser total, y la totalidad es paradójica.

Una doctrina nunca es paradójica, una doctrina es muy coherente, porque no se preocupa de la realidad. A una doctrina le preocupa ser coherente. Desconoce la realidad. Es un juego mental, y la mente es muy, pero que muy lógica. Y la mente no admite contradicciones. La mente dice que si hablas sobre la luz no lo haces sobre la oscuridad porque entonces sería incoherente. Olvídate de la oscuridad. La mente intenta demostrar que la vida no es contradictoria, porque ésa es su elección.

La mente es muy temerosa de las contradicciones, se torna muy remilgada cuando halla una contradicción. Insiste en su propia pauta. La mente es lógica, la vida no. Así que si descubrís algo muy lógico, andaos con cuidado, porque debe haber algo erróneo en ello. Puede no formar parte de la vida, puede ser artificial.

Todo lo existencial es contradictorio. Por eso la gente discute sobre Dios. ¿Por qué –si Dios ama tanto al ser humano– creó la muerte? A la mente le resulta muy difícil aceptar la idea de que la existencia contiene la vida y también la muerte. Si dependiese de ti, si fueses el creador del mundo, si tu mente fuese el creador, no lo habrías hecho nunca.

Pero piensa en una vida en la que no existiese la muerte. Sería puro aburrimiento. Sería puro tedio. Piensa... si la muerte fuese imposible, entonces te hallarías siempre en un infierno. Si la mente hubiese creado el mundo, entonces sólo habría amor, no odio. Pero imagina un mundo en el que sólo existiese el amor. Sería tan dulce... dulzón y empalagoso hasta el punto de resultar nauseabundo. Perdería la gracia, el color, sería chato. El amor es hermoso a causa de la posibilidad del odio.

Si la mente tuviera que crear el mundo, o si se lo hubieran pedido a Aristóteles, entonces sólo sería de día, no habría noche; sólo habría trabajo, sin juegos. ¡Imagínate lo que pasaría! Tal vez sea ésa la razón por la que Dios creó al hombre al final. Primero creó todas las otras cosas, pues si no, el ser humano le habría empezado a dar consejos. Según la Biblia, Dios creó primero los árboles y la tierra, los cielos y las estrellas, los animales y las aves... y luego esperó y esperó. Y a continuación creó al hombre, y luego a la mujer, porque el hombre, tal vez por cortesía, podría haber estado callado, pero una mujer no puede callarse. Dios debe haberse asustado. No crearé al hombre, porque si no empezará a darme consejos: «Haz esto, no hagas lo otro». Y para crear a la mujer esperó hasta el final, ¡y tras hacerlo, desapareció! De otro modo, la mujer le habría dado la lata hasta la muerte.

Un industrial me contaba que en su nueva fábrica todo había sido planeado, acordado. Los ingenieros, arquitectos y proyectistas lo habían acotado y acordado todo. Le pregunté:
–¿Por qué no deja de repetirme una y otra vez que todo fue acordado? ¿Algo fue mal?
Me dijo:
–Luego volví a casa y le hablé de ello a mi mujer ¿Por qué lo haría? Ahora no deja de sugerir cosas que lo cambiarían todo. Y si no le hago caso, entonces se convertirá en un problema constante para el resto de mi vida. Me dará la lata hasta la muerte.

Si le hubiesen pedido a Aristóteles que crease el mundo, o que ayudase a crearlo, entonces el mundo hubiera sido total y absolutamente coherente. Pero hubiera sido un mundo lleno de miseria e infernal. La vida es bella a causa de sus contradicciones. Trabajar está bien porque también hay juego. Trabajar significa que has de hacer algo para obtener algo. Jugar significa que lo haces por sí mismo. No, Aristóteles no lo hubiera permitido, ni Platón tampoco. En su *República*, Platón dice que no habría lugar para los poetas: «No los permitiremos. Son gente peligrosa, traen la contradicción al mundo. Los poetas son soñadores y hablan de modo vago y ambiguo. No puedes sacar nada de provecho de lo que dicen». En el mundo de Platón, en su *República*, los lógicos y filósofos serían los reyes; ellos decidirían.

Todavía no ha sucedido del todo, aunque sí parcialmente. Por ejemplo, la Rusia soviética era más platónica, China es más platónica. Ambos países han sido dirigidos por la lógica, y no podrás hallar gente más desdichada en ningún otro lugar. Bien alimentados y bien resguardados, porque la lógica es una gran arreglista de cosas; todo debe ser dispuesto... Sólo que falta la vida. La gente no acaba de ser feliz, porque no sólo de pan vive el hombre. También necesitas lo contrario. Trabajas todo el día y descansas de noche. También necesitas la oscuridad.

Una doctrina es la declaración lógica de una teoría, y la lógica es como un camaleón: no deja de cambiar de color, no es de fiar. Y no lo es porque no se basa en la realidad. No es responsable porque no se basa en la realidad. Es falsa porque es una verdad parcial. Recuerda que una verdad parcial es más falsa que una falsedad total. Porque una verdad parcial da la sensación de ser verdadera. Sólo es una media verdad y nada puede ser verdadero a medias. O es verdad o no lo es. Una verdad a medias es totalmente falsa, pero la lógica le proporciona la sensación de ser verdad; al menos parece estar camino de la verdad.

Pero ni siquiera está camino de la verdad. Y los lógicos no hacen más que piruetas, cambiando sus puntos de vista, porque de hecho no han llegado a nada que sea realmente real, sólo a sus juegos mentales. Un día un juego, y al siguiente otro juego distinto; no hacen más que cambiarlos. Son coherentes... coherentes con su propia línea de pensamiento, pero incoherentes con la realidad.

Así me lo han contado:

–Es difícil poder explicar lo que un curso de lógica provocaría en el pensamiento de una persona, pero permite que te lo ilustre –dijo el mulá Nasrudín a su hijo–. Imagina que dos hombres salen de una chimenea. Uno está limpio, y el otro sucio. ¿Cuál de ellos se bañará?

–El sucio, naturalmente –respondió el muchacho.

–Recuerda –reprendió Nasrudín– que el limpio ve al sucio y piensa en lo sucio que está él, y viceversa.

–Ahora lo entiendo, papá –contestó el chico–. El limpio, al ver a su compañero sucio, concluye que él también lo está. Así que es él el que se baña. ¿A que sí?

–Te equivocas –dijo Nasrudín con calma–. Lo que la lógica nos enseña es: ¿cómo pueden salir dos hombres de una chimenea y estar uno limpio y el otro sucio?

Una vez que empiezas a jugar, el juego de la lógica no tiene fin, y nunca ganarás. Siempre ganará el lógico. Y siempre ganará porque siempre puede hallar una salida. Y tú no tienes nada que pueda comparársele, careces de realidad. Por eso han existido tantos filósofos, todos oponiéndose entre sí, sin que hayan llegado todavía a una sola conclusión.

El ser humano ha polemizado a lo largo de los siglos, durante casi cinco mil años; el ser humano no ha hecho gran cosa, sino polemizar. Se han creado miles de filosofías, muy pulcras y lógicas. Si lees a un filósofo te convencerá. Y si lees a su oponente también te convencerá. Lee a un tercero, y quedarás convencido, y así te irás metiendo en ese fregado. Poco a poco, todos te irán convenciendo y te volverás loco, porque ahora no sabrás qué es verdad. Todos están equivocados porque el enfoque lógico es erróneo.

Existen dos maneras de conocer la realidad. Uno es: cierra los ojos y piensa en ello. Llámalo "acerquismo". Siempre trata acerca de esto y lo otro, pero nunca va derecho al grano. No haces más que ocuparte de la paja, pero nunca das con el grano, sólo con lo que lo rodea. Nunca penetras en el centro de un problema, sino que das vueltas a su alrededor. Es un tiovivo. Incluso puedes disfrutar con ello... A los lógicos les encanta. ¡Es tan bonito aparecer con una nueva teoría que lo explica todo...!, pero sólo en la mente. Cierras los ojos, te sientas en una tumbona y piensas en ello. Pero eso no te va a acercar a la realidad.

La realidad ya está ahí, no has de pensar en ella. Has de permitirla. Has de abandonar todo pensamiento para así poder ver qué es la verdad, para así poder ver lo que es. Si no dejas de pensar no puedes ver lo que es. Es imposible. Tus pensamientos crearán una barrera de humo a tu alrededor. Tu conciencia se verá cubierta de humo, tus ojos carecerán de claridad, no tendrás sensibilidad. Y no dejarás de buscar e indagar en busca de tus propias ideas, imponiéndolas, proyectándolas sobre la realidad. No darás a la realidad una oportunidad para que se revele.

Una doctrina se crea a través del pensamiento lógico. Una doctrina se crea a través del proceso del "acerquismo". Un *siddhanta* no llega cerrando los ojos, ni pensando demasiado, sino soltando el pensamiento, *por completo*... Abriendo tus ojos sin prejuicios, sin concepciones *a priori*, y mirando directamente la realidad, enfrentando directamente la realidad. Ya está ahí, sólo necesita que estés *tú*.

Y cuando estás sin pensamiento alguno, tu mente está tranquila, tu memoria está tranquila, tu pensamiento ha cesado de ser, y entonces la realidad entra en erupción, estalla. Entonces te conviertes en un receptor. Entonces se manifiesta *siddhanta*

«Mi *siddhanta* es pensar el pensamiento que es impensable...»

Lo primero, dice el Buda, es pensar el pensamiento que es impensable. Se trata de una contradicción, de una paradoja. Ningún lógico hubiera pronunciado nunca semejante tontería. Carece de sentido desde el principio. Por eso los lógicos dicen que el Buda, Jesús, Bodhidharma, Lao Tzu, Zaratustra... no son más que tonterías. Sus proposiciones carecen de sentido, porque dicen una cosa y a la siguiente respiración se contradicen. Escucha bien esta frase: «*Mi* siddhanta *es pensar el pensamiento que es impensable...*»

Justo en una frase muy corta, una contradicción absoluta: pensar lo impensable. ¿Cómo puedes pensar lo impensable? Si es verdaderamente impensable, entonces no puedes pensar. Y si puedes pensar, ¿cómo puede ser impensable? Es ilógico... pero hay que entender lo que quiere decir el Buda. No tengas prisa; por eso digo que tengas paciencia.

Cuando dice... cuando quiere decir algo, lo dice. Está diciendo que hay una manera de conocer las cosas sin pensar. Hay una manera de conocer las cosas sin la mente. Hay una manera de ver en la realidad de manera directa, inmediata, sin el vehículo del pensamiento. Puedes estar conectado con la realidad sin ningún agente de pensamiento... Eso es lo que está diciendo. Está diciendo que la mente puede cesar su actividad por completo, abandonar por completo su actividad, y no obstante continuar siendo un depósito y ver en la realidad. Pero deberás experimentarlo, y sólo entonces podrás comprender.

Pero de vez en cuando intenta verlo. Al sentarte junto a un rosal, mira simplemente a la rosa, sin pensar, sin darle nombre. Ni siquiera la clasifiques. Ni siquiera digas que es una rosa, porque una rosa es una rosa es una rosa; tanto si la llamas rosa como cualquier otra cosa, sigue siendo lo mismo. Así que no la etiquetes, no le pongas nombre, no introduzcas el lenguaje. No metas ningún símbolo, porque el símbolo es el método para falsificar la realidad.

Si dices que es una rosa, ya la habrás fastidiado. Introducirás experiencias pasadas acerca de otras rosas. Tus ojos estarán llenos de rosas, de montañas de rosas. En tu vida debes haberte topado con muchos tipos de rosas: blancas, amarillas y rojas; ahora todas esas rosas flotarán en tus ojos. Ahora se te agolparán los recuerdos pasados. Y luego, más allá de esos recuerdos, estará esta rosa, que es real. Ahora la multitud de rosas reales tiene tanto peso que no podrás alcanzar a tocar la verdadera.

Cuando el Buda dice que hay que dejar de pensar quiere decir que no hay que dar paso al pasado. ¿Qué sentido tiene? Esta rosa está aquí, tú estás aquí. Permite que tenga lugar un encuentro profundo, una comunión, una conexión. Fúndete un poco con esta rosa, permite que la rosa se funda un poco en ti. La rosa está dispuesta a compartir su fragancia, tú también puedes compartir tu ser, tu conciencia, con ella.

Permite que tenga lugar un apretón de manos con la realidad. Permite que haya un poco de danza con esa rosa... en el viento. Tú también te mueves, eres, miras, sientes, cierras los ojos, hueles, tocas, bebes. Este maravilloso fenómeno está frente a ti... Deja de ir de aquí para allá. Sé con él. Nada de ir a derecha e izquierda; vete derecho, como una flecha yendo hacia la diana. Si introduces palabras, lenguaje, introduces sociedad, tu pasado, a otra gente.

Tennyson dijo algo sobre la rosa. Shelley dijo algo sobre la rosa. Shakespeare dijo algo sobre la rosa, y Kalidasa. En cuanto introduces el lenguaje, aparecen Shakespeare, y Kalidasa, y Bhavabhuti, y Shelley, y Keats. Ahora estás demasiado lleno de tus propias ideas, estás en una multitud, perdido. No podrás ver la simple verdad.

La verdad es tan sencilla... Sí, es como una rosa frente a ti. Está totalmente ahí. ¿Para qué ir a otra parte? ¿Por qué no pasar a esta realidad? ¿Para qué remover el pasado y el futuro? No digas que esta rosa es bella, porque esta rosa no necesita cumplidos de tu parte. Permite que sea una sensación. Esta rosa no entiende el lenguaje humano, ¿para qué desconcertarla? ¿Para qué decir que es bella? Porque esta rosa no sabe nada de belleza ni de fealdad.

Para esta rosa, la vida no está dividida ni separada; esta rosa no es esquizofrénica. Esta rosa está simplemente ahí, sin ninguna idea acerca de qué es la belleza o la fealdad. No digas que es bella, porque cuando se lo dices has introducido un concepto. La mente ha empezado a funcionar. De ese modo podrás tener una pequeña experiencia de la rosa, pero no será verdadera... Tu mente será una distorsión. Pensarás sobre la rosa como si fuese una representante de todas las demás rosas.

Platón dice que toda cosa real no es más que una representante de algo ideal. Platón dice que la idea de la rosa es real, y que la rosa es sólo un reflejo de esa idea. ¡Vaya tontería, realmente absurda! Esta rosa existe aquí y ahora. Pero para Platón, la realidad es irreal y las ideas reales. Para el Buda es justo al contrario: la realidad es lo real y las ideas son irreales. Si sigues a Platón te convertirás en un filósofo. Si sigues al Buda te convertirás en religioso. La religiosidad no es una filosofía, es una experiencia.

Inténtalo. A veces deja que funcione tu inmentalidad, tu no-mente. De vez en cuando aparta a un lado tu pensamiento. Alguna que otra vez permite que llegue una bendición de la realidad. Permite que te entregue ese mensaje. Pero no dejamos de vivir en las palabras, y les damos demasiada importancia.

Tuve un profesor en la universidad con el que solía dar paseos. Al cabo de unos cuantos días le dije:

–No vendré más. Es mejor que vaya solo.

–¿Por qué? –preguntó él. Porque estaba demasiado obsesionado con los nombres. De cada árbol que veía tenía que decir a qué especie pertenecía. De cada flor... lo que contenía, su historia. Si veía una rosa, no acababa de ver la rosa, sino la historia de la misma: que si llegó desde Irán, en qué siglo, quién la trajo a la India... que si no era una flor india.

Nunca miró a la flor, y yo no dejaba de decirle:

–Esta flor es suficiente en sí misma. ¿Qué sentido tiene? Las flores no tienen historias, sólo los seres humanos. A esta flor no le importa ser de Irán o de la India. Esta flor no tiene idea de ningún pasado, vive aquí y ahora. No es hinduista, ni musulmana, ni índica, ni iraní. Esta ahí. ¡Ni siquiera es una rosa!

Pero eso era muy difícil para él. Cuando veía cualquier pájaro, decía:
—Espera. Déjame escuchar. ¿A qué especie pertenece? ¿De dónde habrá venido? ¿De Siberia o de Asia central? ¿O tal vez será un pájaro del Himalaya?

Al cabo de unos cuantos días le dije:
—Va a perdonarme, pero mejor que vaya solo porque no estoy interesado en saber de dónde habrá venido ese pájaro. Ese pájaro está aquí, y con eso basta. No estoy interesado en la explicación científica o histórica.

Para algunas personas, la necesidad de explicar las cosas es casi una enfermedad. A través de sus explicaciones intentan explicarlo todo. Están obsesionados con las explicaciones. Creen que si pueden dar nombre a algo y etiquetarlo, entonces lo conocen. Se sienten muy incómodos a menos que puedan etiquetar una cosa, conocerla por su nombre, catalogarla, encasillarla. Y a menos que lo consigan, se sienten muy incómodos. Parece como si las cosas les ofendiesen, como si dijesen: «¿Qué haces ahí sin clasificación?». Una vez catalogan, encasillan y etiquetan, se encuentran a gusto. La han reconocido, han reconocido la cosa; han acabado con ella.

Así me lo han contado:

Tras la segunda guerra mundial, un soldado alemán violó a una mujer francesa, y le dijo:
—Tendrás un hijo dentro de nueve meses... Puedes llamarle Adolf Hitler—, a lo que la mujer contestó:
—Dentro de nueve días tendrás un sarpullido... puedes llamarlo sarampión.

Pero el llamarlo de una manera o de otra no cambia las cosas. La forma en que lo llames es del todo irrelevante. Lo que es, ¡es! No cambia porque le pongas nombre, pero para *ti* sí que cambia. Al ponerle nombre la realidad se te hace distinta.

Así sucedió:

Un león y un asno llegaron a un acuerdo para ir juntos de caza. Se acercaron poco a poco a una cueva ocupada por muchas cabras salvajes. El león se apostó a la entrada de la cueva, y el asno se metió en ella, coceando y rebuznando, e hizo todo lo posible por asustar a las cabras. Cuando el león ya había cazado bastantes, el asno salió y le preguntó si no le había parecido que había mantenido una buena pelea, derrotando a las cabras.
—Desde luego —dijo el león—. Y te aseguro que, de no haber sabido que eras un asno, yo también me habría asustado.

Puede que para ti poner nombres quiera decir algo, pero no para la realidad. Puede querer decir algo para ti porque vives rodeado de lenguaje, conceptos, verbalización. Lo traduces todo de inmediato en lenguaje.

Des-lénguate a ti mismo, eso es lo que quiere decir el Buda. Des-mentalízate, des-ovíllate, eso es lo que quiere decir el Buda. De otro modo nunca conocerás lo que es verdadero.

«Mi *siddhanta* es pensar el pensamiento que es impensable...»

No puedes pensar acerca de la realidad. No hay modo de hacerlo. Todo pensamiento es prestado. Ningún pensamiento es original. Todo pensamiento es repetitivo y mecánico. Ya puedes ir mascando y masticando las mismas cosas una y otra vez, que nada nuevo surge del pensamiento. El pensamiento es viejo, y está podrido. Es una chatarrería.

No puedes pensar acerca de la realidad porque ésta es original a cada momento. Cada momento es tan nuevo que nunca antes hubo otro igual. Es tan fresco que deberías saberlo. No hay otro modo de saberlo que sabiéndolo

La única manera de saber amar es amando. La única manera de saber nadar es nadando. La única manera de conocer la realidad es ser real. La mente te hace irreal. La mente hace que te parezcas demasiado a los pensamientos: contenidos mentales, palabras, conceptos, teorías, filosofías, doctrinas, escrituras, ismos. La mente no te proporciona lo auténtico, sino sólo reflejos, y esos reflejos están distorsionados.

El Buda dice que alcances claridad. Sólo ve, sólo sé. Y entonces podrás pensar ese pensamiento que es impensable. Podrás tener un encuentro con la realidad.

«*El pensamiento que es impensable*», sólo eso vale la pena pensar. Todo el resto es desperdiciar la energía vital.

«Practicar la acción que no se hace.»

Eso es lo que Lao Tzu llama *wu-wei*. La acción en la inacción, otra paradoja más. Pero un *siddhanta* ha de ser paradójico.

«Practicar la acción que no se hace.»

Por lo general, sólo conocemos los hechos que podemos hacer. Vivimos rodeados de nuestro hacer. No sabemos de la existencia de cosas que están más allá de nuestro hacer y que no obstante suceden. Naces. No te has parido a ti mismo, sino que simplemente ha sucedido, y no podía suceder mejor de lo que ha sucedido. Respiras, pero no respiras haciendo un acto; sucede. Puedes intentar detenerlo y te darás cuenta de que no es posible. No puedes detenerla ni durante unos pocos segundos; deberías relajarte, permitirla. La respiración es vida. Sucede.

Todo lo esencial sucede, y todo lo que no es esencial, que no es existencial, hay que hacerlo. Sí, claro, tu tienda no funcionará a menos que tú te pongas tras el mostrador. Sí, no llegarás a primer ministro o a presidente si no luchas por ello. Nadie ha llegado nunca a primer ministro sin luchar; sin violencia no se puede ser primer ministro. Deberás competir, participar en una competición homicida. Deberás ser cruel. Deberás ser agresivo. Deberás *hacerlo*, y sólo entonces ocurrirá. Todo lo que depende de tu hacer es accidental y todo lo que funciona sin ti es esencial.

El único objeto de la religión es lo esencial, el mundo de lo esencial. Ya estás ahí; pero no es que lo hayas hecho por ti mismo, sino que sólo estás ahí sin ninguna razón. No te lo has ganado, no tiene nada que ver con tu hacer. Es una bendición, un don. Estás ahí: la existencia ha querido que estuvieses ahí, no tu voluntad.

Obsérvalo, compréndelo. Cuando algo como la vida –tan preciado– puede suceder sin intencionalidad, ¿para qué preocuparse? Permite que la dimensión de lo que sucede se manifieste cada vez más. Suelta el hacer. Haz sólo lo que parezca necesario. No te preocupes demasiado del hacer.

Ése es el significado de *sannyasin*. El cabeza de familia, el *grihastha*, es el que simplemente está poseído por la dimensión del hacer. Cree que si él no lo hace, nada sucederá. Es un ejecutor. Un *sannyasin* es el que sabe que tanto si hace como si no, todo lo que es esencial continuará sucediendo. Lo irrelevante puede desaparecer, pero eso no tiene importancia... Lo esencial continuará.

El amor es esencial; el dinero es irrelevante, no esencial. Estar vivo es esencial; vivir en una gran casa no es esencial. Estar satisfecho, contento, es esencial; apresurarse, ser ambicioso, intentar siempre llegar a alguna parte, alcanzar objetivos, intentar demostrar que se es alguien, no es esencial. La gente sólo vive en dos dimensiones: la del ejecutor y la del no-ejecutor.

Dice el Buda:

«Practicar la acción que no se hace.»

Dice que practiques eso. Dice "practicar" porque no hay otro modo de decirlo. La palabra "práctica" parece querer decir "hacer", y ésa es la paradoja. Dice: «Haz lo que no puede ser hecho». Haz lo que sólo sucede. Permite, quiere decir, permite lo que sucede, permite que la vida esté ahí, permite que el amor esté ahí. Permite que la existencia te penetre, te infiltre. No continúes siendo un ejecutor.

El Buda no quiere decir que no hagas nada de nada, sino que no lo recalques. Tal vez sea necesario. Has de limpiar tu habitación. De no hacerlo tú, no sucederá por sí mismo. ¡Así que hazlo! Pero no te obsesiones con ello. Sólo es algo menor.

La parte más importante de la vida, la parte central, debe ser como una ocurrencia. La vida ocurre como ocurre el rayo en las nubes. Igual que los ríos corren hacia el mar y se disuelven; así sucede el amor. Así sucede la meditación, no tiene nada que ver con hacer. Tu hacer no es esencial para que ocurra. Puede suceder cuando estés sentado sin hacer nada. De hecho, sólo sucede entonces, cuando no haces nada y estás sentado. Ya sé que insisto en que hagas muchas cosas, utilizándolas como método, pero la insistencia real sólo es ésta: que debes estar cansado, pues si no, no te sentarías.

Es como cuando le dices a un niño: «Siéntate quietecito en el rincón de la habitación», y no puede sentarse; está tan agitado, tan lleno de energía... Quiere hacer esto y aquello, y corretear de aquí para allá. La mejor manera es decirle que dé siete vueltas corriendo alrededor de la casa, alrededor de la manzana, y que luego regrese. Entonces se sentará sin necesidad de tener que decirle nada.

Ése es el motivo de mi insistencia en la meditación dinámica, en la meditación *kundalini*, en la meditación Nataraj... agotaros, para que durante unos momentos podáis permitir las ocurrencias. No meditaréis haciendo, sino sólo sin hacer. Y en el sin hacer tendrá lugar lo verdadero.

Lo verdadero no puede ser producido; siempre ocurre. Hay que ser sensible, vulnerable, y estar abierto. Es muy delicado. No puedes atraparlo. Es muy frágil... como una flor. No puedes atraparlo. Si lo atrapas lo destruyes. Debes ser muy suave. No es algo duro, sino blando. Hay que ser muy suave, femenino.

Dice el Buda:

«Practicar la acción que no se hace.»

Ése es el mensaje de los verdaderamente grandiosos, de los grandes de verdad. Ésta ha sido la mayor realización en esta tierra: que estamos haciendo mucho ruido de manera innecesaria. Lo que ha de suceder sucederá si esperamos. En la estación adecuada, la cosecha; en la estación adecuada, el deleite. Todo sucede en la estación adecuada. Si una persona pudiera aprender una sola cosa –cómo esperar devotamente–, no necesitaría nada más. El éxtasis es un *prasada*, un don de la existencia.

Inténtalo, practica lo que dice el Buda. Al menos durante una hora sé un no-ejecutor. Al menos durante una hora, en lo profundo de la noche, siéntate solo. No hagas nada, ni siquiera cantar un mantra, ni meditación trascendental. No hagas nada. Sólo permanece sentado, tendido, mirando a las estrellas. Eso tampoco debería ser difícil. Mira con mucha suavidad. No enfoques nada, permanece desenfocado, como una fotografía desenfocada... nebuloso, desdibujado, sin saber dónde están los límites. Permanece silencioso en la oscuridad.

Si llegan pensamientos, déjalos llegar. Ni siquiera luches contra ellos. Llegarán y se marcharán... sé sólo un observador. No es asunto tuyo si llegan o se van. ¿Quién eres tú? Han llegado sin invitación, y se irán sin tener que echarlos. Van y vienen, es un tráfico continuo. Tú sólo te sientas junto al camino y observas.

No me interpretes mal cuando digo observar. No conviertas la observación en un esfuerzo. Cuando lo hace, la gente se envara mucho y empieza a observar de manera muy envarada y tensa. Han vuelto a hacer. Lo que digo, o lo que el Buda dice, es que permanezcas en la actitud de no hacer. ¡Sé vago! Sé vago y observa lo que ocurre. Te quedarás pasmado. Algún día –permaneciendo sentado, permaneciendo sentado sin hacer nada–, algún día, llegará de alguna fuente desconocida un rayo, una bendición. Algún día, en algún momento, serás repentinamente transfigurado. De repente observarás un suave descenso sobre ti. Es algo casi físico.

Si un verdadero meditador, alguien que puede relajarse, se sienta en silencio y se deja ser... incluso alguien que no sea un meditador sentirá la presencia... sentirá que algo ocurre. Puede que no acabes de saber de qué se trata; puedes sentirte raro o incluso asustarte, pero si te sientas junto a un meditador...

Ahora bien, es difícil utilizar la palabra precisa, porque decir "meditador" vuelve a dar la impresión de que está haciendo algo... meditando. No dejes de recordar que el lenguaje ha sido desarrollado por no meditadores, así que todo el lenguaje –de manera sutil– es erróneo. No puede expresar con exactitud este concepto.

Cuando alguien se sienta, y sólo permanece sentado, como un árbol, como una piedra, sin hacer nada, sucede: desciende algo desde arriba que penetra en el hondón de su ser. Le rodea una luz sutil... un resplandor, y a su alrededor puede sentirse una bendición. Y puede sentirlo incluso gente que no sabe qué es la meditación. Sentirán ese impacto incluso con sólo pasar a su lado. Esa bendición ha sido llamada beatitud, divinidad. Dios no es una persona, sino una profunda experiencia que tiene lugar cuando no haces nada y la existencia fluye en ti... su inmensidad, su beatitud, su gracia. No estás haciendo nada, ni siquiera esperas nada. Careces de motivo. Estás ahí como un árbol frente al viento, o como una piedra sentada silenciosa junto al lecho de un río. O como una nube encaramada a la cima de una montaña... simplemente ahí, sin ningún movimiento propio.

En ese momento no eres un yo, en ese momento eres un no-ser. En ese momento no eres una mente, eres una inmente. En ese momento no tienes un centro. En ese momento eres inmenso... vastedad sin límites... y de repente, el contacto. ¡De repente, ahí está! De repente estás colmado, rodeado de una presencia desconocida. Es tremendo.

Por eso dice el Buda:

«Practicar la acción que no se hace; pronunciar el discurso inexpresable.»

Y si quieres decir algo, di lo que no puede decirse. Expresa lo inexpresable. ¿Qué sentido tiene decir cosas que pueden ser dichas? Todo el mundo las conoce. Si realmente quieres expresar algo, expresa lo inexpresable.

¿De qué manera se expresa lo inexpresable? Sólo puede expresarse siendo. Las palabras no alcanzan. Sólo es expresable mediante tu existencia, tu presencia, en tu andar, en tu sentarte, en tus ojos, en tus gestos, en tu tacto, en tu compasión, en tu amor. En la manera en que eres. Puede expresarse así.

El Buda habla, pero eso no es muy esencial. Lo más esencial es su ser, el que esté ahí. A través de su habla te permite estar con él. El hablar sólo te persuade. Porque te resultaría difícil estar en silencio con un buda. Por eso habla, porque si habla tú sientes que todo está bien, puedes escuchar. ¿Cómo escucharías si él no hablase? No sabes cómo escuchar cuando nadie habla. No sabes cómo escuchar lo inexpresable.

Pero con el tiempo, si vives junto a un maestro, a un Buda, a un Jesús, empezarás a impregnarte de su espíritu. Con el tiempo, y a pesar tuyo, habrá momentos en los que te relajarás, y no sólo penetrará en tu corazón lo que esté diciendo, sino lo que él *es*. Y con él se abre la dimensión de la *ocurrencia*. Ése es el significado de *satsanga*, estar en presencia de un maestro.

«...Y formarse en la disciplina que está más allá de la disciplina.»

Y el Buda dice que existe una disciplina que no es una disciplina. Normalmente pensamos en disciplina como si alguien tuviera que disciplinarnos. Disciplina conlleva una connotación muy fea, como si te disciplinasen, como si sólo tuvieras que obedecer. El centro que te disciplina está fuera de ti.

El Buda dice que no se trata de disciplina, que eso es entregarse a la esclavitud. Sé libre, sin necesidad de que te discipline una fuente externa. Permanece atento, para que surja de ti la disciplina interior. Sé responsable, para que, hagas lo que hagas, lo hagas con un cierto orden, con un cierto cosmos, para que tu ser no more en el caos, para que tu ser no more en la confusión.

Así pues, existen dos tipos de disciplina: uno, que puede forzarse desde el exterior. Eso es lo que hacen los políticos, los sacerdotes y los padres. Y existe una disciplina que puede ser provocada en ti, que sólo puede ser llevada a cabo por maestros. Ellos no te imponen una disciplina, sólo te hacen más consciente para que tú puedas hallar tu propia disciplina.

Hay gente que viene a verme y me pregunta: «¿Por qué no da una cierta disciplina? Qué comer, y qué no comer. Cuándo levantarse por la mañana y cuándo acostarse». No os doy ese tipo de disciplina, porque cualquier disciplina que viene de fuera es destructiva.

Sólo os doy una disciplina: lo que el Buda denomina la disciplina de más allá, la disciplina de trascendencia.

Sólo os doy una disciplina, y es la de ser conscientes. Si sois conscientes os levantaréis en el momento preciso. Os despertaréis cuando el cuerpo haya descansado. Cuando seáis conscientes sólo comeréis lo necesario, sólo comeréis lo que os resulte menos perjudicial, para vosotros mismos y para los demás. Sólo comeréis lo que no esté basado en la violencia. Pero la conciencia ha de ser el factor decisivo.

De no ser así, se os puede obligar a ser obedientes, pero en vuestro interior seréis rebeldes. Me han contado una historia de la segunda guerra mundial:

Un sargento y un soldado estaban acusados de haber dado de puntapiés al coronel. Cuando se les pidió una explicación, el sargento dijo:

–Bueno, señor, el coronel apareció doblando la esquina cuando yo venía del gimnasio. Sólo llevaba puestos mis zapatos de lona, y él llevaba botas, y me pisó el pie. Señor, el dolor fue tan intenso que me revolví antes de darme cuenta de quién era, señor.

–Comprendo –dijo el disciplinado oficial–. ¿Y usted, soldado?

A lo que el soldado contestó:

–Vi cómo el sargento le daba un puntapié al coronel, señor. Así que pensé que la guerra había acabado, y que yo también podía darle.

Siempre que alguien te impone una disciplina te quedas resentido, en tu interior estás contra ella. Puedes entregarte, pero tu entrega siempre será de mala gana. Y así es como debe ser, porque la urgencia más profunda del ser humano es de libertad, de *moksha*.

La búsqueda es la de ser libre. A lo largo de los siglos, durante milenios, en muchas vidas, no hemos hecho más que buscar ser libres. Así que siempre que llega alguien –aunque sea por tu propio bien– y te impone algo, te resistes. Va contra la naturaleza humana, contra el destino humano.

El Buda dice que no es necesario ser obediente con nadie; debes hallar tu propia conciencia y ser obediente con ella. ¡Ser consciente! Ésa es la única escritura. ¡Ser consciente! Ése es el único maestro. ¡Ser consciente!, y nada podrá ir mal. La conciencia trae consigo su propia disciplina, como una sombra. Y entonces la disciplina es hermosa. No es una esclavitud, sino una armonía. No es impuesta, es como una floración de tu propio ser.

«Y formarse en la disciplina que está más allá de la disciplina.»

Por lo general, la gente busca a alguien que les diga qué tienen que hacer, porque temen su propia libertad, porque no saben que pueden confiar en sus propios recursos, porque no tienen confianza en sí mismos, porque siempre les ha dicho alguien lo que tienen que hacer, así que se han hecho adictos a ese método. Buscan figuras paternas durante toda su vida. Su Dios también es un padre, nada más, y la búsqueda de una figura paterna es antitética con la vida.

Debes aprender cómo liberarte de todas las figuras paternas. Debes aprender a ser tú mismo. Debes aprender cómo ser consciente y responsable. Sólo entonces empezarás a crecer. La madurez siempre es madurez hacia la libertad. La inmadurez es siempre una especie de dependencia y de miedo a la libertad.

Un niño es dependiente; está bien, puede comprenderse. Está desprotegido. Pero ¿por qué seguir siendo niño durante toda la vida? Ésa es la revolución que el Buda trajo al mundo. Es uno de los pensadores más rebeldes del mundo. Te echa a ti mismo. Es peligroso, pero corre ese riesgo. Y dice que todo el mundo ha de correrlo. Existen todas las posibilidades de que te pierdas... pero la vida es riesgo.

Es mejor perderse por uno mismo que alcanzar el cielo siguiendo a otro. Es mejor perderse para siempre y ser tú mismo, que alcanzar un paraíso de papel carbón, como un imitador. Entonces tu paraíso no será más que una prisión. Y si has elegido tu propio infierno por ti mismo, libremente, tu infierno también será un cielo, porque la libertad es el cielo.

Ahora verás la diferencia entre cristianismo y budismo. El cristianismo dice que Adán fue expulsado porque desobedeció a Dios. El Buda dice que sólo has de obedecerte a ti mismo, que no hay otro Dios al que obedecer. El cristianismo llama desobediencia al pecado original, y el Buda llama obediencia al mismo pecado original. La diferencia es enorme. El Buda es un liberador, y el cristianismo ha creado una prisión para toda la humanidad.

La liberación del Buda es pura. Te enseña la rebelión, pero su rebelión no es una rebelión política. Enseña rebelión con responsabilidad, con conciencia. Su rebelión no es una reacción: puedes ser obediente o desobediente. ¿Qué está diciendo el Buda? El Buda dice que no hay que ser obediente ni desobediente, porque la desobediencia vuelve a ser estar condicionado por alguien más. Haces algo porque tu padre dice que no lo hagas... pero tu padre te está manipulando, de manera negativa. Haces algo porque la sociedad dice que no lo hagas, pero también en este caso la sociedad está determinando lo que deberías hacer.

El Buda dice que la rebelión no es reacción. No es esclavitud ni reacción, ni obediencia ni desobediencia. Es una disciplina interna. Es una disciplina, tiene un orden inmenso, pero proviene del hondón de tu ser. *Tú* la decides.

No hacemos más que echar nuestra responsabilidad sobre los hombros de los demás. Es más fácil. Siempre puedes decir que tu padre te dijo que lo hicieses, y por ello lo has hecho... y entonces ya no eres responsable. Siempre puedes decir que el líder te ha dicho que lo hicieses, y que por ello lo has hecho... y entonces ya no eres responsable. Todo el país lo iba a hacer, iba a la guerra y mataba a personas en otros países... Tú sólo lo has hecho porque obedecías órdenes, sólo obedeciste.

Cuando atraparon a los compañeros de Adolf Hitler tras la segunda guerra mundial, todos insistieron ante el tribunal en que no eran responsables, en que sólo obedecían órdenes. Obedecían cualquier orden que les diesen. Si la orden era: «¡Matad a un millón de judíos!», pues lo mataban. Sólo cumplían órdenes, sólo eran muy obedientes. No eran responsables.

Ahora observa bien: puede que sólo estés intentando encontrar a alguien que te diga «haz esto», para así hacerle responsable. Pero ésa no es la manera... ¿Echar la responsabilidad sobre otro? ¡La vida es tuya y la responsabilidad también! Si comprendes al Buda, el mundo será totalmente distinto. Entonces no podría haber más Hitlers, no habría más guerras, porque no puede existir ninguna obediencia desde el exterior, y todo el mundo sería responsable y pensaría por sí mismo. Nada de: «Los hinduistas están matando musulmanes, así que he de matar»... Ni: «Los musulmanes queman templos, así que he de quemar templos porque soy musulmán». Todo individuo debe convertirse en una luz para sí mismo y debe decidir, no como musulmán, ni como cristiano, ni como indio, ni como paquistaní; debe decidir según sus propias circunstancias, y nada más. Eso es lo que el Buda llama la disciplina que está más allá de la disciplina.

Ésa es la definición de una persona religiosa: piensa el pensamiento que es impensable; practica la acción que no se hace; dice lo que es inexpresable, inefable; y practica la disciplina que está más allá de la disciplina.

«Quienes lo entiendan están cerca; los que se confundan están lejos.»

Si se entienden esas cuatro cosas, entonces estás cerca de la verdad, Si no las entiendes estás muy lejos de ella.

«El camino está más allá de palabras y expresiones, no está limitado por nada terrenal. Si lo perdemos de vista una pulgada o no damos con él durante un instante, nos alejaremos de él para siempre.»

Quienes entienden están cerca... Ahora permite que ése sea un criterio para ti, para juzgar. Que ésa sea la piedra de toque de tu crecimiento. Si sientes que esas cuatro cosas suceden en tu vida... no importa en el grado que sea, incluso en muy pequeña cantidad, si suceden, es que estás en el buen camino. Si te alejas de esas cuatro cosas, te alejas del camino, del *dhamma*, del *tao*.

«El camino está más allá de palabras y expresiones, no está limitado por nada terrenal.»

La verdad esencial no está limitada por nada que puedas ver ni tocar. No depende de tus sentidos. La verdad esencial no es material, es inmaterial. No es terrenal. No puede ser causada por nada. Por eso nunca puede formar parte de la ciencia.

Puedes mezclar hidrógeno y oxígeno y conseguir agua. Pero no hay modo de crear éxtasis de esa manera. No hay manera de causar a Dios de esa forma. No hay manera de obtener verdad de esa manera. Puedes destruir el agua separando el hidrógeno y el oxígeno, puedes crear agua mezclando hidrógeno y oxígeno, pero no hay manera de destruir ni crear la verdad. La verdad es incausada.

No es una cadena de causa y efecto. No puedes crearla; ya está ahí. No puedes destruirla, porque eres tú. Es la vida misma. Sólo puedes hacer una de estas cosas, o cierras los ojos, olvidándote de ella, totalmente ajeno a ella, o puedes recordar, ver, realizar.

Si estás perdido en hacer demasiado, en demasiada ambición, riquezas, dinero, prestigio, poder, entonces perderás de vista la verdad, que siempre está a tu lado –al doblar la esquina, a tu alcance–, porque le estarás dando la espalda.

O bien puedes permitirla. Si te vuelves un poco más meditativo y menos ambicioso, si te haces un poco más religioso y menos político, si te tornas un poco menos mundano, si empiezas a ir más hacia dentro que hacia fuera, si empiezas a estar un poco más alerta que dormido, si sales de tu estado borracho, si llevas un poco de luz a tu ser, entonces... entonces estarás cerca, cerca de casa. Nunca has estado lejos. Se transformará y transfigurará toda tu vida. Vivirás de modo totalmente distinto; en tu vida aparecerá una nueva cualidad que no tiene nada que ver con tu hacer, que es un don, una bendición.

«Si lo perdemos de vista una pulgada.»

Dice el Buda:

«O no damos con él durante un instante, nos alejaremos de él para siempre.»

Fíjate en él aunque sólo sea un instante, acércate aunque sólo sea medio milímetro, y será tuyo, porque siempre lo ha sido.

Ésa es la paradoja de un *siddhanta*. No es una doctrina, es la realización del Buda. Sólo intenta compartir su realización contigo. No está argumentando una filosofía o un sistema de pensamiento. Simplemente apunta hacia la luna, la realidad.

No mires los dedos que apuntan, o te equivocarás; te convertirás en budista. Mira la luna a la que apunta el dedo. Olvídate por completo del dedo y mira a la luna, y te convertirás en un buda.

Ése es el problema que la humanidad ha de resolver. Es mucho más fácil convertirse en cristiano que en Cristo, mucho más fácil hacerse budista que convertirse en un buda, pero la realidad sólo se conoce convirtiéndose en un cristo o en un buda. Al haceros cristianos o budistas no hacéis más que ser papeles de calco. No os insultéis a vosotros mismos de esa manera. No te hagas cristiano, ni budista, ni hinduista. Sólo sé conciencia indefinida, ilimitada. Si puedes llegar a eso, todo lo demás vendrá a continuación.

Basta por hoy.

11. ILUMINACIÓN ESPIRITUAL

Dijo el Buda:

«Mira hacia el cielo y hacia la tierra y te recordarán su impermanencia.
»Mira al mundo y te recordará su impermanencia. Pero cuando realices
la iluminación espiritual hallarás sabiduría. El conocimiento así realizado
te conduce de inmediato al camino».

Dijo el Buda:

«Debes pensar en los cuatro elementos que constituyen el cuerpo. Cada
uno de ellos tiene su propio nombre y no hay ahí nada conocido como ego.
Como en realidad no hay ego, es como un espejismo».

Recuerdo la fecha del 21 de marzo de 1953. Trabajé durante muchas
vidas –en mí mismo, luchando, haciendo todo lo que podía hacerse– y
nada había sucedido.

Ahora entiendo por qué no había sucedido nada. El esfuerzo mismo era
la barrera, la escalera misma lo impedía, la urgencia de buscar era el obstáculo. Nadie puede llegar sin buscar. Es necesario buscar, pero llega un
momento en que hay que soltar el buscar. La barca se necesita para cruzar
el río, pero luego llega un momento en que hay que abandonar la barca, ol-
vidarla y dejarla atrás. El esfuerzo es necesario, sin esfuerzo no hay nada
posible. Y no hay nada posible sólo con esfuerzo.

Justo antes de 21 de marzo de 1953, siete días antes, dejé de trabajar en
mí mismo. Llega un momento en que ves la futilidad del esfuerzo. Has hecho todo lo que has podido y no ha sucedido nada. Has hecho todo lo hu-
manamente posible. ¿Qué más se puede hacer? Uno abandona la búsqueda por pura impotencia.

Y el día en que cesó la búsqueda, el día en que no busqué nada, el día
en que no esperaba que ocurriese nada, empezó a ocurrir. Surgió una
nueva energía de la nada. No provenía de ninguna fuente. Venía de ninguna parte en concreto y de todas partes. Estaba en los árboles, en las pie-

dras, en el cielo, en el sol, en el aire... en todas partes. Y yo busqué tanto que pensé que estaba muy lejos. Y resultó que estaba muy cerca, a mi lado.

A causa de buscar me había vuelto incapaz de mirar lo cercano. Buscar siempre se hace lejos, siempre se busca lo distante... y no era distante. Miraba a lo lejos, y había pasado por alto lo próximo. La vista se había concentrado en la lejanía, en el horizonte, y había perdido la cualidad de ver lo que está cerca, lo que te rodea.

El día en que cesó el esfuerzo también cesé yo. Porque no se puede existir sin esfuerzo, no se puede existir sin deseo, y no se puede existir sin afanarse.

El fenómeno del ego, del ser, no es una cosa, es un proceso. No es una substancia que lleves dentro; has de crearla a cada momento. Es como pedalear. Si pedaleas avanzas, si no pedaleas te detienes. Puedes seguir avanzando un poco más a causa de la inercia, pero en el momento en que dejas de pedalear, la bicicleta empieza a detenerse. No tiene más energía para ir a ninguna parte. Caerá y se desplomará.

El ego existe porque no dejamos de pedalear el deseo, porque nos afanamos en conseguir algo, porque saltamos por delante de nosotros mismos. En eso consiste el fenómeno del ego. Como surge de lo inexistente es como un espejismo. Sólo consiste en deseo y en nada más. Sólo consiste en ansia y en nada más.

El ego no está en el presente, sino en el futuro. Si estás en el futuro, entonces el ego parece ser muy sustancial. Si estás en el presente, el ego es un espejismo, empieza a desaparecer.

El día que dejé de buscar... y no es correcto decir que dejé de buscar, es mejor decir el día en que el buscar se detuvo. Déjame repetirlo: la mejor manera de decirlo es el día en que el buscar se detuvo. Porque si soy yo el que lo detiene, entonces vuelvo a estar ahí. Ahora bien, detenerlo se convertiría en mi esfuerzo, en mi deseo, y el deseo sigue existiendo de manera muy sutil.

No puedes detener el deseo; sólo puedes comprenderlo. Y en su comprensión está su detención. Recuerda, nadie puede detener el deseo, y la realidad sucede sólo cuando el deseo se detiene.

Así que éste es el dilema. ¿Qué hacer? El deseo está ahí y los budas dicen que hay que detener el deseo. ¿Qué hacer? Pones a la gente en un dilema. Son en el deseo, sí. Y dices que hay que detenerlo... vale. Y luego dices que no puede detenerse. ¿Qué es, pues, lo que hay que hacer?

Hay que comprender el deseo. Puedes comprenderlo, puedes acabar viendo su futilidad. Es necesaria una percepción directa, una penetración inmediata. Mira en el deseo, sólo mira qué es, y verás su falsedad, y verás su inexistencia. Y el deseo caerá y algo se caerá en ti a la vez.

El deseo y el ego existen en cooperación, se coordinan. El ego no puede existir sin deseo, el deseo no puede existir sin el ego. El deseo es ego proyectado, y el ego es deseo interpuesto. Van juntos, son dos aspectos de un único fenómeno.

El día en que cesó el desear, me sentí desesperado e indefenso. Sin esperanza porque estaba sin futuro. Nada que esperar porque toda esperanza había demostrado ser fútil, y no condujo a nada. No haces más que dar vueltas. Pende oscilando frente a ti, y crea nuevos espejismos, llamándote: «Ven, corre, y llegarás». Pero por muy rápido que corras nunca llegas.

Por eso el Buda lo llama espejismo. Es como el horizonte que ves alrededor de la tierra. Aparece pero no está ahí. Si te diriges hacia él, se aleja de ti. Cuanto más corres, más rápido se aleja. Cuanto más lento vas, más lento se aleja. Pero hay una cosa que es cierta: la distancia entre ti y el horizonte sigue siendo siempre la misma. No puedes reducir la distancia entre ti y el horizonte ni siquiera en una pulgada.

No puedes reducir la distancia ente ti y tu esperanza. La esperanza es el horizonte. Intentas tender un puente entre ti mismo y el horizonte, con esperanza, con un deseo proyectado. El deseo es un puente, un puente soñado, porque el horizonte no existe, así que no puedes tender puente alguno hacia él, y sólo puedes soñar en el puente. No puedes estar unido a lo inexistente.

El día en que se detuvo el deseo, el día en que lo observé y realicé, me pareció fútil. Me sentí desesperado e indefenso. Pero en ese mismo momento algo empezó a suceder. Sucedía eso por lo que había trabajado en tantas vidas y que no había sucedido.

En tu desesperanza radica tu única esperanza, y en tu carencia de deseos está tu única satisfacción, y en tu tremenda indefensión empieza a ayudarte de repente toda la existencia.

Está esperando. Cuando ve que trabajas en ti mismo, no se interfiere, espera. Puede esperar infinitamente porque no hay prisa. Es eternidad. En el momento en que estás solo, en el momento en que sueltas, en el momento en que desapareces, toda la existencia se precipita hacia ti, te penetra. Y las cosas empiezan a suceder por primera vez.

Durante siete días viví en un estado muy desesperanzado e indefenso, pero al mismo tiempo había algo que surgía. Cuando digo desesperanzado no me refiere a lo mismo que vosotros cuando utilizáis esa palabra. Sólo quiero decir que no había esperanza en mí. La esperanza estaba ausente. No estoy diciendo que estaba desesperanzado y triste. De hecho me sentía feliz, estaba muy tranquilo, sosegado, recogido y centrado. Desesperanzado, pero en un sentido totalmente nuevo. No había esperanza, así que ¿cómo podía existir desesperación? Ambas habían desaparecido.

La desesperanza era absoluta y total. La esperanza había desaparecido y con ella su opuesta, la desesperación. Era una experiencia totalmente nueva, estar sin esperanza. No era un estado negativo. He de utilizar unas palabras... pero no era un estado negativo. Era absolutamente positivo. No era sólo ausencia, sino que sentía una presencia. Algo rebosaba en mí, inundándome.

Y cuando digo que estaba indefenso, no hago referencia a la palabra y el significado que aparece en el diccionario. Sólo digo que estaba sin yo. Eso es lo que quiero decir con indefenso. Había reconocido el hecho de que no soy, de que no podía depender de mí mismo, y que no podía sostenerme, de que no había nada bajo mis pies. Estaba en un abismo... en un abismo sin fondo. Pero no había miedo porque no tenía nada que proteger. No había miedo porque no había nadie para tenerlo.

Aquellos siete días fueron de una tremenda y total transformación. Y el último día, la presencia de una energía totalmente nueva, de una nueva luz y un nuevo deleite empezó a ser tan intensa, tan insoportable, que parecía que fuese a explotar, como si me estuviese volviendo loco de suprema felicidad. La nueva generación de Occidente tiene la palabra correcta para ello: estaba flipado, colocado.

Era imposible dar sentido a lo que sucedía. Era un mundo muy sin sentido, difícil de entender, de clasificar, de describir con palabras, lenguajes, explicaciones. Todas las escrituras parecían estar muertas y las palabras utilizadas para esta experiencia parecían anémicas, opacas. ¡Era algo tan vivo...! Como un maremoto de gozo.

Todo aquel día fue muy extraño, abrumador, y fue una experiencia pasmosa. El pasado había desaparecido, como si nunca me hubiese pertenecido, como si lo hubiese leído en alguna parte, como si lo hubiese soñado, como si hubiese escuchado una biografía ajena que me hubiesen contado. Me estaba soltando de mi pasado, desarraigándome de mi historia, perdiendo mi biografía, convirtiéndome en un no-ser, lo que el Buda llama *anatta*. Los límites desaparecían, al igual que las distinciones.

La mente desaparecía; estaba a millones de kilómetros de distancia. Era difícil asirla, se alejaba cada vez más y más rápida, y no había ninguna urgencia por mantenerla cerca. Me sentía indiferente al respecto. Estaba bien. No había ninguna necesidad de permanecer con el pasado.

Por la noche se hizo difícil de soportar, hacía daño, era doloroso. Era como cuando una mujer pare y sufre un dolor muy grande... las punzadas del parto.

En aquellos días solía acostarme hacia las doce o la una de la noche, pero aquel día me fue imposible mantenerme despierto. Se me cerraban los ojos, y era difícil mantenerlos abiertos. Algo era inminente, algo iba a suceder. Me era difícil decir de qué se trataba –tal vez de mi muerte–, pero no tenía miedo. Estaba dispuesto. Aquellos siete días habían sido tan hermosos que estaba dispuesto a morir, no necesitaba nada más. Fueron tan beatíficos, estaba tan contento, que si la muerte llegaba sería bien venida.

Pero algo iba a suceder –algo como la muerte, algo muy drástico, algo que sería tanto una muerte como un nuevo nacimiento, una crucifixión o una resurrección–, algo de grandísima importancia estaba a la vuelta de la esquina. Y me era imposible mantener los ojos abiertos. Estaba drogado.

Me fui a dormir sobre las ocho. Pero no fue como dormir. Ahora entiendo lo que Patañjali quiere decir cuando habla de que el sueño y el *samadhi* son similares. Sólo que con una diferencia: que en *samadhi* estás totalmente despierto y también dormido. Dormido y despierto a la vez, el cuerpo relajado, todas las células del cuerpo totalmente relajadas, todo funcionamiento relajado, y no obstante en tu interior arde una luz de conciencia... clara, sin humo. Permaneces alerta y relajado, suelto pero totalmente despierto. El cuerpo está en el sueño más profundo posible y tu conciencia en la cumbre. La cumbre de la conciencia y el valle del cuerpo se encuentran.

Me acosté. Fue un sueño muy extraño. El cuerpo estaba dormido, y yo despierto. Fue tan extraño... como si estuviese dividido en dos direcciones, en dos dimensiones; como si la polaridad se hubiese concentrado por completo, como si fuese ambas polaridades a la vez... Lo positivo y lo negativo se encontraban, sueño y conciencia se encontraban, vida y muerte se encontraban. Ése es el momento en que puedes decir: «El creador y la creación se encuentran».

Fue extraño. Te sacude de raíz, te sacude los cimientos. Tras esa experiencia ya no puedes ser el mismo; aporta una nueva visión a tu vida, una nueva cualidad.

Sobre las diez se me abrieron los ojos de repente... yo no los abrí. El sueño se vio interrumpido por algo más. Sentí una gran presencia a mi alrededor, en la habitación. Era un cuarto muy pequeño. Sentí palpitar la vida a mi alrededor, una gran vibración, casi como un huracán, una gran tormenta de luz, alegría y éxtasis. Me ahogaba en ella.

Fue tan asombrosamente real que todo lo demás se tornó irreal. Las paredes de la habitación se hicieron irreales, y la casa, y mi propio cuerpo. Todo era irreal porque ahora por primera vez había realidad.

Por eso cuando el Buda y Shankara dicen que el mundo es *maya*, un espejismo, nos resulta difícil de comprender. Porque sólo conocemos este mundo, no tenemos nada con qué comparar. Ésa es la única realidad que conocemos. ¿De qué habla esa gente? ¿De que esto es *maya*, ilusión? Ésta es la única realidad. A menos que hayas conocido lo realmente real, sus palabras no pueden comprenderse, sus palabras son teóricas. Parecen hipótesis. Tal vez estén argumentando una filosofía: «el mundo es irreal».

Cuando, en Occidente, Berkeley dijo que el mundo es irreal, iba caminando con uno de sus amigos, una persona muy lógica; el amigo era casi un escéptico. Cogió una piedra de la calle y se la tiró con fuerza al pie de Berkeley. Berkeley gritó, le salió sangre, y el escéptico dijo:

–¿Y ahora? ¿Sigue siendo irreal? ¿Entonces por qué gritas? ¿Es la piedra irreal? ¿Entonces por qué has gritado? ¿Por qué te agarras la pierna y muestras tanto dolor y angustia en el rostro? Todo es irreal.

Este tipo de persona no puede entender lo que el Buda quiere decir cuando dice que el mundo es un espejismo. No está diciendo que puedas atravesar la pared. No, no dice eso. No dice que puedas comer piedras y no habrá diferencia entre comer piedras y pan. No está diciendo eso.

Lo que está diciendo es que existe una realidad. Una vez que la conoces, esta pretendida realidad simplemente palidece, se torna irreal. La comparación surge con la perspectiva de una realidad superior, no de otro modo.

En el sueño; el sueño es real. Sueñas todas las noches. El soñar es una de las principales actividades que llevas a cabo. Si vives sesenta años, te habrás pasado durmiendo unos veinte años y casi diez soñando. Diez años en una vida... no hay tantas cosas que hagas tanto tiempo. Diez años de soñar... piensa en ello. Y cada noche... Y todas las mañanas te dices que es irreal, y de nuevo, esa misma noche, cuando sueñas, el sueño se torna real.

En un sueño es muy difícil recordar que se trata de un sueño. Pero por la mañana es muy fácil. ¿Qué pasa? Eres la misma persona. En el sueño sólo hay una realidad. ¿Cómo compararla? ¿Cómo puede decirse que es irreal? ¿Comparado con qué? Es la única realidad. Todo es tan irreal como todo lo demás, así que no hay comparación posible. Por la mañana, cuando abres los ojos encuentras otra realidad. Ahora puedes decir que todo fue irreal. Comparado con esta realidad, el sueño se torna irreal.

Tiene lugar un despertar... Comparado con *esta* realidad o *este* despertar, toda esta realidad se torna irreal.

Aquella noche, por primera vez, comprendí el significado de la palabra *maya*. No es que no conociese la palabra antes, ni que no fuese consciente de su significado. Era igual de consciente de ello que tú, pero nunca la había comprendido. ¿Cómo comprender sin experimentar?

Aquella noche abrió sus puertas otra realidad, se hizo accesible otra dimensión. De repente, allí estaba, esa otra realidad, la realidad aparte, la realidad real, o como quieras llamarlo, Dios, la verdad, el *dhamma*, el *tao*, o como gustes. Carecía de nombre. Pero allí estaba, tan opaca, tan transparente, y no obstante tan sólida que podía tocarse. Casi me estaba asfixiando en aquella habitación. Era demasiado y yo todavía no era capaz de absorberla.

Sentí una gran urgencia por salir de la habitación, de estar bajo el cielo... me estaba asfixiando. ¡Era demasiado! ¡Iba a matarme! Si me hubiese quedado unos instantes más, me habría asfixiado... Esa impresión daba.

Salí corriendo de la habitación, a la calle. Sentía una necesidad imperiosa de hallarme bajo el cielo y las estrellas, con los árboles, con la tierra... de estar con la naturaleza. Y nada más salir, desapareció la sensación de asfixia. La habitación era un lugar demasiado pequeño para un fenómeno tan grande. Incluso el cielo es un lugar pequeño para un fenómeno así. Es más grande que el cielo. Ni siquiera el cielo puede limitarlo. Pero me sentí más cómodo.

Me dirigí andando hacia el parque más cercano. Era una manera de caminar totalmente nueva, como si hubiera desaparecido la gravedad. Caminaba, o corría, o volaba; era difícil de saber. No había gravedad, me sentía ingrávido, como si algún tipo de energía me estuviese llevando. Estaba en las manos de alguna energía distinta.

Por primera vez no estuve solo, por primera vez dejé de ser un individuo, por primera vez la gota había caído en el océano. Ahora todo el océano era mío, yo era el océano. No había límites. Surgió un enorme poder, como si pudiera hacer cualquier cosa. Yo no estaba allí, sólo el poder.

Llegué al parque donde solía ir cada día. Estaba cerrado, lo cerraban de noche. Era demasiado tarde, casi la una de la noche. Los guardianes dormían. Tuve que entrar en el jardín como un ladrón, tuve que trepar por la puerta. Pero algo me empujaba hacia el jardín. No me era posible evitarlo. Flotaba.

Eso es lo que quiero decir cuando repito continuamente: «Flota con el río, no lo empujes». Estaba relajado, suelto. Yo no estaba allí, sino que era *ello*. Llámalo Dios si quieres... Dios estaba allí.

Me gustaría llamarlo *ello*, porque la palabra Dios es demasiado humana, y está muy sucia de tanto usarla, ha sido contaminada por mucha gente. Cristianos, hinduistas, musulmanes, sacerdotes y políticos... Todos ellos han corrompido la belleza de la palabra. Así que lo llamaré *ello*. *Ello* estaba allí y se me llevaba por delante... se me llevaba un maremoto.

En el momento en que entré en el parque todo se tornó luminoso, estaba en todas partes... la bendición, la beatitud. Veía los árboles como si fuese la primera vez, su verdor, su vida, la savia. El parque dormía, los árboles estaban dormidos. Pero vi el jardín bien vivo, e incluso las briznas más pequeñas de hierba eran hermosísimas.

Miré a mi alrededor. Un árbol era muy luminoso. Se trataba de un elengi. Ese árbol me atrajo, me llevaba hacia él. Yo no lo elegí, la propia existencia lo eligió. Me dirigí al árbol, me senté bajo él. Y al sentarme las cosas empezaron a asentarse. Todo el universo se convirtió en una bendición.

No sé cuánto tiempo permanecí en aquel estado. Cuando regresé a casa eran las cuatro de la madrugada, así que según el reloj debí estar fuera unas tres horas, pero aquel estado fue infinito. No tenía nada que ver con el tiempo del reloj. Fue atemporal.

Aquellas tres horas se convirtieron en toda la eternidad, en una eternidad infinita. No había tiempo, no existía el paso del tiempo; era la realidad virgen, incorrupta, intocable, inmensurable.

Y aquel día sucedió algo que ha continuado —no como una continuidad—, que ha continuado como una corriente subyacente. No como una permanencia, pues ha ido sucediendo a cada momento. Ha sido un milagro a cada instante.

Esa noche... y desde esa noche nunca he estado en el cuerpo. He rondado alrededor. Me hizo enormemente poderoso y al mismo tiempo muy frágil. Me hice muy fuerte, pero no hablo de la fuerza de un Mohammed Alí. Esa fuerza no es la fuerza de una roca, sino la fuerza de una rosa, tan frágil en su fortaleza... tan frágil, tan sensible, tan delicada.

La piedra se quedará ahí, y la flor puede desaparecen en cualquier momento, pero no obstante la flor es más fuerte que la roca porque está más viva. La fortaleza de una gota de rocío en una brizna de hierba que reluce al sol de la mañana, tan bella, tan preciosa, y que no obstante puede desaparecer en cualquier momento. Tan incomparable en su gracia... aunque una pequeña brisa puede llegar y hacer que la gota caiga y se pierda para siempre.

Los budas tienen una fuerza que no es de este mundo. Su fuerza es totalmente de amor... Como una rosa o una gota de rocío. Su fortaleza es muy frágil, vulnerable. Su fortaleza es la fuerza de la vida, no de la muerte. Su poder no es del que mata; su poder es del que crea. Su poder no es de violencia, de agresión; su poder es el de la compasión.

Pero nunca he regresado al cuerpo, rondo alrededor. Y por eso digo que ha sido un milagro enorme. Me sorprendo continuamente de seguir aquí, no debería. Debería haber partido en cualquier momento, pero sigo aquí. Abro los ojos cada mañana y me digo: «Vaya, todavía aquí». Porque parece casi imposible. El milagro ha sido una continuidad.

El otro día alguien me hizo una pregunta: «Osho, se está usted tornando tan frágil y delicado, y tan sensible a los olores de los aceites capilares y champús, que parece que no podremos verle a menos que nos rapemos al cero». Por cierto, no hay nada malo en ser calvo... la calvicie es hermosa. Al igual que "negro es bello", también "calvo es bello". Pero es cierto y debéis tener cuidado.

Soy frágil, delicado y sensible. Ésa es mi fuerza. Si le tiráis una piedra a una flor, a la piedra no le pasará nada, pero la flor desaparecerá. No obstante, no podéis por ello afirmar que la piedra es más poderosa que la flor. La flor habrá desaparecido porque estaba viva. Y la piedra... A la piedra no le pasará nada porque está muerta. La flor desaparecerá porque carece de fuerza para destruir. La flor se limitará a desaparecer y a dar paso a la piedra. La piedra tiene un poder para destruir porque está muerta.

Recuerda, desde ese día nunca he vuelto a estar realmente en el cuerpo; sólo me une al cuerpo un hilo delicado. Y me sorprende continuamente el hecho de que, de alguna manera, el todo debe quererme aquí, porque yo ya no estoy aquí a causa de mi propia fuerza, ya no estoy por mí mismo. Debe ser voluntad del todo mantenerme aquí, dejar que me demore un poco más en esta orilla. Tal vez el todo quiera compartir algo con vosotros a través de mí.

Desde ese día el mundo es irreal. Se ha revelado otro mundo. Cuando digo que el mundo es irreal no quiero decir que esos árboles sean irreales. Esos árboles son absolutamente reales, pero lo irreal es la forma en que los miráis. Esos árboles no son irreales en sí mismos, existen de verdad, existen en la realidad absoluta, pero de la manera que los miráis nunca los vais a ver; estáis viendo otra cosa; un espejismo.

Creáis vuestro propio sueño a vuestro alrededor y, a menos que despertéis, continuaréis soñando. El mundo es irreal porque el mundo que conocéis es el mundo de vuestros sueños. Cuando los sueños cesan, entonces os encontráis con el mundo que está ahí, con el mundo real.

La sacralidad y el mundo no son dos cosas. La sacralidad es el mundo si contáis con ojos, con ojos despejados, sin sueños, sin polvo de sueños, sin ninguna neblina ensoñadora; si miráis con los ojos, con claridad, perceptividad, entonces sólo hay sacralidad.

Entonces Dios es un árbol verde, y en algún otro lugar Dios es una estrella que titila, y en otra parte Dios es un cuclillo, y en otro lugar Dios es una flor, y en algún otro lugar es un niño, y un río... sólo hay sacralidad. En el momento en que empiezas a ver sólo hay sacralidad.

Éste es un mundo hermoso. Pero no estoy hablando de vuestro mundo, sino de mi mundo. Vuestro mundo es muy feo, vuestro mundo es vuestro mundo, creado por un yo, vuestro mundo es un mundo proyectado. Utilizáis el mundo real como una pantalla y proyectáis sobre él vuestras propias ideas.

Cuando digo que el mundo es real, que el mundo es tremendamente bello, que es luminoso de infinitud, que el mundo es luz y deleite, que es una celebración, me refiero a mi mundo... o a vuestro mundo si abandonáis vuestros sueños.

Cuando abandonáis vuestros sueños veis el mismo mundo que puede haber visto cualquier buda. Cuando sueñas lo haces en privado. ¿Te has fijado? Los sueños son privados. No puedes compartirlos con tu ser querido. No puedes invitar a tu esposa a tu sueño, o a tu marido, o a tu amigo. No puedes decir: «Por favor, vente esta noche a mi sueño. Me gustaría que viésemos el sueño juntos». No es posible. Soñar es algo privado, y por ello ficticio, y carece de realidad objetiva.

La sacralidad es algo universal. Está ahí una vez que sales de tus sueños privados. Siempre ha estado ahí. Una vez que tienes la vista despejada, tras una iluminación súbita, de repente te ves inundado de belleza, grandeza y gracia. Ése es el objetivo, ése es el destino.

Permite que lo repita. Sin esfuerzo nunca puedes realizarla, pero nadie la ha realizado con esfuerzo. Debes hacer un gran esfuerzo, y sólo entonces llega un momento en que el esfuerzo se torna fútil. Pero se torna vano sólo cuando has llegado al límite, y nunca antes. Cuando has llegado al pináculo de tu esfuerzo –has hecho todo lo que podías hacer–, entonces, de repente, no hay necesidad de hacer nada más. Abandonas el esfuerzo.

Pero nadie puede abandonar a la mitad, hay que abandonar sólo al llegar al extremo. Así que llega hasta el extremo si quieres abandonar. Por eso insisto: realiza todo el esfuerzo que puedas, invierte toda tu energía y tu corazón en ello, para que un día puedas ver... Ahora el esfuerzo ya no me lleva a ninguna parte. Y ese día no serás tú el que abandone el esfuerzo, sino él mismo, de *motu proprio*. Y cuando abandona por propia voluntad, tiene lugar la meditación.

La meditación no es resultado de tus esfuerzos, la meditación sucede. Cuando tus esfuerzos abandonan, de repente aparece la meditación... su bendición, su beatitud, su gloria. Está ahí como una presencia... luminosa, rodeándote y rodeándolo todo. Llena toda la tierra y el cielo.

El esfuerzo humano no puede crear esa meditación. El esfuerzo humano es demasiado limitado, y esa beatitud es tan infinita... No puedes manipularla. Sólo puede suceder que te encuentras en una entrega tremenda. Sólo puede acontecer cuando no estás ahí. Cuando eres un no-yo –sin deseo, sin ir a ninguna parte–, cuando estás aquí y ahora, sin hacer nada en particular, sólo siendo... Entonces sucede. Y llega en oleadas, y las oleadas se convierten en un maremoto. Llega como una tormenta, se te lleva por delante a una realidad totalmente nueva.

Pero primero has de hacer todo lo que puedas, y luego has de aprender la inacción. El hacer de la inacción es la acción más grande, y el esfuerzo inintencionado es el esfuerzo más grande.

La meditación que creas cantando un *mantra* o sentándote tranquilo e inmóvil te está forzando, es una meditación mediocre. Eres tú el que la crea, y no puede ser más grande que tú. Es casera, y el hacedor siempre es más grande que lo que hace. La haces sentándote, forzándote en una postura yóguica, cantando: «Rama, Rama, Rama», o cualquier cosa –«bla, bla, bla»–, lo que sea. Has forzado a la mente a permanecer inmóvil.

Se trata de una inmovilidad forzada. No se trata del sosiego que llega cuando tú no estás ahí. No es el silencio que llega cuando eres casi inexistente. No es la beatitud que desciende sobre ti como una paloma.

Se dice que cuando Jesús fue bautizado por Juan el Bautista en el río Jordán, Dios descendió en él, o que el espíritu santo descendió en él como una paloma. Sí, así es precisamente. Cuando tú no estás ahí, la paz desciende en ti... aleteando como una paloma... alcanzando tu corazón y morando allí para siempre.

Tú eres tu perdición, tú eres la barrera. La meditación tiene lugar cuando el meditador no está. Cuando la mente cesa todas sus actividades –al ver que son vanas–, entonces te penetra lo desconocido, te sobrecoge.

La mente cesa para que la sacralidad se manifieste. El conocimiento debe cesar para que el saber se manifieste. Tú debes desaparecer, tú debes abandonar. Debes tornarte vacío, y sólo entonces podrás estar lleno.

Aquella noche me vacié y llené. Me hice inexistente y me convertí en existencia. Aquella noche morí y renací. Pero el que renació no tenía nada que ver con el que murió, es algo discontinuo. En la superficie parece continuo pero no lo es. El que murió, murió del todo; no ha quedado nada de él.

Créeme, no ha quedado nada de él, ni siquiera una sombra. Murió total y completamente. No es que ahora sea un *rupa* modificado –una forma modificada de lo antiguo–, no, no ha habido continuidad. Aquel día 21 de marzo, la persona que había vivido muchas, muchísimas vidas, durante milenios, murió. Y empezó a existir otro ser, absolutamente nuevo, sin relación alguna con la anterior.

La religiosidad te proporciona una muerte total. Tal vez sea por eso por lo que todo el día anterior a aquel suceso estuve sintiendo cierta urgencia, como la muerte, como si fuese a morir... Y realmente morí. He conocido otras muchas muertes, pero nada comparada con ésta; fueron muertes parciales.

A veces muere el cuerpo, a veces una parte de la mente, a veces una parte del ego, pero en lo concerniente a la persona, ahí seguía, renovada muchas veces, decorada, cambiada un poco aquí y allá, pero permanecía, la continuidad permanecía.

Aquella noche la muerte fue total. Fue una cita con la muerte y con lo divino, simultáneamente.

Ahora este sutra.

Dijo el Buda:

«Mira hacia el cielo y hacia la tierra y te recordarán su impermanencia.
»Mira al mundo y te recordará su impermanencia. Pero cuando realices la iluminación espiritual hallarás sabiduría. El conocimiento así realizado te conduce de inmediato al camino».

«Mira hacia el cielo y hacia la tierra y te recordarán su impermanencia.»

Mira. Lo que ocurre es que no miras, que nunca miras. Antes de mirar ya tienes una idea. Nunca miras con pureza, nunca miras sin prejuicios. Siempre cargas con algún prejuicio, alguna opinión, ideología, escritura... con tus propias experiencias o con experiencias ajenas, pero siempre tienes algo en la mente. Nunca estás desnudo con la realidad.

Y cuando el Buda dice: *«Mira hacia el cielo y hacia la tierra»*, quiere decir que mires con el ojo desnudo, sin filtros a base de opiniones, ideas, experiencias, prestadas o de otro tipo.

¿Has mirado alguna vez con el ojo desnudo? Es muy raro encontrar en la humanidad alguien con un ojo desnudo. Todos los ojos van muy vestidos. Alguien tiene un ojo cristiano, otro hinduista, y otro musulmán. Miran de distinto modo.

Cuando un musulmán lee la Gita, nunca lee lo mismo que lee un hinduista. Cuando un jainista lee la Gita lee también otra cosa. Un hinduista puede leer la Biblia y nunca leerá lo que lee un cristiano. La Biblia es la misma. ¿De dónde procede la diferencia? La diferencia debe venir del ojo, la diferencia debe provenir de la mente.

¿Alguna vez has leído una sóla página de un libro sin meter a tu mente en ello, sin corromperla con tu mente, con tu pasado? Sin interpretarla,

¿has mirado alguna cosa en la vida? Si no lo has hecho es que no has mirado, es que no tienes ojos de verdad. Tienes sólo cuencas orbitales, pero no ojos.

El ojo ha de ser receptivo, no agresivo. Cuando se tiene una cierta idea en el ojo, en la mente, entonces es agresivo. Se impone de inmediato a otras cosas. Cuando tienes un ojo vacío, desnudo, desvestido, no cristiano, no hinduista, no comunista, sólo un ojo puro, inocente... es un ojo de una inocencia primordial, inocente como el ojo de un animal o de un niño, de un niño recién nacido. Un recién nacido mira alrededor, y no tiene idea de qué es qué, de lo bello y lo feo, no tiene ni idea. Esa inocencia primordial ha de estar presente. Sólo entonces podrás ver lo que dice el Buda.

Has estado mirando la vida, pero no has llegado a ver que todo es impermanencia. Todo está muriendo, todo se descompone, todo está en un proceso de muerte. La gente hace cola para la muerte. Mira a tu alrededor... todo se precipita hacia la muerte. Todo es transitorio, momentáneo, fluido; nada parece tener un valor eterno, nada parece morar en lugar alguno, nada parece mantenerse, nada parece permanecer. Todo continúa, y continúa, y continúa cambiando. ¿Qué otra cosa es un sueño?

El Buda dice que esta vida, que este mundo en el que vives, que te rodea, que has creado a tu alrededor, no es más que un sueño, impermanente, temporal. No mores en él, de otro modo sufrirás. Porque nadie puede contentarse con lo temporal. Cuando crees que está en tus manos, desaparece. Cuando crees poseerlo, deja de estar. Luchas por ello y, cuando lo consigues, desaparece.

La belleza es fugaz, el amor es fugaz, todo en esta vida es fugaz. No haces más que pretender atrapar sombras. Parecen reales; pero cuando llegas hasta ellas no son más que espejismos.

«Mira hacia el cielo y hacia la tierra y te recordarán su impermanencia. Mira al mundo y te recordará su impermanencia.»

Es uno de los principios más fundamentales del Buda Gautama, que hay que ser consciente del mundo impermanente que nos rodea. Entonces serás capaz de comprender por qué el Buda lo llama un sueño, *maya*, ilusión.

En Oriente, nuestra definición de la verdad es lo que permanece para siempre, y de la falsedad, lo que es en este momento pero no al siguiente.

La falsedad es lo que es temporal, momentáneo, impermanente. Y la verdad es lo que es, lo que siempre es, ha sido y será. Tras esas sombras fugaces has de hallar lo eterno, penetrar en lo eterno, porque en lo eterno sólo puede haber beatitud; la desdicha pertenece a lo momentáneo.

«Pero cuando realices la iluminación espiritual...»

Por eso recordaba y os explicaba mi propia experiencia.

«Pero cuando realices la iluminación espiritual hallarás sabiduría.»

La sabiduría no puede hallarse a través de las escrituras; es una experiencia. No es conocimiento, la sabiduría no es conocimiento. No la puedes obtener de los demás, ni tomarla prestada. No es información. No puedes aprenderla de las escrituras. Sólo hay una manera de ser sabio, y es entrar en una experiencia viva de la vida.

A veces lo dice el Buda, lo escuchas; algo que yo digo... y tú lo escuchas... pero no te tornas sabio por escucharlo. Se convertirá en conocimiento. Puedes repetirlo, puedes repetirlo incluso mejor. Puedes ser muy habilidoso, muy eficiente a la hora de repetirlo. Puedes decirlo utilizando un lenguaje mejor, pero no tienes la experiencia.

Nunca has probado el vino por ti mismo. Simplemente has visto a algún borracho trastabillando por la calle, cayéndose en la cuneta. Sólo has observado a un borracho, cómo se mueve, cómo tropieza, pero no conoces la experiencia. Para ello has de emborracharte... No hay otro modo.

Puedes observar a mil borrachos y recopilar toda la información al respecto, pero eso será desde el exterior, y la experiencia es interna. Eso será desde fuera, y tú la recopilarás como un espectador. Y la experiencia no puede realizarse mirando, sólo puede realizarse siendo.

Ahora el mundo moderno se ha obsesionado mucho con mirar; el mundo moderno es el mundo del espectador. La gente se sienta durante horas en los cines, sólo para mirar, sin hacer nada. En Occidente la gente está pegada a las sillas durante horas, seis, incluso ocho horas, sentados frente a sus televisores. Escuchas cantar a alguien y ves bailar a otros, e incluso hacer el amor –por eso la gente está tan interesada en la pornografía–, pero eres un espectador.

El ser humano moderno es el ser más falso que ha existido nunca sobre la tierra, y su falsedad consiste en que piensa que puede saber con sólo mirar, con sólo ser un espectador. La gente permanece sentada durante horas viendo partidos de hockey, de balonvolea, de críquet... durante horas. ¿Cuándo vas a ser tú el que juegue? ¿Cuándo vas a ser tú el que ame a alguien? ¿Cuándo vas a ser tú el que cante y baile?

Ésa es una vida tomada prestada. Alguien baila por ti; tal vez disfrutes, ¿pero cómo puedes conocer la belleza de bailar a menos que bailes tú? Es algo interno. ¿Qué pasa cuando una persona baila? ¿Qué pasa en el hondón de su ser?

Nijinski, uno de los más grandes bailarines, solía decir que había momentos en los que él desaparecía, y sólo quedaba la danza. Esos son momentos cumbre, cuando el bailarín no está ahí y sólo es la danza. Eso es lo que dice el Buda: cuando el yo no está ahí.

Nijinski entra en éxtasis, y tú estás ahí sentado, observando el movimiento. Sí, claro, los movimientos son bellos. Los movimientos de Nijinski tienen una gracia, una enorme belleza, pero eso no es nada comparado con lo que él siente en su interior. Su danza es una belleza, incluso cuando sólo eres un espectador, pero no es nada comparado con lo que sucede en su interior.

Solía decir que había momentos en los que desaparecía la gravedad. Puedo entenderlo porque yo también he experimentado la desaparición de la gravedad. Y la gravedad desapareció para mí sólo unos momentos. Ahora hace años que vivo sin gravedad. Sé lo que quiere decir.

Incluso los científicos estaban perplejos, porque había momentos en la danza de Nijinski en que saltaba y brincaba, y aquellos saltos eran tremendos, casi imposibles. Un ser humano no puede saltar de ese modo; la gravedad no lo permite. Y lo más bello y sorprendente era que cuando Nijinski regresaba del salto lo hacía con tanta lentitud que era igualmente imposible. Regresaba tan lentamente como si fuese una hoja cayendo de un árbol... lentamente, muy lentamente.

No es posible, va contra una ley física. La ley de la gravedad no hace excepciones, ni siquiera para un Nijinski. Y le preguntaban una y otra vez: «¿Qué sucede? ¿Cómo puede caer con tanta lentitud? Porque usted no tiene poder para controlar... la gravedad tira de usted». Y él decía: «No sucede siempre, sólo raramente... cuando el bailarín desaparece. Entonces a veces yo también me quedo perplejo, sorprendido, no sólo ustedes. Me veo a mí mismo bajando tan lento, tan grácil, y sé que la gravedad no existe en ese momento».

Debía de funcionar en otra dimensión, en la que no existe la ley física, donde empieza a funcionar otra ley que los espiritualistas llaman la ley de levitación.

Y parece totalmente racional y lógico contar con ambas leyes, pues cada ley ha de estar equilibrada por otra ley de sentido contrario. Si hay luz hay oscuridad, si hay vida hay muerte, si hay gravedad debe haber levitación que tire de ti hacia arriba. Debe haber ocasiones en que una persona va hacia arriba.

Corren historias... sobre todo la historia acerca de Mahoma, que hablan de que ascendió al cielo con su cuerpo físico; y no sólo con su cuerpo físico, sino con su caballo. Montado en un caballo, ascendió así de fácil al cielo, hacia arriba. Parece absurdo, los musulmanes no han podido demostrarlo, pero el significado está muy claro. Puede que la historia no sucediese así exactamente, pero el significado está muy claro.

Hay que comprenderlo, es muy simbólico. Dice que hay una ley de levitación y si Mahoma no puede ser estirado por la levitación, ¿entonces quién podrá? Él es la persona adecuada, una persona que no existe. El ego está sometido a la gravedad, el no-ego no está sometido a la gravedad, y por ello surge la ingravidez.

Nijinski se volvió loco porque era un bailarín y no sabía nada de meditación, éxtasis, iluminación. Eso se convirtió en un problema para él.

Si no entiendes y no te mueves con conciencia, y de repente dieses con algo que no puede ser explicado mediante leyes ordinarias, te volverías loco. Porque te perturbaría. ¡Es tan extraño, tan sobrenatural...! No puedes explicártelo. Empieza a perturbarte. Él empezó a sentirse perturbado por el fenómeno. Al final resultó tan pasmoso que le perturbó la mente.

Lo divino es muy destructivo. Si no se va con cuidado, se es destruido, porque la sacralidad es fuego. Mucha gente se vuelve loca al no moverse de manera adecuada. Si no cuenta con la guía precisa puede enloquecer. No es un juego de niños, y hay que comprender.

Y lo divino –si sucede como un accidente– no se puede absorber. Tu viejo mundo salta hecho pedazos y no puedes crear uno nuevo, una nueva comprensión. Porque para esa nueva comprensión necesitarás nuevos conceptos, un nuevo marco referencial, una nueva configuración. Ése es el sentido de encontrar un maestro.

La gente no se apega a un maestro sólo por credulidad, sino que existe una base científica para ello. Adentrarse en lo desconocido es un riesgo tremendo. Hay que hacerlo con alguien que ya lo haya hecho. Hay que ir de la mano de alguien que conozca el territorio. De otro modo pueden suceder cosas tan impactantes que no sepas qué hacer.

Mucha gente enloquece por no saber que es necesaria la ayuda de alguien. Se necesita a alguien que sea como una comadrona. Nacerás, pero es necesario que alguien esté al tanto. Su misma presencia puede ser muy útil; puedes relajarte. La comadrona está ahí, el médico está ahí... puedes relajarte.

No es que en realidad hagan gran cosa. Puedes preguntarle a cualquier médico: no hacen gran cosa. ¿Qué podrían hacer? Pero su presencia relaja a la mujer que va a dar a luz. Sabe que el médico está ahí, que la enfermera está ahí, que la comadrona está ahí. Todo está bien, así que se relaja y deja de luchar. Sabe que si algo va mal cuenta con gente a su alrededor que lo arreglará. Puede relajarse, puede confiar.

Lo mismo sucede con un discípulo. Es un proceso de renacimiento. Se necesita un maestro. Pero del maestro no hay que recopilar conocimiento; del maestro hay que tomar pistas y pasar a la experiencia.

Cuando hablo sobre meditación puedes hacer dos cosas. Puedes recopilar todo lo que digo acerca de la meditación, puedes recopilarlo. Puedes llegar a convertirte en una persona muy importante e instruida acerca de la meditación, porque de la meditación hablo a diario desde distintas dimensiones y de diversas maneras. Puedes recopilar todo eso y obtener una licenciatura en una universidad. Pero eso no te hará más sabio, a menos que medites.

Así que todo lo que digo inténtalo en la vida. Aunque estoy aquí, no pierdas el tiempo en recopilar conocimientos. Para eso no me necesitas, puedes hacerlo en una biblioteca. Mientras estoy aquí da el salto, un salto cuántico hacia la sabiduría. *Experimenta* lo que te estoy diciendo.

«Pero cuando realices la iluminación espiritual hallarás sabiduría.»

La sabiduría sólo se realiza a través de la propia experiencia. Nunca se encuentra a través de otra persona. La sabiduría siempre ocurre de igual manera que se abre una flor... así mismo. Cuando tu corazón se abre posees una fragancia... y esa fragancia es sabiduría. Puedes traer una flor de plástico del mercado, puedes engañar a los vecinos.

> Solía vivir cerca de la casa del mulá Nasrudín. Solía verle cada día regando un tiesto que colgaba de su ventana, con hermosas flores. Le observé hacerlo muchas veces. Siempre que echaba agua, en realidad no había ningún agua en la regadera, y de hecho el tiesto estaba seco. Yo veía que no había nada de agua en la regadera y que el tiesto estaba seco, pero él hacía como que la echaba dos veces al día, religiosamente. Así que le pregunté:
> —¿Qué está haciendo? No echa nada de agua y no obstante sigue vertiendo lo que no hay. Le llevo observando varios días.
> —No se preocupe. Estas flores son de plástico. No necesitan agua.

Las flores de plástico no necesitan agua, no están vivas. No necesitan tierra, no están vivas. No necesitan fertilizantes, no están vivas. No necesitan ningún abono, no están vivas.

Las flores de verdad son como la sabiduría. La sabiduría es como las flores de verdad, y el conocimiento es de plástico. Por eso es barato. Es bien barato, se puede obtener por nada porque es prestado. La experiencia es un cambio radical en la vida; dejas de ser el mismo.

Si quieres ser sabio deberás pasar por transformaciones, por un millón de transformaciones. Deberás atravesar el fuego. Sólo entonces se quemará todo lo feo e inútil, y te transmutarás en oro puro.

«El conocimiento así realizado te conduce de inmediato al camino.»

...Y sólo la sabiduría. El conocimiento realizado a través de la propia experiencia, a través de la propia experiencia de iluminación, a través del propio *satori*, *samadhi*, te permite sintonizar con el camino.

El Buda lo llama *dhamma*, *tao*. Estás en armonía, en lo que Pitágoras llama *harmonia*. De repente dejas de estar ahí, sólo la ley está ahí, el *dhamma* está ahí, el camino está ahí... o llámalo sacralidad. Entonces eres con el todo. Le acompañas allí donde vaya. Dejas de tener objetivos propios. El destino del todo pasa a ser el tuyo. No hay ansiedad, ni tensión. Uno está enormemente relajado.

De hecho, ¡está tan relajado que no es! El ego no son más que tensiones acumuladas a través de vidas. Cuando estás totalmente relajado y miras en tu interior, no hallas nada. Es simple pureza, vacío, vastedad.

Dijo el Buda:

> «Debes pensar en los cuatro elementos que constituyen el cuerpo. Cada uno de ellos tiene su propio nombre y no hay ahí nada conocido como ego. Como en realidad no hay ego, es como un espejismo».

El Buda dice que el ego no es más que un concepto, una idea; en realidad no existe. Al nacer, un niño nace sin ningún "yo". Poco a poco va aprendiéndolo, aprende que hay otra gente y que está separado de ellos. ¿Has observado a un niño cuando empieza a hablar? No dice: «Tengo sed», lo que dice es: «Bobby tiene sed». No dice: «Yo tengo sed». No tiene ningún "yo".

Poco a poco los niños aprenden el "yo" porque empiezan a sentir el "tú". *Tú* aparece primero, y luego *yo*, como reacción al *tú*. Empiezan a sentir que hay más gente que está separada de Bobby, y que se llaman "tú". Con el tiempo, empiezan a aprender el "yo".

Pero no es más que una utilidad. Útil, muy útil; utilízalo. No estoy diciendo que dejes de utilizar "yo", porque eso conllevaría problemas. Pero entérate bien de que dentro de ti no hay ningún "yo"; sólo es una convención lingüística, igual que el nombre.

Un niño, al nacer, no tiene nombre. Luego le llamamos Sam o Krishna, y se convierte en Sam. Más tarde si insultas el nombre "Sam", empieza a pelearse, y eso que ha llegado al mundo sin nombre. Y no lo tiene, es sólo una etiqueta, práctica, necesaria, pero no hay nada verdadero en ella. Pudiera igualmente haberse llamado Krishna, o Mohammed, o Michael, o cualquier cosa. Cualquier nombre serviría porque él es anónimo.

Por eso os cambio los nombres cuando os inicio en *sannyas*, para daros la sensación de que el nombre puede cambiarse, de que no os pertenece. Puede cambiarse con mucha facilidad. Tiene una utilidad en el mundo, pero carece de realidad.

El niño aprende que su nombre es Sam. Es el nombre por el que los demás le llaman. Él no puede llamarse a sí mismo Sam porque sería demasiado confuso. Otros le llaman Sam, él ha de llamarse a sí mismo otra cosa, si no resultaría muy confuso.

Ram Teerth solía llamarse a sí mismo Ram, en tercera persona. Resultaba muy confuso. Era un hombre excelente, y para no usar el "yo" –porque el "yo" ha creado muchos problemas–, como gesto, solía llamarse a sí mismo Ram. Cuando iba a América podía decir de repente: «Ram tiene sed», y la gente no le entendía. ¿Qué quiere decir? «Ram tiene sed». Miraban a su alrededor. ¿Quién es Ram? Y él decía: «Este Ram tiene sed». Pero eso resulta confuso. Si dices: «Tengo sed», o «Yo tengo sed», entonces todo está claro. Porque cuando utilizas el nombre da la impresión de que quien tiene sed es otro.

Por eso es necesario un nombre por el que te llamen los demás, y hay necesidad de algo, de un símbolo, por el que puedas llamarte a ti mismo. Es una necesidad de la sociedad, pero no tiene nada que ver con la existencia o la realidad.

«Debes pensar en los cuatro elementos que constituyen el cuerpo...»

El Buda dice que el cuerpo está compuesto de fuego, tierra, agua, y aire. Esos cuatro elementos están ahí, son cosas reales, y no hay nada más. Tras esos cuatro elementos, en ti sólo hay puro espacio. Ese puro espacio es lo que realmente eres, espacio cero.

El Buda no quiere ni siquiera llamarlo ser, porque el ser, el yo, conlleva un distante reflejo del ego. Así que lo llama no-ser, no yo, *anatta*. No lo llama *atman*, yo, sino *anatman*. Y tiene razón por completo. No hay que llamarlo de ninguna manera.

Yo me lo he encontrado. Carece de nombre, y de forma. No tiene substancia, y tampoco centro. Es inmenso, puro, vacío, lleno. Es pura beatitud, *sat-chit-ananda*. Es verdad, es conciencia, es beatitud, pero no hay ningún sentido "yoísta" en ello. No está confinado por nada, carece de límites. Es puro espacio. Realizar esa pureza es lo que el Buda denomina *nirvana*.

La palabra *nirvana* es hermosa. Significa "extinguir la llama". Tenemos una lámpara, y tú vas y apagas la llama. Entones el Buda dice: «¿Te preguntas adónde ha ido ahora la llama? ¿Alguien puede responder adónde ha ido la llama?». El Buda dice que simplemente desapareció en el infinito. No ha ido a ninguna parte, y ha ido a todas. No ha ido a un lugar en particular; se ha convertido en universal. La palabra *nirvana* significa extinguir la llama. Y el Buda dice que cuando extingues tu ego, la llama del ego, sólo queda puro espacio. Entonces no eres nadie en particular, sino todo el mundo. Eres universal. Eres esta vasta bendición, este gozo, esta beatitud. Entonces eres *ello*.

Basta por hoy.

12. SIEMPRE EN LA PIRA FUNERARIA

Dijo el Buda:

«Motivadas por sus deseos egoístas, las personas buscan fama y gloria. Pero una vez adquiridas, les acongojan los años. Si anhelas la fama mundana y no practicas el camino, tus esfuerzos son aplicados de manera errónea y tu energía se desperdicia. Es como quemar una varilla de incienso. Por mucho que se admire su agradable olor, el fuego que la consume la quema sin parar».

Dijo el Buda:

«Las personas se aferran a sus posesiones mundanas y a las pasiones egoístas de manera tan ciega que sacrifican sus propias vidas por ellas. Son como un niño que intenta comer el poco de miel que queda en el filo de un cuchillo. La cantidad no es suficiente para saciar su apetito, pero corre el riesgo de cortarse la lengua».

Dijo el Buda:

«Los hombres están más atrapados en sus familias y posesiones que en una prisión. Al preso le llega una ocasión en la que es liberado, pero los cabezas de familia no albergan deseo alguno de ser liberados de los lazos familiares. Cuando se despierta la pasión de un hombre nada le impide crear su propia ruina. Saltaría incluso a las fauces de un tigre. A quienes se ven así ahogados en la inmundicia de la pasión se les llama ignorantes. Quienes son capaces de superarla son beatíficos *arhatas*».

El camino del Buda no es una religión en el sentido ordinario del término, porque carece de sistema de creencias, de dogma o escritura. No cree en Dios, no cree en el alma, no cree en ningún estado de *moksha*, liberación. Se trata de una increíble increencia, y no obstante es una religión. Es única. Nunca ha sucedido nada igual en la historia de la conciencia humana. El Buda es completamente único, incomparable.

Dice que Dios no es más que una búsqueda de seguridad, de certidumbre, una búsqueda de refugio. Creéis en Dios no porque Dios esté ahí; creéis en Dios porque os sentís indefensos sin esa creencia. Y aunque no hubiera Dios, inventaríais uno. La tentación proviene de vuestra debilidad; es una proyección.

El ser humano se siente muy limitado, muy indefenso, casi una víctima de las circunstancias, sin saber de dónde viene ni adónde va, sin saber por qué está aquí. Si no hay Dios, al ser humano corriente se le hace muy difícil imaginarle un sentido a la vida. La mente ordinaria enloquece sin Dios. Dios es un apoyo, os ayuda, os consuela, os reconforta. Os dice: «No os preocupéis, Dios Todopoderoso lo sabe todo acerca de por qué estáis aquí. Él es el Creador; sabe por qué creó el mundo. Puedes que vosotros no lo sepáis, pero el Padre lo sabe, y podéis confiar en Él».

Sí, es un gran consuelo. La idea de Dios os proporciona una sensación de alivio, de que no estáis solos, de que alguien se ocupa de las cosas; de que este cosmos no es sólo un caos, de que es *realmente* un cosmos; de que existe un sistema tras él, una lógica; de que no es un batiburrillo ilógico de cosas, de que no es una anarquía. Alguien lo dirige; el rey soberano está ahí, ocupándose de cada pequeño detalle... Ni siquiera una hoja se mueve sin que él la mueva. Todo está planeado. Formas parte de un gran destino. Tal vez desconozcas el sentido, pero ese sentido está ahí porque Dios está ahí. Dios aporta un enorme alivio. Uno empieza a sentir que la vida no es accidental; existe una corriente subyacente de sentido, de significado, de destino. Dios aporta un sentido de destino.

Dice el Buda: no hay Dios, y eso sólo demuestra que el ser humano no sabe por qué está aquí. Simplemente demuestra que el ser humano está indefenso. Simplemente demuestra que el ser humano no dispone de un sentido. Al crear la idea de Dios puede creer en un sentido, en un significado, y puede vivir su vida fútil con la idea de que alguien se está ocupando.

Piensa en lo siguiente: estás viajando en un avión y alguien llega y te dice: «No hay piloto». De repente sería el pánico. ¡¿Que no hay piloto?! Que no hay piloto significa que estás condenado. Luego otro dice: «El piloto está ahí, invisible, tal vez nosotros no lo veamos, pero está ahí; ¿cómo si no funcionaría este maravilloso mecanismo? Piensa en ello: todo será estupendo... ¡Debe haber un piloto en algún sitio! Tal vez no podamos verle, tal vez no seamos lo suficiente piadosos para verle, tal vez tengamos los ojos cerrados, pero el piloto está ahí. ¿Cómo si no sería posible? Este avión ha despegado, vuela de maravilla; los motores ronronean. Todo ello demuestra que debe haber un piloto».

Si alguien lo demuestra entonces vuelves a relajarte en el asiento. Cierras los ojos y vuelves a dormir... Puedes dormir de nuevo. El piloto está ahí, no hay necesidad de preocuparse.

Dice el Buda: el piloto no existe, es una creación humana. El ser humano ha creado a Dios a su imagen y semejanza. Es una invención humana; Dios no es un descubrimiento, es una invención. Y Dios no es la verdad, sino la mayor de las mentiras. Por eso digo que el budismo no es una religión en el sentido ordinario del término. Una religión sin dios, ¿puedes imaginártelo? Cuando los estudiosos occidentales se hicieron conscientes del budismo por primera vez, se sintieron aturdidos. Eran incapaces de comprender que una religión pudiera existir sin Dios. Sólo conocían el judaísmo, el cristianismo y el islam. Esas tres religiones son en cierto modo inmaduras comparadas con el budismo.

El budismo es una religión adulta. El budismo es la religión de una mente madura. El budismo no es nada infantil, y no apoya ningún deseo infantil en ti. Es muy *inmisericorde*. Deja que lo repita. Nunca ha habido un ser humano más compasivo que el Buda, pero su religión es despiadada. De hecho, en esa inmisericordia es donde demuestra su compasión. No te permite aferrarte a ninguna mentira. Por mucho que consuele, una mentira es una mentira. Y quienes te han proporcionado una mentira no son tus amigos, sino enemigos... Porque bajo el impacto de una mentira vivirás una vida llena de mentiras.

Hay que mostrarte la verdad, por muy dura y devastadora que resulte, aunque el impacto de la verdad te aniquile.

Dice el Buda: la verdad es que las religiones humanas son invenciones humanas. Te hallas en una noche oscura rodeado de fuerzas desconocidas. Necesitas algo a lo que agarrarte, alguien a quien aferrarte.

Y todo lo que puedes ver es cambiante: tu padre morirá un día y te quedarás solo, tu madre morirá un día y te quedarás solo, y te quedarás huérfano. Y desde la infancia te has acostumbrado a que tu padre te protegiese, y a que tu madre te amase. Ahora ese deseo infantil vuelve a afirmarse: necesitas una figura paterna. Si no la puedes hallar en el cielo, entonces la buscarás en algún político. Stalin pasó a convertirse en el padre de la Rusia soviética; abandonaron la idea de Dios. Mao se convirtió en el padre de China; abandonaron la idea de Dios. Pero el ser humano es de tal manera que no puede vivir sin una figura paterna.

El ser humano *es* infantil; muy poca gente crece hasta madurar. Mis propias observaciones me dicen que la gente no pasa de los siete, ocho, o nueve años de edad. Sus cuerpos físicos crecen y envejecen, pero sus mentes permanecen atrapadas por debajo de los diez años de edad.

El cristianismo, el judaísmo, el islam y el hinduismo son religiones por debajo de los diez años. Satisfacen tus necesidades; no se ocupan de la verdad. Se ocupan más de ti, se ocupan de consolarte. Ésta es la situación: la madre ha muerto y el hijo gime y llora, y has de consolarle. Así que le cuentas mentiras. Pretendes que la madre no ha muerto: «Ha ido a visitar a los vecinos, no tardará en regresar. No te preocupes, ya vendrá». O: «Ha partido en un largo viaje. Tardará días, pero regresará». O: «Ha ido a ver a Dios. No te preocupes. Todavía está viva; tal vez haya dejado su cuerpo, pero el alma vive para siempre».

El Buda es el individuo más devastador de toda la historia de la humanidad. Todo su esfuerzo está dirigido a acabar con los apoyos. No dice que haya que creer en nada. Es un descreído y su religión es la de la increencia. No dice "cree", sino "duda".

Ya sabes que las religiones dicen: «¡Cree!». Nunca has oído que una religión dijese: «¡Duda!». La duda es la metodología, dudar hasta el hondón, dudar hasta el final. Y cuando has dudado de todo, y lo has soltado todo al dudar, entonces la realidad surge para que la veas. No tiene nada que ver con tus creencias sobre Dios; no es nada parecido a tu pretendido Dios. Luego surge la realidad, absolutamente extraña y desconocida.

Pero esa posibilidad sólo puede darse cuando se han abandonado todas las creencias y la mente ha alcanzado un estado de madurez, comprensión, y aceptación de que: «Todo lo que es, es, y no deseamos otra cosa. Si no hay Dios, no hay Dios, y no albergamos deseo alguno de proyectar un Dios. Si no hay Dios, lo aceptamos».

Eso es la madurez: aceptar el hecho y no crear una ficción; aceptar la realidad tal cual es, sin intentar suavizarla, sin intentar decorarla, sin intentar que resulte más aceptable para tu corazón. Si es devastadora, es devastadora. Si te sacude, te sacude. Si la verdad mata, entonces se está dispuesto a morir.

El Buda es inmisericorde. Y nadie ha abierto nunca tanto la puerta de la realidad con tanta profundidad como él. No te permite ningún deseo infantil, lo que te dice es que seas más consciente, estés más atento, seas más valeroso. No te ocultes tras creencias, máscaras y teologías. Toma las riendas de tu vida en tus manos. Enciende tu luz interior y mira lo que es. Y una vez tengas el valor suficiente para aceptarlo, se convierte en una bendición. Ninguna creencia es necesaria.

Ese es el primer paso del Buda hacia la realidad: todos los sistemas de creencias son venenosos; todos los sistemas de creencias son barreras.

No es un teísta... y recuerda que tampoco es un ateo porque, dice, que algunos creen que hay Dios y otros creen que no lo hay, pero que ambos son creyentes. Su increencia es tan profunda que incluso quienes dicen que no hay Dios, y lo creen, no le resultan aceptables. Dice que únicamente decir que no hay Dios no cambia nada. Si sigues siendo infantil, crearás otra fuente de Dios.

Por ejemplo, Karl Marx proclamó: «Dios no existe», pero entonces convirtió en Dios a la Historia. La Historia se convierte en Dios; la Historia desempeña ahora la misma función que antes realizara el concepto de Dios. ¿Qué hacía Dios? Dios era el factor determinante; Dios era el factor dirigente. Dios decidía qué debía ser y qué no debía ser. Marx desechó la idea de Dios, pero entonces la Historia se convirtió en el factor determinante. La Historia se convirtió en el destino, en *kismet*, la Historia es el factor determinante. ¿Y qué es la Historia? Marx dice que el comunismo es un estado inevitable. La Historia ha determinado que llegará, y todo está determinado por la Historia. Ahora la Historia se ha convertido en un superDios.

Se necesita algo que determine la realidad. El ser humano no puede vivir con una realidad indeterminada. El ser humano no puede vivir con la realidad tal cual es, caótica, accidental. El ser humano no puede vivir con la realidad sin encontrar alguna idea que le dé sentido, relevancia, continuidad, que le proporcione una forma que pueda entender la razón; que pueda ser diseccionada, analizada, en causa y efecto.

Freud abandonó la idea de Dios, pero entonces el inconsciente se convirtió en Dios. Entonces todo pasó a estar determinado por el inconsciente del ser humano, y éste está indefenso en manos del inconsciente. Son nombres nuevos para Dios; se trata de una nueva mitología.

La psicología freudiana es una nueva mitología sobre Dios. Ha cambiado el nombre pero el contenido sigue siendo el mismo; ha cambiado la etiqueta, han tirado la etiqueta vieja, y le han colocado otra nueva, recién pintada, y que puede engañar a la gente que no esté muy atenta. Pero si profundizas en el análisis freudiano de inmediato te darás cuenta de que ahora el inconsciente realiza la misma labor que Dios solía desempeñar.

¿Qué tiene de malo el pobre Dios? Si has de inventar algo –y el ser humano siempre ha estado determinado por algo, por la Historia, la economía, el inconsciente, esto y lo otro–, si el ser humano no puede ser libre, ¿qué sentido tiene cambiar las mitologías si no cambia nada? Puedes ser hinduista, musulmán, cristiano o judío... No hay mucha diferencia. Tu mente continúa siendo infantil, sigues siendo inmaduro. Sigues buscando, sigues buscando una figura paterna, alguien que pueda explicarlo todo, que pueda convertirse en la explicación esencial.

La mente madura es la que permanece sin buscar, aunque no exista explicación esencial.

Por eso dice el Buda: «No soy un metafísico». No tiene metafísica. Metafísica significa la explicación esencial de las cosas... Pero él no tiene explicación esencial. No dice: «He resuelto el misterio», ni: «Toma, esto es la verdad», sino que dice: «Lo único que puedo darte es un ímpetu, una sed, una pasión tremenda de hacerte consciente, de estar alerta; de vivir tu vida tan conscientemente, tan lleno de luz y conciencia, que *tu* vida esté resuelta».

No que llegues a una explicación esencial de la existencia, porque nadie ha llegado nunca. El Buda niega la metafísica por completo. Dice que la metafísica es una búsqueda vana.

Por eso lo primero que niega es a Dios.

Lo segundo que niega es *moksha*, el paraíso, el cielo. Dice que tu cielo, tu paraíso, no consta más que de tus deseos sexuales insatisfechos, de instintos insatisfechos proyectados en el más allá, en una vida después de la vida. Y parece tener toda la razón. Si observas las descripciones del cielo y el paraíso en el Islam, en el cristianismo, en el judaísmo, entenderás perfectamente de qué habla. Todo lo que queda sin colmar aquí lo proyectas en el más allá. ¡Pero el deseo parece ser el mismo!

Los hinduistas dicen que hay árboles —a los que llaman *kalpavrisha*— bajo los que te sientas y que conceden todo aquello que deseas, de inmediato. Si deseas una mujer hermosa, ahí la tienes... inmediata e instantáneamente. En Occidente habéis inventado el café instantáneo y cosas por el estilo no hace mucho. La India descubrió un árbol que satisface lo deseos, y durante siglos ha creído en ello. Eso sí que es satisfacción instantánea *de verdad*... instantánea, sin ninguna pausa. Surge la idea y queda colmada; no pasa ni un solo segundo entre ambas cosas. ¡La idea es su propia satisfacción! Deseas una mujer hermosa: ahí la tienes. Deseas una comida opípara: ahí la tienes. Deseas una buena cama en la que descansar: ahí la tienes.

Éste es un análisis psicológico muy simple de la vida: que el ser humano está insatisfecho en la vida, pero no obstante, continúa viviendo. Se pasa toda la vida intentando colmarlo, pero sin conseguirlo, así que ha de proyectar en el futuro. Pero en el futuro no puede colmarse. El deseo como tal es insatisfactorio.

Dijo el Buda que la propia naturaleza del deseo es permanecer insatisfecho. Hagas lo que hagas, permanece insatisfecho, y ésa es la naturaleza intrínseca del deseo. El deseo como tal permanece insatisfecho. Así que ya puedes sentarte bajo un árbol que concede los deseos... que no cambiará nada. Te darás cuenta de que, por muchas veces que sea colmado, el deseo volverá a manifestarse. Se manifestará una y otra vez, *ad infinitum*.

El cristiano, el musulmán, el judío, el hinduista... todos los cielos y paraísos no son más que deseos proyectados insatisfechos, deseos reprimidos y frustrados. Sí, claro, consuelan mucho al ser humano: «Si no has podido hallar satisfacción aquí... entonces allí. Tarde o temprano llegarás a Dios; lo único que has de hacer es rezarle, inclinarte ante alguna imagen, o alguna idea, o algún ideal, y tenerle contento. Ten contento a Dios y recogerás una gran cosecha de placeres y gratificaciones. Ése será su regalo para ti... a cambio de tus oraciones, de tu aprecio, de tu entrega continua, de tocar sus pies una y otra vez, de tu obediencia... Ésa será la recompensa».

La recompensa, claro, llega tras la muerte, porque ni siquiera el más artero de los sacerdotes puede engañarte en esta vida, ni siquiera pueden lograr eso. Saben que el deseo permanece insatisfecho, así que han tenido que inventar un más allá. Nadie ha conocido el más allá, así que resulta muy fácil engañar a la gente.

Si llega alguien y te dice: «Dios puede satisfacer tu deseo aquí y ahora», sería muy difícil de demostrar, porque a nadie se le ha satisfecho nunca un deseo aquí y ahora. Se pondría en entredicho toda la idea de Dios. Así que, en lugar de ello, lo han intentado utilizando un mecanismo muy taimado, y dicen: «Tendrá lugar *después* de esta vida». ¿Es que vuestro Dios no es lo suficientemente poderoso para colmar vuestros deseos aquí? ¿No es vuestro Dios lo suficientemente poderoso para crear árboles que colmen los deseos en la tierra? ¿No es vuestro Dios lo suficientemente poderoso para hacer algo mientras la gente está viva? ¿Si no puede colmar vuestros deseos aquí, ¿dónde está la prueba de que los colmará en el más allá?

Dice el Buda: examina la naturaleza del deseo. Observa el movimiento del deseo —es muy sutil— y verás dos cosas. Una es que el deseo, por su propia naturaleza, es incolmable, y segunda, que en el momento en que comprendes que el deseo es incolmable, éste desaparece y te quedas sin deseos. Ése es el estado de paz, silencio, tranquilidad. Ése es el estado de satisfacción. El ser humano nunca alcanza la satisfacción a través del deseo; el ser humano alcanza la satisfacción sólo al trascender el deseo.

El deseo representa una oportunidad de comprender. El deseo es una gran oportunidad para comprender el funcionamiento de tu propia mente —cómo funciona, cuál es su mecanismo— y, una vez comprendido eso, en la propia comprensión radica la transformación. El deseo desaparece, sin dejar huellas, y cuando te quedas sin deseo, sin desear nada, te sientes satisfecho. No es que el deseo se colme, sino que la satisfacción radica en trascender el deseo.

Fíjate en la diferencia. Otras religiones dicen: «Los deseos pueden satisfacerse en el otro mundo». La gente mundana dice: «Los deseos pueden satisfacerse aquí». Los comunistas dicen: «Los deseos pueden satisfacerse aquí. Sólo es necesario cambiar la estructura social, hay que derrocar a los capitalistas, el proletariado ha de tomar el poder, hay que destruir a la burguesía, y eso es todo. Entonces los deseos podrán colmarse aquí, y esta tierra podrá acabar siendo el cielo».

La gente mundana dice: «Puedes llegar a colmar tus deseos... has de esforzarte y trabajar duro». Eso es lo que hace todo Occidente: luchar, competir, engañar, adquirir más riqueza mediante cualquier medio, más poder. Eso es lo que andan haciendo todos los políticos del mundo: «Sé poderoso y podrás colmar tus deseos». Eso es lo que dicen los científicos, que sólo hay que inventar unas cuantas tecnologías más y el paraíso estará a la vuelta de la esquina.

¿Y qué dicen vuestras religiones? No dicen nada diferente. Lo que dicen es: «Los deseos pueden colmarse, pero no en esta vida... sino tras la muerte». Ésa es la única diferencia entre los presuntos materialistas y los supuestos espiritualistas.

Ambos son materialistas, tanto los pretendidamente religiosos como los presuntos irreligiosos. Ambos van en el mismo barco. ¡No hay diferencia alguna entre ellos! Sus actitudes son las mismas, al igual que sus enfoques.

El Buda es auténticamente religioso en ese sentido. Dice que el deseo *no puede* colmarse. Has de examinar el deseo; ni aquí ni en ninguna otra parte el deseo se ha visto nunca colmado ni satisfecho. Nunca ha sucedido y nunca sucederá, porque va contra la naturaleza del propio deseo.

¿Qué es el deseo? ¿Has observado alguna vez tu mente deseosa? ¿La has visto? ¿Has intentado alguna meditación al respecto? ¿Qué es el deseo?

Deseas cierta casa; trabajas por ella, te esfuerzas. Destruyes toda tu vida por ella, y luego ahí tienes la casa, ¿pero hay satisfacción? Una vez que la casa está ahí, de repente te sientes muy vacío. Te sientes más vacío que antes, porque antes estabas ocupado intentando conseguir esa casa. Ahora la tienes ahí, e inmediatamente tu mente empieza a buscar otra cosa en que ocuparse. Ahora hay casas más grandes; tu mente empieza a pensar en esas casas más grandes. Hay incluso palacios más grandes...

Deseas a una mujer y has alcanzado tu deseo, y de repente vuelves a tener las manos vacías. Y empiezas a desear a cualquier otra mujer. Ésa es la naturaleza del deseo. El deseo siempre va por delante de ti. El deseo siempre está en el futuro, el deseo es una esperanza. El deseo no puede ser colmado porque su misma naturaleza es quedar insatisfecho y proyectarse en el futuro. Siempre está en el horizonte.

Ya puedes correr, ya puedes echar a correr hacia el horizonte, que nunca llegarás; llegues adonde llegues verás que el horizonte ha retrocedido. Y la distancia entre ti y el horizonte sigue siendo exactamente la misma. Tienes diez mil dólares, pero deseas veinte mil; tienes veinte mil dólares, pero deseas cuarenta mil. La distancia es la misma; la proporción matemática es la misma.

Tengas lo que tengas, el deseo siempre va por delante.

Dice el Buda: abandona toda esperanza, abandona el deseo. Al abandonar la esperanza, al abandonar el deseo, estarás aquí y ahora. Sin deseo te sentirás colmado. Es precisamente el deseo el que te engaña.

Así que cuando el Buda dijo de esa gente pretendidamente religiosa que son *todos* materialistas, los hinduistas se lo tomaron bastante mal, nunca se encolerizaron tanto con nadie. Intentaron arrancar de raíz la religión del Buda de la India, y triunfaron en el intento. El budismo nació en la India, pero ya no existe en esas tierras, porque la religión de los hinduistas es una de las más materialistas del mundo. No hay más que fijarse en los Vedas: toda oración, todo culto, no hacen más que pedir más, y más, de los dioses o de Dios. Todo sacrificio es para pedir más; todo culto está orientado hacia el deseo. «Danos más, mucho más –mejores cosechas, más lluvia, más dinero, más salud, más vida, más longevidad–, ¡danos más!». Los Vedas no son más que puro deseo escrito... y a veces muy mal. En los Vedas, los pretendidos sabios no sólo rezan: «¡Danos más!», sino también: «No le des a nuestros enemigos; da más leche a *mi* vaca, pero que muera la del enemigo, o que su leche desaparezca».

¿Qué clase de religión es esa? Incluso decir que es una religión parece absurdo. Si eso es religión, ¿qué es entonces el materialismo? E incluso los pseudo ascetas que renuncian al mundo... y había muchos en tiempos del Buda. Él mismo había visitado a muchos maestros mientras buscaba, pero de todas partes salió con las manos vacías porque no pudo encontrar a nadie que entendiese de verdad la naturaleza del deseo. Ellos mismos deseaban; claro, su deseo se proyectaba en un futuro distante, en otra vida, pero el objeto del deseo seguía siendo el mismo. La mente deseosa era la misma; sólo era una cuestión de tiempo. Unos cuantos desean antes de la muerte, y otros después, ¿pero cuál es la diferencia? Eso no cambia nada. Desean las mismas cosas... *desean*. El deseo es el mismo.

El Buda acudió a muchos maestros y se sintió frustrado. No veía que la religión floreciese en ninguna parte, pues todos eran materialistas. Eran grandes ascetas: uno ayunaba durante meses, otro estaba de pie durante meses, otro más no había dormido en años, y todos ellos eran poco más que esqueletos. Al mirar sus cuerpos nadie podría decir que eran mundanos o materialistas. Pero mira sus mentes, pregúntales: «¿Por qué ayunas? ¿Por qué tanto esfuerzo? ¿Para qué?», y ahí hallarás el deseo de alcanzar el paraíso, el cielo, de contar con gratificación eterna en la otra vida. Escucha su lógica y verás que todos ellos dicen: «Aquí las cosas son transitorias. Esta vida es temporal. Y aunque te realices, todo desaparece al morir. ¿Qué sentido tiene? Esta vida no durará para siempre. Buscamos algo que permanezca para siempre... Buscamos la inmortalidad, la gratificación absoluta. Aquí, en esta vida, la gente corre tras los deseos; están locos, porque la muerte se lo llevará todo. Acumulas riqueza, y luego llega la muerte y todo se queda aquí. Buscamos algún tesoro que podamos llevarnos con nosotros, que nunca perdamos, que nunca nos roben, por lo que el gobierno no cobre impuestos, que nadie nos lo pueda arrebatar, ni siquiera la muerte».

¿Y llamas a esa gente religiosos? Parecen más mundanos que los pretendidamente mundanos; son más materialistas que los materialistas. Sí, desde luego, su materialismo está disfrazado; su materialismo tiene aroma de espiritualidad, pero es un engaño. Es como si en un montón de mierda hubieras vertido un perfume maravilloso. El montón de mierda seguirá siendo un montón de mierda; el perfume sólo podrá engañar a los tontos.

Al Buda no le engañó, para él su actitud era transparente, y siempre vio el deseo presente. Si el deseo está ahí eres materialista y mundano.

El Buda no te predica ningún paraíso, no cree en él. No es que no crea en la beatitud, no. Cree en ella, pero no es una creencia: cuanto se pierden todos los paraísos, cuando se sueltan todos los deseos, de repente es tu naturaleza más profunda la que es beatitud. La beatitud no necesita nada, ni virtud, ni ascetismo, ni sacrificio. Basta con comprender.

El camino del Buda es el camino de la comprensión.

Y la tercera cosa antes de entrar en los sutras: no cree en el alma. Ni en Dios, ni en el paraíso, ni en el alma. Ahora bien, esto parece muy difícil. Podemos aceptar que Dios no existe... que tal vez sea una proyección; ¿quién le ha visto? Podemos aceptar que el paraíso no exista... que tal vez sea sólo nuestro deseo insatisfecho, una fantasía. ¿Pero tampoco el alma? Te siegan la hierba bajo los pies. ¿No hay alma? ¿Entonces, qué sentido tiene todo? Si en el ser humano no hay alma, si no hay nada inmortal, ¿para qué tanto esfuerzo? ¿Por qué meditar? ¿Para qué?

El Buda dice que esa idea del yo es una equivocación. Eres, pero no eres un yo. Eres, pero no estás separado del universo. La separación es la idea de base del concepto del yo, del ser: si estoy separado de ti entonces tengo un yo; si estás separado de mí entonces tienes un yo.

Pero el Buda dice: la existencia es una. No hay lindes. Nadie está separado de nadie; vivimos en un único océano de conciencia. Somos una conciencia, confundidos por los límites del cuerpo, por los límites de la mente. Y a causa del cuerpo y de la mente, y de la identificación con el cuerpo y la mente, creemos estar separados, creemos que somos yoes. Por eso creamos el ego.

Es como cuando ves la India en un mapa. Pero en la tierra misma no hay ninguna India, sólo en los mapas de los políticos. En el mapa ves el continente americano y el africano separados, pero en lo más profundo, bajo los océanos, la tierra es una. Todos los continentes están juntos, son una única tierra.

Estamos separados sólo en la superficie. Cuanto más profundizamos más desaparece la separación. Cuando llegamos al hondón de nuestro ser, nos damos cuenta de que es universal. Ahí no hay individualidad, ni alma.

El Buda no cree en Dios, ni en el alma, ni en *moksha*. ¿Cuál es entonces su enseñanza? Su enseñanza es una manera de vivir, no de creer. Su enseñanza es muy científica, muy empírica, muy práctica. No es un filósofo ni un metafísico. Es un hombre muy sensato.

Lo que el Buda dice es que puedes cambiar tu vida, y que para ello no son necesarias esas creencias. De hecho son barreras que impiden un cambio real. Empieza sin creencias, sin metafísica, sin dogma. Empieza totalmente desnudo, sin teología ni ideología. Empieza vacío, pues ése es el único camino hacia la verdad.

Leí una anécdota:

> Un viajante de comercio abrió la Biblia que encontró en la habitación del motel donde se alojaba. En la primera página aparecía la siguiente inscripción: «Si está enfermo, lea el Salmo 18; si le preocupa su familia, lea el Salmo 45; si se siente solo, lea el Salmo 92».
>
> Se sentía solo, así que abrió por el Salmo 92 y lo leyó. Cuando acabó, se fijó en que en la parte inferior de la página aparecían unas palabras escritas a mano: «Si sigue sintiéndose solo llame al 888-3468 y pregunte por Martha».

Si te fijas en las escrituras siempre hallarás una nota a pie de página que será más verdadera. Busca la nota a pie de página en todas las páginas de las escrituras; a veces no estará escrita en tinta visible, pero si buscas lo suficiente siempre hallarás una nota a pie de página que será más real.

El Buda dice que todas vuestras escrituras no son más que vuestros deseos, vuestros instintos, vuestra codicia, vuestra voluptuosidad, vuestra cólera. Todas vuestras escrituras no son más que creaciones de la mente, y por ello llevan en ellas todas las semillas de vuestra mente. Las escrituras son artificiales. Por eso todas las religiones se esfuerzan tanto en demostrar que al menos *su* escritura no es artificial, creada por el ser humano.

Los cristianos dicen que la Biblia no es una creación humana; los Diez Mandamientos fueron entregados directamente por Dios a Moisés, directamente del jefe en persona. El Nuevo Testamento es un mensaje directo del propio hijo de Dios, de su hijo unigénito, Jesucristo. No tiene nada que ver con la humanidad, proviene de arriba. Los hinduistas dicen que los Vedas no son artificiales, sino hechos por Dios. Y en todas partes cuecen habas: los musulmanes dicen que el Corán descendió sobre Mahoma desde el cielo. ¿Por qué insisten tanto todas esas religiones en que sus escrituras, especialmente *sólo* las suyas, y ninguna más, provienen de Dios? Los musulmanes no están dispuestos a aceptar que los Vedas son divinos, ni los hinduistas que lo es el Corán, sólo que *sus* Vedas son obra de Dios y todo lo demás fabricado por el ser humano. ¿Por qué esa insistencia? Porque son conscientes de que todo lo creado por el ser humano llevará la huella de la mente y los deseos humanos.

El Buda dice que *todas* las escrituras son artificiales, productos humanos. Y tiene razón. No es ningún fanático; no pertenece a ningún país, ni a ninguna raza; no pertenece a ninguna religión, a ninguna secta. Simplemente es una luz para sí mismo, y todo lo que dijo fue la más pura declaración de la verdad jamás expresada.

El otro día leía... esta bella anécdota que me envió un amigo:

> A uno de los líderes religiosos de Irlanda le pidieron sus seguidores que eligiese un lugar adecuado y un panteón para ser enterrado. Se estaba librando una "guerra de religión" y su vida corría peligro.
>
> Le presentaron tres planes distintos, y para desaliento del comité, eligió el menos caro. Le preguntaron a qué se debía su elección, por qué elegía un lugar tan humilde, mientras que las otras dos opciones eran tumbas magníficas.
>
> –Veréis, queridos amigos –les dijo–. Aprecio mucho vuestra generosidad. ¿Pero vale la pena todo ese gasto cuando no espero permanecer en mi tumba más de tres días?

Ahora bien, este tipo de estupidez nunca la hallaréis en el Buda. Esta clase de certeza dogmática nunca la hallaréis en el Buda, porque él es muy dubitativo. Sólo ha existido otra persona tan dubitativa como el Buda, y es Lao Tzu. Ambos son muy dubitativos. A veces, a causa de sus dudas, puede que no os impresionen mucho. Como estáis confusos, necesitáis a alguien que tenga tanta confianza que podáis apoyaros en él; por eso os fascinan tanto los fanáticos. Puede que no tengan nada que decir, pero dan muchos golpes en la mesa, arman mucho ruido, y ese ruido os da la impresión de que quiere decir que saben. ¿Cómo si no parecerían tan seguros? Los testigos de Jehová y gente por el estilo... gente estúpida, pero son tan dogmáticos en sus afirmaciones que crean una cierta sensación de certeza, y la gente confusa necesita certezas.

Cuando llegas ante un buda puede que no te impresione porque es muy dubitativo. No afirmará nada. Tiene más juicio que eso... Sabe que la vida no puede confinarse a ninguna afirmación, y que *todas* las afirmaciones son parciales. Ninguna puede contener toda la verdad, así que ¿cómo puedes estar tan seguro? Siempre relativizará.

El Buda y Mahavira, dos grandes maestros de la India, fueron profundamente relativistas. Einstein lo descubrió muy tarde; Einstein introdujo la relatividad en el mundo de la ciencia. Antes de Einstein, los científicos estaban muy seguros, dogmáticamente seguros, absolutamente seguros. Einstein introdujo la relatividad y la humildad en la ciencia; introdujo verdad en la ciencia. Lo mismo hicieron el Buda y Mahavira en la India: introdujeron relatividad, el concepto de que la verdad no puede ser aseverada en su totalidad, de que nunca podemos estar seguros al respecto, y de que como mucho podemos realizar alguna indicación. La indicación ha de ser indirecta; no podemos señalarla directamente. ¡Es tan grande, tan vasta...! Pero resulta natural que los seres humanos, que somos frágiles, dudemos. Esta duda demuestra el propio estado de alerta, de conciencia.

Os daréis cuenta de que la gente estúpida e ignorante es muy dogmática. Cuanto más ignorante se es, más dogmático. Una de las grandes desgracias del mundo es que los tontos están absolutamente seguros, y los sabios dudan. El Buda es muy dubitativo. Así que si de verdad queréis comprenderle, debéis de estar muy atentos al escuchar, muy abiertos. No está repartiendo verdades al por mayor. Simplemente "apunta hacia"... como mucho indica, y sus indicaciones también son muy sutiles.

Tal y como ya os he dicho, el Buda fue muy sensato. Nunca se eleva metafísicamente. Nunca presenta las cosas como hechos; no prologa sus declaraciones. Sólo las dice directa, inmediatamente, y de la manera más simple posible. A veces sus declaraciones pueden no parecer demasiado profundas... pero lo son. Pero no va por ahí insistiendo, no monta un escándalo.

Así me lo han contado:

> Era una jovencita de lo más dulce; él era un encargado de campañas en alza en una conocida agencia publicitaria de Madison Avenue, Bittner, Berman, Dirstein and Osman. Todo el mundo creía que era el matrimonio ideal. Pero mira por dónde, había un problema... con el sexo. La luna de miel ni siquiera empezó.
>
> —Al trabajar en publicidad –le lloró ella a una amiga–, todo lo que hacía cada noche es sentarse en el borde de la cama y ¡explicarme lo maravilloso que iba a ser!

Es comprensible en alguien dedicado a la publicidad: lo único que hace es contar lo estupendo que será, pero nunca sucede.

El Buda no se anuncia. Nunca anuncia lo que va a decir. Sólo lo dice y continúa adelante.

Dijo el Buda:

> «Motivadas por sus deseos egoístas, las personas buscan fama y gloria. Pero una vez adquiridas, les acongoja el paso de los años. Si anhelas la fama mundana y no practicas el camino, tus esfuerzos son aplicados de manera errónea y tu energía se desperdicia. Es como quemar una varilla de incienso. Por mucho que se admire su agradable olor, el fuego que la consume la quema sin parar».

Una declaración muy simple y juiciosa.

¿Qué es un deseo egoísta? Según la forma de expresión budista, un deseo egoísta es el que se basa en el yo. Por lo general, en lenguaje ordinario llamamos deseo egoísta si perjudica a los demás, si no te preocupan los demás. Aunque perjudique a los demás sigues adelante y no te preocupas por ello. Pero cuando el Buda habla de deseo egoísta se refiere a algo totalmente distinto. Dice: si un deseo se basa en la idea del yo entonces es egoísta.

Por ejemplo: donas dinero, donas un millón de dólares por alguna buena causa –para construir hospitales, o abrir escuelas, o para repartir alimentos entre los pobres, o para enviar medicinas a zonas pobres del país–, y nadie dirá que se trata de un deseo egoísta. Pero el Buda sí que lo dice... *si* la motivación es del yo, del ser. Si piensas que donar un millón de dólares te reportará algún tipo de virtud, que serás recompensado en el cielo, entonces se trata de un deseo egoísta. Puede que no perjudique a los demás –no lo hace– sino que, de hecho, todo el mundo lo apreciará. La gente dirá que eres una gran persona, alguien religioso y virtuoso; una persona muy caritativa, llena de amor, compasión y simpatía. Pero el Buda dirá que lo único que determina si un deseo es egoísta o no es la motivación que tenga.

Si has donado sin motivo, entonces no es egoísta. Si hay alguna motivación oculta en alguna parte –consciente o inconsciente–, que vas a sacar algo de ello, aquí o en el más allá, entonces se trata de un deseo egoísta. Lo que proviene del yo es un deseo egoísta; lo que se manifiesta como parte del ego es un deseo egoísta. Si sólo meditas para realizar tu individualidad, entonces es un deseo egoísta.

El Buda les dijo a sus discípulos que siempre que se medita, tras cada meditación, hay que entregar todo lo que uno ha obtenido de la meditación, entregarlo al universo. Si te sientes beatífico, derrámalo sobre el universo, no cargues con ello como si fuese un tesoro. Si te sientes muy feliz, compártelo de inmediato, no te apegues a ello, de otro modo tu meditación se convertirá en un nuevo proceso del yo. Y la meditación esencial no es un proceso del yo. La meditación esencial es el proceso de pasar a ser cada vez menos tú mismo, más no-yo, es la desaparición del yo.

«Motivadas por sus deseos egoístas, las personas buscan fama y gloria, pero, una vez adquiridas, les acongoja el paso de los años.»

Y dice el Buda: mira, en el mundo puedes alcanzar fama, gloria, poder, prestigio, respetabilidad, ¿pero qué harás con ello? ¿Eres consciente? Estás desperdiciando una gran oportunidad a cambio de algo totalmente insignificante. Estás acumulando basura y destruyendo tu propia energía y tiempo vitales.

«Si anhelas la fama mundana y no practicas el camino...»

El Buda siempre denomina "el camino" a su enfoque –dhamma–, sólo el camino, porque dice que no hay que preocuparse del destino, que éste se ocupará de sí mismo. Sólo has de seguir el camino, ni siquiera con la motivación de alcanzar ningún destino, sino por el propio deleite de meditar, de amar, de ser compasivo, participativo. Practicas el camino por puro deleite. No porque vayas a obtener provecho alguno por ello; no lo conviertas en un negocio. La mente suele ser un negociante...

El anciano padre se moría y la familia se hallaba reunida alrededor del lecho, esperando su último aliento. Mientras el anciano abandonaba la vida entre estertores, su hijo mayor les dijo a todos:

–Cuando papá se vaya, si es esta noche, podemos enterrarle mañana temprano en la funeraria del centro. Como el funeral será temprano, no podremos llamar a mucha gente, así que no necesitaremos muchos coches ni la sala grande, y no costará demasiado.

La hija, que estaba allí, le dijo a su hermano:

–Para mí la muerte es una cosa muy personal. ¿Por qué hemos de llamar a un montón de extraños para que presencien algo tan triste? Si están allí tus dos hijos y yo, ¿para qué necesitamos a nadie más?

El hijo pequeño les miró y dijo:

–No podría estar más de acuerdo. De hecho, ¿para qué necesitamos gastar dinero en llevar a papá a enterrar? Está muriendo en casa, así que enterrémosle en el jardín.

De repente el viejo puso unos ojos como platos. Miró a sus tres hijos y gritó:

–¡Dadme los pantalones!

Respondieron al unísono:

–Papá, que estás muy enfermo. ¿Adónde quieres ir?

Y el padre les dijo:

–Dadme los pantalones. Me iré andando al cementerio... soy un hombre de negocios.

La gente no hace más que ahorrar durante toda su vida. ¿Y para qué? La vida va desapareciendo; cada momento que pasa es un momento precioso que no podemos reclamar. Dice el Buda que no hay que desperdiciarlo en tonterías.

La fama es una tontería, insustancial, absurda. Aunque te llegue a conocer todo el mundo no por eso serás más rico. ¿De qué manera hace que tu vida sea más gozosa? ¿Cómo te ayuda a comprender mejor, a ser más consciente? ¿A estar más alerta, a estar más vivo?

Si no practicas el camino:

> «...tus esfuerzos son aplicados de manera errónea y tu energía se desperdicia. Es como quemar una varilla de incienso. Por mucho que se admire su agradable olor, el fuego que la consume la quema sin parar.»

Así es la vida, quemándose a cada momento. Siempre estás en la pira funeraria porque a cada momento que pasa más se acerca la muerte, a cada momento que pasa estás menos vivo, más muerto. Así que el Buda te dice que antes de que pierdas por completo la oportunidad, realiza un estado de no yoidad y entonces no habrá muerte. Y entonces no habrá desdicha. Y entonces no habrá un anhelo constante de fama, poder, prestigio.

De hecho, cuanto más vacío estás interiormente, más fama buscas; es una especie de sustituto. Cuanto más pobre eres interiormente, más buscas las riquezas; se trata de un sustituto para llenarte de algo.

Lo veo a diario: las gentes vienen a verme, y siempre que tienen un problema amoroso empiezan a comer demasiado. Siempre que sienten que su amor está en crisis, que no son amados o que no son capaces de amar, que algo ha bloqueado su energía amorosa, empiezan enseguida a atiborrarse de cosas, no paran de comer. ¿Por qué? ¿Qué hacen con la comida? Se sienten vacíos... y ese vacío les hace sentir miedo. Y han de llenarlo aunque sea de comida.

Si te sientes interiormente feliz no te preocupará la fama; sólo los infelices se preocupan de la fama. Si te conoces a ti mismo, ¿a quién le importa si alguien te conoce o no? Si te conoces a ti mismo, si sabes quién eres, entonces no hay ninguna necesidad. Pero cuando no sabes quién eres, te gustaría que todo el mundo te conociese. Irás recopilando opiniones, coleccionando las ideas de la gente y con todo ello te las ingeniarás para construir algún tipo de identidad: «Sí, soy esta persona. La gente me dice que soy muy inteligente, así que lo soy». Si estás seguro de serlo, ¿a quién le importa lo que diga la gente?

Pero no haces más que buscar tu propia imagen reflejada en los ojos de los demás, porque la desconoces. Suplicas: «Di algo sobre mí. Di que soy guapo, que soy encantador. Di que soy carismático. ¡Di algo sobre mí!». ¿Te has observado suplicándolo? «Di algo sobre mi cuerpo, sobre mi mente, sobre mi entendimiento... ¡Di algo!».

Y si alguien dice algo te aferras a ello de inmediato. Y si alguien dice algo chocante y devastador, te enfadas mucho. Si dicen algo contra ti están destruyendo tu imagen. Si se dice algo a favor, ayuda a que tu imagen quede un poco más adornada, a que sea más ornamental, entonces te sientes muy feliz. Si la gente te aplaude te sientes feliz. ¿Por qué? Porque no sabes quién eres. Por eso no dejas de buscar. No haces más que preguntarle a la gente: «¿Quién soy yo? ¡Dímelo!». Y dependes de ellos. La belleza de todo ello –o la ironía– reside en que esas mismas personas tampoco saben quiénes son. Los mendigos mendigan a otros mendigos... Han llegado para mendigarte a ti, así que os engañáis mutuamente.

Conoces a una mujer, y dices: «¡Qué hermosura! ¡Es divina!». Y ella dice: «Sí, y yo tampoco he conocido nunca a un hombre tan guapo como tú». Se trata de un engaño mutuo. Puedes llamarlo amor, pero no es más que un engaño mutuo. Ambos anheláis cierta identidad para sí mismos. Ambos colmáis los deseos del otro. Las cosas marchan bien hasta que un día uno de los dos decide que ya basta, y el engaño empieza a disolverse. Entonces se acaba la luna de miel... ¡Y empieza el matrimonio! Las cosas se ponen feas. Puede que pienses: «Esta mujer me engañó», o: «Este hombre me engañó».

Nadie puede engañarte a menos que estés dispuesto a dejarte engañar, recuérdalo. Nadie nunca ha engañado a nadie, a menos que estés dispuesto a dejarte engañar, a menos que estés esperando que te engañen. No puedes engañar a alguien que se conozca a sí mismo, porque no hay manera. Si dices algo se reirá. Dirá: «No te preocupes... Ya sé quién soy. Puedes dejar ese tema y pasar a lo que tengas que decir. No te preocupes por mí... Sé quién soy».

Una vez que cuentas con una riqueza interior, no buscas riqueza ni poder.

Los psicólogos se han dado cuenta de que la gente empieza a ser impotente, e intentan descubrir algunos símbolos sexuales, fálicos. Si una persona se torna impotente entonces quiere algún símbolo fálico sustitutorio. Puede intentar tener el coche más grande del mundo... eso es un símbolo fálico. Le gustaría tener el coche más potente del mundo; ahora que su potencia ha desaparecido, que su propia energía sexual se ha ido, le gustaría un sustituto. Al poner su coche a tope se sentirá bien, como si le hiciese el amor a su mujer. La misma velocidad le proporcionará poder. Se identificará con el coche.

Los psicólogos llevan muchos años observando el fenómeno: la gente que tiene cierto complejo de inferioridad siempre se vuelve ambiciosa. De hecho, nadie se mete en política a menos que tenga muy arraigado un complejo de inferioridad. Los políticos básicamente son gente que ha de demostrar su superioridad de alguna manera; de otro modo no podría vivir con su complejo de inferioridad.

Lo que intento señalar es que siempre que echas algo de menos interiormente, intentas acumular algo fuera como sustituto. Si no echas de menos tu vida interior, te bastas a ti mismo. Y sólo entonces eres hermoso. Y sólo entonces *eres*.

Dijo el Buda:

«Las personas se aferran a sus posesiones mundanas y a las pasiones egoístas de manera tan ciega que sacrifican sus propias vidas por ellas. Son como un niño que intenta comer el poco de miel que queda en el filo de un cuchillo. La cantidad no es suficiente para saciar su apetito, pero corre el riesgo de cortarse la lengua».

No hay nada en esta vida capaz de colmar tus deseos, de satisfacer tu apetito. Este mundo es un mundo de ensueño, y nada puede satisfacer porque sólo la realidad satisface.

¿Te has fijado? Por la noche sientes hambre y en tu sueño te diriges a la nevera y la abres, y comes hasta reventar. Claro, representa cierta ayuda... porque no perturba tu sueño; de otro modo, el hambre no te permitiría dormir, y deberías levantarte. El sueño crea un sustituto; continúas durmiendo y sientes que has comido suficiente. Has engañado al cuerpo.

El sueño es un farsante. Por la mañana seguirás teniendo hambre, porque un festín soñado es equivalente a un ayuno. Festín o ayuno, ambos son lo mismo en un sueño, porque el sueño es irreal. No puede satisfacer. Para aplacar la sed hace falta agua de verdad. Para obtener satisfacción en la vida real es necesaria la realidad.

Dice el Buda que no haces más que arriesgarte a herirte a ti mismo, pero que en esta vida no hay satisfacción posible. Tal vez aquí y allá obtengas algo de dulzura, pero muy peligrosa, insatisfactoria. La miel aparece embadurnando el filo del cuchillo; tienes muchas probabilidades de acabar cortándote la lengua.

Fíjate en los ancianos: no hallarás en ellos más que heridas; todo su ser no es sino heridas, úlceras, úlceras y úlceras. Cuando una persona muere no ves flores alcanzando su plenitud. Sólo ves heridas hediondas.

Si una persona ha vivido de verdad y no ha sido engañada por sus sueños y deseos ilusorios, cuanto mayor se hace más hermosa se torna. Aparece fantástica en su muerte.

A veces te encuentras con un anciano cuya vejez es más hermosa de lo que nunca fue su juventud. Has de inclinarte ante ese anciano, pues ha vivido una vida auténtica, una vida de introspección, una vida de interiorización. Porque si la vida se vive de verdad, entonces te haces cada vez más hermoso y en ti empieza a aparecer una cierta grandeza, una gracia; algo desconocido empieza a asentarse a tu alrededor... Te conviertes en morada del infinito, de lo eterno. Así ha de ser porque la vida es una evolución.

Si cuando dejas de ser joven te afeas, eso sólo significa que en tu juventud probaste la miel de demasiados cuchillos y estás herido. Ahora sufrirás esas heridas cancerosas. La vejez se convierte en un gran sufrimiento. Y la muerte rara vez es hermosa, porque rara vez la gente ha vivido de verdad.

Si una persona ha vivido de verdad –como una vela ardiendo por ambos extremos– entonces su muerte será un fenómeno tremendo, absolutamente bella. Verá su vida irradiar al máximo mientras muere. En el último momento se convertirá en una llama fulgurante; toda su vida se convertirá en ese momento en un perfume concentrado, y una gran luminosidad se manifestará en su ser. Antes de partir dejará un recuerdo tras de sí.

Eso es lo que sucedió cuando el Buda dejó el mundo. Eso es lo que sucedió cuando Mahavira dejó el mundo. No les hemos olvidado, y no porque fuesen grandes políticos o gente muy poderosa... Eran unos don nadie, pero no podemos olvidarlos. Es imposible. No han hecho nada históricamente importante. Casi podemos borrarlos de la Historia, podemos no tenerlos en cuenta en la Historia... y nada se perderá. De hecho, nunca existieron en la corriente predominante de la Historia; estuvieron en los márgenes, pero es imposible olvidarles. ¡Su último momento dejó tanta gloria a la humanidad...! Su último fulgor nos mostró nuestras propias posibilidades, nuestras infinitas posibilidades.

Dijo el Buda:

> «Los hombres están más atrapados en sus familias y posesiones que en una prisión. Al preso le llega una ocasión en la que es liberado, pero los cabezas de familia no albergan deseo alguno de ser liberados de los lazos familiares. Cuando se despierta la pasión de un hombre nada le impide crea su propia ruina. Saltaría incluso a las fauces de un tigre. A quienes se ven así ahogados en la inmundicia de la pasión se les llama ignorantes. Quienes son capaces de superarla son beatíficos *arhatas*».

Dice el Buda que quienes están perdidos en la inmundicia de la pasión y nunca la trascienden, quienes nunca trascienden como el loto trasciende el cieno en el que nace, son gente ignorante, gente mundana. Quienes trascienden lujuria y deseo, quienes comprenden la futilidad del deseo, y quienes comprenden el sinsentido total que la mente crea y los sueños que fabrica, son grandes *arahatas*.

"Arhat", significa quien vence a sus enemigos. El Buda dice que tu enemigo es el deseo, desear. Una vez que vences a tu deseo, que has vencido a tu enemigo, te has convertido en un *arhat*. El *arhat* es la meta: ser carente de deseo, porque sólo cuando eres sin deseos hay bendición.

Nuestras supuestas religiones se basan en el miedo. La religión del Buda se basa en una bendición interior. Veneramos a Dios porque le tememos, porque no sabemos qué hacer con nuestras vidas. Temblamos continuamente, siempre tenemos miedo. La muerte está al llegar y no sabemos qué hacer, cómo protegernos. Necesitamos un protector. Estas religiones son producto del miedo. La religión del Buda se basa en una bendición interior... No tiene nada que ver con el miedo.

Permite que cuente una anécdota:

Henry fue a su primera montería. Al regresar a la oficina su socio Morris estaba impaciente por escuchar todo lo que le contase. Así que Henry le dijo:

–Bueno, pues me metí en el bosque con un guía. Ya me conoces, estoy dos minutos en el bosque y me pierdo. Así que voy caminando muy despacio y de repente aparece el oso más grande que puedas imaginar delante de mí. Me doy la vuelta y empiezo a correr a toda la velocidad, y el oso empieza a correr todavía más deprisa. Justo cuando empiezo a sentir su aliento en la nuca, el oso resbala y se cae. Yo salté un arroyo y seguí corriendo, pero perdía el aliento y estaba seguro de que volvía a tener al oso muy cerca. Estaba a punto de pillarme cuando volvió a resbalar y cayó. Yo seguí corriendo y al final llegué a un claro del bosque. El oso corría todo lo que podía y supe que no me quedaba ninguna oportunidad. Vi a los otros cazadores y grité pidiendo ayuda, y justo entonces el oso volvió a caerse. Mi guía aprovechó la circunstancia y le disparó, matándolo.

–¡Vaya historia, Henry! Eres un tipo muy valiente. Si eso me hubiera ocurrido a mí, me lo habría hecho en los pantalones –dijo Morris.

Henry le miró y se encogió de hombros:

–Morris, ¿en qué crees que el oso resbalaba una y otra vez?

Las presuntas religiones son producto del miedo. Y todo lo que está basado en el miedo nunca puede ser hermoso. Vuestros dioses, vuestras iglesias, vuestros templos apestan cuando son producto de vuestro miedo. Apestarán a vuestro miedo.

La religión del Buda no está nada basada en el miedo. Por eso dice que el primer paso es deshacerse de toda creencia. Esas creencias existen a causa del miedo. Abandonando las creencias te harás consciente de tu miedo, y hacerte consciente de tu miedo está bien. Te harás consciente de tu muerte. Te harás consciente de todo el cosmos infinito, de que no hay ningún sitio al que ir, ni nadie que te guíe, ni ningún sitio en el que hallar seguridad alguna. Ese miedo, esa conciencia del miedo, es el único lugar que quedará para empezar a interiorizarte, porque no tiene sentido ir a ningún lugar. ¡Todo es tan vasto...!

El viaje interior empieza cuando has abandonado toda creencia y te has hecho consciente del miedo, la muerte y el deseo. Una vez estás en ello, de repente, tus miedos desaparecen, porque en el hondón de tu ser nunca ha existido ninguna muerte, no puede haberla. El hondón de tu ser es totalmente un no-ser.

Un ser, un yo, puede morir. El no-ser no puede morir. Si hay algo, puede ser destruido. Por eso el Buda dice que dentro de ti no hay nada... eres pura nada. Esa nada no puede ser destruida. Y una vez que lo entiendes, que la muerte no puede destruir, que esa inexistencia en sí misma es tan hermosa, no hay necesidad de ir atiborrándola de dinero, poder, prestigio, fama. Esa inexistencia, esa nada, es tan pura, tan inocente y tan bella, que en ella te sientes bendecido. Empiezas a danzar en esa nada. Esa nada inicia una danza. El Buda te señala hacia esa danza.

Cuando el Buda moría, Ananda empezó a llorar y dijo: «¿Qué voy a hacer ahora? Me dejas y no me he iluminado».

Dijo el Buda: «No llores, porque yo no puedo iluminarte. Sólo tú puedes obrar ese milagro en ti mismo. Sé una lámpara para ti mismo, *appa deepo bhava*».

El Buda lanza a la humanidad al hondón más profundo. El Buda dice que hay que interiorizarse, que no hay ningún otro lugar al que ir. Tú eres el santuario. Interioriza... no hay otro dios en ninguna parte al que venerar. Cuanto más te adentres en ti mismo, más se manifestará una conciencia de adoración, sin ningún objeto de adoración; surgirá una oración que no se dirige a nadie. Una oración pura que proviene de la beatitud, del ser, de la bendición interior.

Basta por hoy.

13. NO HAY NADA PARECIDO
A LA LUJURIA

Dijo el Buda:

«No hay nada parecido a la lujuria. Puede decirse que la lujuria es la pasión más poderosa. Por fortuna contamos con algo más poderoso. Si la sed de verdad fuese más débil que la pasión, ¿cuántos de nosotros en el mundo podríamos seguir el camino de rectitud?».

Dijo el Buda:

«Los seres adictos a las pasiones son como el portador de la antorcha corriendo contra el viento; sus manos sin duda se le abrasarán».

El señor del cielo ofreció al Buda una hermosa hada, deseando tentarle por el mal camino. Pero el Buda dijo: «¡Márchate! ¿De qué me serviría el saco de huesos repleto de inmundicia que me traes?».

A continuación, el dios se inclinó reverentemente y le preguntó al Buda acerca de la esencia del camino, en la que el Buda le instruyó, y se dice que el dios realizó el fruto *srotapanna*.

La esencia de la religión del Buda es la atención. No hay oraciones, y no puede haberlas porque no hay Dios. Y no puede existir oración alguna en ella porque la oración siempre está motivada. La oración es una forma de deseo, una forma de lujuria.

La oración oculta en su profundo interior la auténtica causa de la desdicha. Esa causa es que no estamos contentos como somos. La causa de la desdicha es que nos gustaría un tipo de vida distinto, una situación distinta, un mundo distinto, y el mundo que tenemos delante palidece en comparación a nuestra imaginación. La causa de la desdicha es la imaginación, el deseo, la esperanza, y en la oración se hallan presentes todas esas causas. En la religión del Buda no hay posibilidad de orar; la clave es la atención, ser consciente. Así que vale la pena comprender qué es ser consciente.

Cuando rezas pides algo. Cuando meditas, meditas en algo. Pero cuando estás atento estás simplemente centrado en tu ser. Lo demás no tiene importancia, es irrelevante. Eres simplemente consciente.

La atención carece de objeto. Es pura subjetividad. Es estar enraizado en tu ser, es estar centrado en tu ser. Bien derecho en el interior de tu ser, luminoso. Tu llama carece de humo. En tu luz toda la vida se torna clara. En esa claridad está el silencio; en esa claridad cesa el tiempo. En esa claridad el mundo desaparece porque en esa claridad no hay deseo, no hay motivación. Simplemente sois... sin desear nada más. Sin querer ningún futuro, sin querer ningún mundo mejor. Sin querer el cielo, ni *moksha*. Sin querer a Dios. Sin querer conocimiento ni liberación. Simplemente sois.

La atención es una pura presencia, una conciencia centrada. Todo el esfuerzo del Buda radica en cómo centraros, enraizaros, en que seáis una llama sin humo, una llama que no vacila. En esa luz todo se torna claro y todas las confusiones desaparecen, y todos los sueños se tornan inexistentes. Y cuando se detiene la mente fantasiosa, tenemos la verdad.

Recordadlo: sólo cuando la mente fantasiosa detiene sus actividades queda la verdad. ¿Por qué? Porque la mente fantasiosa no hace más que proyectar y distorsionar lo que es. Si miras una cosa con deseo, nunca ves la cosa tal cual es. Tu deseo te toma el pelo.

Pasa una mujer, una mujer hermosa, o pasa un hombre, un hombre guapo... Y de repente aparece el deseo: de poseerla, de poseerle. Luego no puedes ver la realidad. Luego tu mismo deseo crea un sueño alrededor del objeto. Empiezas a verlo de la manera que quieres verlo; empiezas a proyectar. El otro se convierte en una pantalla en la que proyectas tus más profundos deseos. Empiezas a colorear al objeto, y ya no puedes ver lo que es. Empiezas a ver visiones, a pasar a la fantasía.

Y claro, esa fantasía está destinada a ser destrozada; cuando brote la realidad tu fantasía ensoñadora quedará destrozada. Pasa en muchas ocasiones. Te enamoras de una mujer... y un día esa ensoñación desaparece; la mujer no parece tan hermosa como solía. No puedes imaginar de qué manera fuiste engañado. Empiezas a encontrarle defectos. Empiezas a buscar racionalizaciones, como si ella te hubiese engañado, embaucado; como si hubiese pretendido ser hermosa cuando no lo era. Nadie te ha engañado. Nadie puede engañarte excepto tu propio deseo y tu mente fantasiosa. Creaste una ilusión, nunca viste la realidad de la mujer. Pero tarde o temprano la realidad ganará.

Por eso las aventuras amorosas están siempre al borde de la crisis. Y los amantes se asustan al ver la realidad poco a poco, e intentan evitarla. La esposa evita al marido, el marido evita a la esposa. No se miran directamente, tienen miedo. Son conscientes de que el sueño ha desaparecido. Ahora no quieren causar perturbaciones. ¡Ahora evitan al otro!

Así me lo han contado:

Un hombre estaba muy preocupado con su mujer. Había escuchado rumores de que tenía una aventura con otro, y claro, estaba desasosegado. Pidió a un detective que la siguiese y filmase con quién iba, y qué hacían.

El detective regresó con la película al cabo de pocas semanas y se la mostró al hombre. Éste la miró; y movía la cabeza una y otra vez como si no pudiese dar crédito. La esposa nadaba con alguien, iba al cine, abrazaba, besaba, hacía el amor con otro hombre, y el marido sacudía la cabeza, incrédulo. El detective no pudo contenerse:

–¿Por qué no deja de sacudir la cabeza?

Finalmente, cuando acabó la película, el hombre dijo:

–¡No puedo creerlo!

–Ya ha visto la película, ¿qué más pruebas necesita? –preguntó el detective.

El hombre dijo:

–No me entienda equivocadamente. ¡Lo que ocurre es que no puedo creer que mi esposa sea capaz de hacer tan feliz a alguien! Ahora quiero que descubra qué ve ese hombre en mi mujer, porque he vivido mucho tiempo con ella y no he visto nada de nada. ¿Qué ve en ella?

Los maridos dejan de ver las cosas que solían ver en sus esposas. Las esposas dejan de ver en sus maridos lo que antes solían ver. ¿Qué es lo que ocurre? La realidad es la misma; sólo, que contra la realidad, los sueños nunca pueden ganar. Tarde o temprano el sueño estalla. Y eso sucede en todas las direcciones.

Buscas dinero, sueñas con el dinero; nunca te fijas en la gente que tiene dinero, no la ves. Sólo quieres dinero para ti mismo. Crees que cuando tengas dinero todo será fabuloso. Descansarás y disfrutarás, y lo celebrarás, cantarás y bailarás, y harás lo que siempre quisiste hacer cuando no tenías dinero ni oportunidad de hacerlo.

¿Pero te has fijado alguna vez en la gente que tiene dinero? No es que se pongan a bailar de contento precisamente, ni a celebrarlo. No parecen felices. Quizás en alguna ocasión te cruces con un mendigo que parezca feliz, pero es imposible cruzarse con un rico que lo parezca. Es casi imposible encontrar a un rico feliz. El mendigo puede parecer feliz porque todavía puede soñar. El mendigo todavía alberga esperanzas, por eso puede parecer feliz. Puede creer que el día de mañana las cosas mejorarán o, si no, pasado mañana.

Para el mendigo hay un futuro, pero para el rico ha desaparecido. Ha conseguido lo que quería lograr, y no hay nada en ello. Se siente frustrado al ir acumulando dinero. Sea lo que fuere que hubiera visto en el dinero, ahora ya no lo ve. El sueño ha desaparecido.

El ser humano sueña constantemente con poder, prestigio, respetabilidad. Y siempre que lo consigue también consigue frustración. La gente más desdichada es la que ha triunfado a la hora de conseguir sus deseos, porque también ha aparecido la frustración.

La naturaleza del deseo es soñar, y sólo se puede soñar con cosas que no se tienen. Puedes soñar con la esposa del vecino, pero ¿cómo soñar con la tuya propia? ¿Alguna vez has soñado con tu esposa? No pasa nunca. Puedes soñar con la mujer de otro, y ese hombre a su vez soñará con la tuya. Todo lo lejano parece hermoso. Acércate y todo empieza a cambiar. La realidad es devastadora.

El Buda dice que ser consciente, que estar presente, significa abandonar este sueño inconsciente en el que solemos vivir. Somos sonámbulos. Vamos viviendo, pero de manera muy superficial. En lo más hondo persisten los sueños, y más sueños. Hay una corriente subyacente de sueños, y esa corriente no hace más que corromper nuestra visión. Esa corriente subyacente fantasiosa no hace más que nublarnos la vista. Esa corriente subyacente de fantasías nos confunde la mente.

Una persona que vive en una especie de sueño nunca puede ser inteligente. La presencia en uno mismo, la conciencia, es la llama más pura de inteligencia. Una persona que vive soñando se torna cada vez más estúpida. Si vives en el torpor te tornarás estúpido, te embotarás.

Este embotamiento ha de destruirse. Y sólo puede destruirse tornándote más consciente. Anda con más conciencia. Come con más conciencia. Habla con más conciencia. Escucha con más conciencia.

Así me lo han contado:

> Había una vez una madre mono con tendencia a filosofar. Eso hacía que se olvidase de su hijo Charles y no le prestase atención. Como muchas madres modernas, no se ocupaba lo suficiente, distraída como estaba en sus pensamientos. Sin embargo realizaba sus tareas igual que su madre había hecho con ella, pero no con el mismo espíritu. Cargaba con él sobre la espalda y trepaba por las palmeras. Y ahí andaba, entre las bayas, dándole vueltas a la cabeza, y resultó que sin darse cuenta tiró al hijo.
>
> Éste, que también se hallaba absorto en sus pensamientos, preguntó al caer:
>
> –Madre, ¿qué hacemos aquí?
>
> –Ir tirando –observó ella.

Estamos aquí tirando. Una persona dormida no hace más que eso. Intenta ir tirando... con esperanza, con sueños, con futuro. Vamos tirando, como si ése fuese el único objeto de la vida, como si bastase con eso. Pero no basta. No basta con estar vivo, a menos que comprendas qué es la vida. No basta con estar aquí, a menos que seas tan consciente de estar aquí que en esa presencia haya éxtasis, contento, paz.

Un ser humano puede vivir de dos maneras. Una es ir tirando, y la otra es ser más consciente: por qué estoy aquí y quién soy. El Buda dice que la religión no es más que un esfuerzo tremendo por ser consciente.

El primer sutra:
Dijo el Buda:

«No hay nada parecido a la lujuria. Puede decirse que la lujuria es la pasión más poderosa».

A la gente se la puede dividir en dos categorías con mucha facilidad y de manera muy científica. Aquéllos cuya vida está orientada hacia el sexo... y que todo lo que hacen y todo lo que dicen es meramente superficial, pues en lo más íntimo de su ser está presente su obsesión con el sexo, y los que están más allá del sexo: los hombres de verdad. Empieza cuando se es niño y todavía no se es consciente de qué es el sexo. Los niños empiezan a jugar y empiezan a aprender cosas en un proceso que dura toda la vida. Cuando la gente se muere de vieja también sigue obsesionada con el sexo.

Una de las cosas que he observado es que cuando una persona está muriendo puedes ver en su rostro y en sus ojos qué tipo de vida ha vivido. Si muere de mala gana, si se resiste –luchando contra la muerte, sin querer morir, sintiéndose indefenso, queriendo aferrarse a la vida–, es que ha llevado una vida obsesionada con el sexo. En ese momento de gran crisis, en el momento de la muerte, toda su sexualidad emerge a su conciencia. La gente muere pensando en sexo; el noventa y nueve por ciento de las personas mueren pensando en sexo. Te sorprendería comprobarlo, pero rara vez se muere alguien que no piensa en el sexo.

Alguien que muere pensado en sexo renace de inmediato, porque toda su idea no es más que una obsesión con el sexo. Vuelve de inmediato a entrar en un vientre. Y así ha de ser, porque en el momento de la muerte se condensa toda tu vida. En el momento de la muerte se condensa aquello por lo que has vivido.

Si has vivido una vida de conciencia, entonces la muerte es muy relajada, apacible, grácil; entonces la ocasión está llena de elegancia y gracia. Uno se desliza hacia ella, acogiéndola. No hay resistencia, sino belleza. No hay conflicto, sino cooperación. Uno se limita a cooperar con la muerte.

Una persona sexual teme a la muerte porque la muerte está contra el sexo. Hay que comprenderlo bien: el sexo es renacimiento; la muerte está contra el sexo porque la muerte destruirá cualquier nacimiento que se te haya dado. La muerte *no* está contra la vida. Permitid que os lo recuerde: en vuestra mente existe una dicotomía, vida y muerte, pero es errónea. La muerte no se opone directamente a la vida. La muerte está directamente opuesta al sexo, porque el sexo es sinónimo de nacimiento; el nacimiento surge del sexo. La muerte está contra el nacimiento; la muerte está contra el sexo. La muerte no está contra la vida.

Si vives una vida consciente, poco a poco la energía invertida en la sexualidad se va transformando. No es que tú tengas que transformarla, sino que al ser consciente los sueños van desapareciendo, igual que cuando entráis en una habitación con una antorcha encendida y la oscuridad desaparece. El sexo es como oscuridad en vuestro ser. Sólo puede existir si sois inconscientes. Y el Buda dice:

«No hay nada parecido a la lujuria. Puede decirse que la lujuria es la pasión más poderosa».

Empieza muy pronto. Si escucháis a los freudianos... y debéis hacerlo porque tienen más razón que vuestros pretendidos santos. Vuestros santos pueden deciros verdades muy convenientes y cómodas, pero la verdad nunca es conveniente ni cómoda. Sólo lo son las mentiras. Y Freud dice verdades muy incómodas.

La verdad es incómoda porque habéis vivido una vida de mentiras. Siempre que alguien dice una verdad os sacude, os penetra, choca con vuestras mentiras, os hace sentir inquietos, incómodos. Empezáis a proteger vuestras mentiras. Cuando Freud afirmó que un niño empieza a ser sexual desde muy al principio, se le enfrentó todo el mundo. Y también la gente llamada religiosa. Que alguien religioso se oponga a una verdad tan evidente es algo que me cuesta creer.

Un niño nace del sexo y por ello *ha* de ser sexual. Un niño sale del sexo y por ello *ha* de ser sexual. Y los niños empiezan preparándose para su vida sexual. Estaba leyendo una bonita historia:

Una niña de cuatro años y un niño de tres fueron de la mano hasta la puerta de la casa de la vecina.
–Estamos jugando a familias –dijo la niña cuando la vecina abrió la puerta.
–Éste es mi marido y yo su esposa. ¿Podemos entrar?
A la señora le encantó la escena.
–Entrad, por favor –dijo.
Una vez dentro ofreció limonada y galletas a los niños, que la niña rechazó diciendo:
–No, gracias. Ahora hemos de marcharnos, mi marido acaba de mojarse los pantalones.

Empieza muy pronto, ¡jugando a maridos, mujeres y casas! Se están preparando, y empieza muy pronto.

Otra historia:

La octogenaria acudió al psiquiatra para quejarse de la impotencia de su marido.
–¿Y qué edad tiene su marido? –preguntó el médico.
–Noventa.
–¿Y cuándo empezó a darse cuenta de su desinterés físico por usted?
–Bueno –dijo ella–, la primera vez fue anoche, y también esta mañana.

Un hombre de noventa años... y a la esposa le preocupa su impotencia, de la que se ha dado cuenta la última noche y esa misma mañana. Y así funciona... Toda la vida obsesionados con el sexo, desde el principio al final.

Obtienes energía al alimentarte, al respirar oxígeno, al ejercitarte; al vivir creas energía. El ser humano es una dinamo. No deja de crear energía. Y cuando esa energía se acumula en tu ser, te sientes incómodo, quieres expulsarla, porque la sientes como una carga. Se utiliza el sexo como un alivio. ¡Pero vaya tontería!

Por una parte, no haces más que esforzarte –cómo alimentarte mejor, cómo conseguir que todo sea más nutritivo, cómo tener una casa mejor, más descanso–, quieres un aire mejor, más sol, más playa, más cielo, más verdor, y te esfuerzas. Entonces vas acumulando energía, generándola, y luego te preocupas acerca de cómo echarla en algún sitio, cómo echarla por el desagüe. Y cuando te has deshecho de ella, vuelves a acumularla. Es un círculo vicioso.

Por una parte no haces más que acumular energía, y por otra la vas tirando. ¡Y así te pasas la vida! Acumulando energía, gastando energía, acumulando energía, gastando energía. ¿Eso es todo? ¿Cuál es el sentido? ¿Para eso vivimos? Es una repetición, un círculo vicioso. Cuando pierdes energía estás hambriento de ella, y cuando la consigues estás dispuesto a perderla. Encuentras los medios para perderla.

El Buda dice que es la cosa más potente de la vida humana. Y si se vive la vida así, entonces es un desperdicio, es un puro derroche. No sirve para nada. Tanto correr para no llegar a ninguna parte. Tanto esforzarse para no satisfacerse. Al final llega la muerte y le encuentra a uno con las manos vacías. ¿Es ése el único propósito de la vida? Si así fuera, entonces la vida carecería de sentido, y sería puramente accidental.

G.K. Chesterton fue uno de los pensadores más profundos de Occidente. Solía decir que, o bien el ser humano es un dios caído, o algún tipo de animal que se había vuelto majareta. Las posibilidades son dos: o el ser humano es un dios caído, o algún tipo de animal que se había vuelto majareta. Debe ser algo más; en la vida debe haber algo más, de otro modo no tiene sentido. Tus padres vivieron para traerte al mundo. Tú vivirás para traer al mundo a unos cuantos niños más, y ellos vivirán para traer al mundo a alguien más, y ese ciclo continúa sin fin... ¿Pero qué propósito tiene todo eso?

Dice el Buda que al hacerte consciente abres otra puerta a la energía. La energía sexual se mueve hacia abajo; la energía sexual se mueve hacia la tierra; la energía sexual se mueve según la ley de la gravedad. Cuando te haces consciente tiene lugar un cambio, un cambio de dirección. Cuanto más consciente te haces, más empieza la energía sexual a ir en dirección ascendente, en contra de la gravedad. Empieza a ascender hacia el cielo. Empieza a ascender según la gracia, y no según la gravedad.

Si la energía sexual desciende se trata de un desperdicio. Si la energía sexual empieza a ascender, entonces inicias la exploración de nuevos mundos, de nuevas plenitudes del ser, de nuevas elevaciones de la conciencia.

Ahora bien, existen dos posibilidades para que esa energía ascienda. Puedes *forzarla* hacia arriba. Y eso es lo que hace el *hatha-yoga*. Por eso tiene sentido ponerse cabeza abajo. ¿Comprendes el sentido de hacer el pino? Es un truco para utilizar la gravedad y conseguir que la energía sexual se dirija hacia la cabeza. Pero sigues viviendo bajo la influencia de la ley de la gravedad. Estás cabeza abajo; la cabeza está más abajo que el centro sexual; la energía puede empezar a dirigirse hacia la cabeza. ¿Durante cuánto tiempo puedes sostenerte sobre tu cabeza? Tendrás que volver a ponerte de pie. No puedes ir contra la gravedad, sino que sólo la utilizas. De hecho, estás engañando a la gravedad. Eso, en cierto sentido, es hacer algo ilegal. Pero no cambias, no te transforma. Tu ser continúa siendo el mismo.

El *hatha-yoga* ha desarrollado muchos métodos para impedir que la energía sexual descienda y para forzarla a ascender, pero todos ellos son violentos, una especie de conflicto impuesto. El crecimiento no es natural. Puedes apreciarlo en la cara del *hatha-yogui*. Su rostro está siempre tenso. No hay asomo de gracia. No hallarás belleza, grandeza. No hallarás ahí a Dios, sino un egoísmo sutil. Ha engañado, ha engañado a la propia naturaleza. Pero uno no puede engañar, porque entonces no es auténtico.

El Buda desarrolló una metodología distinta por completo: la metodología de la elegancia, de la gracia. Por eso el Buda se convirtió en su símbolo. ¿Te has fijado en las imágenes del Buda? Tan gráciles, tan divinas, tan sosegadas; ni un sólo defecto, ni una sola tensión en su rostro, tan inocente. ¿Qué hizo con su energía? Nunca la doblegó, nunca luchó contra ella, ni nunca engañó a la naturaleza.

El Buda se hizo consciente de algo muy sutil –que ahora sabe muy bien la ciencia–, y es que cada ley cuenta con su opuesta, tanto si la conoces como si no. Si existe la electricidad positiva debe haber una negativa, de otro modo la positiva no podría existir. Si hay una ley de la gravedad, que tira hacia la tierra, entonces debe existir otra ley –tanto si la conocemos como si no– que va contra la gravedad. Las leyes se oponen entre sí, y sólo a causa de su oposición pueden crear un equilibrio. A causa de su oposición y contraste crean una situación en la que la vida se torna posible.

El hombre existe porque la mujer existe. El hombre no puede existir solo y la mujer no puede existir sola. El descenso existe porque existe el ascenso, y lo externo existe porque existe lo interno. La vida existe porque existe la muerte. Si el sexo existe debe haber una ley que pueda ir más allá del sexo. Y si el sexo es descendente, debe haber una ley que hay que descubrir que hace que ascienda, que ayuda a que la energía ascienda.

El Buda descubrió que, cuanto más consciente te haces, la energía empieza de manera automática a ascender.

En el cuerpo humano existen muchos centros, y cada centro cambia la calidad de la energía. ¿No te has fijado a diario que puede cambiarse la electricidad de muchas maneras? En algunos sitios se transforma en luz, en otros hace funcionar los ventiladores, y en otros lugares hace funcionar los motores. Para ello sólo se necesitan mecanismos diferentes, pudiéndose utilizar en millones de formas. En la personalidad humana existen muchos centros. El centro sexual es el inferior. Cuando la energía se traslada a ese centro, se convierte en fuerza procreadora; puedes dar nacimiento a un hijo. Es el uso *inferior* de la energía sexual. Si empiezas a ascender un poco, entonces aparecen distintas cualidades. Cuando llega al centro el corazón se convierte en amor. Y el amor te proporciona un mundo totalmente distinto.

Un ser humano cuya energía se mueva en el centro sexual nunca puede saber muchas cosas. Si pasa una mujer sólo verá la forma física. Si su energía se mueve en el centro del corazón, cuando pase una mujer podrá ver el cuerpo sutil de ella, lo cual es muy superior, y mucho más hermoso. Si una mujer pasa a tu lado y tu energía se mueve en el centro el corazón, podrás sentir su corazón, no sólo su cuerpo. Y a veces sucede que en un cuerpo muy poco agraciado puede residir un corazón muy hermoso. Y lo contrario también es cierto: un corazón horrible puede existir en un cuerpo muy bello.

Si sólo ves el cuerpo físico, tarde o temprano tendrás problemas, porque un hombre no vive con el cuerpo de una mujer; el hombre vive con el corazón de la mujer. La vida pertenece al corazón. Puedes elegir una mujer que parezca hermosa pero que acabe siendo fea si su corazón no es hermoso, si su forma sutil no es hermosa... y tendrás problemas. Puedes elegir a un hombre que parezca muy guapo, muy poderoso, pero que sólo sea un animal, que carezca de toda belleza interna, que carezca de cualquier cualidad interior, que sea un cuerpo y nada más... y estarás destinada a tener problemas. Tarde o temprano te encontrarás con el animal y deberás vivir con él. Y siempre te preguntarás: «¿Qué le pasó a aquel hombre tan guapo? ¿Qué le pasó a aquella mujer tan hermosa?».

Si tu energía asciende todavía más, alcanzará la cumbre, el *sahasrara*, donde de repente se abren tus ojos más íntimos, con los que no sólo puedes ver el cuerpo, sino el corazón y el alma. Una persona cuyo *sahasrara* se ha abierto mira el mundo, pero ese mundo es totalmente distinto porque no sólo ve el cuerpo físico. Aunque mire a un árbol, está viendo el alma del árbol. La forma no es la única cosa... está ahí, pero ahora está iluminado por una luz interior.

Una persona que vive en el *sahasrara* vive en un mundo totalmente distinto. Tal vez pienses que el Buda va caminando contigo, pero lo cierto es que está caminando por otro sendero, camina en un mundo distinto. Puede ir andando a tu lado, pero eso no significa nada porque su visión es distinta. Su energía está a otra altura. Mira al mundo desde una claridad diferente.

El Buda dice que la lujuria es la cosa más poderosa en la vida del ser humano, porque es el depósito de todas sus energías. Pero no es necesario sentirse deprimido:

> «No hay nada parecido a la lujuria. Puede decirse que la lujuria es la pasión más poderosa. Por fortuna contamos con algo más poderoso. Si la sed de verdad fuese más débil que la pasión, ¿cuántos de nosotros en el mundo podríamos seguir el camino de rectitud?».

Dice que hay algo más elevado que la lujuria, y es la sed de la verdad. Hay algo más elevado que la vida y eso es la búsqueda de la verdad. La gente puede llegar a sacrificar su vida por ello. Sacrifican su pasión por ello. Su pasión más elevada es por la verdad; el Buda lo llama pasión por la verdad. Puedes llamarlo pasión por Dios, pero es lo mismo.

Por eso la persona que sólo ha vivido una vida sexual no puede comprender la historia de Mira, la de Chaitanya, la de Cristo, la de Buda, la de Krishna... no puede comprenderlo. ¿Qué clase de personas son ésas? Cuando Jesús estaba ahí, muchos se preguntaban: «¿Qué clase de hombre es ese Jesús? ¿Qué tipo de persona es?», porque sólo conocen una vida, de lujuria y sexo. Y este hombre parece hallarse en un mundo totalmente distinto. Da la impresión de que toda su energía sexual apunta a algún sitio, allá, en los cielos. Su blanco parece estar en algún otro lugar, pero no es de este mundo. No es visible, sino invisible. No puedes tocarlo. No puedes medirlo. No puedes verlo. Pero su vida es muy apasionada, su vida es una gran aventura.

El Buda no estuvo a favor de la renuncia, recuérdalo. Estuvo a favor de la transformación. La energía que circula en la sexualidad ha de dirigirse hacia la verdad.

Por lo general, la gente sólo quiere explorarse entre sí: una mujer quiere explorar a un hombre; un hombre quiere explorar a una mujer. Da la impresión de que toda su vida no es más que una exploración del ser del otro. La sed de la verdad significa que uno quiere explorar en el ser de toda su propia existencia. Es una gran pasión, la más grande de todas. Y ha de ser más poderosa que el sexo, si no, dice el Buda, ¿cómo podría nadie dirigirse hacia ella?

La gente lo ha hecho, pero ¿cómo han llegado a conocer esa sed de verdad? Permite que te lo explique. En gran parte depende de cómo llegas a sentir la sed de verdad. Puedes llegar escuchándome a mí, leyendo un libro, viendo a un hombre sabio... pero eso no será de gran ayuda, porque sería prestado y la sed nunca puede prestarse. O está ahí o no lo está; no se puede pretender tener sed. No tendrás sed sólo porque quieras tenerla, y eso crea mucha desdicha en el mundo.

Son muchos los que vienen a verme y me dicen que les gustaría buscar, pero la sed no se crea, y eso provoca mucha desdicha en el mundo.

Son muchos los que vienen a verme y me dicen que les gustaría buscar qué es la verdad. Yo sólo les pregunto una cosa: ¿ha demostrado vuestra vida, tal como la habéis vivido hasta ahora, ser una ilusión? Si no lo ha demostrado, entonces no puede manifestarse una sed auténtica de verdad. Cuando has visto lo ilusorio de tu propia vida es cuando surge una verdadera sed por conocer qué es la verdad. Si sigues inmerso en la ilusión de la vida, si te sigue encantando, si sigues alucinado por ella, si todavía estás bajo la hipnosis del deseo y la fantasía, entonces hablar de la verdad se convertirá en otra ilusión, en otro deseo. No servirá de nada.

La verdad no puede ser otro de tus deseos. La verdad sólo puede estar ahí cuando todos los deseos han demostrado ser vanos, y toda tu energía está disponible y no sabes adónde ir, porque toda la vida parece absurda. Estás atascado. Te sientes muy frustrado, muchísimo. Has fracasado y han desaparecido todos tus sueños. Estás hecho pedazos. Ahí estás, palpitando de energía sin saber adónde vas. Entonces esa energía se convierte en un depósito, en una reserva, y crea una nueva sed en ti: la sed de conocer la verdad. Cuando el mundo se ha reconocido como ilusión, sólo entonces...

Así que experimenta el mundo con tanta profundidad como puedas. No te escapes de nada, ni siquiera de la sexualidad. Nunca escapes de nada. Haz una sola cosa: estés donde estés y siempre que tus sueños se manifiesten, permanece atento, consciente. Si entras en la sexualidad, conviértelo en una meditación, permanece atento a lo que sucede. Y poco a poco podrás ver lo ilusorio, lo vano de ello, la absurda repetición, el aburrimiento, la insipidez, la muerte que se acerca cada vez más a través de ella. Cuanto más desperdicias tu energía, más cerca estás de la muerte.

Así me lo han contado:

> Un viajante de comercio pasaba por una población rural del Oeste cuando vio a un anciano sentado en una mecedora en el porche de su casa. El hombrecillo parecía tan contento que el viajante no pudo pasar de largo y se acercó a hablar con él.
>
> –Parece que no tenga usted ninguna preocupación en este mundo –le dijo el viajante.– ¿Cuál su fórmula para una vida larga y feliz?
>
> –Verá –replicó el vejete–. Me fumo seis cajetillas de cigarrillos al día, me bebo un cuarto de *bourbon* cada cuatro horas, y seis cajas de cerveza a la semana, nunca me lavo y salgo todas las noches.
>
> –¿Qué me dice...? –exclamó el viajante–. ¡Pero eso es estupendo! ¿Qué edad tiene?
>
> –Veinticinco años –fue la respuesta.

Ya puedes ir malgastando energía...

Cada paso que se da en la ilusión se avanza hacia la muerte. Cada movimiento que se realiza hacia la lujuria te acerca hacia la muerte. Así que ten cuidado y sé consciente. Sé consciente de lo que estás buscando a través de eso. ¿Se trata sólo de una costumbre? ¿De una hipnosis natural? ¿O es que sólo vas haciendo porque no sabes qué otra cosa podrías hacer? ¿Se trata de buscar una ocupación? ¿O es sólo para olvidarte de las preocupaciones de la vida? ¿O qué?

Y no me salgas con prejuicios. No escuches nada de lo que han dicho los santos. Dirán que es malo, pero no los escuches. Es posible que tengan razón, pero lo has de descubrir mediante tu propia experiencia. Entonces, y sólo entonces, empezarás a moverte hacia la verdad. Sólo tu propia experiencia puede llevarte a la verdad, y no la experiencia ajena.

Una vez que hayas visto la verdad de ello, que no hay nada en ello, la energía se libera de esa carga, la energía se libera de las viejas pautas, y va acumulándose en tu interior.

Los científicos han descubierto la ley de que el cambio cuantitativo se torna cualitativo al llegar a cierto nivel. Por ejemplo, si calientas agua sólo se evapora cuando el calor alcanza los cien grados, pero nunca antes. A noventa grados puede estar caliente, pero no se evapora. A noventa y nueve grados está muy caliente, pero no se evapora. Y sólo con un grado más, a cien grados, el agua empieza a irse, de un salto.

¿Te has fijado en el cambio? El agua suele discurrir de manera habitual hacia abajo, pero cuando se evapora empieza a fluir hacia arriba, toma un camino distinto. Y no has hecho nada, sino sólo calentarla hasta alcanzar cierto grado. Una cierta cantidad de calor y tiene lugar un cambio cualitativo. El agua es visible; el vapor se torna invisible. El agua discurre en descenso; el vapor asciende.

Lo mismo sucede con la energía sexual: debe acumularse una cierta cantidad antes de que tenga lugar el cambio. Has de convertirte en un depósito de energía, y a partir de una cierta cantidad, en un momento dado, tiene lugar un salto; la energía deja de ir hacia abajo y empieza a ascender, igual que el vapor.

Cuando la energía desciende, cuando va hacia abajo, el sexo es muy visible. Por eso los científicos no pueden descubrir qué sucede cuando la energía inicia su ascensión, porque se torna invisible. Se vuelve inmaterial. Sí, se traslada, pero no hay ningún canal para ello. Si diseccionas el cuerpo de un buda no hallarás ningún canal para que la energía sexual inicie su ascenso. No es necesario. Si el agua se mueve hacia abajo necesita un canal; pero cuando se convierte en vapor no es necesario canal alguno... simplemente se mueve y se hace invisible. Lo mismo exactamente sucede con la energía sexual.

La conciencia es calor. En la India lo hemos llamado precisamente así: *tapas*. *Tapas* significa "calor". *Tapas* no significa que se está bajo un sol ardiente; sólo significa que aportas más fuego de conciencia a tu interior. Ese fuego de conciencia calienta tu energía sexual –ésa es la alquimia interna–, la energía empieza a ascender.

Primero tu sexualidad se convertirá en amor, y luego en meditación u oración. Si sigues la terminología de la devoción puedes llamarlo oración; si sigues una terminología más científica, entonces podrás llamarlo meditación. Y una vez que tu energía asciende ves las cosas de manera totalmente distinta.

Así me lo han contado:

> Un anciano se hallaba sentado en un autobús tarareando:
> –Di di dam dam, di di, dam.
> El conductor se dio la vuelta y vio una maleta que bloqueaba el pasillo. Miró al anciano y le dijo:
> –¿No le importaría mover la maleta? –a lo que el viejo replicó:
> –Di di dam dam, di di, dam.
> Furioso, el conductor del autobús saltó a la parte de atrás, agarró la maleta y la lanzó por la ventanilla, y se volvió para mirar encolerizado al anciano, gritando:
> –¿Y ahora tiene algo que decir?
> El viejo sonrió, le miró, y contestó:
> –Di di dam dam, di di, dam... No era mi maleta.

Una vez que te has empezado a mover, ni siquiera la muerte es tu muerte, ni siquiera el cuerpo es tu cuerpo, ni siquiera la mente es tu mente. Sigues cantando: di di dam dam, di di, dam... Puedes seguir tarareando incluso cuando la muerte se te acerca, porque la maleta no es tuya.

Una persona consciente puede morir con facilidad, con sosiego. Vive sosegado, y muere sosegado. Una persona sexual vive agitada, y muere agitada. Depende de ti.

El Buda no está por la represión. No puede estarlo, a pesar de lo que han afirmado los intérpretes del budismo. No estoy de acuerdo con ellos. La interpretación debe ser errónea, porque sé por experiencia propia que la represión no ayuda a nadie, la represión nunca puede convertirse en transfiguración. La represión te hunde.

No se trata de represión, sino de conciencia. Sí, claro, desde fuera puede parecer represión. Corres en pos del dinero; de repente, por el camino por donde vas te topas con un tesoro, y alguien más también va por allí. Él también lo ve pero no está interesado. ¿Qué pensarías de ese hombre? Temerías que pudiera reclamar el tesoro, puede empezar a pedir que lo dividas en dos partes... pero no, sigue su camino, no se preocupa lo más mínimo. Pensarás o bien que está loco, o que ha renunciado al mundo y reprimido el deseo de dinero.

No puedes comprender que podría ser un hombre que no ve nada en el dinero. Podrías pensar que es imposible porque para ti es importantísimo... Toda tu vida carecería de sentido si no fuese por el dinero. El dinero parece ser toda tu vida. ¿Cómo podrías creer que puede haber alguien para quien el dinero no tiene sentido? Sólo existen dos posibilidades: o ese hombre es tan estúpido que desconoce la diferencia entre tener y no tener dinero; o bien ha reprimido su deseo... ha reprimido su deseo, su codicia, su ambición. Cuando alguien como el Buda aparece en el mundo, la gente lo interpreta según sus propias mentes. Parece tan lejano que sólo existen dos posibilidades: quienes están contra él, quienes dicen que está loco, y quienes están a su favor, los que dicen que ha disciplinado su vida, que ha logrado desechar su codicia, su lujuria. Pero ambos están equivocados. Y lo están porque son incapaces de comprender a un buda. Sólo puedes entender a un buda cuando tú mismo eres otro buda; no hay otra manera de comprenderlo. Si quieres comprender a alguien que está en la cima de un monte del Himalaya, deberás ir a ese monte, y sólo entonces su visión será la tuya.

Me gustaría decir que todas las interpretaciones acerca del Buda son erróneas. Y lo son en el sentido de que implican que está enseñando represión. Pero el Buda no enseña ninguna represión. Simplemente enseña atención, conciencia, presencia. En la atención las cosas cambian. Con la represión puedes hacer algo pero las cosas siguen igual.

Leí algo sobre una iglesia y un sacerdote:

> Una chica intentaba entrar en una iglesia con los pechos al aire. El vicario la detuvo en la puerta. –Pero, vicario, no puede impedirme entrar en la iglesia –protestó–. Tengo un derecho divino.
> –Ambos son divinos –dijo él–, pero no es ésa la cuestión. Ha de regresar a casa y ponerse algo más decoroso encima.

Ella dice: «Tengo un derecho divino», y el sacerdote contesta: «Ambos son divinos». La mente reprimida del sacerdote... debía estar mirándole los pechos, así que dijo: «Ambos son divinos, pero ha de regresar a casa y ponerse algo más decoroso encima».

Puedes reprimir un deseo, pero no puedes arrancarlo de raíz. Volverá a manifestarse de modo sutil. Resurgirá de muchas maneras. Puede disfrazarse de tal manera que ni siquiera seas capaz de reconocerlo. Una persona reprimida no es una persona transformada. Sigue siendo la misma, y sólo consigue ser alguien que no es.

El Buda no está por la represión. El Buda está por la transformación. La represión es muy fácil. Puedes reprimir tu sexualidad... eso es lo que hacen tantos y tantos santos. Puedes abandonar la sociedad, huir de las mujeres. Puedes dirigirte a las grutas del Himalaya y sentarte allí, y puedes creerte que has realizado el celibato, pero eso no es celibato alguno. Sentado allí, en tu cueva del Himalaya, seguirás soñando con mujeres, incluso más, porque estarás muy alejado de ellas. Tu fantasía será más psicodélica y jugosa. Y claro, lucharás contra ella, y al luchar puedes conseguir enterrarla profundamente en tu inconsciente, pero no puedes arrancarla de raíz. Nadie cambia luchando. Una persona sólo cambia siendo consciente.

Ser consciente no es una lucha. ¿Qué es la conciencia, la atención? Ser consciente no es aceptar ni rechazar.

Hay un famoso dicho de Tilopa: «En realidad, a causa de nuestro aceptar y rechazar, no alcanzamos la talidad de las cosas». Nos perdemos, desconocemos la talidad de las cosas. No podemos ser conscientes de la realidad porque aceptamos o rechazamos. Cuando aceptamos, nos abandonamos. Cuando rechazamos, nos reprimimos. Dice el Buda que no hay que aceptar ni rechazar, sólo permanecer atentos, sólo ver. Observar, sin prejuicios a favor o en contra.

Si puedes permanecer en un *udasina* así –en una conciencia no valorativa, imparcial–, las cosas empezarán a cambiar por sí mismas.

Dice Tilopa:

> Nunca deja este lugar
> y siempre es perfecto.
> Cuando lo buscas
> no puedes verlo.
> No puedes atraparlo
> ni deshacerte de ello.
> Cuando no haces ni una cosa ni otra... ¡ahí está!
> Cuando estás en silencio, habla.
> Cuando hablas, guarda silencio.

«No puedes atraparlo, ni deshacerte de ello». Siempre está ahí. «Cuando no haces ni una cosa ni otra... ¡ahí está!».

Ser consciente no es algo que haya que hacer. Ser consciente no es algo que hayas de autoimponerte. Cuando no haces nada, ahí está. Tu hacer es tu deshacer.

> «Por fortuna, contamos con algo más poderoso. Si la sed de verdad fuese más débil que la pasión, ¿cuántos de nosotros en el mundo podríamos seguir el camino de rectitud?»

Dijo el Buda:

> «Los seres adictos a las pasiones son como el portador de la antorcha corriendo contra el viento; sus manos sin duda se le abrasarán».

Puedes comprobarlo: las manos de todo el mundo están abrasadas. Pero nunca te miras tus propias manos, siempre estás mirando las de los demás y dices: «Sí, sus manos parecen estar quemadas pero yo seré más listo. Seré más listo. Llevaré la antorcha y correré contra el viento y demostraré que soy una excepción».

Nadie es una excepción. La existencia no permite excepción alguna. Tus manos también se abrasarán si corres contra el viento con una antorcha encendida. La lujuria es correr contra el viento. Nadie ha salido de ahí sin quemarse.

Pero la gente sigue mirando a los demás. Nadie se mira a sí mismo. En el momento en que empiezas a mirarte a ti mismo te conviertes en *sannyasin*. Leía el otro día:

> La señora Cantor sospechaba que su esposo flirteaba con la asistenta. Como tenía que ir a pasar unos cuantos días con su madre enferma, le dijo a su hijo pequeño, Harvey, que no quitase ojo a papá y a la asistenta.
>
> En cuanto regresó a casa le preguntó:
>
> —Harvey, ¿ha pasado algo?
>
> —Bueno —empezó el chiquillo—. Papá y la asistenta se metieron en el dormitorio y se desnudaron, y...
>
> —¡Vale, vale! —gritó la señora Cantor—. Esperaremos a que vuelva papá.
>
> A papá le esperaba en la puerta su colérica mujer, una asistenta encogida, y un hijo confuso.
>
> —Harvey, dime qué pasó entre papá y la asistenta —atacó la señora Cantor.
>
> —Como ya te he contado, mamá —dijo Harvey—, papá y la asistenta se metieron en el dormitorio y se quitaron la ropa.
>
> —¡Sí, sí! ¡Continúa, Harvey —apremió la señora Cantor, impaciente— ¿Y luego?
>
> —Pues hicieron lo mismo que hicisteis tú y el tío Bernie cuando papá estuvo en Chicago —contestó Harvey.

Todo el mundo mira a los demás, busca las faltas, los defectos, las tonterías de los demás. Pero nadie se mira a sí mismo. El día que empieces a mirarte a ti mismo serás *sannyasin*; el día que empieces a mirarte a ti mismo estarás de camino hacia un gran cambio. Habrás dado el primer paso —contra la lujuria, hacia el amor; contra el deseo, hacia la ausencia de deseos—, porque cuando te mires tus propias manos te darás cuenta de que se han abrasado en numerosas ocasiones, y de que tus heridas son muchas.

Observar a los demás es sólo una manera de evitar mirarte a ti mismo. Siempre que critiques a alguien, observa: es un truco de la mente para así olvidarte de ti mismo. La gente no deja de criticar a los demás; cuando critican a todo el mundo se sienten fenomenales. Piensan que en comparación no son peor que otros, sino que de hecho son mejores. Por eso, cuando criticas a alguien, exageras, te vas al extremo; haces una montaña de un grano de arena, y agrandas, y agrandas la montaña, y así tu propia montaña parece más pequeña. Te sientes feliz.

¡Ya basta! Eso no te ayudará. Es suicida. No estás aquí para pensar en los demás. Tu vida es tuya. Pensar en los demás no te beneficiará en nada. Piensa en ti mismo. Medita acerca de ti mismo. Sé más consciente de qué estás haciendo aquí... ¿Vas tirando o haces algo? En lo único que puedes confiar es en ser consciente. Sólo ser consciente puede llevarte a través de la muerte, a través de la puerta de la muerte... Nada más.

Una bella parábola:

El señor del cielo ofreció al Buda una hermosa hada, deseando tentarle por el mal camino. Pero el Buda dijo:
–¡Márchate! ¿De qué me serviría el saco de huesos repleto de inmundicia que me traes?
A continuación, el dios se inclinó reverentemente y le preguntó al Buda acerca de la esencia del camino, en la que el Buda le instruyó, y se dice que el dios realizó el fruto *srotapanna*.

Una hermosa parábola: Brahma llegó ante el Buda... Los hinduistas nunca han perdonado a los budistas que inventasen historias tan hermosas, porque los hinduistas consideran que Brahma es el creador del mundo. Y los budistas dicen que Brahma llegó ante el Buda para que le instruyese en el Camino. Y claro, para probarle se trajo una hermosa hada.

Es significativo porque existen dos tipos de hombres: el hombre sexual y el hombre de verdad. Así que si el Buda es realmente un hombre de verdad no podrá ser engañado, no podrás crear ninguna alucinación en él. La más bella de las hadas no significará nada para él. Y ésa será la piedra de toque que demostrará si ha alcanzado la verdad: cuando una persona está realmente más allá del sexo, y sólo entonces. De otro modo su energía seguirá moviéndose en la dirección de la lujuria, seguirá su camino descendente.

El señor del cielo ofreció al Buda una hermosa hada, deseando tentarle por el mal camino.

La tentación es una prueba, y la tentación sólo aparece al final. En todas las religiones del mundo pueden encontrarse historias de este tipo. Cuando Jesús se acerca, cuando está llegando a casa, es tentado por el demonio. Cuando el Buda está muy cerca, llega Brahma y le tienta. Esas historias también aparecen en la vida de Mahavira, en la vida de todo aquél que ha realizado la verdad. Esas parábolas deben tener un sentido.

No intento decir que haya sucedido exactamente como se cuenta en la parábola; son simbólicas; no son hechos históricos, pero son muy significativas.

Estuve leyendo sobre Baal Shem, un místico hasídico, el fundador del hasidismo. Un día llegó ante él un discípulo y le dijo:
–Maestro, ¿cómo puedo evitar la tentación? ¿Cómo puedo evitar que el demonio me tiente?
Baal Shem le miró y dijo:
–¡Un momento! No es necesario que evites ninguna tentación, porque ahora mismo no te puede llegar ninguna... no eres digno de ello.
–¿Qué queréis decir? –preguntó el discípulo.

–La tentación sólo llega en el último momento. Ahora mismo, al demonio no le preocupas lo más mínimo. De hecho, no te persigue para nada, eres tú el que le sigue, así que no te preocupes de la tentación. No te va a llegar tan pronto. Y cuando suceda, yo me ocuparé de ello. Ya te diré qué hacer –contestó.

La tentación sólo llega en el último momento. ¿Por qué? Porque cuando la energía sexual está llegando a un punto, al punto de los cien grados, entonces tira de ti *todo* tu pasado, millones de vidas vividas en la sexulidad. El demonio no es ningún tipo de ser... es tu propio pasado. Tiran de ti muchas vidas de sexo mecánico. Y por un instante dudas sobre si dar el salto o no.

También un río que está punto de alcanzar el océano debe dudar un instante antes de perderse en él; debe mirar hacia atrás con nostalgia: las bellas montañas, los picos cubiertos de nieve, los bosques, los valles, el trinar de los pájaros, las riberas, la gente, el viaje... el pasado, miles de kilómetros. Y de repente llega el momento: saltas y te pierdes para siempre. El río debe pensar: «¿Ser o no ser?»... Una duda, un temblor, una sacudida que llega hasta lo más profundo.

Eso es la tentación. Cuando el Buda ha llegado al punto en que la energía está a punto de dar el salto esencial y tornarse no-sexual, cuando el deseo está a punto de disolverse en la carencia de deseo, cuando la mente está dispuesta a morir y la inmente está lista para nacer... Es un salto tan grande que es natural que uno dude. Ése es el sentido de la parábola.

Dijo el Buda: «¡Márchate! ¿De qué me serviría el saco de huesos repleto de inmundicia que me traes?».

Cuando un ser humano ha llegado a ese punto, el cuerpo deja de tener sentido; el cuerpo no es más que un saco, un saco de huesos repleto de inmundicia. De hecho, así es el cuerpo. Si no lo crees, acude a un cirujano y observa un cuerpo recién abierto... y entonces creerás al Buda. O vete a un hospital y asiste a una autopsia, cuando se disecciona todo el cuerpo, y entonces verás de qué está hablando.

Sucedió en una ocasión en mi pueblo: mataron a un hombre a tiros y se le practicó la autopsia. Yo era un chiquillo, pero me las arreglé de alguna manera y convencí al médico; era amigo de su hijo y logré convencerle:
–Permítame que lo vea, me gustaría verlo.
Se resistió:
–¿Pero qué es lo que quieres ver?
–Y le dije:
–He leído que el Buda dice que el cuerpo no es más que un saco de huesos lleno de inmundicia. ¡Déjeme echar un vistazo!
Me dejó, y luego me dijo:

–Muy bien, puedes quedarte hasta el final.
Pero le dije:
–No es necesario que me quede, ya no quiero quedarme más. Hedía mucho y tenía el vientre abierto en canal... sólo inmundicia, y nada más.

Todos los niños deberían asistir a una autopsia. El Buda solía enviar a sus discípulos a un crematorio, donde se incineran los cuerpos, para observar y meditar. Y decía: «A menos que seáis totalmente conscientes de qué es el cuerpo no abandonaréis vuestra ilusión acerca de la belleza del cuerpo y de fantasías acerca de él». Y tenía razón.
Dijo:

«¡Márchate! ¿De qué me serviría el saco de huesos repleto de inmundicia que me traes?».
A continuación, el dios se inclinó reverentemente y le preguntó al Buda acerca de la esencia del camino...

La prueba demostró que el Buda era de oro puro.

A continuación, el dios se inclinó reverentemente...

En la mitología budista los dioses son tan lujuriosos como los humanos, incluso más. Su vida no es más que lujuria. Brahma, el Señor del Cielo...

...se inclinó reverentemente y le preguntó al Buda acerca de la esencia del camino, en la que el Buda le instruyó, y se dice que el dios realizó el fruto *srotapanna*.

Srotapanna significa "el que ha entrado en la corriente": quien ha entrado en la corriente... de conciencia, de atención, de presencia. Ése es el mensaje esencial del Buda: ni oración, ni ritual; ni sacerdote, ni templo. Tú eres el sacerdote, tú haces el ritual, tú eres el templo. Sólo una cosa es necesaria. El Buda ha reducido los requerimientos al mínimo; es absolutamente matemático. Dice que basta con atención, con ser consciente; si puedes ser consciente, todas las cosas se ocuparán de sí mismas.

Dos borrachos iban haciendo eses a lo largo de las vías del ferrocarril. Uno de ellos dijo:
–Nunca en mi vida había visto tantos escalones.
El otro contestó:
–No son los escalones lo que a mí me preocupa, son estas barandillas tan bajas.

Lo único que se necesita es descabalgarlos de su borrachera.

Otros dos borrachos se habían subido a una montaña rusa, y uno de ellos se dirigió al otro:

–Tal vez esté siendo divertido, pero tengo la sensación de que nos hemos equivocado de autobús.

Todo el mundo se ha equivocado de autobús. La inconsciencia es el autobús equivocado. Y por ello, estés donde estés, no importa. Y hagas lo que hagas, tampoco. En tu inconsciencia, todo lo que hagas será erróneo. Erróneo es todo aquello que se hace inconscientemente, y adecuado es lo que se hace conscientemente.

Edwin Arnold escribió uno de los libros más bellos acerca del Buda, *Buda. La luz de Asia*. Unas cuantas líneas a modo de muestra:

«Eso es paz... Conquistar el amor del yo y la lujuria de la vida, arrancar de raíz la pasión del pecho, sosegar la contienda interior; por amor, abrazar la belleza eterna; por gloria, ser señor del yo; por placer, vivir más allá de los dioses; por riquezas inimaginables, descansar en el tesoro eterno del servicio perfecto prestado, de los deberes realizados con caridad, con el habla suave y los días impolutos: esas riquezas no desaparecen en vida, ni las critica la muerte. Eso es paz, conquistar el amor del yo y la lujuria de la vida...»

Ésa es la esencia del mensaje del Buda. La paz no debe practicarse, pues es un derivado de ser consciente. El amor no hay que practicarlo, pues es un derivado de ser consciente. La rectitud no hay que practicarla, pues es un derivado de ser consciente.

Ser consciente es el remedio de todos los males, porque ser consciente te hace saludable, completo, claro y sacro.

Basta por hoy

14. CONVIÉRTETE EN MADERA DE DERIVA

Dijo el Buda:

> «Quienes recorren el camino deberían ser como un pedazo de madera a la deriva flotando en un arroyo. Si el tronco no queda atrapado en las orillas, ni en manos de los hombres, ni es bloqueado por los dioses, ni en un remolino, os aseguro que ese tronco alcanzará finalmente el océano. Si los monjes que recorren el camino no son ni tentados por las pasiones, ni alejados de él por influencias malignas, sino que siguen con firmeza su camino hacia el *nirvana*, os aseguro que esos monjes acabarán realizando la iluminación».

Dijo el Buda:

> «No dependáis de vuestra propia voluntad. Vuestra voluntad no es digna de confianza. Protegeos contra el sensualismo, porque lleva por el mal camino. Vuestra propia voluntad sólo se hace merecedora de confianza cuando se ha realizado la *arhatidad*».

El camino del Buda se conoce como *vía negativa*, el camino de la negación. Hay que comprender muy bien esta actitud, este enfoque.

El enfoque del Buda es único. Todas las demás religiones del mundo son positivas, tienen un objetivo positivo –llámalo Dios, *moksha*, liberación, salvación, autorrealización–, un logro que alcanzar. Y por parte del buscador se requiere esfuerzo positivo. A menos que no realices un gran esfuerzo no llegarás a la meta.

El enfoque del Buda es totalmente distinto, diametralmente opuesto. Dice que ya eres eso en lo que te quieres convertir, que el objetivo está en tu interior, que es tu propia naturaleza. No has de alcanzarlo. No está en el futuro, no está en ninguna otra parte. Está aquí mismo, en este instante. Pero existen unos cuantos obstáculos, que hay que eliminar.

No es que vayas a alcanzar la divinidad –la divinidad es tu propia naturaleza–, pero hay que eliminar unos cuantos obstáculos. Una vez eliminados, eres eso que siempre has estado buscando. Incluso cuando no eras consciente de quién eras, también eras Eso. No puedes ser otra cosa que Eso, es imposible.

Hay que eliminar los obstáculos, abandonarlos. No tienes que añadirte nada más. La religión positiva intenta añadirte algo: virtud, rectitud, meditación, oración. La religión positiva dice que careces de algo; que has de buscar algo que no tienes. Que has de acumular algo.

El enfoque negativo del Buda dice que no careces de nada. De hecho, posees demasiadas cosas innecesarias. Has de soltar algo.

Es parecido a esto: un hombre empieza a adentrarse en el Himalaya. Cuando más alto llegues, más notarás el peso de las cosas con las que cargas. Tu equipaje se hará cada vez más pesado. Cuanto mayor sea la altura, más pesado se tornará tu equipaje. Deberás abandonar algunas cosas. Si quieres alcanzar el pico más elevado, deberás soltarlo todo.

Una vez que lo hayas soltado todo, que no poseas nada, una vez que te hayas convertido en un cero, en una nada, en un don nadie, habrás llegado. Hay que eliminar cosas, no añadirlas. Hay que soltar, no acumular.

> Cuando el Buda se realizó, alguien le preguntó:
> –¿Qué has realizado?
> Se rió, y dijo:
> –No he realizado nada, sea lo que fuere lo que he realizado siempre estuvo en mí. Por el contrario, he perdido muchas cosas, he perdido mi ego. He perdido mis pensamientos, mi mente. He perdido todo lo que solía sentir que poseía. He perdido mi cuerpo... solía creer que era el cuerpo. He perdido todo eso. Ahora existo en la pura nada. Ésa es mi realización.

Permite que te lo explique porque es muy importante.

Según el enfoque del Buda, en el principio inoriginado de la existencia había sueño absoluto; la existencia era sueño total, ronquidos, lo que los hinduistas llaman *sushupti*, un estado en que se duerme sin sueños. Toda la existencia dormía en *sushupti*. Nada se movía, todo descansaba, tanto, tan profundamente, que puede decirse que no existía.

Cuando cada noche entras en *sushupti*, cuando se detienen los sueños, vuelves a entrar en esa nada primordial. Y si de noche no dispones de unos cuantos momentos de esa nada primordial, no te sientes rejuvenecido, no te sientes revitalizado. Si sueñas toda la noche, y das vueltas en la cama, por la mañana estás más cansado que al acostarte. No te has disuelto, no te has perdido a ti mismo.

Si has entrado en *sushupti*, en un estado sin sueños, eso significa que te has adentrado otra vez en ese principio increado. Ahí hay energía. De ahí sales descansado, revitalizado, nuevo. Lleno de jugo, lleno de vida y entusiasmo. Eso, dice el Buda, era el principio; pero él lo llama el principio increado. Era como *sushupti*, tremendamente inconsciente; no había conciencia. Era como *samadhi*, con una única diferencia: en *samadhi* se está totalmente despierto. En *sushupti*, en el sueño profundo sin sueños, no había conciencia, ni siquiera una llamita de conciencia... sólo era una noche oscura. Es también un estado de *sat-chit-ananda*, pero el estado es inconsciente.

Por la mañana, al despertar, te dices: «Esta noche fue hermosa, dormí profundamente. ¡Qué hermosa y llena de gozo!». Eso dices por la mañana. Pero cuando te hallabas en ese sueño no eras consciente; eras absolutamente inconsciente. Al despertar por la mañana miras hacia atrás y reconoces: «¡Sí, qué maravilla!».

Cuando una persona se despierta en *samadhi* entonces reconoce: «Todas mis vidas del pasado fueron beatitud. He permanecido en un mundo mágico, encantado. Nunca fui miserable». Entonces uno reconoce, pero ahora mismo no puedes, eres inconsciente.

El estado primordial está lleno de beatitud, pero no hay nadie para reconocerlo. Los árboles existen en ese estado primordial, las montañas, el océano, las nubes y los desiertos también existen en esa conciencia primordial. Es un estado de inconsciencia.

A eso el Buda lo llama inexistencia, pura inexistencia, porque no hay distinción, demarcación. Era nebuloso, sin forma ni nombre. Era como una noche oscura.

Luego vino la explosión. Ahora los científicos hablan de esa explosión; la llaman el *big bang*. Todo estalló. La inexistencia desapareció y aparecieron las cosas. Para los científicos sigue siendo una hipótesis, porque nadie puede retroceder en el tiempo. Para los científicos es una hipótesis, la más probable.

Se han propuesto y defendido muchas teorías, pero la "teoría del *big bang*" suele ser generalmente aceptada. Dice que todas las cosas aparecieron de esa nada o inexistencia, igual que cuando explota una semilla y se transforma en un árbol. Y luego el árbol contiene millones de semillas; y explotan. Una sola semilla puede llenar el mundo de verdor. Eso es lo que significa esa explosión.

¿Te has fijado en ese hecho? ¡Qué misterio! Una semillita, apenas visible, puede explotar y llenar toda la tierra de bosques. Y no sólo toda la tierra, sino todas las tierras existentes. ¡Una única semilla! Y si partes esa semilla, ¿sabes qué hallarás en su interior? Nada, sólo pura nada. De esa nada ha evolucionado el Todo.

Para los científicos se trata únicamente de una hipótesis, de una inferencia. Para un buda no es una hipótesis, es su propia experiencia. Ha visto suceder lo mismo en su interior. Intentaré explicarte cómo uno llega a conocer ese principio increado... porque no puedes regresar, pero hay una manera de saberlo yendo hacia delante. Y, como todo se mueve en un círculo, el tiempo también.

En Occidente, el concepto de tiempo es lineal; el tiempo se mueve en una línea horizontal; avanza y avanza. Pero en Oriente creemos en un tiempo circular. Y el concepto oriental de tiempo está más cerca de la realidad, porque todo movimiento es circular. La Tierra se mueve en un círculo, la Luna se mueve en círculo, las estrellas se mueven en círculo. El año se mueve en círculo, la *vida* se mueve en círculo: nacimiento, infancia, juventud, vejez... ¡y de nuevo nacimiento! Lo que llamas muerte es de nuevo nacimiento. Y otra vez infancia, y otra vez juventud... y la rueda sigue girando. Y el año gira y gira: llega el verano, y las lluvias, y el invierno, y de nuevo el verano.

¡Todo se mueve en círculo! ¿Por qué el tiempo habría de ser una excepción? El tiempo también se mueve en círculo. Uno no puede ir hacia atrás, pero si sigues adelante, avanzando, un día el tiempo empieza a moverse en círculo. Y alcanzas el principio increado, o ahora puedes llamarlo el fin infinito.

El Buda lo supo, lo experimentó.

Lo que los científicos denominan el *big bang*, yo lo llamo el "orgasmo cósmico". Y me parece a mí que así es más significativo. *Big bang* es un poco feo, demasiado tecnológico, inhumano. "Orgasmo cósmico"... El cosmos explotó en un orgasmo. Y de él nacieron millones de formas. Y fue una experiencia muy beatífica, así que llamémoslo el "orgasmo cósmico".

En ese orgasmo se desarrollaron tres cosas. Primera, el universo; lo que en Oriente llamamos *sat*. Del universo salió la vida; lo que llamamos *ananda*. Y de la vida se desarrolló la mente, lo que llamamos *chit*. *Sat* significa "ser"; *ananda* significa "celebrar el ser"... cuando un árbol florece está celebrando su ser. Y *chit* significa conciencia... cuando te has hecho consciente acerca de tu beatitud, de tu celebración. Esos tres estados juntos: *sat-chit-ananda*.

El ser humano ha alcanzado la mente. Las piedras siguen en la primera etapa: universo... existen pero no florecen, y no celebran; están cerradas, enroscadas sobre sí mismas. Algún día empezarán a moverse, algún día empezarán a abrir sus pétalos, pero ahora mismo están hundidas en sí mismas, totalmente cerradas.

Los árboles y los animales han alcanzado la siguiente etapa: la vida... tan felices, tan hermosos, tan animados. Los pájaros cantan, y los árboles florecen. Ése es el segundo estadio: la vida. La tercera etapa sólo la ha alcanzado el ser humano: el estado mental, el estado de *chit*, conciencia.

Dice el Buda que esos árboles son como un sueño. La primera etapa, el principio increado, el estado primordial, es como el sueño, *sushupti*. Esas tres etapas son como un sueño; son como un drama que va desarrollándose. Si vas más allá de la mente, si empiezas a entrar en meditación, es ir hacia la inmente, la no-mente, y de nuevo tiene lugar otra explosión, pero en esta ocasión ya no es una explosión, sino una implosión. Igual que un día tuvo lugar una explosión y de la nada aparecieron millones de cosas, cuando sucede la implosión, las formas y los nombres desaparecen, y de ella nace la nada. Se completa el ciclo.

Los científicos sólo hablan de explosión, pero todavía no dicen nada de implosión, lo cual resulta muy ilógico. Porque si la explosión es posible, entonces la implosión también lo es.

Se echa una semilla en la tierra. Explota. Nace un árbol, y luego, en el árbol, vuelven a nacer semillas. ¿Qué es ahora la semilla? Cuando la semilla explota es un árbol. Cuando el árbol implosiona vuelve a ser semilla. La semilla llevaba un árbol; se abrió y se convirtió en árbol. Ahora el árbol vuelve a cerrarse, se hunde sobre sí mismo, se convierte en una semillita.

Si en el mundo sucedió una explosión, como parecen creer ahora los científicos, entonces la idea budista de la implosión también es una realidad. La explosión no puede existir sin implosión. Van juntas. Implosión significa que de nuevo la mente vuelve a la vida, que la vida regresa al universo, y que el universo pasa a la nada... y entonces se completa el círculo. La nada pasa al universo, el universo pasa a la vida, la vida a la mente, y la mente vuelve a la vida, ésta de nuevo al universo, y éste otra vez a la nada... y se completa el círculo.

Tras la implosión, una vez ha sucedido, cuando todo ha vuelto de nuevo a nada, existe una diferencia. La primera nada era inconsciente; esta segunda es consciente. La primera era como oscuridad; la segunda es como luz. La primera era como la noche; la segunda es como el día. La primera se denomina *sushupti*, la segunda *jagriti*, conciencia, despertar por completo.

Ése es el círculo completo. A la primera, los científicos la llaman la "teoría del *big bang*" porque hubo mucha explosión y mucho ruido. Fue una explosión enorme. Un instante antes todo estaba en silencio, no había ruido, ni sonido, y al cabo de un momento, cuando la existencia explotó, hubo muchísimo ruido, un sonido muy fuerte. Ahí empezaron todos los tipos de sonidos.

¿Qué sucede cuando la explosión desaparece en una implosión? El sonido silencioso. Ahora ya no hay ningún sonido. Todo vuelve a estar en silencio. Eso es lo que el zen denomina el sonido del aplauso de una sola mano. Es lo que los hinduistas han denominado *anahatnad, omkara*, el sonido silencioso.

Los primeros hinduistas llamaron *nadavisphot* al *big bang*, al sonido de la explosión. Y el segundo es cuando el sonido pasa al silencio; la historia se completa. La ciencia sigue aferrada a la mitad de la historia; la otra ni la ha visto. Y quien observa todo este desarrollo –desde *sushupti*, la noche oscura del alma, al sueño, y del sueño a la conciencia–, quien lo observa todo es el testigo: el cuarto estado que llamamos *turiya*, el que lo presencia todo. Al conocerlo te conviertes en un buda; al conocerlo, al experimentarlo, te conviertes en *arhat*... Has realizado.

Pero todo lo que hay que comprender es lo siguiente: que *todo* el tiempo, tanto si estás dormido, o soñando, o despierto, tú eres Eso. A veces sin ser consciente, a veces siéndolo –ésa es la única diferencia–, pero tu naturaleza es la misma.

T.S. Eliot escribió unas líneas muy hermosas:

> No debemos cesar en la exploración
> y al final de todo nuestro explorar
> llegaremos a donde empezamos,
> y conoceremos ese lugar por primera vez.
> A través de la puerta desconocida y recordada,
> cuando lo último que queda en la tierra por descubrir
> es lo que fue el principio;
> en la fuente del más largo río
> la voz de la cascada escondida
> y los niños en el manzano
> desconocido, por no buscado,
> pero escuchado, a medias, en la quietud
> entre dos olas del mar.
> Ahora mismo, aquí, ahora, siempre...
> una condición de completa simplicidad
> que cuesta nada menos que todo...

«Una condición de completa simplicidad –simplicidad absoluta– que cuesta nada menos que todo...». Ése es el significado de la renuncia del Buda, su sendero de *vía negativa*. Hay que llegar al punto en que se empezó. Has de saber lo que ya eres. Has de realizar lo que ya está realizado. Has de realizar lo que –en la naturaleza de las cosas– *no se puede* perder; no hay manera de perder contacto con ello. Como mucho podemos ser inconscientes de ello.

Religión significa hacerse consciente de eso que ya eres. No se trata de buscar nada nuevo; simplemente es el esfuerzo por conocer lo que siempre ha estado ahí, lo eterno. Desde el principio increado hasta el fin infinito, siempre está ahí.

Como el sendero es negativo, existen unas cuantas dificultades al respecto. Es muy difícil sentirse atraído hacia el budismo, porque por lo general la mente quiere aferrarse a algo positivo, la mente quiere realizar algo, y el Buda dice que no hay nada que realizar, o mejor dicho, que por el contrario, has de perder algo. La idea de perder algo no resulta nada atrayente, porque nuestra tendencia es a tener más y más. Y el Buda dice que *tener* es el problema. Cuanto más tienes, menos eres; porque cuanto más tienes, menos te reconoces a ti mismo... estás perdido.

Tu vacío, tu espacio está tapado por demasiadas cosas. Alguien rico es muy pobre... Pobre porque no le queda espacio, pobre porque todo está ocupado, pobre porque no conoce ningún vacío en su ser. Y a través del vacío puedes tener vislumbres de lo primordial y lo esencial, que son lo mismo.

Es muy difícil sentirse atraído hacia el budismo. Sólo muy poca, poquísima gente que cuenta con una inteligencia tremenda puede sentirse atraída. No puede convertirse en una religión de masas. Y cuando se convierte en eso sólo es porque pierde toda su originalidad, cuando se compromete con las masas.

En la India el budismo desapareció, porque los seguidores del Buda insistieron en su pureza. Hay gente que cree que fue porque los filósofos y místicos hinduistas refutaron el budismo, y que por eso desapareció de la India, pero esta explicación es incorrecta. El budismo no puede refutarse. Nunca nadie lo ha refutado. No hay posibilidad de hacerlo porque en primer lugar no está basado en la lógica.

Si algo se basa en la lógica puede destruirse mediante la lógica. Si algo se basa en una demostración lógica puedes refutarlo. El budismo no está nada basado en la lógica. Se basa en la experiencia... y eso no puede refutarse. Es muy existencial. No cree en la metafísica... ¿Cómo puede entonces refutarse? Y nunca sostiene nada acerca de ningún concepto. Simplemente describe la experiencia más íntima. Carece de filosofía, y por ello los filósofos no pueden refutarlo.

Pero es cierto, el budismo desapareció de la India. Y la causa de su desaparición, la causa básica es que el Buda y sus seguidores insistieron en su pureza. La propia insistencia en su pureza se convirtió en un obstáculo insuperable. Las masas no podían comprenderlo, sólo muy poca gente, gente muy educada, inteligente, aristocrática, unos pocos, sólo unos pocos elegidos pudieron entender lo que decía el Buda. Y quienes lo entendieron quedaron transformados. Pero para las masas es incomprensible. Perdió su atractivo para las masas.

En China tuvo éxito. En el Tibet, Ceilán, Birmania, Tailandia, y en Japón tuvo éxito, a causa de los misioneros, de los misioneros budistas que salieron de la India y que, al ver lo sucedido en la India, llegaron a compromisos, se avinieron a compromisos. Empezaron a hablar en lenguaje positivo. Empezaron a hablar sobre realización, beatitud, cielo... Introdujeron por la puerta de atrás todo lo que el Buda había negado.

Las masas volvieron a ser felices. Toda China, y toda Asia se convirtieron al budismo, excepto la India. En la India intentaron ofrecer lo puro, sin ningún compromiso, y no fue posible. En China, el budismo se convirtió en religión de masas, pero perdió su verdad.

Permitid que os cuente una anécdota:

> Un demonio subalterno fue enviado a la tierra a dar una vuelta y ver cómo iban las cosas. Regresó rápidamente al infierno, horrorizado, y obtuvo una entrevista con Belcebú, el demonio jefe en persona.
>
> –Señor –chisporroteó–, ¡ha sucedido algo terrible! Hay un hombre con barba que va por la tierra, diciendo la Verdad, y la gente está empezando a escucharle. Hay que hacer algo.

Belcebú sonrió complacido, dando bocanadas a su pipa pero sin decir nada.

–¡Señor! Creo que no se da cuenta de la gravedad de la situación –continuó el preocupado demonio subalterno–. ¡No tardará en echarse todo a perder!

Belcebú apartó lentamente la pipa, le dio unos golpecitos en el cenicero, y se arrellanó en su silla giratoria, cruzando las manos por detrás de la cabeza.

–No te preocupes, hijo –aconsejó–. Lo dejaremos continuar un poco más y, cuando la cosa haya avanzado, nos meteremos nosotros y ¡les ayudaremos a organizarla!

Una vez que una religión se organiza, está muerta, porque sólo puedes organizarla cuando te comprometes con las masas. Sólo puedes organizar una religión cuando sigues los deseos de las masas. Sólo puedes organizar una religión cuando estás dispuesto a convertirla en política y a que pierda su religiosidad.

Una religión sólo puede organizarse cuando deja de ser religión. Es decir: una religión no puede organizarse como religión. Organizada deja de ser religión. Una religión permanece básicamente desorganizada, un tanto caótica, un poco desordenada. Porque la religión es libertad.

Y ahora, los sutras:

Dijo el Buda:

> «Quienes recorren el camino deberían ser como un pedazo de madera de deriva flotando en un arroyo. Si el tronco no queda atrapado en las orillas, ni en manos de los hombres, ni es bloqueado por los dioses, ni en un remolino, os aseguro que ese tronco alcanzará finalmente el océano».

Un sutra muy significativo. Lo primero que dice el Buda es: ¡Entrégate! Lo más básico de todo es entregarse a la realidad. Cuanto más luchas más estás en conflicto con ella, más obstáculos estás creando. Cuanto más luchas con la realidad, más acabas perdiendo. Claro, sí, mediante esa lucha puedes llegar al ego, convertirte en un ego muy fuerte, pero tu ego será precisamente el obstáculo.

> «Quienes recorren el camino deberían ser como un pedazo de madera de deriva flotando en un arroyo.»

Deben entregarse por completo al río de la vida, deben entregarse por completo al río de la existencia. En la entrega profunda, el ego desaparece. Y cuando no hay ego presente te haces consciente por primera vez de lo que siempre ha estado ahí.

El ego funciona como una venda sobre los ojos. El ego te mantiene ciego; no te permite ver la verdad. Produce demasiado humo y la llama tiende a perderse en él. El ego es como muchas nubes negras alrededor del sol... el sol se pierde de vista. No es que las nubes destruyan al sol, sino que lo ocultan.

«Quienes recorren el camino deberían ser como un pedazo de madera...»

...deberían ser como madera de deriva. ¿Has observado en alguna ocasión un pedazo de madera en un río? Sin tener una idea de sí misma, sin ni siquiera intentar llegar a parte alguna, sin ni siquiera saber adónde se dirige el río. Si va hacia el norte, la madera va hacia el norte. Si va hacia el sur, la madera va hacia el sur. La madera está totalmente sincronizada con el río. De esta sincronización con el río es de lo que trata la entrega.

Pero la idea de convertirse en madera de deriva no resulta muy atractiva. Llega gente que me dice: «Ayúdenos a tener más fuerza de voluntad. Ayúdenos a tener más autoconfianza. ¿Por qué no tenemos fuerza de voluntad? ¿Cómo podemos conseguir tener una voluntad más fuerte?».

Todo el mundo... Si observáis vuestro interior, hallaréis el mismo deseo oculto: cómo tener más fuerza de voluntad. Todo el mundo quiere ser omnipotente, omnisciente, omnipresente; todo el mundo quiere ser poderoso. Todo el mundo quiere ser poderoso teniendo más dinero; sí, claro, el dinero aporta poder. Hay quien quiere más poder para ser primer ministro o presidente de un país; claro, la política aporta poder. Otro quiere ser poderoso a través de la virtud, porque la virtud aporta respetabilidad. Otro quiere ser más poderoso haciéndose religioso, porque la religión le proporciona un halo de poder, de fuerzas divinas. Otro quiere obtener poder estando más informado, porque el conocimiento *es* poder. Pero parece que el denominador común es que todo el mundo quiere ser poderoso; ése parece ser el deseo más común de la mente humana.

Y el Buda dice que hay que ser como madera de deriva. ¿Qué significa? Pues quiere decir que hay que abandonar la idea de ser poderoso. Ése es tu obstáculo. Por eso te has vuelto impotente, porque la misma idea de «debería ser poderoso» demuestra tu impotencia. Toda la gente impotente quiere ser omnipotente; les gustaría contar con todo el poder en sus manos, ¿pero por qué? El ego es una enfermedad, una megalomanía.

Dice el Buda que hay que ser como madera de deriva... impotente, indefenso. Observa la madera descendiendo por el río: qué indefensa está, sin lucha, sin conflicto, simplemente cooperando. De hecho, decir "cooperando" no sería correcto. La madera de deriva no está ahí con ningún sentido de ego, y por lo tanto no puede decirse que coopere. No hay conflicto, ni tampoco cooperación. Simplemente no está ahí. Sólo el río está ahí. La madera se ha entregado por completo.

Así debería ser un discípulo. Y cuando alguien se rinde así, el Buda dice que se convertido en *srotapanna*. *Srotapanna* hace referencia al que ha entrado en la corriente.

En Oriente, el concepto de entrega se ha desarrollado al detalle. Pero este ejemplo de una madera de deriva es casi perfecto; no puede mejorarse. A veces, mientras estés sentado a orillas de un río, observa cómo flota la madera. Mira de qué manera más pacífica, más relajada y más confiada está. Sin dudas. Si el río va hacia el sur, debe ser bueno ir hacia el sur. No tiene deseos propios, ningún objetivo particular: «El objetivo del río es el mío propio». El río ya está yendo hacia el océano. El río va a disolverse en la vasta infinitud del océano. Bastará con que te rindas a él.

Llegar ante un maestro y entregarse a él no es más que entrar en la corriente. El maestro es alguien que se ha entregado al río de la existencia. A ti te resulta difícil ver el río de la existencia, es muy invisible. No es material, es muy inmaterial. Es difícil atraparlo en tus manos, pero cuando te hallas junto a un buda, al menos puedes agarrar la mano del Buda.

Él se ha convertido en madera de deriva. Flota en el río. Ahora no puedes ver el río; todavía careces de una conciencia tan refinada. Tus ojos todavía no están preparados para ver ese río. Pero puedes ver al Buda, puedes agarrar su mano. Puedes ver a Cristo, puedes agarrar su mano.

El Buda se ha rendido, se ha entregado al río infinito de la vida. Tú, al menos, puedes reunir valor y entregarte al Buda. Al entregarte al Buda te estarás entregando al río al que el propio Buda se entregó. Un maestro no es más que un paso intermedio, una puerta.

Por eso Jesús no hace más que repetir: «Yo soy la puerta». Se dice que Jesús afirmó: «Nadie realiza a menos que pase a través de mí». Los cristianos lo han interpretado mal. Creen que nadie realiza a Dios a menos que siga a Cristo. Pero ése no es el sentido. Cuando Jesús dice: «Nadie realiza a menos que pase a través de mí», está diciendo: «A menos que pase a través de alguien que ya haya realizado». No está hablando de Jesús, el hijo de María y José; está hablando de Cristo, no de Jesús. Está hablando de un estado de conciencia.

"Cristo" es el nombre de un estado de conciencia. "Buda" también es el nombre de un estado de conciencia. Cuando alguien está iluminado, deja de ser, es simplemente una puerta. Si te entregas a él, podrás entregarte de un modo indirecto al propio río de la vida.

Convertirse en discípulo significa estar dispuesto a flotar con el maestro. Y si puedes flotar con un ser humano, con un maestro, empezarás a disfrutar, empezarás a celebrar, porque desaparecerá *toda* la ansiedad, toda la angustia. Y entonces estarás listo para rendirte por completo.

Primero es necesario catar un poco. Esa cata puede llegar a través de un maestro... la cata del *tao*, la cata del *dhamma*, la cata del camino.

«Quienes recorren el camino deberían ser como un pedazo de madera de deriva flotando en un arroyo. Si el tronco no queda atrapado en las orillas...»

Ahora el Buda está diciendo algunas cosas que hay que recordar. Debes entregarte, la entrega debe ser total, pero existen algunos obstáculos que hay que tener en cuenta de manera continua.

> «Si el tronco no queda atrapado en las orillas, ni en manos de los hombres, ni es bloqueado por los dioses, ni en un remolino, os aseguro que ese tronco alcanzará finalmente el océano.»

Puedes empezar a apegarte al maestro. En lugar de entregarte puedes empezar a apegarte. Ambas cosas se parecen, pero la diferencia es enorme. Apegarse a un maestro no es entregarse a él. Apegarse a un maestro quiere decir que todavía te apegas a tu ego, porque todo apego proviene del ego.

El apego pertenece al ego. Eso a lo que te apegas es inmaterial. Si te apegas entonces estás tratando de salvarte. Lo he observado. Si le digo a alguien: «Haz esto», me contesta según *su* deseo: «Osho, me entrego a usted. Haré todo lo que me diga». Pero si lo que le digo contraviene su deseo, entonces nunca dirá lo de: «Me entrego a usted». Entonces diría: «Es difícil». Y sacaría mil razones de por qué no puede hacerlo. Estará jugando consigo mismo.

No podéis engañarme, sólo podéis engañaros a vosotros mismos. Cuando lo que os digo se ajusta a vuestro deseo, decís: «Me entrego a usted... diga lo que diga». Cuando no se ajusta a vuestro deseo, entonces os olvidáis por completo de la entrega. Pero la verdadera cuestión sólo surge cuando lo que os digo no se ajusta a vuestro deseo. Si pudiérais decir "sí" cuando vuestra mente ordinaria siguiese diciendo "no", entonces ésa sería una entrega verdadera. De otro modo os ocultáis detrás del maestro, y ese ocultarse puede convertirse en una protección, en una seguridad.

Un maestro es un peligro. Un maestro es la inseguridad personificada. Un maestro es una aventura.

Dice el Buda:

> «Si el tronco no queda atrapado en las orillas, ni en manos de los hombres, ni es bloqueado por los dioses, ni en un remolino, os aseguro que ese tronco alcanzará finalmente el océano.»

El Buda no cree en ningún dios. Dice que la gente que cree en dioses se obstaculiza a sí misma con sus ideas; la misma idea de Dios se convierte en su obstáculo.

A veces son las orillas, y a veces la gente que os rodea. A veces los dioses, las filosofías y las teologías; y a veces el remolino de vuestra propia mente... y a veces vosotros mismos os descomponéis. Si no permanecéis alerta y listos, ya estáis en proceso de descomposición, ya os estáis muriendo. Vuestra inteligencia se va apagando cada vez más con el paso de los días. Observad a un niño: ¡qué inteligente!, ¡qué fresco! Y observad a un anciano: ¡qué apagado y rígido, muerto! La inteligencia le va abandonando por segundos, la vida se le escapa de las manos.

Así que el Buda dice que hay que recordarlo. Si recordamos esas cosas, si no os dejáis atrapar por nada, si os entregáis a la corriente, la corriente os llevará hasta el océano.

«Si los monjes que recorren el camino no son ni tentados por las pasiones, ni alejados de él por influencias malignas, sino que siguen con firmeza su camino hacia el *nirvana*, os aseguro que esos monjes acabarán realizando la iluminación.»

«Si los monjes que recorren el camino no son ni tentados por las pasiones...», porque las pasiones son del cuerpo, las pasiones son de los sentidos. ¡Son muy estúpidas!

Hay gente que viene a hablar conmigo y me dice: «¿Qué puedo hacer? Como demasiado, me atiborro... ¡No puedo parar! Me paso todo el día pensando en comida». Quien me está contando eso me está diciendo simplemente que ha perdido toda inteligencia. La comida es necesaria, pero no es el objetivo. Los alimentos son necesarios para existir, pero hay mucha gente que vive sólo para comer cada vez más.

Los hay que están continuamente obsesionados con el sexo. No hay nada malo en el sexo, pero la obsesión siempre es errónea. Lo importante no es el objeto de la obsesión, sino que se trata de que la obsesión es errónea, porque empieza a vaciarte de energía. Así que estás siempre en un remolino creado por ti mismo, y no dejas de dar vueltas y más vueltas, echando a perder tu energía.

Y un día descubrirás que ha llegado la muerte y que no has vivido, que ni siquiera sabes qué es la vida. Has estado vivo pero sin saber qué era la vida. Has estado aquí, pero sin saber quién eras. ¡Qué desperdicio! ¡Y qué manera de vivir más irreverente! Diría que sacrílega.

Comer es bueno, y también amar, pero si te pasas las veinticuatro horas del día zampando es que estás loco. Hay un equilibrio. Cuando se pierde entonces caes por debajo del nivel humano.

«Si los monjes que recorren el camino no son ni tentados por las pasiones...»

La tentación está ahí, y aumentará cuando empieces a recorrer el camino. Por lo general nunca está ahí, pero cuando empiezas a caminar por el sendero, el cuerpo empieza a luchar. Así sucede.

Hay personas que vienen aquí a meditar que nunca fueron conscientes de que estaban obsesionadas con la comida. Y un día, de repente, al meditar, surgió una gran obsesión sobre comida. Siempre tienen hambre; se sorprenden porque nunca les había ocurrido. ¿Qué ha pasado? ¿Es por meditar? Sí, puede ser por meditar, porque cuando entras en meditación el cuerpo empieza a sentir que te distancias, que te alejas. El cuerpo empieza a tentarte. El cuerpo no permitirá que te conviertas en el amo.

El cuerpo ha sido el dueño, el amo, durante muchas, muchísimas vidas, y tú no has sido más que un esclavo. Ahora, de repente, intentas cambiar ese estado de cosas: intentas convertir al esclavo en amo, y al amo en esclavo. Intentas sostenerte cabeza abajo, al menos eso es lo que le parece al cuerpo, que estás volviéndolo todo del revés. El cuerpo se rebela, lucha, se resiste. El cuerpo dice: «No te saldrás con la tuya con tanta facilidad».

¡La mente empieza a luchar! Cuando el cuerpo empieza a luchar sientes que en ti surge una gran obsesión por la comida. Y cuando la mente empieza a luchar sientes surgir en ti una gran obsesión por el sexo. El sexo y la comida, esos serán los problemas. Son las dos pasiones más básicas.

El cuerpo vive de comida. Cuando pasas a practicar meditación, el cuerpo quiere más alimentos para hacerse más fuerte y luchar mejor contra ti. El cuerpo quiere potencia absoluta, para así poder resistirse a la agresión que le cae encima. El esfuerzo que realizas para conquistarlo, para convertirte en tu propio amo y señor, ha de ser destruido. Para ello, el cuerpo necesita toda la energía posible. El cuerpo se vuelve loco comiendo.

El cuerpo sobrevive gracias a los alimentos, y cuando la supervivencia está en juego, el cuerpo empieza a comer como si se hubiese vuelto loco. La mente existe a través del sexo. ¿Por qué existe la mente a través del sexo? Porque la mente existe al proyectarse en el futuro; la mente es una proyección en el futuro. Permite que te lo explique.

Eres una proyección de la sexualidad de tu madre y tu padre. Tus hijos serán tu proyección en el futuro. Si no comes te mueres. Si abandonas la sexualidad tus hijos no nacerán nunca. Así que tenemos dos cosas bien claras: si abandonas la sexualidad no hay nada en juego en cuanto a ti mismo se trata; no morirás por ello. Nunca nadie se ha muerto por ser célibe. Se puede vivir perfectamente bien. Pero sólo morirás si dejas de comer... en tres meses, porque como mucho sobrevivirías tres meses, eso en caso de estar perfectamente sano, y luego morirías. Abandonar la comida sería la muerte para ti. Abandonar el sexo no tiene nada que ver contigo. Tal vez nunca nazcan tus hijos; será la muerte para ellos –muerte antes de nacer–, pero no para ti.

La raza sobrevive gracias al sexo; el individuo, gracias a la comida. Así que al cuerpo sólo le preocupa la comida. Este cuerpo sólo se interesa en comer, pero la mente está ocupada en el sexo, porque la mente piensa que sólo a través del sexo conseguirá algún tipo de inmortalidad. Que morirás está claro. No puedes engañarte a ti mismo, todo el mundo se muere algún día, y cada vez que alguien muere es un nuevo aviso para ti. Cada vez que tiene lugar una muerte quedas sacudido, porque tu propia muerte se acerca. *Llegará*. Sólo es cuestión de tiempo, pero llegará; no haya manera de escapar. Y escapes donde escapes, la encontrarás esperándote.

He escuchado una historia sufí famosísima:

Un rey soñó. Mientras dormía, en su sueño, vio a la Muerte. Se asustó. Y preguntó:

–¿Qué pasa? ¿Por qué me estás asustando?

La Muerte le dijo:

–He venido a decirte que mañana a la puesta de sol vendré a por ti, así que prepárate. Sólo te aviso por compasión, para que puedas prepararte.

El rey se quedó tan consternado que se despertó en mitad de la noche. Llamó a sus ministros y les dijo:

–Encontrad a alguien que pueda interpretar el sueño, porque queda poco tiempo. ¡Tal vez sea verdad!

Llegaron los intérpretes, pero, como ocurre siempre con ellos, eran grandes eruditos. Trajeron consigo pesados libros y empezaron a discutir, a disputar y a polemizar. Y el sol empezó a ascender en el cielo, y llegó la mañana. Y un anciano, que era un sirviente de mucha confianza del rey, se le acercó y le susurró al oído:

–¡No seáis tonto! Esta gente se pasará la vida discutiendo y nunca llegarán a conclusión alguna.

Todos ellos intentaban imponer que *su* interpretación era la correcta, y el rey cada vez estaba más confundido. Así que le preguntó al viejo:

–Entonces ¿qué se supone que tengo que hacer?

Le dijo:

–Dejad que yo me quede a seguir sus discusiones. No acabarán pronto, y el sol se pondrá, porque una vez que amanece, el ocaso no está muy lejos. Haced caso de mi consejo y escapad... al menos escapad de este palacio. ¡Id a cualquier parte! Al anochecer debéis estar lo más lejos posible.

Parecía muy lógico. El rey contaba con un corcel rapidísimo, el más rápido del mundo. Salió corriendo, escapó. Dejó tras de sí cientos de kilómetros. El sol estaba a punto de ponerse cuando llegó a una población. Se sintió muy feliz. Acarició al caballo y le dijo:

–Te has portado muy bien. Hemos llegado muy lejos.

Y mientras acariciaba al caballo, de repente sintió que tenía a alguien detrás. Volvió la cabeza... y halló la misma sombra de la Muerte. Y la Muerte empezó a reír. Y el rey le preguntó:

–¿Qué ocurre? ¿De qué te ríes?.

Dijo la Muerte:

–Estaba preocupada porque estabas destinado a morir bajo *este* árbol, y no sabía si serías capaz de llegar a tiempo.

»¡Tu caballo es una maravilla! Se ha portado muy bien. Deja que yo también le acaricie. Por eso entré en tu sueño: quería que escapases de palacio porque me preocupaba qué iba a suceder, cómo serías capaz de llegar hasta aquí. Daba la impresión de que el palacio estaba tan lejos, y sólo quedaba un día... Pero tu caballo se ha portado muy bien, y has llegado a tiempo».

Vayas adonde vayas hallarás a la muerte esperándote. La muerte espera en todas las direcciones. La muerte espera en todos los sitios. Así que no puede evitarse, pero la mente no deja de imaginar medios de hacerlo. Primero fabrica filosofías acerca de que «el alma es inmortal», que «el cuerpo morirá... pero yo no». Eres incluso más frágil que el cuerpo. Este ego que piensa: «yo no moriré», es más débil que el cuerpo. Al menos, el cuerpo es real. Así que fabricas filosofías: «El alma nunca morirá... Yo permaneceré en el cielo, en el paraíso, en *moksha*». Pero en lo más profundo de ti mismo sabes perfectamente que no son más que palabras, que no satisfacen.

Así que luego descubres otro modo: hacer dinero, levantar un gran monumento, construir un enorme palacio... Hacer algo histórico, ¡ocupar un lugar en la Historia! Pero todo eso también parece absurdo. La Historia es tan enorme que por muchos esfuerzos que realices no pasarás de ser una nota a pie de página y poco más. ¿Y qué sentido tiene ser una nota a pie de página en un libro de Historia? Igualmente desaparecerás, tanto si la gente te recuerda como si no. De hecho, ¿a quién le preocupa recordar nada? Pregunta a los niños que van al colegio y que leen Historia: los grandes reyes... y deben hacer grandes esfuerzos para poder entrar en esos libros, porque a los niños les importa un bledo. No están contentos de que existiesen todos esos grandes reyes. Se hubieran sentido mejor si no hubiera existido nadie y no hubiera ninguna historia que leer y empollar, así que ¿qué sentido tiene?

Entonces la mente desarrolla una idea muy sutil. Y esa idea es: «Yo moriré pero mis hijos pueden vivir; mi hijo será mi representante. Vivirá y de algún modo, en lo más profundo, yo estaré viviendo, porque él será mi prolongación». En tu hijo, en tu hija, vivirá tu célula sexual. Desde luego, los hijos son más importantes que las hijas, porque la hija pasará a formar parte de la corriente vital de otro, mientras que el hijo continuará la tuya. El hijo siempre es muy importante; será tu continuidad. Y la mente empieza a obsesionarse con el sexo, se vuelve loca con el sexo.

Siempre que te acerques a la meditación suceden dos cosas: empiezas a atiborrarte de comida y de sexo, y empiezas a convertirte en maníaco. Dice el Buda:

> «Si los monjes que recorren el camino no son ni tentados por las pasiones, ni alejados de él por influencias malignas, sino que siguen con firmeza su camino hacia el *nirvana*, os aseguro que esos monjes acabarán realizando la iluminación.»

Has de permanecer alerta y no dejarte distraer por las pasiones, que no te aparten del camino, que no te distraigan de tu meditación. Has de evitar la distracción, sea cual fuere la causa. Has de llevar una y otra vez tu energía al hondón de tu ser. Has de relajarte una y otra vez, entregarte, no estar tenso.

Dijo el Buda:

«No dependáis de vuestra propia voluntad. Vuestra voluntad no es digna de confianza. Protegeos contra el sensualismo, porque lleva por el mal camino. Vuestra propia voluntad sólo se hace merecedora de confianza cuando se ha realizado la *arhatidad*».

Se trata de una declaración muy significativa. El Buda nunca dijo que necesites un maestro, pero lo admite de una manera muy sutil... porque un maestro *es* necesario.

El Buda estuvo contra los maestros, porque el país estaba muy engañado y explotado en nombre de la relación *guru*-discípulo. Había muchos charlatanes y farsantes... siempre han existido y siempre existirán. Y al Buda le preocupaba que la gente fuese explotada, así que dijo que no era necesario que nadie se convirtiese en discípulo de nadie. ¿Pero cómo evitar una cosa tan básica? Puede que el noventa y nueve por ciento de ellos sean impostores... pero eso no importa. Porque si existe un único maestro verdadero, puede resultar de grandísima ayuda.

Así de que modo muy indirecto, dando un rodeo, el Buda lo admite. Y dice: *«No dependáis de vuestra propia voluntad»*. Dice que si dependéis de vuestra propia voluntad nunca llegaréis a ninguna parte. Vuestra voluntad es muy débil. Vuestra voluntad es tan poco inteligente... Vuestra voluntad está tan dividida... No tenéis una única voluntad, sino muchas. ¡Sois una multitud!

Gurdjieff solía decir que no se tiene un "yo", sino muchos "yoes" pequeños. Y esos "yoes" cambian. Durante unos cuantos minutos un yo se convierte en soberano, y luego es derrocado del poder, pasando a serlo otro. ¡Obsérvalo! Es un hecho demostrado. No tiene nada que ver con teorías.

Amas a una persona, y eres muy cariñoso. Domina un yo, el yo que ama. Luego algo va mal y odias a esa persona –en un instante el amor se ha convertido en odio, y ahora quieres destruir a esa persona–, y empiezas a pensar en cómo destruirla. Ahora ha entrado en escena el odio, y en el trono se sienta otro yo muy distinto.

Te sientes feliz, y tienes otro yo. Eres desdichado y tuyo cambia otra vez. Los "yoes" cambian durante las veinticuatro horas del día. No tienes un único yo.

Por eso puede ocurrir que esta noche decidas: «Mañana por la mañana me levantaré a las tres; me levantaré pase lo que pase». Pones el despertador y a las tres de la madrugada detienes la alarma y te sientes muy molesto. Piensas: «Por un día... ¿Qué más da? Mañana...» , y vuelves a dormir. Y de nuevo, al despertarte a las ocho te sientes fatal contigo mismo. Te dices: «¿Cómo ha podido pasar? Había *decidido* levantarme. ¿Cómo es que he continuado durmiendo?».

Esos son dos "yoes" diferentes: el que ha decidido y el que se ha molestado con el despertador son diferentes. Puede que el primero vuelva a estar presente por la mañana y se arrepienta. Primero te enfadas y luego te arrepientes: son dos "yoes" distintos, ¡que nunca se encuentran! Cada uno de ellos desconoce lo que hace el otro. El yo que crea la cólera sigue creándola, y el que se arrepiente no deja de hacerlo... y tú nunca cambias.

Gurdjieff solía decir que a menos que cuentes con un yo cristalizado permanente no deberías confiar en ti mismo. No eres uno, sino una multitud: eres polipsíquico.

Por eso el Buda dice: *«No dependáis de vuestra propia voluntad»*. ¿Entonces, en quién confiar? Confía en alguien que tenga voluntad, que cuente con un "yo" integral, que haya realizado, que sea uno en su ser, que no esté dividido, que sea realmente un individuo.

> «No dependáis de vuestra propia voluntad. Vuestra voluntad no es digna de confianza. Protegeos contra el sensualismo, porque lleva por el mal camino. Vuestra propia voluntad sólo se hace merecedora de confianza cuando se ha realizado la *arhatidad*.»

Cuando has llegado a saber quién eres, cuando llegas a ser un alma realizada, cuando te has iluminado, entonces tu yo es de confianza, pero no antes. Pero entonces ya no tiene sentido. Porque ya has llegado a casa. Ahora ya no tiene sentido. Cuando era necesario no estaba ahí. Así que necesitas a alguien a quien entregarte, necesitas a alguien con quien nazca en ti la confianza. Ésa es la relación entre maestro y discípulo.

El discípulo carece de voluntad propia, y el maestro la tiene. El discípulo es una multitud y el maestro una unidad. El discípulo se entrega. Dice: «No puedo confiar en mí, y por ello confío en ti». Al confiar en el maestro, la multitud interior del discípulo va desapareciendo con el tiempo.

Por eso digo que cuando te indico hacer algo y tú quieres hacerlo, y lo haces, no cambia nada, porque todavía sigues haciéndolo de acuerdo a tu yo, a tu voluntad. Cuando digo que hagas algo, y va contra ti, y te entregas y dices sí, entonces avanzas, entonces creces, entonces maduras. Entonces estás saliendo del desbarajuste en que vivías hasta el momento.

Sólo con decir no a tu mente estás diciendo sí al maestro.

En muchas ocasiones sólo digo lo que te gusta, porque no veo que seas todavía capaz de hacer lo que yo quisiera. He de convencerte poco a poco. No estás listo para dar un salto repentino. Primero digo que te cambies de ropa, y luego empiezo a cambiarte de cuerpo. Y a continuación empiezo a cambiar tu mente.

Hay algunos que vienen a verme y dicen: «¿Por qué debemos cambiarnos de ropa; ¿qué sentido tiene?». Ni siquiera están dispuestos a cambiarse de ropa; no puede esperarse gran cosa de ellos. Dicen estar dispuestos a cambiar sus almas, pero no su ropa... Fijaos en lo absurdo que parece. Pero con el alma sólo hay una cosa: es invisible, así que nadie sabe.

Pero yo puedo verte el alma, puedo ver dónde te encuentras y de qué hablas; puedo ver a través de tus racionalizaciones. Dices: «¿Qué tiene de importancia la ropa?», pero esa no es la cuestión. También sé que no hay nada de especial en la ropa, pero no obstante, digo: «Cámbiate». Me gustaría que hicieses algo según yo, no según tú. Ése es un principio.

Luego, poco a poco, primero te agarro el dedo, luego la mano... y luego tu totalidad. Y tú dices: «¿Por qué me está agarrando el dedo? ¿Qué sentido tiene agarrarme el dedo?». Yo sí que sé qué sentido tiene: es un principio. Tengo que proceder muy lentamente. Si estás dispuesto, entonces no es necesario ir despacio; también puedo dar un salto repentino, pero la gente no está preparada.

Dice el Buda:

> «No dependáis de vuestra propia voluntad. Vuestra voluntad no es digna de confianza.»

Encuentra una persona en cuya presencia sientas que pasa algo. Halla una persona en cuya presencia sientas la fragancia de lo divino, en cuya presencia sientas frescura, en cuya presencia sientas amor, compasión, en cuya presencia sientas un silencio desconocido, inexperimentado, pero que te rodea, que te sobrepasa. Luego entrégate, ríndete a esa persona. Así, poco a poco, te llevará hasta el punto en que la entrega ya no es necesaria, cuando realices el hondón de tu ser, cuando te conviertas en *arhat*. El *arhat* es la etapa final de la iluminación.

Sólo llegas a ser tú mismo cuando se disuelven todas las individualidades con las que has estado cargando. Llegas a ser tú mismo sólo cuando realmente ya no hay ser sino pura inexistencia, puro vacío. Entonces se completa el círculo. Has llegado al vacío esencial, totalmente consciente. Te has convertido en un testigo de todo el juego de la vida, existencia, conciencia.

Este estado *es* posible si no creas obstáculos. Este estado es posible si evitas los obstáculos. También puedo asegurarte que si te haces como la madera de deriva y no te aferras a las orillas, y no te apegas a los remolinos, y no empiezas a descomponerte en tu inconsciencia, entonces puedes estar seguro, absolutamente seguro, de alcanzar el océano.

Ese océano es el objetivo. Venimos de ese océano y hemos de regresar a él. El principio es el fin, y cuando se completa el círculo se manifiesta la perfección, la totalidad, la beatitud y la bendición.

Basta por hoy.

15. TRABAJAR POR UNA MONDA

Dijo el Buda:

«¡Oh, monjes!, no debéis mirar a las mujeres. (Si tuvieseis que mirarlas), absteneos de hablar con ellas. (Si tuvieseis que hablarles) debéis reflexionar con un espíritu adecuado: "Ahora soy un mendicante sin hogar. En el mundo del pecado debo comportarme como una flor de loto, cuya pureza no es mancillada por el barro. A las ancianas las trataré como a mi madre; a las mayores como hermanas mayores; a las jóvenes como hermanas más pequeñas, y a las niñas como a hijas". Y en todo ello no debéis albergar pensamientos malignos, sino pensar en la salvación.»

Dijo el Buda:

«Quienes recorren el camino deben evitar el sensualismo de igual manera que quienes cargan heno deben evitar acercarse al fuego.»

El magnífico templo levantado por el Buda consiste en tres pisos; su enseñanza tiene tres dimensiones, o tres capas. Y deberéis ser muy pacientes para comprenderlas. Lo digo porque han sido mal entendidas a lo largo de los siglos.

El primer piso de la enseñanza del Buda se conoce como *hinayana*; el segundo piso es el *mahayana*, y el tercer piso se llama *vajrayana*. *Hinayana* significa "pequeño vehículo", "camino estrecho". *Mahayana* significa "gran vehículo", "camino ancho". Y *vajrayana* significa "supremo vehículo", "camino esencial", "camino trascendente". *Hinayana* es el principio y *vajrayana* es la culminación, la cúspide.

El *hinayana* comienza donde estás ahora. El *hinayana* trata de ayudarte a cambiar tus hábitos mecánicos; es como el *hatha-yoga*, muy orientado hacia el cuerpo, y cree en una gran disciplina; se diría estricto, casi represivo... al menos lo parece. No lo es, pero toda la labor del *hinayana* consiste en cambiar tus hábitos viejos y centenarios.

Al igual que el funambulista empieza a inclinarse hacia la izquierda si tiene la sensación de que va a caerse hacia la derecha, a fin de equilibrarse hay que inclinarse al lado contrario. Al inclinarte al lado contrario surge un equilibrio, pero que es temporal, momentáneo. Volverás a empezar a caer en la nueva dirección, y por tanto volverás a necesitar equilibrarte, y en esta ocasión deberá ser en sentido contrario.

El sexo es el problema básico, y todos los hábitos que el ser humano ha creado son básicamente de orientación sexual. Por eso ninguna sociedad permite el sexo en total libertad. Todas las culturas que han existido –sofisticadas, sencillas, orientales, occidentales, primitivas, civilizadas–, todas las culturas han intentado controlar la energía sexual de algún modo. Parece ser el poder más grande que pende sobre el ser humano. Da la impresión de que si al ser humano se le permitiera una libertad sexual total, se destruiría a sí mismo.

Skinner escribió sobre unos cuantos experimentos que realizó con ratas. Comprobaba una nueva teoría consistente en que se podía colocar electrodos en el cerebro humano o animal, conectados a ciertos centros cerebrales, y que sólo con apretar un botón ese centro sería estimulado.

En el cerebro hay un centro sexual. De hecho, estás más controlado por el centro sexual cerebral que por el centro sexual corporal. Por eso funciona tanto la fantasía. Por eso la pornografía tiene tanto atractivo. La pornografía no puede atraer al centro sexual corporal; estimula el centro cerebral conectado al centro sexual. Una vez que se activa la mente, el otro centro sexual, el centro sexual fisiológico, empieza a activarse de inmediato.

Conectó electrodos a cerebros de ratas y les enseñó cómo apretar un botón siempre que quisieran estimulación sexual y un orgasmo interno. Se quedó pasmado; no esperaba que sucediese eso. Pero aquellas ratas se olvidaron por completo de todo –comer, dormir, jugar–, se olvidaron de todo. ¡No hacían más que apretar el botón! Una rata llegó a apretar el botón seis mil veces y murió... murió apretando el botón. ¡Seis mil veces! Se olvidó de todo lo demás... no había nada que le importase tanto.

Tarde o temprano, algún Skinner u otro también te proporcionarán una cajita para que la lleves en el bolsillo, y siempre que te sientas sexual puedas apretar un botón y tu centro cerebral se activará, proporcionándote hermosos orgasmos, sin que nadie sepa nunca qué te está ocurriendo. Pero seguro que acabará pasándote como a la rata. ¿Qué sentido tendría dedicarse a nada más? Te matarías.

El sexo tiene tal atractivo que si no hubiese limitaciones... Primero está la limitación que pone el cuerpo. Un hombre no puede tener demasiados orgasmos en un día; si es joven, tres o cuatro; de mayor, entonces uno; cuando te haces un poco más mayor, entonces incluso se torna difícil... una vez a la semana, o al mes. Y poco a poco, tu cuerpo le va poniendo más limitaciones.

Las mujeres son más libres a ese respecto. El cuerpo no tiene límites. Por eso, en todo el mundo, la mujer siempre ha sido reprimida. No se le ha permitido libertad; en el pasado ni siquiera se le permitía la libertad de tener orgasmos, porque una mujer puede tenerlos múltiples. Puede tener muchos orgasmos en cuestión de segundos, seis, doce... y entonces el hombre no sería capaz de satisfacer a la mujer. Ningún hombre sería capaz de satisfacer a ninguna mujer. Sólo el sexo en grupo podría satisfacerla. Una mujer necesitaría al menos doce parejas, y eso crearía unas complejidades enormes.

Por eso, a lo largo de los siglos, durante miles de años, a las mujeres se las ha criado de tal manera que han olvidado por completo de que pueden orgasmarse. Sólo en los últimos cincuenta años las mujeres han vuelto a aprender qué es el orgasmo. Y con su enterarse han surgido problemas en todo el mundo. El matrimonio está en las últimas. El matrimonio no puede existir si las mujeres tienen capacidad para varios orgasmos. Y el hombre sólo tiene capacidad para uno. No puede existir compatibilidad entre ambos. La monogamia no puede seguir existiendo. Será difícil.

Esta sociedad y la pauta en la que ha evolucionado hasta ahora están acabadas. El ser humano ha liberado una energía que siempre estuvo bajo un control rígido. Pero la atracción siempre estuvo ahí, y tanto si la reprimes como si la controlas o disciplinas, no cambia nada. La atracción está ahí, las veinticuatro horas, en lo más profundo, como un sustrato, la sexualidad sigue discurriendo como un río subterráneo. Es una continuidad. Puedes comer, puedes ganar dinero, puedes trabajar, pero todo lo haces por el sexo.

En algún lugar, el sexo sigue siendo el objetivo... y esa pauta ha de cambiar, si no tu energía se agotará, se irá disipando, se trasladará a la tierra. No se elevará hacia el cielo. No tendrá lugar una sobrecarga ascendente.

El *hinayana* opera justamente donde estás. ¿Estás continuamente obsesionado con el sexo? El *hinayana* intenta eliminar esa obsesión. Te proporciona cierta disciplina, una disciplina muy rígida, para salir de esa obsesión.

El *hinayana* dice que para retirarse del sexo hay cuatro pasos. El primero es purificar. El segundo es enriquecer. El tercero se llama cristalizar. El cuarto es destruir.

Primero has de dirigir toda tu energía contra el sexo, para que dejen de interferir los hábitos sexuales desarrollados en muchas vidas. Eso se llama purificar. Cambias tu conciencia, la modificas. De obsesión sexual pasas a antisexualidad.

El segundo paso es enriquecer. Cuando has pasado a la no-sexualidad, entonces has de disfrutar de la no-sexualidad; has de celebrar tu celibato. Porque si no celebras tu celibato, el sexo volverá a tirar de ti y te hará retroceder. Una vez que empieces a celebrar tu celibato, entonces el tirón del sexo desaparecerá por completo, para siempre.

Estás obsesionado con el sexo porque no conoces ningún otro tipo de celebración. Así que en realidad el problema no es el sexo; el problema es que desconoces cualquier otra celebración. La naturaleza sólo te permite un disfrute, y ése es el sexo. La naturaleza sólo te permite una alegría, y es el sexo. La naturaleza sólo te permite un estremecimiento, y es el sexo.

El *hinayana* dice que hay un estremecimiento más grande que te aguarda... si te diriges hacia el celibato. Pero el celibato no debe forzarse con violencia. Si lo fuerzas violentamente entonces no podrás disfrutar de él. Uno ha de ser consciente de los hábitos sexuales, y a través de esa conciencia ha de ir hacia el celibato.

El celibato debe ser introducido lenta, muy lentamente. Todo lo que te lleva una y otra vez hacia la sexualidad ha de ser abandonado lentamente, paso a paso. Y una vez que empiezas a disfrutar de la energía disponible, cuando dejas de estar obsesionado con el sexo, esa energía pura se convierte en una danza en tu interior... y a eso se denomina enriquecer. Ahora tu energía no se desperdicia. Tu energía se derrama sobre ti mismo.

Recuerda que existen dos tipos de celibato. Uno de ellos es forzar el celibato sobre uno mismo... y ése es el tipo erróneo, que se violenta a sí mismo. El otro ha intentado comprender la sexualidad, qué es, por qué es; ha observado, la ha vivido, y poco a poco se ha hecho consciente de su futilidad, y poco a poco se ha hecho consciente de la profunda frustración que sobreviene tras *cada* acto sexual.

En el acto sexual se siente un cierto estremecimiento, un momento de olvido, un momento de inconsciencia. Te sientes bien, y durante unos pocos segundos, sólo durante unos pocos segundos, sales de este mundo rutinario. El sexo te ofrece una puerta para escapar a otro mundo, que no es tenso, donde no hay preocupación, donde simplemente te relajas y te fundes. ¿Pero te has fijado? Tras cada acto sexual te sientes frustrado.

El sexo prometía mucho, pero no ha satisfecho lo prometido. Es difícil encontrar a un hombre o una mujer que no sienta un poco de frustración tras el acto sexual, que no sienta un poco de culpabilidad. No me estoy refiriendo a la culpabilidad que os han impuesto los sacerdotes. Aunque nadie os hubiera impuesto esa culpabilidad, os sentiríais un poco culpables. Forma parte, es una sombra del acto sexual. Has perdido energía, te sientes agotado, y no has obtenido nada. La ganancia no es muy sustancial. Has sido engañado, timado, por una hipnosis natural. Has sido engañado, timado por el cuerpo. De ahí proviene la frustración.

El *hinayana* te dice que observes en profundidad esa frustración. Observa el acto sexual y la manera en que circula tu energía en el acto sexual; hazte consciente de ello y verás que no hay nada excepto frustración. Cuanto más consciente te haces, menos es el disfrute y más aumenta la frustración. Ha empezado a tener lugar el giro: tu conciencia se aparta, y lo hace de forma natural y espontánea, sin forzarlo.

Así es como se hace accesible el segundo paso: enriquecimiento. Tu *propia* energía alimenta a tu ser. Ya no se la echas a otro cuerpo, ya no la expulsas. Se va acumulando en tu interior. Te conviertes en un depósito.

Y a partir de que sientes toda esa energía te sientes muy fresco. El sexo es muy caliente. La etapa de enriquecimiento es muy fresca, tranquila, recogida. *Hay* celebración, pero muy silenciosa. *Hay* danza, pero muy grácil; también hay elegancia.

Luego llega el tercer paso: cristalización. Cuando esa energía de tu interior ha iniciado una danza interna, poco a poco, y lentamente, vas disfrutando más y más de ella, haciéndote cada vez más consciente, tiene lugar una cierta cristalización química. Gurdjieff utiliza la misma palabra en su obra: cristalización. Tus fragmentos se unen, se convierten en uno. Surge en ti una unidad. De hecho, por primera vez puedes decir: «Tengo un yo». De otro modo habrían muchos "yoes"; ahora cuentas con un yo, con un gran yo que lo controla todo. Te has convertido en tu amo y señor.

Y el cuarto paso es destruir. Cuando cuentas con un yo, entonces puede destruirse; cuando dispones de muchos "yoes", no pueden destruirse. Pero cuando tu energía se ha hecho una y está centrada, entonces puede matarse, puede destruirse por completo. Cuando se es una multitud es difícil destruirla. Destruyes un fragmento, pero hay mil más. Cuando corres tras todos esos otros fragmentos, el primero está volviendo a crecer, del mismo modo en que a los árboles les crecen las ramas: cortas una pero brotan tres más.

Sólo puedes destruir por completo la sexualidad cuando se ha convertido en un fenómeno cristalizado; cuando una persona ha acumulado demasiada energía y se ha convertido en una, no en fragmentos, sin divisiones esquizofrénicas. Los budistas cuentan con una expresión especial para ello: "La espada de Mañjushri".

Se dice que cuando Mañjushri alcanzó esta tercera etapa –era discípulo del Buda, un gran discípulo del Buda–, que cuando alcanzó esta etapa de la cristalización, en un instante tomó su espada y la destruyó por completo, totalmente, en un instante. Así pues, no es un proceso gradual. Y a lo largo de los siglos se ha conocido como "La espada de Mañjushri".

Cuando una persona alcanza la tercera etapa, sólo puede alzar una espada y destruirla por completo, mediante un único ataque. Porque ahora tiene ahí al enemigo, ahora el enemigo ha dejado de ser esquivo, ahora ya no hay tantos enemigos, sólo uno. Y la espada es precisamente la espada de la atención perfecta, de la conciencia, de presencia en uno mismo. Se trata de una espada muy afilada.

Se dice que cuando el Buda destruyó su propia sexualidad, rugió como un león, porque por primera vez se hizo consciente de todo el absurdo que implica. ¡Tantas vidas desperdiciadas! Tantas vidas de pura estupidez... idas para siempre. Era tan feliz que rugió como un león.

Ésos son los cuatro pasos, y los sutras de hoy están relacionados con ellos. Pero antes de entrar en los sutras, hay que comprender unas cuantas cosas más.

El segundo vehículo es el *mahayana*. Cuando tu energía sexual deja de obsesionarse con el cuerpo del otro, cuando eres completamente libre del cuerpo del otro, cuanto tu energía está libre, entonces es posible el *mahayana*, el segundo piso del templo del Buda.

El *mahayana* hace posible que seas afectuoso. Por lo general creemos que la sexualidad hace afectuosa a la gente, pero la sexualidad nunca puede conseguir eso. De hecho, es precisamente la sexualidad la que impide el crecimiento del amor, porque es la misma energía que ha de convertirse en amor. En el sexo queda destruida. Para convertirse en amor, esa misma energía ha de dirigirse al centro del corazón. El *mahayana* pertenece al centro del corazón.

El *hinayana* opera en el centro sexual, *muladhara,* y el *mahayana* en el centro del corazón, y significa que ahora hay que desarrollar amor y oración. La energía está ahí, ahora puedes amar. La energía está ahí, ahora puedes rezar.

El *mahayana* es esfuerzo afectuoso. Uno ha de amar incondicionalmente –a los árboles y las piedras, y al sol y la luna, y a la gente–, pero ahora el amor carece de sexualidad. Es muy fresco, y muy tranquilo.

Si te acercas a una persona cuya energía se mueva en el centro del corazón, de repente sentirás que pasas a estar bajo una sombra de frescor, sin energía caliente. Te sentirás repentinamente rodeado de una brisa. La persona de amor, la persona que vive en el centro del corazón, es para un viajero como un árbol sombreado, o como un arroyo fresco, o como una brisa con la fragancia de muchos capullos.

El *mahayana* no tiene miedo al sexo. El *hinayana* teme al sexo. El *hinayana* teme al sexo porque estáis demasiado obsesionados con el sexo y debéis pasar a lo contrario. El *mahayana* no teme al sexo, ha logrado equilibrio; no hay temor a los opuestos. El *mahayana* es cuando el funambulista está equilibrado; no se inclina a derecha ni a izquierda.

Luego está el tercer y último paso, el tercer piso del templo del Buda, el *vajrayana*. *Vajra* significa "diamante", y es la enseñanza más preciada; es muy difícil de comprender. El *vajrayana* es budismo tántrico.

El *vajrayana* se llama *vajra*, "diamante", porque el diamante lo corta todo. El vehículo del diamante, el camino del diamante, el *vajrayana*, lo corta todo, por completo, de cabo a rabo, toda materialidad, todos los deseos, todos los apegos. Incluso el deseo de nacer en el cielo, el deseo de hallarse en un estado sosegado, el deseo de devenir un buda, el deseo de realizar el *nirvana*, la iluminación. Corta incluso esos bellos deseos.

El *vajrayana* no conoce diferencia entre mundo y *nirvana*, no conoce diferencia entre ignorancia y conocimiento, no conoce diferencia alguna, ni distinciones –se abandonan todas–, no conoce distinciones entre hombre y mujer.

Permite que te lo explique.

En la etapa del *hinayana*, un hombre es un hombre, y una mujer es una mujer. Y el hombre se siente atraído hacia la mujer, y viceversa. Están orientados hacia el exterior; su atracción está fuera de ellos mismos. Y claro, por eso serán esclavos. Cuanto tu atracción está fuera de ti no puedes ser independiente.

Por eso los amantes nunca se perdonan, no pueden. Están molestos. Amas a una persona y al mismo tiempo te irrita. Hay una razón para ello. Entre amantes siempre existe una lucha continua. La razón es que no puedes perdonar al amante, porque sabes que dependes de él o de ella. ¿Cómo perdonar tu esclavitud? Sabes que tu mujer te hace feliz, ¿pero qué ocurre cuando decide no hacerte feliz?... De repente eres desdichado. Tu felicidad está en sus manos y la suya en las tuyas. Te resulta imperdonable que alguien controle tu felicidad.

Jean-Paul Sartre dijo: «El infierno es el otro». Y tenía razón. Tuvo una gran revelación. El infierno es el otro porque dependes de él. El sexo no puede liberarte; te aparta de ti mismo; te aleja cada vez más de ti mismo. El objetivo es el otro.

Gurdjieff solía decir que el sexo es una flecha unidireccional, la flecha se dirige al otro. El *vajrayana* utiliza la misma metáfora: el sexo es una fecha unidireccional, va dirigida al otro. El amor es una flecha bidireccional, va dirigida tanto al otro como a ti mismo. En el amor hay equilibrio.

Si la flecha sólo va hacia el otro entonces has de trabajar con el *hinayana*. Si es bidireccional, si una flecha va hacia el otro y otra te llega a ti, entonces has alcanzado el equilibrio. La parcialidad ya no se halla presente.

Un hombre de amor nunca se enfada con el otro, porque en realidad no depende del otro. También puede ser feliz solo; su flecha es bidireccional... y también puede ser feliz solo. Desde luego, sigue compartiendo su felicidad con el otro, pero ya no depende de él. Ahora deja de ser una relación de dependencia para pasar a ser de interdependencia. Es una amistad mutua. Comparten energías, pero nadie esclaviza a nadie.

En el *vajrayana* la flecha desaparece por completo. No hay tú ni otro; se abandonan el tú y el yo. Es necesario comprender este mecanismo.

Cuando buscas a una mujer o a un hombre, desconoces un factor muy importante: que tu mujer está en tu interior y que tu hombre también. Todo hombre es hombre y mujer a la vez, y cada mujer es mujer y hombre. Y así ha de ser porque naciste de dos progenitores. Uno era hombre y el otro era mujer; ambos han contribuido al cincuenta por ciento a tu ser. Tienes algo de tu padre y algo de tu madre. La mitad de ti pertenece a la energía masculina y la otra mitad a la femenina. Eres ambas.

En el *hinayana* has de esforzarte mucho para llevar tu energía a la mujer o el hombre interno; de eso trata todo el esfuerzo.

Carl Gustav Jung fue consciente de ese hecho, del hecho de la bisexualidad, de que ningún hombre es puramente hombre y que ninguna mujer es puramente mujer. En todo hombre existe una mujer y, de hecho, todo hombre anda buscando a esa mujer externamente.

Por eso un día de repente te encuentras con una mujer y sientes: «Sí, ésta es la mujer adecuada para mí». ¿Cómo lo sabes? ¿Según qué criterio? ¿Cómo lo sientes? No es racional, no lo razonas. Sucede de repente, como un relámpago. No pensabas en ello, ni lo razonaste. Si alguien te pregunta: «¿Por qué te has enamorado de esa mujer?», te encogerás de hombros, y dirás: «No lo sé, pero me he enamorado. Algo sucedió».

¿Qué sucedió? Jung dice que tienes una imagen de mujer en tu interior, y que esa imagen encaja con esta mujer. Esta mujer se parece a esa imagen. Evidentemente, ninguna mujer puede ser absolutamente igual a la mujer interior, por eso ningún amante puede nunca estar satisfecho. Un poco parecida, tal vez: la manera en que anda; tal vez su voz; tal vez su aspecto; tal vez sus ojos azules; tal vez su nariz, tal vez el color de su pelo.

Llevas una imagen en tu interior que viene de tu madre, de la madre de tu madre, de la madre de la madre de tu madre... *Todas* las mujeres que te han precedido han contribuido a esa imagen. No es que sea clavada a tu madre, si no las cosas serían muy sencillas. Pero tu madre tiene que ver, y la madre de tu madre también, y más... Todas han contribuido un poquito.

Y lo mismo sucede con tu hombre: tu padre ha contribuido, y el padre de tu padre, y más... Desde tu padre a Adán, y desde tu madre a Eva. Ha contribuido toda esa sucesión. Nadie sabe, no hay manera de saber con exactitud a quién estás buscando. Un hombre busca a una mujer, y una mujer busca a un hombre. La búsqueda es muy vaga. No existe una imagen clara, pero en algún lugar de tu corazón está; la guardas en el rincón *oscuro* de tu alma, ahí está.

Así que en muchas ocasiones muchos hombres y mujeres aparecen para satisfacer parte de esa imagen, pero sólo en parte. Cada amante te proporcionará una pequeña satisfacción y mucha desdicha. La parte que encaja te satisfacerá, y el resto nunca lo logrará.

¿Te has fijado? Siempre que te enamoras de un hombre o de una mujer, de inmediato empiezas a cambiar al hombre o a la mujer según algo que ni siquiera sabes lo que es... Las esposas no dejan de cambiar a sus maridos durante toda la vida: «¡No hagas eso! ¡Sé así, compórtate de este modo!».

Precisamente el otro día me decía la mujer del mulá Nasrudín:
–Por fin lo conseguí, Osho.
–¿El qué? –pregunté.
–He conseguido que el mulá Nasrudín deje de comerse las uñas –me contó.
–¿Comerse las uñas? Lleváis casados cincuenta años –el mulá tiene setenta–, y ahora, al cabo de cincuenta años lo has conseguido? –pregunté.
–¡Sí!
–¿Y cómo lo has logrado? –pregunté.
–Muy fácil. Le he escondido la dentadura postiza.

La gente no deja de intentar cambiar. Pero nadie cambia. Nunca lo he visto ni lo he conocido. La gente pretende: «Sí, hemos cambiado», pero nadie puede cambiar. Todo el mundo continúa siendo él mismo. El esfuerzo es vano, pero la necesidad de cambiar está ahí ¿Por qué?

La urgencia por cambiar es por una necesidad real: la mujer trata de hacer que su marido encaje con una cierta imagen que guarda en su interior. Entonces será feliz: él no bebe ni fuma, y no va tras otras mujeres... y mil cosas más... ahora va siempre al templo, y escucha a los santos. Ella tiene una cierta imagen: quiere que su esposo sea un héroe, un santo, un gran hombre. Los seres humanos normales no la satisfacen.

Y el marido también lo intenta de mil maneras. Le compra ropa bonita, diamantes, rubíes y perlas, y no hace más que decorar a su esposa. Intenta encontrar a Cleopatra. En algún lugar atesora la imagen de una mujer hermosa, de la mujer más hermosa. Y lo intenta... incluso desde la infancia.

Así me lo han contado:

> El padre le preguntó a su precoz hijo de seis años si le gustaba la vecinita.
> –Bueno... –dijo el niño–. No es Elizabeth Taylor, pero no está mal.

Incluso un niño pequeño piensa en Elizabeth Taylor. «No es Elizabeth Taylor, pero no está mal». Y su conflicto continúa. La razón es que siempre andamos buscando a alguien... que no está fuera.

El *hinayana* hace que dejes de buscar fuera. Te dice que cierres los ojos al exterior. El *mahayana* te torna más atento y consciente, llena tu cámara interna con más luz, para que así puedas ver a la mujer interior. Y el *vajrayana* hace posible que puedas tener un orgasmo interior con tu hombre o tu mujer internos. Sólo te satisfacerá el orgasmo *interno*, nada más. Estos tres pasos son de grandísima importancia.

Así que no te preocupes acerca de estos sutras de los que hablaremos hoy.

Hace un par de días me escribió una mujer: «¿Qué me está pasando, Osho? Cuando habló sobre el hasidismo me sentí florecer, flotaba –con cada charla–, y me sentí feliz y dichosa, y bailaba. Y ahora que habla del Buda me siento muy deprimida. Amo a mi hombre y es encantador y guapo, y el Buda dice que en el cuerpo no hay nada, que sólo es un saco de huesos lleno de inmundicia. No quiero escuchar ese tipo de cosas».

Ya sé que nadie las quiere escuchar, pero son ciertas. Y a menos que pases a través del Buda nunca llegarás al hasidismo. El hasidismo es *vajrayana*, es la floración esencial. Al escuchar sobre el hasidismo os sentís muy felices; cuando hablo del tantra os sentís muy felices, os creéis *tantrikas*. Pero no es tan fácil, no. Ser *tantrika* es la floración esencial de la religiosidad. No os engañéis a vosotros mismos. Es difícil y duro llegar a ese punto.

El *vajrayana* es tantrismo, budismo tántrico, puro tantrismo. ¡Pero fíjate en la disposición! El *hinayana* es el primer paso, el *hinayana* parece totalmente represivo. Pero el Buda dice que a menos que cambies tus viejas pautas, ya puedes ir racionalizando y viviendo en tu vida inconsciente y robótica, y ya puedes ir repitiéndola una y otra vez. Lo has hecho ya en múltiples ocasiones.

¿Cuántas veces te has enamorado de un hombre encantador o de una bella mujer, y cuánto ha durado? Llega un día en que el Buda demuestra estar en lo cierto: un día descubres que tu bella mujer, tu Elizabeth Taylor... no es más que un saco de huesos lleno de inmundicia... y eso que ya te lo dijo desde el principio. Pero, claro, cuando estás de luna de miel estos sutras no te atraen.

Nunca te lleves sutras budistas a tu luna de miel. Pero cuando se acerque el divorcio estos sutras serán de gran importancia. De inmediato sabrás de qué hablan. Un día llega el divorcio final. El divorcio final es el día en que simplemente comprendes lo absurdo de la búsqueda en pos del otro.

Has pasado por muchos divorcios, pero lo olvidas continuamente. Todavía no se ha acabado un divorcio –cuando todavía estás esperando la sentencia– y ya te estás metiendo en otra aventura amorosa. Puede que incluso te estés divorciando porque te has metido en otro asunto amoroso. Antes de salir de la primera prisión ya te has metido en la siguiente.

Estás tan acostumbrado a vivir encadenado que la libertad tiene para ti un sabor amargo.

A esa mujer que se siente deprimida me gustaría decirle que esa depresión demuestra que algo ha penetrado hasta lo más profundo de su corazón: el Buda está en lo cierto, y no puedes evitarlo. Te gustaría evitarlo. ¿Quién quiere la verdad? A la gente le gustan las mentiras. Las mentiras son muy cómodas, la verdad siempre es destructiva, demoledora.

Pero no saques conclusiones tan deprisa, pues ésta es la primera capa de la enseñanza del Buda. La segunda capa es más relajada. La primera implica una dura lucha. El *hinayana* es lucha, pura fuerza de voluntad, porque es el único medio en que puedes salir de la confusión en la que tanto tiempo llevas, es una lucha encarnizada para salir. El segundo paso es perfectamente relajado, el *mahayana* es muy relajado y grácil. El tercer paso es de gran celebración. En el tercer paso trasciendes toda disciplina.

Ésa es la belleza del camino del Buda, que es muy científico. Cada paso es necesario. Si te pierdes un paso se viene abajo todo el edificio, desaparece todo el templo.

El *hinayana* es realmente mucha disciplina. El *mahayana* es disciplina relajada. Y el *vajrayana* es carencia de disciplina. Uno ha llegado a un punto en el que puede tener libertad total. Pero esa libertad total hay que ganársela.

El *hinayana* se basa en el cuerpo, en la parte material de tu ser. Cuando estás en tu cuerpo sólo puedes disfrutar de la vida con cuentagotas. De hecho, en Oriente, al semen se le llama *bindu*, y *bindu* significa "gota".

Sólo puedes disfrutar del sexo gota a gota. Y eres tan vasto que este disfrute gota a gota es *más* frustrante que satisfactorio.

Así me lo han contado:

> Los enormes elefantes habían formado un piquete y protestaban en el zoológico con pancartas. Pasó un león y les preguntó:
> –¿Por qué protestáis?, y uno de los elefantes le contestó:
> –Estamos cansados de trabajar por una monda.

Eso es justamente el sexo, trabajar por una monda.

En el Tibet tienen una metáfora para eso; lo llaman *preta*. *Preta* significa "espíritu hambriento". A los espíritus hambrientos los representan de cierta manera: con vientres de elefante, y cuellos tan delgados como un hilo, y una boca tan pequeña como el ojo de una aguja. Y claro, así están siempre hambrientos, porque tienen la boca tan pequeña como el ojo de una aguja. Comen las veinticuatro horas del día, pero tienen el estómago grande como un elefante, y por mucho que coman siempre tienen hambre.

La sexualidad es igual. Eres *vasto*; careces de límites, de fronteras. A menos que tu goce sea tan vasto como tu ser no habrá nada que te proporcione ningún contento. Y el sexo es justo gota a gota, gota a gota... Puedes ir engañándote, puedes ir esperando contra toda esperanza, pero no va a colmarte.

El sexo crea neurosis, es neurótico, porque nunca puede satisfacerte. Vete a los manicomios de todo el mundo y observa a los locos, y siempre hallarás que en un sitio u otro hay un problema sexual. Eso es lo que decía Freud, que *toda* patología está de alguna manera relacionada con el sexo. Obsesionarse demasiado con el sexo lleva a la neurosis.

Si vives en el cuerpo estás condenado a ser neurótico. Has de profundizar y elevarte por encima del cuerpo.

La segunda capa budista se ocupa del corazón; puedes llamarlo mente, pero corazón es una palabra mejor. El corazón incluye la mente; es más grande, más satisfactorio, y dispone de más espacio. Te sientes más libre. El amor es más libre que el sexo. En el amor hay menos conflicto que en el sexo. Luego hay un espacio superior... el cielo vasto y abierto del *vajrayana*. El Buda lo llama compasión. Vives en la pasión y has de realizar la compasión.

La pasión es obsesión, neurosis. La compasión es el florecimiento de tu energía. Te encuentras tan satisfecho en ti mismo, te bastas de tal manera a ti mismo, que ahora puedes compartir, puedes derramar tu gozo. Ahora *has* de dar. La neurosis es cuando no haces más que pedir y nadie está dispuesto a darte, y te conviertes en un espíritu hambriento. Tus demandas son enormes, y el mundo no te proporciona más que mondas.

Cuando, en la etapa del *vajrayana*, eres vasto y estás lleno de energía, de un gran depósito de energía, de un depósito enorme, entonces puedes dar. En el sexo pides. Pasión significa demanda, pasión significa mendigar.

¿No te has fijado? Siempre que te sientes atraído sexualmente por una mujer, no haces más que dar vueltas a su alrededor, meneando el rabo... eres un mendigo. En la compasión tú eres un emperador, compartes, das; y das porque ahora tienes. En el sexo pides porque no tienes.

Y ese sexo continúa desde la infancia hasta el final. Los niños se preparan para ese absurdo viaje. Los ancianos están cansados, se sientan junto al camino, muy celosos de quienes todavía no están cansados y son jóvenes; se sienten muy celosos. Y a partir de esos celos empiezan a sermonear; empiezan a condenar a partir de sus celos.

Recuerda que un santo nunca condena; si condena es que no es un santo, porque sigue interesado en las mismas cosas; sólo que ahora está celoso. ¿No te has fijado en esos celos? Un joven trepa por un árbol e inmediatamente le dices: «¡Baja de ahí! Puedes caerte y hacerte daño». ¿Te has fijado en que en tu voz hay un deje de celos? Tú ahora ya no puedes trepar al árbol; eres mayor, y tus articulaciones están más rígidas, han perdido su flexibilidad. Estás celoso pero no puedes decirlo, así que ocultas tus celos.

Siempre que alguien empieza a condenar el sexo es que en algún sitio oculta sus celos. El Buda no lo condena, está siendo simplemente objetivo. Sólo dice lo que es, y quiere que salgas de ello porque en potencia tu destino es más grande y elevado.

> Una mujer, una mujer anciana, llegó a la oficina de la empresa de seguros.
> —Pero, señora, ahora no puede cobrar el seguro de vida de su marido; todavía no ha muerto —dijo el agente de seguros.
> —Ya lo sé... pero ya no hay vida en él.

Cuando no hay vida en ti empiezas a ocultar el hecho; empiezas a volverte religioso. Tu religión puede ser sólo una vestimenta. El Buda no está diciendo que tengas que hacerte religioso cuando seas viejo. El Buda está diciendo que has de hacerte religioso cuando la pasión sigue viva, cuando el fuego está todavía vivo, porque sólo cuando el fuego está vivo puede transformarse, puedes cabalgar la energía.

El Buda introdujo algo absolutamente nuevo en la conciencia índica. En la India, *sannyas* era para los ancianos, para los viejos y muertos; casi muertos, con un pie en la tumba, la gente estaba dispuesta a tomar *sannyas*. El *sannyas* hinduista era así, sólo para los ancianos. El Buda introdujo un elemento nuevo: dijo que era una tontería, que sólo alguien joven puede ser auténticamente religioso, porque sólo puedes cabalgar esa energía cuando está presente. Introdujo *sannyas* para los jóvenes.

Y claro, cuando introduces *sannyas* para los jóvenes has de asegurarte de que no siguen yendo hacia la sexualidad. Con los ancianos no hay que preocuparse. Por eso, en los *shastras* –en las escrituras hinduistas– no aparece nada similar al *hinayana*, ¡porque no es necesario! Los ancianos se hacen *sannyasines*, ¿y qué? No es necesario preocuparse por ellos. Pueden vivir como les plazca. Pero cuando un joven se convierte en *sannyasin*, entonces hay que andar con mucho cuidado. Cuenta con energía, con fuego, y ese fuego también puede salir rana. Y además es fresco, inexperto. Estos sutras le resultan de gran ayuda.

Esto es lo que dice el mulá Nasrudín:

> Mi suegra está viuda; tiene ochenta y dos años. Una noche, para sacarla de casa, organicé una cita para ella con un hombre de ochenta y seis años. Volvió a casa de esa cita de madrugada, y bastante contrariada.
> –¿Qué pasó? –pregunté.
> –¿Estás de broma? –dijo con ira–. Tuve que darle tres bofetadas.
> –¿Qué me dices? –contesté–, ¿se pasó de la raya?
> –No –contestó ella–. ¡Creí que se había muerto!

Si inicias a los ancianos en *sannyas*, estos sutras no tendrán sentido.

El Buda tuvo que asegurarse, porque corrió un gran riesgo. Fue muy valiente: introdujo *sannyas* a miles de jóvenes. Tuvo que asegurarse de que su energía pasaba del cuerpo al corazón, y del corazón al alma. Y por ello hubo de tomar todas las precauciones.

El primer sutra:

Dijo el Buda:

> «¡Oh, monjes!, no debéis mirar a las mujeres. (Si tuvieseis que mirarlas) absteneos de hablar con ellas. (Si tuvieseis que hablarles) debéis reflexionar con un espíritu adecuado: "Ahora soy un mendicante sin hogar. En el mundo del pecado debo comportarme como una flor de loto, cuya pureza no es mancillada por el barro. A las ancianas las trataré como a mi madre; a las mayores como hermanas mayores; a las jóvenes como hermanas más pequeñas, y a las niñas como a hijas". Y en todo ello no debéis albergar pensamientos malignos, sino pensar en la salvación.»

Dijo el Buda:

> «Quienes recorren el camino deben evitar el sensualismo de igual manera que quienes cargan heno deben evitar acercarse al fuego».

Iniciar a un joven es iniciar a alguien que carga heno... debe evitar el fuego.

Intenta comprenderlo. Esas simples palabras no son tan simples, cuentan con muchos sentidos y capas.

Primero: están dirigidas a monjes, no a personas ordinarias. «¡Oh, monjes!», dice el Buda. La palabra "monje" es muy hermosa; significa alguien que ha decidido vivir solo. La palabra "monje" significa solitario. Palabras como "monopolio" y "monogamia" provienen de la misma raíz. "Monogamia" quiere decir un esposo o esposa; "monopolio" significa poder de un solo hombre; "monasterio" quiere decir donde viven los monjes, quienes han decidido vivir solos.

Por lo general buscáis al otro. El monje es quien ha decidido que buscar al otro es una búsqueda vana, que ha decidido vivir solo. Ya ha buscado bastante en la relación, pero lo que buscaba no podía hallarse allí. El único resultado era la frustración. Ha fracasado... lo ha intentado, pero en vano. Ahora ha decidido: «Voy a intentarlo solo. Si no puedo ser feliz con otros, intentaré ser feliz solo. Si no puedo ser feliz en las relaciones, entonces las abandonaré, abandonaré la estructura social. Intentaré estar solo. Lo he intentado fuera, ahora lo intentaré dentro. Tal vez aquí encuentre lo que ando buscando».

Ser monje significa tomar la decisión de que: «El amor ha fracasado, la relación ha fracasado, la sociedad ha fracasado, ahora intentaré la meditación, ahora lo intentaré en el hondón de mi ser. Ahora intentaré ser mi único mundo, el único mundo que hay. Cerraré los ojos y permaneceré en mí mismo». Hacerse monje es una gran decisión. El camino del monje es el sendero del solitario, del que está solo.

Tarde o temprano todo el mundo llega darse cuenta de que... esa relación ha fracasado. Que puede que no tengas el valor suficiente para salir de ella es otra cosa. O tal vez seas lo suficiente inteligente... pero esa es otra cuestión. Se necesita un gran coraje; incluso un poco de *chutzpah*, de lo que los judíos denominan *chutzpah*. No sólo un poco de coraje, sino también de atrevimiento, carácter, de otro modo uno no puede salir de las viejas pautas; lo familiar resulta muy familiar. Y lo familiar, aunque incómodo, sigue siendo familiar; uno se ha acostumbrado a ello.

La gente que fuma sabe muy bien que la tuberculosis es posible, saben muy bien que el cáncer se aproxima... no dejan de toser, de sufrir, ni de preguntarse cómo abandonarlo. Ahora ya no encuentran placer en el tabaco, pero siguen sin poderlo dejar... se trata de un hábito viejo, de un hábito mecánico. No son gente inteligente. Cuando preguntas cómo dejar de fumar, te estás declarando estúpido. Careces de toda inteligencia, y careces del valor para pasar a una nueva pauta de vida. Sí, sería conveniente un poco de *chutzpah*. Permite que te explique qué es *chutzpah*.

> Un hombre entró en un banco con un arma. Obligó al cajero a darle 50.000 dólares. Y claro, el cajero no tuvo más opción, porque el tipo que tenía allí delante le dijo:
> –Dámelos inmediatamente, ¡o prepárate a morir!
> Le entregó los 50.000. Luego, el atracador se dirigió a la siguiente ventanilla e intentó abrir una cuenta con el dinero.

¡Eso es *chutzpah*!
También hay una historia mejor.

Un hombre mató a sus padres, le pillaron con las manos en la masa y pidió clemencia. Y cuando el magistrado le dijo:
—¿Clemencia, para usted? ¿Cuáles son sus razones? —el acusado contestó:
—Ahora soy huérfano.

¡Eso es *chutzpah*!
Se necesita valor, se necesita mucho valor. Y ser religioso es casi estar loco de valor. De otro modo, siguen existiendo *millones* de hábitos en los que uno se enreda por completo. No es que estés encadenado por una cadena... sino por millones de ellas. Y las cosas se complican más porque has decorado las cadenas y las consideras ornamentales. De hecho, las has forjado en oro y ahora parecen valiosas. No *crees* que sean cadenas. La prisión que tanto y tan bellamente has decorado, ha acabado haciendo que te olvidases de que era una prisión, y ahora la consideras tu hogar.

Llega un día en la vida de todo el mundo en la que una persona se da cuenta de que todo lo que ha intentado ha fracasado. Se necesita valor para reconocer: «he fracasado totalmente». Deja que lo repita: sólo una persona valerosa puede aceptar ese «he fracasado totalmente». Los cobardes siempre tratan de justificarlo. Se dicen: «tal vez haya fracasado en esto, pero intentaré otra cosa»; dicen: «Lo conseguiré. Un matrimonio más y lo conseguiré».

Eso es lo que los psicólogos denominan la psicología del jugador. No hace más que perder, pero piensa: «Una vez más... Tal vez ahora sí que gane». Si empieza a ganar, entonces no quiere marcharse, porque piensa: «Ahora estoy ganando. Ahora soy afortunado, ahora Dios está de mi lado, el destino me sonríe. No debo desperdiciar esta oportunidad. Una apuesta más...».

Si pierde, sigue jugando. Si gana, sigue jugando. Y el resultado final siempre es el fracaso. Tanto si pierde como si gana, no cambia nada: al final se le llenarán las manos de fracaso.

Se necesita valor para reconocer ese «he fracasado totalmente». El monje es alguien que ha reconocido el hecho de que «toda mi manera de vivir ha fracasado», que «todas mis ideas han fracasado», que «mi mente ha demostrado ser impotente. Ahora realizaré un cambio *drástico* en mi vida. Voy a llevar a cabo una transformación *radical*. Me dirigiré hacia mi interior». Este volverse hacia el interior convierte a un hombre en monje.

Un monje es una persona rebelde. Abandona la sociedad y toda relación por completo.

Dice el Buda que en la tercera etapa puedes regresar a la sociedad, cuando eres un *vajrayanista*, cuando has llegado a la tercera etapa, la de la floración, pero no antes.

Así que recuérdalo, estas palabras no fueron pronunciadas para los cabezas de familia. Estas palabras no fueron pronunciadas para quien sigue soñando en el mundo. Estas palabras fueron pronunciadas para un grupo de personas concreto que habían abandonado el mundo, y que decidieron buscar en su interior, explorar sus propias almas. Exploraron los cuerpos ajenos, porque de los demás sólo se puede explorar el cuerpo; no puede profundizarse más. Esas personas se han apartado de eso. Ahora intentan explorar su corazón, intentan explorar su ser presencial trascendente.

«¡Oh, monjes!, no debéis mirar a las mujeres.»

¡No mirar a las mujeres! Te sorprenderá saber que el Buda solía decir a sus monjes que este sutra debía seguirse incluso en sueños. ¡Debes permanecer atento incluso soñando!

Este sutra es un sutra de atención. Todo sucedió por un motivo: Ananda, uno de los grandes discípulos del Buda, se dirigía a una población a predicar. Y le preguntó al Buda: «*Bhagavan*,* ¿cómo debo comportarme si me encuentro con una mujer en el camino?». Así es como nació este sutra.

Dijo el Buda: «No debes mirar a las mujeres. Cierra los ojos. Evítalo», porque la mirada es el primer contacto con el otro. Cuando miras a una mujer o cuando miras a un hombre, tocas su cuerpo con tus ojos. El ojo tiene su propio tacto.

Por eso se supone que no debes quedarte mirando a nadie. Si te quedas mirando significa que eres un mal educado. Hay un límite de tiempo: puedes mirar durante tres segundos. Eso es lo permitido. Pero más allá de esos tres segundos significa que no eres una persona civilizada, que eres un mal educado, una persona indigna. Si miras a una mujer durante tres segundos no hay ningún problema; pero más allá de ese límite la mujer empezará a sentirse incómoda. Y si continúas mirando, irá a la policía, o empezará a chillar, a gritar, o hará algo. Porque mirar no es sólo mirar... la mirada toca; y no sólo toca, hay maneras de penetrar el cuerpo ajeno con la mirada. Los ojos pueden funcionar como bisturíes. Y los ojos pueden ser lujuriosos, y el otro siente que le has reducido a un objeto de deseo, y ¿quién eres tú para reducir a alguien? Es ofensivo.

En hindi existe una hermosa palabra para una persona así, le llamamos *luchcha*, que significa "el que no deja de mirarte". Exactamente eso; literalmente, *luchcha* significa quien no deja de mirar. *Luchcha* proviene de la raíz sánscrita *lochan*. *Lochan* quiere decir ojo. *Luchcha* quiere decir alguien que no deja de mirarte, y cuya mirada es afilada como el filo de un cuchillo, cuya mirada se torna lujuriosa, cuya mirada se torna violenta; utiliza sus ojos como si fuesen órganos sexuales... Ese hombre es un *luchcha*.

---

* *Bhagavan* (sánscrito), "excelso". Epíteto que, además de a Dios, los discípulos aplican a grandes santos. *(N. del T.)*.

«...No debéis mirar a las mujeres». Cuando el Buda dice eso, lo que está diciendo es que no debes quedarte mirándolas. Está claro que a veces, al recorrer la calle de una población, deberás ver a una mujer. Pero ésa no es la cuestión. No debes mirar, no debes *intentar* mirar; no debe existir ningún esfuerzo deliberado de mirar a una mujer; no debe ser deliberado. Simplemente debes continuar tu camino.

El Buda solía decir a sus discípulos que en realidad no deberían mirar más lejos de cuatro pasos por delante de sus pies. La mirada debía permanecer cuatro pasos por delante... más resulta inútil, innecesario, es un desperdicio de energía. Camina en silencio, con la vista puesta cuatro pasos por delante. Con eso basta.

Y no mires, porque la mirada no hace más que demostrar que en el interior sigue hirviendo la lujuria. Y una vez que miras algo surge el deseo de inmediato. Si no miras, no surge deseo. Vas por el camino sin pensar para nada en diamantes, no has pensado en diamantes desde hace años, y de repente encuentras un diamante a un lado del camino, esperándote. De repente te atrapa la mirada... y surge el deseo. Miras a tu alrededor: ¿hay alguien mirando? Entonces te has convertido en un ladrón. Y eso que no pensabas en diamantes, no había ningún deseo de ellos. Pero el ojo ha establecido contacto y el deseo ha surgido desde el inconsciente. Debía estar en el inconsciente, si no no se habría manifestado.

Dice el Buda que sabes bien que tu inconsciente está repleto de sexualidad, así que mejor no mirar; de otro modo, lo que está en el inconsciente se agitará una y otra vez. Y todo lo que se remueve continuamente acaba fortaleciéndose. Lo que se remueve una y otra vez y nunca se deja descansar ni desaparecer, se hace más fuerte. Y un monje es alguien que ha decidido abandonar las relaciones.

«...No debéis mirar a las mujeres». Se dice que Ananda preguntó: «Pero si surge una situación en la que hay que mirar a una mujer, ¿entonces qué?». Así que el Buda dijo:

«(Si tuvieseis que mirarlas) absteneos de hablar con ellas.»

Porque si no hablas con una mujer no te puedes relacionar con ella. La relación surge con la conversación. La comunicación tiene lugar hablando. Puedes sentarte durante horas al lado de una mujer, y si no hablas no hay ningún puente tendido; permaneces distante como las estrellas. Puedes sentarte al lado, vuestros cuerpos pueden incluso llegar a tocarse, pero ni no habláis no hay ningún puente, vuestras personalidades permanecen alejadas.

En un tren suburbano puede verse a mucha gente atestando el pasillo, todo el mundo se toca, pero nadie habla. Están muy alejados unos de otros. Una vez que se habla desaparece la distancia; las palabras os juntan.

296

Un tímido se fijó en una rubia con un vestido escotado sentada junto a él, sola, en el bar. Reunió todo el coraje que pudo y le envió una bebida. Ella le dio las gracias en silencio, asintiendo con la cabeza. El repitió la jugada en seis ocasiones. Finalmente, todo lo que había trasegado le dio valor y pudo musitar:

—¿Hace el amor con desconocidos?

—Bueno, verás —sonrió ella—. Nunca lo hice antes, pero creo que me has hecho pensar en ello. Eres muy inteligente y tienes un pico de oro.

Bueno, en realidad él no dijo gran cosa, sólo una frase. Pero incluso un simple gesto de comunicación puede crear relación. Si no hablas sigues separado. Por eso, si te sientas en silencio entre la gente das la impresión de que algo anda mal. Significa que la comunicación se ha roto, que el puente se ha roto. Cuando ríen y charlan existe puente, hay comunicación.

Los animales utilizan el sexo pero no la sexualidad. El hombre cuenta con sexo y sexualidad. El sexo es físico, la sexualidad es mental. Y cuando hablas, tu charla puede ser sexual. Los animales tienen el sexo; se trata de un acto fisiológico. No hablan, no utilizan ningún lenguaje. Pero el ser humano cuenta con un lenguaje, y el lenguaje es uno de los instrumentos más poderosos de que dispone. Te comunicas a través de él, te relacionas con él. Seduces mediante palabras, e insultas con palabras. Demuestras tu amor con palabras, y tu odio también. Repeles o atraes por tus palabras.

El Buda sabe que la palabra tiene un gran potencial

Se dice en la Biblia: «En el principio fue el Verbo» —tal vez sea así o no—, pero al principio de toda relación hay una palabra. Tal vez al principio del mundo también fuese así, o no, pero en toda relación... La relación empieza con una palabra. ¿Puedes iniciar una relación sin palabras? Sería algo muy difícil, mucho. El silencio siempre te rodearía, como una ciudadela.

Así que el Buda dijo: «*Si tuvieseis que mirarlas...*». Si se diese alguna situación, por ejemplo, en la que un monje pasase y tuviese lugar un accidente y un carro de bueyes hubiese volcado en la cuneta y hubiese allí una mujer herida, destrozada, ¿qué se supone que debería hacer el monje? ¿Continuar sin prestar ayuda? No, se requiere compasión. Dice el Buda que ayudes pero no hables, que mires pero no hables.

Ananda apuntó: «Pero hay ciertas situaciones en las que hay que hablar».

«Si tuvieseis que hablarles, debéis reflexionar con un espíritu adecuado: "Ahora soy un mendicante sin hogar..."».

Nunca olvides que has abandonado las relaciones. Los viejos hábitos tienen mucha fuerza. El pasado pesa mucho. Así que recuerda que ahora eres un mendicante, que eres monje, que eres un *bhikkhu*.

«En el mundo del pecado debo comportarme como una flor de loto, cuya pureza no es mancillada por el barro.»

Así que el Buda dice que si has de mirar, que si has de hablar, que si has de tocar, pues que lo hagas, pero que recuerdes una cosa, que debes ser como una flor de loto que trasciende al barro, debes permanecer consciente. Tu atención, tu permanecer consciente, es tu único refugio.

¿Te has fijado en que siempre que eres consciente estás solo? *Siempre* que eres consciente trasciendes el mundo externo. Puedes estar en el mercado, pero ese mercado desaparecerá. Puedes estar en una tienda, en la fábrica, en la oficina, pero si eres consciente, de repente te encuentras solo.

Cuando entré en el instituto tuve un profesor muy excéntrico, un profesor musulmán... Me encantaba. Y me encantaba porque era muy excéntrico; tenía ideas peregrinas. Por ejemplo, no permitía que ningún estudiante dijese: «Sí, señor», cuando se pasaba lista. Insistía en que había que decir: «Presente, señor». A nosotros nos gustaba buscarle las vueltas diciendo: «Sí, señor», pero a él no le gustaba. A menos que dijeses: «Presente, señor», no te dejaba estar en clase. Te obligaba a salir al pasillo.

Sí, era una cosa bien peregrina. No importa si dices: «Sí, señor», o: «Presente, señor». Pero empecé a sentir que había algo en ello, y empecé a meditar al respecto. Y siempre que pronunciaba mi nombre, yo decía: «Presente, señor», y no sólo lo decía, sino que *sentía*: «Estoy simplemente presente, consciente, atento». Y fueron para mí momentos muy bellos, aunque sólo duraban medio minuto. Me hacía tan presente que la clase desaparecía, que el profesor desaparecía. Él también se dio cuenta.

Un día me llamó y me dijo: «¿Qué es lo que haces? Porque cuando dices: "Presente, señor", veo que de repente te cambia la expresión de la cara, se te ponen los ojos en blanco. ¿Estás tratando de tomarme el pelo?». Porque en el colegio se sabía que si a un chico le llamaban al despacho del director era que estaba metido en un lío. Y cuando yo entré en el colegio tuvieron que cambiar el dicho. Siempre que me llamaban al despacho del director, el colegio entero sabía que: «¡El director está metido en un lío!».

Así que me dijo: «¿Qué? ¿Estás tratando de crear problemas? Me siento muy extraño cuando dices: "Presente, señor". Y cambias tanto... como si te transportasen a otro mundo. ¿Qué es lo que haces exactamente? Me abochornas. Si continúas así, entonces deberé permitirte que digas: "Sí, señor"».

Y yo le contesté: «Ahora no cambiará nada... Porque ya lo he aprendido. Y lo utilizaré toda la vida. Y le estoy muy agradecido por insistir tanto. La palabra "presente" abrió una puerta».

¡Inténtalo! Camina por la calle y de repente hazte presente. Di a alguien imaginario: «Presente, señor», y estate realmente presente; enciéndete la atención. De golpe y porrazo te darás cuenta de que no estás en el mundo, de que te has convertido en una flor de loto. El fango no puede alcanzarte. Te has convertido en intocable, te has convertido en algo del más allá, incorruptible.

Dijo el Buda que si has de mirar, si has de hablar, incluso si has de tocar, entonces estate presente, recuerda, sé consciente de que eres un mendicante, de que eres pura atención, pura conciencia.

Y dice:

> «A las ancianas las trataré como a mi madre...»

¿Te has fijado en la psicología del hombre? ¿Puedes imaginarte haciéndole el amor a tu madre? Ni siquiera es posible pensar en ello. Hay algo que acaba de inmediato con la idea. Toda la cuestión parece fea... ¿Hacerle el amor a tu madre? ¿O a tu hermana? Parece imposible, inconcebible. Pero tu hermana es tan mujer como la hermana de cualquiera. Alguien se enamorará de ella –está destinado a hacerlo–, pero tú nunca te enamorarás de tu hermana. ¿Quién ama a su propia hermana? En el momento en que dices "hermana" surge una distancia. La aproximación sexual se torna imposible. La palabra funciona como un condicionador, has sido condicionado. Has sido condicionado desde la más tierna infancia; se te ha repetido tanto y tan a menudo, que la relación entre hermanos y hermanas es una relación sagrada, que pensar en sexo es inimaginable.

Dice el Buda que quien se ha ordenado monje ha de crear, al menos al principio, esas barreras, para así no caer en viejos hábitos. Debe haber sido un gran psicólogo, debió conocer las leyes del condicionamiento. Debió de conocer todo lo que supo Pavlov en los tiempos modernos; debió saberlo todo acerca del reflejo condicionado. Es un reflejo condicionado: en el momento en que dices "hermana" hay algo que desaparece. El sexo se torna irrelevante. Llamas a alguien "madre" y el sexo se torna inexistente.

Dice el Buda:

> «A las ancianas las trataré como a mi madre; a las mayores como hermanas mayores; a las jóvenes como hermanas más pequeñas, y a las niñas como a hijas. Y en todo ello no debéis albergar pensamientos malignos, sino pensar en la salvación.»

Aprovecha toda situación como un desafío para tu atención, como un desafío que has de superar hacia tu salvación.

Dijo el Buda:

> «Quienes recorren el camino deben evitar el sensualismo de igual manera que quienes cargan heno deben evitar acercarse al fuego».

Ése es el primer paso. En el segundo paso se te permite ser afectuoso, porque ya rompiste con los viejos hábitos, y ahora no hay nada que temer.

En el tercer paso se te permite estar totalmente liberado de toda disciplina, porque ahora tu atención se ha convertido en un fenómeno permanente en ti; ahora ya no es necesario pensar «esa mujer es mi madre, o esta mujer es mi hermana».

En el tercer paso, en el *vajrayana*, entras en contacto con tu mujer interior; ha desaparecido tu atracción hacia la mujer externa. En el momento en que has entrado en contacto con la mujer *interior*, has dado con la mujer perfecta que siempre buscaste pero nunca hallaste. Has encontrado a tu hombre interior, has hallado al hombre perfecto. *Yin* y *yang* se han convertido en un círculo, se han unido.

Esa es la teoría de *ardhanarishvara* en la mitología hinduista. En Shiva, una mitad es hombre y otra mujer. Y se dice que Shiva es el dios más grande, *mahadeva*. Todos los demás dioses son dioses menores; Shiva es el gran dios. ¿Por qué? Porque ha llegado a encontrar a la mujer interior, ha alcanzado la unidad esencial: hombre y mujer han desaparecido.

En un buda sucede el mismo fenómeno. ¡Mira qué gracia rodea a un buda, qué belleza femenina, y qué fuerza, qué poderío! El poder proviene del hombre y la gracia de la mujer. Un buda es ambos: muy poderoso y no obstante también muy frágil, como una flor; puede enfrentarse a la tormenta, está dispuesto a hacer frente a todo el mundo, y no obstante está tan abierto, es tan vulnerable, tan suave, tan delicado... casi femenino.

Fíjate en el rostro del Buda... tan femenino. En la India ni siquiera le hemos puesto barba y bigote, para demostrar que el rostro se ha vuelto totalmente femenino. No es que no llevase barba, no es que le faltasen hormonas, pero no se la hemos puesto. Ni tampoco a Mahavira, ni a los veinticuatro *tirthankaras*, ni a Rama, ni a Krishna. No es que careciesen de hormonas; y aunque tal vez hubiese uno que no las tuviese... pero no todos. Deben haber llevado barbas, deben haber tenido hermosas barbas, pero es un símbolo de que el hombre ha encontrado a la mujer interior, de que el hombre y la mujer se han mezclado y fundido, siendo uno.

Ése es el sentido del nombre que le he dado a estas charlas sobre las cuarenta y dos secciones, *La disciplina de la trascendencia*. Empieza con la disciplina del *hinayana*, luego con la relajación del *mahayana*, y a continuación la no-disciplina de *vajrayana*. Pero hay que empezar por el principio, hay que empezar sembrando las semillas, y luego aparece el árbol, y más tarde la floración.

Basta por hoy.

16. ¡FUERA CON LAS PASIONES!

Dijo el Buda:

«Hubo una vez un hombre que, desesperado por su incapacidad para controlar sus pasiones, quiso automutilarse. El Buda le dijo: "Mejor que destruyas tus propios pensamientos malvados que dañar tu propia persona. La mente es el señor. Y cuando el señor está tranquilo, la voluntad de los sirvientes es sumisa. Si tu mente no está limpia de pasiones malvadas, ¿qué sentido tiene automutilarte?".

A continuación, el Buda recitó el *gatha:*
"Las pasiones nacen de la voluntad; la voluntad nace del pensamiento y la imaginación. Cuando ambos están tranquilos, no hay ni sensualismo ni transmigración"».

Dijo el Buda:

«Este *gatha* fue enseñado antes por Kashyapabuddha».

Dijo el Buda:

«De las pasiones surge la preocupación, y de la preocupación proviene el miedo. Fuera con las pasiones, sin miedo, sin preocupaciones».

El ser humano vive en la desdicha, y lleva viviendo así desde siempre. Muy pocas veces se conoce a un ser humano que no sea desdichado. Es tan raro que casi parece increíble. Por eso a los budas nunca se les cree. La gente no cree que hayan llegado a existir. La gente no lo cree. No pueden creerlo a causa de su propia desdicha. La desdicha es tal, y están tan enredados en ella, que no conciben que exista una escapatoria.

Creen que los budas han sido imaginados, que son sueños de la humanidad. Eso es lo que dice Sigmund Freud, que los budas son fantasías. El ser humano quiere ser así, desea salir de la desdicha, le gustaría tener ese silencio, esa paz, esa bendición, pero no ha sucedido. Y Freud dice que no hay esperanza, que *no puede* suceder a causa de la naturaleza de las cosas. El ser humano no puede ser feliz.

Hay que escuchar a Freud con atención y profundamente. No se le puede rechazar a las primeras de cambio; es una de las mentes más penetrantes que han existido. Cuando dice que la felicidad no es posible, y cuando dice que tener esperanza en ser feliz es esperar lo imposible, lo dice en serio. Su propia observación de la desdicha humana le llevó a esa conclusión. No se trata de la conclusión de un filósofo. Freud no fue un pesimista. Pero al observar a miles de seres humanos, al penetrar en esos seres, constató que el ser humano está hecho de tal manera que cuenta con un proceso integrado para ser desdichado. Y que como mucho puede estar cómodo, pero nunca en éxtasis. Como mucho puede convertir su vida en un poco más cómoda –a través de la tecnología científica, a través de los cambios sociales, de una economía mejor y de otras cosas–, pero el ser humano seguirá siendo igualmente desdichado.

¿Cómo pudo creer Freud que el Buda nunca existió? Una serenidad así parece ser sólo un sueño. La humanidad ha soñado con el Buda. Esa idea aparece porque el Buda es muy excepcional. No es la regla. ¿Por qué el ser humano lleva tanto tiempo en la miseria, siendo desdichado? Y el milagro es que todo el mundo quiere ser feliz. Seguro que no encuentras a nadie que quiera ser desdichado, y no obstante todo el mundo lo es. Todo el mundo quiere ser feliz, beatífico, pacífico, silencioso, todo el mundo quiere ser alegre, todo el mundo quiere celebrar, pero parece algo imposible. Ahora bien, para ello debe haber una causa muy profunda, tan profunda que el análisis freudiano no llegó a ella, tan profunda que la lógica no puede penetrarla.

Antes de entrar en los sutras, hay que entender una cosa básica: el ser humano quiere la felicidad, y por eso es desdichado. Cuanto más felices queráis ser, más desdichados acabaréis siendo. Parece absurdo, pero ésa es la causa de fondo. Y cuando entendáis el proceso de cómo funciona la mente humana podréis daros cuenta de que así es.

El ser humano quiere ser feliz, y por ello crea desdicha. Si queréis salir de la desdicha, debéis salir también de vuestro deseo de felicidad. Entonces nadie os hará desdichados. Eso es lo que Freud no descubrió. No pudo entender que el mismo deseo de felicidad puede ser la causa de la desdicha. ¿Por qué es así? En primer lugar, ¿por qué deseáis la felicidad? ¿Y qué es lo que ese deseo hace en vosotros?

En el momento en que deseáis la felicidad, os habéis alejado del presente, os habéis alejado de lo existencial, y habéis pasado al futuro, que no está en ninguna parte, que todavía no ha llegado. Habéis pasado a un sueño. El sueño es irreal. Y a través de lo irreal no hay nadie que haya podido alcanzar lo real. Os habéis equivocado de tren.

El deseo de felicidad no hace sino demostrar que ahora mismo, en este momento, no sois felices. El deseo de felicidad no hace sino demostrar que sois seres desdichados. Y un ser desdichado proyecta en el futuro que en algún momento, algún día, de alguna manera, será feliz. Vuestra proyección surge de la desdicha. Lleva consigo las semillas de la miseria. Sale de vosotros, no es distinta de vosotros. Sois sus hijos: su rostro será el vuestro y en su cuerpo circulará vuestra sangre. Será vuestra continuidad.

Hoy sois infelices, así que proyectáis que mañana seréis felices, pero mañana es una proyección de vosotros, de vosotros hoy, de lo que sois. *Sois* infelices, el mañana surgirá a partir de esa infelicidad y seréis todavía más desgraciados. Claro está, a partir de esa infelicidad aumentada volveréis a desear más felicidad en el futuro. Entonces estaréis en un círculo vicioso: cuanto más infelices seáis, más felicidad desearéis; cuanto más deseéis la felicidad, más infelices seréis. Es como un perro que se persigue su propia cola.

En el zen tienen una frase para esta situación. Dicen que es "fustigar al carro". Si los caballos no se mueven y tú fustigas al carro, no sirve de nada. Sois desdichados; y todo lo que imaginéis y proyectéis no hará sino haceros más desdichados.

Así que lo primero que hay que hacer es no soñar, no proyectar. Lo primero es estar en el aquí y ahora. Sea lo que sea, permaneced aquí y ahora... donde os espera una revelación tremenda. La revelación es que nadie puede ser infeliz en el aquí y ahora.

¿Has sido alguna vez infeliz en el aquí y ahora? Ahora mismo estás aquí sentado: ¿existe alguna posibilidad de ser infeliz ahora mismo? Podéis pensar en el ayer y podéis sentiros infelices. Podéis pensar en el mañana y sentiros infelices. Pero justo en este preciso momento –en este momento palpitante, real–, ¿podéis ser infelices ahora mismo, sin ningún pasado ni ningún futuro?

Puedes introducir desdicha del pasado, de vuestra memoria. Alguien te insultó ayer y todavía llevas la herida, todavía cargas con la herida y eso te hace sentir infeliz: ¿por qué? ¿Por qué a ti? ¿Por qué aquel tipo te insultó a ti? Con todo lo bueno que hiciste por él, y siempre has sido una ayuda para él, siempre has sido un amigo... ¡y te insultó! Estás jugando con algo que ya no está. El ayer se ha ido.

O puedes sentirte infeliz acerca del mañana. Mañana se te acabará el dinero. ¿Qué harás, dónde dormirás? ¿Dónde comerás? ¡Mañana se te acabará el dinero!... y la infelicidad entra en ti.

O llega del ayer o del mañana, pero nunca del aquí y ahora. Justo en este instante, en el ahora, la infelicidad es imposible. Si llegas a comprender eso te convertirás en un buda. Y nadie obstaculizará tu sendero. Entonces podrás olvidarte de todos los Freuds. Entonces la felicidad no sólo es posible, sino que ya ha sucedido, está delante de ti. Y no la ves porque buscas a los lados.

La felicidad es *donde* estás; estés donde estés, ahí está la felicidad. Te rodea. Es un fenómeno natural. Es como el aire, como el cielo. La felicidad no hay que buscarla: es de lo que está constituido el universo. La alegría es de lo que está constituido el universo. Pero has de mirar directamente, has de mirar lo inmediato. Si miras de lado entonces te la pierdes.

Te la pierdes por tu causa. Te la pierdes porque tienes un enfoque erróneo.

Ésta es la verdad más fundamental que el Buda trajo al mundo. Ésa es su contribución. Te dice que mueras al pasado y que nunca pienses en el futuro, y que si entonces intentas ser desdichado... fracasarás. No puedes ser desdichado. Tu fracaso en ese terreno está asegurado, puede predecirse. No lo lograrás, por muy eficiente que seas tratando de ser desdichado, por mucha formación que tengas, pero no podrás crear desdicha en este preciso momento.

Desear la felicidad te ayuda a buscar en otra parte, y entonces te la pierdes aquí mismo. La felicidad no hay que crearla, sino verla. Ya está presente. En este preciso momento puedes ser feliz, inmensamente feliz.

Eso es lo que le sucedió al Buda. Era hijo de un rey. Lo tenía todo pero no era feliz. Cada vez era más infeliz, porque cuanto más tienes más infeliz te tornas. Ésa es la desdicha del rico. Eso es lo que sucede en Estados Unidos en la actualidad: cuanto más ricos se hacen, más infelices son; cuando más ricos se hacen, menos saben qué hacer.

La gente pobre siempre está segura de lo que ha de hacer: debe ganar dinero, ha de construirse una buena casa, ha de comprarse un coche, ha de enviar a sus hijos a la universidad. Siempre tienen un programa en marcha. Están ocupados. Tienen un futuro. Tienen esperanza: uno de estos días... *Permanecen* en la desdicha, pero la esperanza está presente.

El rico es desdichado y ya sin esperanza. Su desdicha, pues, es doble. No podrás encontrar a alguien más pobre que un rico; es doblemente pobre. No hace más que estar proyectándose en el futuro, y ahora sabe que el futuro no le proporcionará nada, porque ya tiene todo lo necesario. Se perturba, su mente se torna cada vez más ansiosa, más atemorizada. Se angustia. Eso es lo que le sucedió al Buda.

Era rico. Tenía todo lo que era posible tener. Era muy infeliz. Un día escapó de su palacio, dejó todas sus riquezas, a su bella esposa, a su hijo recién nacido, se escapó. Se convirtió en mendigo. Empezó la búsqueda de la felicidad. Fue a ver a este guru, al otro guru; preguntó a todo el mundo qué debía hacer para ser feliz. Y claro, salieron mil y uno dispuestos a aconsejarle, y el Buda siguió el consejo de todos. Y cuantos más consejos seguía, más confuso se hallaba.

El Buda intentó todo aquello que se le dijo. Alguien le dijo: «Haz *hatha-yoga*», y se convirtió en *hatha-yogui*. Adoptó posturas de yoga y lo llevó al extremo. Pero no obtuvo nada. Tal vez practicando *hatha-yoga* puedas tener un cuerpo mejor, pero no puedes llegar a ser feliz. Un cuerpo mejor, un cuerpo más sano, no cambia nada. Con más energía contarás con más energía para ser más infeliz, pero serás infeliz. ¿Y qué harás con ella? Si tuvieras más dinero, ¿qué harías con él? Sólo harías lo que puedes hacer. Y si un poco de dinero te hace tan desdichado, más dinero te hará todavía más desdichado. Es una cuestión de pura aritmética.

El Buda dejó todos los yogas. Se dirigió a otros maestros, a los *raja-yoguis*, que no enseñan posturas corporales, sino mantras, cantos, meditaciones. También lo probó, pero sin obtener nada. Buscó de verdad. Cuando buscas de verdad entonces no hay nada que resulte de ayuda, no hay remedio.

La gente mediocre siempre se detiene en algún punto a lo largo del camino; no son verdaderos buscadores. Un buscador de verdad llega hasta el extremo de la búsqueda, y se da cuenta de que toda búsqueda es absurda. La búsqueda en sí misma no es más que deseo, y eso hubo un día en que lo reconoció. Un día partió de su palacio, abandonó sus posesiones mundanas; al cabo de seis años de búsqueda espiritual, abandonó toda búsqueda. Primero abandonó la búsqueda material, y luego la espiritual. Primero dejó este mundo, y luego el otro.

Se deshizo por completo del deseo... y en ese preciso momento sucedió. *Ese* preciso momento tuvo lugar la bendición. Cuando se deshizo por completo del deseo, cuando hubo perdido toda esperanza, cuando desapareció el futuro... porque el futuro existe a causa de vuestra esperanza. El futuro no forma parte del tiempo, recuérdalo. El futuro es parte de tu esperanza, de tu deseo; el futuro forma parte de tu codicia. El futuro no forma parte del tiempo.

El tiempo siempre es presente. El tiempo nunca es pasado, ni futuro. El tiempo está *siempre* aquí. El ahora es infinito. El tiempo nunca va a ninguna parte. Ya está aquí y siempre aquí. Es tu codicia, es tu deseo, es tu esperanza de que de alguna manera, en alguna situación, serás feliz.

Una vez soltado todo deseo, abandonada toda esperanza, soltada toda esperanza, de repente, Gautama Siddhartha se convirtió en un buda. Siempre estuvo ahí, pero él buscó en otro lugar. Estaba ahí, dentro y fuera. Así es el universo: beatitud, es verdad, es divino.

El ser humano es desdichado porque le pasa desapercibida esta verdad fundamental acerca de su desear. Hay que entenderlo y, si se entiende, estos sutras resultan muy simples.

Dijo el Buda:

> «Hubo una vez un hombre que, desesperado por su incapacidad para controlar sus pasiones, quiso automutilarse. El Buda le dijo: "Mejor que destruyas tus propios pensamientos malvados que dañar tu propia persona. La mente es el señor. Y cuando el señor está tranquilo, la voluntad de los sirvientes es sumisa. Si tu mente no está limpia de pasiones malvadas, ¿qué sentido tiene automutilarte?"».

Hay que entender muchas cosas. Primera: existe un gran malentendido acerca de que el Buda estaba contra el cuerpo. Eso es absolutamente falso. Nunca estuvo contra el cuerpo. Pero no estaba *por* el cuerpo, y eso es verdad, pero nunca estuvo contra el cuerpo. Este sutra lo deja claro. Dice:

«Hubo una vez un hombre que, desesperado por su incapacidad para controlar sus pasiones, quiso automutilarse.»

Y han existido muchas personas así, no sólo una. Millones de personas han destruido sus cuerpos en busca de la verdad, de Dios, del éxtasis o de como quieras llamarlo. Millones de personas han concluido que el cuerpo es el enemigo. Hay cierta lógica en ello.

La gente cree que eres desdichado a causa del cuerpo. La gente cree que tienes sexualidad a causa del cuerpo; que es a causa del cuerpo por lo que hay codicia; que es a causa del cuerpo por lo que necesitas dinero; que es a causa del cuerpo por lo que necesitas relaciones. La gente cree que a causa del cuerpo surge todo tipo de problemas, así que ¿por qué no destruir el cuerpo? ¿Por qué no suicidarse?

Han existido muchas sectas religiosas suicidas, que enseñan el suicidio; dicen: «Hay que abandonar este cuerpo. Si tienes el valor suficiente, entonces abandona este cuerpo de un salto. Si no lo tienes, entonces hazlo por partes, poco a poco, corta el cuerpo, deja el cuerpo».

En Rusia, antes de la Revolución, hubo una secta *muy* popular –era muy popular– que solía enseñar a la gente a cortarse los genitales. Y tuvo miles y miles de seguidores que se mutilaban los genitales. La idea es que cortándose los órganos sexuales se va más allá del sexo. Eso no es más que una tontería, porque el sexo no existe en los órganos sexuales, sino en la mente. Puedes cortarte los órganos sexuales y el sexo seguirá existiendo, pero ahora será más neurótico porque no habrá manera de colmarlo.

En todo el mundo ha habido muchas sectas que han enseñado a ayunar. De vez en cuando, una vez al mes, ayunar puede ser provechoso, muy saludable, puede ser un proceso limpiador. Pero emprender largos ayunos no es más que destruir el cuerpo. Pero han habido sectas de ese tipo: en tiempos del Buda había una secta jainista obsesionada con la idea de ayunar. «Ayuna –un mes, dos, tres– y si mueres mientras ayunas, alcanzarás el cielo más elevado».

¿Por qué está tan arraigada la idea de ayunar? La comida y el sexo parecen ser las dos obsesiones del ser humano. Y la gente que piensa: «¿Cómo salir de esta desdicha?», cree que esas dos cosas son las razones que les hacen desdichados. De hecho, es justo al contrario.

Así me lo han contado:

Una compañía de líneas aéreas recibieron esta carta: «Señores... ¿podría sugerirles que sus pilotos no encendiesen la lucecita que dice: "Abróchense los cinturones de seguridad"?, porque cada vez que lo hacen, el vuelo acaba siendo muy movido».

Podéis tomar equivocadamente el efecto por la causa y la causa por el efecto, ¡y parece tan lógico! El hombre que escribió la carta debería haberlo observado una y otra vez: siempre que anunciaban que había que abrocharse los cinturones de seguridad, de repente el vuelo se tornaba muy movido, brusco. Lo había observado muchas veces: siempre que la luz se encendía con el anuncio, algo empezaba a ir mal. Su sugerencia es muy lógica... y absurda. El anuncio sólo aparece cuando el vuelo va a ser movido; el anuncio no crea el vuelo movido. Va a ser movido, y el anuncio te ayuda, anunciándotelo.

Pero eso también sucede en la vida cotidiana. Tu mente es sexual. Ahí está la causa. El cuerpo sólo la sigue. Pero cuando el cuerpo la sigue entonces te haces consciente. Todavía no eres tan consciente como para verlo cuando está en la mente. En cambio, cuando penetra en el cuerpo se torna muy sólido, y entonces te haces consciente. Tu percepción no es muy aguda. No puedes ver la causa más que cuando se convierte en efecto.

Lo percibes cuando ya está fuera de control. Lo percibes, y sólo te haces consciente de ello cuando se solidifica.

En ti, cualquier idea aparece en tres estados. En el primero, la idea es muda, carece de palabras, no se formula mediante pensamientos. Es sutil. Si pudieras percibirla ahí, te liberarías de ella. El segundo estado es cuando entra en las palabras, cuando se formula, cuando surge en ti un pensamiento. La gente está tan adormilada que ni siquiera se tornan conscientes de él en la segunda etapa. Y cuando el pensamiento se ha convertido en algo, cuando ya ha penetrado en el cuerpo grosero del cuerpo y el cuerpo ha sido poseído por el pensamiento, entonces te haces consciente de él. Todo ello no hace sino mostrar tu falta de conciencia.

Por eso el Buda dice que si realmente quieres desprenderte de la desdicha, del dolor, de esa vida que es casi un infierno, has de hacerte más y más consciente. Cuanto más consciente te haces, con más profundidad puedes percibir la causa. Y cuanto más profundamente percibes la causa, más fácil es deshacerse de ella. Si percibes cualquier deseo cuando ni siquiera ha entrado en tu mente consciente, cuando sigue siendo una sensación sin palabras, todavía en el inconsciente intentando alcanzar el consciente, entonces es muy fácil detenerlo.

Es decir, puedes tirar una semillita con mucha facilidad. No hay ningún problema. Pero cuando ha echado raíces y se ha convertido en un arbolote, será muy difícil desarraigarlo.

Primero la idea surge en el hondón. Luego entra en la mente. Y a continuación entra en el cuerpo. Sólo la percibes cuando ha entrado en el cuerpo. Pero hay gente que anda tan dormida que ni siquiera entonces se da cuenta. Sólo la siente cuando ha entrado en el mundo.

Por ejemplo, la cólera surge primero en el hondón, sin palabras, indefinida. Luego pasa a ser un pensamiento. A continuación, penetra en tu cuerpo; se libera adrenalina y otros venenos en tu flujo sanguíneo, y de repente estás dispuesto a matar o dar una paliza a quien sea, de morder al primero que pase. Te vuelves loco de rabia. Pero ni siquiera te has hecho consciente. Golpeas a alguien y entra en el mundo. Ésa es la cuarta etapa. Entonces te tornas consciente: «¿Pero qué he hecho?».

¿No te has fijado? Cuando has pegado a alguien –a tu hijo, tu amigo, tu esposa–, entonces te tornas consciente: «¿Pero qué he hecho? ¡No quise hacerlo! Ha sucedido a mi pesar», dices. Eso sólo demuestra tu inconsciencia.

Profundiza y percibe cualquier cosa que surja en la primera etapa, y será tan fácil... igual que si destruyeses una semillita, pero destruir un árbol ya te costará más. Y cuando el árbol ha enviado sus millones de semillas por el aire, entonces está más allá de tu control. Los vientos se llevarán las semillas a campos lejanos; te será imposible descubrir dónde han caído. Ahora ese árbol ya no es uno, sino que ha creado muchas posibilidades de sí mismo. Será imitado en muchos campos.

Dice el Buda que destruir el cuerpo no es de ninguna ayuda. Si tus ojos te hacen desear mujeres hermosas y hombres guapos, no te servirá de nada cegarte.

En la India hay una historia sobre un santo, sobre Surdas. No creo que sea cierta, pues de serlo Surdas no sería ningún santo. Surdas sólo puede ser santo si la historia no es verdadera. Es tan auténtico, y su percepción tan pura... que la historia debe ser falsa.

> La historia es la siguiente: Surdas abandonó el mundo. Pasaba por una población y vio a una hermosa mujer, a la que siguió como si lo arrastrase un imán. ¡Y también empezó a sentirse culpable! Era un *sannyasin*, había renunciado al mundo... ¿qué estaba haciendo? Pero fue incapaz de controlarse, o al menos así dice la historia.
>
> Se dirigió a la mujer pidiéndole comida, pero no era más que una excusa. A partir de entonces empezó a ir a ver a la misma mujer cada día: sólo para ver su rostro, para mirar sus ojos, para tener un pequeño contacto. Empezó a soñar con ella. Se pasaba el día pensando y fantaseando con ella, y esperaba ansioso la llegada del día siguiente para poder volver a ver a la mujer.
>
> Luego, poco a poco, se hizo consciente de que se estaba metiendo en una trampa. Y la historia dice que, como eran sus ojos los que le hacían consciente de la belleza de la mujer, se los destruyó, convirtiéndose en ciego.

Yo lo que digo, y lo digo en serio, es que esa historia es una invención, ¡porque vaya tontería! Surdas no pudo hacer algo así. Debieron de inventarla algunos ciegos; debió inventarla gente estúpida que no deja de inventar estupideces. Es estúpida porque los ojos no tienen nada que ver... Es la mente. Es la mente la que se acerca mediante los ojos. Es la mente la que se acerca mediante la mano.

Cuando pegas o matas a alguien, el asesino no es la mano, eres tú. Y cortarte la mano no servirá de nada. No puedes ir al tribunal y decirle al juez que fue tu mano.

En una ocasión hubo un hombre que dijo eso en un tribunal: «Mi mano es la que mató». El magistrado también era muy inteligente y espabilado. Han de serlo porque han de tratar con la gente más espabilada y artera. Utilizan la misma lógica.

Así que el magistrado dijo:

–Tiene usted razón, es totalmente lógica; no es usted el que ha matado, sino sus manos. Así que sus manos se van a quedar en prisión. Puede usted irse a casa, pero las manos se quedan.

Encadenaron las manos y el magistrado preguntó:

–¿Por qué no se marcha?

–¿Cómo puedo irme sin las manos?

Y el magistrado respondió:

–Si no puede irse sin las manos, ¿cómo es que las manos pudieron hacer algo sin usted? Usted es su socio, aunque de hecho, las manos sólo son sirvientes... Usted es el amo.

«Hubo una vez un hombre que, desesperado por su incapacidad para controlar sus pasiones, quiso automutilarse.»

El Buda no está contra el cuerpo; no es anticuerpo. ¡No puede serlo porque el cuerpo es inocente! Nunca ha hecho nada erróneo. ¡Es tan puro...! No puede hallarse nada más puro en este mundo.

Sí, una cosa es cierta: que hagas lo que hagas, el cuerpo te sigue. Es un sirviente muy obediente. El cuerpo te acompaña aunque vayas a matar a alguien; nunca dice que no. Si vas a rezar al templo, el cuerpo te sigue. Nunca dice que no. Tanto si vas a cometer un crimen como a rezar al templo, el cuerpo te sigue obedientemente, como una sombra.

No, el cuerpo nunca es el responsable.

Hay algo que hay que comprender muy bien sobre el cuerpo. El cuerpo es algo único en el mundo; no hay nada que se le pueda comparar. Cuenta con una situación única: es el único objeto del mundo que puedes observar desde ambos lados, desde fuera y desde dentro. Si mirar una piedra, la mirarás desde fuera. Si miras a la luna, la mirarás desde fuera. Excepto el cuerpo, tu cuerpo, todo lo demás lo ves desde fuera. Tu cuerpo es el único objeto en el mundo que puedes mirar tanto desde fuera como desde dentro.

De ahí que el cuerpo sea la llave del interior, el cuerpo es la llave del viaje interior. ¿Cómo podría el Buda estar en contra? Además, ya ves el cuerpo del Buda –tan hermoso, tan grácil–, ¿cómo podría estar en contra? Observa las imágenes del Buda: debe haber amado su cuerpo, debe haber tenido una compasión extrema por su cuerpo. Su cuerpo es como una flor, es como una rosa, o como un loto. No, no puede estar contra el cuerpo.

Y si la gente interpreta que el Buda estuvo contra el cuerpo, quienes lo hacen están proyectando sus propias interpretaciones.

El Buda le dijo: «Mejor que destruyas tus propios pensamientos malvados que dañar tu propia persona. La mente es el señor. Y cuando el señor está tranquilo, la voluntad de los sirvientes es sumisa».

Todo el esfuerzo que hace el Buda es para hacerte consciente de que lo que eres lo eres a causa de tu mente. Si eres desdichado, entonces la mente funciona en una pauta errónea. Si eres feliz, entonces la mente funciona en la pauta adecuada.

La felicidad no es más que el murmullo del mecanismo de la mente cuando ésta funciona perfectamente. Cuando la mente está armonizada con el universo, eres feliz. Cuando la mente va contra la naturaleza, contra la ley natural –lo que el Buda denomina el *dhamma*–, cuando la mente va contra el *tao*, cuando la mente va contra la corriente, cuando la mente intenta nadar contra corriente, entonces aparecen los problemas, la desdicha. Cuando la mente simplemente sigue la corriente como una madera de deriva, cuando acompaña a la corriente allí adonde va, entonces es feliz. Y llega un día en que realiza lo esencial, la beatitud oceánica. No es necesario esforzarse, sucede sin esfuerzo alguno.

Así que el Buda dice que la cuestión básica no es el cuerpo, y tampoco el alma. El alma no tiene problemas, y el cuerpo tampoco. El problema está entre ambos. El problema es la mente, que vincula el cuerpo y la mente; la mente que tiende un puente entre lo desconocido y lo conocido, entre lo invisible y lo visible, entre lo informe y la forma... El único problema es este puente. Si puedes resolver la mente, te hallarás de repente en casa.

El problema es la mente. ¿Qué podemos hacer para cambiar la mente? ¿Qué podemos hacer para tener una mente que funcione mejor? Vuelve a aparecer un deseo, y vuelves a encontrarte en la trampa de la mente.

Si te enseño que debes ser sin deseos y ser feliz, surgirá de inmediato un deseo en la mente: ¿cómo ser sin deseos? Empezarás a buscar claves, métodos y técnicas acerca de cómo devenir sin deseos. Querer vivir sin deseos se ha convertido en otro deseo. Si digo que el problema es la mente, enseguida preguntas cómo resolverlo, cómo disolverlo, cómo deshacerte de ello, pero quien está haciendo la pregunta vuelve a ser la propia mente. Y quien lo intentará volverá a ser la mente. Así que hagas lo que hagas no hay manera de salir de la mente. Pero no obstante, tu pregunta sigue siendo importante: ¿qué podemos hacer?

Debemos observar la naturaleza de la mente y no intentar hacer nada más. Todo lo necesario es una comprensión profunda de la naturaleza de tu propia mente. Permite que te lo explique.

Dice el Buda que si deseas serás desdichado. Pero entonces surge un deseo: «¿Cómo ser sin deseo?, porque queremos ser felices y no desdichados». Y vuelve a aparecer el deseo y la desdicha. Cuando el Buda dice que el deseo crea desdicha, quiere simplemente decir que observes cómo aparece el deseo, cómo crea desdicha. Sólo observa. Todo deseo te reporta desdicha.

Vas caminando por la calle y ves pasar un coche precioso –como un relámpago–, y en ti se manifiesta el deseo de poseer ese coche. Ahora eres desdichado. Un instante antes estabas de maravilla, sin miseria aparente, y hete aquí que pasa ese coche y aparece la desdicha. El Buda te dice: «Observa».

Sólo un instante antes ibas tarareando una canción mientras dabas tu paseo matinal, y todo era maravilloso: los pájaros trinaban, los árboles eran verdes, la brisa matinal te refrescaba, el sol era fantástico... todo era hermoso. Te hallabas en un mundo poético lleno de gozo, vigor y gusto, te sentías genial y formabas parte de esta hermosa mañana. Todo era como debe ser... y de repente pasa ese coche.

No es que el propietario del coche lo haya hecho para molestarte; probablemente ni siquiera es consciente de tu existencia. No intenta crear desdicha alguna en tu ser... así que no te enfades con él. Tampoco es el coche el que crea desdicha en ti, porque ¿cómo puede un coche hacerte desdichado? Es tu deseo el que lo hace.

Al ver el coche aparece un deseo: «Debería poseer ese coche; ese coche tendría que estar en mi garaje». Y ya dejas de ver el verde de los árboles, los pájaros ya no trinan, y el sol ni siquiera existe... está oscuro. El sol ha desaparecido en plena mañana; todo es deprimente y oscuro. Estás lleno de deseo y rodeado de humo. Has perdido contacto con la vida, así, ¡en un instante! Un parpadeo de deseo y te trasladas a millones de kilómetros de la belleza, de la verdad, de la alegría.

Así que sólo observa. El Buda os dice que observéis. Quedaos en la acera... observando: ¿qué ha pasado? Ha aparecido un pequeño deseo y te has visto abocado al infierno, y eso que casi estabas en el cielo. ¡Cuántas veces cambias el cielo por el infierno en veinticuatro horas! Y es porque no observas.

Viene gente que me pregunta: «¿Existe el cielo? ¿Y el infierno?». Y a mí me sorprende porque no hacen más que pasar del cielo al infierno... ¡continuamente! Como si fuesen en un tren de enlace entre ambos. Sólo hace falta un segundo, un milisegundo... y de repente están en el infierno y otra vez en el cielo.

No tienes más que observar de qué manera el deseo conlleva el infierno, cómo el deseo es el infierno. Y no preguntes cómo realizar la carencia de deseos, porque no es necesario. Si has observado la naturaleza del deseo y te has dado cuenta de que reportaba desdicha, entonces esa comprensión llevará al abandono del deseo. Sigue observando. Si no sucede es porque tu comprensión no es lo suficientemente profunda, así que profundiza en ella.

Y no es cuestión de que nadie pueda iluminarte en la cuestión... Es tu deseo, y sólo tú puedes observar. Yo no puedo observar tu deseo. Y tú no puedes observar el deseo de nadie más. Es tu mundo particular. Cielo o infierno son cosas particulares, y pasas de uno a otro en cuestión de milisegundos.

No tienes más que observar...

La palabra que el Buda utiliza es "observar, estar atento". Así que estate atento. No crees deseo alguno de carencia de deseos, de otro modo no harás más que actuar de manera muy estúpida... pues estarás creando un nuevo deseo y con él más desdicha. Sólo profundiza en la naturaleza del deseo, profundiza. Observa cómo provoca oscuridad, cómo crea desdicha, con qué rapidez se apodera de ti, te supera. Observa, presta atención.

Algún día sucederá: pasará un coche y, antes de que surja en ti el deseo, estarás atento, y de repente te vendrá una sonrisa a los labios. Te habrás vuelto atento; el deseo no habrá surgido, aunque el coche haya pasado. El coche no tiene nada que ver con el deseo. El deseo aparece porque eres inconsciente, estás distraído, adormecido; vives una vida de sonámbulo, de borracho.

Estar atento es carencia de deseos. La conciencia del deseo reporta carencia de deseo. Y esa es la llave que hay que utilizar para abrir muchas cerraduras.

Si eres avaricioso, no preguntes cómo deshacerte de ello, porque eso vuelve a ser avaricia, bajo otro nombre, en otra forma. Has escuchado a santos, a *mahatmas*, has leído las escrituras, y todos dicen que si eres avaricioso acabarás en el infierno. Y a raíz de ello aparece la avaricia de querer ir al cielo. Y esas escrituras dicen que en el cielo todo es estupendo, fabuloso. Crean avaricia. Ahora te preguntas cómo deshacerte de la avaricia porque en ti ha aparecido una nueva avaricia: ¿cómo llegar al cielo?, ¿cómo entrar en el paraíso?, ¿cómo vivir allí para siempre, eternamente, en éxtasis, beatífico? ¡Es una nueva avaricia!

Pero ése no es el camino. Realmente el camino del Buda es el mejor que nunca ha aparecido en la tierra. El camino del Buda es el más penetrante y el más revolucionario de todos. Dice que observes la avaricia. Sólo obsérvala y verás lo que es y qué hace que seas desdichado. En esa observación empezará a titilar una luz en tu interior; tu llama interior arderá, haciendo que desaparezca la oscuridad de la avaricia. Y lo mismo sucede con la violencia, con la cólera y con la posesividad... Lo mismo con *todo* lo que os hace desdichados.

Una vez has probado algo, sea lo que sea, el deseo de repetirlo vuelve a aparecer una y otra vez. No haces más que pedir una y otra vez que se repita en el futuro aquello que conociste en el pasado. Tu futuro no es más que tu pasado modificado. Tu futuro no es más que el deseo de repetir tu pasado. Y claro, no puedes culpar a nadie por estar viviendo una vida aburrida. Pides aburrimiento porque pides repetición. Imagina que sucede algo, por ejemplo, que estabas sentado y se hizo visible la primera estrella del anochecer. Y la observas. Y fue un anochecer tranquilo; hacía fresco y las aves regresaban a sus nidos. Había silencio, todo era muy musical y tú estabas sintonizado. Al observar la aparición de la estrella sentiste belleza. Ahora has probado algo, algo que atesorarás. Ese tesoro te hará desdichado. En primer lugar, lo anhelarás una y otra vez. Ese anhelo creará desdicha. Y su anhelo no podrá repetirse, recuérdalo, porque sólo sucedió porque no existía anhelo en ti. Estaba simplemente sentado sin saber lo que iba a suceder. Sucedió en un estado de inocencia. Sucedió en un estado carente de expectativas. Sucedió porque no lo buscabas. Ése es el ingrediente básico. No buscabas, no pedías. De hecho, no deseabas... simplemente estabas allí. De pronto te hiciste consciente: la primera estrella. Y *en* ese momento, cuanto te hiciste consciente de la primera estrella, no pensabas que eso era felicidad, recuérdalo también. Eso vino después, fue una recapitulación. En ese momento estabas simplemente ahí, ni eras feliz ni infeliz, nada. Esas palabras no significaban nada. La existencia es tan vasta que ninguna palabra tiene sentido.

Pero desaparece y entonces queda un recuerdo. Y te dices una y otra vez: «Fue hermosísimo... ¡Qué hermoso! ¡Qué divino!». Ahora surge el deseo de repetirlo cada anochecer. Al día siguiente vuelves a esperar, pero ahora ha cambiado la situación: lo esperas, lo estás buscando. Quieres repetir esa antigua experiencia. Eso es algo que no estuvo presente en la experiencia anterior. Y eso te impedirá experimentarlo. Pides demasiado. No estás relajado; estás tenso. Te preocupa si volverá a suceder o si no sucederá. No pasará.

En primer lugar, ahora no es posible porque has perdido la inocencia, ese estado inexperiencial donde no existía recuerdo, donde no había pasado, ni futuro. En segundo lugar, si algún día se repitiese resultaría aburrido porque sería una repetición. Ya lo has conocido. La belleza está en lo nuevo, nunca en lo viejo. La belleza está en lo fresco, en lo reciente, nunca en lo muerto. La belleza pertenece a lo original, nunca a una copia de papel carbón. La belleza es cuando una experiencia es de primera mano, no de segunda. Y aunque volviese a suceder, no te reportaría felicidad; sería una experiencia de segunda mano. Y recuerda: Dios nunca es de segunda mano. Dios siempre es fresco, reciente.

Para saber que Dios está en la belleza del anochecer, o en la belleza de un pájaro, has de ser absolutamente inocente. Hay que haber abandonado por completo el pasado y no se debe permitir al futuro que interfiera. Entonces, y sólo entonces, hay belleza y bendición, felicidad y gozo.

Una vez que experimentas algo empiezas a pedirlo otra vez, te conviertes en un mendigo. Y por ello nunca desaparecerá. Y llevarás contigo ese recuerdo como si fuese una herida.

¿Te has fijado? Obsérvalo: siempre que eres feliz, en ese preciso momento no sabes que se trata de felicidad. Es sólo después –cuando la experiencia ha desaparecido, se ha desvanecido, cuando ya no es–, cuando la mente se mete y empieza a buscarla, empieza a comparar, a evaluar, a juzgar, y dice: «¡Sí, fue maravilloso! ¡Qué bonito!». Pero cuando la experiencia estuvo presente, la mente no lo estaba.

Y cuando la mente se mete, la felicidad ya no está. Ahora sólo queda un recuerdo, un recuerdo muerto. Tu amante ya se ha marchado; sólo te queda una carta escrita por él. La flor se ha marchitado, sólo es una imagen en tu mente. Esa imagen impedirá que la felicidad vuelva a penetrarte, esa imagen será la barrera, una roca cerrando el paso.

Dice el Buda que no cargues con el pasado ni pidas el futuro, sólo estate aquí y ahora. Entonces está presente la inmente, la no-mente. Y el cuerpo simplemente sigue esa inmentalidad.

Ahora mismo el cuerpo sigue a la mente, y la mente es la culpable, y en cambio tú no haces más que castigar al cuerpo. Casi es como un niño pequeño: llega corriendo a la habitación, se da contra la puerta, se enfada con la puerta, empieza a darle patadas, como si la puerta tuviese la culpa.

Pero no sólo los niños hacen cosas así, también los adultos. Intentas escribir y la pluma no funciona bien; te enfadas y la tiras al suelo... ¡castigas a la pluma! ¿Y todavía crees que el ser humano es racional? ¿Sigues creyendo que es un ser racional?

Cuando llegas a casa de mal humor... ¿Te has fijado? Abres la puerta con tal cabreo que das un portazo. Pero la puerta no te ha hecho nada...

Sucedió en una ocasión:

> Un hombre fue a ver a un maestro zen; dio un portazo y tiró los zapatos. Llegó ante el maestro, se postró, le tocó los pies. El maestro dijo:
>
> —No puedo aceptar tu saludo. Primero vete a pedirle perdón a la puerta, y a los zapatos.
>
> El hombre dijo:
>
> —¿Pero qué dice? ¿Quiere que me convierta en un hazmerreír?
>
> Había mucha gente sentada por allí.
>
> Y el maestro dijo:
>
> —Si no lo haces no permitiré que sigas aquí. ¡Lárgate! Si puedes insultar a la puerta y a los zapatos, entonces has de pedir perdón. ¿No te dabas cuenta de que hacías algo ridículo cuando los insultaste? ¿Y sólo te sientes ridículo ahora, cuando te pido que te disculpes ante ellos? ¡Vete y hazlo!
>
> Así que fue. Al principio se sintió un poco ridículo, con toda aquella gente mirando... pero pidió perdón. Dijo:
>
> —Por favor, perdónenme, no era consciente e hice algo erróneo inconscientemente, perdónenme.
>
> Así les habló a la puerta y a los zapatos, y cuando regresó ante el maestro era un hombre totalmente distinto. El maestro le miró escrutándole y le abrazó. El hombre dijo:
>
> —¡Ha sido genial! Cuando pedí perdón primero me sentí ridículo, y luego me sentí tan bien... Nunca me había sentido así. En realidad creo que me han perdonado. Sentí su compasión, su simpatía, y su amor.

Y vosotros no hacéis más que comportaros de manera inconsciente. Esa inconsciencia de vuestro comportamiento es todo lo que el Buda quiere decir con la palabra "mente". La mente es vuestro sueño. La mente es vuestra ausencia. Y si el cuerpo sigue a esta mente, a esta mente soñolienta y borracha, no debéis enfadaros con él.

> «La mente es el señor. Y cuando el señor está tranquilo, la voluntad de los sirvientes es sumisa.»

Cuando la mente está tranquila se convierte en inmente. Inmente y mente tranquila significan lo mismo; no son dos cosas distintas. Una mente tranquila, una mente fresca, es una inmente, porque la mente es la fiebre. La mente es la ansiedad, la tensión continua, la enfermedad. Sí, la enfermedad es la mente. Cuando la enfermedad desaparece, funcionáis en un estado que es inmental, y entonces el cuerpo sigue.

El cuerpo es un seguidor. Si tenéis mente, el cuerpo sigue a la mente; si tenéis inmente, el cuerpo sigue a la inmente.

Pero no empecéis a pelear con la mente. No seáis estúpidos.

> «Si tu mente no está limpia de pasiones malvadas, ¿qué sentido tiene automutilarte?».

A continuación, el Buda recitó el *gatha:*

> «Las pasiones nacen de la voluntad; la voluntad nace del pensamiento y la imaginación. Cuando ambos están tranquilos, no hay ni sensualismo ni transmigración».

Dijo el Buda:

> «Este *gatha* fue enseñado antes por Kashyapabuddha».

Dijo el Buda: «Antes de mí han habido millones de budas y después de mí habrán millones de budas».

Eso es algo muy nuevo en el mundo de las religiones.

Dijo Mahavira: «Antes de mí sólo hubieron veintitrés *tirthankaras*, y después de mí no habrá ningún *tirthankara* más».

Dijo Mahoma: «Antes de mí sólo hubieron cuatro profetas, y después de mí no habrá ninguno más».

Dijo Jesús: «Soy el hijo unigénito de Dios».

El Buda es extraño. Él dijo: «Antes de mí han habido millones de budas y después de mí habrán millones de budas». Y parece que debe ser cierto, porque ¿sólo veintitrés *tirthankaras* en toda la infinitud? ¿Y qué pasa con Rama, y con Krishna?

No están incluidos en los *tirthankaras* jainistas.

Dijo Mahoma: «Antes de mí sólo hubieron cuatro profetas, y después de mí no habrá ninguno más». ¿Y qué pasa con Mahavira, y con Krishna, y con el Buda? No están incluidos.

315

Dijo Jesús: «Soy el hijo unigénito de Dios». Parece absurdo que Dios tenga un solo hijo. ¿Y qué ha hecho luego? ¿Ha utilizado medios anticonceptivos? Parece absurdo, y crea fanatismo. Luego los cristianos van creyéndose superiores porque son seguidores del único hijo de Dios. Los demás, como mucho, son profetas, eso si los reconocen, pero el suyo es el hijo único de Dios. Eso crea ego y superioridad.

Los hinduistas dicen que sólo tienen veinticuatro *avataras*. Hace unos cuantos siglos sólo pensaban en diez *avataras*. Luego los ampliaron... porque los jainistas afirmaban contar con veinticuatro *tirthankaras* en total, así que la competición era mucha. Así que se dijeron: «Vale, pues nosotros tendremos veinticuatro». El número veinticuatro se convirtió en la norma; incluso los budistas empezaron a decir que sólo hay veinticuatro budas. Y como resulta que cuando los *tirthankaras* son veinticuatro, y los budas también son veinticuatro, tener sólo diez *avataras* quedaba un poco mal, los hinduistas ampliaron su número. Dejaron de lado a los diez *avataras* y también proclamaron contar con veinticuatro. ¿Pero y Mahavira, y Adinatha? No están incluidos.

El Buda los incluye a todos. Es tremendamente inclusivo y no crea sentimiento de superioridad, dice que antes existieron millones de budas y que después de él también existirán millones. Al mundo nunca le han faltado budas... ¡Y así es como debe ser!, porque ser un buda sólo es ser consciente de tu propia naturaleza. No es nada especial. Parece serlo porque no lo has intentado, pero es tu propio tesoro, y sólo has de reclamarlo.

Fíjate en la belleza de toda la cuestión: el Buda no reclama nada especial para él. Dice que han existido muchos budas, y que habrá millones más. Fíjate en la belleza de su declaración. Está diciendo acerca de sí mismo: «Sólo soy uno entre millones. ¡No tengo nada de especial!». Así es como debe ser una persona auténticamente religiosa: nada especial, muy común. Cuando hay millones de budas, ¿cómo puede ser uno especial? Sería especial si su número fuese limitado.

Hubo mucho conflicto, porque cuando Mahavira afirmó que él era el vigésimo cuarto, había otros ocho que afirmaban serlo. ¡Serios problemas! Nadie estaba dispuesto a creer en los otros, y no había modo de demostrar la verdad. ¿Cómo puedes demostrar quién es el verdadero *tirthankara*?

Unos cuantos eligieron a Goushalak y le siguieron; otros eligieron a Mahavira y le siguieron. Otros cuantos eligieron a otros –Ajit Keshkambal, Sanjay Vilethiputta–, y todavía había más pretendientes. ¿Cómo decidir? Los cristianos dicen que Jesús es el unigénito de Dios, y los judíos le crucificaron. ¿Cómo decides eso? Los judíos creyeron que era un engaño.

Los judíos también andan esperando a un Mesías, desde hace siglos, pero nunca dejan que nadie se convierta en ese Mesías porque entonces ¿a quién esperarían? Esperan, esperan, y esperan, y han esperado desde hace tanto que ahora ésa es una actitud tan habitual para los judíos que no dejan que nadie sea el Mesías. Jesús afirmó serlo; pero hay otros muchos que también lo han afirmado después de Jesús. Pero cualquiera que afirme: «Soy el Mesías», ha de ser destruido, ha de ser rechazado, hay que demostrar que es un farsante.

El Mesías llegará, pero no le dejarán manifestarse como tal. Tras siglos de espera se han hecho adictos a esperar. Ahora esperarán, y aunque Dios aparezca, también le crucificarán, porque dirán: «¿Y a quién le haces falta? Hemos estado esperando, existimos en nuestra esperanza». Los judíos no hacen más que esperar.

Pero todo el mundo lo intenta... Los judíos creen ser la raza elegida, que Dios les ha elegido especialmente a ellos; los hinduistas creer ser la raza elegida; los jainistas creen ser los elegidos. Así que el Buda es raro. El Buda dice que hubo millones de budas antes, incontables. De hecho, dijo que han sido más que los granos de arena del Ganges, y que habrá muchos más. Eso le convierte en alguien muy normal, pero ésa es su belleza.

Lo excepcional es no reclamar ninguna excepcionalidad. Cuando se reclama, cuando se afirma ser superior, no haces sino demostrar que padeces un complejo de inferioridad.

Mahoma dice que no habrá ningún profeta más. ¿Por qué cierra la puerta? Y por ello, si alguien afirmase ser el profeta, los musulmanes le matarían, porque Mahoma cerró la puerta. ¿Pero quién era él para cerrar la puerta? La puerta no pertenece a nadie o pertenece a todos. ¿Cómo pudo cerrarla? ¿Y por qué surge una idea así? Mahavira piensa que él es el último, Mahoma cree que él es el último, Jesús cree que él es el último ¿Qué quiere decir eso? Pues que no permites la evolución, no permites que evolucione ninguna idea nueva. Estás cerrando la puerta, creas un dogma cerrado, para que nadie pueda perturbarlo.

El Buda mantuvo la puerta abierta: dijo que millones... Recuerda su *gatha* de un buda anterior, Kashyapabuddha. Dice: «*Este* gatha *fue enseñado antes por Kashyapabuddha*».

«Las pasiones nacen de la voluntad; la voluntad nace del pensamiento y la imaginación. Cuando ambos están tranquilos, no hay ni sensualismo ni transmigración.»

La voluntad quiere decir el ego. La voluntad significa luchar contra la existencia. Siempre que observas a alguien luchando contra corriente, dices: «Es una persona con mucha fuerza de voluntad». ¿Qué quieres decir con "fuerza de voluntad"? Toda voluntad es contra Dios. Luchas con él. Intentas hacer algo que no está en la naturaleza de las cosas. Intentas forzar algo. Si eres violento con la naturaleza, entonces tienes voluntad.

Hay personas que vienen a verme y me dicen: «Osho, ayúdenos a tener más fuerza de voluntad». ¿Para qué? ¿Soy vuestro enemigo? ¿Debo ayudaros a ser todavía más dementes? ¿Fuerza de voluntad? Pero en Occidente la fuerza de voluntad es muy importante porque se cree que contar con un ego fuerte es un requisito necesario, que debéis tener fuerza de voluntad, que debéis desarrollarla. En el mercado existen miles de libros sobre cómo desarrollar fuerza de voluntad, y venden bien, porque la gente quiere contar con egos más y más refinados.

Dijo el Buda: *«Las pasiones nacen de la voluntad...»*, los deseos nacen de la voluntad. El yo, el ego, es la raíz de la mente. Toda vuestra mente está centrada alrededor del yo.

«La voluntad nace del pensamiento y la imaginación...». El pensamiento viene del pasado; la imaginación significa movimiento en el futuro. Todo lo que habéis experimentado, pensado, aprendido, no es más que vuestro ego. Y todo aquello que queréis experimentar en el futuro, que os gustaría tener en el futuro, es vuestra voluntad. Son dos aspectos del mismo fenómeno.

«Cuando ambos están tranquilos...», cuando no hay pensamiento significa que no hay pasado, y cuando no está presente la imaginación, la proyección, las ensoñaciones, tampoco lo está el futuro: *«Cuando ambos están tranquilos, no hay ni sensualismo ni transmigración»*. Dice el Buda que desaparecen *todos* los sensualismos; luego uno ya no codicia los sentidos y sus experiencias.

Recuerda: la desaparición del sensualismo no significa que desaparezca tu sensibilidad, sino que de hecho te tornas increíblemente sensible. Una persona sensual no es sensible; una persona sensual es muy grosera, muy basta, muy primitiva. Una persona sensible está muy desarrollada, muchísimo; es muy receptiva. Una persona sensual busca el placer, y la persona sensible es la que sabe que el gozo está aquí y permanece abierta, bañándose en la divina beatitud. La absorbe como una esponja. Es sensible.

La persona sensual siempre anda tras algo, intenta conseguir algo: dinero, poder, prestigio. La persona sensible simplemente está viva aquí y ahora, disfrutando de la belleza disponible. Cuando llega el mañana, el mañana se ocupa de sí mismo.

Eso es lo que quería decir Jesús cuando dijo: «No penséis en el mañana». Eso es lo que Jesús dijo cuando mostró a sus discípulos los lirios del campo: «Reparad en los lirios del campo, cómo crecen; no trabajan ni hilan; mas os digo que ni aún Salomón con toda su gloria fue vestido así como uno de ellos. Y si a la hierba del campo, que hoy es y mañana es echada en el horno, Dios la viste así, ¿no hará mucho más por vosotros, hombres de poca fe?».

Una persona sensible es como una flor, abierta a la existencia, disfrutando de ella –disfrutando enormemente–, pero sin buscar nada. Su búsqueda se ha disuelto. No persigue nada.

Así me lo han contado:

Un hombre lo perdió todo en los casinos de Las Vegas. Entró en todos los que había, y todos sus intentos acabaron siendo un desastre. Y al final todo lo que le quedó fue una moneda de cincuenta centavos. Mientras caminaba por la calle la lanzaba a lo alto, intentando imaginar cómo podría volver a hacer otra apuesta, cuando de repente la moneda se le cayó en un enrejado en medio de la calle. Como se lanzó a recuperarla sin pensárselo, le acabó atropellando un taxi y le ingresaron en el hospital con una pierna rota.

Salió al cabo de un par de meses, y con la indemnización obtenida del seguro regresó a los casinos. De camino, volvió a pasar por la misma rejilla donde había perdido la moneda. Estaba mirando si podía recuperarla cuando le atropelló otro taxi, y otra vez le ingresaron en el hospital, con la otra pierna rota.

–¿Cómo es posible que le hayan atropellado dos veces en el mismo sitio? –preguntó la enfermera–. Es decir, ¿qué demonios estaba haciendo otra vez en esa estúpida rejilla?

–Era mi amuleto de la suerte –explicó él–, y no quería perderlo.

La gente no hace más que perseguir cosas, y en cada ocasión le sacuden, le atropellan. La vida queda así compuesta por heridas y más heridas, pero no por ello deja la gente de ir tras las mismas cosas, como si no pudiese ver lo que les pasa.

Una persona sensible permanece donde está, y la verdad le busca a ella. Una persona sensual corre de aquí para allá, sin ton ni son, persiguiendo ahora esto, ahora lo otro. Y ésa es la belleza del proceso: si persigues la verdad nunca la encuentras, porque no sabes dónde está. Si persigues la felicidad nunca la hallarás, porque desconoces dónde para, ni siquiera sabes qué cara tiene, y aunque te la encontrases no sabrías reconocerla. La persona sensible simplemente se sienta donde está y la felicidad llega hasta ella, y la beatitud llega hasta ella, y la verdad llega hasta ella.

Dice el Buda:

«De las pasiones surge la preocupación, y de la preocupación proviene el miedo. Fuera con las pasiones, sin miedo, sin preocupaciones».

Obsérvalo. No son teorías. Son hechos de la vida. El Buda no es un teórico, ni un metafísico... de ninguna manera. Es un científico de los hechos básicos de la vida. Sólo habla sobre un acto. No tienes por qué creer en ello. Sólo has de observar y descubrirás su verdad.

Dice: *«De las pasiones surge la preocupación...»* Siempre que se manifiesta un deseo, se manifiesta una preocupación: ¿cómo lo conseguiré?, ¿cómo lo lograré? Estás preocupado. Y cuando te preocupas tienes ante ti miles de opciones. Entonces se manifiesta una preocupación más: ¿cuál será la opción adecuada para lograrlo?, ¿cuál será la mejor manera? ¡Hay tantos competidores en el mundo, y tanta gente que lo ha intentado y fracasado...! Fíjate en Alejandro Magno y en Gengis Khan, y en Nadir Shah... y en tantos otros, y eso que lo intentaron con ganas, y no obstante fracasaron. ¿Qué garantía tienes de que tú lo conseguirás? Entonces surge el miedo. ¡Son hechos simples!

Un hombre entra en una tienda a comprarse un traje. El dependiente le prueba una chaqueta tras otra, y acaba diciéndole al cliente: «Dése la vuelta, veamos si con esta luz.. Ahora mirémosla en el espejo doble; ahora desde este ángulo; ahora desde el otro». Y no obstante, el hombre quiere seguir probándose otras chaquetas.

Finalmente aparece el jefe y toma una chaqueta. El cliente se la prueba y la compra de inmediato. Y dice el jefe:

–¿Has visto que fácil es hacer una venta?

–Sí, muy bien –contesta el dependiente–. Usted ha hecho la venta. ¿Pero quién le mareó antes?

Una vez que aparece una pasión acabará mareándote a base de preocupaciones, aprensiones; qué elegir, qué no elegir, adónde ir, cómo ir; ¿cuál será la técnica adecuada, el método adecuado, el enfoque adecuado? Y luego está el miedo: ¿lo lograrás? Un miedo constante. Así que acabas mareado.

La pasión es el vendedor. Y luego aparece el diablo, el jefe. Y tú te encuentras de repente en el infierno. El deseo acaba mareándote. Y nadie puede estar seguro, nadie.

El otro día leí una bonita anécdota:

El padre O'Malley y el rabino Cohen estaban jugando al golf. En el tercer hoyo, el padre O'Malley tiró una bola al matorral, y gritó:

–¡Mierda!

Luego miró al cielo y dijo:

–Señor, lo siento muchísimo. Ha sido un descuido.

En el quinto hoyo dio otro golpe terrible que volvió a enviar la bola al matorral. Y volvió a gritar:

–¡Mierda!

Otra vez miró al cielo y dijo:

–Señor, perdóname de nuevo. Lo siento muchísimo.

En el noveno hoyo, volvió a hacer lo mismo, al matorral. Y gritó:

–¡Mierda!

Justo entonces cayó un rayo que alcanzó y mató al rabino Cohen. Se escuchó un trueno terrible en el cielo y una voz que decía:

–¡Mierda!

Si incluso Dios puede fallar, ¿con qué garantías de éxito cuentas? Por eso uno tiene miedo, tiembla y se agita.

Las pasiones crean preocupación; la preocupación da paso al miedo: *«Fuera con las pasiones, sin miedo, sin preocupaciones».*

Pero la gente no tiene más que pasiones en sus vidas; por eso sólo siente preocupaciones y miedos. Muchos vienen a verme y quieren conseguir paz mental, quieren *salir* de sus preocupaciones. Pero yo les digo: «Salid de vuestras pasiones», pero no acaban de comprender. Quieren un mantra, algo barato, para poder seguir deseando, para seguir sus pasiones... y poder hacerlo sin preocupación.

Había un político que solía venir a verme, y siempre me decía:

−Ayúdeme a conseguir algo de paz mental.

Y yo le decía:

−No debería pedir eso siendo un político, pues la paz mental nunca aparece en el camino de un político. ¿Paz mental? Si le pudiera suceder a un político entonces los santos estarían locos. ¿Para qué deberían hacer lo que hacen? ¿Acaso está dispuesto a abandonar sus ambiciones? Eso nunca le llegará a un político. La ambición crea tensión, preocupación. ¡Deshágase de la política!

Y él me contestaba:

−Puede que tenga razón, pero justo ahora no puedo dejarlo.

−Entonces descanse en sus tensiones, acéptelas. Está intentando conseguir algo imposible. Usted quiere nadar y guardar la ropa −le dije.

Después de eso empezó a ir a ver al Maharishi Mahesh Yogi. No volvió en una buena temporada. Un día, de repente, nos encontramos en un tren. Le dije:

−Hace mucho tiempo que no le veo.

−¿Qué sentido tiene ir a verle? Lo único que me dijo es que abandonase la política. Mahesh Yogi es mejor. Me dijo: «Allí donde estés, te hará más eficiente. ¿Eres político? Entonces te convertirás en un político mejor, no tienes más que hacer "meditación trascendental" (MT)».

Eso encaja, encaja del todo. No vas a cambiar nada; sólo repetirás las mismas tonterías −bla, bla, bla− y nada más. Lo repites durante veinte minutos y, estés donde estés, se te garantiza el éxito, la eficiencia. Incluso los ladrones están haciendo MT, los contrabandistas hacen MT, los políticos hacen MT. Los traficantes creen que si hacen MT nunca los pillarán, que serán más eficientes.

La meditación no es una cosa tan barata. La meditación es una transformación total de tu ser. Y para practicarla se necesita una gran comprensión y una gran inteligencia.

Los sutras del Buda son sólo para gente realmente inteligente que de verdad quiere salir de la desdicha que ellos mismos se han creado. Sólo es para quienes están ahítos de desdicha y dispuestos a salir de la trampa.

Depende de ti. ¡Tú la has creado! Una vez que entiendas cómo la has creado, desaparecerá, porque entonces no podrás volver a crearla.

Basta por hoy.

17. EL ÓCTUPLE SENDERO

Dijo el Buda:

«Quienes recorren el camino son como guerreros que luchan sin ayuda con una multitud de enemigos.

»Deben salir del fuerte armados; pero entre ellos hay algunos pusilánimes, y hay otros que a medio camino se baten en retirada, y otros que perecen en la refriega, y otros que regresan a casa victoriosos.

»¡Oh, monjes!, si deseáis realizar la iluminación debéis recorrer vuestro camino con firmeza, con un corazón resuelto, con coraje, y debéis ser valientes en cualquier situación que os encontréis, y destruir toda influencia maligna que os salga al paso; de ese modo alcanzaréis la meta».

El Buda Gautama no tiene enseñanza abstracta, filosófica ni metafísica. Es muy práctico y sensato. Es muy científico. Su enfoque no es el de un pensador, sino existencial. Cuando realizó y se convirtió en un buda, se dice que Brahma, el dios de los dioses, llegó ante él y le preguntó: «¿A quién pones por testigo? Dices haberte convertido en un buda, ¿pero a quién pones por testigo?». El Buda sonrió, tocó la tierra con su mano, y dijo: «Esta tierra, esta sólida tierra es mi testigo».

Eso es muy terrenal, puso a la tierra por testigo. Podía haber dicho lo mismo sobre el cielo, pero no; podía haber dicho lo mismo sobre el sol, la luna, o las estrellas, pero no. Tocó la tierra y dijo: «Esta sólida tierra es mi testigo». Todo su enfoque es así.

Antes de entrar en estos sutras hay que comprender sus pasos básicos.

El camino del Buda se denomina el "óctuple sendero". Lo dividió en ocho partes. Esas divisiones son arbitrarias, y son sólo prácticas; el camino es uno. En realidad no está dividido, pero se divide para que puedas comprenderlo con más facilidad. Y esto es fundamental: si puedes comprender esos ocho pasos u ocho divisiones del camino, éste se abrirá frente a ti. Ya estás en él, pero no eres consciente de ello; tu mente vagabundea por otros predios. El camino está frente a ti. Así que intenta comprender estos ocho pasos lo más profundamente que puedas.

El primero es: visión correcta.

Y todos los ocho pasos están relacionados con rectitud: visión correcta, intención correcta, palabra correcta, moralidad correcta, medios de vida correctos, esfuerzo correcto, atención correcta, y el octavo y esencial, *samadhi* correcto. La palabra "correcto" ha de entenderse, porque la palabra sánscrita *samyak* es *tan* significativa, está tan preñada de significado que no puede traducirse. "Correcto" es una traducción muy pobre por muchas razones.

En primer lugar, la palabra "correcto"* en seguida connota que es contraria a "incorrecto", a "erróneo". *Samyak* nunca tiene esa connotación; *samyak* no está contra lo incorrecto. El "correcto" del Buda no está contra lo incorrecto, porque el Buda dijo: «Los errores son muchos, lo correcto es uno... ¿Cómo puede lo correcto estar contra el error?». La salud es una, las enfermedades muchas. No hay tantas saludes como enfermedades. Alguien padece tuberculosis, luego sana, alguien sufre de cáncer y recupera la salud, y alguien sufre de gripe y luego sana. Esas tres saludes no son tres saludes. Las enfermedades son distintas, pero la salud es una, y el uno no puede estar contra los muchos.

Exactamente lo mismo sucede con correcto e incorrecto. Lo correcto es uno. Los errores son millones; puedes ir diciendo y no acabar nunca. Lo correcto no puede inventarse; no depende de ti. Lo correcto es un hecho que tiene lugar cuando estás armonizado con el todo. Ése es también el significado de salud. Cuando estás armonizado con el todo tienes salud. La música fluye entre ti y el todo, sin obstrucción. Sientes un bienestar. No hay ruido, todo está en armonía. Cuando el individuo está armonizado con lo universal, existe lo correcto, existe la salud. Cuando te desarmonizas surgen muchos errores, no hay límite para su cantidad, son infinitos. Y puedes inventar los que te plazcan.

La humanidad ha inventado muchas enfermedades nuevas que antes no existían. En las antiguas escrituras, en las escrituras ayurvédicas, no aparecen muchas enfermedades. La gente cree que no aparecen porque el ayurveda no acaba de ser una ciencia, y por lo tanto no puede diagnosticar esas dolencias. Pero no es así; el ayurveda era una ciencia perfecta. Pero esas enfermedades no existían, ¿así que cómo diagnosticar lo que no existe? Eran inexistentes. Había unas cuantas enfermedades que sólo padecían los ricos, los muy ricos. Y se llamaban enfermedades reales, de realeza. La tuberculosis era una enfermedad "real". No era una enfermedad corriente. Ahora todo el mundo se ha convertido en realeza; ahora todo el mundo padece de riqueza y opulencia. El ocio ha hecho posibles muchas enfermedades nuevas.

El cáncer es una enfermedad muy reciente. Sólo existe cuando la mente está muy preocupada, cuando la preocupación se convierte en una heri-

---

*   "Correcto". La palabra utilizada en inglés es *right*, que en español suele traducirse como "correcto" (y este es el sentido también en inglés), aunque también por "recto" para evitar la asociación con "incorrecto". Hay autores que traducen el término sánscrito *samyak* como "perfecto", en el sentido de total, sin dualidad. *(N. del T.)*.

da. Y alrededor de esa herida sutil en la psique, aparece en el cuerpo la enfermedad correspondiente. Eso es el cáncer: por eso parece incurable. No hay modo de curarlo del lado corporal. Sólo puede curarse desde la mente porque básicamente surge ahí.

Cada era tiene sus propias enfermedades, y sus propios vicios, y cada era inventa sus propios pecados. Pero la virtud es sempiterna, atemporal. La santidad no tiene nada que ver con ninguna era ni período temporal. No es histórica, sino existencial.

Dice el Buda: correcto es lo que no es de tu invención. Está justo ahí. Si te desvías de ello te equivocas, si te acercas estás bien. Cuanto más cerca estás, mejor estás. Un día, cuando estés exactamente en casa, estarás en lo correcto. *Samyak* y *samadhi* provienen de la misma raíz, *sam*. *Samyak* es el paso hacia *samadhi*. Si no entiendes *samyak* no podrás entender *samadhi*.

Así pues, hay siete pasos que conducen al paso final. *"Samadhi"* quiere decir: ahora todo se ha armonizado con la existencia. No hay ni un defecto; la música es perfecta. Pero en inglés no hay mejor palabra que "correcto" *(right)*, y por ello debéis comprenderlo bien. En el sentido budista, "correcto" significa equilibrado, centrado, enraizado, armonioso, tranquilo... todo ello. Pero lo que hay que entender sobre todo es que en inglés no hay un término sinónimo que pueda traducirlo.

Así que recordad que no tiene nada que ver incorrecto con erróneo. Incorrecto es un invento humano, y correcto es divino. Correcto no es algo que tengáis que hacer; ya nacisteis así. Erróneo es algo que tenéis que hacer; no nacisteis erróneos. Todo niño nace en armonía. Por eso los niños son tan hermosos. ¿Alguna vez has visto a un bebé feo? No ocurre. Todos los bebés son hermosos, pero no todos los adultos. Así que algo parece que funcionó mal en algún momento, porque todos los bebés son hermosos. Tienen gracia, una tremenda elegancia que no tiene nada que ver con ninguna práctica, porque no tienen tiempo para practicar nada. Han llegado al mundo sin ensayar. Están ahí, simplemente; tan felices, tan silenciosos, tan armoniosos. Están rodeados de cierto donaire, como si la existencia se mostrase protectora con ellos. Y luego, con el tiempo, aprenden los modos humanos y se tornan erróneos. Entonces aparece la fealdad. Entonces esos bellos ojos pueden tornarse horribles, y ese bello rostro puede devenir criminal; entonces un cuerpo hermoso puede perder toda su gracia. Entonces una bella inteligencia... Porque todos los niños nacen inteligentes; así son las cosas. Un niño inteligente puede convertirse en estúpido, en mediocre. Ésos son los logros humanos.

Lo erróneo es un logro humano, lo correcto es divino. No tenéis nada que hacer. Sólo podéis dejar de hacer todo lo que habéis hecho para crear lo erróneo. Y cuando se está en lo correcto, uno no siente que está. Por eso no hago más que repetir que no está contra lo erróneo, contra lo incorrecto. Cuando estás en lo correcto eres simplemente natural. No tienes ninguna sensación de serlo. No tienes ninguna sensación de ser un gran santo. Si tienes esa sensación entonces es que hay algo erróneo en algún lado, porque el no es una nota irritante. No permite que fluya la música.

"Correcto" significa equilibrado, suelto, centrado; no eres un extraño en la existencia. Eso es lo que significa "correcto": estás en casa. La existencia es tu familia. No eres un extraño. Tanto en Occidente como en Oriente, la mente moderna no deja de hablar y pensar sobre la alienación, que el hombre se ha convertido en un extraño, en un forastero, que no parecemos sino accidentes en la tierra. Los existencialistas tienen la palabra adecuada: dicen que nos han echado aquí. ¿Echado? ¡Tirado! ¡Expulsado! ¡Castigado! Y que esta existencia está contra nosotros. Y puedes incluso demostrarlo: tantas enfermedades... y la muerte; tantas frustraciones y fracasos. La gente no deja de repetir que el hombre propone y Dios dispone.

Así que el hombre está condenado, condenado desde el principio, nace con grandes deseos y sin ninguna posibilidad de satisfacción, nunca. ¿Cómo puede ser tu hogar esta existencia? No puede ser tu familia.

Lo correcto es cuando empiezas a sentir que estás en casa. Que nada es ajeno, que nada te es extraño.

Dice el Buda que si eres, entonces estás equivocado, porque siempre que se es, se está separado de la existencia. Cuando no se es se es correcto. Escucha esta paradoja; es una de las más bellas. Dice el Buda que cuando eres, estás equivocado. Tu ser está equivocado. La separación, el "yo soy", crea una barrera. No puedes fundirte, sino congelarte, como un cubito de hielo, muerto, cerrado. Te has creado una frontera.

Cuando empiezas a fundirte y empiezas a sentir: «La existencia es, y yo sólo soy una parte»... te relajas, y tiene lugar un soltar; desapareces. Entonces estás en lo correcto. Cuando no eres, eres correcto.

Estos ocho pasos son sólo señaladores acerca de cómo reunir ese tremendo coraje, ese coraje esencial para dar el salto cuántico y simplemente desaparecer. Cuando el ser desaparece, se manifiesta el Ser Universal.

El primero es recta visión.

Dice el Buda que observes las cosas sin ninguna opinión, pues de otro modo nunca mirarás la realidad. Observa las cosas sin filosofías, sin prejuicios, sin ningún dogma, credo, escritura. Sólo observa. Observa las cosas tal cual son. Sé objetivo; no crees ninguna ficción. Si te pones a buscar algo con un prejuicio, lo hallarás, y ése es el problema. Si ya estás lleno de una creencia la hallarás porque la mente es tan creativa, tan imaginativa, tan capaz de autohipnotizarse, que puede crear todo aquello en lo que cree. Dice el Buda que hay que ir a la realidad sin ninguna creencia. La creencia es la barrera.

Ya debes de haberlo observado.

Si naciste hinduista –eso significa que has sido condicionado desde tu infancia por hinduistas– significa que eres una víctima del hinduismo. Y lo mismo vale para musulmanes, cristianos, judíos, jainistas, comunistas... Toda la humanidad es víctima de esta o aquella escuela, de este o aquel prejuicio, de esta o aquella creencia. Si naces hinduista, si has sido condicionado según ciertos dogmas, y si empiezas a meditar, tendrás visiones de Krishna, de Rama –depende de qué te hayan enseñado, de qué han forzado y grabado en tu mente–, pero Cristo nunca se te aparecerá. Cristo se le aparece a un cristiano, el Buda a un budista, y Mahavira a un jainista. Un jainista nunca tendrá visiones de Mahoma; es imposible. Ni siquiera es posible imaginárselo. Ni siquiera en sueños. ¿Por qué? ¿Es que esos Budas, Mahaviras y Cristos se aparecen de verdad? ¿O son vuestras creencias las que crean las visiones? Son vuestras propias creencias.

A un comunista no se le aparece nada. Su creencia es que toda religión es una tontería, un opio para el pueblo, un peligroso veneno del que hay que deshacerse lo antes posible. Así que nada puede llegarle, porque depende de vosotros. Si tenéis una creencia, esa creencia se convierte en un sueño, y si sois muy, pero que muy sensibles y receptivos, ese sueño puede parecer más real que la misma realidad. De hecho, está sucediendo a diario, incluso entre gente no religiosa. Sueñas por la noche y cuando sueñas el sueño parece real. Has soñado toda tu vida y cada mañana lo descartas por irreal. Pero a la noche siguiente vuelves a dormir, y en el sueño todo vuelve a parecer real.

La facultad de soñar vive de las creencias. Si albergas una fuerte creencia en algo, entonces la facultad de soñar se unirá a la creencia, introducirá su energía en la creencia, la convertirá en una realidad, y empezarás a tener visiones. El Buda no está a favor de ninguna visión, porque dice: «Lo que es no necesita de visiones. Para verlo sólo se necesita claridad». Tu mente no necesita ningún sueño, ni grandes sueños sobre grandes santos, el cielo o el infierno; todo eso no son más que tus propias creaciones.

Visión correcta es carecer de prejuicio, no albergar creencias, ni ningún tipo de opinión. Es difícil... El camino del Buda es arduo; pide mucho. Casi parece algo sobrehumano. Pero es posible, y es el único camino hacia la verdad.

Si cuentas con una opinión impondrás esa opinión sobre la verdad. Lo haces a diario. Si vienes a verme con la opinión de que ese hombre es bueno, te irás convencido de que lo es; si vienes con la opinión de que es malo, te irás convencido de que lo es. Tu creencia siempre encontrará lo que quiere encontrar. La creencia es muy selectiva. Me han contado...

> El muchacho fue llevado de nuevo ante el tribunal, en esta ocasión acusado de robar tapacubos de coche. El juez decidió llamar al padre.
> –Mire –dijo el juez–, este chico suyo ha estado ante este tribunal en muchas ocasiones, acusado de robo, y estoy cansado de verle por aquí.
> –No me extraña, señoría –dijo el padre–. Yo estoy igualmente cansado de verle por aquí.
> –Entonces, ¿por qué no le enseña a comportarse? Enséñele a hacer las cosas bien y no vendrá más.

–Ya le he enseñado cómo hacerlo –aseguró el padre–. Pero no parece tener talento para aprender. ¡Siempre le pillan!

Ahora bien, la manera correcta son dos cosas diferentes para el juez y el padre. El padre también es un ladrón. Quiere que el muchacho aprenda a hacer "las cosas bien", para que nunca le detengan. Pero las cosas bien son *sus* cosas bien.

> Mullevy decidió irse de vacaciones a Suiza para colmar un sueño de toda la vida y escalar el monte Cervino. Contrató a un guía, y al acercarse a la cumbre ambos se vieron sorprendidos por un alud de nieve.
>
> Tres horas después, un perro San Bernardo se abrió camino hacia ellos, con un barrilete de coñac atado al cuello.
>
> –¡Hurra! –gritó el guía–. Aquí llega el mejor amigo del hombre.
>
> –Ah –dijo Mullevy–. ¡Y fíjate en el tamaño del perro que lo trae!

Depende de cómo se miren las cosas. Puedes estar mirando la misma cosa y puede que no veas lo mismo. Si me escuchas con confianza, me escuchas de manera distinta. Si me escuchas con desconfianza, me escuchas de manera distinta. Si me escuchas como discípulo, me escuchas de manera distinta. Si estás escuchando como desconocido, como visitante –si resulta que has venido con un amigo, por ejemplo–, entonces me escuchas de manera distinta. Yo estoy diciendo lo mismo, pero la interpretación dependerá de ti. La escucha correcta sería que escuchases como si fueses nadie; ni a favor ni en contra, sin prejuicios... sólo escuchando. Si puedes ver las cosas sin ninguna idea en tu mente, entonces el Buda dice que eso es visión correcta.

La visión correcta no necesita conceptualizaciones. Por eso dice el Buda que no le hagan ninguna pregunta teórica. No dice nada sobre Dios porque no tiene sentido crear una teoría. El Buda intenta abrirte los ojos. Y dice que para conocer la verdad necesitas ojos, de igual manera que no puedes enseñarle a un ciego qué es la luz por mucho que lo intentes. A un ciego no puedes enseñarle nada acerca de la luz. Desde luego, le puedes enseñar todo lo que quieras y él aprenderá toda la información que le des, pero en realidad no será capaz de concebir qué es la luz. No puede.

Sucedió en una ocasión:

> Llevaron a un ciego ante el Buda. Pasaba por esa aldea, y la gente de allí estaba cansada del ciego porque era muy lógico y filosófico. Era tan discutidor que solía demostrar que la luz no existía. Decía:
>
> –A ver, tráela aquí, me gustaría tocarla –o–: Tráela para que la pruebe –o–: Tráela para que al menos pueda olerla –o–: Tráela y golpéala como un tambor, para que por lo menos pueda escucharla.
>
> Pero claro, no puedes tocar la luz como un tambor, ni probarla, ni olerla, ni tampoco tocarla con las manos.
>
> El ciego se reía, victorioso, y decía a sus convecinos:

–¡Tontos! Intentáis demostrarme algo que no existe. Cuento con cuatro sentidos. ¡Demostradlo! Estoy dispuesto, estoy abierto.

No podían demostrárselo, así que el ciego empezó a creer que sólo intentaban engañarle con lo de la luz:

–Todo este asunto no es más que un engaño, un fraude. De hecho, quieren demostrar que soy ciego. Me están insultando. No soy ciego, porque la luz no existe. ¿Entonces? Si la ley no existe no son necesarios los ojos. Los crepúsculos son una ficción.

Solía decir:

–Todos sois ciegos, pero soñáis con algo que no existe.

Así que le llevaron ante el Buda, y el Buda dijo:

–No me lo traigáis. No soy médico, porque este hombre no necesita ser convencido, sino tener una visión de la luz. Necesita ojos. Necesita tratamiento, no una teoría al respecto. Pero conozco a un médico.

El Buda contaba con un médico muy entendido, que le había cedido un emperador, para que se ocupase de su cuerpo. Llevaron al ciego al médico. Le trató y al cabo de seis meses pudo ver.

Para entonces el Buda ya se había trasladado a otra población. El hombre llegó corriendo y bailando, extático. Cayó a los pies del Buda y dijo: «Me has convencido».

El Buda dijo:

–No digas tonterías. Yo no he hecho nada. Tus ojos te han convencido, no hay otro modo.

El Buda solía decir que no era filósofo, sino un médico. Le gustaría tratar tus ojos internos, y el primer paso es visión correcta. En realidad, "visión correcta" significa una mente sin opiniones. Si tienes cualquier opinión, es errónea. Si careces de cualquier opinión, entonces estás abierto, despejado. Tu ventana está abierta de par en par, no hay ningún obstáculo ante ti; puedes ver todo lo que hay que ver. El Buda nunca dice nada acerca de lo que verás; sólo habla acerca de cómo tratar tu ceguera, de cómo sacarte de la ceguera.

El hijo del mulá Nasrudín, que estudiaba Ciencias Políticas, le preguntó a su padre:

–Papá, ¿qué es un traidor en política?

–Cualquier hombre que abandone nuestro partido –dijo el mulá– y se vaya a otro, es un traidor.

–Ya, pero ¿y un hombre que abandona su partido y entra en el nuestro? –preguntó el joven.

–Ese es un converso, hijo –afirmó Nasrudín–. Un converso de verdad.

Así que cuando alguien abandona tu partido para irse a otro es un traidor, pero si alguien llega de otro partido para ingresar en el tuyo, entonces es un converso. Cuando un hinduista se convierte al cristianismo, para los hinduistas es un traidor, y para los cristianos un converso; y cuando un cristiano se convierte al hinduismo, le dan la bienvenida; ha comprendido qué es la verdad. Pero para los cristianos es un apóstata.

Si vives con opiniones no puedes ver la verdad de nada. Tus opiniones se convierten en una barrera. Obstruyen, distorsionan y te impiden ver las cosas como son. Y Dios es lo que es. Para conocer lo real has de carecer de toda opinión. De hecho, si realmente quieres conocer la realidad, debes abandonar toda opinión. Ésa es la primera renuncia que enseña el Buda: abandona todas las opiniones, y se manifestará la visión correcta. Todas las opiniones son erróneas. La hinduista, la cristiana, la budista, son todas opiniones erróneas.

Una persona sin opiniones, una persona que no se aferra a ninguna opinión, una persona que sólo es un espejo, refleja la realidad.

> La mujer escuchaba al predicador recitar los mandamientos, y tras cada uno de ellos se unía al resto de la audiencia para responder:
> –¡Amén!
> Cuando llegaron al mandamiento "No desearás a la mujer de tu prójimo", ella dijo:
> –Ahora está empezando a meterse en lo que no le importa.

Hay cosas que parecen totalmente correctas hasta que no encajan contigo, como si fueses la piedra de toque de la verdad, como si fueses el criterio de la verdad. En el momento en que no se ajusta a ti es errónea. Ése es un enfoque equivocado, y si mantienes ese tipo de enfoque nunca llegarás a lo que es real. Si algo no encaja contigo, entonces no tengas prisas por justificar que es erróneo porque no encaja contigo. No tiene por qué. Dios no tiene obligación de acomodarse a ti. La realidad no tiene por qué acomodarse contigo. Si no encaja contigo, y si fueses una persona de comprensión correcta , te cambiarías a ti mismo en lugar de negar la realidad.

Así que siempre que algo duele, siempre que duele de verdad, y siempre que sientes que no se ajusta, en realidad eres tú el que no se ajusta, no la realidad. Y alguien que carece de opiniones nunca considerará que exista conflicto alguno entre él y la realidad. Siempre se ajustará a la realidad, y la realidad se ajustará a él... igual que un guante se ajusta a la mano. Eso es visión correcta.

El segundo paso es: intención correcta.

Vivimos una vida orientada hacia los resultados, vivimos con intención, con deseo: «Las cosas deberían ser así y entonces yo sería feliz. Si no son así entonces seré desdichado». Por eso estamos tan frustrados. El Buda dice que tu frustración proviene de tus intenciones. Tus intenciones parecen ir contra la realidad, y por eso te sientes frustrado.

Abandona las intenciones, los deseos, y vive momento a momento con la realidad, te lleve a donde te lleve. Conviértete en madera a la deriva; flota con la corriente y nunca te sentirás frustrado. La frustración aparece siempre que existe un conflicto entre ti y lo real. Y recuerda, lo real siempre se llevará el gato al agua; no puedes ganar contra lo que es real. Nadie puede ganar contra la existencia. No es posible, no sucede. Sólo puedes ganar con la existencia. Siempre que triunfas, recuérdalo, de algún modo –incluso accidental– que desconoces, es que estabas armonizado con la existencia. Todo éxito sólo significa que sin saberlo has seguido los pasos de la existencia, y por eso has triunfado. Fracasar significa que sin saberlo debes haberte apartado de la realidad. El fracaso es una indicación, al igual que el éxito.

Una persona que lo ha comprendido abandona toda intención. Carece de deseos particulares. Dice exactamente lo mismo que Jesús dijo en la cruz: «Que se haga tu voluntad». Se entrega. El Buda carece de todo concepto acerca de Dios. Su enfoque es más científico que el de Jesús. Éste es más poético. El Buda no es poeta, sino muy matemático. Dice que sólo hay que comprender una cosa: has de abandonar todas tus intenciones. Cuando no tienes intención alguna, entonces tienes intención correcta.

Has de comprender la paradoja que existe en los ocho pasos. "Intención correcta" significa carecer de toda intención, de toda intencionalidad. Entonces el universo fluye a través de ti. Entonces el universo cuela su intención a través de ti. Te conviertes en su vehículo.

> –Por favor –rezaba el hombrecillo–, ya me conoces. Siempre te estoy rezando y a pesar de ello no he padecido en toda mi vida más que mala suerte, miseria, enfermedad y desesperación. Y fíjate en el carnicero que vive al lado. No ha rezado en su vida, y no obstante no goza más que de prosperidad, salud y alegría. ¿Cómo es posible que un creyente como yo esté metido siempre en dificultades y que a él le vaya tan bien?
>
> De repente escuchó un vozarrón en su oído:
>
> –Porque el carnicero no me está fastidiando todo el tiempo como tú, ¡por eso!

Sí, tu oración puede llegar a ser un "fastidio". ¿En qué consisten tus oraciones? Tus oraciones son tus intenciones, los deseos que te gustaría colmar. ¿En qué consisten tus oraciones? Tus oraciones van siempre en contra de lo que es. Fíjate qué absurdo: le rezas a Dios y, sin embargo, la oración está dirigida básicamente contra Dios, porque de no ser así no habría necesidad alguna de rezar. Estás enfermo, y si confías en Dios significa que sabes que Dios quiere que estés enfermo. Así es como estás en este momento, ésa es la voluntad de Dios. Lo aceptas, y en tu oración sólo hay gratitud. No imploras nada, simplemente agradeces a Dios: «Gracias por ponerme enfermo. Gracias, porque sé que debe ser necesario. Puede que no alcance a comprenderlo, pero sé que me das lo que necesito, y cuando lo necesito». Así que no vas al templo, o a la iglesia, o a la mezquita a pedir ayuda. Si las pides, estás yendo contra Dios. Lo que ha sucedido no podría haber sucedido contra la voluntad del todo, sea cual fuere. Si es una noche oscura, entonces es que debes necesitar una noche oscura.

Un místico sufí solía decir en su oración cotidiana:

–Gracias, Señor, siempre me das lo que necesito.

Sus discípulos se conmovieron ante aquella actitud, porque siempre le habían visto pasar penurias, hambre y carecer de un lugar para descansar de noche. Y no obstante, le rezaba a Dios cinco veces al día, y decía:

–Gracias. Te estoy muy agradecido. Me concedes todo aquello que necesito.

Un día fue demasiado. Tanto él como sus discipulos llevaban sin comer tres días; nadie les había ofrecido ningún alimento. Llevaban tres días durmiendo bajo los árboles, fuera de la población, que además estaba en su contra y dispuesta a matarles. Y a la mañana del cuarto día el místico volvió a rezar:

–Gracias. Me concedes todo aquello que necesito.

Un discípulo no pudo contenerse más, y dijo:

–¡Ya basta de tonterías! Todo tiene un límite. ¿De qué da las gracias a Dios? Hace tres días que tenemos hambre, sed, y que estamos al raso. Las noches son frías y nos congelamos, y usted encima da las gracias. ¿Gracias de qué? ¿Por lo que nos ha concedido?

El místico se rió y dijo:

–Durante estos tres días necesitaba tener hambre, y carecer de cobijo. Ha formado parte de mi crecimiento. Estos tres días me han hecho un gran bien, han sido una enorme bendición. Eso era lo que necesitaba, y Él siempre me concede todo lo que necesito.

De hecho, todo lo que te proporciona la existencia es precisamente lo que necesitas. Cuando rezas, tu oración siempre es un "fastidio". Te quejas, gruñes, refunfuñas. Dices: «Nada está bien, todo es un horror. ¡Arréglalo! De otro modo me convertiré en ateo. Si existes arréglalo todo». ¿Es tu oración una especie de soborno? ¿Alabas a Dios sólo para convencerle para que satisfaga tus deseos?

Dice el Buda que la persona verdaderamente religiosa carece de intenciones propias, y ésa es una intención correcta. No vive una vida particular, ni separada. Se mueve con el universo, es uno con el universo. No tiene un objetivo separado, ni un destino separado. El destino del todo es su propio destino. Entonces esa persona se convierte en santa.

Quien carece de toda intención vive momento a momento. No puede proyectar en el futuro. Responde adecuadamente a todo lo que es necesario responder en este momento. Es espontáneo y responsable. Cuando utilizo la palabra "responsable" la utilizo en su sentido original. Es capaz de responder, puede responder, y lo hace totalmente, porque carece de toda intención propia. Puede simplemente decir: «Sí», y lo dirá de manera total. No se guarda nada. Su mirada no es dubitativa. Su sí no será un sí condicional. Será como una flor... abriéndose y liberando su fragancia en la existencia.

La persona de intención correcta vive una vida sin ninguna tensión. Fíjate en la palabra "intención"; está compuesta de tensión. Toda intención crea tensión. Está compuesta de dos palabras "in" y "tensión". Cuando tu realidad interna es tensa, está *in tensión*. Cuando tu realidad interna está relajada y no hay tensión, no estás yendo a ninguna parte, no persigues nada, estás aquí y ahora, relajado. Ese estado de no tensión o no intención es lo que el Buda denomina intención correcta. Porque entonces, de repente, el universo empieza a fluir a través de ti. Te conviertes en una especie de bambú hueco. Te conviertes en una flauta.

El tercero es: palabra correcta.

Dice el Buda: di sólo lo que es. No te metas en ficciones. Di sólo lo que es verdadero y real. Di sólo lo que has experimentado. Nunca hables de experiencias ajenas. Si no has conocido la verdad, por favor, no digas nada sobre ella, porque todo lo que puedas decir será una falsificación, un sacrilegio, un pecado. Porque todo lo que puedas decir será erróneo. Habla sólo si sabes; de otro modo, no digas nada. El mundo sería más hermoso, menos confuso, si se siguiese la máxima del Buda: palabra correcta. Dice que sólo digas lo que has experimentado, lo que se basa en tu experiencia, lo que se enraíza en tu experiencia. Y no digas nada más.

Piensa en ello... ¡De cuántas cosas hablamos que nunca hemos experimentado, de las que no sabemos nada!. Podemos haber oído hablar de ellas, leído, pero eso no te permite decir nada. Todo lo que sepas es conocimiento prestado, y lo prestado nunca es la verdad. Di únicamente lo que es. Atente a los hechos, no a las ficciones.

El Buda no creó mitología alguna. Sus declaraciones están desnudas de toda poesía y ficción, de todo ornamento. *Nunca* adornó sus declaraciones; están desnudas, no tienen ningún disfraz, ningún vestido. Dice que empezar a jugar con ficciones no tiene fin. Y las numerosas religiones del mundo no son más que ficciones en un noventa y nueve por ciento. Los hinduistas dicen que hay un infierno y un cielo. Los jainistas que hay siete infiernos y siete cielos. Y en tiempos de Mahavira hubo un maestro, Gosal, al que alguien preguntó: «¿Y usted qué dice? Porque los hinduistas sólo creen en un cielo y en un infierno. Y los discípulos de Mahavira dicen que es porque no han profundizado lo suficiente, pero que sus maestros sí lo han hecho y afirman que hay siete cielos y siete infiernos».

Gosal se rió. Dijo: «¡Nada! Yo sé que hay setecientos infiernos y setecientos cielos».

Ya podéis ir jugando; pero el juego no tiene fin, y no es necesario demostrarlo. Las ficciones continúan en nombre de la religión. En nombre de la religión puede decirse todo tipo de tonterías. No hay modo de determinar si son ciertas o no. No hay manera de determinar si son válidas o inválidas; no puedes demostrarlas, ni refutarlas. Por eso continúan apareciendo todo tipo de tonterías. Hay en la tierra trescientas religiones y cada una cuenta con su propia ficción. Todas son ficticias. Si todas son ficticias, entonces no habría problema. Se comprende, entonces puedes disfrutar de la ficción.

¿Sabías que a Krishnamurti le gusta leer novelas policíacas? Nunca lee la Gita, ni el Corán, ni la Biblia. Lee novelas policíacas. Nunca le han preguntado por qué, y por eso nunca ha contestado, pero yo sé por qué... porque todo es lo mismo. El que leas novelas policíacas, la Biblia, o el Corán, es lo mismo. Hay novelas policíacas religiosas y novelas policíacas laicas. Te sorprenderá saber que un hombre de las cualidades de Krishnamurti gusta de las novelas policíacas, pero resulta muy significativo. Está diciendo que todo es ficción, y que si quieres leer una novela policíaca, entonces, ¿por qué no leer una del siglo XX? ¿Por qué tener que retroceder y tener que leer cosas podridas y primitivas? ¿Por qué no lo último, el último modelo?

Dice el Buda que palabra correcta significa no ser ficticio, no ser esotérico. Sólo hay que ser totalmente sincero y auténtico. Hubo muchas veces en que se le hicieron preguntas al Buda, y éste permaneció en silencio, sin responder. Decía: «Eso no es necesario para tu crecimiento interior. Es innecesario». Había quien podía preguntar: «¿Quién creó el mundo?». Y él respondía: «No lo preguntes, porque ¿qué cambiaría para ti si lo hubiese creado A, B, o C? ¿O si nadie lo hubiese creado y hubiera aparecido sin la ayuda de nadie? ¿De qué te serviría? Pregunta algo real, empírico. Pregunta algo que pueda ayudarte. No hagas preguntas tontas».

Veamos: dice que son preguntas tontas, porque las respuestas no te ayudarán en modo alguno a crecer. Y hay gente que se pasa la vida discutiendo de esas cosas. Alguien dice que Dios creó el mundo; otro dice que sucedió en seis días; también los hay que dicen que Dios sigue creando, que la creación continúa y que nunca acabó, que todavía no ha parado... y no dejan de pelear y discutir sobre ello. Parece que les guste discutir, y cualquier excusa es buena para hacerlo. Y todo eso no son más que excusas porque no hay manera de llegar a entenderse, ni de saber. Puedes continuar y continuar, infinitamente. Luego los hay que preguntan: «¿Quién creó a Dios?». Y ésos también están haciendo una pregunta pertinente.

Todas esas preguntas son irrelevantes, y el Buda dice que sólo hay que decir lo que sabes, que sólo hay que decir lo que resulta útil, beneficioso. No seas frívolo ni ficticio. Sé sincero en tus declaraciones.

Sucedió en una ocasión:

El líder político local fue invitado a hablar a los internos de un manicomio. El político empezó su charla y llevaba unos diez minutos hablando cuando un tipo sentado en la fila de atrás se levantó y gritó:

–¡Oh, vamos, no tiene ni idea de lo que está diciendo! Además, habla usted demasiado. ¿Por qué no cierra el pico y se sienta?

–Esperaré un minuto hasta que echen a ese tipo –dijo el político al superintendente.

–¿Echarle? –preguntó el superintendente–. ¡Ni hablar! Ese pobre hombre lleva aquí ocho años y es la primera vez que ha dicho algo que tiene sentido.

¿Habéis escuchado los discursos de los políticos? Hablan y hablan sin llegar a decir nada. Eso es la diplomacia: decir cosas sin decir nada, de otro modo te pillarían en falso. Así que dan vueltas y más vueltas. Al final no puedes extraer conclusión alguna, porque no la hay. Simplemente juegan con las palabras. Las palabras tienen su propio hechizo, y si observas podrás darte cuenta de ello. A veces dices una palabra, y esa palabra lleva a otra –las palabras tienen su propio embrujo–, y de ésa pasas a otra más, y finalmente acabas donde no querías llegar. Las palabras tienen su propio hechizo, su propia magia. Pregunta a los novelistas, a los poetas; ellos saben de qué hablo. El novelista empieza una historia, pero nunca acaba como imaginaba. Poco a poco, los personajes empiezan a imponer sus propias personalidades. Poco a poco las palabras se van trenzado por sí mismas y toman sus propias direcciones. Todos los grandes novelistas lo saben y dicen: «Así es, nosotros empezamos una novela pero nunca somos nosotros los que la acabamos. Acaba por sí misma».

Intenta escribir una historia. Primero la planteas en la mente, tienes un borrador a partir del que empezar a escribir. En el momento en que empiezas, empiezan a suceder cosas que nunca imaginaste. Cada vez estás más perdido, y la novela y la historia acaban de una manera en que ni siquiera soñaste. ¿Qué ha sucedido? Pues que las palabras tienen una magia propia. Una lleva a la otra, y a otra, y a otra...

Dice el Buda que seas consciente, que no te dejes llevar por las palabras. Di lo que realmente quieres decir, no seas frívolo.

La otra noche vino a verme la mujer del mulá Nasrudín. Me dijo:
–¿Sabe? Desde la puerta puedo mirar la cara de mi marido y saber si está mintiendo o no.
Me sorprendió, y dije:
–¿Y cómo lo sabe?
–Si se le mueven los labios entonces es que miente.

El mulá Nasrudín es un político. ¡Basta con que se le muevan los labios! Entonces seguro que está mintiendo. ¿Qué otra cosa podría decir?

Recuerda una cosa: has de ser cuidadoso con lo que metes, y has de serlo también con lo que sacas. Sólo entonces podrás llevar una vida centrada. La gente es muy descuidada: se van atiborrando de todo lo que encuentran. ¡De cualquier cosa! Se atiborran y se atiborran, tanto el cuerpo como la mente. Ten cuidado.

Si llega tu vecina y empieza a chismorrear, tú la escuchas con mucha atención. Si el vecino echa basura en tu jardín, inicias una discusión con él, pero si te echa esa misma basura en la cabeza te parece fenomenal. No te das cuenta: una vez que le permites a alguien que te llene la cabeza de basura, ¿qué harás con ella? Tarde o temprano llegará a tu boca y entrará en la cabeza de otra persona. No puedes quedártela dentro. Por eso a la gente le resulta tan difícil guardar un secreto. Dile a alguien algo y que no se lo diga a nadie más y puedes estar seguro de que lo contará. Dile a tu mujer: «Esto es un secreto... no se lo cuentes a nadie», y puedes estar seguro de que al cabo de veinticuatro horas lo sabrá todo el pueblo. Sí, claro, ella le dirá lo mismo cuando le cuente el secreto al sirviente: «No se lo digas a nadie, es secreto». Y éste le dirá exactamente lo mismo a su mujer, y será el cuento de nunca acabar. Al cabo de veinticuatro horas se habrá enterado todo el mundo. No hay un medio mejor que difundir algo que decirle a la gente: «No se lo digas a nadie». Puedes estar seguro de que lo harán. Porque un secreto siempre es muy difícil de guardar dentro. Quiere salir.

Así que no metas nada dentro, y no eches nada sobre otra gente. Si estás demasiado lleno de basura, vete a la orilla del río, al bosque, y háblales a los árboles. No les hará daño, porque no escuchan. Puedes hablar y descargarte, puedes relajarte y regresar. Pero no les hagas eso a los seres humanos, porque ya van demasiado cargados.

Dice el Buda que la palabra correcta es una palabra muy sincera.

En la Biblia se dice que al principio fue el verbo... y que luego apareció lo demás. El Buda dice que si abandonas la palabra, entonces aparecerá la realidad, el principio. Si te vuelves silencioso, entonces todo lo que digas tendrá significado.

¿Te has fijado? Si ayunas un día, al siguiente tu hambre tiene algo de diferente. Si ayunas entonces se manifiesta un hambre diferente. Si te atiborras todos los días, de manera continua, y nunca ayunas, olvidas el lenguaje del hambre, de la frescura, de la belleza, de la vivacidad del hambre. Ayuna un día y al día siguiente surgirá de ti un hambre fresca, y al día siguiente descubrirás un sabor distinto. Tal vez la comida sea la misma, pero será más sabrosa, porque es el hambre lo que la convierte en sabrosa.

Lo mismo sucede con las palabras. Mantente en silencio, y luego di algo, y verás que ese algo tiene poder. El silencio es como el ayunar: insufla vida a tus palabras. Y en este mundo sólo han sido muy importantes y sus palabras han tenido un valor eterno aquellos que se han mantenido en un profundo silencio.

El Buda permaneció en silencio durante muchos meses; Mahavira guardó silencio durante doce años. Siempre que Jesús se sentía cansado, se retiraba al bosque y les decía a sus discípulos: «Dejadme, dejadme solo». Permaneció en silencio durante cuarenta días y luego regresó. Y entonces sus palabras tuvieron valor para ellos: cada una de sus palabras era como un diamante.

Si de verdad quieres que tus palabras tengan algún valor, entonces aprende el silencio. Permanece cada vez más silencioso; un día sabrás lo que es la palabra correcta.

El cuarto es: moral correcta.

Dice el Buda que la moral que llega de fuera no es la moral correcta. La correcta es la moral que viene de dentro.

Todo lo que pensamos que es moral no lo es en realidad. Se trata de algo condicionado por la sociedad. Te han enseñado a actuar de una cierta manera y tú lo haces, pero tu comportamiento es el de un esclavo. No es el de un hombre libre, no surge de la libertad. ¿Cómo es posible que la moral provenga de la esclavitud?

Dice el Buda que la moral sólo es posible cuando eres totalmente libre, sin condicionamientos. No se trata de que debas hacer ciertas cosas, ni de que sea tu deber, ni de que hayas de seguir cierta regla; sino de que te hagas consciente, de que estés presente. Y a partir de esa presencia, de esa conciencia, te comportarás de cierta manera. Ser *consciente* es moral correcta; la inconsciencia es moral errónea.

Puedes ser de fiar. No eres un ladrón, y no vas por ahí tonteando con las esposas de otros, y tal vez ni siquiera seas un timador, pero si sólo es así porque la sociedad te ha forzado a aceptarlo así, entonces no eres moral. Puedes ser un buen ciudadano, pero la moralidad es algo más, no es algo tan barato. Puedes ser de provecho para la sociedad; y la sociedad no quiere nada más que eso. Si no creas problemas, ya está bien; si no provocas molestias, pues ya está bien, eso te convierte en un buen ciudadano. Pero ser moral significa algo más que ser un buen ciudadano. Significa... un hombre bueno; no tiene nada que ver con la sociedad, sino con tu integridad interior.

Dice el Buda que has de ser más consciente. Vive conscientemente en lugar de con buena conciencia.

La buena conciencia es algo creado por la sociedad. Si naces en una familia jainista no deberás comer carne, pero eso no significa que seas no-violento. ¿Cómo puedes ser no-violento con sólo dejar de comer carne? Porque desde tu infancia te han enseñado a no comer carne y ahora te parece nauseabunda. Los jainistas ni siquiera pueden mirar la carne, porque inmediatamente sienten náuseas, se ponen malos.

De niño, en mi casa no se permitían ni siquiera los tomates. Se lo pregunté a mi madre: «¿Por qué no se permiten los tomates?». Y me contestó: «Porque parecen carne. Si miras un tomate te sienta fatal, te enfermas».

Los tomates... pobres tomates. ¡En este mundo no hay cosa más inocente que los tomates!

Pero mientras fui niño ni los probé. Cuando fui a un albergue para estudiantes reuní el valor suficiente como para probarlos. Y el primer día que los probé no pude pegar ojo en toda la noche. El estómago me daba vueltas, y temía haber cometido un gran pecado. Por la mañana vomité... Un condicionamiento.

En francés sólo tienen una palabra para decir consciencia y conciencia. Y tienen razón. El Buda estaría de acuerdo. Sólo hay una palabra tanto para consciencia como para conciencia. El Buda también dice que tu consciencia debe ser tu conciencia. Debes ser más consciente. Debes empezar a ver las cosas tal cual son, y entonces aparecerá la no-violencia. Asesinar animales sólo para comer es una estupidez. No es un pecado, es una estupidez. No tiene nada que ver con el pecado. No irás al infierno por ello. Así me lo han contado:

> Murió un hombre rico, un avaro. Debió ser un *marwari*, un judío indio. Total, que murió, y le dijo a su esposa:
> —No hace falta que me pongas ropa porque sé adónde voy. Voy a ese sitio tan caliente. He cometido demasiados pecados, así que voy al infierno. Allí no necesitaré ropa, y además son caras, y los precios suben cada día. Guárdalas. Les serán de utilidad a nuestros hijos.
> Así que la esposa lo incineró sin ropa.
> Pero en mitad de la noche siguiente alguien llamó a la puerta. La esposa abrió. Y allí delante estaba el fantasma de su marido, que le decía:
> —¡Dame mi ropa de abrigo!
> —¿Pero ahora qué te pasa?
> —Aquellos tiempos ya desaparecieron. Ahora tienen aire acondicionado. ¡Me estoy pelando!

Olvida todas esas tonterías... acerca de que en el infierno sufrirás. Hay demasiados políticos allí, demasiados científicos. Es natural que a estas alturas tengan aire acondicionado.

Dice el Buda que vuestra moral no debe provenir del miedo, sino de la comprensión; y tampoco de la avaricia, porque vuestras religiones ordinarias están basadas en el temor y la avaricia, en un truco tan viejo como el de la recompensa y el castigo. Vuestras religiones están haciendo con vosotros lo mismo que vosotros hacéis con vuestros hijos: si hacéis esto iréis al cielo, y si hacéis aquello iréis al infierno... miedo y avaricia. Juegan con el miedo y la avaricia humanos, y dicen que no hay que temer, que no hay que ser avaricioso, pero todo su montaje se basa en el miedo y la avaricia.

Dice el Buda que no hay que temer ni codiciar. Sólo hay que mirar en las cosas, y de esa consciencia surgirá una responsabilidad. Empezaréis a comportaros con cierta dignidad. No haréis tonterías, y eso es todo.

Si hacéis las cosas por miedo, nunca podréis ser totalmente morales, porque en lo profundo, más allá del miedo, lo tendréis muy claro... Y el deseo de hacer lo contrario, de ser lo contrario, seguirá ahí.

Sucedió en una ocasión:

> Durante una reunión religiosa, una viuda joven y atractiva se inclinó demasiado sobre la galería y cayó. Pero su vestido se enganchó en una lámpara y la dejó suspendida en el aire. El predicador, claro, se dio cuenta de inmediato del apuro de la mujer y advirtió a la congregación:
> —El primero que mire hacia arriba se arriesga a quedar ciego.
> El mulá Nasrudín, que estaba en la congregación, le susurró al hombre que tenía al lado:
> —Creo que arriesgaré un ojo.

Una moralidad impuesta no puede ser total; uno siempre está dispuesto a arriesgar un ojo, al menos. ¿Quién sabe? Puede ser verdad, y puede que no...

Y la gente supuestamente moral siempre necesitará irse de vacaciones, porque la suya es una actitud muy fatigosa. Está basada en el conflicto: una parte de tu ser dice algo y la moralidad dice otra cosa. Estás dividido, estás escindido. Y a causa de esta discrepancia toda la humanidad está un poco esquizofrénica. Una parte va al sur y otra quiere ir al norte. Y siempre estás en la ambigüedad, sin poder decidir, vacilando. ¿Adónde ir? ¿Qué hacer? Tus instintos te dicen una cosa y tu condicionamiento justo lo contrario. Puedes obligarte, pero nunca formará parte de ti.

A un egoísta la sociedad puede decirle que sea humilde, y puede intentar ser humilde. Pero un egoísta es un egoísta, y esa pretendida humildad ocultará su ego.

Así me lo han contado:

> Un rabino se dirigió a su congregación. Todos se sintieron muy conmovidos por su sermón y un hombre se puso en pie y dijo:
> —Me llamo Joe Smith. Llegué a esta tierra sin un céntimo. Ahora tengo cinco millones, pero al escuchar sus palabras veo que no valgo nada.
> Otro hombre se levantó y dijo:
> —Yo también empecé sin un céntimo. Ahora tengo diez millones, pero al escuchar sus palabras, rabino, me doy cuenta de que no soy nadie.
> Otro hombre se levantó y dijo:
> —Trabajo en Correos. Gano ocho dólares a la semana, pero al escuchar sus palabras me doy cuenta de que no valgo nada, de que no soy nadie.
> Y el primer millonario le dijo al segundo:
> —Mira tú quién quiere ser nadie...

Un cartero, ¿un cartero tratando de ser nadie? Entonces la nada necesita que primero seas millonario. Por eso en la India, en un país tan religioso, nunca ha sido considerado *avatara*, ni *tirthankara*, una persona sencilla. No, todavía no; no ha pasado... porque ¿a qué renunciarás si eres pobre? Los veinticuatro *tirthankaras* de los jainistas provienen de familias reales, son hijos de reyes. El propio Buda viene de una familia real; Rama, Krishna... todo el mundo viene de familia real.

¿Por qué? ¿Por qué no Kabir? ¿Por qué no Farid?* ¿Por qué no Dadu?** No les falta nada. Sólo una cosa: no tenían nada a lo que renunciar. ¡Mira tú quién intenta ser nadie! Primero tienes; para renunciar debes tener mu-

---

* Attar, Farid al-Dim (1150-1229?). Poeta persa, que parece haber ejercicio asimismo de médico, como indica el apelativo *"attar"*. Sintió gran pasión por las lecturas religiosas y, aunque no formó parte de ninguna hermandad sufí, como poeta cantó a los hombres y las doctrinas del sufismo.

** Dadu (s. XVII). Santo hinduista, que vivió a finales del reinado de Akbar, fundador de la secta vishnuista *dadupanthi*. (*N. del T.*).

cho, necesitas mucho; *has* de tener. Una persona sencilla no es una persona humilde, sólo un egoísta es humilde. Y luego intenta, a través de su humildad, decir que es la persona más humilde del mundo. Pero se trata del mismo perro con distinto collar.

Tu moralidad nunca te transforma.

Así que el Buda dice que la moralidad correcta proviene del interior, de ser consciente, no del miedo ni de la avaricia.

El quinto paso es: medios de vida correctos.

Por eso el Buda dice que la vida debe ser simple, no compleja. La vida debe estar basada en necesidades, no en deseos. Las necesidades están bien: necesitas alimentos, necesitas ropas, necesitas un refugio, necesitas amor, necesitas relaciones. Está muy bien, no hay nada malo en ello. Las necesidades pueden colmarse; los deseos son básicamente imposibles de satisfacer. Los deseos crean complejidad. Crean complejidad porque nunca pueden satisfacerse. Te esfuerzas por conseguirlos pero nunca son satisfechos, y quedas vacío.

Lo primero acerca de los medios de vida es que deben estar basados en necesidades, no en deseos. Entonces basta con muy poca cosa.

Lo segundo es que no deben ser violentos. No debes hacer algo sólo porque saques dinero de ello. Puedes matar a alguien y obtener un dinero, puedes ser carnicero y ganarte así la vida, pero es inhumano... y muy inconsciente. Hay maneras mejores. Uno debe ser creativo en sus medios de vida, no destructivo.

Dos hombres de negocios hablaban de un compatriota.
—Solía trabajar para mí —dijo el primero—. No le hubiera confiado ni una perra gorda. Hubiera mentido, robado y engañado; cualquier cosa por una moneda.
—¿Cómo le conoces tan bien?
—¿Cómo? —dijo el primero—. Porque yo le enseñé todo lo que sabe.

Hay que estar un poco más atento. El dinero no lo es todo, y uno no puede destruir su vida acumulando dinero. La pobreza puede ser muy hermosa. Si tienes para cubrir tus necesidades básicas, la pobreza puede reportar un gran contento. De hecho, nunca verás a ningún rico contento. A veces te cruzas con un mendigo y ves su rostro contento, pero nunca el de un millonario.

Cuanto más quieres, más lejos ves el horizonte. Cuanto más corres, más te acercas a la muerte, pero nunca a ninguna satisfacción. La sombra de la muerte, el miedo a la muerte, el miedo de que lo pierdas todo, destruye todo contento.

El sexto es: esfuerzo correcto.

Dice el Buda que nunca has de forzarte ni ser perezoso. Hay que hallar el equilibrio entre ambas actitudes. Entonces tenemos el esfuerzo correcto, el esfuerzo que es básicamente inintencionado, natural.

¿Te has fijado en cómo juegan los niños? Juegan, pero sin esfuerzo, sin tensión. Disfrutan de ello. ¿Has visto pintar a un pintor, escribir a un poeta, tocar a un músico? ¿A un bailarín o bailarina? No hay esfuerzo. Si hay esfuerzo entonces la bailarina no es una auténtica bailarina. Está intentando conseguir algo. Está orientada hacia los resultados, hacia los objetivos. En ese caso, la misma actividad, la danza, no representa ninguna alegría para ella.

Cuando el Buda dice "esfuerzo correcto", quiere decir que todo lo que haces debe ser una alegría para ti. Debe contar con un valor intrínseco. Debe ser alegre.

Y atención correcta es el séptimo paso.

«Atención» es la palabra que utiliza el Buda para meditación. Con atención quiere decir que siempre debes permanecer alerta, vigilante. Siempre debes estar presente. No debes hacer ni una sola cosa en un estado mental soñoliento. No debes moverte como un sonámbulo, debes hacerlo todo con una conciencia bien despierta.

El Buda solía decir que ni siquiera tu respiración debe funcionar sin ser consciente. Les dijo a sus monjes que observasen siempre su inspiración y su espiración. Si te mueves, observa moverse a tus pies. Si hablas, permanece atento. Si escuchas, permanece atento, Si comes, permanece atento. Nunca hagas nada sin atención, y no necesitarás nada más. Esta atención se ampliará a toda tu vida, durante las veinticuatro horas. No es necesario reservar horas para la meditación. Y el Buda dice que la meditación no puede separarse de la vida; debe expandirse y fundirse con la vida, debe ser una con la vida.

Y el octavo, el último paso, es *samadhi* correcto, que es cuando *estás* totalmente absorto en el centro de la existencia.

Estos siete pasos te conducirán a ello, pero no obstante, dice: *samadhi*. ¿Significa eso que existe también la posibilidad de *samadhi* erróneo? Sí, esa posibilidad existe.

Si caes en la inconsciencia, si caes en coma, eso es *samadhi* erróneo; no es correcto. Para ser correcto debe conducirte a una atención total, a una consciencia perfecta. No debes caer en coma, no debes caer en la inconsciencia.

Uno puede volverse inconsciente. Puede profundizar tanto que se olvide de lo exterior. Vamos a ver... por lo general vivimos en el exterior, nos hemos olvidado de lo interno. Internamente somos inconscientes; fuera existe un poco de consciencia. Estamos orientados hacia lo externo. Entonces un día te pones cabeza abajo y cambias todo el proceso: empiezas a olvidarte de lo externo y empiezas a hacerte consciente interiormente. Llega un momento en que estás totalmente dentro y te olvidas del exterior. El Buda dice que eso es un *samadhi* erróneo. Es el mismo hombre sólo que en una postura invertida.

Dice el Buda que el *samadhi* correcto es cuando, dentro y fuera, estás completamente atento; pero no a costa de lo externo. Estás atento, consciente, dentro y fuera. La luz de tu consciencia arde luminosa, te llena de luz, te llena interiormente de luz. De hecho, en el *samadhi* correcto desaparece lo interior y lo exterior; sólo hay luz. El *samadhi* correcto no es interno. El *samadhi* correcto trasciende dentro y fuera. El *samadhi* correcto trasciende la dualidad, la división.

Ahora el sutra. Este sutra sólo dice cómo debe ser un buscador.

Dijo el Buda:

> «Quienes recorren el camino son como guerreros que luchan sin ayuda con una multitud de enemigos.
>
> »Deben salir del fuerte armados; pero entre ellos hay algunos pusilánimes, y hay otros que a medio camino se baten en retirada, y otros que perecen en la refriega, y otros que regresan a casa victoriosos.
>
> ¡Oh, monjes!, si deseáis realizar la iluminación, debéis recorrer vuestro camino con firmeza, con un corazón resuelto, con coraje, y debéis ser valientes en cualquier situación que os encontréis, y destruir toda influencia maligna que os salga al paso; de ese modo alcanzaréis la meta».

Estos ocho pasos son la tarea.

Y dice el Buda que hay muchos tipos de personas: unos cuantos son cobardes que nunca recorren el camino; unos pocos van totalmente armados pero se dan la vuelta en cuanto surgen las dificultades; otros llegan a medio camino sin entusiasmo, y luego regresan; unos cuantos llegan un poco más lejos pero les matan. Como nunca pueden reunir su energía, nunca pueden ser seres integrados, y son destruidos con facilidad. No están lo suficientemente preparados para ir a la batalla. Tal vez externamente estaban llenos de ardor, tal vez externamente parecían muy fuertes, pero internamente estaban huecos, vacíos. Sólo hay unos pocos que entran en batalla, que ganan la batalla, y que regresan a casa.

Ese regreso al hogar es *samadhi*, y esos siete pasos antes de *samadhi* son la batalla, el camino. Muévete lentamente o acabarán contigo.

Por ejemplo: si una persona de moralidad falsa va a la batalla, no durará mucho. Hay que ser auténticamente moral. "Auténticamente moral" significa que has de ser moral desde dentro. Esos rostros falsos aprendidos del exterior no te serán de ayuda, porque dentro continuarás estando vacío. Y has de moverte paso a paso. No puedes saltarte ninguno, si no, esos pasos que te has saltado serán peligrosos.

Por eso hablo de esos ocho pasos, de este óctuple sendero. Este sutra sólo tiene sentido si comprendéis los ocho pasos. "Regresar a casa" significa *samadhi*. Eso quiere decir que habréis llegado al mismísimo centro de la existencia.

Permitidme que lo vuelva a leer.

> «Quienes recorren el camino son como guerreros que luchan sin ayuda con una multitud de enemigos.»

Los enemigos son muchos, y tú estás solo. Así que debes estar perfectamente preparado, o no alcanzarás la meta.

> «Deben salir del fuerte armados; pero entre ellos hay algunos pusilánimes...»

Si no has vivido la visión correcta, la intención correcta, la palabra correcta, seguirás siendo un pusilánime. Seguirás siendo débil, un flojeras. Seguirás siendo impotente.

> «...y hay otros que a medio camino se baten en retirada...»

Si no has practicado moralidad correcta y medios de vida correctos, eso es lo que te sucederá: sólo recorrerás la mitad del camino. Serás uno que echa a correr, que escapa.

> «...y otros que perecen en la refriega...»

Algunos avanzan llenos de valor, pero perecen. Si no has practicado esfuerzo correcto y atención correcta, eso es lo que te sucederá. Pero hay sólo unos pocos...

> «...que regresan a casa victoriosos.»

Si practicas los siete pasos regresarás a casa victorioso, realizarás *samadhi*.

> «Debéis recorrer vuestro camino con firmeza, con un corazón resuelto, con coraje, y debéis ser valientes en cualquier situación que os encontréis, y destruir toda influencia maligna que os salga al paso; de ese modo alcanzaréis la meta.»

Basta por hoy.

18. RECUERDA EL MEDIO

Un monje recitaba de noche un sutra legado por Kashyapabuddha. Su tono era tan apesadumbrado y su voz tan desfallecida, que parecía que estuviese abandonando la existencia. El Buda le preguntó al monje:

–¿Cuál era tu ocupación antes de hacerte monje itinerante?

Dijo el monje:

–Me gustaba tocar la guitarra.

El Buda dijo:

–¿Qué pasaba cuando las cuerdas estaban demasiado flojas?

–El sonido no era posible –contestó el monje.

–¿Y cuándo estaban demasiado tensas?

–Restallaban.

–¿Y cuándo no estaban ni demasiado flojas ni demasiado tensas?

–Todas las notas sonaban con el tono apropiado.

A continuación, el Buda le dijo al monje:

–La disciplina religiosa es como tocar la guitarra. Cuando la mente está afinada y se aplica tranquila, el camino es realizable; pero cuando uno se inclina demasiado, el cuerpo se cansa; y cuando el cuerpo está cansado, el espíritu se desanima; y cuando el espíritu se desanima, tu disciplina se relaja; y con la relajación de la disciplina llegan muchos males. Por ello, mantente tranquilo y puro, y realizarás el camino.

Toda la desdicha del ser humano consiste en estar descentrado. Existe un desajuste entre el cubo y la rueda. Hay un desajuste entre vosotros y la realidad, y ese desajuste se manifiesta de mil maneras. Cuanto más os alejáis de la realidad, más desdichados sois. El infierno es el punto más alejado de la realidad. Cuanto más cerca de la realidad, más cerca estáis del cielo. Cuando no existe desajuste entre vosotros y la realidad, entonces estáis en el mismísimo cielo.

No es cuestión de ir a ninguna parte. Es cuestión de cómo volver a armonizarse de nuevo con la realidad. En el vientre materno cualquier niño es enormemente feliz. Sí, es inconsciente de ello, no sabe nada al respecto. Es tan uno con su beatitud que no hay ningún conocedor detrás. La beatitud es su ser, y no existe distinción entre el conocedor y lo conocido. Así que, claro, el niño no es consciente de que es beatífico. Sólo os hacéis conscientes de algo cuando lo perdéis.

El mulá Nasrudín le dijo un día a su hijo:

–No sabrás lo que es la felicidad hasta que te cases, y entonces será demasiado tarde.

Así es. Es muy difícil conocer algo sin perderlo, porque cuando no lo has perdido te identificas totalmente con ello. No existe distancia alguna: el observador y lo observado son uno; lo conocido y el conocedor son uno. Todos los niños se hallan en un profundo estado de beatitud.

Los psicólogos también lo dicen. Dicen que toda búsqueda religiosa no es más que una manera de regresar al vientre materno. Lo utilizan como una crítica de la religión, pero a mí no me parece ninguna crítica. Simplemente es cierto. Sí, la búsqueda religiosa es la búsqueda del vientre. La búsqueda de la religión es una búsqueda que intenta convertir esta existencia en un vientre.

El niño está absolutamente armonizado con la madre. El niño nunca se desarmoniza de la madre. El niño no sabe que está separado de su madre. Si la madre está sana, el niño está sano; si la madre está enferma, el niño está enfermo; si la madre está triste, el niño está triste; si la madre es feliz, el niño es feliz; si la madre baila, el niño baila; si la madre se sienta en silencio, el niño está silencioso. El niño todavía carece de fronteras propias. Eso es la más pura beatitud, pero ha de perderse.

Nace la criatura y de repente se descentra. De repente se desarraiga de la tierra, de la madre. Pierde sus amarras y no sabe quién es. Cuando estaba con la madre no necesitaba saberlo. No existía la necesidad de saberlo, lo era todo, y no era necesario saber, porque no había distinción. No había un "tú", y por ello no era necesario un "yo". La realidad era indivisa. Era *advaita*, puro *advaita*, pura no-dualidad.

Pero una vez que el niño nace, se corta el cordón umbilical y empieza a respirar por sí mismo, y de repente su ser inicia una búsqueda para saber quién es. Es natural. Ahora empieza a ser consciente de sus fronteras, de su cuerpo, de sus necesidades. A veces es feliz, a veces infeliz, a veces se siente satisfecho, a veces se siente insatisfecho; a veces tiene hambre y llora, y no ve señales de su padre por ninguna parte; a veces está en el vientre de su madre, disfrutando de unidad con la madre. Pero ahora tiene muchos humores y poco a poco empieza a sentir la separación. Tiene lugar un divorcio, el matrimonio se ha roto.

Estaba totalmente casado con su madre, y ahora estará separado para siempre. Y ha de descubrir quién es. Uno pasa la vida intentando descubrir quiénes. Ésa es la cuestión más fundamental.

Primero, el niño se hace consciente de "mío", luego de "mí", luego de "tú", y luego de "yo". Así es como sucede. Ése es justamente el procedimiento, en ese orden. Primero se hace consciente de "mío". Fíjate, porque esa es tu construcción, la estructura de tu ego. Primero el niño se hace consciente de "mío": ese juguete es mío, esta madre es mía. Empieza a poseer. Primero aparece el poseedor; la posesividad es muy básica. Por eso todas las religiones dicen: sé no posesivo porque con la posesión empieza el camino hacia el infierno. Observa a los niños pequeños, son muy celosos, muy posesivos, todos intentan quitarle algo a todo el mundo y proteger sus propios juguetes. Verás a niños muy violentos, casi indiferentes a las necesidades ajenas. Si un niño está jugando con su juguete y llega otro niño, verás en acción a un Adolf Hitler, a un Gengis Khan, a un Nadir Shah.* Se aferrará a su juguete; estará dispuesto a pegarse. Es una cuestión de territorio, cuestión de dominio. La posesividad aparece en primer lugar; ése es el veneno básico. El niño empieza a decir: «Esto es mío».

Fíjate, en realidad no hay nada que pueda ser "mío". Llegamos con las manos vacías, y nos vamos igual. Todo este asunto de "mío" y "tuyo" sólo es un sueño. Pero una vez que el niño dice: «Esto es mío», está entrando en un desajuste con la realidad. Así que te darás cuenta de que cuanto más insistas en esta idea de "mío", más infeliz serás, más sufrirás. Por todas partes: «Esta casa es mía; esta mujer es mía; este hombre es mío», y *en todas partes* reclamarás y poseerás... y la desdicha se manifestará.

Dos personas están enamoradas. Si están al principio del romance, el "mío" todavía no habrá empezado, porque si el "mío" no ha empezado, la mente tampoco lo ha hecho. Una vez que empieza el "mío", el ego está al caer. El ego es el "mío" cristalizado. Y una vez que empieza el "mío", se acaba el amor. El amor sólo es hermoso cuando no hay "mío". Pero éste aparece de inmediato, porque se ha convertido en nuestra estructura. Es nuestra base en este mundo. Estamos equivocadamente basados.

Así me lo han contado.

El chiquillo tenía seis años y jugaba con la vecinita, de cinco.

–¿Quieres pelear? –preguntó él. No puedo pelear, soy una niña –contestó ella.

–¿Quieres jugar a la pelota? –volvió a preguntar él.

–No puedo jugar a la pelota, soy una niña –volvió a decir ella.

Finalmente, el niño dijo:

–Vale. ¿Quieres jugar a papá y mamá?

Y ella contestó:

–Sí. Yo seré el padre.

¿Quién domina a quién desde el principio? ¿Quién domina a quién? Por eso todas las religiones –orientales y occidentales–, todas las religiones que han existido sobre la tierra insisten en la no posesividad, en el desapego, porque eso te segaría la hierba bajo los pies. Si te tornas no posesivo el ego

---

* Nadir Shah (1688-1747). Rey de Persia y uno de los últimos conquistadores y déspotas asiáticos. Invadió Afganistán y el norte de la India, apoderándose como botín de grandes tesoros, numerosos esclavos, y millares de caballos, camellos y elefantes. Acabó siendo asesinado por su propia guardia personal. *(N. del T.).*

no puede existir. Si te haces consciente de ese fallo básico de tu ser, de esta pretensión del "mío", comprobarás con sorpresa que desaparece toda tu desdicha, con sólo abandonar esa palabra. No se trata sólo de una palabra, sino de una manera de vivir. La manera de vivir errónea está basada en "mío"; el estilo de vida correcta desconoce lo "mío" y lo "tuyo".

Una vez que decimos "mío" nos estamos separando del todo. Y esa separación no hace sino aumentar, y cada paso en esa dirección te lleva más lejos.

Así me lo han contado...

> Un niño estaba sentado con su familia; el padre y la madre discutían, como de costumbre. El padre se puso como loco. Temeroso de que pudiera golpear a la mujer, o de que pudiera provocar una calamidad, salió corriendo de casa.
> El niño observaba. Y dijo:
> –¿Volverá papá a casa?
> La madre dijo:
> –Sí, regresará dentro de quince minutos.
> El niño dijo:
> ¡Oh, vaya! Estaba pensando en comerme su postre.

Una vez que el "mío" entra en acción, entonces eres un competidor para todo lo demás. Una vez que aparece el "mío", tu vida se convertirá en una existencia de competición, lucha, conflicto, violencia y agresión.

El siguiente paso después de "mío" es "mí". Cuando tienes algo que afirmas que es tuyo, de repente esa reclamación hace surgir la idea de que ahora eres el centro de tus posesiones. Las posesiones se convierten en tu territorio, y a través de ellas surge una nueva idea: "mí".

Una vez asentado en el "mí", puedes ver con claridad que cuentas con una frontera, y que quienes están fuera de ella son "tú". El otro se torna claro; ahora las cosas empiezan a separarse.

El universo es uno, es una unidad. Nada está dividido. Todo está conectado con todo lo demás. Se trata de una conectividad asombrosa. Estás conectado con la tierra, con los árboles, con las estrellas; las estrellas están conectadas contigo, con los árboles, con los ríos, con las montañas. Todo está interconectado. Nada está separado; nada puede ser separado. La separación es imposible.

Cada momento en que respiras –inspiras, espiras– existe un puente con la existencia. Comes y la existencia entra en ti; defecas, y se convierte en abono... y la manzana del árbol mañana pasará a formar parte de tu cuerpo, y alguna parte de tu cuerpo se irá y se convertirá en abono, y tú serás alimento para el árbol... Se trata de un continuo toma y daca, que no se detiene ni por un instante. Cuando se detiene es que estás muerto.

¿Qué es la muerte? La muerte es la separación. Permanecer unido es estar vivo, estar fuera de la unidad es estar muerto. Así que cuanto más pienses: «Estoy separado», menos sensible serás, más muerto, apagado y arrastrado estarás. Cuando más conectado te sientas, más formarás parte de esta existencia y ella de ti. Una vez comprendes que somos miembros los unos de los otros, cambia la visión. Entonces esos árboles ya no son ajenos; están preparando alimento para ti. Cuando inspiras, inspiras oxígeno, y cuando espiras expulsas dióxido de carbono; los árboles inspiran dióxido de carbono y espiran oxígeno... Se trata de una comunión continua. Estamos armonizados. La realidad es una unidad. Y con la idea de "mí", de "tú", nos salimos de la realidad. Y una vez que se establece en el interior un concepto erróneo, toda tu visión queda patas arriba.

Así me lo han contado...

> Un joven neoyorquino llegó a Texas por primera vez. Al ver un rebaño de búfalos le preguntó a su anfitrión qué eran.
> –Sólo son jabalíes –dijo el anfitrión–. En Texas todo es grande.
> Poco después el visitante vio unas águilas volando y preguntó qué eran.
> –Sólo son gorriones –dijo el anfitrión–. En Texas todo es grande.
> Aquella noche el visitante buscaba el aseo y se cayó en la piscina.
> –¡Por Dios! –gritó– ¡Que nadie tire de la cadena!

Una vez que tienes una concepción errónea de las cosas, entonces esa idea empieza a distorsionarlo todo. Si «en Texas todo es grande», ¡entonces la piscina debe ser la taza del retrete! Es normal, una concepción errónea conduce a otra y una concepción errónea pequeña conduce a otra más grande. Si continúas así, un día simplemente dejas de saber qué es la realidad. Tus propias concepciones enturbian tu percepción.

"Mí" y "tú", y a continuación se manifiesta un reflejo: "yo". El "yo" es la forma más sutil y cristalizada de la posesividad. Una vez que pronuncias "yo", cometes un sacrilegio. Una vez que dices "yo", estás totalmente separado de la existencia. Totalmente no, porque si no estarías muerto. Pero en tus ideas sí lo estás. Ahora te encontrarás en una pelea constante con la realidad. Lucharás contra tus propias raíces, lucharás contra ti mismo.

Por eso dice el Buda que seas como una madera a la deriva. Sólo puedes ser madera a la deriva cuando abandonas la idea del "yo", y no puedes serlo de otro modo. La lucha persistirá. Por eso te resulta tan difícil meditar. Si digo que te sientes en silencio, no puedes ni siquiera hacer algo tan sencillo. Puede pensarse que es lo más simple de todo, que no es necesario enseñarlo. Basta con sentarse y ser. Pero no puedes sentarte porque el "yo" no te permite ni un momento de descanso. En cuanto tuvieras un momento de calma, podrías ver la realidad. Una vez que se ve la realidad, hay que abandonar el "yo", porque no puede persistir. Así que el "yo" nunca te permite ni una pequeña vacación. Aunque vayas a las montañas, o a centros de veraneo, el "yo" nunca te permitirá tomarte unas vacaciones. Te llevas la radio o el televisor; te llevas todos tus problemas y permaneces ocupado. Has ido a esa estación de montaña para relajarte, pero continúas del mismo modo, poniendo en práctica el mismo patrón. No te relajas.

El "yo" no puede relajarse. Existe a través de las tensiones. Creará nuevas tensiones, nuevas preocupaciones, fabricará constantemente nuevos problemas, y te impedirá descansar. Basta con un minuto de silencio para que se venga abajo toda la estructura del "yo", porque la realidad es muy bella y el "yo" muy feo. Uno continúa abriéndose camino de manera innecesaria. Luchas por cosas que van a suceder por sí mismas. Luchas innecesariamente. Deseas cosas que van a ser tuyas aunque *no* las desees. De hecho, al desearlas las perderás.

Por eso dice el Buda que flotes con la corriente. Permite que te lleve al océano.

"Mío", "mí", tú", "yo"... Ésa es la trampa. Y esa trampa crea desdicha, neurosis, demencia.

Ahora el problema es que el niño ha de pasar por ello, porque no sabe quién es y necesita algún tipo de identidad, tal vez falsa, pero eso es incluso mejor que carecer de ninguna. Necesita una identidad. Necesita saber exactamente quién es, y por ello se crea un centro falso. El "yo" no es tu centro real. Es un centro falso... práctico, imaginario, fabricado por ti mismo. No tiene nada que ver con tu centro verdadero. Tu verdadero ser es el ser de todo. En el centro, toda la existencia es una... al igual que en la fuente de luz, el sol, todos los rayos son uno. Cuanto más te alejas, más separados están entre sí.

Tu centro real no es sólo tu centro, es el centro del todo. Pero hemos creado pequeños centros propios, caseros, fabricados por nosotros mismos. Existe una necesidad... porque el niño nace sin fronteras, sin idea de quién es. Es una necesidad de supervivencia. ¿Cómo si no podría sobrevivir? Hay que darle un nombre, hay que proporcionarle una idea acerca de quién es. Y claro, esa idea llega desde fuera; alguien te dice que eres guapo, alguien te dice que eres inteligente, alguien te dice que eres muy vital. Y tú vas reuniendo las cosas que dice la gente. Y a partir de lo que esa gente ha dicho de ti, te vas creando cierta imagen. Nunca te miras a ti mismo, quién eres. Esa imagen por tanto será falsa, porque nadie más puede saber quién eres, y nadie más puede decir quién eres. Tu realidad interna no está disponible para nadie más más que para ti. Tu realidad interna es impenetrable para todo el mundo excepto para ti. Sólo tú puedes estar ahí.

Un día comprendes que tu identidad es falsa, ensamblada; has ido recogiendo opiniones de la gente...

Piensa en ello, siéntate en silencio y piensa quién eres. Surgirán muchas ideas. Observa de dónde proceden y podrás descubrir la fuente. Algunas cosas vienen de tu madre... demasiadas; entre el ochenta y el noventa por ciento. Algunas vienen de tu padre, otras de tus profesores, otras más de tus amistades y otras de la sociedad. Obsérvalo: podrás llegar a distinguir su proveniencia. Nada proviene de ti mismo, ni siquiera el uno por ciento. ¿Qué clase de identidad es ésa, a la que tú no has contribuido en nada? Y tú eres el único que podría haber contribuido, de hecho, en el cien por cien.

El día que lo comprendes, la religión cobra importancia. El día que lo comprendes empiezas a buscar alguna técnica, algún método para entrar en tu ser; para saber con exactitud, de verdad, existencialmente, quién eres. Basta de reunir imágenes procedentes del exterior, basta de pedir a los demás que reflejen tu realidad. Has de mirar directa e inmediatamente, has de entrar en tu naturaleza, sentirla. ¿Qué necesidad hay de pedírselo a otros? ¿Y qué es lo que les pides? Son tan ignorantes acerca de sí mismos como tú lo eres acerca de ti. Si no se conocen a sí mismos, ¿cómo van a conocerte a ti? Fíjate en cómo funcionan las cosas, en cómo suceden: una falsedad lleva a otra falsedad. Puedes decir que te han estafado, engañado. Te han timado, y quienes te han estafado puede que no lo hayan hecho con esa intención. Pueden haber sido estafados por otros, por sus padres, sus madres, sus profesores, y ellos a su vez te han engañado a ti. ¿Vas a hacer lo mismo con tus hijos?

En un mundo mejor, donde la gente fuese más inteligente, más consciente, enseñarían al niño que la idea de "identidad" es falsa: «Es necesaria, y por eso te la ofrecemos, pero sólo de momento, hasta que tú mismo descubras quién eres. No será tu realidad. Y cuanto antes descubras quién eres de verdad, mucho mejor. Cuando antes abandones esta idea que te proporcionamos, mucho mejor. Porque a partir de ese momento nacerás de verdad, y serás verdaderamente auténtico, real. Te convertirás en un individuo».

Las ideas que recogemos de los demás nos proporcionan una personalidad, y el conocimiento que llegamos a tener desde el interior nos proporciona una individualidad. La personalidad es falsa, y la individualidad es real. La personalidad es prestada. La realidad, la individualidad, tu autenticidad, nunca puede ser prestada. Nadie puede decir quién eres.

Los demás pueden verte el cuerpo. Pueden decir si tu cuerpo es o no es hermoso, y eso también depende, porque no existe criterio alguno acerca de la belleza. Depende de la idea de la persona, de qué considere bello. Dos personas nunca se ponen de acuerdo. Es como "gustar" y "disgustar". Puedes enamorarte de una mujer y puedes llegar a creer que es la más bella del mundo, y que tus amigos se te rían en la cara. No digo que tengan razón. No digo que la tengas tú. Sólo digo que no existe un criterio. Puedes pensar que la mujer es horrible y que tu amigo está loco, pero no hay criterio. No existe una manera objetiva de decir quién es guapo, qué es la belleza. Depende de tu mente, de tu condicionamiento.

He alcanzado a oír...

Un elefante macho observaba contonearse a una elefanta. Dijo, casi embrujado:
–¡Guau! ¡Una 250 por 210 por 400 perfecta!

Para un elefante, claro, ésas son las medidas de la belleza, pero no para un hombre. Y si te ríes de esas proporciones, piensa que los elefantes se reirán de tus ideas sobre la belleza.

De hecho, las ideas acerca de la belleza mantenidas por un individuo no hacen más que cambiar. En la infancia se tiene una idea de la belleza distinta, así como en la juventud y en la vejez. Y todo depende de tu necesidad.

Así me lo han contado...

En una revista de granjeros apareció un anuncio. El granjero anunciaba que quería conocer a una mujer de unos treinta años de edad. Él tenía cuarenta y uno. Objetivo: matrimonio. Pero había que cumplir una condición: la mujer debía tener un tractor, ¡y debía enviar una foto del tractor!

Depende de tu necesidad, de tus ideas, de tu filosofía, religión, condicionamiento y cultura. Por ejemplo, alguien puede comentar algo sobre tu cuerpo; pero no es objetivo. Alguien puede decir algo sobre tu mente –un profesor puede afirmar que eres muy inteligente–, pero eso también depende. Porque no hay manera de decidir quién es inteligente. La idea misma del cociente de inteligencia, de medir la inteligencia, ha fracasado. Los psicólogos creían que podían llegar a medir la inteligencia, pero han fracasado. Ahora está pasado de moda. No quiere decir gran cosa.

¿Quién es inteligente? ¿Un niño que sobresale en matemáticas o uno que pinta muy bien? ¿Quién es inteligente? ¿Uno niño que escribe poesía o uno que construye un motor o crea un mecanismo? ¿Quién es inteligente? No hay una manera sencilla de decirlo. Sí, claro, por lo general, al matemático, al mecánico, al tecnólogo, se les considerará inteligentes... pero sólo porque tienen más utilidad. Una pintura no es de gran utilidad. Un poema no tiene ninguna utilidad; no puede comercializarse. A nadie le importa en el mercado. Pero si puedes crear un artilugio, un instrumento mecánico, entonces la gente se mostrará interesada. ¿Pero cómo decidir?

En una sociedad distinta... Por ejemplo, en la antigua China, hace tres mil años, a un hombre que pudiera componer poesía se le consideraba más inteligente que a otro que pudiera idear una máquina, porque aquella sociedad existía basándose en principios distintos. Lao Tzu dijo que las máquinas no eran necesarias; Lao Tzu dijo que las máquinas son una manera de engañar a la naturaleza, de explotarla. Son agresivas. El ser humano no necesita nada mecánico. La poesía, la pintura, la escultura y la música son más valiosas. Así que a un niño que nacía con dotes de músico se le consideraba más inteligente que a un matemático porque ¿qué ibas a hacer con un matemático? ¿Qué utilidad tiene? Pero en el mundo moderno el matemático es más útil, tiene más utilidad, tiene más valor de mercado.

Pero eso no durará mucho más. Tarde o temprano, incluso en este siglo, habrá unos cuantos países que alcanzarán tal riqueza que volverán a necesitar música, poesía, escultura. A la gente le gustará escuchar buena música, le gustará ver danza, le gustará adentrarse en los reinos de la belleza, le gustará profundizar en su armonía con la realidad. ¿A quién le importará un matemático, un tecnócrata, un ingeniero? Eso cambiará tarde o temprano. Depende de la necesidad que tenga la sociedad.

La gente puede hacer algún comentario sobre tu cuerpo, decir algo sobre tu mente, pero eso no tiene ningún valor. ¿Quién puede decir algo sobre tu alma? Ni siquiera tu madre, que te dio a luz, ni tu padre.

Cuando el Buda se iluminó regresó a casa. Su padre estaba muy enfadado, claro. Es muy difícil satisfacer a un padre, porque hagas lo que hagas irá contra sus ambiciones. Resulta muy difícil satisfacer a un padre. Si no tienes ninguna personalidad, si no tienes ninguna individualidad, si careces de una inteligencia única, estás apagado. Puedes ser obediente, pero entonces el padre tampoco estará satisfecho a causa de tu atontamiento, de tu estupidez. Sí, eres obediente; ¿pero qué sentido tiene serlo? No tienes nada que ofrecer. Si eres inteligente, único, tienes algo que ofrecer, y entonces no puedes ser obediente. La inteligencia siempre es rebelde. Sólo la gente corta y estúpida es obediente.

En el mundo de hoy en día hay mucha rebeldía porque ha tenido lugar una explosión de inteligencia. Cada generación es más inteligente que la anterior, y por lo tanto más rebelde, más desobediente, y por ello hay más caos en el mundo. No tienes más que observar a tus hijos. Observa a tus hijos con imparcialidad. ¿Eras tú tan inteligente de niño? Mira a los niños, qué inteligentes son. Puede que no lo veas, pero duele. Puede que no lo veas, que lo niegues, pero no tienes más que observar, y así *ha* de ser. Es natural que la conciencia evolucione. Así que cuando un niño es inteligente también es rebelde, y el padre no está satisfecho. Cuando el hijo es obediente pero no inteligente, entonces tampoco está el progenitor satisfecho. Es muy difícil satisfacer a un padre.

Ni siquiera el Buda pudo satisfacer a su padre. El padre del Buda debió pensar que se había convertido en *hippie*. Tal vez entonces no existiera ese término, y por ello debió de pensar en otra palabra, pero eso es exactamente lo que le dijo cuando llegó. Estaba muy enfadado, molesto, y le dijo:

–¿Qué has hecho? ¿Eres hijo de un rey y te comportas como un mendigo? Abandona todo ese absurdo y regresa a casa. Soy tu padre. Aunque me has causado dolor, y has sido un constante dolor de cabeza, mi corazón sigue siendo el de un padre: puedo perdonarte. Mis puertas permanecen abiertas. Puedes entrar.

El Buda se rió, y dijo:

–No me conoces en absoluto. He entrado en el gran reino.

El padre, claro está, se enfureció todavía más:

–¡Deja todo eso! Te conozco muy bien. Te he dado la vida.

Dijo el Buda:

–Ahí te equivocas, ahí yerras. Has dado vida a mi cuerpo, pero no a mí; y no me conoces en absoluto. Aunque esté aquí delante de ti, no me estás viendo. Estás lleno de tu idea de que eres el padre y yo tu hijo. Esa idea es como una barrera. ¡Mírame! El hijo que dejó tu casa no ha regresado. Esa persona ha desaparecido, ¡esa persona está muerta! Soy un ser totalmente nuevo. Llego con una nueva identidad, con una nueva realización: llego como conciencia. Me fui como inconsciencia. Me fui como Siddhartha Gautama, tu hijo. Ahora llego como buda, como iluminado. Me fui con una identidad falsa, y ahora llego con una realización verdadera acerca de quién soy. ¡Mírame!

De hecho, no hay manera de que nadie pueda ver tu realidad. Has de hacerlo por ti mismo. No es cosa de sirvientes, no puedes pagarle a nadie para que lo haga en tu lugar.

El califa Omar llamó a un gran santo sufí para rezar en su corte. Acudió, pero le dijo:

–No puedo hacerlo. Hay unas cuantas cosas que has de hacer por ti mismo; nadie puede hacerlo en tu lugar. Has de hacerle el amor a tu mujer tú mismo; nadie puede hacerlo por ti. Y has de rezar por ti mismo; yo no puedo hacerlo. Lo siento –dijo–. Yo puedo rezar, pero será una oración por mí mismo. No será por ti.

Dijo una gran verdad. Hay cosas que nadie puede hacer por ti. Al menos hay algo que nadie puede hacer en tu lugar, y es darte la respuesta de quién eres. No, has de hacerlo tú mismo. Tú eres el que ha de profundizar en tu propio ser. Hay que romper capas y capas de identidad, de identidad falsa.

Cuando uno entra en sí mismo se manifiesta el miedo, porque aparece el caos. Te las has ido arreglando con tu identidad falsa. Te has conformado con ella. Sabes que tu nombre es éste o aquél; cuentas con algunas credenciales, certificados, títulos, universidades, prestigio, dinero, patrimonio. Tienes maneras de definirte. Cuentas con una cierta definición que en cierto modo funciona. Adentrarse en uno mismo significa abandonar esa definición viable... y por ello aparece el caos.

Antes de poder alcanzar tu centro deberás pasar por un estado muy caótico. Por eso sientes miedo. Nadie quiere hacerlo. Hay gente que enseña: conócete a ti mismo. Escuchamos, pero nunca lo hacemos de verdad. Nunca nos preocupamos de ello. La mente alberga la idea de que, de hacerlo, se desencadenará el caos y te verás inmerso en él, ahogado en él. Y a causa del temor a ese caos seguimos aferrándonos a cualquier cosa externa. Pero eso es desperdiciar la vida.

El día que tengas el valor suficiente como para penetrar en tu ser, deberás hacerte *sannyasin*. *Sannyas* significa que ahora tomas tu vida en tus propias manos. Ahora tratas de vivir tu vida, de manera auténtica. Ahora ya no representas más papeles. Ahora no dejarás que nadie más escriba la historia de tu vida. Ahora estás listo para desplegar lo que siempre has llevado contigo como una semilla. El problema es el caos; así que cuando la gente se hace religiosa empieza a encontrar algún medio de evitar el caos. Has de entenderlo bien antes de entrar en este sutra.

Una cierta identidad está ahí. Por ejemplo: eres rico, tienes mucho dinero... Ésa es tu identidad. Cuando una persona empieza a pensar: «¿cómo conocerme a mí mismo?», y cuando empieza a escuchar las verdades explicadas desde siempre por los sabios: que hay que abandonar "mío", "mí", "tú" y "yo", piensa: «bien, así que dejaré mis riquezas y seré pobre». Abandona una identidad –la de ser rico–, pero se ha ido al otro extremo. Para evitar un error ha ido a parar al error contrario. Y esto es muy importante: si das un paso demasiado grande contra un error, volverás a caer en otro error. Un error al que se opone otra cosa no puede corregirse; lo contrario también es erróneo. La verdad está en el medio.

Cuando eres rico cuentas con una identidad. La abandonas, pasas a ser pobre, te conviertes en un mendigo, y ahora ya tienes otra identidad. La primera la tomaste prestada de la sociedad, pero la segunda también. Ahora todo el mundo dirá que has renunciado al mundo, que eres un gran *sannyasin*, que has abandonado el mundo, que eres grande. Eras grande e importante porque tenías dinero; ahora lo eres porque has renunciado al dinero, pero esa identidad también viene de fuera. Primero eras rico, ahora eres pobre; ahora la pobreza es tu riqueza. Eras egoísta, te volviste humilde; pero ahora la humildad es tu ego.

Se puede pasar con mucha facilidad de una enfermedad a otra, igual que un péndulo oscila de un extremo a otro.

Dice el Buda que el error son los extremos. Ser un extremista es estar en el error. Permanece en el medio, equilibrado –*samyak*–, y ahí es donde está lo correcto. Los hay que no hacen más que correr tras las mujeres, y un día deciden que eso es vano, y empiezan a huir de las mujeres. Pero el correr continúa. Primero perseguían, y ahora temen que alguna mujer les persiga a ellos. Y hay que tener en cuenta lo que sucede en realidad: si persigues a una mujer, ésta echa a correr. Si empiezas a huir de ella, ésta empieza a perseguirte. La vida es muy misteriosa, pero el correr continúa. Es un juego. Sólo uno puede ser el perseguidor y el otro ha de ser el perseguido. O bien eres el perseguidor o pasa a serlo la mujer, pero el juego continúa.

Dice el Buda que te detengas en el medio.

Este sutra forma parte de una historia muy famosa de la vida del Buda. Se trata de la historia del príncipe Srona.

Srona era un príncipe muy rico, que vivía como un vividor: come, bebe y diviértete. Vivió con toda la complacencia imaginable. Nunca supo nada de disciplina, ni nunca oyó nada acerca de conciencia. Mujeres y vino... eso era todo, ésa era toda su vida... reducida a dos palabras: mujeres y vino. Estaba borracho todo el día, y por la noche se complacía en la sexualidad. Era un maníaco. Pero poco a poco esos extremos empezaron a cansarle. Con el tiempo se fue dando cuenta de lo que hacía con su vida.

Cuando te autosatisfaces demasiado, un día, si eres un poco inteligente, empiezas a sentir lo vano de la situación.

Un día, cuando el Buda pasaba por su población, oyó hablar de él. Llevaba muchos días pensando: «Debe existir otra manera de vivir, y la vida debe ser algo más que la manera en que yo la vivo». Al enterarse de la llegada del Buda, fue a verle, y como era un exaltado, al ver al Buda –su silencio, su gracia, su paz– se sintió conmovido. Su corazón se sintió apabullado. Se postró ante el Buda y dijo:

–¡Dadme *sannyas*, iniciadme ahora mismo!

Dijo el Buda:

–Espera. No tengas tanta prisa.

–Pero –dijo–, no puedo esperar. No sé qué es esperar. Cuando quiero hacer algo, lo quiero de verdad. ¡Y ya basta! He vivido una vida de depravación, y no he hecho nada de provecho. He llevado una vida suicida. Ahora ya no puedo volver a casa. Por favor, aceptadme.

Incluso los discípulos del Buda dijeron:

–¿Por qué no le aceptáis? Nunca rechazáis a nadie. ¿Por qué dudáis? –preguntó Ananda– ¿Por qué dudas? Es un gran príncipe, muy conocido, y está dispuesto. Está dispuesto a entregarse por completo.

Pero el Buda dijo:

–Dudo porque temo que éste no sea más que otro extremo. Este hombre ha vivido en el exceso. Ahora quiere renunciar y pasar al otro extremo... y la renuncia está en el medio».

Pero Srona insistió; no se iría con las manos vacías. Se sentó allí desde la mañana a la noche. Era de esa clase de hombres. Cuanto más decía el Buda que no, más insistía él. A la mañana siguiente el Buda le aceptó como discípulo.

La historia dice que cuando Srona se ordenó *bhikkhu*, monje, inmediatamente pasó al otro extremo, al extremo que el Buda se temía. Los *bhikkhus*, los *bhikkhus* del Buda, sus monjes, solían comer una vez al día; Srona sólo comía dos veces por semana. Los *bhikkhus* andaban, iban a pie de una población a la otra, e iban por los caminos. Pero Srona nunca andaba por el camino, sino por el bosque, y se lastimaba. Sus pies empezaban a sangrar, se hacía heridas. Los *bhikkhus* del Buda eran gente tranquila, silenciosa, porque la enseñanza es permanecer en el medio. Nunca eran inmoderados, pero tampoco ascéticos, pero Srona se convirtió en un gran asceta. Cuando todos se sentaban bajo los árboles, él se quedaba de pie al sol. Tenía un cuerpo hermoso, era un joven muy guapo. La piel se le fue oscureciendo, ennegreciendo, y en pocos meses resultó imposible reconocerle. Cuando la gente de su capital iba a verle se quedaban pasmados de lo que había cambiado. Estaba seco y delgado, sus ojos sin brillo, y sus facciones habían perdido toda la gracia; se estaba afeando. Siempre estaba enfermo, porque el cuerpo tiene un límite de tolerancia para ciertas cosas. Pero a él no le preocupaba, de hecho disfrutaba con ello. Y todos los monjes empezaron a sentir que era una gran alma. Todo el mundo empezó a sentir que era superior a ellos. Un nuevo ego se manifestaba en Srona. Este sutra trata de Srona.

Un monje recitaba de noche un sutra legado por Kashyapabuddha. Su tono era tan apesadumbrado y su voz tan desfallecida, que parecía que estuviese abandonando la existencia.

Claro que debía estar muy triste, deprimido y bajo de moral; debía estar perdiendo toda su alegría. Se autotorturaba. Debía ser algo masoquista. Se destruía a sí mismo y disfrutaba de esa violencia. Debió pasar a ser muy serio, un cara larga; debía estar profundamente enfermo, ya desaparecido todo su bienestar. No era una floración. De hecho, el árbol se moría.

Recitaba ese sutra legado por Kashyapabuddha. Cuando se recita un sutra hay que hacerlo con alegría, de otro modo no tiene sentido. Cuando se reza, si no lo haces con alegría no tiene sentido, no vale la pena perder el tiempo. Porque tu oración nunca llegará a ningún lado a menos que cabalgues sobre el caballo de la alegría. A menos que puedas celebrar, tu oración nunca será escuchada. Sólo mediante la celebración alcanza la existencia, porque la existencia sólo entiende un lenguaje, y es el de la celebración. Ningún otro. La existencia no entiende inglés, no entiende sánscrito, ni árabe. La existencia sólo entiende un lenguaje: el de las flores, el de las nubes, el de los pavos reales, el de los cuclillos, el de la alegría, el del verdor, el de los ríos discurriendo hacia el mar, el de los glaciares deslizándose por las montañas. La existencia conoce la danza, el canto. Las palabras no son significativas, sólo la música lo es. El todo entiende el sonido, pero no las palabras.

El lenguaje es artificial, la alegría proviene de la existencia. Así que cuando medites, cuando reces, cuando recites un sutra o el Corán, hazlo con alegría. De otro modo, no lo hagas. No es necesario porque resulta inútil. Estarás perdiendo tu tiempo.

Me han contado algo acerca de un místico sufí, Hasán.

Pasaba junto a una mezquita y un hombre recitaba el Corán. Su voz era tan horrible y lo hacía tan mal, estaba tan serio y triste... como si se le hubiesen secado las risas. Su voz sonaba como la de un fantasma.
Hasán le preguntó:
–¿Qué haces?
–Por Dios bendito, estoy recitando el Corán –contestó el otro.
–Por Dios bendito, ¡no sigas!

A menos que lo hagas con alegría, por favor, no lo hagas. Por Dios bendito, no lo hagas nunca. Es mejor ser ateo y no creer en Dios que hacer algo con tristeza, deprimido, que hacer algo horrible y decir que es una oración.

Pero sólo puedes hacer lo que eres. Puede que no siempre sientas alegría. A menos que burbujee, a menos que brote de tu ser, a menos que corra como la savia, no puedes administrarla. No es cuestión de cambiar de cara, porque la existencia no te mira la cara; te mira el corazón... no puedes engañarla. A menos que la alegría resida en tu ser, no llegarás... tu oración nunca será escuchada.

Por eso insisto en que si podéis, bailéis y cantéis, y con eso bastará. En realidad no es necesario verbalizar ninguna oración: exteriorizarla en la danza, exteriorizarla cantando. No es necesario. Podéis tocar la guitarra o la flauta... con eso bastará. Estáis usando algo universal.

> Su tono era tan apesadumbrado y su voz tan desfallecida, que parecía que estuviese abandonando la existencia. El Buda le preguntó al monje:
> –¿Cuál era tu ocupación antes de hacerte monje itinerante?
> Dijo el monje:
> –Me gustaba tocar la guitarra.
> El Buda dijo:
> –¿Qué pasaba cuando las cuerdas estaban demasiado flojas?
> –El sonido no era posible –contestó el monje.

Cuando las cuerdas están demasiado flojas, no es posible el sonido...

> –¿Y cuándo estaban demasiado tensas?
> –Restallaban.
> –¿Y cuándo no estaban ni demasiado flojas ni demasiado tensas?
> –Todas las notas sonaban con el tono apropiado.
> A continuación, el Buda le dijo al monje:
> –La disciplina religiosa es como tocar la guitarra. Cuando la mente está afinada y se aplica tranquila, el camino es realizable.

De hecho, cuando la mente está justo en el medio, ni demasiado suelta ni demasiado tensa; equilibrada, tranquila, quieta, ni moviéndose a la derecha ni a la izquierda; cuando el péndulo de la mente se ha detenido justo en el medio, el tiempo desaparece, el reloj se detiene. En ese momento el camino es realizable. Malogras el camino porque no estás en el medio, y el camino *está* en el medio. En las situaciones de la vida, en todas las situaciones, hay que estar atento para no ir hacia el extremo. Si no, a veces las cuerdas están demasiado flojas y la música no surge, y a veces están demasiado tensas y se rompen. Y en lugar de música sólo creas ruido. La música sólo es posible cuando las cosas están justo en el medio. Hay un punto en que las cuerdas ni están tensas ni flojas.

Ya debes haberlo observado: siempre que tocan músicos indios, primero intentan llevar sus instrumentos al medio. El percusionista toca su *tabla* y siente si está en el medio o no; de otro modo apretará o aflojará algo. El instrumentista de la *vina* aflojará o apretará sus cuerdas.

Sucedió en una ocasión:

> Un virrey británico fue invitado por un *nawab* de Lucknow, y para darle la bienvenida pidió a sus mejores músicos que tocasen algo para el virrey. Y claro, como es costumbre, los músicos empezaron afinando sus instrumentos. El *nawab* le preguntó al virrey:
> —¿Qué tipo de música le gusta más?
> El virrey, dijo cortésmente:
> —Exactamente la que ahora suena.
> ¡Sólo por ser cortés! No entendía lo que sucedía. Y luego, para ser cortés, el *nawab* ordenó que los músicos continuasen afinando, y continuaron así durante tres horas.

Hay un punto en que las cuerdas no están sueltas ni tensas, y sólo lo conoce un maestro. No es fácil tocar la guitarra; es difícil conseguir que la guitarra alcance esa afinación en la que nace la música, en la que nace de manera natural, sin esfuerzo. Una persona se convierte en un maestro cuando puede afinar su instrumento. Tocar no es tan difícil, pero afinar es más difícil, porque para lograrlo has de aprender cuál es el medio exacto. Has de estar muy atento, ser muy sensible. Has de contar con un oído muy sensible. Sólo entonces puedes darte cuenta de dónde está el medio.

Y el Buda dice:

> «La disciplina religiosa es como tocar la guitarra. Cuando la mente está afinada y se aplica tranquila, el camino es realizable; pero cuando uno se inclina demasiado, el cuerpo se cansa; y cuando el cuerpo está cansado, el espíritu se desanima; y cuando el espíritu se desanima, tu disciplina se relaja; y con la relajación de la disciplina llegan muchos males. Por ello, mantente tranquilo y puro, y realizarás el camino».

Eso es algo que has de recordar en todas las situaciones de la vida. Este sutra es enormemente importante, porque la mente tiende a pasar al polo opuesto. Y si pasas al polo opuesto habrás errado de nuevo el medio, y estarás tan lejos del medio como antes. Alguien es egoísta... y se convierte en humilde.

La persona con conciencia de verdad no es ni egoísta ni humilde. No conoce el lenguaje de la humildad y el ego. La humildad también es lo contrario al ego. En realidad no es realmente contrario; es el mismo lenguaje. ¿Qué quieres decir cuando dices que alguien no es egoísta? Dices que no es un egoísta, pero eso significa que se ha trasladado desde la cima del ego al valle de la humildad. Pero si te cruzas con un buda no podrás decir que es humilde, no podrás decir tampoco que es egoísta. Porque simplemente es. No ha bajado desde la cima al valle. Va por terreno llano. Ésa es una de las cosas que resultan más difíciles de comprender.

Un Jesús no es humilde en el sentido en que otros santos lo son. Un Jesús no es un egoísta en el sentido en que la gente es egoísta. Simplemente desconoce qué son el ego y la humildad: ha dejado atrás esa dualidad. Simplemente es, y responde desde su existencialidad. A veces puede darte la impresión de ser muy egoísta, pero no es más que tu interpretación. A veces te parecerá muy humilde, pero también ahora no es más que tu interpretación.

Por ejemplo: los cristianos cuentan esas historias en las que Jesús da la impresión de ser humilde... que si tocó y lavó los pies de sus discípulos... ¡qué humilde! Pero evitan contar otras cosas en las que no parece tan humilde. Echó a los mercaderes fuera del templo con un látigo en la mano. A veces intentan evitar esa historia... porque ahí no parecía nada humilde. Estaba furioso. Era un rebelde, un revolucionario.

De hecho, no fue ni humilde ni egoísta.

Lo mismo vale para *todos* los que se han realizado. Krishna hizo de auriga para Arjuna: ésa es su humildad. Los hinduistas hablan mucho de ello. Los antihinduistas no hablan de ello, sino que dicen: «¡Qué egoísmo! ¿Pues no le dice a Arjuna: "Olvida todas las religiones y póstrate a mis pies"? ¡Qué egoísmo! ¿Qué más puedes pedir? Eso es el no va más del egoísmo». Pero de hecho no es ni una cosa ni otra. Si la situación lo requiere, Krishna puede pasar a ser el auriga de su propio discípulo. Puede llevar los caballos al río, bañarlos, limpiarlos, masajearlos... a los caballos de su discípulo. Y luego, en otro momento, le dice a Arjuna: «Olvida todo lo que dije. Deja todas las religiones, abandona todas tus ideologías. Ven a mis pies». Claro, resulta muy paradójico.

Pero una persona realmente realizada no es humilde ni egoísta. Responde de manera total a la situación, sea cual sea.

Recuerda que el Buda dice que siempre que estás en el medio, estás recorriendo el camino. Siempre que te desvías a la derecha o la izquierda, te estás extraviando.

«Mantenerse en el medio» es mantenerse tranquilo, porque cuando te inclinas a la derecha o a la izquierda, te excitas. Así que nunca seas derechista ni izquierdista. Permanece en el medio y no estarás en ninguna parte, no serás nadie... porque en el medio se pierde toda agitación. Uno permanece tranquilo.

Y eso es lo que se quiere decir con "ser puro". Cuando te inclinas a la izquierda, ésta te corrompe. Cuando te inclinas a la derecha, también te corrompe. Cuando no te inclinas, cuando permaneces sencillamente en el medio, nada puede corromperte. Te vuelves incorruptible. Eres puro.

«Por ello, mantente tranquilo y puro, y realizarás el camino.»

Ya os he explicado que un niño aprende "mío", "mí", "tú", "yo". Ahora podéis pasar a lo contrario y decir: «Nada es mío». Y podéis decir que no hay ego en vosotros, y que no poseéis nada; "mí" no existe, y también sois una forma divina, una forma de lo informe. Pero esto no es más que pasar de un extremo a otro sin cambiar nada. Pero desde el medio no diréis: «No poseo nada»... Recordadlo. Sólo es posible si seguís pensando que algo puede ser poseído. Un día pensáis que poseéis y al día siguiente lo negáis y decís: «No poseo nada. Renuncio». Pero en vuestra renuncia también hay posesión. ¿Cómo puedes renunciar al mundo si no lo posees? Alguien que comprende de verdad nunca renuncia a nada. Simplemente comprende: «No hay nada que poseer, ¿cómo podría renunciar?».

Se cuenta sobre un emperador japonés que renunció a su reino y fue a ver a un maestro zen. Se postró a sus pies y dijo con una tremenda humildad:

–He renunciado al trono.

El maestro zen dijo:

–Entonces mejor que te vuelvas a tomar posesión, que vuelvas a reclamarlo. Es mejor que vayas cuanto antes.

El emperador se sintió muy perturbado. Dijo:

–¿Qué quiere decir? He renunciado de verdad.

El maestro dijo:

–Si realmente has renunciado al trono, ¿cómo puedes decir que has renunciado? La renuncia verdadera es simplemente comprender que nada te pertenece. No hay nada a lo que renunciar.

Renunciar sólo es posible si, en primer lugar, se acepta que es posible poseer. El desapego sólo es posible, en primer lugar, si se acepta que el apego es posible. El apego es falso. La posesión es falsa; no es posible. Poseer es imposible. ¿Qué sentido tiene entonces renunciar? ¿Qué sentido tiene desapegarse? El apego simplemente desaparece. Y si el apego desaparece sin dejar rastro, y ni siquiera hay desapego, la idea del desapego, entonces eres puro y sosegado. Si el apego desaparece pero es sustituido por el desapego, estaremos pasando al otro extremo. Cuando la violencia desaparece, no queda no-violencia en ti. ¿Qué sentido tiene entonces la no-violencia? La violencia ha desaparecido, y la no-violencia también. Las dualidades van juntas. Ahora de repente te quedas solo, puro. Si te metes en una te metes también en la otra.

–Bien, muchacho. Tengo entendido que quieres convertirte en mi yerno –dijo el padre al novio de su hija, el mulá Nasrudín.

–Bueno, no exactamente, señor –replicó Nasrudín–. Pero si me caso con su hija no sé cómo podré evitarlo.

El hombre había preguntado: «Bien, muchacho. Tengo entendido que quieres convertirte en mi yerno»; y dijo Nasrudín: «Bueno, no exactamente, señor. Pero si me caso con su hija no sé cómo podré evitarlo».

Si te casas con la hija de alguien también pasas a convertirte en yerno, al mismo tiempo. No es posible elegir una de las dos cosas; van juntas. De hecho, no es correcto hablar de dos cosas. Son un único fenómeno observado desde ambos lados.

Cuanto te tornas violento, aparece la no-violencia. Cuando te vuelves no-violento, entonces la violencia aguarda por detrás. Van juntas. Todas las dualidades van juntas. Cuando el sexo desaparece, también desaparece el celibato, recuérdalo. Si empiezas a afirmar que has pasado a ser célibe, entonces es que la sexualidad todavía existe, y puede explotar en cualquier momento. Estás sentado sobre un volcán. ¿Qué sentido tiene el celibato cuando el sexo ha desaparecido? Pasa a ser baladí, la palabra carece de todo sentido. "Celibato" sólo puede tener algún sentido en referencia al sexo.

Dice el Buda que cuando desaparecen ambas dualidades se están simplemente en el medio... silencioso, tranquilo, puro. Se realiza el camino. El camino es el camino medio.

Finalmente, para que lo recordéis siempre, permitid que condense todo ese tema en una sola frase: cuando estás cansado, frustrado, harto de algo, mantente alerta... porque la mente tiende a pasar al extremo contrario.

Cuando las cuerdas están demasiado flojas, la mente tiende a tensarlas, a apretarlas demasiado, y con ello tampoco acierta. Y cuando la mente está demasiado tensa, cuando las cuerdas están demasiado tensas, un día tú también te cansarás porque no habrá música en ellas. Entonces la mente volverá a tender a aflojarlas.

Así sucede en la vida... en una vida tras otra, no hacéis más que moveros de un extremo al otro. Sois como pelotas de balonvolea, a golpes de un lado de la red al otro. Si queréis acabar con ese juego, con este juego del *samsara*, con este juego del mundo, entonces permaneced en el medio. Siempre que llegue el momento de decidir, permaneced alerta; nunca paséis al otro extremo. Acordaos de permanecer en el medio.

Si podéis aprender a permanecer en el medio habréis aprendido todo lo que hay que aprender, y todo lo que vale la pena aprender. Al camino del Buda se le llama *majjhima-nikaya*, "el camino del medio". Es uno de los buscadores de la verdad más penetrantes. Ha realizado algo muy profundo, ha descubierto algo que podéis utilizar. No es un ritual, ni una oración. Es algo que podéis hacer con vuestra atención. Todo su campo de trabajo es la atención.

Así que permaneced en el medio. Si habéis comido demasiado, no empecéis a ayunar. Es muy sencillo. Eso es lo que hace la gente. Conozco a muchos que los dos o tres primeros meses ayunarán y harán régimen, y luego se lanzarán sobre la comida con voracidad. Se obsesionan, y durante dos o tres meses no dejan de comer. Y lo que ocurre es que deshacen todo lo que el ayuno hizo en sus cuerpos. Y luego vuelven a ayunar. Y así van... como pelotas de balonvolea, a golpes de aquí para allá.

Basta con la comida adecuada, en la cantidad adecuada, consumida con atención.

Recordad el medio y siempre estaréis en lo correcto.

Basta por hoy.

19. LA DISCIPLINA DE LA TRASCENDENCIA

Dijo el Buda:

«Cuando alguien fabrica utensilios a partir de un metal que ha sido purificado de toda escoria, entonces los utensilios serán excelentes. Vosotros, monjes, que deseáis recorrer el camino, purificad vuestros corazones de la impureza de las pasiones nocivas, y vuestra conducta será impecable.

»Y aunque uno escape de los actos nocivos, es una rara fortuna nacer como ser humano. Y aunque se nazca como ser humano, es una rara fortuna ser perfecto en los seis sentidos. Y aunque se sea perfecto en los seis sentidos, es una rara fortuna nacer en el tiempo de un buda. Y aunque se nazca en el tiempo de un buda, es una rara fortuna ver al iluminado. Y aunque se sea capaz de ver al iluminado, es una rara fortuna que el corazón despierte a la fe. Y aunque tenga fe, es una rara fortuna despertar el corazón de la inteligencia. Y aunque despierte el corazón de la inteligencia, es una rara fortuna realizar un estado espiritual por encima de la disciplina y la realización.

»¡Oh, hijos del Buda! Aunque estéis a muchos miles de kilómetros de mí, si recordáis y pensáis en mis preceptos, sin duda obtendréis el fruto de la iluminación. Podéis estar a mi lado y verme siempre, pero si no observáis mis preceptos nunca obtendréis la iluminación».

La conciencia es como un lago: con ondas se convierte en la mente, sin ondas se convierte en el alma. La diferencia sólo radica en la confusión. La mente es un alma perturbada, y el alma es mente silenciada. La mente es sólo un estado perturbado, y el alma es un estado saludable. La mente no es algo separado del alma, como las ondas no están separadas del lago. Un lago puede carecer de ondas, pero las ondas no pueden existir sin el lago. El alma puede ser sin la mente, pero la mente no puede ser sin el alma. Cuando sopla un fuerte viento y el lago se perturba, tenemos turbulencias. Y en esa turbulencia el lago pierde una cualidad, la de reflejar. Entonces no puede reflejar lo real. Lo real queda distorsionado. Puede que haya luna llena en el cielo, pero ahora el lago no puede reflejarla. La luna quedará reflejada, pero de manera distorsionada. Será reflejada en miles de fragmentos. No será una unidad; no estará recogida, integrada. No será una. Lo real es uno. Pero ahora el lago reflejará muchos millones de lunas, la superficie del lago aparecerá plateada. Lunas y más lunas por todas partes... pero no es real. La verdad es una: cuando la mente la refleja se convierte en muchas; cuando la conciencia la refleja, es una.

La conciencia no es hinduista, ni musulmana, ni cristiana. Si eres hinduista sigues estando en la mente distorsionada. Si eres musulmán sigues estando en la mente distorsionada. Una vez que la mente se asienta y que las ondas desaparecen, eres simplemente una conciencia, sin adjetivos, sin condicionamiento. Y entonces la verdad es una. De hecho, ni siquiera es correcto decir que la verdad es una... porque una sólo tiene sentido en el contexto de muchas. La verdad es tan una que en Oriente nunca hemos dicho que fuese "una"; la hemos llamado "no dual", no dos.

¿Por qué hemos elegido una manera indirecta diciendo "no dos"? Queremos decir que es difícil decir que es una, porque una implica dos, tres, cuatro. Simplemente decimos "no dos". No decimos lo que es, sólo lo que no es. En ella no hay "mucheidad"... eso es todo. Hemos de expresarlo por la vía negativa, diciendo que no es dos. Es tan una y está tan sola que sólo ella existe, y nada más. Pero eso se refleja en la conciencia cuando la mente no está presente. Cuando digo: «La mente no está presente», recuerda, no es que esté hablando de la mente como una facultad. Porque no lo es. Sólo es un estado perturbado: la conciencia oscilando, temblando, convulsa, fuera de lugar.

¿Qué vientos son los que soplan en la conciencia para perturbarla? Dice el Buda que es el viento de la pasión, del deseo.

Obsérvalo y comprobarás la veracidad de lo dicho por el Buda. Es un hecho, no tiene nada que ver con teorías. El Buda no está interesado en sistemas abstractos; sólo dice lo que es. No está formulando una filosofía. Recuérdalo siempre y tenlo presente: es muy experimental, existencial. Su enfoque es decir algo que tú puedes experimentar *de inmediato*. Y tu experiencia demostrará que tiene razón. No hay otro modo de demostrar lo correcto o lo erróneo. No hay manera de discutir al respecto.

De vez en cuando siéntate en silencio; y si por un momento el deseo se detiene, comprobarás que la perturbación ha desaparecido. Sentado en silencio, sin desear nada; sentado en silencio, sin pasar al futuro; sentado en silencio, contento; en ese instante comprenderás lo que el Buda quiere decir. De repente verás que no hay ondas, que no hay olas. Todas has desaparecido. Las ondas sólo surgen cuando deseas, cuando estás descontento con el presente y pones tus esperanzas en el futuro.

El deseo es una tensión entre el presente y el futuro. En esa tensión surgen las ondas, las oleadas. Entonces te ves aplastado... y la conciencia es *muy* frágil. La conciencia es muy blanda: basta un ligero deseo, un parpadeo de deseo, y todo el lago se perturba. Obsérvalo alguna vez, siéntate a orillas de un lago. Fíjate... no hay ondas. Tira un guijarro, un guijarro muy pequeño, en el mayor de los lagos, y ese guijarro diminuto empezará a crear ondas, y esas ondas se extenderán hasta alcanzar la orilla más lejana. Un pequeño guijarro ha bastado para crear una perturbación así de grande. Un pequeño deseo, y la perturbación aparece por la puerta de atrás. El deseo es perturbación, la pasión una fiebre. En la pasión dejas de ser tú mismo. En la pasión estás a un lado de ti mismo. En la pasión no estás centrado, pierdes tu equilibrio. En la pasión haces cosas que ni podrías imaginar. A lo largo de los siglos, muchos asesinos han confesado en los tribunales que ellos no cometieron los crímenes; sucedieron. Estaban arrebatados, casi locos. No lo hubieran hecho deliberadamente; sucedió. No son criminales, son víctimas de su propio arrebato. Podéis creer que están intentando engañar; podéis pensar que intentan escapar al castigo. Pero no es así.

Es imposible asesinar si se es consciente, si se está en silencio, si se está centrado. Sólo ocurre cuando no lo estás, cuando estás ofuscado, cuando sólo hay ondas y ondas, y la superficie del lago está totalmente perturbada... Entonces es cuando sucede. Todo lo malo sucede únicamente cuando estás perturbado. La gente religiosa normal dice: «cultiva el carácter». El Buda dice que cultives la atención, la conciencia. Los profesores religiosos normales dicen: «haz el bien». El Buda dice que permanezcas en silencio y el bien se hará. El bien sigue al silencio de igual manera que a ti te sigue tu sombra. No hay otra manera de hacer el bien que estar en silencio. Puedes hacer el bien, pero si no permaneces en silencio, sólo se manifestará lo erróneo. Por eso los que se suponen bienintencionados no provocan sino calamidades en el mundo. Los supuestos bienintencionados son la gente más maliciosa del mundo, pero lo hacen por tu bien, lo hacen con buena intención y no hay manera de escapar de ellos.

Todo el mundo sabe que los padres buenos son padres peligrosos. Un padre demasiado bueno no será un buen padre, porque te enjaulará. Demasiado bien es destructivo. Una buena madre te destruirá, porque la madre no está centrada. Su bondad es forzada; *intenta* hacer el bien. El bien, la bondad, no es natural ni espontáneo. No es como una sombra; es esfuerzo, es violento. Tus supuestos *mahatmas* no hacen más que incapacitar a la gente, destruirla, destruir su libertad de muchas maneras. Intentan dominar utilizando métodos sutiles, de maneras sutiles. Pero el deseo es el de dominar, y resulta muy fácil dominar a alguien cuando eres bueno. Ni siquiera puede rebelarse contra ti. Siempre puedes escapar de una mala madre, pero ¿cómo escapar de una buena madre? Es tan buena que empiezas a sentirte mal. Fíjate bien: todo el mundo ha atravesado ese estado, y por ello debe entenderse. De otro modo nunca podrás llegar a aceptarte a ti mismo.

Siempre que hay un hijo habrá algún tipo de conflicto entre él y los padres, sobre todo entre el hijo y la madre al principio, y luego con el padre. Es natural, porque la madre tiene su manera de hacer las cosas, sus propias ideas, su propia filosofía acerca de cómo vivir la vida. Y el niño es casi un salvaje; desconoce la sociedad, la cultura, la religión. Ha llegado directamente de Dios; es tan salvaje como Dios. No tiene más que libertad, así que está claro que algún tipo de conflicto se manifestará. Y al hijo hay que iniciarle en los límites de la sociedad. No puede dejársele solo... eso también sería erróneo. Así que el conflicto es natural. Si la madre es muy buena entonces el niño tendrá dificultades, padecerá una gran angustia y ansiedad. La ansiedad es que el niño ama su libertad y sabe –intrínsecamente– que la libertad es buena. La libertad es un valor intrínseco. No es necesario demostrar que la libertad es buena... la libertad lo *es*, es palmariamente buena. Todo el mundo nace con ese deseo. Por eso, en Oriente llamamos "libertad total" –*moksha*– al objetivo esencial, donde el deseo intrínseco se colma por completo y uno deja de tener cualquier limitación, siendo total e incondicionalmente libre.

Todo niño nace con el deseo intrínseco de ser libre, y ahora se encuentra que por todas partes está esclavizado. La madre le dice: «No hagas esto, no hagas lo otro, no vayas allí», y el niño se siente tirado y estirado desde todos los lados. Ahora bien, si la madre es mala, no existen muchas dificultades; el niño puede pensar que la madre es mala y en lo profundo de su corazón puede empezar a odiarla. Muy simple, es casi pura aritmética... Ella destruye la libertad del hijo y éste la odia. Tal vez no pueda expresarlo por razones políticas, y por ello se convierta en diplomático. Sabe que su madre es la mujer más repugnante del mundo, pero no hace más que decir lo contrario de boquilla.

Pero si la madre es buena entonces tenemos un problema. Entonces el niño no tiene manera de resolverlo; la madre es buena... y la libertad es buena: «Entonces, si mamá es buena yo debo estar equivocado, y mi libertad debe ser un error. Si yo soy bueno y mi libertad es buena, entonces mamá debe estar equivocada». Pero claro, resulta imposible pensar que la madre está equivocada... porque es buena *de verdad*, y se preocupa, quiere, y hace millones de cosas por su hijo o hija. La madre es *realmente* buena, y el hijo lo sabe. Así que sólo queda una posibilidad, y es: «Debo estar equivocado. Mi madre es buena y yo estoy equivocado».

Una vez que el niño empieza a pensar: «Debo ser yo el equivocado», empieza a rechazarse a sí mismo. Por lo general no acabo de ver a nadie que se acepte a sí mismo por completo. Y si no te aceptas a ti mismo por completo entonces nunca crecerás, porque el crecimiento surge de la aceptación. Si no dejas de autorrechazarte, estarás creando una separación. Serás esquizofrénico. Cargarás con el pesado fardo de esa parte que rechazas, y será para ti una pesada carga, un gran pesar, una gran ansiedad, una tensión. Y no podrás deshacerte de ese peso porque es parte de ti; no es divisible. Como mucho puedes ocultar esta carga en el inconsciente. Puedes dejar de ser consciente de ella, puedes olvidarte de ella, puedes llegar a creer que no está ahí. Así es como se crea el inconsciente.

El inconsciente no es natural. El inconsciente es esa parte de tu ser que has rechazado, que ni siquiera quieres mirar, que no quieres conocer, y que ni siquiera sabes si existe. Está ahí; en las profundidades de tu ser, manipulándote. Y se vengará de muchas maneras, porque también necesita expresión. Ésa es la auténtica desdicha de los seres humanos. Una "buena" madre puede crear la idea de un "mal" hijo. El niño empieza a rechazarse a sí mismo. Se trata de una división, de una brecha en la personalidad. El niño se neurotiza.

Pero sentirse bien consigo mismo debería ser algo fácil y natural. Lo que hacen tus predicadores religiosos, lo que hacen tus sacerdotes, es decir que acudas a la mezquita, al templo, a la iglesia, donde los hallarás... vociferantes, condenatorios, dispuestos a echarte al infierno, dispuestos a recompensarte con el cielo si les escuchas, si les sigues. Pero claro, no puedes seguirles porque sus demandas son imposibles, y lo son porque no te enseñan la manera de ser bueno. Simplemente dicen: «sé bueno».

La manera de ser bueno no tiene nada que ver con hacerse el bueno. La manera de ser bueno está relacionada con centrarse, con la atención. Hacerse el bueno no tiene nada que ver con tu carácter. Una persona realmente buena carece de carácter; es sin personalidad. Y cuando digo «sin personalidad», quiero decir que no lleva coraza, que no está blindado. Carece de defensas, está abierta. Es sin personalidad como una flor. No es ni buena ni mala. Está simplemente ahí: atenta, consciente, responsable. Responde a lo que sucede, pero responde de una manera directa, responde desde aquí. Responderá a partir del ahora, pero no del futuro. "Tener carácter" significa que uno va cargando con las cosas que ha ido aprendiendo a lo largo del pasado. "Tener carácter" significa una manera de tener conciencia que se te ha impuesto. Esa manera de estar es una prisión para el ser consciente.

El Buda provocó una revolución en el mundo de la religión. La mayor de todos los tiempos. Y su revolución consistió en que puso el acento sobre ser consciente, y no sobre el tener conciencia. Puso el acento sobre la atención, y no sobre el carácter. El carácter llega de manera automática, claro, como una sombra. No tienes que cargar con él; entonces no es una carga. ¿Te has fijado alguna vez? Tu sombra te sigue, pero no cargas con ella, y no has de preocuparte de lo que hace. Has de pensar en ello. Siempre está ahí, aunque te olvides de ella por completo. No la puedes perder.

Dice el Buda que el carácter sólo es real cuando no puedes perderlo. Si temes perderlo, entonces de trata de conciencia y no de consciencia.

Así que lo primero que has de entender antes de pasar a estos sutras es que un hombre se ciega de pasión, de deseo. ¿Por qué se ciega de pasión y deseo? Porque el deseo y la pasión conllevan dos cosas: primera, un descontento con el presente. Ésa es la mismísima raíz del deseo. Si no estás descontento con el presente, el deseo no puede existir. El deseo existe sólo con el descontento.

Fíjate, fíjate... Si estás aquí sentado y estás contento en este momento –y no veo por qué no deberías estarlo–, entonces no hay deseo. Y cuando no hay deseo se manifiesta una calma y una tranquilidad... El silencio se hace tan sólido que casi puedes tocarlo, palparlo, tomarlo en tus manos.

Siempre que hay contento no hay deseo. Cuando no hay deseo en ti estás en casa, relajado. En ese estado de relajación no hay mente. La mente es la acumulación de tensiones. La mente no es una facultad, sólo el fardo de todos tus deseos, de todas las ondas que vas creando. Pierdes una pasión y antes de perderla del todo te metes en otra. Acaba un deseo, pero incluso antes de que acabe del todo empiezas a planear otro viaje en el futuro.

Así que no paras de lanzarte hacia el futuro, perdiéndote el presente. Y sólo se puede estar presente en el presente. Y cuando estás presente no hay mente. Y ese estado inmental es el objetivo, el objetivo budista.

Cuando no hay tensión, cuando no hay pensamiento, deseo, ni pasión, en tu alma se manifiesta, brota, un gran bienestar. Eso es una bendición. Te sientes enormemente feliz, sin razón aparente. Te sientes muy elevado, aunque esa elevación no tiene causa. No es que te hayas colocado con drogas o con alcohol; tampoco es que hayas estado recitando un *mantra*, porque el *mantra* también cambia tu química. La repetición constante de un sonido provoca cambios en la química corporal. Es como una droga. Un *mantra* es una droga muy sutil; crea cierto tipo de ondas en tu ser. Y si cantas y cantas cierto mantra –*Om... Om... Om*–, poco a poco el sonido *Om* cambia toda tu química corporal.

O también puedes iniciar un ayuno. Y fíjate qué absurdo: la gente que predica ayunar está contra las drogas, pero el ayuno es un cambio químico. Es igual de adictivo que cualquier droga. ¿Qué haces cuando ayunas? No permites la entrada de ciertos compuestos químicos en el cuerpo, compuestos que, de no hallarse presentes, hacen que cambie el equilibrio químico interior. Es lo mismo. O tomas alguna droga –que cambia tu equilibrio químico; o dejas de tomar alimentos– que cambian tu equilibrio químico interno. Cuando la gente se siente elevada, cuando Mahatma Gandhi dice que se siente muy elevado al ayunar, no está hablando de nada que no haya dicho también Timothy Leary* hablando de estar "colocado". Ambos dicen lo mismo; ambos hablan de química. Aunque no consideramos el ayuno como una droga, lo cierto es que lo es... Puede hacer que te sientas elevado, ingrávido.

O puedes seguir cantando. Cantar crea cambios en la química corporal. Por eso algunos sonidos han cobrado mucha importancia. A lo largo de los siglos muchos han probado numerosos *mantras*. Unos cuantos han triunfado y otros han fracasado. Los que han triunfado son los *mantras* que pro-

---

* Timothy Leary (1920-1996). Psicólogo y escritor estadounidense que fue uno de los principales defensores del uso del LSD en la década de 1960, cuando era profesor de Harvard, y uno de las figuras más emblemáticas de la contracultura. *(N. del T.)*

vocan cambios inmediatos en la química corporal. Puedes llamarlo Meditación Trascendental (MT), pero no deja de ser una droga. Ahora el Maharishi Mahesh Yogi está contra las drogas, pero la MT es una droga sutil. O bien puedes cambiar tu química corporal mediante posturas, mediante el yoga. Puedes cambiar la química corporal mediante ciertos tipos de meditación... pero todos los cambios son básicamente químicos. Cuando respiras hondo introduces más oxígeno en el cuerpo, y ese oxígeno empieza a cambiar tu química, empiezas a sentirte "colocado". Cuando no respiras hondo se acumula en los pulmones más dióxido de carbono. Cambia la proporción; te sientes apagado, bajo de moral, deprimido. Sí, esa palabra está muy bien: te sientes muy "aplastado" por algo. El dióxido de carbono provoca tu depresión; estás aplastado por una losa.

Pero todos son cambios, físicos o químicos. No van más allá. Dice el Buda que basta con estar atento, con estar consciente y contento... Ni siquiera predica una cierta pauta, un ritmo respiratorio. Dijo que hay que permitir que la respiración sea natural. No aboga por el ayuno; aboga por la alimentación correcta, por la cantidad precisa de alimentos. No predica permanecer toda la noche vigilante. Hay muchas sectas, en especial los musulmanes, que se pasan toda la noche despiertos. Eso también cambia la química corporal.

El Buda simplemente dice que sólo se necesita una cosa, y es que no hay que pasar al futuro, que debes permanecer presente aquí y ahora. Debes estar contento con el momento. Muévete con el presente, no te adelantes, no saltes. Que no haya pasión. "Pasión" significa saltar por delante de ti, creando ansiedad, frustración, preocupaciones, provocando la aparición de mil ondas que se alzan en la superficie de tu consciencia. Te conviertes en una mente. Cuando las ondas desaparecen vuelves a ser una consciencia. Pruébalo alguna vez.

Gurdjieff solía dar un método a sus discípulos. Lo llamaba "el ejercicio *stop*". Les enseñaba a sus discípulos a parar el mundo, así, de repente. Al detenerse uno mismo se puede detener el mundo entero. Vas por la calle y de repente te paras de golpe. Permaneces inmóvil durante medio segundo. Esa súbita inmovilidad también ayudará a que la mente se detenga, porque la mente requiere tiempo. Si te paras lentamente, entonces la mente no se detendrá; se irá ajustando. Si te detienes de repente, entonces es una sacudida para la mente y ésta se detiene. En ese momento de detención súbita podrás ver que se ha parado todo el mundo, porque han desaparecido todas las ondas.

Inténtalo. Baila y baila, ¡y de repente para! Corre y corre, y de repente para. Nada, y de repente para. Habla, y de repente para –y permanece inmóvil durante un segundo, como si te hubieses convertido en una estatua–, y verás que la mente también se ha detenido, durante un milisegundo, claro. Vuelve rápidamente a apoderarse de ti, pero en ese momento verás que está tan silenciosa que se convertirá en un vislumbre, en una gran ayuda.

Y sabrás que así es la realidad. En ese microsegundo se te revelará lo que es. Eso es Dios, o la verdad, o el *nirvana*.

Dijo el Buda:

> «Cuando alguien fabrica utensilios a partir de un metal que ha sido purificado de toda escoria, entonces los utensilios serán excelentes. Vosotros, monjes, que deseáis recorrer el camino, purificad vuestros corazones de la impureza de las pasiones nocivas, y vuestra conducta será impecable.

Purifica tu corazón de la escoria de la pasión. Y, de hecho, no se necesita gran cosa para lograrlo. No es que te hayas vuelto impuro. En realidad estás perturbado, eso es todo; eso es la impureza. Siempre que eres ecuánime la impureza desaparece. La impureza no es algo que haya entrado en tu ser. Está en la superficie, como si fuesen ondas. Así que, si quieres que suceda, puede ocurrir ahora mismo. Y no juegues a las explicaciones. No digas: «¿Cómo puede ocurrir ahora mismo? Primero he de poner en orden muchos *karmas*». ¡Tonterías! No son más que trucos de la mente para posponer. La mente dice: «¿Cómo voy a poder hacerlo ahora mismo? Primero he de poner en orden muchas, muchísimas vidas, *"karmas"*». ¿Pero ya sabes en cuántas vidas has estado aquí? ¡En millones! Si realmente has de acabar con todos esos *karmas*, necesitarás millones de vidas. Y tras acabar con ellos, habrán vuelto a pasar millones de vidas otra vez, y en esas vidas estarán presentes otros muchos *karmas*. No hay forma de evitarlo. Si estás vivo harás una cosa u otra. Comes algo y creas *karma*. Respiras y creas *karma*. Caminas y creas *karma*. Duermes y creas *karma*. Cualquier acción es *karma*. Es un círculo vicioso. Has existido durante millones de vidas; para acabar con esos *karmas* volverás a necesitar millones de vidas. Y ni siquiera habrás arreglado nada cuando pasen todas esas vidas, porque en ellas habrás vuelto a crear *karmas*. No puedes salir de todo este jaleo. No hay salida.

Dice el Buda que sí que hay una salida. No es cuestión de arreglar los *karmas* pasados, sino simplemente de ajustar el estado mental presente, eso es todo.

Es justo aquí y ahora. Si lo entiendes, ese ajuste puede tener lugar. En realidad nunca has hecho nada; sólo has estado soñando. La acción o el actor, el hacedor y el acto... no son más que sueños.

Dice el Buda que el hondón de tu ser no es más que vacío. Nunca ha hecho nada. No puede. Es un testigo por naturaleza.

Obsérvalo. Descubre si lo que dice es verdad o no. Pruébalo con tu vida. Fuiste niño, y ahora ya no eres ningún niño; luego fuiste un joven, pero ya has dejado de serlo; ahora envejeces: el cuerpo infantil desapareció, y la mente infantil también. Luego, en tu juventud, tuviste otro cuerpo, que también ha desaparecido. El vigor, la vitalidad, la juventud, la belleza... todo se ha ido. Tenías un tipo de mente distinto... demasiado ambicioso, demasiado deseoso, demasiado egoísta. Ahora todo eso forma parte del pasado. Ahora se acerca la muerte; puedes sentirla acercarse día a día. Puedes sentir cada día que la distancia es menor. Pero observa una cosa: sigues siendo el mismo. El hondón de tu ser no ha cambiado lo más mínimo. Cuando fuiste niño, ahí estuvo la misma conciencia observando desde atrás. Fuiste joven; y ahí estaba esa misma conciencia, observando. Luego envejeciste; y ahí sigue la misma conciencia.

Es como si la conciencia fuese un milagro. Un niño se sitúa frente al espejo, y el espejo refleja al niño. Un joven se pone delante del espejo, y el espejo refleja al joven. Un anciano se pone delante del espejo, y el espejo refleja al anciano. Pero el espejo no es ni niño, ni joven, ni anciano. Y cuando todos se han ido queda simplemente un espejo que no refleja nada, que sólo está ahí.

Tu conciencia es un espejo.

La metáfora del espejo tiene mucho sentido. Si la entendieses te resultaría de mucha ayuda. La conciencia se halla observando por detrás. Es un testigo. Las cosas van y vienen... como en una película. Imagina que te sientas en un cine, y que en la pantalla aparecen y desaparecen muchas imágenes. A veces también te sientes identificado. A veces te identificas con un actor. Tal vez es guapo, poderoso, tiene encanto, una personalidad con atractivo, es impresionante, es carismático: y te identificas, olvidándote de ti mismo. Por un momento piensas como si fueses él. A veces ocurre que la escena es muy triste, y empiezas a llorar. Se te humedecen los ojos... y en la pantalla no hay nada... sólo luz y sombras. Y lo sabes, pero lo olvidaste por un momento. Si vuelves a recordarlo empiezas a reírte de ti mismo: «¿Pero qué haces llorando?». También pasa cuando lees una novela. Al menos en la pantalla hay algo. No hay nada en leer una novela. No hay pantalla, ni actores, nada. Pero la novela se desarrolla en tu fantasía. Y a veces te sientes muy feliz, y en otras ocasiones muy triste; el clima de la novela empieza a poseerte.

Eso es exactamente lo mismo que sucede en la vida. La vida es un gran escenario, un gran teatro. Y es muy compleja... porque tú eres el actor, el director, la película, la pantalla, el proyector, e incluso el público. Tú eres todas las capas: una parte interpreta el papel de un actor, otra parte dirige, otra parte hace de pantalla, otra parte trabaja de proyector. Y detrás de todo ello está tu auténtica realidad... el testigo que sólo observa.

Este observador... Una vez que empiezas a notar su existencia, una vez que empiezas a ajustarte con él, que te armonizas más con él, empiezas a darte cuenta de lo que quiere decir el Buda con lo de que la conciencia es un espejo. El espejo nunca se contamina, sólo lo parece. Sí, claro, puedes embadurnarlo con un pegote de excrementos, y lo reflejará, desde luego. Pero no obstante, el espejo sigue incontaminado, no se corrompe. No se torna impuro por reflejar un pegote de excrementos. Sigue siendo puro.

Quita el pegote y el espejo continuará ahí, con toda su pureza. No altera su pureza, aunque refleje los excrementos. Así que todo lo impuro no es más que un reflejo, está reflejado. Y el Buda dice que si te purificas de esa escoria, de la escoria del mal y las pasiones, tu conducta será impecable.

El énfasis no está en la conducta. El énfasis radica en la pureza espejada de la conciencia.

> «Y aunque uno escape de los actos nocivos, es una rara fortuna nacer como ser humano.»

Ésas son las siete raras fortunas. El Buda habla de ellas en muchas ocasiones, de muchas maneras. Hay que entenderlas, pues son de gran importancia.

Primera: es una rara fortuna nacer como ser humano. ¿Por qué? ¿Por qué no es una rara fortuna nacer perro, o búfalo, o burro, o árbol, o piedra? ¿Por qué es una rara fortuna nacer como ser humano? Porque excepto los seres humanos, el resto de la naturaleza duerme. Vosotros tampoco es que estéis despiertos. Lo repetiré: toda la naturaleza duerme excepto el ser humano, y éste tampoco es que esté muy despierto, sino en el medio.

A veces, por la mañana, te quedas remoloneando en la cama. Sabes que es hora de levantarse, pero todavía tienes sueño. Se trata de un estado a medio camino. Oyes a tu mujer hablando con el lechero, oyes a los niños correr y prepararse para ir al colegio, oyes detenerse al autobús escolar delante de casa, pero sigues soñando. Todavía estás medio dormido, con los ojos cerrados. A veces sales del sueño y a veces te abandonas a él. Ése es el estado de los seres humanos.

Y dice el Buda que nacer ser humano es una rara bendición, porque la naturaleza entera está profundamente dormida, tanto, que ni siquiera sueña. Está en un estado de *sushupti*. El ser humano está en el segundo estado: en el estado de soñar. Al menos hay algún sueño. Soñar significa que uno no duerme profundamente. No estás despierto, desde luego, porque cuando despiertes te convertirás en un buda. Estás a medio camino entre los animales y el Buda. Estás en un limbo.

Y dice el Buda que es una gran oportunidad, una rara bendición, porque si haces un pequeño esfuerzo puedes despertar. Un perro no puede despertar, por mucho que se esfuerce. Un árbol no puede despertar; por mucho que lo intente no le resultará posible. Si un árbol se esfuerza, acabará siendo un perro. Si un perro se esfuerza, puede llegar a ser un ser humano. Pero el despertar sólo ocurre cuando se es ser humano. El camino hacia Dios se inicia a partir del ser humano. Y en Oriente creemos –y es un pensamiento muy válido– que ni siquiera los *devas*, los ángeles y los dioses están tan benditos como el ser humano. ¿Por qué? Porque el ser humano se halla en una encrucijada. Para que los dioses se liberen deberán nacer como seres humanos.

Los animales duermen profundamente, el ser humano está en un punto intermedio, y los dioses están muy metidos en sus sueños. El mundo de los dioses es un mundo de fantasía, de ensoñación. Por eso hay tantas y tan bellas *apsaras*: es un mundo de ensoñación, de fantasía. Viven en una fantasía. El ser humano vive a medio camino, donde existe una posibilidad de pasar a estados más despiertos. Puede convertirse en un despertar.

«...es una rara fortuna nacer como ser humano.»

Así que no perdáis esta oportunidad. Habéis nacido seres humanos a consecuencia de una gran lucha, de un gran esfuerzo. Es ridículo desperdiciarlo. Habéis ido llegando hacia este estado a lo largo de millones de vidas. Ahora que habéis llegado, podéis destruirlo si sólo os dedicáis a comer, beber y pasarlo bien. Podéis perder esta oportunidad. Hay gente a la que si le decís que rece o medite, os responderá: «¿Cuándo? No tenemos tiempo». Y cuando les ves jugando a las cartas, les preguntas: «¿Qué estáis haciendo?», y contestan: «Matamos el tiempo»... ¡La misma gente! Cuando se trata de meditar dicen: «No tenemos tiempo», pero cuando se trata de beber, jugar, ir al cine o sentarse pegado al sofá durante horas delante de la televisión, disponen de tiempo de sobra. Entonces dicen: «Estamos matando el tiempo».

¿Matáis el tiempo o el tiempo os mata a vosotros? ¿Hay alguien que haya sido capaz de matar al tiempo? Porque con tanta gente que se dedica a matar el tiempo, a estas alturas el tiempo debería estar bien muerto. Pero nadie ha sido capaz de matar el tiempo. El tiempo mata a todo el mundo. En cada instante... el tiempo acerca la muerte. En la India tenemos la misma palabra para ambos: al tiempo lo llamamos *kala*; y también llamamos a la muerte igual... porque el tiempo implica muerte.

El tiempo es muerte. Con cada instante que pasa os acercáis más a la muerte. La muerte se acerca cada vez más y más. Todos los relojes están al servicio de la muerte. El tiempo sirve en bandeja la muerte. Y es una rara oportunidad ser un ser humano, y resulta muy fácil echarla por la borda. El Buda nos lo recuerda. Y la segunda cosa que dice es:

«Y aunque se nazca como ser humano, es una rara fortuna ser perfecto en los seis sentidos.»

Hay personas que pueden haber nacido como seres humanos, pero están ciegos, o sordos, o mudos, o son retrasados mentales. Entonces también es imposible... Nadie ha oído acerca de ninguna persona retrasada mental que se haya convertido en un buda. No, no se sabe de nadie. Es imposible. Se necesita una gran inteligencia. Es muy difícil ser consciente si tus sentidos están extraviados, si te faltan, porque para ser consciente, la sensibilidad es una condición necesaria. Una persona que tiene ojos es más sensible, porque los ojos son la parte más sensible del cuerpo. El ochenta por ciento de tu sensibilidad pertenece a los ojos. Una persona ciega sólo es sensible el veinte por ciento comparada con quien tiene ojos. El ciego está encerrado en una oscuridad sutil, de la que no tiene modo de salir. Vive en una prisión muy sutil de la que es muy difícil escapar.

Tus ojos externos te proporcionan algunos vislumbres, algunas visiones, y a partir de ellas puedes empezar a pensar acerca de tus ojos internos. Pero quien carece de ojos internos no puede tener concepción alguna de lo que pudiera ser un tercer ojo, o una visión interna. Quien no ha visto nunca nada no puede tener ninguna *visión interna*. Si se carece de "visión externa", entonces la interna tampoco estará presente; existen en pareja. Por eso cuando ves a alguien ciego sientes gran compasión. Al ver a un ciego uno se siente muy, pero que muy compasivo. ¿Por qué? Porque es mucho lo que esa persona se está perdiendo. Es humana, pero se pierde el ochenta por ciento de la experiencia del color, de la luz. Su vida es incolora; no sabe lo que es el verde. Sólo tienes que pensar en ti mismo: si nunca hubieras conocido el verde, si nunca hubieras visto una rosa, si nunca hubieras visto un arco iris, si nunca hubieras visto un amanecer ni una puesta de sol, si nunca hubieras visto el rostro hermoso de una mujer o de un hombre, si nunca hubieras visto los bellos e inocentes ojos de un niño, si nunca hubieras visto el rostro, la gracia de quien ha realizado... ¡qué de cosas te habrías perdido!

Te parecerías más a una piedra y menos a un ser humano.

El Buda no está contra los sentidos; esta frase te lo demostrará. Dice el Buda que la sensación y el deseo de la sensación son malos, pero los sentidos son buenos. Ser sensible es una necesidad absoluta, así que tórnate más sensible.

Permite que te lo aclare. Si utilizas tus ojos sólo para alimentar tu deseo y miras buscando deseo, entonces tus ojos se irán apagando con el tiempo. Los ojos lujuriosos siempre están apagados, siempre son feos. Si un hombre te mira con ojos llenos de deseo, de lujuria, de repente te sientes ofendida... te está violentando. Sus ojos funcionan como un bisturí. No es un hombre educado, no es caballeroso.

Sucedió así:

El mulá Nasrudín entró en una oficina a la que debía ir por trabajo. La recepcionista era una bella mujer. La miró con ojos lascivos, y luego preguntó:

—¿Dónde está el aseo?

La mujer contestó:

—Vaya hasta el final del pasillo. Encontrará una puerta donde pone "caballeros"... pero no deje que esa palabra le barre el paso. Entre.

Cuando miras a una mujer con ojos lascivos dejas de ser un caballero. De hecho, eres un poco inhumano. Cuando los ojos son sensibles, sin lujuria, tienen profundidad. Cuando los ojos no son sensibles, cuando sólo anhelas sensaciones, entonces la mirada es superficial. La mirada es turbia, no transparente.

Cuando los ojos son muy sensibles, entonces tienen profundidad, una profundidad transparente. Puedes mirar y llegar a través de ellos al corazón de ese hombre. Ese hombre es accesible a través de sus ojos, y en ellos puedes ver qué clase de hombre es.

Los ojos son muy reveladores. Por eso los criminales nunca te miran directamente a los ojos, sino que evitan la mirada. La gente culpable siempre mira de soslayo, no miran directamente porque no son inocentes. Saben que su mirada puede revelar su culpa, que puede decir cosas que no quieren decir. Si observas los ojos de un hombre hallarás una clave acerca de su personalidad.

Y lo mismo puede decirse de los otros sentidos. No tienes más que pensar en alguien sordo que no ha escuchado a Wagner, que no ha escuchado a Ravi Shankar, que no ha escuchado el trino de los pájaros al amanecer, que no sabe que existen los cuclillos, que nunca ha escuchado a nadie cantar una canción de amor ni una canción triste, para quien una flauta es sólo un bambú hueco. Piensa en su pobreza.

Dice el Buda que la primera bendición es que hayas nacido como ser humano, y que la segunda es que hayas nacido con los seis sentidos. Utiliza esta oportunidad; sé cada vez más sensible.

¿Cómo puedes llegar a ser más sensible? Cuando no deseas te haces más sensible. Cuando deseas pierdes tu sensibilidad, te tornas superficial. Un hombre que no desea va acumulando cada vez más energía. Si un hombre no tiene deseo sus sentidos se convierten en ventanas transparentes... sin humo ni barreras. Y lo interno y lo externo se encuentran en esa sensibilidad.

«Y aunque se sea perfecto en los seis sentidos, es una rara fortuna nacer en el tiempo de un buda.»

Y dice el Buda que puedes ser un ser humano, que puedes haber nacido con todos los sentidos, pero si no has nacido en los tiempos de un buda te perderás el contacto con lo desconocido. Puede que veas los árboles, las flores, las estrellas, pero nada de todo eso es gran cosa comparado con un hombre iluminado, porque representa lo desconocido en el mundo de lo conocido. Introduce un rayo de Dios en la oscuridad de la tierra. Es una floración auténtica de conciencia.

«Es raro –dice el Buda– nacer en el tiempo de un buda». De hecho, ocupar el mismo tiempo, el mismo espacio que ocupa un buda es una gran bendición, porque parte de sus vibraciones vitales te alcanzarán. Su presencia se convertirá en una lluvia de bendiciones. Y aunque nunca te presentes ante él, aunque estés en contra suya, incluso si pasa por tu población y no tienes tiempo de verle, incluso esa frialdad te reportará algo,

algo que no has pedido. Llegará hasta ti sin ser invitado. Siempre que existe un buda la humanidad da un giro, un giro ascendente. Siempre que un buda entra en la historia, ésta cambia. Cambia toda la perspectiva.

Y cuando un buda está presente es muy fácil percibirle si se medita, porque su energía está en movimiento. No tienes más que dejarte llevar por su ola. Cuando meditas solo y no se halla presente un buda, entonces te toca luchar contra grandes obstáculos, a solas; es casi imposible, improbable, que llegues a convertirte en conquistador. Con un buda sí. Ramakrishna solía decir: «Cuando sopla el viento en la dirección adecuada, sólo hay que abandonar el barco en la corriente y el viento lo llevará. Pero hay que esperar a que el viento sople en la dirección adecuada, y entonces no es necesario realizar esfuerzo alguno. Basta con sentarse en el barco y el viento se encargará de él». Cuando sopla un buda y toda la existencia se eleva, entonces todo va hacia el Divino. Basta que unas tus manos, y entonces podrás surcar las olas con facilidad. No tienes más que abandonar tu barca a la corriente, y ésta la llevará.

Por eso el Buda tiene razón cuando dice que nacer en los tiempos de un buda es una rara oportunidad.

«Y aunque se nazca en el tiempo de un buda, es una rara fortuna ver al iluminado.»

Pero existen dificultades: puedes haber nacido en tiempos de un buda, pero no ir nunca a verle, porque la idea de que alguien está iluminado es contraria a tu ego. No puedes creer que alguien esté iluminado y tú no. Es imposible que alguien se te haya adelantado. No lo crees a causa de tu ego, y hallarás mil razones para no ir a ver a un buda. Te dirás que está equivocado, que es un megalómano, que lo proclama pero que en realidad no es un buda... «¿Dónde está la prueba? —solía preguntar la gente que iba a ver al Buda— Demuéstralo. ¿Tienes algún testigo?».

No son más que preguntas estúpidas. ¿Quién puede ser testigo de algo así? La budeidad tiene lugar en una soledad tan profunda que nadie puede presenciarlo. No es un acto en el mundo, sino fuera del mundo. ¿Quién puede presenciar algo así? Tiene lugar en una tremenda soledad. Sucede en el hondón del ser, y nadie puede verlo. Un buda ha de autoproclamarse, no hay otra manera. ¿Y quién certificará que lo es? La gente solía acudir ante él y tratar de hallar mil maneras de demostrar que lo que decía coincidía o se alejaba de las antiguas escrituras. Pero nunca coincide; no puede coincidir, porque ésa es la naturaleza de las cosas. Porque cuando alguien se ilumina aporta una visión distinta al mundo, que no existía hasta entonces.

Cada persona iluminada trae un nuevo regalo al mundo, un regalo que no existía hasta entonces. Así que si buscáis en los Vedas no lo hallaréis; si buscáis en las Upanishads no hallaréis de qué habla el Buda. Parecerá

un tanto rebelde, nada ortodoxo, porque la verdad es rebelde y nada ortodoxa. Así que siempre que llega un buda, la gente empieza a buscar en sus
viejas escrituras para tratar de descubrir una prueba de lo que dice, pero
nunca la encuentran.

Cuando apareció Cristo, los judíos empezaron a buscar en sus escrituras, y nunca llegaron a convencerse de que aquel hombre era el Mesías
que tanto esperaban. Le crucificaron. ¿Por qué? Porque no lo podían concebir. La gente cree en las escrituras. Pero las escrituras son cosas muertas que habéis creado, recopilado e interpretado vosotros mismos. Nadie
sabe qué significan realmente las escrituras. Y nadie lo puede saber, porque aunque ahí están las palabras, el contenido se os ha de dar.

Así me lo han contado...

> El mulá Nasrudín fue al médico y dijo:
> –Estoy muy preocupado. Hace una semana, cuando llegué a casa, me
> encontré a mi mujer en brazos de otro hombre, y éste me pidió que salié-
> ramos a tomar un café. Las cinco noches siguientes sucedió exactamente
> lo mismo.
> –Pero hombre –dijo el médico–, usted no necesita un médico, sino un
> abogado.
> –No –insistió el mulá–. Lo que quiero es un médico. Tengo que saber
> si estoy tomando demasiado café.

Todo depende... de cómo te tomas ciertas cosas, de cómo las interpretas. La interpretación sale de tu mente.

Escucha esta anécdota:

> Era la noche de su luna de miel, y la novia se puso un salto de cama y
> avanzó a gatas por el lecho, para descubrir que su católico marido estaba a
> punto de quedarse dormido en el sofá. Era Cuaresma, cuando se supone
> que los católicos deben renunciar al menos a uno de sus disfrutes.
> –George –llamó ella–, ¿me vas a hacer el amor?
> –No puedo, cariño –contestó él–. Se lo ofrezco a la Cuaresma.
> –¿Por qué? ¡Es horrible! –exclamó ella, sollozando–. ¿Pero quién es
> esa pelandusca?

¿Lo has pillado?

La mente apasionada, la mente lujuriosa, hace sus propias interpretaciones. Las palabras no tienen demasiada importancia, porque lo que haces es proyectar tus ideas sobre ellas. Si buscas algo acabarás viéndolo. Si
no buscas algo no lo verás. Y la tendencia natural de la mente humana es
negar primero que alguien se haya realizado. Resulta ofensivo para el ego.
Por eso resulta tan difícil.

Si llega alguien y dice que otra persona, un vecino tuyo, es un asesino,
lo creerás a pies juntillas. No te importarán las pruebas. Dirás: «Siempre

me lo imaginé». Y si llega otro y dice: «Ese tipo es un ladrón, un inmoral», y esto y lo otro, no te preocuparás de las pruebas. Si la gente se preocupase de las pruebas no habría tanto chismorreo en el mundo ¿Pero a quién le importa? Cuando se condena a alguien te lo crees de inmediato porque eso te proporciona la sensación de que eres mejor que la otra persona. Si llega alguien y dice: «Uno se ha convertido en meditador, en un gran meditador», en seguida surgirá la sospecha. Lo escuchas pero no te lo quieres creer. Y dirás: «No es posible. Yo le conozco; es un estafador. ¿Cómo va a meditar? Le conozco desde niño; éramos compañeros de clase. No, es imposible. ¿Dónde está la prueba?», preguntas. Siempre que alguien cuenta algo bueno de alguien pides pruebas porque eso hiere tu ego: «¿Así que hay alguien que se ha hecho bueno antes que yo?».

Cuando sobre la tierra camina un buda está proclamando lo imposible, lo que rara vez tiene lugar. Está diciendo que se ha convertido en un buda, y eso, claro está, sólo puede decirlo él. No hay manera de demostrarlo ni desmentirlo. Su declaración no es demostrable ni refutable... Y tu ego se siente ofendido.

Dice el Buda que es una rara fortuna nacer en tiempos de un buda, pero que todavía lo es más ver al iluminado... Y no es cuestión de ojos físicos. Mucha gente vio pasar al Buda, ir de una aldea a otra, pero nadie le vio. Solo le vieron los escasos individuos que se convirtieron en sus discípulos. Porque es imposible ver a un buda y no convertirse en un discípulo. Si lo has *visto*, entonces has visto; y entonces no puedes volver a ser el mismo. Toda tu vida queda sacudida. Te ves inmerso en un caos y a continuación renaces. Tendrá lugar el hundimiento completo de tu pasado, un nuevo nacimiento, y claro está, todo el dolor que siempre implica nacer.

> «Y aunque se sea capaz de ver al iluminado, es una rara fortuna que el corazón despierte a la fe.»

Puedes ver con los ojos físicos, pero eso no quiere decir gran cosa. A menos que en ti se manifieste la confianza...

«...que el corazón despierte a la fe.» Intenta comprender esta palabra, "fe". No significa creencia. "Creencia" es un dogma; "creencia" significa creer en un dogma. Por ejemplo, los cristianos creen en la Trinidad: Padre, Hijo y Espíritu Santo. Ésa es una creencia. O por ejemplo, los hinduistas creen en los tres rostros de Dios; ésa es otra creencia.

Fe es cuando das con un buda y confías en la persona. La fe es personal; la creencia es teórica, conceptual. La fe es como el amor. No es una creencia, no es que el Buda te haya convencido de algo. No, su ser te ha convencido acerca de tu propio ser. No te ha convencido mediante un dogma, sino que te ha convencido de que «en este hombre ha sucedido algo». Te has convencido del hecho de que hay una persona que se ha transformado, transfigurado, que ya no es de este mundo. Es una convicción, una convicción personal. No es un argumento, ni una teología. Es una historia de amor.

Existen dos clases de personas. Una es la que llega y dice: «Todo lo que has dicho me ha convencido. Tus argumentos son magníficos. Tus razonamientos me convencen». Ahora bien, esa persona ha llegado como creyente. En realidad no ha venido, porque algún otro día encontrará a otro que le "convencerá" utilizando mejores argumentos. Siempre existe esa posibilidad, porque la lógica es un arma de doble filo; corta por ambos lados. Un argumento puede utilizarse para destruir la convicción, y el mismo argumento también puede usarse para crearla. La lógica es como una prostituta, o como un abogado. Se va con cualquiera, con cualquiera que pague.

Sucedió en una ocasión:

> En una cafetería tenía lugar una gran discusión. Un filósofo dijo un día:
> –Dadme la lógica aristotélica y obligaré a mi oponente a reconocer que está acabado. Todo lo que pido es el silogismo.
> Otro filósofo dijo:
> –Si me dais el sistema socrático de interrogación, arrinconaré a mi adversario y acabaré con él de inmediato. Eso es todo lo que pido.
> Tras escuchar lo anterior, el mulá Nasrudín dijo:
> –Hermano, si me das un poco de dinero siempre acabaré teniendo razón y acabaré con mi oponente, porque un poco de dinerito contante y sonante siempre aclara el intelecto.

La lógica no es gran cosa; es superficial. Si llega alguien y dice que cree en lo que digo no quiere decir que tenga fe. Pero hay unos pocos que dicen: «No sabemos de lo que habla, ni entendemos gran cosa. Pero disfrutamos de lo que dice. Nos hemos enamorado de usted». Ha surgido una fe. Nadie podrá acabar con esa fe, porque es ilógica.

No se puede destruir la fe porque no se basa en la lógica. Puede destruirse todo lo que se base en la lógica: si tiras de ella se viene todo abajo. Tiene una causa; quita la causa y el efecto desaparecerá. Pero la fe es incausada. Es como enamorarse. Si vas a ver a Majnu* y le demuestras que Laila no es la mujer más hermosa del mundo, y lo pruebas lógicamente, él te dirá: «No te compliques la vida. Nadie puede demostrarlo».

> Lo que sucedió fue que el rey de la ciudad de Majnu mandó llamarle. Cuando el muchacho llegó ante él, el soberano se mostró muy amable. Maj-

---

* Majnu y Laila. Historia índica, paradigma del amor puro y generoso. Laila pertenecía a una familia muy rica. Se enamoró de Majnu, pero sus padres no aprobaron su boda con un joven tan pobre. Laila no deseaba contrariar a sus padres. Era una joven de carácter noble. Oró a Dios para descubrir si Majnu la amaba. Envió a dos de sus doncellas a preguntarle si daría su sangre para salvar a Laila de una grave enfermedad. Majnu inmediatamente se cortó una arteria y envió un vaso de sangre a Laila. Además aseguró a las doncellas que estaba dispuesto a dar su vida entera por salvar la de Laila. Su único deseo era que ella sobreviviera. Cuando las doncellas comunicaron este mensaje a Laila, ésta comprendió cuánto la amaba Majnu. *(N. del T.)*

nu no hacía más que pasarse las noches llorando por las calles de la población, llamando: «¡Laila, Laila!». Y el rey se sintió muy compasivo. Así que le llamó y le dijo:

–Eres tonto. He visto a tu Laila; es una chica normal y corriente. De hecho, como te pasas las noches llorando imaginé que era muy bella, así que me interesé. Pero cuando la vi no pude dejar de echarme a reír. ¡Eres tonto! Suerte tienes de que siento una gran compasión por tu tontería. Eres un buen chico; no malgastes la vida.

Hizo venir a doce hermosas ninfas de su harén y dijo:

–Elige a una. Todas eran preciosas, las más bellas del reino. Majnu las miró y dijo:

–No son nada comparadas con Laila –afirmó, y volvió a dirigirse al rey–: Señor, si queréis ver a Laila de verdad, debéis hacerlo con mis ojos. Necesitaréis los ojos de Majnu. No hay forma de ver a Laila y admirar su belleza sino a través de los ojos de Majnu.

Un discípulo es un Majnu. Es un loco; se ha enamorado. Dice el Buda que su corazón despertó a la fe... La presencia de un buda es su fascinación, su atractivo. La gracia que rodea al Buda le ha llegado al corazón. No se trata de la lógica del Buda, ni de su filosofía. No cambiaría nada si el Buda permaneciese en silencio; el discípulo quedaría igualmente convencido. Tampoco cambiaría nada si el Buda empezase a contradecirse. Por eso os dais cuenta que no hago más que contradecirme. Quienes vienen a través del intelecto van desapareciendo. Mi contradicción me ayuda a arrancar las malas hierbas del jardín. Quienes han llegado a través del amor no se inmutan. Dicen: «Muy bien, a usted le encanta contradecirse, pero nosotros le amamos. No puede engañarnos». Dicen: «Ya puede contradecirse todo lo que quiera, que no nos alejará de usted».

Quienes llegan ante un buda a través de la creencia, tarde o temprano se irán... porque la verdad es paradójica. Sólo las teorías son no paradójicas. La verdad contiene todas las contradicciones de la vida. La verdad es muy ilógica, muy irracional.

> «Y aunque tenga fe, es una rara fortuna despertar el corazón de la inteligencia.»

Y dice el Buda que eso no es el final. Que no se ha acabado cuando tienes el corazón henchido de amor, de fe y de confianza. Eso es justo el principio. Ahora has de ayudar a la inteligencia a despertar y tomar posesión de ti. La fe es la puerta: debes entrar por ella, pero no debes quedarte a la puerta. De otro modo, nunca entrarías en el palacio. Finalmente has de llegar a tu propia experiencia. Creer está bien, está bien confiar en un buda, es bueno tener fe, pero no es suficiente... Porque tu fe en el Buda todavía no es tu experiencia. Te ha de suceder lo que le pasó al Buda. Entonces tiene lugar el segundo paso: surge tu inteligencia. Ahora no sólo se trata de amor hacia el Buda. Ahora, a través de tu experiencia te has convertido en un testigo. No se trata únicamente de una fe infundada. Al principio la fe es infundada, pero al final está totalmente fundada. Ese fundamento no llega a través de la lógica, sino de tu propia experiencia. Cuando se ha convertido en tu propia experiencia no has de decir: «Confío en el Buda». Sabes por ti mismo que está bien, que es verdad.

Así que el Buda dice que primero confíes. Confiar significa que has dado con un hombre que está muy lejos de ti. Que has dado con un hombre que te ha mostrado tu propio futuro, tu destino. Es como si una semilla se hubiese convertido en árbol, y como si esa semilla de hubiese hecho consciente de que el árbol es posible. Dice el árbol: «Antes yo también fui una semilla como tú». Entonces se despierta la confianza de la semilla. Si nunca hubiera visto al árbol, nunca habría soñado con él. ¿Cómo podría una semilla soñar con un árbol? Nunca ha visto uno. Por eso es una bendición tan grande nacer en tiempos de un buda, porque existe un árbol, y tu semilla puede empezar a soñar. Cuando la semilla recibe el primer impacto del árbol, empieza a confiar. Su propio futuro está repleto de posibilidades. No será una simple repetición del pasado, sino algo nuevo. Está emocionada, y esa emoción es la fe. Está conmocionada hasta la raíz. Ahora, por primera vez, sabe que hay un sentido; ahora, por primera vez, sabe que existe un destino. Algo va a suceder: «No soy un simple accidente. Llevo conmigo un importante mensaje. Hay que traducirlo, hay que descifrarlo. Debo convertirme en un árbol y florecer, y diseminar mi fragancia a los cuatro vientos».

Al ver a un buda estás viendo tu posible budeidad. Eso es la fe... pero no basta. Luego has de esforzarte por convertirla en realidad. La semilla ha de caer en la tierra, morir en la tierra, nacer como brote. Y ha de pasar por mil dificultades: los vientos, los relámpagos, los animales... y el brote es muy frágil, muy débil, con la infinita potencialidad para hacerse fuerte, pero ahora mismo no lo es. Necesita la ayuda de alguien; necesita un jardinero. Ése es el significado de un maestro.

Cuando eliges a un maestro estás eligiendo a un jardinero. Y le dices: «Protéjame hasta que sea lo suficientemente fuerte como para seguir mi propio camino». Pero la fe es sólo la puerta.

> «Y aunque tenga fe, es una rara fortuna despertar el corazón de la inteligencia.»

Y el último:

> «Y aunque despierte el corazón de la inteligencia, es una rara fortuna realizar un estado espiritual por encima de la disciplina y la realización».

Todo el objeto de la disciplina es llegar a un punto en que ésta pueda abandonarse. *Todo* el objeto de la práctica espiritual, del *sadhana*, es llegar a un momento en que pueda abandonarse todo *sadhana* y ser simplemente espontáneo. Entonces habrás florecido.

Por ejemplo, si has de continuar meditando, y un día dejas de meditar y la mente da un salto hacia atrás, podemos decir que ése no es un gran estado. Hay que desear y anhelar el momento en que incluso puedas dejar de meditar. Pero nada cambiará; todo seguirá igual. Tanto si meditas como si no, te mantendrás meditativo. La meditación se habrá convertido en el hondón de tu ser, sin necesidad de ser impuesta desde el exterior. No se trata de que debas obligarte a ser bueno; ni de que reprimas tus tentaciones de ser malo, no. No hay tentación, ni obligación. Uno ha ido más allá de la disciplina. Eso es lo que el Buda denomina "la disciplina de la trascendencia". Ésa es la séptima fortuna, la última, la esencial.

Nacer como ser humano no es más que el principio, y luego has de llegar a este punto en que puede abandonarse toda disciplina. Te has convertido en un dios, tan espontáneo como la naturaleza, sin tensión, sin carácter, tan inocente como un niño. Tu atención es perfecta, suficiente. No hace falta más.

Dijo el Buda:

> «¡Oh, hijos del Buda! Aunque estéis a muchos miles de kilómetros de mí, si recordáis y pensáis en mis preceptos, sin duda obtendréis el fruto de la iluminación. Podéis estar a mi lado y verme siempre, pero si no observáis mis preceptos nunca obtendréis la iluminación».

Y dice el Buda que no te pares antes de haber alcanzado el séptimo estado, el de la disciplina sin disciplina, el estado carente de esfuerzo, de intencionalidad, el estado de *tao, dhamma*, el estado al que Kabir llama *sahaj*, espontáneo. Pero deberás esforzarte para llegar ahí.

Así que el Buda dice que puedes quedarte con él, y que si no sigues lo que digo, si no lo introduces en tu corazón, en tu inteligencia, en tu ser, entonces estarás a miles de kilómetros de distancia. Pero puedes hallarte a miles de kilómetros de distancia... si sigues lo que he dicho, y entonces estarás cerca de mí, y tu iluminación será cosa segura, cierta, prometida.

Estar cerca de un buda... Sólo hay una manera de seguir sus huellas. Estar cerca de un buda significa hacerte cada vez más consciente, estar cada vez más atento. Introducir un poco de budeidad en ti mismo.

El objeto es que tú también te conviertas en un buda. Sólo entonces podrás comprender exactamente el sentido y significado de la grandeza de estar despierto.

Esa conciencia existe ahora mismo en ti, en este momento. Puede que no puedas verla. Yo sí puedo. Está ahí como un espejo, y tú no haces más que identificarte con todo lo que se refleja en el espejo. Abandona tus identificaciones: empieza a darte cuenta de que no eres el cuerpo; empieza a darte cuenta de que no eres la mente; empieza a darte cuenta de que no eres las emociones, ni los pensamientos; empieza a darte cuenta de que no eres placer ni dolor; empieza a darte cuenta de que no eres joven. ni viejo; empieza a darte cuenta de que no hay éxito ni fracaso. Recuerda siempre que eres el testigo. Y poco a poco, esa cualidad espejada estallará en tu ser.

El día en que te reconozcas como espejo, serás libre. Serás libertad. De eso es de lo que trata *moksha* o *nirvana*.

Basta por hoy.

20. LAS DIEZ TIERRAS DEL CAMINO

El Buda le preguntó a un monje: «¿Cómo mides la longevidad de la vida de un hombre?».

El monje respondió: «En días».

El Buda dijo: «No comprendes el camino».

El Buda le preguntó a otro monje: «¿Cómo mides la longevidad de la vida de un hombre?».

El monje respondió: «Por el tiempo que pasa durante una comida».

El Buda dijo: «No comprendes el camino».

El Buda le preguntó a un tercer monje: «¿Cómo mides la longevidad de la vida de un hombre?».

El monje respondió: «Por la respiración».

El Buda dijo: «Muy bien, tú conoces el camino».

El Buda le preguntó a un monje: «¿Cómo mides la longevidad de la vida de un hombre?».

El monje respondió: «En días».

Una pregunta muy simple, y una respuesta igualmente simple. Pero la pregunta implica muchas cosas. Y la respuesta también dice mucho acerca del monje, de su comprensión, de su estado mental.

Cuando el Buda pregunta: «¿Cómo mides la longevidad de la vida de un hombre?», está haciendo una pregunta que sólo puede responderse con profundidad. La vida de un hombre sólo puede medirse con profundidad. Parece paradójico: la longevidad sólo puede medirse con profundidad.

De hecho, cuanto más profundamente vives, más longevo eres. La cantidad de tu vida depende de tu calidad. El monje no lo entendió, y contestó: «En días». Su sencilla respuesta dijo mucho sobre él mismo. «En días» significa mediante tiempo; «en días» significa con impermanencia; «en días» significa con lo que fluye, con lo cambiante. Mide la vida mediante lo momentáneo, no mediante lo eterno, lo atemporal.

La vida existe en el tiempo, pero no pertenece al tiempo. Penetra el tiempo, y un día desaparece de él. Es igual que cuando un rayo de sol penetra en el agua, y al hacerlo cambia el ángulo de ésta. Por eso si metes un palo recto en el agua parecerá torcido. No se verá derecho porque cambia el ángulo de la luz. Y cuando el rayo de luz entra en medio del agua, no pertenece a ésta, sino que llega desde más allá. Retornará, volverá hacia atrás, porque todo retorna a su origen, *ha* de retornar a su origen. Sólo entonces se completa el círculo, y hay contento.

Cuando el Buda preguntó: «¿Cómo mides la longevidad de la vida de un hombre?», y el monje respondió: «En días», éste demostró su comprensión. Desconoce cualquier cosa más allá del tiempo; cree que la vida sólo es lo que consiste en tiempo: nacer, casarse, vivir, la vejez y la muerte. Los días pasan volando, como los números en el surtidor de una gasolinera.

Pero eso no es la vida. No es más que la periferia. ¿Has observado que si miras en el interior, el tiempo no existe? Si miras fuera hay tiempo, pero si miras en el interior no hay tiempo. ¿No lo has notado alguna vez, mientras permanecías en silencio con los ojos cerrados? ¿No has notado que interiormente no has envejecido nada? Interiormente sigues siendo el mismo que de niño, o que de joven. Interiormente no ha cambiado nada: el rostro se ha arrugado a causa de la edad, el cabello se ha tornado gris, la muerte se acerca... eso ocurre exteriormente. Si te miras en el espejo entonces hallarás las señales que te indicarán que ha pasado mucho tiempo, que queda muy poco, que tarde o temprano desaparecerás. Pero mira dentro: ahí no hay ningún tipo de tiempo. Eres exactamente el mismo que siempre has sido, que cuando corrías por el parque o por la playa y recogías piedras de colores y caracolas. Acuérdate...

Interiormente ahora mismo eres exactamente el mismo. El tiempo es una falacia para el mundo interior, porque en el mundo interior nunca cambia nada. Sigue siendo el mismo, su sabor sigue siendo el mismo.

El tiempo es irrelevante en el mundo interior. Y la vida está en el interior. Se expresa en el exterior, pero no pertenece al exterior. Emerge de tu interior. Se mueve hacia fuera, como en ondas, palpita hacia el exterior, pero surge del hondón de tu ser.

Cuando el Buda preguntaba: «¿Cómo mides la longevidad de la vida de un hombre?», mediante esa pregunta tan sencilla estaba poniendo de manifiesto una cuestión filosófica muy complicada. Y el monje no se enteró. El monje dijo: «En días». Pero no hay días, ni noches. El tiempo es un concepto útil, necesario externamente. Pero cuando estás solo no necesitas tiempo. Es una relación entre ti y los demás; es un concepto relativo. Intenta verlo, y te sorprenderá darte cuenta de que al creer en el tiempo has estado creyendo en una ilusión, porque lo que no corresponde a tu realidad interior no puede ser real.

Es igual que el dinero: si vas al mercado entonces tiene valor. Pero si te limitas a sentarte solo con tu dinero, éste carece de valor. El valor aparece cuando te relacionas con los demás, porque el valor es sólo un acuerdo entre ti y los demás. Por eso al dinero también se le llama "moneda corriente", que significa que tiene valor cuando se mueve, y que carece de él cuando no se mueve. Si lo vas guardando en el bolsillo carece de todo valor. Podrías guardar cualquier otra cosa y sería lo mismo.

El dinero tiene valor cuando cambia de manos. De una mano pasa a otra, y entonces tiene valor. Tiene valor al circular, al ser una fuerza en movimiento. Cuando pasa de tu bolsillo a otro entonces tiene valor. Pero si se guarda pierde todo su valor. Por eso los avaros son la gente más pobre del mundo: tienen dinero pero no saben que el dinero sólo tiene valor cuando circula. Puedes ocultarlo en un arcón, pero seguirás siendo pobre.

El tiempo también es moneda corriente entre dos personas, entre relaciones, entre sociedades. Pero en el mundo interior, cuando estás solo, carece de todo sentido.

Si te fijas bien, todos los conceptos de tiempo parecen una estupidez. Pero la gente no se fija en las cosas porque fijarse en profundidad provoca ansiedad. Te entra una gran ansiedad. Y las cosas que parecían resueltas dejan de estarlo, y siempre que algo no está resuelto uno se siente muy ansioso. Quiere volver a resolverlo.

La gente dice que el tiempo pasa. ¿Pero pasa? ¿Dices que viene del futuro y que va hacia el pasado? ¿Significa eso que el futuro existe antes de hacerse presente? Si no, ¿de dónde viene... de ninguna parte? ¿Y dices que luego va al pasado? ¿Significa eso que se va acumulando en el pasado, que sigue allí? ¿Sigue existiendo? Entonces, ¿cuál es la diferencia entre presente, pasado, y futuro, si todos ellos siguen existiendo? Todos son presente. No hay pasado ni futuro.

Dices que un momento que ha transcurrido ya es pasado, y un momento que todavía no ha llegado es futuro. Estás en una calle, y has andado dos kilómetros; eso ya ha pasado. Pero esos dos kilómetros existen; puedes mirar atrás y verás que los dos kilómetros siguen estando allí. Y si quieres volver atrás puedes hacerlo. ¿Pero puedes retroceder en el tiempo?

Mira hacia atrás... No existe nada. Excepto el momento presente, a ambos lados no hay más que humo y nada. El pasado desaparece, simplemente, y el futuro llega de la nada. Y entonces surge un problema: si al principio no hay nada, y al final vuelve a haber nada, ¿cómo puede haber algo entre dos nadas? Es imposible.

El tiempo no es un concepto válido. Sólo es útil. Es algo aceptado, tiene utilidad. Vienes cada mañana a las ocho, algo que resultaría imposible de no haber tiempo. ¿Cuándo vendrías? ¿Cómo te las arreglarías? ¿Habría posibilidad de que nos reuniésemos? Sería algo muy difícil. Pero recuerda que sólo se trata de una convención, que no es verdad.

La verdad es atemporal. El tiempo es una invención humana, la verdad es eterna. De hecho, el tiempo no pasa, sino nosotros. Vamos y venimos; y el tiempo permanece. Entonces el tiempo deja de ser tiempo, y es eternidad.

El Buda examinaba todas esas cosas mediante una simple pregunta. El monje dijo: «En días». El Buda le dijo que no comprendía el camino.

La comprensión de ese monje era muy superficial. Podemos decir que era una contestación a nivel del cuerpo. Sí, claro, el cuerpo cuenta con un reloj. Ahora los científicos lo llaman el "reloj biológico". Por eso cada día comes a la una, tu hora de comer, y por eso el cuerpo tiene hambre cada día a la una. El cuerpo tiene un reloj. En realidad no necesitas mirar el reloj. Si escuchas a tu cuerpo, éste te lo dirá: «Ahora es hora de dormir porque cada día te acuestas a esta hora».

E incluso puedes poner el despertador del reloj corporal. Cuando te vas a dormir puedes repetir tu nombre en voz alta, tres veces. Si te llamas Rama, puedes decir: «Escucha, Rama. He de levantarme a las cinco de la mañana. Ayúdame». Háblale a tu cuerpo y vete a dormir, y tu cuerpo te despertará exactamente a las cinco de la mañana. El cuerpo cuenta con un reloj. Por eso todos los meses, cada cuatro semanas, cada veintiocho días, la mujer tiene el período. El cuerpo se las arregla para ello con mucha exactitud, a menos que algo le haya sucedido, que la mujer sufra alguna perturbación. De otro modo, son exactamente veintiocho días. Si el reloj funciona bien nunca padecerá problemas: veintiocho días son veintiocho días. El cuerpo está listo para dar a luz a una criatura al cabo de nueve meses, *exactamente* al cabo de nueve meses. Si la mujer goza de buena salud y no padece ninguna perturbación corporal, sucederá exactamente al cabo de nueve meses. El cuerpo tiene un reloj que funciona a la perfección.

Y claro, el cuerpo mide en días. Y el cuerpo muestra todas las señales del paso del tiempo. Juventud y vejez... es algo que puedes observar en el cuerpo. El cuerpo lleva consigo toda su biografía.

La comprensión de ese monje era muy física, muy superficial.

El Buda le preguntó a otro monje: «¿Cómo mides la longevidad de la vida de un hombre?».

El monje respondió: «Por el tiempo que pasa durante una comida».

Su comprensión era un poco más profunda. Demostró ser menos físico y más psicológico. Para disfrutar de una comida necesitas la mente, para darte un gusto necesitas una mente, para ser sensual necesitas una mente. La comprensión de este hombre era algo más profunda. ¿Qué estaba diciendo? Pues decía que la vida de un hombre se mide por los placeres, satisfacciones, sensualidad y experiencias que ha recopilado en su vida. El monje está diciendo: «Lo que importa no es cuánto tiempo has vivido, sino cuánto has disfrutado de los placeres de la vida».

Hay una historia sobre Nerón, el emperador romano. Debe haber sido igual que el segundo monje. Siempre estaba acompañado de dos médicos. Comía, y éstos le ayudaban a vomitar. Y luego volvía a comer. Uno no puede comer sin fin, tiene un límite. Así que cuando sentía que se le llenaba el estómago, le ordenaba a un médico que le ayudase a vomitar; y luego volvía a comer. Comía diez y veinte veces al día.

Y no creáis que eso sea exagerado. He conocido a unas cuantas personas que lo hacen.

Había una mujer que me lo contó tras llevar aquí un par de años. Me dijo:

–Estoy avergonzada, pero he de contarle que cada día, después de comer, vomito inmediatamente.

–¿Por qué? –pregunté.

–Para poder comer más. Pero luego vuelvo a vomitar –me contestó.

Vomitar se había convertido en un hábito. No podía resistirse; cuando comía, debía vomitar. Se había convertido en un hábito mecánico. Le costó casi seis meses romper ese hábito.

Así lo hacía Nerón. Por lo general no vomitáis, pero coméis demasiado. Hay gente que vive para comer. Comer está bien, sí, está bien comer para vivir, pero una vez que empezáis a vivir para comer entráis en un estado de confusión. Comer es un medio, no el fin.

El monje dijo: «Por el tiempo que pasa durante una comida».

Debía ser un glotón. Debía comprender un único lenguaje, el del sabor. Debe haber sido un adicto a la comida. Dijo que la vida de verdad son esos momentos en los que hemos disfrutado, en los que nos hemos dado un gusto. Puede tratarse de comida, sexo u otras gratificaciones. Hay mucha gente así. Su filosofía parece ser: come, bebe y diviértete, porque no hay nada más en la vida.

En la India vivió el gran filósofo Charvaka. El mensaje que dio a sus discípulos fue: «Comed, bebed, y divertíos. Y no os preocupéis de la otra vida, del alma, ni de Dios; todo eso no son más que tonterías. Sólo son teorías inventadas por los sacerdotes para explotaros». Fue el primer marxista. Marx aparecería tres mil años después, pero Charvaka fue el primer comunista.

Pero si la vida sólo consiste en comer, beber y satisfacerse, entonces carecería de todo sentido. Por eso en Occidente ha cobrado tanta relevancia un nuevo problema: ¿cuál es el sentido de la vida? Todas las personas inteligentes de Occidente se están haciendo esta pregunta. ¿Por qué? Nadie se lo pregunta en Oriente; pero en Occidente casi se ha convertido en una epidemia. La cuestión ha dejado de ser académico; todo es mundo se pregunta cuál es el sentido de la vida. Y se lo preguntan en el momento equivocado, cuando disponen de suficiente comida, bebida y diversiones. ¿Por qué se hacen esa pregunta?

De hecho, cuando tienes todo aquello que este mundo puede proporcionarte, surge la pregunta: «¿Que sentido tiene?». Ayer comiste, hoy también has comido, y mañana también comerás. Así pues, ¿qué sentido tiene preguntárselo? Comer y defecar: con una mano te atiborras y con la otra te vacías. ¿Es eso toda tu vida? Entre ambas acciones disfrutas de algo de sabor en la lengua...

Parece absurdo. Es demasiado esfuerzo, y el resultado parece ser nimio, casi inexistente.

El ser humano necesita tener un sentido, pero el sentido sólo puede provenir de algo más elevado. El sentido siempre viene del más allá. A menos que te sientas conectado con algo más elevado, te sentirás vacío. El sentido se manifiesta cuando te sientes formar parte de un plan divino y sientes que formas partes de un flujo divino. Cuando sientes que formas parte de un gran todo, entonces tienes sentido. Un ladrillo por sí mismo carece de sentido, pero cuando pasa a formar parte de un gran palacio, parte del Taj Mahal, entonces tiene sentido. Ha contribuido a la belleza del Taj Mahal; no es vano, tiene sentido.

Cuando no existe sensación de divinidad, el ser humano empieza a buscar nuevo sentido a su vida: entra a formar parte de un partido... del gran Partido Comunista, o del gran Partido Fascista. Formar parte... y así Stalin y Adolf Hitler se convierten en dioses. Entonces unes tus manos a las suyas para obtener un poco de sentido... menos soledad, que no eres puramente accidental, que tienes una misión que cumplir. Tal vez estés aquí para llevar el comunismo al mundo, para crear una sociedad sin clases o para traer el reino de los arios. Entonces uno pasa a formar parte de una religión hinduista, cristiana, musulmana. Uno halla alguna manera, alguna forma, de pasar a formar parte de algo. Y la gente se esfuerza mucho en ese sentido: la gente se convierte en rotarios o leones* para tener la sensación de que forman parte de una organización internacional. Eres alguien elegido, eres un rotario, y no todo el mundo puede serlo. Sólo pueden unos pocos elegidos. Así que ya tienes un sentido, ¡pero es un sentido bien tonto! ¿Qué más dar ser rotario o no serlo? Eso no aporta ningún sentido a tu vida, sólo te engaña.

Puedes comer y vivir bien, y disfrutar de todos los placeres de la vida... y sin embargo continúas sintiéndote vacío. Ese hombre, el segundo monje, dijo que la vida se medía por el placer, por la satisfacción, por la sensualidad. Pero le dijo el Buda que no comprendía el camino, porque el camino no puede ser comprendido por la mente orientada corporalmente, y no puede ser comprendida por la mente orientada mentalmente. Ni puede comprenderse a través del tiempo, ni de la experiencia.

El camino está más allá del tiempo y la experiencia.

> El Buda le preguntó a un tercer monje: «¿Cómo mides la longevidad de la vida de un hombre?».
> El monje respondió: «Por la respiración».
> El Buda dijo: «Muy bien, tú conoces el camino».

---

*   Rotarios y leones: miembros del *Rotary Club* o del *Lions Club*, dos sociedades benéficas integradas por industriales, hombres de negocios y profesionales organizados en clubes locales. *(N. del T.)*.

Ahora bien, la traducción que dice: «Por la respiración», no parece tan significativa como le pareció al Buda cuando el monje dijo: «Mediante *prana*». "Respiración" es una traducción de *"prana"*, pero *prana* tiene mucho más calado que respiración. La traducción real, más cercana a la verdad, hubiera sido "espíritu", no "respiración". Y la palabra "espíritu" existe también en palabras como "inspiración", y "espiración". "Espíritu" parece acercarse más, pero sigue sin ser exactamente eso. Así que permitid que os explique qué es *prana*; luego podréis comprender. De otro modo parece un tanto absurdo. El monje dice: «Por la respiración», y el Buda dice: «Muy bien, tú conoces el camino». El monje sólo ha dicho: «Por la respiración».

Primero: si os observáis a vosotros mismos veréis que hay un cuerpo; el primer círculo que os rodea, vuestro círculo más externo. Luego está vuestra mente: el segundo círculo, en el interior del primero. Y luego llegáis a un puente: ese puente es la respiración, *prana*. Mediante ese puente estáis unidos con el alma. Por eso cuando alguien deja de respirar decimos que está muerto, porque el puente de unión está roto. Ahora el alma y el cuerpo están separados. Cuando nace un niño lo primero que se espera que haga es que respire. El alma y el cuerpo se unen a través de la respiración. Y lo último que hará cuando muera será dejar de respirar. Será un divorcio; cuerpo y alma se separarán.

Prana es el puente, el pegamento que los une. Una persona puede vivir sin alimento muchos días; puedes pasarte sin agua muchas horas; pero no puedes pasar muchos minutos sin respirar. Incluso parece difícil pasarse sin ello durante segundos.

La respiración es el puente entre la materia y lo inmaterial, entre la forma y lo informe, entre el mundo y lo divino, o cualquiera que sean los términos que elijas. Respirar es el puente, y de la respiración dependen muchas cosas. De cómo respiras, de la calidad de tu *prana*... muchas cosas dependen de ello.

Obsérvalo... Cuando te encolerizas respiras de un modo, y cuando estás silencioso lo haces de otro. El pulso es distinto, el ritmo es diferente, la calidad de tu respiración también. Cuando estás enfadado ésta no es rítmica, ni musical, ni armoniosa. Es accidentada. Cuando estás inmerso en una pasión, en la pasión sexual, la respiración se torna enfebrecida. No está armonizada, algo va mal. Cuando permaneces sentado en silencio, en paz, sin hacer nada –sin deseo, sin pasión, sin ira–, lleno de compasión y amor, tu respiración es muy suave. Tu respiración sigue un cierto ritmo, una cierta danza. No hay violencia ni agresión, es muy delicada.

¿Te has fijado? Cuando estás poseído por la pasión tu respiración huele mal; cuando estás tranquilo tu respiración tiene un cierto aroma dulce. Y es porque estás cómodo, porque todo tu ser está tranquilo, porque estás en casa; la respiración transmitirá el mensaje de que estás en casa.

Hay momentos de meditación tan profunda en que la respiración casi se detiene. Digo "casi", porque en realidad no se detiene. Pero se torna tan silenciosa que casi no puedes percibirla. Sólo puedes sentirla colocando un espejo bajo tu nariz. El espejo te permite percibirla; de otro modo te sería casi imposible. Esos raros y agraciados momentos son una bendición.

Todos los sistemas de yoga del mundo han trabajado a través de la respiración, porque a través de ella se pasa del cuerpo a lo incorpóreo. A través de la respiración penetras en lo más profundo de tu existencia.

El monje tiene razón cuando dice: «La vida de un hombre se mide por el modo en que respira, por cómo respira». Si tienes miedo, tu respiración es distinta; estás nervioso y tu respiración es distinta; estás triste y tu respiración es distinta. Tu respiración cambia con tus humores. La respiración no hace más que mostrarte dónde estás. Si observas tu respiración aprenderás todo el alfabeto de tus cambiantes humores internos. Los verás reflejados en la respiración. Respirar es una manera estupenda para ver dónde se está, qué se es, qué se va a hacer. El Buda pone mucho énfasis en la respiración. Y dicho énfasis es único: es muy distinto de Patañjali, muy diferente del *hatha-yoga*, muy distinto de otros sistemas, de todos los demás sistemas. Lo que dice es que no has de utilizar ningún sistema para respirar, porque si le haces algo a la respiración, estarás creando algo artificial. Permite que la respiración sea natural, limítate a observarla. No has de hacerle nada, sólo has de ser un testigo, obsérvala.

Ahora bien, si observas la respiración, poco a poco te irás dando cuenta de que tú eres diferente de la respiración. Así es, porque el observador no puede ser lo observado, el sujeto no puede ser el objeto, el observador no puede ser el objeto observado.

Cuando empiezas a observar tu respiración –y el Buda dice continuamente que hay que hacerlo, tanto andando como sentado; siempre que no estés haciendo otra cosa, observa tu respiración, fíjate en ella– se manifiesta en ti una gran serenidad. Porque estarás tras la respiración, y tras ella está tu alma; te centrarás en tu alma.

Y si observas la respiración, aprenderás: los cambios sutiles en su ritmo te mostrarán dónde estás, y la respiración funciona siempre como una vara de medir. Cuando la atención es total se nota el cambio más ligero en la respiración. Puedes darte cuenta en cualquier momento, tornarte más atento. Si sientes que tu respiración fluctúa un poco, y sientes que esa fluctuación se manifiesta cuando toma posesión el sexo, entonces es el momento de tornarse más consciente. Y si la fluctuación vuelve a asentarse, entonces es que la pasión ha pasado. Ese deseo que te iba a poseer no ha podido hacerlo. Con el tiempo te haces consciente de qué cambios tienen lugar en la respiración cuando te enfadas. Son tan sutiles que si pudieras tornarte consciente cuando la respiración cambia ligeramente, podrían detenerse de inmediato, porque están justo en la raíz, y la raíz puede dejarse con facilidad. Cuando se convierten en árboles grandes y fuertes resulta muy difícil. Sólo te haces consciente de la cólera cuando ésta ya te ha poseído. Tu diagnóstico llega demasiado tarde.

En la Rusia soviética desarrollaron un nuevo tipo de fotografía; lo llamaron las fotografías Kirlian. Los fotógrafos de esa modalidad decían que podían identificar una enfermedad seis meses antes de que ésta se apoderase de una persona. Y si fuese posible no sería necesario que nadie cayese enfermo. La persona en sí misma no es consciente de que en seis meses caerá en manos de la tuberculosis. ¿Cómo podrías ser consciente de algo así? Pero antes de que entre en el cuerpo lo hace en el *prana*. Antes de entrar en el cuerpo penetra en tu energía. En Rusia lo llaman "bioplasma"; eso es exactamente el *prana*, bioplasma: tu vitalidad, tu electricidad corporal.

Primero penetra en la electricidad corporal, y luego necesita seis meses para transformarse en fenómeno físico. Luego se solidifica en el cuerpo. Y para entonces ya es demasiado tarde. Cuando inicias el tratamiento ya es muy tarde. De haberla identificado cuando estuvo en el bioplasma, podrías haberla destruido con muchísima facilidad. No hubiera causado ningún problema. Y el cuerpo nunca habría sufrido, el cuerpo ni siquiera se habría dado cuenta.

Dice el Buda que todo lo que entra en el bioplasma primero sucede en tu respiración. Todo aquello que sucede en tu cuerpo, en tu mente, le sucede primero a la respiración. Tal vez algún día los fotógrafos Kirlian puedan redescubrir el hecho de que existe cierta asociación entre el ritmo del bioplasma y la respiración. Debe existir, porque cuando respiras con profundidad se agranda tu aura. Eso ya se ha fotografiado. Cuando respiras hondo cuentas con más oxígeno y fluye más energía, y tu cuerpo cuenta con un aura más grande, más luminosa. Cuando respiras de forma monótona, tus pulmones no se llenan de oxígeno y llevas en ti mucho dióxido de carbono rancio, y tu aura se encoge y empequeñece.

Una persona realmente viva cuenta con un aura muy grande, tan grande que, cuando se te acerca, su aura toca la tuya. Y tú puedes sentirlo: hay gente hacia la que de repente te sientes atraída. Son irresistibles, te gustaría estar cerca de ellos, más cerca. Su aura ha tocado la tuya.

Hay gente cuya aura está casi muerta, cuya aura no existe. Repelen, en lugar de atraer. Están como muertos; nadie se siente atraído hacia esas personas.

Dice el Buda que has de observar, que has de hacerte consciente de la respiración.

Su yoga se llama *anapanasati-yoga*, el yoga de observar la respiración entrar y salir. Dice que con eso basta. Así que cuando el monje dijo: «Por la respiración», el Buda apostilló que ese monje conocía el camino.

El camino del Buda consta de diez etapas llamadas *bhumis*. *Bhumi* significa "tierra". El Buda dice que si comprendes esas diez tierras, esos diez terrenos, que si las practicas, realizarás lo esencial. Me gustaría entrar en esas diez *bhumis*, en esas diez "tierras". Son muy prácticas.

La primera *bhumi* es *pamudita*: significa "alegría". Esto te sorprenderá. La gente está confundida acerca del Buda y de su enseñanza, creen que fue un pensador muy triste y pesimista. Pero no lo fue. Su primera base es la alegría. Dice que a menos que seas alegre no realizarás la verdad. Alegría, deleite, celebración; eso es lo que significa *pamudita*.

Ser como una flor, abierto, bailando en la brisa y alegre. Sólo la alegría puede conducirte a la otra orilla. Si no eres alegre, tu tristeza se convertirá en una piedra que llevarás colgada del cuello y que te ahogará. A la gente no le ahoga más que su propia tristeza y sus opiniones pesimistas. La vida ha de ser alegría, y entonces se convierte en espiritual.

Si tu iglesia es triste, entonces esa iglesia existe para la muerte, no para la vida. Una iglesia, un templo, ha de ser alegre. Si vas a ver a un santo y éste no tiene sentido del humor, más vale que escapes de él cuanto antes. Puede llegar a matarte, puede llegar a ser venenoso. Si no puede reír, entonces puedes estar seguro de que desconoce qué es la verdad. La verdad conlleva sentido del humor; la verdad conlleva risas; la verdad aporta una felicidad sutil, sin razón aparente.

Pamudita significa estar alegre sin razón aparente. A veces estás alegre, pero eso no es *pamudita*, porque hay una razón para ello. Un día ganas una carrera y te sientes muy feliz. ¿Qué harás? Porque es algo que no pasa cada día. ¿Qué harás mañana? O bien te toca la lotería y estás muy feliz, pero eso tampoco va a sucederte cada día.

Un día vi al mulá Nasrudín muy triste, sentado en su porche. Le pregunté:

–¿Qué le pasa, Nasrudín? ¿Por qué está tan triste?

–Hace dos semanas murió un tío mío y me dejó cincuenta mil rupias –me contó.

–Pero no tiene por qué estar triste por eso. Debería estar feliz –le dije.

–Sí, y lo estaba. Y luego a la semana siguiente se murió otro de mis tíos y me dejó cien mil rupias.

–¿Y por qué está triste? ¡Debería estar dando saltos de alegría! –le comenté.

–Ya lo sé. Pero es que... ya no me quedan más tíos.

No sucede cada día; los tíos no se mueren a diario.

Si tu alegría es causada, tarde o temprano se tornará infelicidad. La infelicidad ya está en camino; cuidado. Si tienes una causa para ser feliz ya te estás acercando a la infelicidad, porque la causa desaparecerá. Sólo la alegría incausada puede ser realmente tuya, y nadie te la puede arrebatar.

Sólo los sabios y los locos son felices sin razón. Por eso se parecen tanto los locos y los sabios. Se trata de una pequeña similitud, de un solapamiento. Sus lindes se solapan. Son muy distintos: el sabio es consciente, y el loco es totalmente inconsciente. Pero una cosa es cierta: ambos son felices sin razón.

El loco es feliz porque es tan inconsciente que no sabe cómo ser infeliz; es tan inconsciente que no puede provocar desdicha. Para crear desdicha se necesita algo de conciencia. Y el sabio es feliz porque es totalmente consciente. ¿Cómo podría crear desdicha? Cuando se es totalmente consciente uno crea felicidad para sí mismo, se convierte en una fuente de felicidad.

Eso es lo que el Buda quiere decir con *pamudita*, y afirma que es la primera etapa.

La segunda es *vimal*. Significa inocencia, pureza, simplicidad.

Inocencia... Recuerda esa palabra. Si te tornas demasiado erudito pierdes inocencia. Si te conviertes en un entendido pierdes inocencia. Así que no vayas por ahí acumulando creencias y conocimiento, o corromperás tu inocencia. Si no sabes, pues no sabes. Di simplemente: «No sé». Acepta tu ignorancia y serás más inocente. Y de la inocencia surgen muchas cosas. Nunca pierdas la ingenuidad. No quiero decir que hayas de ser infantil. Ser infantil y ser ingenuo es totalmente distinto. Ser infantil significa ser irresponsable; ser ingenuo significa ser simple, inocente, confiado.

La tercera tierra es *pabhakari*. Significa luminosidad, luz.

Siéntete como una llama, tan vivo como si contases con una luz interior ardiendo, avanza con la llama interior. Hagas lo que hagas siente siempre que estás hecho de luz, y con el tiempo percibirás que a tu alrededor se manifiesta una luminosidad. ¡Ya está ahí! Si la ayudas se manifestará, y contarás con un aura.

Ahora los fotógrafos Kirlian pueden incluso sacarle fotos. Ahora es muy tangible.

El ser humano está hecho de bioelectricidad; todo está hecho de electricidad. La electricidad parece ser el componente básico de todo. Pregúntale a los físicos: dicen que la materia no es más que electricidad. Así que todo lo que existe no es más que formulaciones y combinaciones distintas de energía. Y el Buda dijo que el ser humano es luz. Luz significa electricidad.

Sólo has de reconocerlo, cooperar con ello, y te convertirás en una gran luz, no sólo para ti mismo; también serás una luz para los demás. Y allí donde vayas serás luz.

Eso es *pabhakari*, la tercera tierra o etapa.

La cuarta es *arsimati*: esplendor, viveza, vitalidad.

El buscador espiritual no puede ser obtuso ni estar muerto. Por lo general te encontrarás con ese tipo de gente. Por eso me interesa tanto explicar estas tierras, estas etapas, que incluso los budistas han olvidado.

Si ves a un monje budista, verás a una persona pálida, mortecina, obtusa, soñolienta, hundida en el sopor, avanzando casi a rastras, tirando de la vida sin interés. Dice el Buda: esplendor, viveza, vitalidad; ésa es la cuarta tierra. Permanece vivo porque sólo en alas de la vida alcanzarás la verdad. Si eres obtuso te perderás.

Y sé esplendoroso, porque cuando no existe ansiedad acerca del futuro ni deseo del futuro, entonces tienes toda la energía disponible. Puedes quemar tu antorcha por ambos extremos a la vez.

La quinta es *sudurjaya*. Significa audacia, arrojo, desafío, cordialidad. Siempre que se te presente un desafío, dale la bienvenida, no lo evites. Y siempre que se te presente una aventura, no escapes de ella. Inicia el viaje, empiézalo.

Nadie pierde nada por ser audaz. No estoy diciendo que el sendero de la aventura sea un lecho de rosas, porque no lo es. Las rosas son escasas y distantes entre sí, y abundan las espinas. Pero cuando se acepta una vida de aventura uno crece, cristaliza.

La gente corriente acepta una vida de seguridad, no de aventura: un buen trabajo, una buena casa, una buena esposa, un buen marido y buenos hijos... y la gente se queda satisfecha. La gente está satisfecha viviendo y muriendo cómodamente, como si la comodidad fuese el objetivo final.

Y lo que ocurre es que esas personas nunca crecen, que nunca alcanzan ninguna cima, que nunca realizan lo que Maslow llamó "actualización". Se quedan en meras posibilidades. Es como si una semilla eligiese quedarse escondida en una casa y no estuviese dispuesta a correr la aventura de caer en el suelo. Es peligroso, porque la semilla deberá morir. Es peligroso, porque la semilla no sabe qué pasará cuando haya desaparecido. Ninguna semilla sabe nunca qué sucede una vez que ha muerto. ¿Cómo podría saberlo? El árbol puede surgir o no.

Dice el Buda: *sudurjaya*, mira a lo lejos. *Sudur* –"lo que está muy lejos"–, permite que eso sea tu desafío. No te confines en lo cómodo, en lo familiar, en lo seguro; no bases tu filosofía en las promesas de una compañía de seguros de vida. Ten un poco más de valor, entra en lo desconocido.

Cuando te adentras en lo desconocido, lo desconocido se acerca a ti. Cuando estás dispuesto a abandonar tus seguridades, la existencia también está dispuesta a revelarte sus misterios. Cuando estás dispuesto a permanecer desnudo y asequible, la existencia también lo está. Responde, te responde exactamente igual que tú. Nunca va más allá de ti. Si te diriges hacia la verdad, la verdad se te acercará; si escapas, ella también escapará, *sudurjaya*.

Y luego está la sexta tierra: *abhimukhi*, inmediatez, frontalidad, hacer frente a lo que es. *Abhimukhi*: inmediatez cara a cara. No te preocupes del pasado ni del futuro. Enfréntate a la verdad como llega, recibe el hecho tal como llega, sin preparación, con inmediatez.

Quien vive preparándose es un pseudo ser humano. En la vida no hay posibilidad de ensayar... pero todos vivimos ensayando. Antes de llegar a casa empiezas a prepararte lo que le dirás a tu esposa. ¿No puedes ser inmediato? ¿No puedes esperar a que llegue el momento en que estés frente a tu esposa y dejar que pase lo que tenga que pasar? Pero no, te preparas al volver de la oficina; imaginas lo que preguntará, y lo que contestarás. Ensayos... y claro, estás siempre ofuscado a causa de tanto ensayo. No puedes ver lo que es. Siempre miras a través de tus nubes. Pero esas nubes lo distorsionan todo.

Dice el Buda: *abhimukhi*, inmediatez. Permanece atento y permite la respuesta. No temas, sea cual fuere el resultado. La gente empieza con los ensayos porque teme los resultados, así que quiere planearlo todo. Hay gente que lo planea *todo*, cada gesto. Entonces vive la vida de un actor, no es real ni auténtica, no es verdadera. Y si tu vida no es verdadera, entonces es imposible que llegues a la verdad.

La séptima es *durangama*, llegar lejos, aceptar la llamada del más allá. En todas partes hay un más allá. Estamos rodeados del más allá. El más allá es lo que es Dios, y ese más allá ha de ser penetrado. Está dentro y fuera; siempre está ahí. Y si lo olvidas... que es lo que solemos hacer, porque mirar en el más allá es muy incómodo, muy inoportuno. Si uno mira en un abismo empieza a sentir que tiembla, que se pone malo. Ves el abismo y empiezas a temblar. Nadie mira al abismo; no hacemos más que mirar en otra dirección, evitando lo real. Lo real *es* como un abismo, porque lo real es un gran vacío. Es un cielo vastísimo sin fronteras. Dice el Buda: *durangama*, permanece disponible al más allá. Nunca te confines dentro de límites, traspásalos. Levanta límites si los necesitas, pero recuerda que has de salir de ellos. Nunca te crees prisiones.

Nos creamos todo tipo de prisiones; relaciones, creencias, religiones... no son más que prisiones. Uno se siente cómodo porque no soplan vientos huracanados. Uno se siente protegido, aunque dicha protección sea falsa, porque la muerte acabará llegando y se te llevará al más allá. Dice el Buda que antes de que llegue la muerte para llevársete al más allá, tú debes adentrarte en él por ti mismo.

Un monje zen estaba a punto de morir. Era muy viejo, tenía noventa años. De repente abrió los ojos y dijo:

–¿Dónde están mis zapatos?

Y el discípulo dijo:

–¿Adónde va, maestro? ¿Se ha trastornado? Está usted muriéndose, y el médico dice que no tiene ninguna posibilidad; le quedan pocos minutos.

Y el maestro respondió:

–Por eso pido mis zapatos: me gustaría ir al cementerio porque no quiero que me lleven. Me gustaría ir por mi propio pie y recibir allí a la muerte. No quiero que se me lleven a rastras. Y ya me conoces, nunca me he apoyado en nadie. Quedaría muy feo que me llevasen cuatro personas. Ni hablar.

Así que se fue andando al cementerio. Y no sólo eso, sino que cavó su propia tumba y se tendió en ella, muriendo. Eso es lo que el Buda quiere decir con *durangama*; el coraje para aceptar lo desconocido, el coraje para ir por ti mismo y dar la bienvenida al más allá. Entonces la muerte queda transformada y deja de ser muerte.

Una persona así de arrojada nunca muere; la muerte queda derrotada. Una persona así de arrojada va más allá de la muerte. Quien se adentra por sí mismo en lo desconocido descubre que lo desconocido nunca es muerte. Lo desconocido se transforma en una bienvenida. Si das la bienvenida al más allá, el más allá te da la bienvenida a ti; el más allá siempre te devuelve el eco.

La octava es *achala*: centrado, arraigado, inalterable. Y el Buda dice que hay que aprender a estar centrado, inalterable, arraigado. Pase lo que pase, hay que aprender a permanecer inalterable. Deja que desaparezca el mundo entero, que se disuelva... Pero un buda seguirá sentado bajo su árbol de la *Bodhi*, inmóvil. Su centro no vacilará, no se descentrará.

Inténtalo. Poco a poco te irás acercando a tu centro. Y cuanto más te acerques, más feliz te sentirás, y en tu ser se irá manifestando una mayor solidez. Van sucediendo cosas, pero suceden fuera; nada penetra hasta tu centro. Si estás ahí, nada puede crear modificación alguna. La vida llega, la muerte llega, el éxito, el fracaso, las alabanzas y los insultos, el dolor y el placer.... llegan y se van. Todo pasa de largo, pero el centro testimonial permanece.

La novena es *sadhumati*: inteligencia, conciencia, atención, presencia. El Buda es muy favorable a la inteligencia, pero recuerda que con ello no quiere decir intelecto. El intelecto es algo pesado, y la inteligencia es más total. El intelecto es prestado, pero la inteligencia es propia. El intelecto es lógico, racional; la inteligencia es más que lógica. Es supralógica, es intuitiva. La persona intelectual sólo vive a través de los razonamientos. Sí, los razonamientos pueden llevarte hasta cierto punto, pero más allá de ese punto se necesitan presentimientos.

Incluso los más grandes científicos, que trabajan mediante la razón, llegan a un punto en que ya no les sirve, donde esperan un presentimiento, algún destello intuitivo, alguna luz de lo desconocido. Y siempre ocurre: si te has esforzado con el intelecto, y no consideras que el intelecto lo es todo, y estás dispuesto y abierto a lo desconocido, un día u otro te penetra un rayo. No es tuyo, y no obstante lo es porque no es de nadie más. Viene de Dios. Viene de tu hondón. Da la impresión de que llega del más allá porque desconoces dónde está tu centro intuitivo.

El Buda utiliza la inteligencia en el sentido de conciencia, de presencia. La palabra sánscrita, *sadhumati*, es muy hermosa. *Mati* quiere decir "inteligencia", y *sadhu* significa "sabio": inteligencia sabia; no sólo inteligencia, sino sabia. Hay gente que puede ser racional pero que no es razonable. Ser razonable es más que ser racional. A veces la persona razonable estará dispuesta a aceptar también lo irracional... porque es razonable. Puede comprender que lo irracional también existe. La persona racional nunca puede llega a entender que lo irracional también existe. Sólo puede creer en el limitado silogismo lógico.

Pero hay cosas que no pueden demostrarse lógicamente y que, no obstante, son. Todo el mundo sabe que son, pero nadie ha podido demostrarlas. El amor es; nadie ha sido capaz de demostrar qué es, o si es o no es.

Pero todo el mundo conoce el amor. Incluso quienes lo niegan –quienes no están dispuestos a aceptar nada más allá de la lógica– también se enamoran. Cuando se enamoran están en apuros, se sienten culpables.

Pero el amor es.

Y nadie puede sentirse satisfecho únicamente con el intelecto a menos que el corazón también esté colmado. Ésas son las dos polaridades de tu interior: la cabeza y el corazón. *Sadhumati* significa una gran síntesis de ambos, de cabeza y corazón. *Sadhu* significa el corazón, y *mati*, la cabeza.

Cuando el corazón sabio se une a una inteligencia aguda tiene lugar un gran cambio, una transformación. De eso trata ser consciente, estar atento.

Y la décima es *dharma-megha*: derramamiento de gracia, convertirse en una nube de verdad, amor y gracia. *Dharma-megha*...

¿Te has fijado en que hace unos pocos días había un montón de nubes que llovían, que derramaban lluvia sobre la tierra sedienta? Dice el Buda que a menos que te conviertas en un derramamiento de gracia no realizarás lo esencial. Las nueve tierras tienen como objeto prepararte. La décima es el inicio del compartir; empiezas a derramar.

Tienes que compartir aquello que tienes, sea lo que sea, y luego conseguirás más. Sea lo que sea lo que tengas, has de derramarlo, has de ofrecérselo a los demás, has de distribuirlo. Todo lo que consigas en tu ser ha de convertirse en tu compasión. Luego conseguirás más. Cuanto más derroches tus energías interiores, más espacio crearás para que lo divino descienda en ti, para que la verdad te penetre.

Por eso es tan difícil saber la verdad y no compartirla. ¡Es imposible! Mahavira permaneció en silencio durante doce años, y de repente, un día, estalló. ¿Qué pasó? Durante doce años guardó silencio; debe haber pasado por las nueve tierras. Y luego llegó a la décima; se convirtió en un *Dharma-megha*, se convirtió en una nube de verdad y empezó a rebosar.

No puedes hacer nada al respecto. Es como una flor que se abre y libera su fragancia al viento. Es como una lámpara ardiendo y derramando su luz a su alrededor. No hay modo de evitarlo; no puedes mostrarte miserable con la verdad.

El Buda realizó la verdad, y luego, durante cuarenta años fue continuamente de lugar en lugar, hablando, sin dejar de contar lo que le sucediera. Un día le dijeron: «Nos enseñas a estar en silencio pero tú no dejas de hablar».

Y el Buda contestó: «He de hablar para enseñaros a estar en silencio. Permaneced en silencio, para que un día también podáis hablar. Permaneced en silencio, porque en silencio recolectaréis el extracto».

La flor permanece cerrada hasta que llega el momento adecuado, cuando la fragancia está lista. Entonces abre sus pétalos, no antes.

Sed silentes, sed conscientes, sed audaces... Un día, estas nueve *bhumis*, estas nueve tierras, os prepararán para convertiros en nubes. Entonces derramaréis sobre la gente y compartiréis.

La verdad siempre se ha compartido de diversos modos. Meera bailó; sabía cómo bailar la verdad. El Buda nunca bailó. Chaitanya cantó; sabía cómo cantar. El Buda nunca cantó. Depende del individuo. Pero sean cuales fueren vuestras capacidades, las posibilidades creativas que alberguéis, cuando la verdad os penetre descubrirá esas posibilidades, esas creatividades.

Precisamente anoche me decía un hombre: «Es muy difícil; cuanto más meditativo me torno, más me gusta componer música». Es compositor y había dejado de componer. Ahora cree que se trata de una perturbación: «¿Qué está pasando? Siempre que me siento meditativo, surgen de mí grandes ideas y me gustaría componer. ¿Qué debo hacer? ¿Debo dejarlo de lado?».

No es necesario dejarlo. La meditación te lleva a expresar tu creatividad. Todo aquello que permanece oculto en ti se manifestará; todo lo que llevas en ti será cantado, bailado... lo que sea. Te convertirás en un *Dharma-megha*.

Estas tres respuestas de los tres monjes muestran tres tipos de entendimiento: el corporal, el psicológico y el espiritual. Respirar significa espíritu, por eso llamo espiritual al tercer tipo de entendimiento. Si el tuyo es del primer tipo, entonces estas *bhumis* no son para ti. Si cuentas con el segundo tipo de entendimiento, entonces estas diez tierras tampoco son para ti. Si el tuyo es el tercer entendimiento, entonces estas diez tierras son para ti.

Y a menos que puedas convertirte en un *Dharma-megha*, recuérdalo, tu vida será en vano. Vivirás sin sentido, en balde, estérilmente. De hecho, no vivirás, sólo darás la impresión de hacerlo.

Así que medita en esta anécdota del Buda, en su preguntar, en las respuestas... medita sobre ello. Te contaré unas cuantas anécdotas para mostrarte cómo lo entendemos.

> Un sacerdote le preguntó a una chiquilla qué pensaba de su primera misa.
> –Bueno –dijo ella, tras pensárselo un rato–, la música estuvo bien, pero el anuncio duró demasiado.

Una chiquilla... que sólo sabe de mirar la televisión; ése es su entendimiento. Y sabe qué es la música y los anuncios. Y en la iglesia también pensó que el sermón eran los anuncios. Así que dijo: «La música estuvo bien, pero el anuncio duró demasiado».

> La pareja llevaba casada cuarenta años. Ella decidió hacerse un chequeo en un hospital. Cuando regresó a casa se sentía eufórica.
> –El médico me ha dicho que estoy perfectamente de salud –alardeó ante su marido–. De hecho, me ha dicho que puedo hacer el amor doce veces al mes.
> –¡Fantástico! –aseguró el marido–. Apúntame para dos.

Un hombre de negocios es un hombre de negocios: «Apúntame para dos».

Dos cadáveres compartían sala en la funeraria. Una noche, cuando se fue todo el mundo, uno de ellos se sentó y le preguntó al otro:

–¿Y tú, de qué moriste?

–Cigarrillos –respondió–. Fumaba demasiados cigarrillos.

–¿De qué marca?

–Raleighs –contestó.

–¿Al menos guardaste los cupones?

–¡Pues claro que sí! ¿Cómo te crees que conseguí este ataúd?

La gente continúa igual aunque se muera. Sí, es natural que continúe con su viejo pasado, con su antigua manera de comprender, de calcular.

Aquel espectáculo de destape realizaba una gira por campamentos militares en Vietnam. En una avanzadilla se realizaron ciertos arreglos para darles de comer antes de que se marchasen.

–Me gustaría saber –dijo el oficial al mando– si no les importaría compartir el rancho con los oficiales?

–No nos importaría hacerlo, cariño –dijo la corista principal–, pero ¿podríamos comer algo antes?

Un espectáculo de destape es un espectáculo de destape... Ni siquiera las palabras se comprenden en su sentido; nosotros les ponemos el sentido. Observa cada vez que pronuncias una palabra, observa; observa cada vez que escuchas una palabra, observa; observa cada vez que realizas un gesto, observa y verás que, sea cual fuere tu nivel de entendimiento, se expresa en todos los sentidos.

Sentado en un restaurante, un sacerdote escrutaba la belleza de una jovencita acompañada por un hombre. El laico bromeó acerca de su interés por las féminas.

El sacerdote contestó:

–¡El hecho de que esté perpetuamente a régimen no quiere decir que de vez en cuando no pueda repasar el menú!

Tu interior –reprimido, rechazado, enterrado en el sótano– también refleja tu manera de entender. Incluso cuando evitas algo, también entonces, en tu evasión demuestras tu entendimiento.

Una famosa historia de dos monjes zen...

Al ir a cruzar por un vado encontraron a una mujer, a una mujer joven y hermosa que quería cruzar pero tenía miedo. Así que un monje la cargó a hombros y la pasó a la otra orilla. El segundo monje estaba furioso, enfurecido, y pensó: «¡Está prohibido! Un monje budista no debe tocar a una mujer. Te has pasado de la raya. No sólo la has tocado, ¡sino que la has cargado a hombros!». El monje permaneció en silencio, pero por dentro rebullía.

Siguieron caminando y cuando llegaron al monasterio, al ir a entrar por la puerta, el segundo monje se volvió hacia el primero y le dijo:

—Oye, tendré que hablar con el maestro. Tengo que contárselo. ¡Está prohibido!

El primer monje dijo:

—¿De qué estás hablando? ¿Qué es lo que está prohibido?

—¿Es que lo has olvidado? Has llevado a hombros a esa bella mujer. ¡No deberías haberla tocado!

El primer monje se rió y dijo:

—Sí, yo la llevé, pero la dejé en la otra orilla, hace ya un montón de tiempo. Pero parece que tú sigues cargando con ella...

Sí, el otro monje seguía llevándola.

Recuerda que tu entendimiento queda bien patente en todo momento, y que si observas correctamente, esa misma observación te llevará un paso por delante.

Un marino desafortunado naufragó en una isla desierta del Pacífico sur. Por fortuna, abundaba el agua y los alimentos, y el tiempo era magnífico. Así que sobrevivió relativamente cómodo durante seis meses, tras lo cual, lleno de emoción, divisó una pequeña embarcación en el horizonte. Al irse acercando ésta, pudo ver que se trataba del bote de salvamento de un barco, con un ocupante. Y al acercarse todavía más el bote a la costa vio que el ocupante era una mujer joven. Finalmente, el bote embarrancó en la playa y el náufrago se acercó hacia la mujer. Era una belleza, alta, luminosa y rubia, un bombón.

—¡Hola, hola! —dijo el marino solitario— ¿Tú también has naufragado?

—Sí, así es —contestó la chica.

—Llevo aquí seis meses —dijo él.

—¡Seis meses! —exclamó el bombón—. Estoy segura de que tengo algo que has echado de menos.

—¿No me digas que tienes un cigarrillo? —gritó él, contentísimo.

Tu propio deseo, tu propia comprensión, tu propia codicia aparecen siempre reflejadas en *toda* respuesta, en *toda* reacción. Si observas bien te darás cuenta de que no haces más que manifestar tu entendimiento o tu falta de él en cada momento de tu vida.

Las preguntas del Buda son muy sencillas, y los monjes que las respondieron pueden haber creído que carecían de todo sentido metafísico. Puede que incluso se riesen de las preguntas ridículas que les hizo el Buda. Pero con esas preguntas tan simples provocó la manifestación de su comprensión. La anécdota tiene un significado muy profundo. Nunca os hago preguntas, pero basta con las que vosotros me hacéis. Lo dicen todo sobre vosotros. Cuando leo vuestras preguntas me preocupan menos las preguntas que el que las hace. Me preocupa más el que las hace.

Por eso insisto en que escribáis vuestro nombre con las preguntas, en que las firméis, porque una pregunta en sí misma no significa nada. Sólo tiene sentido cuando sé quién la ha hecho. Mi respuesta no tiene relación con la pregunta sino con el que la hace. Alguien puede hacer una pregunta y yo puedo responder en un sentido; otro puede hacer exactamente la misma pregunta, con las mismas palabras, y yo no responderé del mismo modo, porque la pregunta no es lo importante, sino el que la hace.

Vuestra pregunta manifiesta vuestro entendimiento. Vuestra pregunta manifiesta vuestra confusión, vuestra pregunta manifiesta dónde estáis. Y yo debo responderos ahí donde estáis... Recordadlo. Viene mucha gente; algunos hacen una pregunta, y otros escuchan. Se os permite escuchar, pero las respuestas que ofrezco a alguien en particular no son para todos vosotros. Recordadlo, de otro modo se crearía mucha confusión.

A veces sucede que alguien hace una pregunta y yo la contesto, le ayudo a que comprenda su problema; llega otra persona y dice: «Ésa era exactamente la pregunta que quería hacerle, pero ya la ha contestado». Y yo digo: «No, no te dejes engañar con tanta facilidad. Ambos sois distintos. De hecho, en el mundo no hay dos personas iguales, ¿cómo podrían ser parecidas vuestras preguntas? Haz tu pregunta, y olvida lo que le dije al otro».

Muchas veces la gente se queda perpleja, porque ven que puedo contradecirme.

Ayer por la noche alguien hizo una pregunta sobre el miedo: «Tengo miedo». Le hablé de la muerte porque me di cuenta de qué tenía miedo. Tenía la muerte en la mirada, le rodeaba la muerte, estaba inmerso en la muerte. Hablé mucho sobre la muerte en lugar del miedo, y comprendió. Le dije: «Acepta la muerte y el miedo desaparecerá».

La siguiente persona dijo: «Ahora ya no hace falta que pregunte. Yo también tengo miedo, pero ya me ha contestado». Miré a aquella persona; su miedo no guardaba relación con la muerte. Su miedo era temor a la soledad; era un miedo de una dimensión totalmente distinta. Así que le dije: «Olvida todo lo que le he dicho a esa otra persona. No era tu pregunta y no la contesté para ti. Háblame de *tu* miedo». Y poco a poco se fue haciendo evidente que su miedo no tenía nada que ver con la muerte. Su miedo era temor a quedarse sola; miedo a que esa soledad fuese para siempre.

La primera persona tenía miedo de la muerte, y la segunda de que el amor podía o no podía aparecer. Su miedo tenía que ver con el amor. ¿Se quedaría sola para siempre o habría alguien que la amaría? ¿Sería esa persona capaz de amar por su parte? ¿Habría alguna posibilidad de estar con alguien y de que desapareciese aquella herida constante de soledad? No le preocupaba la muerte, sino la vida. Su miedo no estaba relacionado con la muerte, su miedo tenía relación con la vida, las relaciones, la comunicación, la comunión, el amor. Eran del todo distintos, pero ambas personas habían utilizado la misma palabra: "miedo".

Cuando ofrezco respuestas distintas a personas diferente, podéis, desde luego, quedaros con todas las respuestas y pensar: «¡Este hombre está loco!», porque serán contradictorias. Han de ser contradictorias. Mi enfoque es individual; mi enfoque es personal. Intento relacionarme con vosotros como individuos.

Basta por hoy.

21. PROVISIONES PARA EL VIAJE

Dijo el Buda:

«Quienes estudian la doctrina de los budas harán bien en creer y observar todo lo que se les enseña. Es como la miel; es dulce por dentro, dulce por fuera, dulce de principio a fin; así es la enseñanza de los budas.

¡Oh, monjes!, no debéis recorrer el camino como el buey uncido a una carreta. Su cuerpo se mueve, pero su corazón no siente disposición a hacerlo. Pero cuando vuestro corazón está en armonía con el camino, no es necesario que os preocupéis acerca de vuestra conducta externa.

»Quienes practican el camino pueden muy bien seguir el ejemplo de un buey que atraviesa un lodazal con una pesada carga. Está cansado, pero su mirada resuelta y expectante no se relajará hasta que salga del lodazal, y sólo entonces se tomará un respiro. ¡Oh monjes!, recordad que las pasiones y pecados son peor que el sucio cenagal, y que sólo podéis escapar a la desdicha pensando en el camino con ahínco y resolución».

El buscador ha de partir solo en su peregrinación. No es posible de otro modo; no está en la naturaleza de las cosas. La verdad no es algo externo a ti, de otro modo podrías ir acompañado. Está dentro de ti. La verdad no es objetiva, así que no puede ser colectiva. Es subjetiva. La verdad es subjetividad, es tu hondón más profundo. Sólo tú, y únicamente tú, puedes penetrarla; nadie más puede ir contigo. El camino ha de recorrerse en una tremenda soledad. Y un maestro lo sabe, sabe que te empuja a realizar un periplo en el que estarás solo. El Buda es muy consciente de ello. No ha pronunciado una sola palabra contra ello. Nunca ha dicho: «Puedo conduciros a lo esencial». Deberás ir solo. Este recorrido carecerá absolutamente de guía, de mapas, de nadie que te muestre el camino.

Y por ello deberás estar preparado. Deberás hacer frente a todas las emergencias, a todos los accidentes del camino, a todas las posibilidades de perderte. Deberás llevar provisiones para el viaje. El Buda llamó *paramitas* a dichas provisiones. Es una hermosa palabra. *Paramita* significa lo que puede llevarte más allá, las provisiones para alcanzar la otra orilla. El viaje deberá ser solitario. En el momento en que abandones esta orilla te quedarás bien solo en un océano enorme y embravecido, y deberás luchar contra él, a fin de hallar el camino por ti mismo. No te será de ayuda ningún conocimiento que hayas podido acumular antes, porque cada persona llega a la verdad a su manera. La percepción de la verdad es totalmente única e individual. No hay dos personas que hayan conocido la verdad de la misma manera, porque no hay dos personas iguales. Todas son diferentes: su visión es diferente, su percepción es diferente, su interpretación es diferente, su expresión es diferente. Así que todo lo que has ido acumulando acerca de la verdad no te será de ninguna ayuda. En realidad puede llegar a obstaculizar tu camino, pero desde luego no te ayudará. Puede convertirse en un obstáculo.

Así que el Buda dice que no lleves conocimientos. ¿Entonces qué se puede llevar? Si el viaje va a ser solitario, deberás crear ciertas cualidades, *paramitas*, que te sigan como una sombra. Estos diez *paramitas* han de entenderse bien.

El primer *paramita* es *dana*: generosidad, liberalidad. La mente ordinaria es mísera. Intenta guardar, poseer. La mente no es generosa. Y si partes con esa mente te perderás, porque una mente mísera es una mente muy cerrada. La mezquindad es una especie de clausura: no te abres al mundo, no permites que tus ventanas y puertas dejen entrar más luz desde el exterior, porque siempre tienes miedo de que algo que atesoras dentro pueda escapar.

> El mulá Nasrudín se hallaba frente al tribunal del magistrado. Y decía:
> –Esto es demasiado, y no puedo seguir tolerándolo. Vivimos en una habitacioncita, sólo en una. Yo vivo ahí, mi esposa vive ahí, mis doce hijos viven ahí, y mi esposa es una obsesiva. Tiene unas cuantas cabras en la habitación, y también duerme dentro el perro. Y todo está fatal y muy sucio. ¡Hiede! No puedo seguir así, y por eso he venido a pedir la separación.
> Dijo el magistrado:
> –¿Pero no tienen ventanas? ¿No puede abrir las ventanas?
> –¿Qué? ¿Y dejar que se escapen mis palomas?

Cuando atesoras algo que te impide abrir las ventanas, abrir la puerta, entonces tienes miedo. Y si no abres las ventanas de la mente tendrás problemas, porque cuando te hallas solo en el océano, luchando con las olas, una mente cerrada será una mente ciega. Necesitarás toda la apertura posible, porque sólo en la apertura puede manifestarse la respuesta correcta.

Así que el Buda dice: *dana*, generosidad, liberalidad, debe aprenderse. Mientras estás en esta orilla, aprende a compartir todo lo posible. Comparte todo lo que tengas que compartir, porque en realidad no te pertenece nada. Tu posesión es un crimen. Todo lo que pretendes poseer o posees es un crimen contra el todo. Como mucho, puedes usarlo, pero no puedes pretender poseerlo. Las cosas ya existían antes de que tú aparecieses, y seguirán ahí cuando desaparezcas y caigas en el olvido. ¿Quién es el poseedor? Llegamos con las manos vacías, y nos vamos de la misma manera. Así que mientras estés en el mundo no seas un agarrado. Permanece aquí con las manos abiertas. Una persona con las manos abiertas también tiene la mente abierta. De hecho, la mano no es más que una extensión de la mente.

El lado derecho de tu mente está unido a tu mano izquierda, y el lado derecho de tu mente está unido a tu mano derecha. Cuando mueves la mano derecha se mueve tu mente, y cuando mueves la mano izquierda se mueve el otro lado de tu mente. Cuando tienes la mano derecha hecha un puño, tu mente está igual. Una persona de manos abiertas también tiene una mente abierta.

Así que el Buda dice que el primer *paramita*, la cualidad que te llevará más allá, es compartir. No menciona qué es lo que hay que compartir, porque eso no es lo importante. Lo importante no es si compartes una canción, o un baile, o si compartes tu amor, o tu experiencia, tu meditación, tu dinero, tu casa, tu ropa, tu cuerpo. Pero compartir debe ser algo esencial.

Normalmente, lo esencial es acaparar. Alguien que sea acaparador permanecerá aferrado a esta orilla; no puede ir a la otra orilla porque, en primer lugar, un acaparador no puede abandonar esta orilla. Todo lo que ha acaparado pertenece a esta orilla. Fijaos bien. Alguien te dice: «Vente a esta casa, es más grande», pero tú contestas: «Primero he de llevar todos los tesoros que he ocultado en esta casa. Ahora mismo no puedo ir. Estoy muy apegado a esta casa. Aquí tengo los ahorros de mi vida. Para poder ir, debería llevarlos conmigo». Pero la otra orilla es tal que no puedes llevarte nada de ésta.

Es una hermosa paradoja: no puedes llevarte nada de esta orilla, pero si compartes lo suficiente, y si compartes todo lo que tienes en esta orilla, podrás llevarte una mente participativa. No puedes cargar con tu casa, ni con tu dinero, pero sí con tu amor y tu compasión. Y esa compasión te será de gran ayuda.

Dice el Buda que si en tu corazón albergas amor y compasión, la existencia se comportará contigo del mismo modo. La existencia siempre te refleja. Si compartes, la existencia comparte contigo. Si acaparas significa que estás contra la existencia. Un acaparador está en contra, tiene miedo, no confía: «¿Quién sabe lo que sucederá mañana?». No confía en la existencia, sólo en el estado de su cuenta bancaria. Deposita su confianza en cosas que él ha creado o que él ha acumulado. No confía en lo vasto, en lo infinito.

Dice el Buda que si confías, entonces la existencia también responde del mismo modo. La existencia es un espejo... te devuelve el eco. Si eres un acaparador entonces tendrás problemas, porque verás al enemigo en todas partes: en las olas del mar, en el viaje infinito. Surgirán muchísimos problemas y te perderás. No habrá ningún guía, ni ninguna guía impresa, y estarás solo, absolutamente desnudo y solo, sin nada de lo que hayas acaparado, sin valores bursátiles, sin seguros de vida. Te resultará muy difícil.

Dice el Buda que sólo podrás partir cuando te hayas desembarazado de todo lo que tienes. Puedes desposeerte de dos modos. Puedes hacerlo sólo como un medio, para así poder poseer en la otra orilla, pero eso no es un auténtico desposeimiento, eso no es más que otro truco de la mente. Eso es lo que hacen muchos monjes budistas, jainistas, católicos y otros. Están dispuestos a renunciar, pero su renuncia es puro cálculo. No surge del amor, sino del cálculo. Calculan que no puede salvarse nada de esta orilla, así que ¿por qué no renunciar a ello y salvar algo de la otra, del otro mundo? El dinero no puede ser, desaparecerá, así que ¿por qué no poseer la virtud?

Pero la posesividad sigue siendo la misma.

Dice el Buda que seas desprendido, que no poseas nada en esta orilla ni en la otra. Que siempre compartas.

Se trata de una enseñanza muy concreta. El Buda dijo a sus discípulos que cuando meditas y alcanzas bellos espacios en tu ser, debes compartirlos de inmediato. Si no hay nadie, entonces cierra los ojos y derrama esa bendición sobre toda la existencia. No te conviertas en su poseedor, ni siquiera de la meditación ni de la sabiduría. No las poseas.

Ésta es una bella anécdota.

Un joven fue a ver al Buda. Se sentía atraído por la presencia del Buda; empezó a meditar. Pero había un problema. Un día se presentó ante el Buda y dijo: «Sólo hay un problema, y éste es: dices que cuando la meditación florece has de liberar toda la fragancia para todo el mundo. Puedo hacerlo con una única excepción: no puedo derramarla sobre mi vecino. Puedo hacerlo sobre todo el mundo, pero dame permiso para no derramarla sobre mi vecino».

El Buda sonrió y dijo: «¡Tonto, de eso se trata precisamente! Puedes derramarla sobre todo el universo porque éste te resulta indiferente. Pero no puedes derramarla sobre tu vecino porque albergas una enemistad. El amor desconoce la enemistad. Primero derrama sobre tu vecino, y sólo luego podrá recibirla el resto del universo. No hay otro modo. Primero derrama sobre tu enemigo, primero entabla amistad con tu enemigo, y luego el resto del universo te tratará como amigo».

Ese es lo que Jesús quiere decir al afirmar: «Ama a tu enemigo. Ama a tu enemigo como a ti mismo». También dijo: «Ama a tu prójimo como a ti mismo». Tal vez, en la mayoría de los casos, el enemigo y el vecino sean la misma persona. No son distintos, el vecino y el enemigo son casi siempre el mismo, porque quien está lejos de ti no puede ser tu enemigo. Para convertirse en tu enemigo hay que vivir cerca de ti. Para convertirse en tu enemigo ese alguien ha de estar en el radio de tu ser, ha de ser tu vecino. Entonces es cuando te molesta, entonces su existencia se convierte en una ansiedad, entonces interfiere, entonces su existencia resulta inaceptable.

Dice el Buda que derrames tu meditación, de otro modo perderás una oportunidad. Ésta es una enseñanza muy novedosa –Patañjali no lo dijo–, se trata de un entendimiento nuevo. Dice el Buda que si realizas estados meditativos debes derramarlos de inmediato. De no hacerlo, entonces es que no has realizado el espacio que creías haber realizado. Entonces vives en un engaño, en una ilusión, porque un estado meditativo es, por naturaleza, participativo. Si no quieres compartir, entonces debe existir una impostura en algún sitio. Entonces ese estado es artificial, no es real. Un espacio meditativo auténtico, por naturaleza, quiere ser participativo. Si tu meditación no se convierte en compasión, entonces es que algo falla.

Ése es su primer *paramita*, la cualidad en la que puedes subirte para alcanzar la otra orilla.

Pero por lo general vivimos de manera muy apegada, muy asustada. Nuestros apegos son más de cosas que de personas, y nuestros apegos a personas están también muy automotivados. No existe compasión en ellos.

Así que son muchos los que vienen y me dicen: «Estoy enamorado de esa mujer o de ese hombre», y yo les miro, y veo que sólo están enamorados de sí mismos. Nadie parece estar enamorado de nadie más, y de ahí tantos problemas como hay. Si amas a una mujer o a un hombre de verdad, ese amor será más que suficiente. No dará problema alguno. El amor no conoce problemas, Si surgen problemas es que ese amor no es verdadero, o que es otra cosa pretendiendo ser amor. Todo el mundo intenta explotar al otro. No es nada participativo; utilizas al otro. Tarde o temprano el otro empieza a darse cuenta –se da cuenta de que se le utiliza como una mercancía–, y surge la rebelión, la reacción, la venganza, el conflicto.

Esas gentes a las que llamáis "amantes" no hacen más que intentar dominarse entre sí: poseemos cosas y poseemos personas. Y en esa carrera, en esa loca carrera en pos de posesiones, perdemos nuestros propios seres; uno se pierde en sus posesiones. Si realmente quieres saber quién eres, deberás desprenderte un poco de tus posesiones.

> Un rabino y un sacerdote católico pescaban en botes separados, a cierta distancia uno de otro. El sacerdote sintió que picaban y se puso tan nervioso que se cayó de la barca. Se hundió dos veces, y al emerger la segunda vez, el rabino remó hacia él y le dijo:
> –Padre, si no vuelve a subir a la superficie, ¿puedo quedarme con su barca?

Puede que no seamos tan directos, pero así es como somos: sólo estamos esperando... ¿qué más podemos poseer?. Esperando... ¿cómo podemos ampliar nuestro territorio? Aunque otros sufran por ello, aunque hayan de morir por ello, estamos dispuestos a sacrificar el mundo entero. ¿Para qué? Por cosas que no podrás llevarte a la otra orilla. Llegará la muerte y destrozará todas tus componendas.

Dijo el Buda que antes de que la muerte te aparte de tus cosas, lo mejor es compartirlas. Al menos quedará algo de gratitud en los corazones de las personas, al menos te recordarán. La muerte no podrá borrar totalmente tu recuerdo. Y al compartir también te abrirás. Y al compartir te tornarás más confiado, y la confianza se convertirá en la embarcación que te llevará a la otra orilla. Confía en las personas, porque éstas no son más que una manifestación del universo, una manifestación del alma universal. Cuando compartes con alguien en realidad estás compartiendo con el todo, porque *todo el mundo* es una manifestación del todo. Cuando riegas un árbol y el árbol se siente feliz, y las hojas parecen encantadas, y el árbol empieza a oscilarlas y a bailar en la brisa, habrás regado al todo. El todo estaba sediento en el árbol; lo has regado, y el todo se siente feliz.

Todo lo que le haces a las personas, a los árboles, a los animales, se lo estás haciendo a la existencia. Y claro, la existencia lo restituye multiplicado por mil. Cuando estás totalmente solo y no hay nadie contigo, y sólo tienes la existencia a tu alrededor, ésta te lo restituirá. Dice el Buda que ése es el primer *paramita*.

Oscar Muscovitz y Sidney Margolis tenían un negocio que funcionaba, importaban flores artificiales para la industria textil femenina. Y era sobre todo provechoso porque no pagaban impuestos al Tío Sam. Pero un día se presentaron los inspectores de Hacienda. Al encontrarse a Oscar de encargado, pues Sidney se hallaba de viaje de negocios, el primer inspector intentó explicar la naturaleza de su visita.

–Señor Oscar, están ustedes haciendo negocios y no declaran al gobierno.

La cara de Oscar adquirió un tinte violeta.

–¿Declaran? ¿Declarar, qué? ¿Qué es declarar? –inquirió.

–Bueno –dijo el agente–, en primer lugar, nos gustaría saber algo acerca de las personas a su cargo, es decir, de sus desgravaciones familiares.

Oscar procedió a contárselo todo sobre Harriet, su esposa, el principal familiar a su cargo, y sobre todos los problemas y molestias que le había ocasionado últimamente. Luego pasó a su hijo y describió con gran lujo de detalles cómo se había liado con esa chica problemática, y todos los dolores de cabeza derivados. El familiar a su cargo número tres, su hija Marjorie, era una buena chica, aunque no era guapa. Les contó todo lo que le costaba mantenerla.

Finalmente, tras absorber tantos detalles de la vida particular de Oscar como pudo soportar, el inspector dijo:

–Señor Oscar, olvidemos todo eso por el momento y concentrémonos en el negocio.

–¿A qué se refiere exactamente? –preguntó Oscar.

–Me refiero exactamente a cuánto está ganando, qué valen sus activos, cuánto saca...

–¿Qué? –bramó Oscar, histérico–. ¿Está usted loco? ¡No se lo diría ni a mi socio!

Ni siquiera das a las personas más cercanas. Ni siquiera das a quienes te aman. Ni siquiera das a tu padre, a tu madre, a tu esposa, a tus hijos... Simplemente no das. Desconoces el lenguaje de dar. Sólo conoces un lenguaje: el de conseguir más, el de cómo conseguir más, el de cómo obtener algo de quien sea. Sólo conoces una manera de pensar, y es la de conseguir.

Dice el Buda que aprendas a pensar en dar. Aprende la manera de dar y florecerás. Ese florecimiento, esa fragancia, te seguirá. Será tu compañía en la peregrinación infinita.

La segunda es *sila*.

Sila significa disciplina, *sila* significa vivir con donaire. Los budistas han interpretado mal con frecuencia la cuestión de *sila*; creen que *sila* significa tener un carácter rígido. Pero no es así. La palabra en sí misma significa una vida grácil, una vida que tiene donaire, elegancia. ¿Y qué es una vida con donaire? Pues únicamente una vida de compasión, amor y gratitud; sólo una vida que es responsable, una vida que se preocupa de los demás. Puedes ser no-violento, pero no es necesario que tu no-violencia sea puro donaire. Conozco a muchos monjes jainistas: son no-violentos, pero muy poco considerados; se pierde la belleza. Y los frutos son la prueba del árbol... pues no hay otra. Si fuesen no-violentos manifestarían una gran belleza: sus ojos la reflejarían, su vibración la reflejaría. A su alrededor se escucharía una constante música insonora... Pero no está. Todo parece apagado y muerto. Son no-violentos, pero su no-violencia no es donairosa. No ha sucedido de manera espontánea, sino forzada. Su no-violencia contiene un elemento violento; ha sido forzada de modo violento. Se han esforzado mucho en ser no-violentos, se las han arreglado para parecer no-violentos, pero esa no-violencia no es una floración natural, es cultivada.

La palabra budista *sila* es muy hermosa; significa donaire.

Existen dos tipos de quietud. Puedes obligarte a ti mismo según los métodos yóguicos, puedes aprender una cierta postura. Poco a poco, con el tiempo, te las arreglarás para obligar a tu cuerpo a entrar en esa postura. Primero parecerá incómoda, pero el cuerpo se irá ajustando. El cuerpo tiene una tremenda capacidad de ajuste a cualquier situación. Luego obligarás al cuerpo a sentarse inmóvil. Y si sigues así, al cabo de unos meses te convertirás en una estatua del Buda. Pero será algo violento, y carecerás de donaire. En tus adentros estarás rebullendo; en tu interior estará ardiendo el fuego del infierno; en realidad no habrás cambiado. ¿Cómo puedes cambiar con sólo cambiar el cuerpo? El fenómeno real ha de ser lo contrario: el interior ha de cambiar, y de ahí se desprenderá el cambio externo. Y *luego* aparecerá el donaire.

No es cuestión de forzar la periferia, porque el centro no se verá afectado por mucho que fuerces la periferia. Puedes mantenerte quieto; pero eso no significa que lo estés. Pero si estás quieto ciertamente querrá decir que puedes mantenerte sin moverte. Hay que comprender la diferencia. Es una de las distinciones más vitales en la vida de una persona religiosa: el camino no es de fuera adentro, sino de dentro afuera. No fuerces nada desde el exterior, y no creas que cambiando tu cuerpo y tu conducta externa cambiarás tus cualidades internas. No, no es así. Cambia lo interno, y lo externo vendrá a continuación. Entonces existirá donaire.

Y el Buda dice que el segundo *paramita* es vivir con donaire, una disciplina que surge de la comprensión.

La palabra "disciplina" es significativa. Viene de la misma raíz que "discípulo". Significa "disposición para aprender". "Discípulo" significa "el que está dispuesto a aprender", el que está muy abierto a aprender. Cuando uno está dispuesto a aprender quiere decir que es muy consciente, porque el aprendizaje sólo es posible cuando se es consciente. Cuando no se es consciente no se puede aprender nada. La gente que es consciente puede aprender... en todas partes, en cualquier sitio.

Justo el otro día leía algo acerca de un místico sufí, Shibli.

> A éste le preguntaron:
> –¿Quién te guió por el camino? ¿Quién fue tu primer maestro?
> Y el que preguntó se sorprendió cuando Shibli contestó:
> –Un perro. Un día le vi casi muerto de sed, de pie al borde del agua. Cada vez que veía su reflejo en el agua se asustaba y retrocedía, porque creía que era otro perro. Al final, tenía tanta sed que dejó de lado el miedo y se lanzó al agua, y el otro perro desapareció. El perro descubrió que el obstáculo, que era él mismo, que la barrera entre él mismo y lo que buscaba, había desaparecido. Del mismo modo desapareció mi propio obstáculo cuando supe que lo que consideraba mi propio ser no era más que un reflejo, que no era la realidad. Y descubrí mi camino por primera vez a través del comportamiento de un perro. Él fue mi primer maestro.

Un hombre de entendimiento aprende de todo. Un hombre de entendimiento aprende y se convierte en discípulo. El discípulo se despierta.

Y el Buda dice que a menos que cuentes con disciplina, la capacidad de aprender, de recibir –la conciencia–, no podrás cruzar a la otra orilla. El conocimiento no te ayudará, pero la capacidad de aprender sí. Y la diferencia es evidente: el conocimiento es prestado; la capacidad de aprender ha de surgir de ti. Es tu propia capacidad. No puedes tomar prestada la capacidad de aprender. Puedes pedir prestado el conocimiento, es barato, pero la capacidad de aprender significa una gran transformación de tu ser:

deberás abandonar el ego y el acumular. Puedes acumular conocimiento, información, pero aprender no es acumulación. Nunca acumulas lo aprendido, sólo sigues aprendiendo. No atesoras nada en ti. Es igual que un espejo: algo se le pone delante y lo refleja. Cuando lo que reflejaba se mueve, el espejo permanece tranquilo, vuelve a ser un espejo, simple, inocente. No acumula. No puedes preguntarle a un espejo: «¿Cuánta gente se ha mirado en ti?». No colecciona, es simplemente un espejo... refleja. Aprender es como un espejo, y el conocimiento es como una placa fotográfica. También refleja, pero sólo una vez. Luego se queda atrapado en el reflejo, y queda destruido.

Dice el Buda que *sila* es el segundo *paramita*.

El tercero es *ksanti*. *Ksanti* significa paciencia. Sí, el viaje es largo, y no puedes tener prisa. Si tienes prisa no podrás alcanzar la otra orilla. El viaje es atemporal; se necesita gran paciencia, una paciencia infinita. El *nirvana* no puede ser algo instantáneo.

A veces llega gente –muy tonta– que pregunta: «Sólo he venido para tres días. ¿Es posible meditar?». No saben lo que preguntan; ni siquiera basta con tres vidas. Y cuando llevas tantas prisas, ni siquiera bastará con trescientas vidas, porque con tantas prisas tu mente está muy tensa. Vete más despacio, relájate un poco. No seas impaciente, y entonces será posible. Tal vez suceda en tres días. ¿Te das cuenta? Intenta darte cuenta: puede suceder en tres, días, puede suceder en tres segundos, puede suceder en un milisegundo, pero entonces necesitarás una paciencia oceánica. El tiempo necesario dependerá de la paciencia que tengas. Cuanta más paciencia tengas, menos tiempo necesitarás; cuanta menos paciencia tengas, más tiempo necesitarás. Si realmente lo quieres, abandona toda impaciencia. Olvídate de todo lo que sucederá. Simplemente disfruta del momento. Disfruta del momento, sé totalmente en el momento, y un día aparecerá de repente. De hecho, nunca se ha separado de ti, siempre ha estado ahí. Pero llevabas tantas prisas que no podías verlo. El día que te relajas y te sientas en silencio en tu habitación te haces consciente de su presencia. Está ahí, toda la habitación está repleta de ello. Todo el mundo está repleto de Dios; sí, todas las zarzas arden.

Los judíos cuentan con una bonita historia acerca de Moisés ascendiendo al monte Sinaí, donde vio una zarza ardiente. Se quedó perplejo, no daba crédito, porque la zarza no ardía pero el fuego estaba ahí. Y entonces Dios le habló: «No temas, Moisés, soy tu Dios, tu Señor. Este fuego es *mi* fuego». Y claro, ¿cómo podría el fuego de Dios quemar una zarza? La zarza también es el fuego de Dios. Moisés vio una zarza ardiente en el monte, y me gustaría deciros que toda zarza arde. No es necesario subir al Sinaí, no hay más que mirar en vuestro jardín... toda zarza arde de santidad.

Paciencia... y de repente empezáis a sentir que lo divino está presente. Impaciencia... vais como locos y en vuestro loco correr no podéis ver nada. Es como si llevaseis una cámara maravillosa, e intentaseis hacer fotos corriendo y no dejaseis de correr. ¿Qué pasaría? Que no sacaríais ninguna, que lo único que tendríais serían unos negativos echados a perder. La película sería un caos. Cuando hacéis una foto sostenéis la cámara sin moveros; ésta no debe moverse. Entonces obtenéis una buena foto.

Cuando no corréis hacia ninguna parte y vuestro ser interior está tranquilo, aquí y ahora, refleja la existencia. Entonces desaparece todo el caos, todas las preguntas. Dice el Buda que *ksanti*, paciencia, es el tercer *paramita*.

El cuarto es *vidya*. *Vidya* tiene muchos significados: significa energía, y significa coraje. Sí, se necesita coraje, y también energía.

Hay que ser siempre consciente y no desperdiciar la propia energía vital de manera innecesaria. No hay que permitir escapes. No hacemos más que perder; *nunca* somos un depósito de energía. Se te concede una energía infinita, pero eres una vasija que gotea. Disipas tu energía de todas las maneras posibles, nunca te sientas en silencio.

El Buda llamó *jhana* a su meditación. *Jhana* es el término en pali para el sánscrito *dhyana*. De *jhana* proviene el chino *chan* y el japonés *zen*. En Japón, el zen se convirtió en la cúspide. Lo que el Buda plantó como una semilla floreció en Japón, alcanzó su cúspide. Lo que el Buda empezó alcanzó una conclusión. Y la gente del zen dice: la meditación no es más que sentarse en silencio, sin hacer nada. Eso era lo que hacía el Buda –no hacer nada– cuando se realizó. Eso es lo que hacía sentado bajo el árbol de la *Bodhi*. ¿Qué hacía? No hacía nada; permanecía sentado tan en silencio que no había ninguna pérdida de energía. Esa energía empezó a elevarse cada vez más... alcanzando cumbres. Y luego la energía tocó el *sahasrara*, el séptimo *chakra*; llegó a lo esencial. De repente tuvo lugar una floración; el Buda se convirtió en una flor de loto.

Tú cuentas con la misma energía pero no haces más que desperdiciarla. Siempre que tienes energía se manifiesta en ti un gran deseo de dilapidarla. Lo denominas "deseo sexual", o como quieras, no tiene importancia. Pero siempre que tienes energía se manifiesta en ti un gran deseo de liberarte de ella.

En Occidente el sexo se considera como una descarga. En Oriente nos hemos tomado la energía sexual desde una perspectiva muy distinta: no es necesario descargarla, es tu energía. Porque cuando la descargas te quedas vacío. Si permites que se acumule, si dejas que se acumule en tu interior, su cantidad alcanza un punto en que tiene lugar un cambio cualitativo. La energía acumulada se eleva cada vez más, su nivel aumenta y aumenta, y por ello puedes alcanzar niveles más elevados de tu ser. Llega un punto en que la energía ha alcanzado la cúspide de tu ser. Eso es *samadhi*.

Y dice el Buda que *vidya* es el cuarto *paramita*. Habría que aprender a no disipar la energía. Recuerda, no te está diciendo que te conviertas en un avaro, porque ya te dio el primer *paramita*: no ser avaro. Cuando dice: «Acumular energía» no te está enseñando a ser tacaño, sino que te enseña sabiduría. Sabe cómo le sucedió a él.

Comparte todo lo que tengas, pero no pierdas. Gotear no es compartir. Por eso veo que dos personas pueden hacerse el amor y no obstante no compartir nada. Ambos pierden. Y utilizan al otro sólo como una ayuda para tener fugas, para perder la energía. Eso es todo. Compartir es del todo distinto; no es un escape. Has de recordarlo: cuando pierdes, cuando tienes un escape, simplemente pierdes, y no sacarás nada de ello; pero cuando compartes, das algo muy ordinario y obtienes algo muy extraordinario. Al compartir nunca pierdes.

Al quinto *paramita* el Buda lo llama *dhyana*: meditación, silencio, sentarse sin hacer nada.

Permite que eso penetre tu vida cada vez más. Siempre que tengas tiempo, siempre que no tengas nada que hacer, no te crees ocupaciones innecesarias. Basta con que te sientes en silencio, observando fluir la vida. Mira los árboles o las estrellas, o mírate la nariz, o el ombligo; o cierra los ojos y observa ese silencio interno, o los pensamientos internos. Sólo sé... y deja que las cosas pasen mientras permaneces sentado en silencio.

Dice el Buda que si puedes permanecer sentado en silencio, aunque sólo sea durante unos pocos instantes, sin hacer nada, empezarás a tener vislumbres.

Ahora los psicólogos modernos también están de acuerdo en que basta con permitir que una persona se siente en silencio. No se necesita nada más. Todo lo demás no es más que una ayuda para sentarse. Alguien os da un mantra y dice: «Siéntate en silencio y trabaja el mantra». Se han realizado muchos estudios acerca de la Meditación Trascendental. Y Mahesh Yogi cree que suceden cosas a causa del mantra; pero no es cierto. Es porque te sientas en silencio durante veinte minutos. El mantra no es relevante; puedes sentarte sin el mantra y ocurrirán las mismas cosas. Tal vez el mantra te proporciona una excusa para sentarse, porque eres tan tonto que no puedes sentarte, siempre tienes alguna otra cosa que hacer. Así que si alguien te dice: «Di: "Rama, Rama, Rama"», ya tienes una excusa para sentarte en silencio durante veinte minutos porque estás con "Rama, Rama, Rama". Todo lo resultante –el descenso de la presión sanguínea, el silencio de la respiración, y luego los cambios en el contenido de oxígeno de tu cuerpo, incluso el ritmo distinto de los latidos del corazón, la relajación que sientes, las ondas alfa que se crean y su resultado, la tranquilidad y la sensación de renovación–, no tienen nada que ver con el mantra, ni con ningún otro mantra. Puedes repetir "Rama, Rama, Rama", u "Om, Om", o "Alá, Alá", o "Ave María", o lo que quieras. O puedes crear tu propio mantra; puedes repetir tu propio nombre... Incluso eso serviría. De hecho, no tiene nada que ver con ningún mantra; no tiene nada que ver con el mantra en sí mismo. Si puedes permanecer sentado durante veinte minutos sin hacer nada, obtendrás el mismo resultado. Así que lo que los diversos estudios científicos han revelado sobre la MT no tienen nada que ver con ésta, sino con permanecer sentado en silencio.

Permanece sentado en silencio y verás: cultivarás una nueva cualidad en tu ser; se tornarás más recogido, más centrado, más satisfecho. Tu rostro cambiará, tus ojos cambiarán, te rodeará cierta serenidad. Incluso los demás empezarán a notar tu serenidad. Incluso ellos empezarán a darse cuenta de que te ha sucedido algo porque, vayas donde vayas, aportas una brisa fresca contigo. Y las situaciones seguirán siendo las mismas.

Alguien te insultará, pero ahora serás capaz de reírte; no manifestarás cólera. No es que te controles, lo que ocurre es que no la cólera surge de ti. Cuentas con la capacidad de darte cuenta de lo absurdo de la situación. Puedes ver que esa persona, esa pobre persona encolerizada que te insulta, está en mala forma. No tiene nada que hacer contigo. Has de ser más compasivo con ella. Sentirás compasión en lugar de cólera. En lugar de ser destructivo con ella, sentirás piedad... una cualidad totalmente distinta.

Las preocupaciones seguirán siendo las mismas. El mundo no cambiará a causa de tu meditación, será el mismo. Pero mediante la meditación *tú* serás distinto, y cuando tú eres distinto, el mundo es distinto, porque es tu mundo. Depende de tu visión, de tu interpretación. Todo será lo mismo, pero nada volverá a ser igual, porque tú has cambiado.

Dice el Buda que, en ese viaje solitario hacia la otra orilla, necesitarás aprender a sentarte en silencio.

Por lo general nos ocupamos de manera obsesiva. No puedes sentarte en silencio: has de hacer algo. Hacer es una locura. Si no tienes nada que hacer te sientes perdido, empiezas a rebullir interiormente: vuelves a leer el periódico o empiezas a chismorrear con la vecina de cosas que ya habéis hablado mil veces. Has de hacer algo. No puedes permanecer quieto, sin ocuparte.

En Occidente tenéis un proverbio absurdo: "Cuando el diablo no tiene qué hacer, con el rabo mata moscas". Lo debe haber inventado el propio demonio, porque en realidad, una mente vacía es un terreno divino. Ese proverbio debe haberlo inventado el diablo para que nadie deje de hacer algo y él pueda continuar con su trabajo. Si estás realmente vacío, el diablo no puede entrar en ti, porque los pensamientos funcionan como caballos de Troya para el diablo. Sin pensamientos, el diablo no puede entrar en ti. Todo lo que entra en ti desde el exterior lo hace a través del pensamiento. Cuando no hay pensamiento desaparece el exterior; estás en el interior. Por eso dije al principio que la verdad es subjetividad.

El Buda llama *pragya*, que significa "sabiduría", al sexto *paramita*. Es distinta del conocimiento. El conocimiento es lo que no se basa en tu propia experiencia, y la sabiduría está basada en tu propia experiencia. Confía sólo en lo que tú has experimentado. No confíes en nada más. De otro modo, cuando te quedes solo, todo tu conocimiento desaparecerá y no quedará nada. Todo lo que proviene de los demás no permanecerá contigo cuando éstos te dejen. Sólo lo que es tuyo quedará contigo.

Un discípulo se marchaba tras haber visto a su maestro. Era una noche oscura y había salido tarde. El discípulo sentía algo de aprensión porque debía atravesar un denso bosque para llegar a su aldea. El maestro se dio cuenta de su miedo y le dijo:
—¿Te asusta la oscuridad?
El discípulo dijo:
—Sí, estoy asustado, pero no puedo reunir valor como para reconocerlo.
—No tengas miedo —dijo el maestro. Encendió una vela, se la pasó al discípulo y le dijo:
—Con esto bastará. Ahora vete.
Cuando el discípulo salía por la puerta el maestro le apagó la vela de repente. El discípulo dijo:
—No entiendo lo que habéis hecho. Hace un momento encendisteis la vela para mí con mucha compasión. ¿Por qué os mostráis ahora tan cruel? ¿Por qué la habéis apagado?
El maestro se rió y dijo:
—Mi vela no te servirá a ti de gran cosa.

Dijo el Buda: *appo deepo bhava*, «sé tu propia luz».

«Ya sé que la noche es oscura, y quisiera ayudarte, pero no puedo hacer nada imposible. Sólo tu propia luz te ayudará en la noche oscura, así que confía en ti mismo. Vete con mis bendiciones. Adéntrate en la oscuridad de la noche con mis bendiciones. Confía en tu propia conciencia. Permanece alerta, que eso sea tu lámpara, porque no puede ayudarte la de nadie más.»

Se trata de una bella parábola que tiene un significado infinito.

Sabiduría es lo que conforma tu propia experiencia, recuérdalo. Y todo lo que has ido reuniendo de los demás, más vale que lo tires, ¡que lo quemes! Lo que es tuyo es verdadero; lo que no es tuyo es falso. Una verdad sólo es verdad si la has experimentado. Cuando tú no la has experimentado, incluso una verdad se vuelve mentira. Cuando te digo una verdad es cierta cuando yo la digo. Pero cuando tú la escuchas se convierte en mentira, porque para ti no está basada en tu experiencia. Así que deshazte de ese equipaje con el que cargas: es inútil, no te servirá de ayuda.

Dice el Buda que en este viaje hacia la otra orilla debes abandonar todo el peso que has acumulado a partir de los demás. Lleva únicamente lo que es tuyo. No puedes abandonarlo, claro está. Deberás llevártelo; no hay manera que te deshagas de ello. ¿Puedes deshacerte de algo que has aprendido? ¿Puedes deshacerte de ello? ¿Cómo puedes desaprender lo que has aprendido? No hay manera. ¿Cómo puedes desembarazarte de algo aprendido en meditación? No puedes... Porque al experimentarlo ha pasado a

414

formar parte de tu ser. Eso es *pragya*. *Pragya* es una experiencia que ha pasado a formar parte de tu ser, que ya no es una posesión, es tu propio ser. ¿Cómo puedes cargar con algo que no has experimentado? No puedes. Sólo puedes llevar lo que es tuyo, lo que tú has experimentado.

Hay que desembarazarse de las creencias. Sólo la sabiduría sirve de ayuda.

Ésta es una historia hasídica:

> Sin poner al corriente a su maestro acerca de lo que estaba haciendo, un discípulo del rabino Baruch había investigado la naturaleza de Dios, y fue penetrando cada vez más en su pensamiento, hasta que se vio inundado de dudas y llegó a un punto en el que lo que consideraba cierto se había vuelto incierto. Cuando el rabino Baruch se percató de que el joven no acudía a verle como de costumbre, se dirigió a la población en la que éste vivía, entró en su habitación inesperadamente y le dijo:
>
> —Sé qué ocultas en tu corazón. Has atravesado las cincuenta puertas de la razón. Has empezado con una pregunta y pensado y repensado una respuesta... y la primera puerta se abrió. Y luego vino otra pregunta, y volviste a sumergirte hasta hallar la solución, abriendo la segunda puerta, para volver a empezar con otra pregunta. Y así continuaste, sumergiéndote cada vez más, hasta que lograste abrir la quincuagésima puerta. Entonces te hallaste ante una pregunta para la que ningún ser humano ha hallado respuesta... porque si hubiese uno sólo que la supiese, entonces dejaría de haber libertad de elección. Pero si osases intentarlo, te hundirías en el abismo.
>
> —¿Debo regresar al principio? —preguntó el discípulo.
>
> —Si te das la vuelta no estarás regresando —dijo el rabino—. Te quedarías más allá de la última puerta. Te sostendrías en la fe.

Eso es a lo que el Buda llama sabiduría.

Las creencias provienen de los demás, la fe es tuya. No te dejes engañar por los diccionarios. Éstos dicen que fe significa creer, que creer significa fe. Pero no es así. No son sinónimos. En realidad son opuestos, antagónicos. La creencia es sólo fe en la apariencia; en el fondo existe la duda, porque no has experimentado, y si no has experimentado, ¿cómo puede desaparecer la duda? Sólo pretendes saber. Sin conocer, la duda permanecerá en lo profundo de tu corazón. Un día deberás enfrentarte a ese hecho. Y el tiempo que desperdiciaste reprimiéndolo no habrá servido de nada. En primer lugar deberás enfrentarte a la duda, reconocerla.

La duda que se reconoce, que no se reprime, desaparece. Entonces surge la fe. La fe es el término judío para lo mismo que el Buda llama *pragya*, sabiduría. Mediante la creencia confías en otros, pero los otros no pueden ir contigo. No te apoyes en otros: ése es el mensaje fundamental del Buda. Apóyate en ti mismo, porque en la etapa final te quedarás solo, y sólo tus propios ojos, tu propia sabiduría, te serán de ayuda.

Hay otra historia hasídica que me gustaría compartir con vosotros...

Una mujer fue a ver al rabino Israel, *mazid* de Kosnitz, y le contó entre lágrimas que llevaba doce años casada y que todavía no había engendrado un hijo.

–¿Y qué está dispuesta a hacer? –le preguntó él.

Ella no supo qué contestar.

–Mi madre –le dijo el *mazid*– era mayor y todavía no había tenido hijo alguno. Entonces se enteró de que el santo Baal Shem iba a pasar la noche cerca para descansar en uno de sus viajes. Se dirigió corriendo al albergue y le rogó que rezase para que pudiera engendrar un hijo.

–¿Y qué está dispuesta a hacer? –le preguntó Baal Shem.

–Mi marido es un pobre encuadernador –contestó ella–, pero yo tengo algo muy valioso que puedo darle al rabino.

Regresó a casa corriendo y recogió su cofia, su *katinka*, que tenía bien guardada en un baúl. Pero cuando regresó al albergue se enteró de que Baal Shem ya se había marchado a Magditch. Así que salió tras él y, como no tenía dinero para pagar por el transporte, le siguió de pueblo en pueblo con la *katinka*, hasta que llegó a Magditch.

–Baal Shem tomó la cofia y la colgó en la pared.

–Está bien –dijo–. Mi madre regresó andando de pueblo en pueblo hasta que llegó a Ept. Yo nací un año después.

–Yo también –dijo la mujer– le traeré mi cofia para poder tener un hijo.

–No servirá de nada –dijo el *mazid*–. Usted ha escuchado la historia; pero mi madre no tuvo ninguna historia en la que basarse.

Las viejas respuestas no sirven, ni las respuestas de otros. En la vida no se puede repetir; la vida es irrepetible. Puedes leer los Vedas, el Corán y la Biblia; pero no servirá de nada. Pudo ayudarle al *rishi* que escribió los Vedas, pero no te ayudará a ti, porque para ti será algo prestado. El *rishi* nunca escuchó ningún Veda, Mahoma nunca leyó ningún Corán. *Tú* no puedes alcanzar lo que obtuvo Mahoma, porque él nunca leyó ningún Corán. ¿Y tú intentas llegar hasta donde llegó Mahoma leyendo el Corán? No, no es posible.

Dice el Buda que has de recordar que la vida es irrepetible, que la verdad es irrepetible. No te servirá de nada la respuesta de otro, deberás hallar la tuya propia. Depende únicamente de tu propia experiencia. Resuélvela en tu mente y despréndete de todo lo que no sea tuyo. Vete a tirarlo al río. Guarda sólo lo que tú sepas, lo que sepas por ti mismo, y eso se convertirá en una provisión, en un *paramita*.

El séptimo es *upaya*: pericia en el método. El Buda insiste mucho en que todos los medios no son buenos; sólo hay que utilizar los métodos más expertos, más hábiles. ¿Qué quiere decir con "expertos"? Hace referencia a un *upaya*, a un método que puede abandonarse cuando se ha acabado de utilizar, de otro modo uno acaba cargando con el método. El Buda solía decir que utilizas una balsa para alcanzar la otra orilla, pero que cuando llegas abandonas la balsa, no te la llevas sobre la cabeza. No te dices: «Esta balsa me ha traído hasta esta orilla, no puedo comportarme como un irresponsable y abandonarla aquí. La llevaré sobre la cabeza toda la vida».

El Buda dice que utilices las cosas y que las dejes cuando su utilidad ha finalizado. Úsalas cuando son necesarias, y luego déjalas atrás.

Todos los métodos han de ir siendo abandonados. Finalmente, antes de alcanzar la otra orilla has de soltarlos todos –las meditaciones, las disciplinas–, has de abandonarlos todos. Así que sé hábil, de otro modo existe la tendencia a dejarse atrapar por el método.

Conozco a gente... incluso una persona como Ramakrishna pasó por una dificultad. Utilizaba a la Madre Kali para sus meditaciones, y se obsesionó con ello. Siempre que cerraba los ojos veía a Kali. Aparecía su imagen... hermosa... pero ésa era su dificultad. No podía estar solo. No había modo de permanecer totalmente silente; la Madre siempre estaba allí, así que él estaba siempre acompañado. Y cuando la Madre estaba allí, claro, Ramakrishna tenía que decir algo: alabarla, cantar un himno, rezar, hacer algo. Se sintió muy perturbado: «¿Qué puedo hacer?». Él mismo lo había cultivado. Lo hizo durante años. Durante años había rezado ante la imagen, diciendo: «Madre, ¿por qué no vienes a mí cuando cierro los ojos?». Entonces empezó a suceder. No es que la Madre le escuchase; no hay nadie que escuche. No es que la Madre se compadeciese de él: no hay nadie. Pero pedía constantemente, se acordaba constantemente, así que se autohipnotizó de manera muy potente, pues era un hombre poderoso. A partir de entonces Kali siempre estuvo allí. El espacio interior también quedó ocupado, y él se sintió agobiado. ¿Pero cómo era posible abandonar a Kali? Era difícil incluso pensar en ello. Entonces le preguntó a un gran santo que estaba de paso. Le dijo:
–He de hacer algo.

El santo vio de qué se trataba: había utilizado un método pero lo hizo sin pericia, así que se obsesionó demasiado con el método. Era un buen método, tenía su utilidad, pero uno debe acordarse siempre de que llega un día en que hay que abandonar todos los métodos, para no apegarse a ellos. Pero ahora Ramakrishna se había apegado.

Así que el santo le dijo:
–Cierra los ojos y, cuando aparezca Kali, blande una espada y pártela en dos.

Ramakrishna dijo:
–¿Pero qué está diciendo? ¿Es que se ha vuelto loco? ¿Cómo puedo partir por la mitad a la Madre Kali? No, no es posible. No puedo hacerlo, ni siquiera puedo pensarlo.

Así que el santo dijo:
–Entonces permanecerás obsesionado con esa idea. Nunca realizarás el verdadero *samadhi*, porque el auténtico *samadhi* es cuando la conciencia es absolutamente pura y carece de contenido. El espejo es absolutamente puro, sin reflejar nada. Tú decides.

Ramakrishna se quedó dudando acerca de qué hacer. Quería realizar el *samadhi*, pero su apego se interponía. Finalmente se decidió.

–Muy bien –dijo–. Lo haré. ¿Pero de dónde sacaré la espada?

El santo se rió y dijo:

–¡Del mismo sitio de donde has sacado a tu Madre Kali! De la imaginación, así que imagina una espada. La imaginación puede cortar la imaginación. Esa Madre Kali es tu imaginación, y tu espada es tu imaginación. Y cortar por la mitad a la Madre Kali también es imaginación. Para destruir la imaginación no se necesita una espada de verdad. Para algo irreal bastará con algo irreal.

Ramakrishna lo intentó muchas veces, pero sin éxito. El santo acabó hartándose, y le dijo:

–Mañana me marcharé. Ésta es tu última oportunidad. Para ayudarte haré una cosa: traeré un pedazo de cristal, y cuando aparezca la Madre Kali... –porque siempre que la Madre Kali estaba allí podías darte cuenta de inmediato desde fuera: Ramakrishna empezaba a bailar vertiendo lágrimas de felicidad... Dijo el santo:

–Cuando vea que entras en tu hipnosis y que la Madre Kali está ahí, te haré un corte en el centro de tu tercer ojo con este cristal. Saldrá sangre. Y ese momento es para recordarte que no olvides la espada. Cuando yo te corte, tú debes cortar a la Madre Kali. Inténtalo. De otro modo mañana me iré.

El santo amenazaba con irse, y era difícil encontrar a alguien como él. Se llamaba Totapuri, un *paramahansa* de los que no abundan.

Así que Ramakrishna lo intentó, llorando y clamando, y cuando Totapuri le hizo un corte en el centro del tercer ojo, él también reunió valor y cortó a la Madre en su interior. De repente todo desapareció, Madre y espada. Se encontró en un silencio absoluto.

Dice el Buda que utilices todos los métodos de manera desapegada, para que puedas abandonarlos cuando sea el momento adecuado de hacerlo. Hay que soltarlo todo.

El octavo es *pranidhana*, "entrega". Y dice el Buda que debes recordar que, aunque mucho es lo que has de hacer, lo esencial siempre ocurre cuando no haces nada. Sucede al soltar. *Pranidhana* es el estado de soltar. Haces todo lo que está en tu mano hacer; eso será de ayuda, preparará el terreno, pero no puede provocar que suceda la verdad. Cuando has hecho todo lo posible, entonces relájate, porque no hay nada más que hacer. En esa relajación, en ese soltar, sucede la verdad. La verdad no es algo que podamos provocar. Llega, desciende, sucede; no tiene lugar a causa de tus acciones.

El noveno, *bala*, es "poder". Tras la entrega viene el poder. Fíjate en la diferencia.

Dice el Buda que el cuarto es *vidya*, "energía". No era poder, sino simplemente energía, energía humana. Ahora, tras la entrega, está *bala*: poder, poder divino. Cuando te has entregado y has abandonado tu ego, de repente estás repleto de un poder desconocido. Te has convertido en un receptáculo.

Y el décimo, *jñana*, es ver en la naturaleza de las cosas, o conciencia. El Buda utiliza la palabra *jñana* de manera muy concreta: ver en la naturaleza de las cosas. Cuando te has entregado y ha descendido en ti el poder del Divino o el poder del todo, entonces tiene lugar ese encuentro, esa visión, esa realización... *nirvana*.

Ésos son los diez *paramitas*, que hay que practicar.

A continuación el sutra. El sutra es para recordaros que habéis de esforzaros con esos diez *paramitas*.

Dijo el Buda:

> «Quienes estudian la doctrina de los budas harán bien en crear y observar todo lo que se les enseña. Es como la miel; es dulce por dentro, dulce por fuera, dulce de principio a fin; así es la enseñanza de los budas».

Esto es algo que hay que entender. Es muy importante, y el Buda lo repitió muchas veces: «Mi enseñanza es como la miel; dulce por dentro, dulce por fuera, dulce de principio a fin. Mi enseñanza es como la miel». Lo repitió mil veces. ¿Por qué? Encierra un mensaje muy importante.

Por lo general, siempre que te sientes feliz puedes estar seguro de que la desdicha llegará a continuación. Cuando te das algún lujo tienes un vislumbre de felicidad; luego llega el dolor y la frustración. Así que es dulce al principio, pero amargo al final. Al comprobarlo, son muchos los que lo han intentado al contrario, por el extremo contrario. Eso es lo que hacen los ascetas. Dicen: «Ayunar, las austeridades y la disciplina son dolorosas al principio, pero muy dulces al final». Ésos son los dos modos que funcionan en el mundo: el del hombre mundano que anhela placeres... Aunque al final traigan dolor, que me quiten lo bailado: «Ya veremos. ¿Por qué debo renunciar ahora?». Aunque sólo obtenga una gota de miel de ello está dispuesto a sufrir durante años. El hombre mundano piensa en lo momentáneo y sufre por ello.

El llamado hombre religioso, viendo lo absurdo de la postura anterior, se pone cabeza abajo. Se dice: «En el mundo se experimenta que si entras en un estado gozoso, pacífico y feliz, acabas frustrado. La felicidad dura un instante, y luego permaneces frustrado durante años». Intenta el otro camino y se dice: «Primero pasaré al dolor. Ayunaré, me apartaré de todo placer, me iré al Himalaya, me quedaré de pie en la nieve o al calor del sol, me infligiré dolor... y luego llegará el placer». Sí, eso sucede. Y sucede porque dolor y placer son las dos caras de la misma moneda. Si primero miras una cara después tendrás que mirar la otra.

Dice el Buda que su enseñanza es totalmente distinta, no es ni mundana ni ultramundana; no es ni de un extremo ni del otro; es dulce al principio, es dulce en el medio, es dulce al final. Dice que no es cuestión de elegir entre placer y dolor. Si eliges el placer, el dolor aparecerá; si eliges el dolor, el placer aparecerá. Ambos están siempre unidos y presentes.

«Mi enseñanza –dice el Buda– es la de la atención imparcial». No eliges. No debes elegir, ni placer ni dolor. Así caerá la moneda de tu mano. Placer y dolor desaparecerán a la vez, y lo que queda es lo que es gozo, o paz, o serenidad... pero que es dulce.

«Es como la miel; es dulce por dentro, dulce por fuera, dulce de principio a fin; así es la enseñanza de los budas.»

Dijo el Buda:

«¡Oh, monjes!, no debéis recorrer el camino como el buey uncido a una carreta. Su cuerpo se mueve, pero su corazón no siente disposición a hacerlo».

Si tu corazón no siente disposición entonces no es necesario. Es que para ti no ha llegado la hora de recorrer el camino o de ir en busca de la verdad. Todavía necesitas vivir en el mundo y madurar un poco más. No vayas contra el corazón, porque es inútil. Si tu corazón te acompaña en la búsqueda de la verdad, entonces adelante.

«Su cuerpo se mueve, pero su corazón no siente disposición a hacerlo. Pero cuando vuestro corazón está en armonía con el camino, no es necesario que os preocupéis acerca de vuestra conducta externa.»

Dice el Buda que si tu corazón está dispuesto, si has experimentado la vida y su dolor, si has sufrido la vida y comprendido su frustración, y tu corazón está dispuesto a ir a la otra orilla –has experimentado esta orilla y has descubierto que es vacía, ilusoria–, si estás listo para pasar a la otra orilla sin mirar hacia atrás, si no queda ni el mínimo deseo en tu ser de permanecer en esta orilla, entonces estás listo.

Luego el Buda dice que estás liberado de toda disciplina. No es necesaria; basta con eso, con que tu corazón esté en armonía con el camino. La disciplina llegará; basta con esto. La disciplina es necesaria cuando tu corazón no está en armonía con el camino. «Pero entonces –dice el Buda– esa disciplina no sirve de mucho».

Recuerda que el Buda no está dispuesto a llevarte por el camino si estás inmaduro. La madurez es esencial. ¿Qué quiero decir con "madurez"? Con "madurez" quiero decir alguien que ha mirado en la vida y ha descubierto que ésta no es más que un sueño. Cuando la realidad que consideras real empieza a parecer un sueño, entonces estás maduro. Es muy fácil pasar a la otra orilla solo, no habrá dificultad alguna; tu corazón estará en armonía con el camino. Puedes ir bailando, puedes ir cantando, puedes ir riendo... puedes ir alegre, encantado. No irás con resistencias, ni con dudas, ni contra ti mismo. De hecho, no estarás yendo; simplemente irás con la corriente, como la madera.

Dijo el Buda:

«Quienes practican el camino pueden muy bien seguir el ejemplo de un buey que atraviesa un lodazal con una pesada carga. Está cansado, pero su mirada resuelta y expectante no se relajará hasta que salga del lodazal, y sólo entonces se tomará un respiro. ¡Oh, monjes!, recordad que las pasiones y los pecados son peor que el sucio cenagal, y que sólo podéis escapar a la desdicha pensando en el camino con ahínco y resolución».

Dice el Buda que primero se necesita un gran esfuerzo, y luego una gran entrega. Eso es lo que la gente del zen llama el "esfuerzo inintencionado". Es necesaria una gran armonía de esfuerzo y no-esfuerzo. Si confías en tu esfuerzo nunca llegarás; si confías únicamente en la gracia de Dios, nunca llegarás. La posibilidad de realizar sólo surge cuando has hecho todo lo que podías hacer. Sólo en ese momento el universo derramará sobre ti, pero no antes. Entonces puedes relajarte.

Así que el Buda dice que primero hagas todo lo que puedas hacer. Antes de eso nunca pidas ayuda. No seas perezoso, ni letárgico; pon en marcha todas tus energías. Involúcrate totalmente en el trabajo espiritual. Y desde luego, recuerda también que eso no te llevará a lo esencial. Llega un momento en el que deberás entregarte. Pero... sólo puedes entregarte cuando has hecho todo lo que podías hacer. La existencia ayuda a los que se ayudan a sí mismos.

Hay dos tipos de personas. El primer tipo dice: «Sucederá por la gracia. Cuando la existencia lo necesite, o cuando lo quiera, sucederá. He de esperar». Su espera es impotente, su espera no tiene ningún valor. No se lo han merecido, ni siquiera han dado un paso. No sucederá.

Luego están los egoístas, los que dicen: «Sucederá gracias a nuestro esfuerzo. La gracia no existe, no hay posibilidad alguna de que el universo nos ayude; el universo es del todo indiferente a los seres humanos. Hemos de hacer todo lo posible, y sucederá únicamente gracias a nuestro esfuerzo».

Dice el Buda que esa gente tampoco llegará a realizar. Son demasiado egoístas. El primer tipo es demasiado letárgico, y el segundo demasiado activo, y la realidad está justo en el medio: sé activo y no obstante dispuesto a la entrega.

Ésas son las diferencias entre las tres religiones de la India. El hinduismo es del primer tipo, el jainismo es del segundo tipo, y el budismo del tercero.

El hinduismo cree que sucederá por la gracia de Dios, que tendrá lugar por voluntad de Dios. Nada ocurre sin su voluntad. No es que lo que dicen sea erróneo, sino que no se lo merecen.

El jainismo dice que sucederá gracias a nuestra voluntad, a nuestro poder. No hay gracia, ninguna ayuda proveniente del universo, y por ello hemos de luchar y esforzarnos. Así que el jainismo es un asunto muy egoísta.

El Buda dice que has de hacer todo lo que puedas hacer. Sé primero jainista, y luego hinduista. Ésa es la síntesis más asombrosa presentada ante el mundo: primero sé jainista, y luego hinduista.

En el Buda todo Oriente queda reducido a una síntesis. La contribución del Buda al mundo es única. Y ésa también es mi enseñanza: primero sé jainista, y luego hinduista. Primero lleva a cabo todo el esfuerzo que te sea posible, todo lo que puedas, y luego relájate. Entonces te lo merecerás y la gracia llegará.

El esfuerzo más la entrega, la lucha más la entrega, le lleva a uno a casa.

Basta por hoy.

22. RECOGER CANTOS
EN LA ORILLA DE LA VIDA

Dijo el Buda:

«Considero las dignidades de los reyes y los señores como una partícula de polvo que flota en un rayo de luz. Considero los tesoros de los
metales y las piedras preciosas como ladrillos y cantos. Considero los ostentosos ropajes de seda y los brocados como andrajos. Considero este
universo algo tan pequeño como el fruto *holila*. Considero el lago de Anavatapta como una gota de aceite con la que embadurnarse los pies. Considero los diversos métodos de salvación enseñados por los budas como un
tesoro creado por la imaginación. Considero la doctrina trascendente del
budismo como un metal precioso o un tejido valiosísimo vislumbrado en
un sueño. Considero la enseñanza de los budas como flores celestes ante
mis ojos. Considero el *nirvana* como despertar de una ensoñación o pesadilla. Considero la lucha entre heterodoxo y ortodoxo como las cabriolas
de los seis dragones (mitológicos). Considero la doctrina de identidad
como el terreno absoluto de la realidad».

El Buda es el mayor anarquista de la historia de la humanidad. No cree
en ninguna regla proveniente del exterior. Para ayudarte a liberarte del
exterior, te enseña una regla interna, una disciplina interna. Una vez has
aprendido los senderos de la disciplina interna, se planta también ahí,
dispuesto a cargársela igualmente, porque o bien te riges desde el exterior o desde el interior. Eres un esclavo; la libertad sólo existe cuando no
hay regla.

Así que la disciplina interna sólo es un paso para salir de la dominación externa de la sociedad, del Estado, de las masas, de la civilización,
de la cultura, etcétera. Una vez te has liberado de la dominación externa,
el Buda empieza también a destruir tu disciplina interna. Por eso digo que
es el mayor anarquista que ha existido. Ha habido gente que ha enseñado
que no debe existir ninguna regla externa, pero el Buda es el único que ha
enseñado que incluso la regla interna es una forma de esclavitud, una esclavitud sutil. Su disciplina es la de la no-disciplina. Y cuando una perso-

na carece por completo de toda disciplina, entonces hay belleza, porque entonces hay libertad. Entonces se actúa con espontaneidad y no según ninguna regla impuesta por los demás ni por uno mismo. Entonces se actúa desde la nada. Entonces la respuesta es total, no se reprime nada, y no hay control de ningún tipo, no hay violencia. Se manifiesta un donaire tremendo, un gran gozo, porque ahora el actor ha desaparecido por completo, el hacedor ya no está ahí. Si tratas de autodisciplinarte, el hacedor continúa ahí, de modo sutil. Si intentas autodisciplinarte sigues esquizofrénico, sigues dividido. Un parte de ti te autodisciplina, y otra está siendo autodisciplinada. Así que una parte se convierte en el amo y la otra en el esclavo. Vuelve a existir división, dualidad, sigues sin ser uno.

Y en esa dualidad acabará manifestándose el conflicto, porque en realidad eres uno, y la dualidad no es más que una ficción. ¿Quién intenta gobernar a quién? ¿Quién está ahí para ser dominado por quién? En el interior sólo existe una existencia, un ser. Introducir cualquier tipo de disciplina significa dividir esa unidad, y esa división es desdicha, esa división es un infierno.

Así que el Buda dice en primer lugar que no hay Dios, porque si hay un Dios, o cualquier creencia en Dios, el ser humano nunca podrá ser libre; porque entonces tendremos a un dominador, a un dictador. Con un Dios en el mundo no puede haber democracia, es imposible. Si Dios hubiera creado al ser humano, entonces desde luego sería el poder esencial. Si es omnipotente, omnipresente y omnisciente, ¿cómo puede existir libertad? Nunca te deja en paz, está en todas partes, y eso es lo que enseña esa gente supuestamente religiosa. Te dicen: «Te está viendo hagas lo que hagas, hasta en la situación más íntima. Ahí está, observándote constantemente. Su mirada te sigue».

Me da la impresión de que se trata de una enseñanza muy peligrosa: significa que careces de toda libertad, significa que careces de toda privacidad. Y Dios es como un mirón universal. Siempre está ahí mirando por el ojo de la cerradura, y no puedes escapar a su control. Su presencia es destructiva; su presencia significa que el hombre carece de libertad.

La declaración de Nietzsche –que Dios ha muerto y ahora el hombre es libre– contiene cierto eco budista. Por eso el Buda dijo que Dios no es, y que hay libertad. Libertad significa que no has sido creado por nadie y que no estás dominado ni manipulado por nadie.

Para el Buda, la libertad es Dios. Intenta comprenderlo. Resulta difícil, porque el Buda utiliza una terminología tal que resulta muy difícil que las mentes infantiles le comprendan. La mente infantil siempre puede entender que hay un Dios que te domina, que te observa: compasivo, amable, grande... el padre, la madre. Ésas son maneras infantiloides de comprender la verdad.

El Buda dice que no hay Dios, y que la libertad es absoluta. Esa libertad absoluta es el dios del Buda. La libertad es Dios. La libertad es divina.

Así que en primer lugar elimina toda creencia externa. No es necesario creer en un dios. La propia creencia se convertirá en la barrera. Las religiones ordinarias han enseñado a la gente que sólo te tornas religioso cuando crees. Si no crees eres irreligioso. Occidente es del todo inconsciente de una gran religión que ha existido en Oriente y que no requiere de creencia alguna. De hecho, dice que creer es una barrera. Una religión sin creencias es muy difícil de concebir para un cristiano, un musulmán o un judío. Y todavía resulta más difícil para los hinduistas y jainistas.

El Buda es una gran revolución, introduce una perspectiva muy radical, pues dice que toda creencia es peligrosa. No debes creer, debes *ver*.

Dudar es mejor que creer. La duda nunca puede convertirse en un obstáculo; la duda permanece abierta. Creer es cerrar la mente, y así se cierra la apertura, así no puedes mirar. De hecho, una persona que cree teme mirar. Tal vez la verdad resulte ser contraria a su creencia. ¿Y entonces, qué? Así que cierra los ojos. Es más fácil proteger las propias creencias con los ojos cerrados que abiertos. ¿Quién sabe? Puede que la verdad no coincida con tus creencias, que la verdad destroce tus creencias, que la verdad esté contra tus creencias. Puede que no sea cristiana, ni hinduista, ni musulmana. ¿Y entonces, qué harás? Así que es mejor estar con los ojos cerrados.

Una persona que alberga creencias se torna temerosa: no busca, no indaga, y no investiga. Nunca explora. Se aferra a su creencia. Se aferra a su creencia de todo corazón a causa del miedo.

La religión no proviene del miedo, al menos la *auténtica* religión. No debería, al menos. La religión auténtica es osada. Dice el Buda que con un dios no puedes ser osado.

El dios judío dice: «Soy muy celoso. No veneréis a ningún otro dios. Soy muy celoso. Si veneráis a cualquier otro dios os destruiré».

Ahora bien, esas palabras son muy políticas, y muy estúpidas. Y poner esas palabras en boca de Dios es una verdadera tontería. Que Dios diga: «Soy muy celoso», le hace parecer muy humano, incluso infrahumano porque han existido seres humanos que no fueron celosos. Existió un Buda que no fue celoso. El Buda parece haberse hallado en un estado de conciencia mejor que el del dios judío. ¿Celoso? ¿Que prohibió a sus fieles venerar a nadie más «porque soy celoso, y os destruiré»? Esa afirmación del dios judío es simplemente increíble. Dice que «si obráis contra mí, os torturaré durante diez generaciones. No sólo a vosotros, sino a diez generaciones de vuestros descendientes. Y si me adoráis, derramaré bendiciones sobre vosotros durante cien generaciones».

¿Pero qué clase de dios es ése? Tus hijos no han hecho nada. Cometes un delito, desobedeces a Dios, ¡y tus hijos sufrirán durante diez generaciones! Y tus descendientes recibirán recompensas durante cien generaciones si haces algo bueno. Ese "algo bueno" significa, en términos judíos, que obedezcáis al Dios omnipotente. Si le desobedecéis es pecado; si le obedecéis es virtud. No parece tener ningún valor real. Dios puede estar diciendo algo absurdo, pero si obedeces es virtud, y si desobedeces es pecado. Y esa amenaza... «Me vengaré durante diez generaciones», y ese soborno de «os recompensaré durante cien generaciones»... Fíjate en qué tipo de mente ha creado ese concepto de Dios. No puede ser muy divina. No es divina en absoluto; de hecho, es infrahumana.

Dice el Buda que no hay Dios. No temas. Para que el hombre sea osado, el Buda dice que no hay Dios, y para convertir al hombre en un explorador de la verdad, dice que no es necesaria creencia alguna. La creencia no es un requisito, sino un obstáculo. Permanece abierto. Explora. Duda, piensa, medita, experimenta; y cuando una mente experimenta la verdad sin ninguna creencia, la propia mente se convierte en verdad, porque entonces tiene lugar una comunión entre la verdad y la mente.

Sé osado. No es necesario que nadie te domine; la libertad es el substrato.

Primero desecha las creencias externas: en Dios, en el infierno, en el cielo... porque tu infierno y tu cielo no son más que tus proyecciones. Si supieses algo acerca de los diversos cielos e infiernos comprenderías. El infierno tibetano carece de fuego, porque el infierno tibetano ha de contar con más frío, con más hielo. Conocen el frío, lo sufren, así que el infierno carece de fuego. Y claro, el infierno hinduista tiene fuego, porque padecen el calor. El concepto hinduista de cielo es casi el de un lugar con aire acondicionado. El sol nunca calienta, y siempre sopla una fresca brisa, y los árboles dan sombra, y las flores son como diamantes... y todo es fresco. Sí, claro, en un país muy cálido –donde se ha sufrido el calor durante siglos– se sueña con otra cosa.

Pero las cosas continúan... Son tus proyecciones. En el mundo existen tantos infiernos –y tantos cielos– como climas hay, porque dependerá de la experiencia de tu propio clima. Para un tibetano, el fuego en el infierno casi le parecería un regalo celestial. No, el fuego no existe en su infierno, es absolutamente frío; deberás congelarte hasta la muerte. El fuego existe en el cielo. Allí todo está caliente.

¿Qué demuestran esos conceptos? Ponen de manifiesto tu mente, y nada acerca del cielo ni el infierno. El ser humano continúa con sus sueños, con sus proyecciones.

Si mueres, te estarás muriendo en lo corporal, pero tu mente continúa funcionando. De hecho, según el enfoque budista, las ideas de cielo e infierno se manifiestan porque durante toda su vida un ser humano proyecta y piensa acerca del más allá. Si ha cometido muchos crímenes y pecados, se siente culpable y que irá al infierno. Se asusta mucho. Al morir surge el temor: «No hay tiempo para enderezar las cosas». Irá al infierno, y tiene una idea acerca del infierno, de qué es el infierno. Así que cuando muere una persona, cuando se libera de su cuerpo, las proyecciones se tornan muy reales. Empieza a soñar. Por eso, cuando muere un hinduista sueña tras la muerte. Empieza a soñar en el cielo o en el infierno; depende. Si fue buena persona, virtuosa, piadosa, entonces se siente muy confiado, claro, y al morir sabe que irá al cielo. La mente empieza a soñar justo después de la muerte. El tiempo entre la propia muerte y otro renacimiento se pasa soñando.

Vivís en un mundo de sueños, igual que ocurre de noche. ¿Qué sucede cuando el cuerpo se relaja y dormís? Que empezáis a soñar. En el sueño os olvidáis del cuerpo. El sueño es una pequeña muerte, una minimuerte. Olvidáis el cuerpo, no recordáis el cuerpo, os convertís únicamente en una mente, como si la mente ya no cargase con el cuerpo o con la realidad corporal. La mente es libre. No existe ninguna presión de realidad corporal, de realidad objetiva sobre la mente. La mente queda liberada. Y de repente, empezáis a soñar. Sí, claro, vuestro sueño es *vuestro* sueño. No tiene nada que ver con ninguna realidad.

Cuando morís ocurre exactamente lo mismo, pero en mayor proporción. Una vez que morís desaparece toda la presión de realidad corporal y objetiva. La mente es libre para soñar. Al soñar sigue existiendo una cierta carga, pues seguís conectados al cuerpo, pero en la muerte os desconectáis por completo. La mente es completamente libre. Y como un globo, empieza a ascender en sus proyecciones. Así que si habéis vivido una mala vida... Cuando digo: «Habéis vivido una mala vida», quiero decir si *creéis* que vuestra vida ha sido mala, si os han enseñado que esa vida era mala.

Por ejemplo, si un jainista ha comido carne, sufrirá en el infierno tras su muerte, pero no así un musulmán, ni un cristiano, ni un no-vegetariano que nunca haya pensado en ello. No sufrirá el infierno. Pero un jainista sí. Si ha comido carne, esa idea le hará sentirse culpable; la culpabilidad estará presente y se proyectará. Sabe qué es el infierno y éste será proyectado.

Entre la muerte y el nacimiento hay un extenso tiempo de sueño, y podéis vivir mucho en ese sueño porque el tiempo soñado es totalmente distinto del tiempo despierto. ¿Os habéis fijado alguna vez, estando sentados en una silla, cuando os quedáis dormidos un minuto y soñáis? Y el sueño es tan largo que dura años... en tiempo soñado. De repente os despertáis, miráis el reloj, y sólo ha transcurrido un minuto. Os sentís perplejos. ¿Cómo, en cuestión de un minuto, habéis visto una proyección de muchos años? Fuisteis niños, luego jóvenes, fuisteis al colegio y a la universidad, os enamorasteis y os casasteis, y al salir de la iglesia... se cortó el sueño. Tanto tiempo... y todo transcurrió en un único minuto.

El tiempo soñado es distinto del tiempo real: puede suceder en un solo minuto. Puede que entre muerte y nacimiento sólo pasen unos pocos minutos, o unos pocos días como mucho, o unas pocas horas. Pero darán la impresión de ser muy amplios; podéis soñar sueños infinitos, podéis soñar con el infierno, y con el cielo, pero continuáis. Vuestro infierno es vuestro, y vuestro cielo también. Es vuestra proyección, vuestra personalidad proyectada en sueños. No son realidades.

El Buda es inmensamente existencial. Es la primera persona religiosa que ha dicho que no hay cielo ni infierno, que sólo existen en los sueños de la humanidad. Si dejáis de soñar mientras estáis vivos, entonces no hay cielo ni infierno. De hecho, no hay pecado ni virtud. Es el mayor de los iconoclastas. Te deja sin nada, porque sabe que a menos que te deje sin nada, tu mente continuará dando vueltas. La mente necesita apoyos. Si se le retiran todos los apoyos, la mente se viene abajo. Y de ese derrumbe surge la realidad con su verdadero color, su auténtico tono.

La realidad sólo es cuando la mente no es. La mente es una facultad distorsionadora.

Éstos son los dos últimos sutras, de grandísima importancia. Cada frase es como una espada que corta las raíces de la mente. Y cuando se trata de cortar la mente de raíz, el Buda no excluye a nadie, ni siquiera a sí mismo. Ésa es su autenticidad. No es que esté contra otras filosofías, sino contra la filosofía como tal, y también contra la suya. Ésa es la autenticidad del maestro. Es muy fácil ponerse en contra de las filosofías ajenas, pero ponerse en contra de la propia filosofía significa que ese ser carece de filosofía propia. Simplemente está aseverando una virtud: que la filosofía no es la puerta de la realidad. El Buda está contra todos los métodos, incluyendo el suyo.

Os sorprenderá: «¿Entonces por qué utiliza métodos?». Los métodos se utilizan sólo por vuestra causa: porque no estáis listos para dar el salto. Ese salto es demasiado grande, y vosotros lo dais en dosis pequeñas. Por eso hubo de inventar métodos. También puede decirse lo mismo respecto a mí. Me gustaría que dieseis el salto cuántico sin ningún método, pero no podéis. El abismo es demasiado grande y os posee el miedo. Así que tengo que convertirlo en pasos pequeños para vosotros. Y poco a poco os voy convenciendo. Cuanto más listos estáis, más os empujo hacia el inmétodo, hacia la inmente, hacia la inreligión.

La religión esencial es inreligión, y el más grande de los métodos es el inmétodo. Y realizar el estado de inmente es ser consciente. El Buda ha de hablar para muchos tipos de personas, pero estos sutras son para esos discípulos que han madurado.

Sucedió en una ocasión:

> Me hallaba charlando con el mulá Nasrudín, que era un pescador empedernido. Le dije:
> –Nasrudín, me he dado cuenta de que cuando habla del pez que pescó, varía su tamaño según los oyentes.
> –Sí –reconoció–. Nunca le digo a un hombre más de lo que me parece que puede creer.

Y eso es lo que hace el Buda. Si llegáis ante él con una mente infantiloide os dará algunos juguetes para que juguéis. Si llegáis con una mente algo mejor, una mente algo más adulta, más madura, no os ofrecerá esos juguetes. Y si estáis realmente maduros para escuchar la verdad, sin miedo, pues... pues entonces estos sutras.

Los sutras de hoy son los últimos. Están dirigidos a personas muy maduras, así que escuchadlos con atención.

Se dice que en una ocasión, a Jesús le preguntaron sus discípulos: «¿Has traído un mensaje de paz al mundo?». Y él dijo: «No. No traigo la paz, sino la espada». ¿Una espada? Y los cristianos se han roto la cabeza a causa de ello durante siglos, porque no parece correcto. Jesús es el mensajero de la paz y dice: «No. No traigo la paz, sino la espada». Y sigue: «Os enseñaré cómo odiar a vuestra madre y cómo odiar a vuestro padre, y cómo odiar a vuestra esposa, y cómo odiar a vuestro esposo, y cómo odiar a vuestros hijos. Y a menos que estéis dispuestos a odiar a vuestro padre y a vuestra madre, no podréis seguirme».

Ahora bien, esas palabras provenientes de Jesús –quien dice: «Dios es amor»– parecen muy contradictorias, muy incoherentes. Resulta difícil comprender qué quiere decir. Y a los cristianos les ha resultado muy difícil, tanto que evitan esas frases. Pero si comprendéis este sutra del Buda, también podréis entender a Jesús. Con "espada" quiere decir que cada maestro trae una espada al mundo para cortar la mente de raíz. Cuando dice: «A menos que odiéis a vuestro padre, a vuestra madre, y a vuestra familia, no podréis seguirme», ¿qué está diciendo? Pues está diciendo que a menos que abandonéis la mente que os dio vuestra madre, vuestro padre, y vuestra familia, que a menos que soltéis el pasado, que a menos que olvidéis por completo la sociedad que os la dio... la idea del bien y la idea del mal, que a menos que soltéis todo el condicionamiento que os ha dado la sociedad, no podréis seguirme.

Estos sutras son como espadas: cortan, y cortan por completo. El Buda es muy duro porque la suya es una gran compasión. No permitirá ningún resquicio a través del que puedas volver a engancharte a tu esclavitud. Así que, primero, abandona toda disciplina externa, y luego, también la disciplina interna. En este indisciplinado estado está la libertad, está el *nirvana*, está *moksha*. Y en esa libertad, todo lo que sucede es virtud. Todo lo que surge de la esclavitud es pecado.

Dijo el Buda:

> «Considero las dignidades de los reyes y los señores como una partícula de polvo que flota en un rayo de luz».

Dice que todo el poder político, que todo el poder, es estúpido. No corras tras él; no seas ambicioso, porque toda ambición recoge polvo y sólo polvo. Si no te desilusionas con el polvo no podrás conocer qué es la verdad. Una persona obsesionada con la ambición no puede conocer la verdad. Los ojos llenos de ambición nunca ven lo que es; sólo ven lo que quieren ver. La mente ambiciosa es la mente errónea; la mente no ambiciosa es la mente correcta.

¿Qué significa ser no ambicioso? Significa que no se anhela el futuro, que no ansías el momento siguiente; que no esperas lo que sucederá luego, que has abandonado la esperanza; que vives en este momento, que careces de cualquier futuro, que el presente es todo lo que es. Una mente no ambiciosa se torna silenciosa, y ese silencio se manifiesta por sí mismo, no es que tú te silencies. Una mente no ambiciosa es silenciosa; no hay ningún lugar al que ir, nada que anhelar. Entonces la realidad está disponible.

La realidad no está disponible para una mente ambiciosa, porque la realidad sólo está disponible en el presente y la mente ambiciosa está siempre en otro sitio, está *siempre* en otro lugar. La mente ambiciosa nunca está contenta. El descontento es su fundamento. Pregunta el Buda que qué deseas. ¿Reinos? ¿Queréis ser reyes y altos dignatarios?

«Considero las dignidades de los reyes y los señores como una partícula de polvo que flota en un rayo de luz.»

¿Por qué dice «que flota en un rayo de luz»? Te has fijado alguna vez... un rayo de luz entra a través del tejado, la habitación permanece sombría y oscura, y en ese espacio sólo penetra un rayo de luz. En él puedes ver flotar el polvo, las partículas de polvo. Brillan, parecen diamantes. Pero no es más que polvo. Si el rayo de luz no estuviese ahí ni siquiera podrías verlas, pero en el rayo de luz parecen diamantes. Brillan, se tornan radiantes.

El Buda está diciendo que cuando proyectas una ambición, cuando hay un rayo de luz de ambición, las partículas de polvo parecen muy valiosas. Pero no son valiosas en sí mismas. Deberías saberlo, porque él nació rey. Luego abandonó esos palacios. El día en que soltó su ambición desapareció repentinamente el rayo de luz y sólo vio polvo.

La noche en que abandonó su palacio, su reino, su hijo recién nacido, el auriga le sacó del reino sin saber adónde se dirigía. Y el auriga no debía preguntarlo. Pero cuando el Buda saltó del carro y le dijo al auriga:

—Ahora llévate mis ropas y, por favor, dame las tuyas a mí —no supo qué quería decir su señor. Le espetó:

—¿Pero qué hacéis? ¿Os habéis vuelto loco?

Era un hombre mayor, de la edad del padre del Buda, y le dijo:

—Os conozco y os amo desde que erais niño. ¿Qué hacéis? Soy como vuestro padre; por favor, decidme cuál es vuestra agonía. ¿Por qué abandonáis esos bellos palacios, este reino? Sois el hombre más feliz del reino. ¿Adónde vais?

Y el Buda contestó:

—Fíjate en esos palacios, están ardiendo. Todo está ardiendo, el mundo entero arde y yo quiero encontrar una sombra fresca.

El auriga, claro, no comprendió lo que se le decía dicho.

Respondió:

–Pero, ¿de qué habláis? No veo fuego alguno. ¿De qué habláis?

Y el Buda dijo:

–Puede que no lo comprendas, pero he visto el fuego. Todo arde, todo se está quemando, porque todo se dirige hacia la muerte.

Precisamente el día anterior había ido a la población, a su capital, para inaugurar un festival juvenil, y en el camino se había cruzado con un cadáver. Hasta aquel momento nunca había visto un muerto. Preguntó:

–¿Qué le ha sucedido a ese hombre?

Es una historia muy hermosa que se cuenta a la manera oriental, de un modo mitológico. La historia dice que el padre del Buda había prohibido al auriga hablar a su hijo sobre la muerte, y ni siquiera responder a preguntas de ese tipo, porque el padre fue advertido en el nacimiento del Buda de que si en alguna ocasión se enteraba de la muerte, renunciaría al mundo. Así que el auriga no debía decir nada. Pero la historia dice que, al fijarse en ello, un dios entró en el cuerpo del auriga. Viendo que había llegado el momento en que el Buda estaba listo para renunciar, y que sólo se realizaría a través de esa renuncia, de que había llegado ese momento de la existencia, los dioses decidieron ayudar. Obligaron al auriga a decir la verdad.

Y éste dijo:

–Está muerto, señor.

Y el Buda preguntó:

–¿Me sucederá también a mí?

Y el auriga tuvo que decir, porque los dioses le obligaron: «Sí, también os sucederá a vos, señor.

Y el Buda dijo:

–Entonces regresemos a casa. No tiene sentido ir a inaugurar el festival infantil. Ya no soy joven. Al ver la muerte he envejecido. Al ver la muerte, he muerto.

Tuvo lugar un gran vislumbre, una gran revelación. Y el Buda dijo al día siguiente:

–Todo el mundo arde. He visto la muerte y cuando la muerte llega, ¿qué sentido tiene todo? Quisiera encontrar algo que esté más allá de la muerte.

«Considero las dignidades de los reyes y los señores como una partícula de polvo que flota en un rayo de luz.»

Pero no vemos la muerte; nuestra ambición nos impide verla. Aunque la muerte se te pusiera delante de los ojos no podrías verla porque tu ambición funcionaría como una barrera. No te permitiría ver porque es como una venda.

Así me lo han contado...

Un rico industrial de Nueva York sufrió una crisis nerviosa.

–Debe usted descansar –recomendó el médico–. Vaya a Florida, descanse bajo el sol, nade. Se encontrará mejor al cabo de un mes.

El industrial siguió el consejo del médico y fue a Miami, se puso el traje de baño y dio un paseo por la cálida arena de la playa. El agua era muy tentadora y quiso darse un chapuzón. Pero pasó por alto todos los años en los que no había hecho ejercicio y, antes de que pudiera darse cuenta, dejó de hacer pie y no pudo regresar nadando a la playa.

–¡Socorro, socorro! –gritó–. ¡Ayuda, sálvenme! ¡Me estoy ahogando!

Un salvavidas escuchó los gritos, se metió en el agua y le remolcó de regreso a la playa.

La esposa del industrial llegó corriendo al lugar de los hechos.

–Irving, cariño, ¿estás bien? ¡Dime algo!.

–Estoy bien –resolló Irving, sacando agua por la boca–, pero debo preguntarte algo en privado, por favor. Agáchate.

La compungida esposa se inclinó.

–Sí, Irving, ¿qué quieres preguntarme?

–Dime, ¿qué propina crees que debo darle al salvavidas por lo que ha hecho?

Se había visto frente a la muerte... pero le pregunta a su esposa: «Dime, ¿qué propina crees que debo darle al salvavidas por lo que ha hecho?». La vida no es un problema, sino el dinero: «¿Cuánto doy de propina?». Ni siquiera ante la muerte se da cuenta el ser humano de que la existencia de la muerte convierte su vida en algo sin sentido. El dinero no tiene sentido cuando llega la muerte. Pero la mente ambiciosa vive en un mundo muy diferente: el rayo de luz de su ambición hace que las partículas de polvo resplandezcan como diamantes. Una vez que el rayo desaparece, todo se viene abajo y ves adónde te diriges, ves lo que anhelas. Si la vida está a punto de desaparecer –y lo hará, tarde o temprano acabará llegando el desierto de la muerte, y sólo es cuestión de tiempo–, entonces... entonces todo aquello que anhelas acaba siendo absurdo. La muerte se lo lleva todo lejos de ti.

El Buda dice que has de buscar algo que la muerte no pueda destruir.

«Considero los tesoros de los metales y las piedras preciosas como ladrillos y guijarros.»

Todo tu dinero, todas tus piedras preciosas, todas tus cuentas bancarias, dice el Buda, «las considero como guijarros». Sois niños jugando en la orilla de la vida, coleccionando guijarros –de colores, sí, parecen muy bellos, pero no son más que guijarros de la ribera– carentes de sentido. Y mientras los van recogiendo la vida se te escapa de las manos, resbala. Estás corriendo un gran riesgo. Esta oportunidad no debe desperdiciarse recogiendo piedras.

Un hombre que llevó a sus dos hijitas al parque de atracciones se fijó en que el mulá Nasrudín se pasó toda la tarde dando vueltas en el tiovivo. En una ocasión en que el tiovivo se detuvo, el mulá saltó, se bebió un vaso de agua y volvió a subirse. Cuando pasaba junto a las niñas, el padre le preguntó:

—Mulá, parece que le gusta muchísimo el tiovivo, ¿a que sí?

—No, no me gusta. En realidad lo odio y me mareo mucho —contestó Nasrudín—. Pero el dueño me debe cien rupias y sólo puedo recuperarlas cobrando en especie.

El dinero parece ser la mayor obsesión del mundo. El dinero parece ser la locura más grande de este mundo. No hacemos más que vender nuestras vidas y acumular piedras, a las que llamamos dinero. Un día desaparecemos y todo el dinero se queda aquí. Y la vida que malgastaste acumulando ese dinero podía haber sido más creativa. Podía haber sido una canción, un baile; podía haberse convertido en una oración, en una meditación; podía haberse convertido en una realización de la verdad, en libertad... pero perdiste la oportunidad.

Dijo el Buda:

«Considero los ostentosos ropajes de seda y los brocados como andrajos.»

Todo aquello que deseas parece una tontería. Hay gente que sólo vive para comer; hay gente que sólo vive para vestir; hay gente que no deja de jugar con las cosas, lo cual está muy bien cuando eres un crío, pero da la impresión de que son pocos los que crecen. Sí, envejecen, pero poca gente se convierte en adulta. Envejecer es una cosa, y ser adulto es otra muy distinta. Una persona adulta es la que puede ver a través de las cosas: lo que es un juguete y lo que no lo es. Los niños juegan... y te ríes de ellos; ¿pero te has fijado en tu propia vida? Tal vez hayas cambiado de juguetes —ellos juegan con coches de juguete y tú con coches de verdad—, pero el juego sigue siendo el mismo. Hay gente...

Antaño fui profesor en una universidad, y había otro profesor que vivía delante de mi casa. Tenía un coche y siempre estaba allí sentado, limpiándolo y lavándolo a diario, religiosamente. Yo estaba perplejo, porque nunca lo sacaba más allá del porche.

Le pregunté, y me contestó:

—Ya ves, con este tráfico, es un coche tan bonito... que si me arriesgo a llevarlo a la universidad... Ya conoces a los estudiantes. Cualquiera podría rayarlo.

—Entonces, ¿para qué lo has comprado?

—Es que estoy loco por él —me contestó.

¡Imagina que le vuelve loco un coche! Hay gente a la que le vuelve loca los coches, o las casas. No es muy difícil darse cuenta de qué les ha ocurrido. Son gente que no puede amar a una persona, así que ama una cosa, porque a una cosa puedes manipularla y controlarla mejor que a una persona. Una persona siempre es peligrosa. Amar a una mujer siempre es peligroso; amar a un hombre siempre resulta peligroso... Porque un hombre o una mujer es una libertad, una libertad intrínseca. No puedes controlarlo del todo. El ser humano lo ha intentado de todas las maneras, ha creado el matrimonio, y leyes, y esto y lo otro, y ha creado respetabilidad en torno suyo, castigos y recompensas, y todo lo imaginable para conseguir una cosa: que la mujer deje de ser una libertad, que el hombre deje de ser una libertad. Cuando un hombre es marido deja de ser una persona, y cuando una mujer es esposa deja de ser una persona. Se ha liquidado la libertad. Ahora, un marido es una cosa, y una esposa es una cosa: pueden controlarse con más facilidad. Si la esposa hace algo puedes acudir a los tribunales. El juez te ayudará, la policía te ayudará a obligar a que la esposa regrese a su "cosidad".

La gente ama las cosas... Y la gente teme a las personas.

La gente puede llegar a límites absurdos. Un coche tiene una utilidad; sí, es cierto, cuenta con una utilidad... pero el amor romántico con un coche es absurdo. ¡Pero qué amores! Le veía lavando el coche a diario, durante media hora, totalmente absorto, y nunca lo utilizó. Iba a la universidad en bicicleta, y el coche seguía allí, parado. Pero se sentía inmensamente feliz de que el coche estuviese allí. Miraba a su coche como si mirase a su mujer, tocaba el coche como si estuviese tocando un cuerpo humano. Le observé: sus ojos se iluminaban súbitamente cuando miraba su coche; algo inimaginable sucedía con aquel coche. Es absurdo, y no sólo absurdo: es una locura.

«Considero este universo algo tan pequeño como el fruto *holila*. Considero el lago de Anavatapta como una gota de aceite con la que embadurnarse los pies.»

Y dice el Buda que si te haces consciente, todo el universo parece diminuto, porque la conciencia es más grande que todo el universo.

Si te fijas en su cuerpo, el ser humano parece diminuto, y loco si te fijas en su mente, y tremendamente vasto si te fijas en su conciencia. Tres cosas confluyen en el ser humano. Lo vasto y lo infinito confluyen en su conciencia, en su atención. De eso es de lo que te haces consciente cuando meditas: los límites retroceden y desaparecen. El cuerpo no te contiene; de hecho, tú contienes al cuerpo. Por lo general piensas: «Existo en el cuerpo». Pero es un error garrafal. El cuerpo existe en ti; tú eres mucho más vasto, mucho más grande; y no sólo más grande que el cuerpo, sino más grande que todo este universo. La conciencia lo sostiene todo. Pero si te fijas en el cuerpo eres diminuto. Y además, si te sigues identificando con el cuerpo, se te manifiesta un gran deseo de ser grande. De eso trata la política, eso es el deseo y la ambición por el dinero, eso es lo que intentas cuando utilizas ropas bonitas para exhibirte: intentas ocultar el cuerpo, tu nimiedad, tu pequeñez. Intentas que parezca hermoso, que parezca precioso.

Se dice que en una ocasión en que el mulá Nasrudín se hallaba en su baño turco, llegó Tamerlán, el gran asesino, el gran emperador y el gran conquistador. Y sólo había allí dos personas, el mulá Nasrudín y Tamerlán. Y Tamerlán, como era su costumbre, le preguntó al mulá Nasrudín:

–He oído que eres un hombre muy sabio. ¿Cuánto crees que valgo, cuál crees que es mi precio?

Desde luego que lo preguntó esperando escuchar: «No tenéis precio, señor. El universo entero no es nada comparado con vos».

Pero el mulá le miró, caviló y dijo:

–Sesenta rupias.

Tamerlán se enfureció terriblemente y dijo:

–¿Qué quieres decir? ¿Sesenta rupias? ¡Incluso esta toalla que llevo vale más de sesenta rupias!

–Por eso dije sesenta rupias. No os cuento a vos –pues sois nada– sino sólo a la toalla. No quiero correr ningún riesgo, por eso dije sesenta rupias.

Si te identificas con el cuerpo tu valor no es mucho, desde luego, no puede ser mucho. ¿Cuánto crees que puedes sacar por tu cuerpo si intentas venderlo? Si preguntas a los científicos te dirán: «Alrededor de cinco rupias». Ni siquiera sesenta... alrededor de cinco rupias. Contiene cierta cantidad de aluminio, hierro, fósforo y cosas por el estilo; si se reúne y se vende en el mercado, reportará alrededor de cinco rupias. Y es cierto, porque el coste de la vida ha subido mucho.

Y en primer lugar, puede que no haya nadie dispuesto a comprar tu cuerpo. En el momento en que mueres, todo el mundo está dispuesto a disponer de ti, de un modo u otro.

Sucedió en una ocasión:

Sobre el gran emperador Akbar se dice que acostumbraba a ir a visitar a un místico sufí, Farid, y que solía tocarle los pies. Los cortesanos de Akbar se volvieron un poco celosos:

–¿Akbar, el gran emperador, tocándole los pies a un mendigo?

Y un día le dijeron a Akbar:

–No está bien, es humillante. No necesitáis tocarle los pies al mendigo. La vuestra es una cabeza de emperador ¿y la ponéis sobre sus pies?

Akbar respondió:

–Haced una cosa: traed la cabeza de un muerto e intentad venderla.

Como lo había dicho el emperador, tuvieron que intentarlo. Fuesen a donde fuesen, la gente los echaba. Les decían:

–¿Os habéis vuelto locos? ¡Fuera de aquí! ¡Vuestra cabeza apesta! ¿Quién va a quererla? ¡Fuera!

Lo intentaron en todas las tiendas, en todos los mercados de Delhi, y les echaban de todas partes. Regresaron y contaron:

–Nadie quiere comprar, y no sólo eso, sino que la gente ni siquiera quiere escuchar. Se limitan a decir: "¡Fuera de aquí! ¿Os habéis vuelto locos? ¿Qué queréis que hagamos con una cabeza humana?".

Dijo Akbar:

–Entonces, ¿qué os parece? Mi cabeza no es más que una cabeza humana; no obtendréis ningún precio por ella. ¿Por qué entonces os parece humillante que coloque esta cabeza inútil a los pies de Farid?

Se dice que en una ocasión unos maleantes apresaron a un místico sufí, al que quisieron vender en un mercado de esclavos. Era un hombre muy joven, saludable y radiante. Así que estaban muy contentos porque esperaban obtener un buen precio por él. Le llevaron. Y él les dijo:

–Sé que me lleváis a vender, pero dejad que os diga una cosa: si me escucháis obtendréis el precio más alto posible. Conozco mi precio, pero vosotros no, así que siempre que estéis dispuestos a vender sólo debéis preguntarme: "¿Es el precio correcto?".

Al cabo de unas cuantas horas se cruzaron con un rey, y éste dijo:

–Ese hombre tiene buen aspecto; lo compraré. Doy cinco mil rupias por él.

En aquellos días se trataba de una cantidad importante, y los raptores estaban dispuestos a cerrar el trato. Pero el místico dijo:

–Esperad, eso no es nada, dejad que llegue el comprador adecuado y yo os avisaré. No seáis tontos.

Así que no aceptaron. Llegó un rico y ofreció diez mil rupias. Ahora sí que estuvieron a punto, ni siquiera iban a preguntarle al místico, pero éste les dijo:

–¡Un momento! ¿Estáis locos? ¿Es que no os dais cuenta? El precio se ha doblado. Esperad.

Y a continuación se presentó otro rico, que ofreció cincuenta mil rupias. Para entonces los raptores ya se habían dado cuenta de que el místico tenía razón: «Tenemos a un hombre muy valioso». Y así continuaron todo el día. Hubo muchos que ofrecieron comprar, pero el místico no hacía más que decir: «Esperad». Después, la gente empezó a irse a casa, y el mercado se fue quedando vacío. Llegó el último hombre, que sólo llevaba un haz de paja. Y era el último. Los raptores se dijeron: «Parece que no hay comprador y deberemos esperar ocho días, hasta que vuelva a haber mercado».

El místico dijo:

–Esperad, preguntadle a ese hombre.

Aquel hombre les dijo:

–Sólo puedo daros este haz de paja. No tengo nada más.

Y el místico dijo:

–Ése es el precio correcto; ¡vended!. Es justo el precio adecuado. No perdáis esta oportunidad.

Los raptores empezaron a rascarse la cabeza incrédulos:

–¡Hemos cogido a un loco! ¡Hemos perdido cincuenta mil rupias y ahora sale con que éste es el precio correcto!

Pero lo que hacía era señalar algo: que no hay precio. El cuerpo es diminuto y muy pequeño. Si te identificas con él te identificas con paja, con un haz de paja, o como dice el Buda: «Con un saco de huesos, lleno de inmundicia». Si te identificas con la mente cuentas con un poco más de libertad. Pero la mente es tonta, estúpida, mediocre: no sabe nada acerca de la verdad. No hace más que inferir acerca de la verdad, especular. La mente es especulación.

Dice el Buda que si realmente llegas a conocerte a ti mismo, entonces serás vasto, infinito. Entonces serás Dios.

«Considero este universo algo tan pequeño como el fruto *holila*. Considero el lago de Anavatapta como una gota de aceite con la que embadurnarse los pies.»

El Buda está diciendo que si conoces a un ser humano en su auténtica realidad, verás que es tan vasto que el más grande de los lagos no es más que una gota de aceite en sus pies. Es tan vasto que el universo entero es más pequeño que él.

«Considero los diversos métodos de salvación enseñados por los budas como un tesoro creado por la imaginación.»

Ésa es la espada que lo corta todo de raíz. Ahora dice que considera los diversos métodos de salvación enseñados por los budas como un tesoro creado por la imaginación. Todos los métodos son creados por la mente, y por ello no te pueden llevar más allá de la mente. Lo que ha sido creado por la mente no puede llevarte más allá. Para ir más allá deberás abandonar todo lo que ha sido creado por la mente. Los métodos también son creaciones mentales: *yoga, tantra, yantra, mantra*. Todos los métodos son creaciones mentales, imaginaciones... bellas ensoñaciones, dulces sueños, sueños dorados, y claro, desde luego, fueron creados por budas.

La mente se utiliza para sacarte de tu cuerpo. Por ello existen varias técnicas para apartarte de la identificación con el cuerpo. Luego, para llevarte hasta el límite de la mente existen otros métodos que te conducen hasta el borde donde acaba la mente. Después has de saltar fuera de la mente, y claro, eso se logra saltando fuera de todos los métodos.

«Considero los diversos métodos de salvación enseñados por los budas como un tesoro creado por la imaginación. Considero la doctrina trascendente del budismo como un metal precioso o un tejido valiosísimo vislumbrado en un sueño.»

Dice el Buda que incluso lo que nos está diciendo... aunque pueda ser precioso, de un gran valor, no es sino un metal o piedras preciosas vistas en un sueño.

Por eso siempre dice que la verdad es inefable. En el momento en que la dices se convierte en una mentira. La verdad es indecible. En el momento en que la dices pasa a formar parte de un sueño y deja de ser verdad.

Los budistas zen dicen que el Buda nunca nació, que nunca caminó sobre la tierra, que nunca pronunció una sola enseñanza, que nunca inició a nadie como *sannyasin*. ¡Y siguen venerando al Buda! Rinzai solía decir que parece absurdo.

Un día se presentó un filósofo escéptico y escuchó decir a Rinzai que el Buda nunca había nacido. Y eso que por detrás de Rinzai se hallaba una inmensa imagen del Buda. El pensador esperó, y Rinzai dijo que el Buda nunca enseñó nada; de hecho, si no existió, ¿cómo pudo enseñar algo? Y luego, cuando finalizó el sermón, se dirigió a la imagen, le tocó los pies y le ofreció unas cuantas flores. El pensador escéptico dijo:

–¡Un momento! Todo tiene un límite. ¡Se ha pasado de la raya! Ha dicho que este hombre nunca caminó sobre la tierra; ha dicho que nunca enseñó nada; ha dicho que de hecho nunca estuvo aquí. Y ahora, ¿de quién son esos pies que toca? ¿De quién son, y a quién ofrece esas flores?

Rinzai se rió y dijo:

–Ofrezco estas flores a este hombre porque enseñó, pero no obstante también dijo: «No os he enseñado nada». Nació, y no obstante dijo: «Lo que nace está más allá de nacimiento y muerte». Caminó sobre la tierra pero en lo más hondo permaneció inmutable; nunca caminó. La rueda se mueve, pero el cubo permanece en su sitio, centrado.

La enseñanza del Buda es increíblemente contradictoria. Primero enseña: «Haz esto, haz lo otro», y luego, de repente, dice: «Déjalo todo. Ahora has llegado al borde de la mente. Abandona también este último sueño».

«Considero la enseñanza de los budas como flores celestes ante mis ojos.»

¿Te has fijado alguna vez, mientras te hallabas sentado a la orilla, en la playa? Fíjate en el cielo y verás flores moviéndose en el cielo. Ahora los científicos dicen que son iones. O si le preguntas a Wilhelm Reich, te dirá que son partículas de energía orgónica. Si preguntas a un especialista de la vista, te dirá que no es nada, y que es el movimiento en el interior de tus nervios oculares creando la falacia de algo en el cielo. Puedes presionarte el ojo con un dedo y verás mejor esas flores. Se llaman flores celestes... No existen, pero puedes verlas. Y si mueves los ojos verás que descienden y que luego ascienden; puedes jugar con ellas como si fuesen yoyós. Pero no lo son, son inexistentes.

Dice el Buda:

«Considero la enseñanza de los budas como flores celestes ante mis ojos.»

Toda enseñanza es absurda. La verdad no puede enseñarse, sólo puede contagiarse. No hay manera de enseñarla. Al enseñar transfieres palabras, doctrinas, creencias; la verdad nunca se transfiere de ese modo. Pero al estar con un buda puedes contagiarte de ella... es infecciosa. De ahí el valor de *satsanga*: estar con un buda, estar con un maestro, estar con alguien iluminado.

¿Qué quiere decir "iluminarse"? El Buda dice que simplemente significa.

«Considero el *nirvana* como despertar de una ensoñación o pesadilla.»

Dice que vives en un sueño: en el sueño de la ambición, el deseo, de un millar de tipos de codicia, cólera, lujuria, pasión. Vives en un sueño. *Nirvana*, iluminación, no es más que salir del sueño, despertar. No hay nada oculto en ello, nada esotérico. El Buda no tiene enseñanzas esotéricas; es muy simple. Dice que eso es todo —el hombre que vive en el mundo, la persona mundana, el ser humano "*samsárico*", está en un sueño–, y eso es todo; y un buda es quien ha despertado de ese sueño. La diferencia no radica en la conciencia, sino en que el hombre mundano tiene algo más que un buda. Un buda sólo tiene conciencia; la persona mundana tiene algo más. El Buda sólo tiene conciencia; la persona mundana tiene conciencia y sueños. Y a causa de esos sueños la conciencia se nubla, como si el sol estuviese cubierto de nubes y no pudieras verlo. Pero cuando las nubes desaparecen el sol sigue ahí. Respecto a luz interior, no existe diferencia entre un buda y una persona ignorante. Es la misma.

«Considero la lucha entre heterodoxo y ortodoxo como las cabriolas de los seis dragones (mitológicos).»

Y el Buda dice que no son más que cabriolas... lo tradicional y lo antitradicional, lo ortodoxo y lo heterodoxo, el teísta y el ateísta, y los miles de clases de filosofías y sistemas que luchan entre sí, discutiendo, demostrando, desmintiendo. Dice que sólo se trata de un juego, de un juego mental, mitológico. Carece de importancia. No te dejes enredar demasiado en teorías y doctrinas; forman parte del sueño. Sal del estado de ensoñación, sé más consciente.

«Considero la doctrina de identidad como el terreno absoluto de la realidad.»

Es su última aseveración; medita sobre ella.

> «Considero la doctrina de identidad como el terreno absoluto de la realidad.»

Dice el Buda que las cosas no son diferentes, que son lo mismo; sólo parecen distintas, sólo parecen diferentes. El árbol, la piedra, tú, los animales y las estrellas no sois diferentes. En el fondo, la realidad es una y la misma. La substancia es una y la misma, sin distinciones. Las distinciones no son más que sueños.

Los físicos llaman a esa realidad única "electricidad" o "energía". Los materialistas, los marxistas y los comunistas la llaman "materia". Los idealistas llaman "mente" a la realidad. Los yoguis la llaman "conciencia". El Buda la llama "vacío".

Esta palabra, "vacío", es muy importante. "Vacío" significa vacío de contenido, que nada es. Todas las cosas no son más que formas, sueños. Somos distintos sólo en la forma, y la forma no es más que un sueño. Es como si a partir del oro pudieras crear distintos ornamentos. Esas formas, esos distintos ornamentos, no son más que sueños, porque la realidad es el oro. Tras todas las formas está el oro; por detrás de todas las formas hay una realidad. Y el Buda dice que esa identidad es el terreno absoluto de la realidad.

Si te interiorizas abandonas la forma. Primero abandonas la forma del cuerpo. ¿Te has fijado? Esos dichos sólo pueden comprenderse si has tenido ciertas revelaciones propias; de otro modo resultan imposibles de penetrar. Cuando estás meditando, en muchas ocasiones te olvidas de tu forma, de tu cuerpo. No sabes quién eres ni qué aspecto tienes. Te olvidas de tu cara. De hecho, en la meditación profunda te abstraes del cuerpo. Cuando cierras los ojos eres informe. Tu mente también tiene forma. Eres hinduista, cristiano, musulmán, jainista, budista... tu mente tiene forma. Piensas en términos cristianos, tienes una cierta identidad, el dogma te define. Pero si profundizas más, la mente también desaparece. Y dejas de ser cristiano.

En el hondón de tu ser no eres ni cuerpo ni mente. ¿Qué eres, pues?

Dice el Buda que vacío. Dejas de ser algo con contenido y pasas a ser universal. Dejas de estar confinado por una idea, eres infinito. Eres lo que siempre ha sido y siempre será. Eres eterno. No hay más nacimientos para ti, ni muertes. Eres como el cielo: nubes que van y vienen, pero el cielo no se ve afectado. Las nubes han ido y venido en millones de ocasiones, y el cielo ha seguido siendo puro y virgen. El paso de las nubes no lo ha corrompido ni contaminado. Tú eres el cielo interno. Y cuando desaparecen todas las formas, también desaparece lo interior y lo exterior, porque también son formas. Luego no hay nada interno ni nada externo... unicidad, identidad.

El Buda no lo llama Dios, porque de llamarlo "Dios" podrías empezar de nuevo a pensar en la forma. Eso es exactamente lo que debería significar la palabra "Dios". Dios es esa identidad que existe en todo. "Dios" significa existencia, existencialidad. El árbol es, la piedra es, la nube es, el ser humano es... formas distintas pero la misma existencialidad. En cuanto a existencialidad se refiere, un árbol y tú sois lo mismo. La forma es distinta, el árbol es verde y tú no eres verde, el árbol tiene flores y tú no tienes ninguna, un pájaro puede volar en el cielo y tú no; pero se trata de diferencias de forma. Pero la existencialidad es la misma. Meditar es tratar de ver esa existencialidad. Y realizarla es *nirvana*.

Éste es el último mensaje, el último sutra de este *Sutra de 42 secciones*. Éste es el cuadragésimo segundo sutra. El mensaje último del Buda. No creo que ahora podáis entenderlo. Sí, claro, intelectualmente lo comprenderéis, pero la comprensión real ha de ser existencial. Eso sólo llegará cuando sigáis el sendero de la meditación hasta el mundo en que incluso la meditación se convierte en un obstáculo y hay que abandonarla... Como si subieses por una escalera de piso en piso, pero una vez llegas al siguiente piso sales de la escalera. No te apegas a ella. Todos los métodos son escaleras... O, en la terminología del Buda: todos los métodos son como balsas; cruzas el río y abandonas la balsa, te olvidas de ella.

Los métodos han de ser utilizados y luego abandonados. Hay que ser consciente de ello desde el principio, porque existen muchas posibilidades de que te apegues demasiado al método, de que te apegues tanto al método que te aferres a él: empiezas poseyéndolo y el método empieza a poseerte a ti. La medicina se convierte en una enfermedad.

Y así ocurre: estás enfermo y tomas medicamentos. La enfermedad desaparece pero no puedes soltar el medicamento. Te has acostumbrado mucho a esa droga. Cuando la enfermedad desaparece hay que deshacerse de la medicina.

La meditación es una medicina, porque estás enfermo y debes utilizarla. Cuando regresa el bienestar hay que dejarla de lado.

Un día hay que soltar todos los recursos y todas las escrituras. Ésa es la grandeza del Buda, que dice que hay que abandonar incluso sus enseñanzas y métodos.

Vale la pena recordar lo último que Zaratustra dijo a sus discípulos cuando se despedía de ellos. Guárdalo en el corazón. Es lo que el Buda dijo en este último sutra. Dijo Zaratustra: «Ahora me marcho y éste es mi último mensaje: ¡Cuidado con Zaratustra!». Y se fue.

¿Cuidado con Zaratustra? Cuidado con el maestro... porque podéis enamoraros demasiado. Podéis apegaros demasiado. El auténtico maestro es el que os ayuda a enamoraros, y luego os ayuda a sosteneros en pie por vosotros mismos, para que podáis dejarle. Un maestro de verdad nunca se convierte en una muleta. ¡Nunca! Empieza a salir de vuestra vida antes de que empecéis a apegaros demasiado a él, porque el objetivo final es la libertad... Libertad respecto a todas las muletas, a todos los apoyos, libertad respecto a toda disciplina, doctrina, método. Libertad respecto a todo... Ése es el objetivo.

Recordad siempre el objetivo. Y recordad que ese objetivo os ayudará a no desviaros.

Una historieta y acabaré este discurso. Se trata de un relato hasídico llamado "Los tres prisioneros".

Tras la muerte del rabino Uri de Istalisk, conocido como "el Serafín", uno de los *hasidim* fue a ver al rabino Birnham, queriendo convertirse en su discípulo. El rabino Birnham le preguntó:

—¿De qué manera te instruyó para servir tu maestro?

—Su manera —respondió el *hasidim*— era plantar humanidad en nuestros corazones. Por eso todo el mundo que acudía a él, tanto si era noble como erudito, primero debía llenar dos grandes cubas en el pozo del mercado, o llevar a cabo algún otro tipo de tarea menor o costosa en las calles.

El rabino Birnham dijo:

—He de contarte una historia...

«Tres hombres, dos de ellos listos y otro loco, fueron metidos en una mazmorra, oscura como la noche, y cada día les bajaban alimentos y cubiertos para comer. La oscuridad y la desdicha de su encarcelamiento acabaron con el último resto de cordura del loco, de manera que no sabía cómo utilizar los cubiertos; no podía ver. Uno de sus compañeros le enseñaba, pero al día siguiente lo había olvidado todo. Así que su compañero listo debía enseñarle continuamente. Pero el tercer prisionero se sentaba en silencio y no se preocupaba del loco.

»En una ocasión, el segundo prisionero le preguntó por qué no ofrecía nunca su ayuda. "Mira —dijo—, te tomas unas molestias infinitas y nunca llegas a alcanzar el objetivo porque cada día destruyes tu trabajo. Pero yo, aquí sentado, no estoy simplemente sentado. Intento horadar un agujero en la pared para que así pueda penetrar la luz del sol y los tres podamos verlo todo".»

En este mundo hay dos tipos de maestros. El primer tipo es el que denomino profesor. Te enseña cosas –disciplinas, virtud, carácter–, pero al día siguiente lo has olvidado. Vuelve a enseñarte lo mismo, pero tú vuelves a olvidarlo al día siguiente. Al segundo tipo lo llamo maestro. No te enseña virtud, ni carácter, ni humildad ni pobreza... No. Horada un agujero en tu ser para que pueda penetrar la luz y así puedas verte a ti mismo. Intenta hacerte consciente, llenarte de luz. Ése es el auténtico maestro. En Oriente lo llamamos *satguru*, el maestro verdadero. Profesores hay muchos; *satgurus* pocos y distantes entre sí. Recuerda esta distinción.

Si estás con un profesor puedes llegar a ser buena persona, pero no a iluminarte. Y tu bondad siempre permanecerá en la boca de un volcán; puede entrar en erupción en cualquier momento. Si estás con un profesor te enseñará cosas externas: cómo autodisciplinarte, cómo ser bueno, cómo servir, cómo servir a las personas, cómo ser no-violento, cómo ser afectuoso, amable, compasivo. Te enseñará miles de cosas.

Si acudes a un maestro, sólo te enseña una cosa: a ser consciente, a horadar un agujero en tu ser para que la luz pueda penetrar en tu confinamiento. Y en esa luz, todo empieza a suceder por sí mismo.

Y cuando las cosas suceden por sí mismas, tienen belleza. Y ésa es una gran bendición.

Basta por hoy.

SOBRE EL AUTOR

Las enseñanzas de Osho desafían toda clasificación y lo abarcan todo, desde la búsqueda individual de sentido hasta los más urgentes temas sociales y políticos de la sociedad actual. Sus libros no han sido escritos sino transcritos de grabaciones sonoras y vídeos de charlas improvisadas ofrecidas en respuesta a preguntas de discípulos y visitantes, a lo largo de un período de 35 años. El *Sunday Times* de Londres ha descrito a Osho como uno de los «mil artífices del siglo XX», y el autor norteamericano Tom Robbins le ha calificado como «el hombre más peligroso desde Jesucristo».

Acerca de su propia obra, Osho ha dicho que está ayudando a crear las condiciones para el nacimiento de un nuevo tipo de ser humano. Suele tipificar a este nuevo ser humano como «Zorba el Buda», capaz de disfrutar tanto de los placeres terrenales como un Zorba el griego, como de la silenciosa serenidad de un Gautama el Buda. Discurriendo como un hilo conductor, a lo largo de la obra de Osho hay una visión que abarca la sabiduría eterna de Oriente y el potencial más elevado de la ciencia y tecnología occidentales.

Osho también es famoso por su revolucionaria contribución a la ciencia de la transformación interior, con un enfoque de la meditación que tiene en cuenta el ritmo acelerado de la vida contemporánea. Sus incomparables «Meditaciones Activas» están diseñadas para, en primer lugar, liberar las tensiones acumuladas en cuerpo y mente, de manera que resulte más fácil experimentar el estado relajado y libre de pensamientos de la meditación.

Sobre el autor existen una obra autobiográfica disponible: *Autobiografía de un místico espiritualmente incorrecto* (Kairós, 2001).

OSHO

INTERNATIONAL MEDITATION RESORT

El Resort de Meditación fue creado por Osho con el fin de que las personas puedan tener una experiencia directa y personal con una nueva manera de vivir, con una actitud más atenta, relajada y divertida. Situado a unos 160 kilómetros al sudeste de Mumbai (antigua Bombay) en Pune, India, el Resort ofrece una amplia variedad de programas para los miles de visitantes anuales, procedentes de más de cien países de todo el mundo. En principio desarrollado como lugar de retiro veraniego para los maharajás y los colonialistas británicos, Pune es actualmente una moderna y vibrante ciudad que alberga varias universidades e industrias de tecnología punta. El Resort de Meditación se extiende a lo largo de 13 hectáreas, en un arbolado suburbio conocido como Koregaon Park. El campus del centro proporciona alojamiento de lujo a un número limitado de huéspedes en otros *Guesthouse*, y existen además un nuevo hotel llamado Osho, numerosos hoteles y apartamentos particulares en las proximidades que ofrecen la posibilidad de realizar estancias de entre unos pocos días y varios meses.

Los programas del Resort están basados en la visión de Osho acerca del que cualitativamente será un nuevo tipo de ser humano, capaz tanto de participar creativamente en la vida cotidiana como de relajarse en el silencio y la meditación. La mayoría de los programas se desarrollan en instalaciones modernas, provistas de aire acondicionado, e incluyen diversas sesiones individuales, cursos y talleres dedicados tanto a las artes creativas como a tratamientos de salud holísticos, crecimiento personal y terapias, ciencias esotéricas, el enfoque zen de los deportes y el esparcimiento, cuestiones relacionales e importantes transiciones en las vidas de hombres y mujeres. A lo largo del año se ofrecen tanto sesiones individuales como talleres grupales, junto con un programa diario de meditaciones. Los restaurantes y cafeterías al aire libre que existen en el interior de los terrenos del centro sirven comida tradicional india, así como una variedad de platos internacionales en los que se utilizan verduras biológicas cultivadas en la granja del centro. El Resort también cuenta con un suministro propio de agua potable y filtrada. Véase www.osho.com/resort.

MÁS INFORMACIÓN

www.osho.com es un completísimo sitio web en diferentes idiomas que ofrece una visita virtual al Osho® International Meditation Resort, una tienda *on-line* con un catálogo de libros, cintas y grabaciones de audio descargables, una lista de los centros de información Osho en todo el mundo y una selección de las charlas de Osho.

Osho Internacional
Nueva York
E-mail: oshointernational@oshointernational.com
www.osho.com/oshointernational

Lecturas Recomendadas

Si deseas conocer algo más acerca de Osho, su visión y sus revolucionarias técnicas de meditación puedes leer:

En editorial Kairós:
Autobiografía de un místico espiritualmente incorrecto
El ABC de la iluminación
Libro de la vida y la muerte
Música ancestral en los pinos
La sabiduría de las arenas
Dang, dang, doko, dang
El sendero del yoga
El sendero del Tao
El sendero del zen
Ni agua, ni luna
Guerra y paz interiores

En otras editoriales:
Meditación: la primera y la última libertad. Guía práctica para las meditaciones Osho. (Editorial Grijalbo, octubre 2005). Más de 60 técnicas

de meditación explicadas en detalle, las meditaciones dinámicas, instrucciones, obstáculos, dudas…

El libro de los secretos. (Gaia Ediciones, 2003). *Comentarios sobre el Vigyana Bahirava Tantra.* Una nueva visión sobre la ciencia de la meditación.

Tarot Osho Zen. (Gaia Ediciones, 1998).

Música

El sello NEW EARTH ofrece en CD todas las músicas de las Meditaciones activas Osho con sus respectivas instrucciones. De venta en librerías especializadas y en la página web.

Tarot

Tarot Osho Zen (Gaia Ediciones): Un nuevo concepto del tarot basado en una visión zen de la vida. Su énfasis está dirigido a profundizar en el momento presente.